모던 데이터 보호

모던 데이터 보호

테이프부터 최신 워크로드까지

W. 커티스 프레스턴 지음   서도현·박상우 옮김

에이콘

에이콘출판의 기틀을 마련하신 故 정완재 선생님 (1935-2004)

20년 이상 IT 스토리지 기술 저널리스트로서 데이터 보호 시장을 배우고 글을 써 왔다. 그동안 백업 시장과 공급업체의 환경은 새로운 방향으로 발전했고 엄청나게 성장했다. 우리는 서버 가상화, 중앙 집중식으로 관리되는 엔드포인트 백업^{endpoint backup}의 제공, 퍼블릭 클라우드^{public cloud}의 놀라운 성장, 클라우드 내의 데이터 보호의 증가를 경험해 왔다.

데이터 보호 관련 공급업체는 세일즈포스^{Salesforce} 및 마이크로소프트 365^{Microsoft 365}와 같은 서비스로 제공되는 서비스를 위한 데이터 보호를 생각해 냈다. 컨테이너화 및 클라우드 네이티브 애플리케이션의 증가로 온프레미스^{on-premise} 및 퍼블릭 클라우드 백업 및 복원에 새로운 차원이 추가됐다. 랜섬웨어 위협과 물리적/가상의 에어 갭으로 불변의 백업을 만들어야 하는 필요성이 대두되면서 더욱 중요해진 측면도 등장했다.

백업을 데이터 보호 수단으로 사용하고 이후 재사용 및 분석을 위해 데이터를 수집하는 데이터 관리 공급업체가 등장하고 있다. 그리고 데이터 주권은 데이터 보호 영역에서 중요한 관심 주제가 됐다. 또한 최근에 개발된 서비스형 소프트웨어^{SaaS, Software as a Service} 접근 방식인 서비스형 데이터 보호^{DPaaS, Data-Protection-as-a-Service}도 있다.

이 분야에서 저명한 W. 커티스 프레스턴은 이러한 모든 개발을 명확히 파악하고 사용자와 데이터 보호 프로세스, 절차와 계획에 미치는 영향에 통찰력을 갖고 있다.

많은 발전이 동시에 일어나고 있는 산업계는 현재 진행 상황을 명확하고 일관성 있는 그림으로 제공해야 한다. 커티스의 최신 저서는 이를 위한 통찰력 있고 현명한 지침을 제공한다. 커티스보다 더 적합한 사람은 없으며, 그의 책은 새로운 데이터 보호 환경의 이해를 도울 것이다.

– 블록 & 파일(Blocks & Files)의 편집자 **크리스 멜로**(Chris Mellor)

지은이 소개

W. 커티스 프레스턴W. Curtis Preston

미스터 백업으로도 알려졌으며 4권의 책을 저술했고 20년 이상 백업 및 복구 전용 사이트인 backupcentral.com의 설립자이자 웹마스터다. 또한 Restore It All 팟캐스트의 진행자이기도 하다. 현재 데이터 보호 서비스 회사인 Druva, Inc.에서 수석 기술 전도사로 일하고 있다.

옮긴이 소개

서도현(securelambda@gmail.com)

삼성SDS, 삼성화재에서 17년 이상 근무하며 웹시스템 개발, TA 및 IT 보안 업무를 수행했고, 현재도 대기업에서 정보보호 업무를 담당하고 있다. 성균관대학교 학사, 석사를 졸업했으며 정보관리기술사, 정보시스템 수석감리원, MS Azure SA Expert, AWS Security, VCP-DCV, ENCE, CEH, CISSP, CISA, CPPG, 정보보안기사, 산업보안관리사, 디지털포렌식, FTK, ITIL, SCBCD, SCWCD 등 20개 이상의 다양한 IT 자격을 보유하고 있다.

박상우(sangwoopk@gmail.com)

한국공학대학교에서 컴퓨터공학 학사를 취득하고 삼성화재 IT 보안 업무를 담당했다. 영국 런던 킹앤드스폴딩King & Spalding 로펌에서 웹 시스템 개발자를 시작으로 2015년 캐나다 이주 후, 토론토 IBM에서 데이터 사이언스 러닝 플랫폼 담당, 차팅 오토메이션 툴charting automation tool 개발에 참여했다. 현재는 딜로이트 밴쿠버 본사에서 시니어 컨설턴트로 근무 중이며 캐나다 BC주정부가 주관하는 감염병 이력 관리 플랫폼 개발 등 다양한 프로젝트를 컨설팅 중이다.

옮긴이의 말

AWS, Azure와 같은 클라우드 환경이 우리 소프트웨어 개발 생태계를 지배한 지도 벌써 오랜 시간이 흘렀다. IT 관련 신규 비즈니스도 IT시스템 구축을 위해 직접 서버를 임대하거나 OS를 설치하고 서버를 네트워크에 연결시키는 반복적이고 비생산적인 일에서 벗어나, 이젠 몇 번의 클릭으로 필요한 자원을 생성하고 네트워크 설정까지 자동으로 해결해 주는 클라우드 플랫폼의 매력에 압도됐다. 이쯤되면 사용료 결제를 위한 신용카드 정보를 잘 입력했는지 정도를 확인하는 것이 가장 중요한 일이 된 것 같다.

이런 편리한 플랫폼에 익숙해져 우리가 그토록 중요하게 여겼던 것들을 망각하기 쉽다. 이를테면 데이터 백업이 그러하다. 과거에는 신규 서버를 구매하고 업무 목적에 맞는 애플리케이션 등을 설치한 후 백업 담당 부서와 적절한 백업 방식을 협의해 적용했다. 이에 따라 업무 담당자가 백업 주기, 백업 방식 등 관련 지식을 습득하고 데이터가 소실됐을 때 적절하게 대응하는 것이 일반적이었다. 하지만 최근 많은 비즈니스가 클라우드화돼 기존 방식 적용이 어려워지면서 데이터 보호와 관련된 설정이나 절차가 느슨해진 경향이 있다. 또한 최신 워크로드를 대상으로 한 랜섬웨어 공격, 데이터 탈취 등 해킹 및 자연 재해는 꾸준히 증가하고 있지만, 데이터 보호 방법에 익숙하지 못해 막상 데이터 보안과 관련된 침해 사고가 발생하면 그제야 보호 대책을 확인한다.

이 책은 이런 현실을 해결하기 위한 책이다. 데이터 보호 영역은 복잡하지만 백업, 보관, 복원을 위해 사용할 수 있는 방법, 소프트웨어, 서비스뿐 아니라 백업을 보관하는 데 사용할 모든 하드웨어를 다루고 있다. 또한 마이크로소프트 365 및 세일즈포스와 같은 SaaS 백업 여부 등 최신 데이터 백업에 대한 많은 궁금증을 해결한다. 그리고 시스템의 확장과 성능 향상에만 초점을 맞춘 다른 클라우드 플랫폼 관련 책들과 달리 데이터 보호의 관점에서 과거와 미래를 오가며 각각의 백업의 방식과 그 효율성을 자세히 비교하고 설명한다. 따라서 궁극적으로 독자는 운영 중인 온프레미스 자원부터 최신 워크로드까지 데이터 보호 수준을 객관적으로 평가하고 다양한 백업 방법과 기술을 이해함으로써 각각의 장단점을 파악할 수 있을 것이다.

차례

추천사 5

지은이 소개 6

옮긴이 소개 7

옮긴이의 말 8

들어가며 21

1장   데이터의 위험: 백업을 하는 이유   27

인적 재해 28

　사고 29

　잘못된 코드 30

　악의적인 공격 32

　테러리즘 32

　사이버 공격 33

　랜섬웨어 34

　내부 위협 35

기계 또는 시스템 장애 40

　정전 41

　클라우드는 없다 41

　시스템 오류 42

자연 재해 43

　홍수 43

　화재 44

　지진 45

　허리케인, 태풍, 사이클론 45

　토네이도 46

　싱크홀 46

마무리 47

2장   서비스 수준 수집 및 결정   **49**

조직의 목표는 무엇인가? 50

프레임워크 만들기 51

    문서 템플릿 51

    검토/자문단 52

요구 사항 수집 54

    RPO, RTO는 무엇인가? 54

    분야 전문가 섭외 54

    요구 사항 요청 57

    요구 사항 검토 57

시스템 설계 및 구축 61

    여러 가지 설계 작성 62

    설계 검토 63

    시스템 선택과 구축 64

새로운 시스템의 문서화와 구현 64

    운영 책임의 정의 64

    운영 검토와 문서화 65

    문서화는 항상 옳다 66

    런북 67

    신규 시스템의 구현 68

마무리 69

3장   백업과 아카이브의 차이점   **71**

시작하기 전에 71

백업이란? 72

    복사 73

    원본과 별도로 저장 74

    복원 목적 75

    복원이란? 75

    복원은 어떻게 작동하는가? 76

    3-2-1 규칙 77

아카이브란? 82

    참고 자료로 사용하려면 83

    메타데이터와 함께 저장 84

      회수란? 85

   백업 및 아카이브 데이터 보호 86

      암호화 86

      에어 갭 87

      불변성 92

   마무리 94

4장   백업과 복구의 기초   97

   복구 테스트 97

   백업 레벨 98

      전통적인 전체 백업 98

      전통적인 증분 백업 99

      백업 레벨은 정말 중요한가? 107

   메트릭스 109

      복구 메트릭스 109

      용량 메트릭스 113

      백업 윈도우 116

      백업과 복구의 성공과 실패 118

      보존 118

      메트릭스의 사용 119

   백업과 아카이브에 관한 오해 120

   항목 레벨 백업 vs 이미지 레벨 백업 126

      항목 레벨 백업 127

      이미지 레벨 백업 127

      이미지 레벨 백업으로부터 파일 레벨의 복구 129

      이미지 레벨과 파일 레벨 백업의 결합 130

   백업 선택 방식 130

      선택적 포함 vs 선택적 배제 131

      태그 기반과 폴더 기반 포함 132

   마무리 133

5장   데이터 보호를 위한 디스크 및 중복 제거 사용   135

   중복 제거 136

      중복 제거로 무엇을 할 수 있을까? 136

중복 제거 작동 방식 139

타깃 중복 제거 143

소스 중복 제거 146

타깃 중복 제거 vs 소스 중복 제거 147

하이브리드 중복 제거 149

적합한 중복 제거 선택 149

백업 시스템에서 디스크 사용 151

디스크 캐싱 151

D2D2T 152

D2D2D 154

D2C 155

D2D2C 156

복구 개념 157

이미지 복구 157

파일 레벨 복구 159

즉시 복구 161

복구 유형 선택 164

마무리 165

6장   전통적인 데이터 소스   167

물리적 서버 168

표준 백업 168

베어메탈 백업 169

NAS 백업 169

가상 서버 173

VM 레벨 백업 174

VSS란? 174

하이퍼바이저에 특화된 백업 176

데스크톱과 노트북 182

데이터 캐시로서의 노트북 182

일반적인 데스크톱과 노트북 사용 방법 183

데스크톱과 노트북의 백업 옵션 184

모바일 장치 187

클라우드 동기화 188

물리적 동기화 188

모바일 장치 백업 188

모바일 장치 관리 188

마무리 189

7장 데이터베이스 보호   191

데이터베이스 제공 모델 192

기존 데이터베이스 소프트웨어 192

서비스형 플랫폼 194

서버리스 데이터베이스 195

데이터베이스 모델 196

일관성 모델 199

데이터센터에서 실행되는 전통적인 데이터베이스 201

PaaS 및 서버리스 데이터베이스 202

기존 데이터베이스 용어 202

인스턴스 204

데이터베이스 204

테이블 204

인덱스 204

행 205

어트리뷰트 205

데이터 파일 205

테이블스페이스 206

파티션 206

마스터 파일 206

트랜잭션 207

트랜잭션 로그 207

전통적인 방식의 데이터베이스 백업 208

콜드 백업 209

분할 복제본 209

핫 백업 모드 209

스냅 앤드 스윕 210

덤프 앤드 스윕 211

스트리밍 백업 제품 212

트랜잭션 로그 백업 213

마스터 파일 213

PaaS 및 서버리스 데이터베이스 백업 214

덤프 앤드 스윕 214

통합 서비스형 백업 214

전통적인 데이터베이스 복구 219

최신 데이터베이스 복구 221

마무리 223

8장   최신 데이터 소스   225

퍼블릭 클라우드 226

IaaS 226

PaaS 233

서버리스 서비스 234

SaaS 235

클라우드를 보호해야 하는 이유 242

하이브리드 클라우드 구성 248

NFS/SMB 게이트웨이 248

제한된 클라우드 250

도커와 쿠버네티스 251

컨테이너들이 백업을 어떻게 뒤바꾸는가? 252

도커파일 253

도커 이미지 254

쿠버네티스 etcd 254

영구 볼륨 255

데이터베이스 256

쿠버네티스: 새로운 길 257

사물 인터넷 258

백업 결정 260

조직에 미칠 영향도 260

데이터 원본의 고려 261

마무리 262

9장	백업 및 복구 소프트웨어 방법	263

백업의 정의 263
기존 복원을 지원하는 백업 방법 264
    멀티플렉싱 265
    전통적인 전체 백업 및 증분 백업 266
    파일 레벨 영구 증분 백업 267
    블록 레벨 영구 증분 백업 268
    소스 중복 제거 269
즉시 복구를 지원하는 방법 271
    복제 271
    지속적 데이터 보호 274
    스냅샷 276
    준지속적 데이터 보호 279
    복사 데이터 관리 281
    즉시 복구 기능이 있는 기타 소프트웨어 283
더 많은 백업 활용 284
백업 방법 결정 286
    요구 사항의 충족 여부 286
    다양한 접근 방식의 장점과 단점 287
    완전한 솔루션 289
마무리 289

10장	아카이빙 소프트웨어 방법	291

아카이브 파헤치기 292
회수 vs 복원 293
아카이브 시스템의 종류 294
    전통적인 배치 아카이브 294
    실시간 아카이브 295
    HSM 형태의 아카이브 297
아카이브 시스템 결정 298
    아카이브 시스템이 필요한가? 298
    요구 사항 300
마무리 304

11장 재해 복구 방법   305

가장 중요한 재해 복구 305

모든 것을 바꾼 랜섬웨어 306

재해 복구 개요 308

재해 복구 계획에는 무엇이 있는가? 310

     테이프 박스는 DR 계획이 아니다 313

     복제된 중복 제거 어플라이언스는 성능이 크게 향상되지 않는다 313

     RTA에 관한 모든 것 314

복구 사이트 구축 315

     자체 DR 사이트 구축 315

     SaaS 복구 316

     DR을 위해 만들어진 퍼블릭 클라우드 317

DR 사이트를 최신 상태로 유지 318

     콜드, 핫, 웜 사이트 318

     핫, 웜, 콜드 사이트 선택 319

     복구 메커니즘 320

소프트웨어 또는 서비스 329

     상용 DR 소프트웨어 329

     서비스형 DR 330

     일체형 또는 최상의 소프트웨어? 332

계획 선택 334

DR 런북 만들기 335

     런북의 목표 336

     개요 338

     기술 인벤토리 339

     연락처 정보 339

     절차 340

     에스컬레이션을 이용한 예외 처리 342

마무리 343

12장 데이터 보호 대상   345

테이프 드라이브 346

     테이프의 장점 346

     테이프의 단점 351

어떻게 이런 일이 일어날 수 있을까? 355

테이프 드라이브 기술 356

광학 미디어 358

개별 디스크 드라이브 359

표준 디스크 어레이 361

오브젝트 스토리지 362

타깃 중복 제거 어플라이언스 364

가상 테이프 라이브러리 365

NAS 어플라이언스 365

퍼블릭 클라우드 스토리지 367

백업 대상 선택 및 사용 368

보유한 제품의 성능 최적화 368

더 적합한 장치 선택 372

마무리 378

13장 사용 데이터 보호 과제

379

백업의 간략한 역사 379

상용 백업 솔루션의 난제 382

백업 시스템 크기 조정 382

백업 서버 OS의 유지 관리 388

백업 소프트웨어 유지 관리 388

여러 공급업체 관리 390

DR을 위한 별도 시스템 390

e-디스커버리를 위한 별도 시스템 391

테이프 관련 과제 392

디스크 관련 과제 395

대규모 선행 구매 396

오버 프로비저닝 필요성 397

스케일링의 어려움 397

백업 제품 변경의 어려움 398

만료 설정 398

서비스 사용 399

복원 및 백업 399

마무리 399

14장 전통적 데이터 보호 솔루션 401

이름을 밝히지 않음 402

전통적인 백업 솔루션 402

전통적 백업의 장점 403

전통적 백업의 난제 405

분석 406

타깃 중복 제거 백업 어플라이언스 408

타깃 중복 제거의 장점 409

타깃 중복 제거의 난제 411

분석 413

마무리 414

15장 최신 데이터 보호 솔루션 417

가상화 중심 솔루션 418

가상화 중심 솔루션의 장점 420

가상화 중심 백업의 난제 421

분석 422

하이퍼 컨버지드 백업 어플라이언스 423

하이퍼 컨버지드 백업 어플라이언스의 장점 425

HCBA의 난제 427

분석 428

서비스형 데이터 보호 429

DPaaS의 장점 433

DPaaS의 난제 434

분석 437

완전 관리형 서비스 제공업체 438

MSP 사용의 장점 439

MSP 사용 시 유의점 439

분석 440

시장에 적응 441

전통적인 백업 어플라이언스 441

구독 가격 442

클라우드에 대응 442

마무리 444

어떤 솔루션이 우리에게 좋을까? 449

사용자의 책임 452

어떤 것을 수행하기 전에 455

　　이것은 당신의 백업 시스템이다 455

　　구입 비용과 TCO에 대한 고려 457

솔루션 선택 460

　　쇼스토퍼를 찾아라 460

　　사용 편의성을 기준 우선순위 461

　　확장성을 기준 우선순위 462

　　미래 대비를 기준 우선순위 463

마무리 463

찾아보기 467

들어가며

이 책은 내가 10년 넘게 쓰고 싶었던 책이다. 상용 데이터 보호 공간은 복잡한 공간이기 때문에 이 정도 규모를 다루는 책은 없을 것이다. 백업, 보관, 복원, 검색에 필요한 모든 것과 이를 위해 사용할 수 있는 방법, 소프트웨어, 서비스 그리고 백업 및 아카이브를 저장하는 데 사용할 모든 하드웨어를 다루려고 많은 노력을 기울였다.

범위가 넓다는 것은 그만큼 각 주제를 깊이 다루지 못한다는 것을 의미한다. 각 장 마다 따로 책을 쓰는 게 쉬웠을 것이다. 사실 출판사 직원들은 개요를 처음 봤을 때 이 책이 2,000쪽짜리처럼 보인다고 말했다.

그렇지만 이 책에서 다루는 주제는 어디에서도 찾아볼 수 없는 내용이라고 장담한다. 또한 테이프의 실제 위치, 백업과 아카이빙의 차이, 마이크로소프트 365 및 세일즈포스와 같은 SaaS 백업 여부 등 이 부분에서 제기되는 많은 궁금증을 해결한다. 이 책은 독자들이 결정을 내리는 데 사용할 수 있는 중요한 기본 개념을 다룬다. 예를 들어 3-2-1 규칙을 사용해 어떤 것이 제대로 보호되는지 판단할 수 있다(만약 규칙을 잘 모르면 나를 믿고 따라오길 바란다. 이 책을 다 읽을 때쯤이면 이해할 수 있을 것이다).

또한 다양한 백업 방법과 기술을 이해하고 각각의 장단점을 파악할 수 있도록 지원한다. 모든 기술 유형에는 장점과 단점이 있기 때문에 객관적인 태도를 취하려고 노력했다. 각 항목을 이해하는 것은 독자의 환경에 맞는 결정을 내리는 데 도움이 될 것이다.

이 책의 내용에 대해 한 가지 더 말하자면 나는 데이터 보호 서비스를 제공하는 회사에서 일한다. 그래서 독자들은 내가 회사 관점에서 업무 방식을 설명할 거라고 생각할 수도 있지만 그렇지 않다. 이전 회사는 30년의 경력 중 첫 번째 공급업체(벤더)였기 때문에 경험한 회사의 제품을 잘 아는 만큼 경쟁사에 대해서도 잘 알고 있다. 현재 근무하고 있는 회사에서는 자신들의 제품을 긍정적으로 평가하라고 내게 강요하지 않았다. 대신, 도움이 되는 책을 썼는지 확인하라고 말할 뿐이었다. 또한 나는 관련 회사에서 일하기 때문에 경쟁 제품을 설명할 때 공평한 태도를 취했으며, 36명의 기술 편집자들에게 어떤 제품 범주에서든 너무 쉽거나 어렵게 접근하고 있다면 지적해 달라고 특별히 요청했다. 참여한 기술 편집자 대부분은 이런 제품을 직접 작업하거나 제품을 제공하는 회사를 위해 일하고 있다.

작업은 계속된다

기술 서적의 재미있는 점은 출판되자마자 구식이 된다는 것이다. 그래서 블로그와 팟캐스트^{podcast}를 이용해 책을 읽다가 바뀐 내용을 업데이트한다. 데이터 보호에 관심이 있다면 backupcentral.com에서 내 블로그를 확인하거나 즐겨찾는 팟캐처^{podcatcher}에서 Restore it All 팟캐스트를 찾아보자.

편집 규약

이 책에는 다음과 같은 편집 규약을 사용한다.

고정폭 글꼴

> 변수 또는 함수 이름, 데이터베이스, 데이터 유형, 환경 변수, 문장, 키워드와 같은 프로그램 요소를 참조할 때 문단 내에서뿐만 아니라 프로그램 목록을 설명할 때 사용한다.

 요령이나 제안을 나타낸다.

 일반적인 참고 사항을 나타낸다.

경고나 주의를 나타낸다.

문의

이 책에 관한 의견이나 문의는 출판사로 보내 주기 바란다.

이 책의 오탈자 목록, 예제, 추가 정보는 책의 웹 페이지인 https://www.oreilly.com/library/view/modern-data-protection/9781492094043/를 참고한다. 한국어판의 정오표는 에이콘출판사의 도서정보 페이지 http://www.acornpub.co.kr/book/modern-data에서 확인할 수 있다.

책의 기술적인 내용에 관한 의견이나 문의는 메일 주소 bookquestions@Oreilly.com으로 보내 주기 바란다. 그리고 한국어판에 관해 질문이 있다면 에이콘출판사 편집 팀(editor@acornpub.co.kr)이나 옮긴이의 이메일(securelambda@gmail.com)로 연락 주길 바란다.

감사의 말

감사해야 할 사람들이 너무 많아서 어디서부터 시작해야 할지 정말 모르겠다. 수많은 사람들 덕분에 나는 인생과 직업에서 지금의 위치에 있다. 이 책은 수십 명의 노력이 있었기에 가능했다.

가족부터 시작하겠다. 항상 최선을 다하라고 격려해 주신 엄마 아빠 덕분이다.

아내와 두 딸, 딸들의 남편, 그리고 나를 집에 머물게 해준 손녀에게 감사를 전한다. 이들에게 나는 그저 커티스, 아빠다. 가족은 내 아재 개그도 끔찍하다고 생각하고, 기사와 책도 지루하다고 생각한다. 하지만 사실 내 모든 것을 좋아해 준다.

첫 백업 일을 맡겨 준 루 호프마이스터^{Lou Hoffmeister}에게 감사한다. 첫 복원에 실패했을 때 해고하지 않은 수잔 데이비슨^{Susan Davidson}, 그 일이 일어났을 때 나를 구해 준 조 피츠패트릭^{Joe Fitzpatrick} 그리고 MBNA의 백업 고삐를 넘겨준 론 로드리게스^{Ron Rodriguez}에게 감사한다. 하지만 VAX에 로그인하는 법을 배운 적은 없다.

내 커리어에 도움을 주신 모든 분들께 감사드린다. 시스어드민 매거진^{SysAdmin Magazine}(그녀의 명복을 빈다)은 첫 번째 기사를 게재해 줬고, 오라일리는 20년 전에 무명의 작가를 만날 기회를 줬다. 지지 에스테브룩^{Gigi Estebrook}이 다시 편집장으로 복귀하길 바란다. 마이크 라우키데스^{Mike Loukides}는 잘 지내는 것 같다. 오라일리는 수준 높은 조직이고 그 일원이 된 것이 매우 자랑스럽다.

친구이자 팟캐스트 공동 진행자인 프라사나 말라이얀디^{Prasanna Malaiyandi}가 여러 주제를 전혀 다른 관점에서 제시하면서도 재미있게 운영해 준 것에 감사한다. 또한 그는 이 책의 표지를 읽은 몇 안 되는 기술 편집자 중 한 명이다. 그리고 어떤 프로젝트를 진행 중이라면 그에게 물어보자. 아마도 이 많은 사람이 그의 유튜브 영상을 보고 있을 것이라 생각한다.

각각의 장을 집필해 준 댄 프리스^{Dan Frith}와 제프 로클린^{Jeff Rochlin}에게도 감사의 말을 전한다. 실제 현장에서 지혜를 얻는 것은 항상 도움이 된다. 댄이 집필한 장에서 편집할 내용이 거의 없었다는 사실 또한 말하고 싶다.

36명의 기술 편집자에게 감사를 표한다. 일부는 한 단원을 읽었지만, 다른 이들은 책 전체를 읽었다. 어떤 분은 그냥 '멋져 보인다!'라고 말했고, 어떤 분은 장마다 편집과 댓글로 나를 미치게 만들었다.

- 앤드루 케이츠^{Andrew Cates}
- 보브 바크^{Bob Bakh}
- 보브 스몰레냐크^{Bob Smolenyak}
- 브라이언 그린버그^{Brian Greenberg}
- 댄 프리스^{Dan Frith}
- 데이비드 바커^{David Barker}
- 에드윈 단소^{Edwin Danso}
- 에릭 할리스^{Eric Harless}
- 프란시스코 아마로^{Franciso Amaro}
- 제프 로클린^{Jeff Rochlin}
- 존 발도프^{John Baldauf}
- 존 스토펠^{John Stoffel}

- 마이클 배로^{Michael Barrow}
- 마이크 부시^{Mike Bush}
- 프라사나 말라이얀디^{Prasanna Malaiyandi}
- 로브 워먼^{Rob Worman}
- 러셀 캔트웰^{Russell Cantwell}
- 스콧 D. 로우^{Scott D. Lowe}
- 호르헤 프라고소^{Jorge Fragoso}
- 후안 파블로 실바^{Juan Pablo Silva}
- 줄리 울리히^{Julie Ulrich}
- 캄란비얀페흐라크^{Kamran-Bijan Pechrak}
- 커크 커크코넬^{Kirk Kirkconnell}
- 커트 버프^{Kurt Buff}
- 카일 슈버그^{Kyle Shuberg}
- 래리 블레이크^{Larry Blake}
- 로라 실바^{Laura Silva}
- 마크 셀완^{Marc Selwan}
- 매트 리프^{Matt Leib}
- 매트 스타^{Matt Starr}
- 샬라브 고얄^{Shalabh Goyal}
- 스탠 호비츠^{Stan Horwitz}
- 스티븐 맨리^{Stephen Manley}
- 스티븐 콴^{Stephen Quan}
- 스튜어트 리들^{Stuart Liddle}
- 조이 로즈^{Zoë Rose}

오라일리가 다시 한번 책을 집필할 수 있는 기회를 준 것에 대해 감사하게 생각한다. 특히 메리 프리프^{Mary Preap}, 멜리사 '레이븐클로' 포터^{Melissa 'Ravenclaw' Potter}, 크리스틴 브라운, 그리고 케린 포사이스가 편집자가 돼 주어 감사드린다. 같이 도와준 카산드라 푸르타도^{Cassandra Furtado}에게도 감사드린다.

이 책은 대부분 러닝머신을 뛰면서 드래곤 프로페셔널^{Dragon Professional} 앱 및 델^{Dell} 노트북을 사용해 작성했다. 특히, 스피치웨어^{SpeechWare} 마이크를 사용했는데 이 제품들을 만든 이들에게 박수를 보낸다. 드래곤 앱이 계속 있으면 좋겠다. 사실 지금보다 더 인기가 있어야 한다고 생각한다.

내가 다음 책을 쓰고 싶다고 말했을 때 허락해 준 드루바 CEO 야스프레트 싱^{Jaspreet Singh}과 드루바 CMO인 토마스 빈^{Thomas Been}에게 감사드린다. 모든 CEO와 CMO가 왜 이들의 직원이 경쟁사에 대해 긍정적인 말을 해야 하는지 이해할 수는 없겠지만, 내가 드루바에서 일하지 않은 것처럼 책을 집필해야 한다고 동의했다. 고맙게 생각한다.

마지막으로 내 책, 블로그, 기사를 읽어 주고, 팟캐스트를 듣고, 이 중요한 주제가 계속 이어지도록 해주신 여러분께 감사드린다. 백업은 많은 분이 처음 시작하는 곳일 수도 있지만, 일부는 이미 운영 중일 수도 있다. 데이터베이스, 네트워크 또는 서버를 관리하면서 예산 없이 오픈 소스 소프트웨어를 사용해 백업 시스템을 유지해야 하는 시스템 관리자에게 도움이 된다. 관련 산업의 최첨단 기술을 다뤄야 하는 환경에 있는 담당자들에게 계속 요청하고 문의하고, 나와 같은 회사 경영진들에게 더 나은 환경을 제공하도록 계속 몰아붙이자.

여러분의 데이터 보호에 관심과 노력을 기울이는 모든 분께 '3-2-1 법칙은 영원하다!'라고 말씀드리고 싶다.

표지 설명

모던 데이터 프로텍션 표지의 동물은 7개의 줄무늬가 있는 아르마딜로다.

볼리비아, 브라질, 아르헨티나, 파라과이가 원산지인 동물인 데시푸스 셉템킨투스^{Dasypus Septemcinctus}는 2개의 단단한 판으로 만들어진 보호용 등딱지를 갖고 있으며, 몸 가운데에 6~7개의 유연한 띠로 연결돼 있다. 갑옷은 뼈로 만든 비늘과 케라틴으로 덮인 찌꺼기로 이루어져 있다.

일곱 줄무늬 아르마딜로는 털이 없고 갈색-검은색을 띤다. 짧은 다리를 갖고 있음에도 이들은 매우 빠르게 움직일 수 있다. 납작한 주둥이와 긴 발톱은 아르마딜로의 먹이의 대부분을 차지하는 곤충을 찾는 데 도움을 준다. 모든 아르마딜로 종은 시력은 떨어지지만 후각이 매우 예민하다. 이들은 또한 모두 땅에 굴을 파고 다른 성체들과 함께 살지 않는다. 7개의 띠를 가진 아르마딜로 암컷은 유전적으로 동일한 새끼를 낳는다.

2014년 과학자들은 아르마딜로와 같은 동물의 단단한 비늘을 기반으로 한 '생물에서 영감을 받은' 보호 유리 재료를 개발했는데 이것은 보통의 유리판보다 70% 더 보호 효과가 있었다.

오라일리 표지를 장식한 동물의 상당수는 멸종 위기종이다. 모든 생명은 소중하다. 표지 그림은 카렌 몽고메리^{Karen Montgomery}가 그린 것으로 『비튼스 사전^{Beeton's Dictionary}』의 흑백 판화를 바탕으로 했다.

데이터의 위험: 백업을 하는 이유

시스템 관리자는 대부분 데이터를 백업$^{back\ up}$하는 이유를 알고 있으므로 1장에서 데이터 백업의 이유를 설명할 필요는 없을 것 같다. 하지만 시스템 관리자들조차 깊이 생각해 보지 않은 데이터 백업의 목적이 있는데, 이는 '백업 및 재해 복구에 왜 많은 비용을 지출하는가?'라는 질문에서 출발한다.

 복구하려는 사람 외에는 아무도 백업 가능 여부를 신경 쓰지 않는다.

– 미스터 백업

1장에서는 백업과 재해 복구$^{DR, Disaster\ Recovery}$의 필요성을 실제로 발생 가능한 위험순으로 설명한다. 먼저, 백업 시 백업 매뉴얼을 찾는 가장 일반적인 이유를 살펴보자. 자연 재해로 인한 피해 사례는 찾기는 어렵지만 인적 재해$^{human\ disaster}$는 대부분 많은 경우에 발생한다.

잃어버린 데이터

'파리스(paris)를 전혀 백업하지 않았다고요?' 나는 그 질문을 결코 잊지 못한다. 당시 백업 업무를 맡은 지 겨우 두 달밖에 되지 않았고 이 질문을 듣고는 난 이제 끝이라 생각했다. 약 6주 전 오라클(Oracle) 데이터베이스를 다른 서버로 이전했는데 데이터베이스와 관련된 경험이 많지 않아 백업하기 전에 데이터베이스를 종료해야 한다는 가장 중요한 기본 원칙을 알지 못했던 것이다. 그래서 신규 서버의 디스크 동작

이 멈춘 이후 원인을 분석해 보니 기존 서버는 백업 전 배치 작업으로 데이터베이스를 자동으로 종료하고 있어 이상이 없었다(관련 오라클 백업 내용은 7장에서 자세히 다뤘다).

업무 담당자는 '최종 전체 백업만 주시면 된다'라고 말했고 나는 로그를 검토하기 시작했는데 로그에서 여러 오류가 보이긴 했지만 이상이 없다고 생각했다. '이전 백업을 사용하면 되겠지'라고 생각하면서 이전 백업 로그를 살펴봤지만 여전히 오류들이 보였다. 뭔가 상황이 이상함을 깨닫고 정상적인 로그 파일 및 일자를 확인했는데 해당 백업은 6주 전 버전이었고 볼륨 구성 정보를 확인하니 볼륨은 이미 2일 전에 덮어쓴 상태였다.

그 순간에 내 머릿속은 하얘지고 이직해야겠다는 생각만 가득했다. 왜냐하면 운영 중인 데이터베이스에서 잃어버린 데이터 손실은 수십억 달러 규모의 회사에서 약 2개월간의 구매 손실 정도 규모였다.

상사에게 데이터의 손실 상황을 보고했을 때 '파리스를 전혀 백업하지 않았다고요?'라는 질문을 받았다. 당시 회사의 다른 시스템 이름은 기억나지 않았지만 데이터를 백업하지 못한 시스템 이름은 아직도 기억한다. 다행히 시스템 관리자가 손상된 디스크를 다시 복구해 데이터를 복원할 수 있었는데 이틀치 자료만 손실되고 나머지는 모두 정상이었다. 이후 지난 이틀 동안 입력된 구매 주문서를 시스템에 재입력해야 한다는 내용을 전체 직원들에게 전달했다. 당시의 일은 잊으려야 잊을 수 없다.

일부 책 평론가들은 '대담하시네요! 백업 관련 책을 쓰면서 어떻게 장애 경험 이야기로 시작하는지요'라고 말한다. '내가 왜 이 내용을 포함시켰을까?' 하고 오랜 시간 고민했는데 아마도 과거 장애로 많은 어려움을 겪었기 때문인 것 같다. 조 피츠패트릭이라는 훌륭한 관리자의 헌신적인 도움이 없었다면 아마도 나의 경력은 시작하기도 전에 끝났을 것이다.

- 장애의 경험으로 직업의 방향을 변경했다.

- 이 책에서 논의하겠지만 장애 경험으로 몇 가지 귀중한 교훈을 얻었다.

- 이런 책이 있었다면 과거 장애는 피할 수 있었다.

- 마지막으로, 이전에 경험한 장애는 심각한 상황이었다.

인적 재해

오늘날 대부분의 복구 및 재해 복구는 실수든 고의든 담당자가 컴퓨터 환경을 손상해 발생하는데, 이런 손상은 단순한 입력 실수에서부터 건물을 폭파시키는 테러리스트에 이르기까지 다양하다. 이런 일이 너무 흔하기 때문에 백업 및 재해 복구 시스템이 문제없이 잘 동작해야 한다.

먼저 실수로 발생하는 여러 가지 재해를 설명한 다음 데이터를 손상시키는 더욱 악의적인 공격에 대해 알아보겠다. 그런 다음 내부의 데이터 위협으로부터 보호하는 방법에 대한 설명으로 이 절을 마무리하겠다.

사고

사람들은 실수를 한다. 잘못된 파일을 잘못된 공간에 복사하고 정상 파일을 잘못된 파일로 덮어쓰기도 한다. 그리고 새로운 데이터 공간을 만들어 여러 개의 파일들을 삭제하고 휴지통을 비운다. 만약 의도하지 않은 파일을 삭제했어도 몇 초 후에나 그 사실을 인지한다.

평생 키보드로 업무하는 개발자, 시스템 담당자들은 이전부터 수많은 입력 오류를 경험했고 몇 번의 키보드 입력으로 막대한 피해가 발생한 사례가 있는데, 이런 문제를 PEBKAC[Problem Exists Between Keyboard And Chair]이라 부른다.

종종 인적 재해 오류를 생각할 때 업계에서는 그 원인이 IT 부서 엔드 유저[end user] 또는 시스템과 데이터베이스를 사용하는 사용자라고 생각하는 경향이 있다. 모든 인적 재해 오류가 IT 담당자 때문에 발생하는 것은 아니다. 실제로 시스템, 네트워크, 데이터베이스 관리자는 실수를 하지 않는다.

사실 관리자들은 다른 사람들처럼 실수를 하지만 이들의 실수는 훨씬 더 큰 영향을 미칠 수 있다. 다음은 생각나는 몇 가지 주요 사례들이다.

- 데이터베이스에 잘못된 테이블을 삭제[drop]
- 정상적인 파일 시스템을 지우고 잘못된 드라이브를 포맷
- 운영 데이터베이스에 개발 데이터베이스를 복원
- 분리된 홈 디렉터리를 삭제하도록 설계된 스크립트를 작성하지만 실제로는 모든 홈 디렉터리를 삭제
- 다른 가상머신[VM, Virtual Machine]을 삭제

관리자 권한을 가진 사람들은 특수 권한이 있어 잘못된 작업을 진행할 경우 영향은 굉장히 크다. 이는 많은 시스템 관리자가 백업을 하는 또 다른 이유다.

의도하지 않은 작업

대형 소프트웨어 조직의 QA 그룹을 관리하고 있었을 때의 일이다. 소프트웨어가 설치되면 일반적으로 사용자의 홈 디렉터리의 하위 디렉터리인 $HOME/foo에 설치 디렉터리를 생성한다. QA 담당자는 root 계정으로 소프트웨어를 설치할 때 root 홈 디렉터리에 foo 디렉터리를 생성해야 했다. 하지만 실제로는 /$HOME/foo-literally에 디렉터리를 설치해 버그 수정을 요청했다. $HOME은 홈 디렉터리였음에도 다음 명령어를 이용해 불필요하다고 생각한 디렉터리를 삭제하기로 결정했다.

```
# rm -rf $HOME
```

(이 서버는 $HOME 루트가 /.인 표준 유닉스였다.)

당시 시스템 복원을 위한 골든 이미지(VM, 하드 디스크 등의 초기화에 사용되는 마스터 디스크 이미지)는 없었고 QA 서버의 백업 이미지도 없었지만 다행히 대부분의 중요 데이터는 NFS(Network File System) 파일 서버에 있어 시스템을 복원할 수 있었다.

잘못된 코드

잘못된 코드는 어디에나 있을 수 있다. 다른 데이터를 잘못 삭제하는 셸 스크립트^{shell script}처럼 간단한 코드일 수도 있고 데이터를 손상시키는 핵심 소프트에서 생기는 실제 버그일 수도 있다. 이런 사례들은 보통 외부 미디어에서 잘 알려지지 않지만 항상 발생하는 일이다.

이런 문제는 개발자들이 코드 배포 위치와 같은 기본적인 규칙을 따르지 않기 때문일 수 있다. 몇 년 전 수십 명 규모의 개발 팀에서 전체 팀의 모든 소스 코드를 HP-UX 시스템의 RAM 메모리에서 관리되는 /tmp 디렉터리에 저장했는데 서버가 리부팅되자 RAM과 관련된 코드를 제외한 tmp 폴더는 초기화됐다.

전문 개발자들이 개발한 상용 소프트웨어 역시 면역성이 없다. 재차 강조하자면 상용 소프트웨어는 대부분 특수 권한 레벨에서 실행되기 때문에 많은 피해를 입힐 수 있다. 이런 유형의 소프트웨어는 수많은 기업에서 현재도 사용 중이다. 더 큰 문제점은 치명적인 오류는 피해가 드러나기 전까지는 발견되지 않는다는 점이다.

상용 백업 소프트웨어 패키지의 버전 관련 재미있는 이야기가 있다. 각 테이프의 앞면에 전자 레이블을 더 빨리 붙이도록 지원하는 기능과 관련한 내용인데, 개발자는 테이프 라벨링 작업 프로세스에 두 가지 불만이 있었다. 첫째는 테이프를 재사용할 수 있도록 전자적 라벨링을 다시 작업해야 했고 재사용이 필요한 라벨링 대상 테이프는 덮어쓰기 작업을 위해 마우스를 여러 번 클릭해야 했다. 둘째는 테이프 라이브러리에 여러 개의 테이프 드라이브가 있더라도 한 번에 하나의 테이프 드라이브만 사용하는 프로세스였다. 최신 소프트웨어 버전은 이른바 '빠르고 조용한' 옵션 기능이 있었는데 재사용에 필요한 테이프를 여러 번 마우스 클릭하지 않고 한 번에 작업할 수 있어 테이프 드라이브에 보관 중인 테이프를 최대한 많이 사용할 수 있었다.

이 새로운 기능으로 새로운 버그가 발견됐다. 이전에는 테이프 목록을 보고 각 테이프별로 마우스를 두 번 클릭하면 대화 상자가 열리고 해당 테이프를 덮어쓸지 묻는 메시지가 보였다. 하지만 지금은 새로운 기능을 이용해 테이프 하나를 두 번 클릭하면 테이프 라이브러리의 모든 테이프를 확인할 수 있는 대화 상자를 확인할 수 있다.

이는 사용자 실수^{user error} 및 잘못된 코드로 인한 문제와 비슷한 상황이다. 사용자는 하나의 테이프만을 덮어쓴다고 생각하면서 모든 테이프를 빠르게 사용할 수 있도록 여러 번 마우스를 클릭했지만 실제로는 모든 라이브러리의 테이프를 덮어쓰고 있었다.

이전에 공급업체 컨설턴트와 함께 고객 미팅에 참석했는데 컨설턴트는 고객 테이프 라이브러리의 테이프에 라벨링 작업을 반복적으로 진행했고 항상 그랬듯 마우스를 두 번 클릭해 테이프를 덮어쓰고 있었다. 이 컨설턴트는 고객 테이프 라이브러리에 보관돼 있는 모든 테이프를 덮어쓰고 있었음을 뒤늦게 인지했지만 이미 테이프는 복원하기 어려운 상태였다. 다행히 고객이 오프사이트^{off-site}(동떨어진 장소)에 테이프 복사본을 보관하고 있어 데이터 손실은 없었지만 컨설턴트는 백업에 대한 이해 없이 작업을 진행했다.

이와 같은 사례는 3-2-1 규칙을 설명하기에 적합하다. 즉 세 가지 버전의 데이터를 2개의 다른 미디어에 저장하고 한 미디어는 소산^{vault}해 보관해야 한다.

3-2-1 규칙은 모든 백업의 기반인 기본 규칙이며 3장에서 자세히 다루지만 거의 모든 장에서 언급된다.

정상적인 사용자조차도 가끔은 데이터를 지우거나 변경하는 실수를 한다. 이는 백업을 해야 하는 또 다른 이유다.

악의적인 공격

이제 데이터 위험의 두 번째 유형을 살펴보자. 악성 코드 공격을 이용해 기업에 침투하는 데이터센터^{datacenter} 공격은 자주 발생한다.

역사상 가장 큰 해킹 공격

1장을 쓸 당시 미국은 가장 큰 해킹 공격을 당하고 있었다. 당시 피해 손실의 규모와 시점은 불분명했다. 문제의 악성 코드는 개발 팀으로부터 상용 소프트웨어에 트로이 목마(Trojan horse) 악성 코드가 삽입된 것으로 보였다. 악성 코드는 공급업체 소프트웨어에 들어 있었고 소프트웨어를 사용하는 전체 고객에 배포됐다. 당시 어떻게 악성 코드가 삽입, 배포됐는지 알 수는 없었다. 하지만 여기서 두 가지 교훈을 얻을 수 있다. 공격은 어디서 발생할 수 있는지 전혀 알 수 없다는 것과 모든 소프트웨어를 업데이트할 경우 보안 취약점을 검증해야 한다는 것이다. 또한 감염과 공격 실행 사이의 기간이 어느 정도인지 알 수 없어 백업을 현재보다 조금 더 오랜 기간 보관해야 한다.

테러리즘

누군가는 여러 방법을 이용해 한 조직에게 의도적으로 물리적 피해를 입힐 수도 있다. 또한 건물을 폭파하거나, 불을 지르거나, 비행기를 이용하는 등 모든 종류의 테러를 시도하고 있을 수 있다. 이는 9/11 사태와 같은 정치적 목적의 테러이거나 기업과 같은 조직을 파괴하기 위한 것일 수도 있다. 조직에게 의도적으로 후자가 될 가능성은 비교적 적지만 앞으로 발생할 수도 있고 과거에 일어났던 일일 수도 있다.

이 책에서는 테러에 대비한 인프라 보호 내용은 다루지 않는다. 다만 테러리즘 또한 3-2-1 규칙이 존재하는 또 다른 이유이고, 백업 데이터는 보호 중인 데이터와는 멀리 떨어진 곳에서 관리해야 한다.

불행하게도 9/11 테러 발생 시 몇몇 기업 및 조직들은 3-2-1 규칙을 지키지 않아 현재는 없다. 사고 발생 시 백업 정보가 있었고 심지어 다른 옆 쌍둥이 건물에는 바로 사용할 수 있는 재해 복구용 핫 사이트hot site도 있었다. 이것이 3-2-1 규칙에서 '1'의 목적과도 같은데 멀리 떨어진 곳에 백업을 보관함이 중요한 이유다. 가까운 거리에 있는 서버에 데이터베이스 복사본을 동기화하는 재해 복구는 잘못된 계획이다.

사이버 공격

조직에서 발생할 수 있는 보다 일반적인 이벤트는 일종의 사이버 공격이다. 이는 외부 방화벽의 해킹 공격으로 데이터센터에 백도어를 감염시키는 것이 원인일 수 있지만, 외부 해킹이 아닌 내부 컴퓨팅 환경에 침투한 일종의 멀웨어malware일 가능성이 더 높다. 이런 경우 외부 방화벽 해킹 없이 감염된 내부 멀웨어에서 외부로 연결된다.

이전에 한 기업의 해킹 방법을 실시간으로 시연한 보안 전문가를 본 적이 있었다. 이 전문가는 방화벽 등 보안 장비를 이용하지 않고도 해킹을 성공했는데 모두 사회 공학적 기법으로 백도어를 설치했다. 섬뜩한 순간이었다.

이런 멀웨어는 일반적으로 특정 유형의 피싱phishing 공격 또는 소셜 엔지니어링 메커니즘을 이용해 회사에 근무하는 누군가의 컴퓨팅 환경에 잘못된 코드를 직접 다운로드하도록 유도한다. 이 공격은 이메일이나 해킹된 웹사이트를 이용할 수도 있고 심지어 잘못 걸려온 전화로 감염될 수도 있다(앞서 언급한 세미나에서 핸드폰을 충전하려고 연결된 USB 포트 케이블을 이용해 컴퓨터를 해킹하는 방법도 소개됐다). 이런 해킹 공격이 발생하면 멀웨어는 다양한 수단으로 조직 전체로 확산될 수 있다.

랜섬웨어

요즘 가장 흔한 악성 코드는 이른바 랜섬웨어^{ransomware}다. 일단 시스템에 들어오면 데이터는 자동으로 암호화되고, 결국 경제적 금액(즉 몸값)의 대가로 암호 해독 키를 제공한다. 만약 개인 누군가가 랜섬웨어에 감염된다면 이 몸값은 수백 달러일 수 있고, 만약 감염 대상이 대기업이면 수백만 달러를 몸값으로 요구할 수 있다.

랜섬웨어 공격이 늘면서 몸값 요구도 커지고 있다. 이런 경향은 조직이 랜섬웨어 공격 대응을 위한 재해 복구 시스템을 준비하기 전까지 계속될 것으로 보인다.

이와 같은 랜섬웨어 감염에 대응하는 것은 매우 중요한데 11장에서 더 자세히 랜섬웨어를 설명하겠다. 재해 복구 시스템을 구축하는 가장 큰 이유 중 하나는 랜섬웨어다. 자연재해나 악성 관리자가 데이터를 삭제하는 것보다 랜섬웨어 공격으로 데이터가 훼손될 가능성이 더 높다. 복구 시간이 짧은 재해 복구 시스템만이 이에 대한 유효한 대응 전략이라 생각한다.

과거 악성 코드와 랜섬웨어 공격은 해킹 공격 기술을 보유한 전문 해커들이 사용하는 제한적인 공격이었지만, 현재는 랜섬웨어 코드, 서비스를 제공하는 랜섬웨어 서비스^{RaaS,} ^{Ransomware-as-a-Service}의 등장으로 누구나 랜섬웨어 공격을 쉽게 이용할 수 있다.

공격 대상의 정보가 확인되면 해커들은 공격을 시작한다. 이 범죄 조직들은 오직 수익을 얻고자 해킹을 한다. 사이버 해킹 공격으로부터 얻는 이익이 전체 수익의 상당한 부분을 차지하기 때문이다. 이들은 랜섬웨어나 도난웨어^{theftware}의 다른 용도에는 거의 관심이 없다.

특히 RaaS는 다른 어떤 유형의 랜섬웨어보다도 더 데이터 랜섬웨어 감염에 큰 위험이되고 있다. 기업의 스파이 활동을 목적으로 조직을 해킹하는 숙련된 해커들은 컴퓨터가 등장할 때부터 존재했지만 그 인원은 많지 않았다. 그리고 해킹 공격을 수행하려면 해킹 공격의 동기 부여와 함께 공격 기법에 대한 충분한 지식을 갖춘 누군가가 필요하다. 하지만 RaaS 서비스로 해킹 지식 없이도 랜섬웨어 공격을 할 수 있다. 이제 공격자가 필요한 유일한 지식은 어떻게 하면 다크 웹^{dark web}에 접속해 라스 서비스에 접속할 수 있는 가다.

기후 변화로 그 어느 때보다 자연 재해가 빈번해지고 있는 것과 같이 RaaS도 시간이 갈수록 랜섬웨어 공격을 데이터에 더 큰 리스크로 만들고 있다는 점이 핵심이고 이것은 백업을 하는 또 다른 이유다.

하지만 자연 재해나 사이버 공격과 같은 외부 위협만이 유일한 문제는 아니며 내부 직원들의 위험도 고려해야 한다. 이제 데이터의 내부 위협을 살펴보자.

내부 위협

많은 조직이 내부에서 발생하는 공격에 제대로 대비하지 못하고 있다. 정보 보호 전문가들은 내부에서 공격이 많이 발생한다고 거듭 경고한다. 내부에서 공격이 시작하지 않더라도 일반 직원의 실수로 악성 이메일에 첨부된 파일을 클릭하는 등 내부에서 공격이 발생할 수 있다.

가장 일반적인 내부 위협은 접속 권한이 있는 직원이나 계약직원이 어떤 식으로든 불만을 품고 조직에 피해를 입히는 것이다. 단순히 악의적인 목적으로 운영 또는 데이터를 손상시키는 피해부터 랜섬웨어 공격을 쉽게 실행할 목적으로 접속 권한을 이용하는 피해까지 다양하다.

이를 일반적으로 악성 관리자 문제라고 한다. 접근 권한이 있는 사람은 아무도 모르게 상당한 해를 끼칠 수 있고 심지어 권한을 가진 사람이 떠난 후에도 피해를 입히는 코드를 심을 수도 있다.

2004년에 자사 서버 70대에 이른바 '논리 폭탄'을 설치했던 유닉스 관리자인 앤디 린Young-Hsun Lin이 있었다. 문제의 논리 폭탄 스크립트는 그가 해고될 경우 보복으로 서버의 모든 데이터를 파기하도록 설정됐다. 정리해고에 대한 두려움이 사실무근으로 드러났지만 어쨌든 논리 폭탄을 방치했다. 운 좋게도 스크립트는 동작하기 전에 발견됐고 실제로 피해는 없지만, 그는 2006년에 유죄 판결을 받았다.

또한 조 벤조Joe Venzor라는 직원이 있었다. 조 벤조는 기업 데이터를 계획적으로 공격해 부츠 제조업체의 작업이 몇 주 동안 지연되는 피해를 발생시켰다. 해고가 두려웠던 조 벤조는 프린터 드라이버를 위장한 백도어를 설치했다. 그리고 정말로 해고됐을 때 악성 코드를 활성화시켰는데 그가 해고된 지 1시간 만에 회사의 모든 제조 공정이 중단됐다. 이 보안 사고를 조사하면서 조 벤조가 의도적으로 해킹 공격을 진행한 것임을 알게 됐다.

이 부분을 조사하던 중 어떤 삐딱한 익명의 사람이 조 벤조가 잘못한 것은 그가 잡힐 수 있는 바로 그 방식으로 일을 한 것이라고 말한 온라인 게시물을 접하게 됐다. 이 익명의 사람 말에 따르면 조 벤조가 했어야 할 일은 공격을 시행하고 로그인하는 사용자를 지속적으로 확인했어야 하는 것이었다(조 벤조는 이 공격을 하고자 다양한 스케줄링 도구를 사용할 수 있었다). 만약 사용자가 한 달 이상 로그인하지 않으면 공격이 시작돼 공격자가 기업을 해킹하기 위해 원하는 모든 것을 동원했을 것이다.

이와 같은 사례는 시스템 관리자의 권한이 얼마나 위험한지를 보여 준다. 그래서 접근 권한이 있는 관리자의 범위를 제한하고 통제하려면 최선을 다해야 한다.

윈도우의 관리자 계정, 유닉스 및 리눅스의 루트 계정 또는 다른 시스템의 관리자 계정의 접속 권한으로 악의적인 관리자는 손쉽게 조직에 피해를 줄 수 있다. 이에 관리자 계정으로 직접 접속할 수 있는 권한을 제한할 때 다음의 모든 작업을 해야 한다.

모든 항목에 실명 계정 사용

모든 사용자는 항상 자신의 계정으로 로그인해야 한다. 루트 또는 관리자 권한을 사용해야 하는 경우라면 직접 자신의 계정으로 로그인한 다음 관리자 권한을 부여받아야 하고 그 권한 부여 이력은 로깅해야 한다. 또는 관리자 권한으로 실행해야 하는 도구는 가급적 사용을 제한하거나 삭제해야 한다.

루트 암호 제공 금지

루트 또는 관리자 암호를 저장하지 않고 임의의 문자열로 일회성 비밀번호를 설정하는 조직에서 일한 경험으로 볼 때, 관리자 또는 루트 접속이 필요한 경우 sudo 또는 Run as Administrator 같은 명령어로 항상 본인에게 해당 액세스 권한을 부여할 수 있다. 이렇게 하면 관리자 권한 작업을 수행할 수 있지만 모든 활동을 기록할 수도 있다.

셸 접속 권한이 있는 프로그램 삭제 또는 사용 차단

이 방법은 유닉스 및 리눅스 OS와 관련된 문제에 가깝지만 vi와 같이 셸코드를 이용 실행할 수 있는 많은 명령어가 있다. 만약 루트 권한으로 vi를 실행한다면 명령어 사용 이력을 로깅하지 않고 많은 명령어가 실행될 수 있다. 따라서 vi를 권한이 없는 다른 비슷한 명령어로 변경해야 한다.

콘솔에서만 슈퍼 권한을 허용

접속 제한이 없는 슈퍼유저^{superuser} 액세스를 제한하는 또 다른 방법은 콘솔에서 슈퍼 권한 접속만을 허용하는 것이다. 이는 이상적인 방법은 아니지만 없는 것보다는 낫다. 설정 이후 실제 콘솔 접속이 로깅되는지 확인한다. 그리고 가상 콘솔을 이용해 사용자가 접속하는 경우 또한 동일하게 명령어 사용 이력이 로깅되는지 확인해야 한다.

오프 호스트^{off-host} 로깅

슈퍼유저 계정의 모든 액세스(접속 권한 유무와 상관없이)는 보안 인시던트^{incident}로 로깅해야 하며 관련 정보(예를 들어 비디오 감시 또는 가상 콘솔 로그)는 해커가 로그를 삭제할 수 없도록 즉시 저장해야 한다. 그렇게 하면 누군가 시스템을 훼손하더라도 해당 자산의 흔적은 쉽게 삭제할 수 없다.

부팅 가능 매체 제한

가능한 한 다른 매체를 이용한 서버 또는 가상머신^{VM} 부팅 기능을 비활성화해야 한다. 다른 매체에서 부팅이 가능한 경우에는 리눅스 또는 윈도우 관리자가 서버를 쉽게 부팅하고, 부팅 드라이브를 마운트하고, OS 설정을 관리자 마음대로 편집할 수 있기 때문이다.

이 책은 데이터 보호 담당자가 데이터를 보호할 때 해야 하는 일에 초점을 맞추고 있다. 그리고 이 책의 범위는 아니지만 또 다른 분야인 정보 보안 전문가와 협력해야 한다.

권한 분리

IT 인프라 관리 작업을 할 때 직접 로그온하는 것이 일반적이다. 그러나 문제는 너무나 많은 사람이 조직에 막대한 피해를 일으킬 수 있는 높은 권한의 툴에 접속할 수 있다는 것이다. 예를 들어 직원이 sudo 등으로 관리자로 로그인할 수 있는 기능을 이용해 침해 사고를 일으킨다면 접속 권한을 차단하기도 전에 많은 피해가 발생할 수 있다. 또한 사용자가 백업 시스템에 접속할 수 있는 경우 조직의 작업 복구 기능을 방해하거나 제거할 수 있다.

그래서 가능한 한 접속 권한을 최소한으로 분리해야 한다. 백업 및 재해 복구 시스템은 마지막 방어선이어야 하며, 백업 및 재해 복구 시스템은 보호 중인 인프라를 손상시킬 수 있는 능력이 없는 완전히 다른 조직에서 관리해야 한다.

역할 기반 관리

권한 분리의 개념은 많은 데이터 보호 제품의 역할 기반 관리 기능에서 확인할 수 있다. 이는 데이터 보호 시스템의 여러 부분을 실제 다른 역할의 서로 다른 권한을 가진 사람들이 관리하도록 하는 것이다.

하나의 역할은 단순 작업으로 미리 정의한 작업만 실행할 수 있다. 예를 들어 이 역할을 이용해 백업 정책의 이상 유무를 모니터링하고 실패할 경우 지정된 백업 정책을 다시 실행할 수 있지만 백업의 정책은 변경할 수 없다. 다른 역할은 백업 정책을 정의할 수 있지만 해당 정책을 실행할 수는 없다. 백업 정책과 백업 작업을 분리하면 한 사람이 수행할 수 있는 작업을 최소화할 수 있다.

복원 작업의 역할은 완전히 다르게 설정할 수 있다. 보안성이 높은 환경에서는 이전에 백업한 저장소 위치에서만 데이터를 복원할 수 있도록 역할을 제한할 수 있고, 역할 분리로 대체 서버 및 디렉터리 복원 기능을 이용한 누군가의 내부 데이터의 유출 시도를 차단할 수 있다.

역할 기반의 권한 관리 기능이 기본으로 제공되는 백업 제품에서는 역할 기반으로 작업을 정의해서 사용자에게 할당하기만 하면 된다. 하지만 중요한 점은 관리자가 어떻게 역할을 부여하는가다. 모든 사용자에게 루트/관리 암호를 제공하는 것처럼 모든 역할을 한 사람에게 부여하는 것이 가장 편할 수도 있다. 하지만 보안 측면에서는 백업 시스템 내에서 여러 사람에게 하나의 역할을 부여하는 것이 가장 좋다. 이에 자신의 역할이 아닌 다른 역할의 작업 필요할 경우 다른 사람과 협력해야 한다. 이런 관리로 완벽하게 업무를 분리할 수는 없지만 보안 리스크는 상당히 줄일 수 있다.

최소 권한

역할 기반 관리를 설정한 후에는 각 사용자와 각 프로세스가 자신의 작업을 수행하는 데 필요한 액세스 등급만을 갖고 있는지 확인해야 한다. 예를 들면 설치 중인 백업 에이전트에 전체 관리자 액세스 권한을 부여하지 않는다. 작업 수행에 필요한 가장 낮은 접속 등급을 확인해 해당 역할 또는 접속 등급을 사용한다. 모든 운영자나 관리자도 마찬가지다. 이들은 업무를 수행하는 데 필요한 수준의 접속 권한만 보유해야 하며 그 이상은 없어야 한다.

2인 인증

대부분의 백업 제품에서는 찾아볼 수 없는 내부자 위협으로부터 조직을 보호하기 위한 2인 인증을 설명하고자 한다. 두 사람이 특정 활동을 인증해야 하는 다계층 인증 방식으로 두 개의 눈이 필요하기 때문에 이를 4개의 눈 인증이라고도 한다(안경을 꼭 써야 하는 사람으로서 나는 이 용어를 좋아하지는 않는다). 이 기능은 보안이 중요한 백업 시스템에서 활성화할 수 있다.

잘못된 작업을 실행할 경우 특정 서버 또는 애플리케이션의 이전 백업을 모두 삭제하고 추가 백업에 대한 보관 기간을 줄이고 백업 구성을 모두 삭제할 수도 있다. 대부분의 백업 환경에서는 경보를 설정 없이도 이 모든 작업을 수행할 수 있다. 복원 작업도 마찬가지다. 누군가 데이터를 훔치려는 경우 백업 시스템을 이용해서 복원한 데이터를 훔치고 쉽게 삭제할 수 있다. 이런 이유로 일부 제품은 복원, 백업 정책의 변경 또는 기존 백업의 보존 기간을 줄이고자 2인 인증이 필요하다.

1장에서 설명한 다른 보안 수단과 마찬가지로 2인 인증도 완벽하지는 않다. 기업의 네트워크에 접속한 해커는 추가 인증 요청을 쉽게 가로채고 우회할 수 있다. 위험하지 않은 IT는 없다. 데이터 보호 시스템의 역할은 이런 위험을 최대한 줄이는 것이다.

기계 또는 시스템 장애

1990년대 초에 데이터 보호 산업에서 백업 시스템을 사용하는 가장 큰 이유는 기계적 또는 시스템 장애였다. 파일 시스템과 데이터베이스는 물리적 하드 드라이브에 직접 설정했으며 하드 드라이브 중 하나가 고장 나면 데이터 또한 같이 사용이 어려워졌다.

현재는 여러 가지로 상황이 다르다. 첫 번째 이유는 대부분의 임무 수행에 필수적인 데이터는 솔리드 스테이트 미디어에 저장된다는 점이다. 노트북, 스마트폰, 태블릿, 사물인터넷[IoT] 기기 등 거의 모든 에지[edge] 데이터도 이런 미디어에 저장된다. 그 결과 오늘날의 일반 IT 직원은 과거에 발생했던 수준의 장치 오류를 경험하지 않는다.

스토리지 장치의 탄력성이 향상 외에도 레이드[RAID] 및 이레이저 코딩[erasure coding]과 같은 중복 스토리지 시스템은 데이터를 관리하는 모든 데이터센터의 표준이 됐다. 또한 디스크 드라이브 제조업체는 디스크 고장으로 인한 데이터 손실을 조금 더 안정적으로 대응하려고 장치 펌웨어 오류가 발생하면 펌웨어의 무결성을 검사하는 기능을 구축하는 것으로 보인다. 이는 하드 드라이브의 고장 때문에 거의 복원되지는 않지만 복원이 아예 불가능하다는 의미는 아니다.

여러 디스크 장애를 동시에 처리할 수 있는 레이드 또는 이레이저 코딩 어레이에서도 비슷한 장애가 발생할 수 있다. 전원 공급 장치가 계속 문제 있거나 여러 드라이브의 일부 펌웨어에서 오류가 발생할 수 있다. 디스크 장애로 레이드 어레이를 동시에 꺼내는 경우는 거의 없지만 실제로는 발생할 수도 있다. 이것이 바로 레이드 또는 이레이저 코딩이 백업에서 필요한 이유다. 실제로 이런 장애가 발생해 복원한 경우도 있다.

정전

지금 살고 있는 곳을 계속 사례로 제시하기는 싫지만 이전에 나는 정전 사태를 겪어 왔다. 이 전력 회사들은 화재 가능성을 줄이기 위해 전압을 조정해서 주거 지역에 전류가 부족한 상황이다.

이런 사례를 참고해 데이터센터에서는 데이터 보호를 위한 전력 공급을 고려해 설계해야 한다. 대부분 대형 데이터센터에는 예비 전원과 대규모 발전기가 있어 전력공급이 중단될 경우 이에 대응할 수 있다.

그러나 예상치 못한 정전 사태가 발생할 수도 있다. 데이터센터로 들어오는 모든 전원이 갑자기 중단되면 모든 서버는 멈춘다. 이로 인해 데이터가 정상적으로 저장되지 않고 일부 데이터는 손상될 수 있다. 대부분의 정형 데이터structured data는 내장 데이터의 무결성 기능을 이용해 복원할 수 있어야 한다. 그리고 정전 발생 시 작성 중인 일부 파일을 제외한 대부분의 비정형 데이터unstructured data 또한 복원할 수 있어야 한다. 그리고 데이터 무결성 기능으로 데이터베이스는 운영 가능하지만 미디어 복구 프로세스(7장에서 설명)는 전체 복원보다 시간이 오래 걸릴 수 있다.

1장에서는 계속해서 백업의 중요성을 언급하고 있는데 가끔 서버 충돌로 데이터베이스가 백업되지 않는 경우가 있다. 그리고 전원이 꺼졌을 때 사용하던 파일이 며칠간 작업 중인 매우 중요한 파일일 수도 있다. 이것이 우리가 백업하는 이유다.

클라우드는 없다

나는 퍼블릭 클라우드의 열렬한 팬이지만, 클라우드는 패키징과 마케팅이라 생각한다. 클라우드 같은 것은 없다. 단지 다른 사람의 컴퓨터만 있을 뿐이다. 클라우드는 결국 컴퓨터를 기반으로 클라우드를 쉽게 프로비저닝 및 관리하고 전반적으로 복원력을 높이려고 모든 종류의 프로그래밍을 실행한다. 클라우드는 마술이 아니라 서비스를 제공하는 수많은 컴퓨터에 불과하다. 이런 컴퓨터도 고장 날 수 있고 드라이브도 고장 날 수 있다.

또한 데이터 보호 측면에서 클라우드 내의 모든 스토리지가 동일하지는 않다는 점도 중요하다. 오브젝트 스토리지는 일반적으로 여러 위치에 복제돼 다양한 재해에서도 복원

될 수 있다. 그러나 대부분의 블록 스토리지는 데이터센터의 스토리지 어레이에 있는 가상 드라이브 논리 장치 번호$^{LUN, \text{ Logical Unit Number}}$에 불과하고 이중화 기능을 지원하지 않는다. 그리고 클라우드 블록 스토리지에서 이중화를 사용할 수 있지만 대부분의 사용자는 이 옵션을 사용하지 않는다. 또한 1장 후반부에서 설명하겠지만 이중화로는 휴먼 에러 문제를 해결하기 어렵다.

시스템 오류

하나의 스토리지 어레이를 사용하는 단일 서버, 여러 데이터센터와 지리적으로 분산된 메트로 클러스터 또는 클라우드에서 사용 중인 서비스 등 어떤 것도 완벽하지 않다. 프로그래머들의 실수도 발생하고 사고도 발생하는데 실제로 이런 이유로 중요한 데이터를 백업한다.

재미있는 것은 이 책을 집필하는 도중 프로그래밍 및 사용자 오류가 같이 발생해 1장의 첫 번째 작성 버전을 완전히 잃어버렸다. 책의 다른 부분에서 언급했듯이 전염병이 한창일 때 나는 음성 인식 앱인 드래곤 딕테이션$^{\text{Dragon dictation}}$을 사용해 이 책을 쓰고 있었다. 드래곤 딕테이션의 기본 설정은 문서 자체와 함께 음성 오디오를 자동으로 저장하는 것으로 이 기능은 문서를 저장하는 데 다소 시간이 오래 걸린다. 그래서 오디오를 거의 사용하지 않아 오디오를 저장할 경우 확인 후 저장하도록 설정했다.

러닝머신에서 걸으면서 약 두 시간 동안 책의 내용을 말했는데 평소와 다르게 문서내용이 저장되지 않고 있음을 알게 됐다. 보통 '파일 클릭…저장'을 선택하면 문서를 저장할 것인지 묻는 대화상자가 나타나지만 당시에는 왠지 오디오를 저장할 것인지를 묻는 것 같아 '아니요'라고 선택했다. 그러자 두 시간 동안 작업한 문서를 저장하지 않은 체 앱이 종료됐다.

대화 상자에 응답할 때 주의를 더 기울였어야 했고, 대화 상자가 닫으라고 하지 않은 파일을 닫지 말았어야 했다. 요점은 이와 같이 소프트웨어 및 하드웨어가 예상대로 작동하지 않을 수 있다는 것이다. 따라서 백업을 해야 한다. 방금 설명한 경험은 전체 문서가 램^{RAM} 메모리에 저장되는 구조라 적합한 사례가 아니기는 하다. 데이터 보호 제품을 사용했어도 이런 상황은 대응할 수 없었을 것이다.

이 책에서 설명한 대부분의 조언은 컴퓨터를 이용해 해당 조직의 중요한 데이터를 저장하는 모든 상업, 정부 또는 비영리 단체에 적용해야 한다. 그래서 가능하면 보호받는 실체를 언급할 때 조직(organization)이라는 단어를 사용하겠다. 정부, 비정부기구(NGO), 영리 민간 또는 공기업, 비영리 기업이 될 수 있다.

오늘날과 같은 수준의 시스템 및 스토리지 복원력을 고려한다면 물리적 시스템 장애로 데이터 손실이 자주 발생하면 안 된다. 그러나 자연 재해로 손실되는 데이터에 대응하는 조직은 거의 없다. 조직에서는 자연 재해 자체를 막을 수는 없지만 사전에 대비해야 한다.

자연 재해

어떤 조직은 거주 지역과 운에 따라 자연 재해에 따른 데이터 손실을 경험했을 수도 있다. 오늘날 하드웨어의 놀라운 복원력 때문에 기계 또는 시스템 장애보다 자연 재해가 발생할 확률이 훨씬 더 높다.

자연 재해는 3-2-1 규칙이 중요한 마지막 이유다. 재해 복구 목적으로 백업 시스템을 사용한다면 3-2-1 규칙은 더욱 중요하다.

자연 재해에서 살아남기 위한 핵심은 지역 및 데이터에 영향을 미칠 수 있는 재해 유형을 기준으로 재해 복구 시스템을 계획하고 설계하는 것이다. 몇 가지 자연 재해 유형을 살펴보자. 다음 사례는 모두 미국 기반의 예시이지만 모든 곳에서도 이와 비슷한 자연 재해가 일어난다고 생각한다.

홍수

홍수는 다양한 이유로 데이터센터에 발생할 수 있다. 건물 스프링클러 시스템이 오작동해서 건물에 물이 넘칠 수도 있고 지붕이 새고 폭우 같은 비가 쏟아져 서버가 고장 날 수도 있다. 누군가 만약 평야에 살고 있다면 근처의 거대한 강이 범람해 집이나 건물이

잠길 수도 있다. 결과는 동일하다. 컴퓨터와 물은 섞이지 않는다.

델라웨어Delaware 강 바로 옆에 있는 델라웨어에서 나는 첫 번째 백업을 잃어버렸다. 당시 허리케인에 대해 크게 걱정하지 않았지만, 해안으로 올라오는 허리케인이 델라웨어 강에 홍수를 일으킬 수 있다는 것은 예상하지 못했다. 그리고 데이터센터는 건물 1층에 있었는데 이 위치가 문제였다. 2차 세계대전 당시 오프사이트 미디어 저장 시설이 실제로 지하에 있었던 이유를 이번 사례와 비교해 고민해 봐야 한다.

홍수에 대비하려면 고지대와 같은 위치가 중요하다. 앞서 언급한 다른 지역 재해와 마찬가지로 재해 복구 사이트가 홍수가 발생할 수 있는 곳과 완전히 동떨어져 있는지 확인하는 것이 중요하다. 지역에 따라서는 비교적 가깝지만 높은 지역에 있을 수 있다. 이것 역시 다른 대비 방안과 마찬가지로 위치를 선정하기 전에 관련 전문가와 상의해야 한다.

화재

캘리포니아 주에는 화재, 홍수, 진흙, 가뭄의 4계절이 있고 사막 기후라서 자주 산불이 발생한다. 산불이 걷잡을 수 없게 되면 확산을 멈추는 것은 거의 불가능하다. 한번은 큰 산불이 타올라 우리집 방향으로 번져 대피한 경험이 있다(불의 지도를 보면 거대한 삼각형처럼 생겼고 그 삼각형의 꼭지점은 집 방향을 가리키고 있었다). 불이 몇 킬로미터 안까지 지속됐지만 다행히 운이 좋았다.

데이터센터에 피해를 주는 정도의 산불은 아니지만 전기 합선처럼 간단한 것일 수도 있다. 이를 대비해 차단기가 있지만 항상 작동하지는 않는다. 만약 누군가가 많은 기름때가 묻은 천이나 헝겊을 잘못된 곳에 보관하면 자연 발화의 원인이 될 것이다. 또한 창문밖으로 던진 담배로 화재가 발생할 수도 있다. 화재는 데이터센터에 엄청난 피해를 준다. 물과 컴퓨터가 섞이지 않는 것처럼 컴퓨터와 담배도 섞이지 않는다.

데이터센터의 화재에 대응하기 위한 다양한 방법이 있는데 이 중 확실한 백업 및 재해 복구 계획이 매우 중요하다. 이렇게 화재는 백업이 필요한 또 다른 이유다.

지진

나는 캘리포니아 주 남부에 살아서 지진에 매우 익숙하다. 이곳에 살지 않는 분들에게 지진을 잠시 설명하자면 대부분의 지진은 믿기 힘들 정도로 작고 큰 진동 침대에 몇 초 동안 앉아 있는 것처럼 느껴진다. 내가 사는 지역에서 지진이 언제 발생했는지는 기억나지 않는다. 하지만 1994년에 발생한 로스앤젤레스 노스리지^{Northridge} 지진은 가장 최근에 발생한 대규모 지진이다.

지진에서 살아남기 위한 핵심은 사전 준비다. 건물들은 작은 지진에도 견딜 수 있도록 지어졌고 미국 건축 법규에 따르면 건물 안에 있는 물건들을 끈으로 묶어야 한다. 예를 들어 집 안의 온수기는 끈으로 묶어야 한다. 데이터센터 랙^{rack}은 쇼크 마운트$^{shock\ mount}$에 올려져 있어 바닥이 흔들릴 경우 랙이 약간 움직일 수 있다. 여기에 살지 않는다면 이해 못할 수도 있지만 캘리포니아의 빌딩 및 데이터센터 설계에서는 표준으로 준수해야 한다.

또한 지진이 얼마나 큰 피해를 줄 수 있는지 생각하고 데이터의 재해 복구 복사본이 해당 지진 진원지의 반경 밖에 있는지 확인해야 한다. 지진은 매우 지역적으로 발생하기에 이런 작업은 사실 그렇게 어려운 일이 아니다. 지진 전문가와 상담하면 이 부분을 조언받을 수 있다.

허리케인, 태풍, 사이클론

허리케인^{hurricane}, 태풍^{typhoon}, 사이클론^{cyclone}은 물 위에서 형성되는 치명적인 폭풍이다. 나는 플로리다 주에서 자랐고, 텍사스 주 걸프^{Gulf}만에서 많은 시간을 보냈다. 그래서 허리케인을 조금은 알고 있다. 나와 가족은 허리케인이 빈번하게 발생하는 곳에 거주하고 있었다. 일반적인 지진과는 달리 허리케인의 특징은 어느 정도 사전에 예측할 수 있다는 것이다. 또한 거주지에 따라 허리케인이 어떤 피해를 입힐 수 있는지 확실히 파악할 수 있다. 누군가는 지붕이나 건물이 파손시키는 홍수 또는 홍수의 원인인 해일을 고민하고 있을 것이다. 재해 복구 계획에서 이런 문제를 중심으로 설계하면 된다.

허리케인에 대응하려면 예측 가능한 허리케인의 경로를 피하도록 재해 복구 계획을 수립해야 하다. 즉 재해 복구 사이트를 미국 남동부 해안이나 걸프만 해안 어디에도 배치하면 안 된다. 허리케인은 믿기 힘들 정도로 예측이 불가능하며 해안가를 따라 그 지역의 어디든 이동할 수 있다. 허리케인의 피해를 최소화하기 위한 가장 좋은 방법은 클라우드 기반의 재해 복구 시스템이라고 생각한다. 그 이유는 클라우드 기반의 재해 시스템은 어느 지역의 사이트라도 이용할 수 있기 때문이다.

토네이도

토네이도^{tornadoe}는 매우 치명적인 소용돌이 바람이다. 미국에는 토네이도가 자주 발생하는 토네이도 골목^{tornado alley}이라고 불리는 곳이 있는데 이는 텍사스 주 북부에서 사우스다코타 주까지 이어지는 9개 주의 일부를 포함한다. 토네이도에 익숙하지 않은 사람들에게 설명하자면 토네이도는 한 건물을 통째로 파괴할 수 있을 만큼 강력하다. 토네이도는 순식간에 발생할 수 있기에 허리케인과 지진이 발생하는 최악의 시나리오를 고려해야 한다.

허리케인처럼 토네이도에 대응하기 위한 핵심은 앞서 설명한 토네이도 골목^{tornado alley}과 같이 토네이도가 빈번히 발생하는 곳이 아닌 곳에 재해 복구 사이트를 구축하는 것이다. 사우스다코타 주의 재해 복구 사이트는 캔자스 주의 데이터센터를 보호할 수 있을 정도로 중요하다. 그리고 개인적인 의견은 현재의 위치에서 서쪽이나 동쪽으로 아주 멀리 떨어진 곳에 재해 복구 사이트를 운영하는 것이다.

싱크홀

나는 플로리다 주와 캘리포니아 주 중 어느 주에서 최악의 자연 재해가 발생했는지 부모님과 많은 논쟁을 벌였다. 매년 플로리다를 강타하는 허리케인이 있지만 캘리포니아에는 대형 지진이 매우 드물다고 부모님께 말씀드린다. 허리케인은 사전에 어느 정도 예측할 수 있지만 지진은 예고 없이 발생한다. 특히 싱크홀^{sinkhole}은 갑자기 발생하며 매우 짧은 시간 내 많은 피해를 입힐 수 있다. 이는 토네이도의 위력과 갑자기 발생하는 지진의 특징을 결합한 형태다. 토네이도 경험자들은 토네이도가 마치 화물 열차 같다고 말한다. 이상하게도 싱크홀과 관련된 이야기는 별로 없지만 발생 피해는 굉장히 크다.

플로리다에서는 매우 흔하지만 다른 나라에서는 접하기 힘든 싱크홀 현상은 거대한 지하수와 석회암층 때문에 발생한다. 이 지하수와 호수는 플로리다 전역에 흐르며 종종 담수로 사용된다. 플로리다와 같이 석회암이 넓게 분포된 지역에서는 지하수의 흐름으로 석회암이 녹아내려서 긴 동굴이 형성된다. 이 같은 석회암 동굴이 수직 방향으로 지표면에 가까워진 상태에서 폭우 등으로 지지력이 떨어진 주변 지표면이 내려 앉아 동굴에 연결되면 엄청난 깊이의 싱크홀이 발생하는 것이다.

잠자는 사람들이 싱크홀에 빨려 들어가는 이야기를 다룬 다큐멘터리를 보았다. 또한 내가 살았던 곳에서 15분 거리에 있는 1981년 발생한 윈터파크^{Winter Park} 싱크홀도 다뤘다. 어느 날 오후 몇몇 도시 블록이 수백 미터 아래 땅 속으로 가라앉아 더 이상 볼 수 없게 됐고 집과 지역 수영장 그리고 포르쉐 자동차 대리점이 사라졌다.

계속해서 말했지만, 재해 복구 사이트가 주 사이트 근처에 없는지 확인해야 한다. 싱크홀은 제곱미터당 발생 빈도를 계산할 경우 드물게 발생하는 것처럼 보일 수 있지만 항상 발생한다. 이는 3장에서 설명할 3-2-1 규칙을 따라야 하는 또 다른 이유다.

마무리

중요한 데이터를 백업하고 보호해야 하는 이유는 수없이 많다. 그중 첫 번째 이유는 백업하지 않은 데이터는 영원히 복원할 수 없다는 점이다. 백업을 할 수 있는지 여부가 아닌 복원할 수 있는지 여부가 중요함을 명심하자.

세상은 백업하지 않는 이들에게 관용을 베풀지 않는다. 자연 재해, 테러리스트, 해커, 직원의 단순한 사고 등 여러 보안 위협이 있다. 또한 지난 수십 년 동안 컴퓨팅 및 스토리지는 많이 안정화됐다지만 허리케인이나 해커를 막지는 못한다. 회복력이 우수한 하드웨어는 하드웨어 오류로부터 사용자를 보호하지만 데이터 자체를 공격하거나 데이터센터 폭파로부터 사용자를 보호하지 않는다.

요약하자면, 이제 백업, 복구, 재해 복구는 그 어느 때보다 중요하고 복잡해졌다. 그래서 데이터 보호 시스템을 설계하기 전에 요구 사항을 파악하는 것이 그 어느 때보다 중요하다. 이것이 바로 2장에서 이 내용을 다루는 이유다.

서비스 수준 수집 및 결정

 2장은 미국 국방부(DOD, Department Of Defense)에서 오랫동안 근무한 제프 로쉴린(Jeff Rochlin)이 작성했다. 그가 속했던 국방부의 조직은 형상 관리(configuration control) 미국 군사 규격 480B((MIL-STD-480B)를 철저히 준수했다. 내가 처음으로 제프를 만난 건 20년 전 한 업체를 컨설팅할 때였다. 제프와 일하면서 변경 관리에 관해 많은 것을 배웠고, 2장에 대해 누구보다 잘 설명할 수 있는 사람은 없을 것으로 생각한다.

2장의 목적은 데이터 보호 시스템을 구축하거나 업그레이드하는 프로세스를 비즈니스와 정책적인 측면에서 설명한다. 뛰어난 기술과 관련한 솔루션을 설계하는 것은 그 시스템을 사용하고자 하는 사람들의 모든 의견을 수렴하는 것부터 시작한다. 16장에서 이러한 데이터 보호 시스템의 설계, 또는 개선에 관한 기술적 측면을 상세히 설명한다.

데이터 보호는 IT에서 그다지 흥미로운 분야는 아니다. 단지 IT 기술만으로는 해결하지 못하는 다양한 위험들을 일깨울 뿐이다. 이런 상황에서 적용해야 할 자원은 굉장히 고가이고 대부분의 경우에는 최종 결과물조차 보이지 않는다. 일어나기 희박한 상황을 대비해 값비싼 보험을 강매하는 것과 같을 수도 있다. 물론 이 또한 쉽지 않은 제안이겠지만 이런 데이터 보호 계획은 훗날 가장 중요한 투자들 중 하나로 남게 될 것이다.

큰 비용을 지출하기 전, 해당 보험의 구매가 조직의 요구를 확실히 보장하는가를 확인하는 과정이 필요하다. 만약 발생한 손실이 보험 약관에 해당하지 않는 보장이라면 보험을 구매한 의미가 없을 것이다. 3장에서 이러한 효과적인 계획을 수립하기 위한 수단과 방법을 자세히 다루도록 하겠다.

조직의 목표는 무엇인가?

조직의 목표를 알아내려면 완벽한 데이터 보호 시스템 지식만으로도 부족하다. 이를 위해 조직이 이루려는 목표와 아울러 법과 규제에 영향을 받는 외적 요구 사항들까지 이해하는 것이 필요하다.

- 대상 조직이 정부기관이라면 해당 기관은 IT를 활용해 어떤 서비스와 기능들을 제공하는가?

- 대상 조직이 정부기관 또는 영리/비영리 단체라면, 전자상거래 모델을 통해 제품과 서비스를 제공하는가?

- 대상 조직이 물리적 형태를 갖춘 제품을 생산하는 상업적 비즈니스를 운영 중인가? 또한 제품 출시 전, R&D, 프로토타이핑 그리고 어떤 제조 과정으로 제품을 생산하는가?

- 법 또는 규제가 특정 정보를 특정 형태의 저장 방식으로 저장할 것을 요구하는가?

시스템의 각 부분은 각기 다른 요구 사항을 가질 수 있다. 이런 과정에서 데이터 보호 기획자는 사용자의 모든 것을 보호할 수 있는 최적의 솔루션을 설계해야 한다.

먼저 조직이 취급하는 데이터의 중요도를 이해하려면 대상 조직과 해당 조직이 제공하는 서비스, 또는 제품 등을 이해하는 것부터 시작해야 한다. 조직 내에서 이와 관련해 가장 잘 대답할 수 있는 사람을 찾아야 한다. 이 사람은 그 대상 조직이 제공하는 서비스나 제품에 관한 전반적인 지식과 더불어 이것들이 어떻게 고객에게 전달되는지에 관한 정보까지 제공할 수 있어야 한다. 이런 전체적 윤곽을 이해하는 것은 우리가 앞으로 겪어야 할 긴 여정에 많은 도움을 줄 것이다.

정보 수집을 시작하기 전, 수집된 정보를 체계적으로 처리 또는 기록할 수 있는 프레임 워크나 문서정리 규칙 등을 수립해 놓는 것도 필요하다. 이런 프레임워크는 나중에 새로운 시스템의 기초가 된다.

프레임워크 만들기

데이터 보호는 대상 조직의 모든 구성 요소에 영향을 줄 수 있다. 따라서 기술/비기술적 부서와 관계없이 조직 내 많은 그룹으로부터 동의를 얻어야 한다. 별도의 검토 위원회를 만들고 이 검토에서 나온 새로운 요구 사항, 설계 또는 시스템 운영에 따른 피드백 등을 모니터링할 전담 조직을 구성하는 것도 필요하다.

이들과 논의하면서 데이터 보호와 관련된 신규 프로세스를 알리고 궁극적으로는 추후에 신규 프로세스가 확실히 전달이 됐음을 확인하는 레퍼런스로 활용될 문서 등을 작성하는 것이 필요하다. 이런 문서 작성에 필수적으로 준수해야 할 요소들이 있다.

문서 템플릿

문서 작성은 항상 템플릿에서 시작한다. 이런 템플릿을 활용할 때 각 문서의 구조는 다음의 기본들을 충족해야 한다.

상단에 목적 명시

가능한 한 하나나 두 문단으로 이 문서의 목적이 무엇인지 정확하게 설명한다.

요약

만약 설계나 테스팅으로 얻어진 결론 등을 제공하기 위한 결재 문서라면 결재자들이 그 내용을 쉽게 알아볼 수 있도록 만들어야 한다. 이미 독자들이 경험했듯이 대부분의 결재자들은 문서의 모든 부분을 꼼꼼히 읽어 보지 않는다.

변경 이력

모든 문서는 생물과 같아서 지속적으로 변경된다. 특히 프로젝트 활동 기간 동안, 이런 변경 등은 한 주, 심지어 하루에도 수없이 발생한다. 이러한 문서 변경 이력을 관리하기 위해서는 작은 표가 필요하다. 이 표에는 변경 번호, 변경 날짜, 작성자, 변경 내역 등이 담겨 있다. 이렇게 관리된 이력은 문서의 목적과 변경 내용들의 추적을 용이하게 한다.

서명 페이지

데이터 보호 관점에서의 프로그램 개발에 따른 책임 추적성은 매우 중요하다. 문서의 최종본에 중요 결재자와 분야 전문가들이 서명하도록 해 그 기획에 참여와 책임성을 확고히 한다. 이런 서명 과정은 또한 그 문서 내용의 완결성을 보여 준다. 물론 내용이 변경된다면 재서명이 반드시 필요하다.

정책/범위

문서가 다루려는 특정 주제를 정의하고자 문서가 다룰 정책이나 범위를 기입하는 것은 도움이 된다.

용어 사전

용어 사전을 이용해 문서에서 사용되는 용어들을 명확하게 하는 것이 필요하다. 이는 문서의 결재 경로에 있는 비전문가들을 이해시키는 데 도움을 준다.

첨부

직접적으로 필요하지는 않지만 주제와 연관성 있는 보조 자료들은 문서의 마지막에 첨부해야 한다.

검토/자문단

신규 시스템 검토로 다양한 시각에서 얻어진 피드백은 미처 포함하지 못한 시스템 구성에 중요한 요소나 요구 사항을 발견하는 데 큰 도움을 준다. 이런 절차는 다음과 같은 반복적인 요소들을 포함한다.

요구 사항 검토

프로젝트와 관련한 전반적인 결재 절차를 원활히 하고자 다양한 부서로 구성된 시니어급 스폰서들을 요구 사항 검토에 참여시키는 것은 매우 도움이 된다. 최고정보 책임자CIO, Chief Information Officer의 참여가 대표적인 사례다. CIO는 기술적인 측면과 경영 전략적인 측면을 동시에 이해하고 있기 때문에 결재에 더욱 도움이 된다.

설계 검토

설계 검토단DRB, Design Review Board은 기술적으로 특화된 팀원들로 구성된다. 이런 팀원들은 이미 구현돼 있는 기술의 통찰력을 보여 준다. 또한 그들은 조직의 특성에 따라 아키텍처 검토단ARB, Architecture Review Board으로 불리기도 하지만 목적은 동일하다. 만약 대상 조직의 규모가 크다면 검토 분야를 시스템 엔지니어링, 데이터베이스 엔지니어링, 스토리지/네트워크 엔지니어링, 사이버 보안 분야로 세분화해 해당 엔지니어들을 반드시 포함한다. 이런 각각의 분야에서 선발된 엔지니어들은 추후 인프라 설계 검토에 이용할 수 있고, 신규 서비스의 통합과 운영에 관련된 개선점들에 대한 피드백을 받는 데 이용할 수도 있다. 이런 설계 검토 단계는 예비 설계 검토PDR, Preliminary Design Review와 실운영 준비 검토PRR, Production Readiness Review를 반드시 포함한다. 예비 설계 검토는 각각 요구 사항들을 모두 효과적으로 만족했는지 여부를 검토하는 단계이고, 운영 준비의 검토는 모든 것을 구현한 후 최종 테스트 단계에서 진행한다. 실운영 준비 검토는 모든 참여자가 운영 단계로 넘어가기 전에 마지막으로 검토하고 누락된 것이 없는지 확인하는 단계다.

운영 검토

운영 검토 단계에서는 해당 서비스를 실제로 운영할 운영 담당자와 함께 이루어져야 하고 이들이 어떤 일을 하게 될지 충분히 이해하도록 한다. 운영 검토가 끝나면 사용자 매뉴얼과 같은 런북runbook을 만들어야 한다.

변경 검토

최종 운영 단계로 넘어가기 전, 기술적으로 이런 모든 변경을 검토하고 도와줄 변경 자문단CAB, Change Advisory Board을 운영해야 한다. CAB는 조직의 무결성을 보호하고자 모든 변경 사항의 반영 여부 검토 역할을 수행한다. 운영 검토가 끝난 후 배포 직전 CAB에서 검토해야 한다.

프로젝트 관리 표준을 이용하면 업무의 조율과 가용한 자원의 제공 그리고 업무 일정을 수립하는 데 도움을 준다. 이들은 또한 계획된 제품들의 책임 추적성을 유지하고 운영 단계로의 깔끔한 전환을 보장한다.

처음부터 프로젝트 룸^{room}에서부터 시작하는 것이 좋을 수도 있다. 이들 대부분은 기술 조직에서 발생하는 모든 작업을 추적하고 진행 상황을 관리하는 사람들이다.

요구 사항 수집

만약 같은 옷을 입은 사람들이 한 공간에 둘러앉아 책상 너머로 쉽게 소통한다면 아마 일은 매우 쉽게 진행될지도 모른다. 하지만 이런 이상적인 상황은 실생활에서는 쉽게 이루어지기 어렵다. 무엇보다 가장 먼저 해야 할 것은 자신이 현재 진행 중인 프로젝트에서 원하는 정보를 알려 줄 담당자가 누구인지 그리고 이들을 어떻게 효과적으로 활용할지를 이해하는 것이다.

RPO, RTO는 무엇인가?

데이터 보호 기획에 필요한 매우 중요한 두 가지 요소가 있다. 첫째, 목표 복구 지점^{RPO, Recovery Point Objective}과 목표 복구 시간^{RTO, Recovery Time Objective}이다. 이 두 가지 주제는 4장에서 심도 있게 다룰 예정이지만, 간단히 설명하자면 RTO는 재해 후 얼마나 빨리 운영을 복귀하는가를 나타내고, RPO는 재해 이후의 상황에서 얼마나 많은 양의 데이터 손실을 감수할지를 나타낸다.

분야 전문가 섭외

먼저 대상 조직이 제공하는 서비스나 제품들과 관련된 지식을 모두 동원해 부서별로 분류된 고객 리스트를 확보하자(데이터 보호가 적용되는 대상 조직의 모든 구성원은 고객으로 볼 수 있다). 그리고 각 부서 또는 그룹이 무엇을 하는지, 또 어떤 정보를 보호하는지, 온라인상에서 그 정보를 획득하는 것이 얼마나 중요한지, 이런 각 질문에 가장 잘 대답할 수 있는 사람들의 목록을 작성하자. 이렇게 선택된 사람들은 다양한 분야에 활용될 것이다.

데이터 생성자

이 데이터는 어디서 생성했나? 어느 부서에서 이 데이터를 만드는가? 혹시 이 데이터가 생산 프로세스에서 사용하는 지능형 시스템에서 만들어지는가? 혹시 고연봉에 전문 예술가나 작가, 또는 편집자들로 구성된 팀에서 만드는가? 아니면 영업 조직, CS, 또는 고객을 직접적으로 상대하는 부서들에서 생성되는 것인가? 이렇게 어떤 세부 조직이 그 데이터를 어떤 방식으로 생산하는지를 알아내는 것이 가장 첫 번째 단계다.

데이터 생성자는 분명 대상 조직의 생산/운영팀, 제품 관리, 조직 내 정보 수집, 데이터 서비스 등의 각 분야에 있을 것이다. 또한 준법 감시나 사이버 보안 팀의 각 대표도 데이터 생성자에 해당한다. 왜냐하면 이들도 보호 대상 데이터들이 어떻게 저장되고 사용될지에 대해 많은 요구 사항이 있기 때문이다.

여기서 기억해야 할 것은 데이터가 입력되는 다양한 경로들이 있다는 점이다. 동시에 고객, 서비스, 제품, 재고 관리, 주문, 판매 이력 데이터베이스 관련 정보들도 함께 고려해야 한다. 각각의 정보는 각 세부 조직의 내부 절차나 빈도 또는 시점에 따라 변경된다. 따라서 각 데이터 생성자들과 RPO에 대한 확실한 논의 없이 막연하게 모든 데이터를 한 번에 보호하는 것은 막대한 비용이 투입되지 않고는 불가능하다. 이런 과정을 통해 시스템 또는 데이터가 복구된 이후에 어떤 상태인지를 대략적으로 예측할 수 있다(예를 들어 시스템의 장애 시점의 데이터는 복구가 불가하지만 한 시간 이전으로는 가능할 수도 있다).

또한 시스템상에서 데이터의 손실률을 파악하고자 제한 시간에 발생된 이벤트 수 또는 트랜잭션 수 등에 관한 질문도 반드시 필요하다. 데이터베이스 팀이나 데이터 서비스 팀과 질의 응답을 할 수 있는 기회가 있다면 데이터 저장소의 위치와 저장소 사용률과 같은 정보 등을 반드시 수집해야 한다.

경영진

조직에서 가장 높은 통찰력을 지닌 경영진들과 직접 대화하는 것도 방법일 수 있다. 경영진과 논의하려면 예상 일정을 이해하는 것이 중요하며, 기술 전문가가 아닌 리더급에 속한 사람들이 이러한 통찰력을 통해 요구 사항을 잘 전달할 수 있는 사람들이다.

대부분의 자존감 넘치는 경영진들은 항상 모든 데이터가 똑같이 완벽하게 보호돼야 한다는 피곤한 요구를 할지도 모른다. 하지만 이들은 대상 조직의 업무 흐름의 이해를 돕는 최고의 사람들일 뿐, 이는 데이터 생성자와 논의해서 데이터 보호 적용의 우선순위를 정해야 할 부분이다.

따라서 준비하자! 이런 경영진들은 '조직의 시스템 다운타임^{downtime}은 절대 없다'라는 극단적인 요구를 할 수도 있다(예를 들어 지정학적으로 분산된 다중 데이터센터 구성에서 센터 간에 실시간 데이터 동기화가 적용되는 완전 이중화 시스템과 같은 요구 말이다. 이런 커다란 요구에는 금액으로써 증명하면 된다). 또한 이 일에 어느 정도의 예산을 지원할 수 있는지 논의도 필요하다. 이런 질문에 대해 준비만 잘 돼 있다면 RTO를 포함해 조직이 원하는 대로 결정할 수도 있다.

준법 감시와 거버넌스

앞으로 적용될 데이터 보호와 관련된 모든 사항은 대상 조직에 해당되는 법률이나 규제를 확실히 준수하는지 살펴봐야 한다. 특히 개인정보 보호는 전 세계적으로 각 국가의 정부 법안 발의에 의해 다뤄지는 중요한 주제다. 일반적 데이터 보호 규제^{GDPR, General Data Protection Regulation}는 유럽연합이 구성한 법적 프레임워크^{framework}이고, 이는 조직에서 사용자의 요구에 따라 저장의 형태와 관계없이 개인정보를 완벽히 삭제하는 법률적 근거다. 캘리포니아 주 소비자 개인정보 보호 법안^{CCPA, California Consumer Privacy Act}은 백업을 포함한 모든 시스템에 고객정보를 포함하는 모든 데이터를 보고하도록 요구한다. 따라서 법률 팀이나 거버넌스팀에 소속된 분야 전문가들과 함께 새로운 데이터 보안 설계가 이런 규정들을 준수하고 있는지 확인해야 한다. 예를 들어 조직에 속한 데이터 보호 책임자^{DPO, Data Protection Officer}의 자문을 구할 수도 있다. DPO는 유럽연합 내에서 조직의 GDPR의 준수를 관리하는 책임자다.

요구 사항 요청

분야 전문가의 목록을 확보했다면 이제 이들의 관점에서 대상 조직의 데이터 보호와 관련된 요구 사항을 수집하기 위한 인터뷰를 진행하자. 한 가지 염두에 둘 것은 인터뷰의 대상자가 비기술 관련 직종에 있을 수 있기 때문에 인터뷰 대상자에게 심도 있는 기술적 질문을 적절하게 해석해 줄 수 있는 해설자의 섭외가 필요할 수도 있다는 점이다. 분야 전문가들은 특정 분야에 대해서만 전문가이기 때문에 자신의 전문 분야 밖의 지식은 쉽게 이해하지 못할 수 있다.

이제 인터뷰에 들어갔다면 문서나 다이어그램과 같은 어떤 개념을 쉽게 설명해 이들이 내가 원하는 질문에 쉽게 답변할 수 있도록 자료들도 같이 챙겨야 한다. 이들의 현재 프로세스를 사용해 사례를 제시하고 이들 중 하나가 사라졌다는 가정을 제시한다. 그때 이들은 어떻게 그 상황을 다룰 것인가? 이들의 PC에 S:\ 드라이브 또는 원드라이브 OneDrive가 갑자기 사라졌다. 이 문제가 운영자들에게 어떤 영향을 미칠 것인가? 이런 질문들로 심각하게 고민하는 이들을 발견하게 될 것이다.

인터뷰에 참여하는 대상자들의 시간을 항상 존중하고 각 대상자에게 할당된 시간을 잘 지키는 것 또한 중요하다(인터뷰 대상자의 성향에 따라 2시간 동안의 연속적인 인터뷰보다 20분씩 3, 4회로 나눠서 하는 인터뷰가 더 효과적일 수 있다). 지금 하는 인터뷰가 대상 조직에게 장기적으로 이점을 준다 하더라도 현재 인터뷰 참여자가 당장 처리해야 할 일들이 어쩌면 조직에게 더욱 신속한 성공을 갖다줄 수도 있다는 것을 꼭 명심하기 바란다.

그룹을 대상으로 한 인터뷰에는 아무리 그룹일지라도 다른 그룹들에 의한 영향을 줄이고자 개별적으로 진행하길 바란다. 이렇게 수집된 요구 사항들은 다음에 다뤄질 요구 사항 검토 과정에서 정리될 것이다.

요구 사항 검토

여기까지 모든 요구 사항이 수집되면 지금부터 해야 할 일은 모든 구성원이 같은 선상에 있도록 하는 것이다. 이 지점에서 우리는 각 부서에서 생성하는 데이터들은 어디에 저장되는지 그리고 그 양은 얼마나 되는지에 관한 충분한 정보가 확보돼야 한다. 만약 이런 정보들이 충분하지 않다고 생각된다면 분야 전문가들에게 반드시 다시 문의해 확실한 정보를 확보해야 한다.

이 지점에서 필히 고려해야 할 부분은 데이터의 생성 속도와 변경 속도다(아마 데이터 서비스팀이 이 부분에 대해 첨언할 수도 있다).

또한 서비스나 제품들이 생성되거나 고객에게 전달되는 데 필요한 시간도 이해해야 한다. 이런 이해 과정을 거쳐 대상 조직 전체 또는 부분적인 업무 중단에도 얼마만큼의 저항력을 가지는지를 예측할 수 있다(아마 이 부분은 경영관리팀이 도움을 줄 수 있을 것이다).

수집한 방대한 정보들을 이제 프레젠테이션에 작성한 후 각 부서나 업무의 주요 이해당사자들과 함께 이를 검토한다. 이들은 대부분 대상 조직과 데이터 생산자들과 밀접한 부서들의 대표들일 것이다. 또한 이들은 인프라팀의 핵심 구성원들과 밀접한 연관 관계를 맺고 있다. 따라서 이들이 한 테이블에 모여서 서로 간 소통이 원활히 된다면 가장 이상적일 것이다.

현재 진행 중인 문제를 정의함으로써 검토를 시작하자. 그리고 프레젠테이션에서 각 팀이 갖는 기대치를 공유하면서 각각의 다양한 부서에서 수집한 요구 사항들을 나열한다. 이런 활동은 아직 해결책을 설계하는 단계는 아니지만, 각 부서가 생각하는 재난 속에서도 실행이 유지되도록 보호돼야 하는 중요 시스템이 어떤 것인지를 명확하게 한다.

되도록 프레젠테이션 구성에 너무 화려함은 피하는 것이 좋다. 슬라이드는 되도록 상세하게 작성하지 않고 자신의 주장만을 관철시키거나 일방적으로 결론에 도달하게 하는 상황은 피하는 것이 좋다. 프레젠테이션의 참석자들의 이야기를 이끌어 내는 데 더 많은 시간을 할애하도록 한다. 그리고 지금 해당 시간에는 이들의 요구 사항들을 검증하고 이들의 의견을 하나로 모으는 데 초점을 둔다. 해결책을 논의하기 위한 시간이 절대로 아님을 다시 한번 강조한다. 요리사가 너무 많으면 음식이 맛이 없어지기 마련이다.

이 단계에서 구체적인 예산이나 견적 등이 필요하지 않더라도, 부분적으로 대략적인 비용을 제공하는 것도 좋은 방법이다. 따라서 프레젠테이션 참석자들이 어떻게 요구 사항들이 비용으로 전환되는지를 이해하는 데 도움을 줄 수 있다.

서비스 수준 협약

동의한 RPO 및 RTO를 충족하기 위해 수립할 서비스 수준 계약^{SLA, Service-Level Agreement}을 나열할 수 있다. 먼저 데이터 보호는 네트워크 자원과 저장 장치 그리고 어쩌면 테이프까지 이르는 상당한 양의 자원이 요구될 수 있다. 이런 자원은 물리적 형태에 따라 다뤄지는 방식으로 인해 보호하고자 하는 서비스에 시간적, 금전적 영향을 미칠 수 있다. 또한 데이터 보호는 일반적으로 다른 서비스들 보다 더 많은 네트워크 대역폭을 사용한다는 점도 놓쳐서는 안 될 부분이다.

예를 들어 만약 데이터를 보호하려고 퍼블릭 클라우드에 데이터를 복사한다면 그 데이터는 대역폭이 제한된 광역 네트워크로 전달될 것이다. 또한 그렇게 클라우드 스토리지에 저장된 데이터는 사용 공간이 클수록 더 많은 사용료를 지불해야 하고, 결국 낮은 수준의 스토리지로 데이터를 이동하거나 공간을 확보하려고 일부 데이터를 삭제해야 할지도 모른다. 데이터를 복원할 때는 기존에 계획했던 RTO를 만족시키고 합리적인 지출을 지키는 선에서 데이터 복원에 걸리는 시간과 어떤 데이터를 제외시킬지에 관한 균형을 가져가는 것이 중요하다. 또한 고객의 데이터 보호에 대한 적절한 기대치에 맞는 서비스 수준 정의를 확실히 해야 한다.

차지백 모델

일반적으로 차지백 모델^{charge-back model}은 어떠한 조직이 서비스를 사용한 만큼에 해당하는 재무적 관리의 책임을 진다는 것을 의미한다. 이것은 나중에 설계상의 중요한 영향을 미칠 수도 있기 때문에 요구 사항 검토 과정에서 꼭 논의해야 한다.

예를 들어 마케팅 부서가 업무 과정에서 수백 기가에 달하는 사용자 데이터를 생산할 수 있다고 가정하자. 일반적인 경우라면 이 데이터를 정리하는 데 그리 오랜 시간이 걸리지 않고 후처리도 필요 없다. 그러나 만약 데이터 보호의 관점에서 요구 사항이 모든 데이터를 반드시 보호해야 한다고 명시한다면 저장 공간 사용료 지불에 어느 정도의 예산을 확보해야 하는지를 미리 아는 것이 데이터들을 전부 보호할지 아닐지 여부를 결정하는 데 도움을 준다. 차지백 모델은 데이터를 보호하는 데 필요한 모든 인프라가 전부무료가 아니고 데이터 분류를 어떻게 할지 논의를 이끌어 내는 중요한 역할을 한다.

데이터 분류

보호 대상인 데이터를 분류하는 작업은 굉장히 중요하다. 모든 데이터가 동일한 수준에서 생성되지 않고, 데이터의 상당 부분이 버려진다 하더라도 조직의 일반적인 운영에는 아무런 영향이 없을 가능성이 높다. 따라서 시간이 걸리더라도 데이터를 핵심, 중요, 일반, 보통과 같은 방식으로 등급에 맞게 분류하는 것은 나중에 RPO, RTO에 많은 영향을 끼친다. 또한 많은 데이터 보호 시스템은 중요 등급의 데이터만을 목적으로 하는 단일 데이터 분류 방식을 지향하고 있다. 나중에 이 사실을 알게 되더라도 너무 놀라지 말자.

그러나 설령 해당 데이터를 보호하는 데 많은 돈이 들더라도 돈을 아끼려고 보호해야 할 데이터를 포기하는 것은 있을 수 없는 일임을 고객에게 강조해야 한다. 그리고 지금 이런 과정들이 예기치 못한 문제들로부터 조직을 구할 수 있음을 상기시키고 만약 중요 데이터가 보호되지 못한다면 복구를 못할 수도 있다는 점을 다시 한번 강조한다.

요구 사항 검토 마무리

검토 미팅에서 각각의 참석자는 이들만의 의견이 있을 것이고, 각자 속한 조직의 이해 타산적 관점에서 문제에 접근하려고 할 것이다. 따라서 앞선 질문들에 따른 비협조적 발언들을 개인의 인신 공격으로 느끼지 않았으면 한다. 이런 시간은 아마도 이들에게도 처음일 것이고 더 나은 조직을 만들려고 최선의 방법을 선택하기 위한 열정이 깃든 토론이었을 것이다. 만약 모든 것이 가장 높은 우선순위라면 최우선은 존재하지 않는다. 따라서 이들을 이해시키는 과정으로 적절히 가이드해야 함을 기억하자. 적어도 10분 정도는 미팅에서 참가자들과 개별적인 면담을 가지면서 이번 미팅으로 요구 사항이 결정되는 것임을 이해시키는 것이 중요하다.

검토 미팅에서 오가는 중요 대화를 기록해 놓는 것도 중요하다. 만약 미팅에서 내린 결론에서 수정이 필요하다면 프레젠테이션을 업데이트하고 검토 미팅을 다시 가져야 한다. 필요한 만큼 미팅을 계속 반복할수록 더 올바른 결론에 도달하게 된다. 이 모든 것은 조직이 필요한 데이터를 어떻게 보호할지 또 데이터 손실이 일어난 특정 상황에서 어떻게 그 데이터를 복구할지에 대한 가장 기본적인 규칙을 정하는 과정이고 올바른 결과에 다다르기 위한 중요한 절차다.

요구 사항 검토가 마무리됐다면 문서 양식에 따라 도출된 결과들을 정리하고 검토 미팅에 참석한 모든 이에게 서명을 받는 것이 중요하다(만약 셰어포인트^{SharePoint} 같은 공식적인 전자 서명 프로세스가 있다면 그걸 이용해도 좋다). 이렇게 각 참석자의 서명을 받은 절차는 굉장히 중요하다. 일반적으로 사람들은 어떤 결과에 책임을 질 때 굉장히 신중해지기 마련이고 서명란에 서명하는 것만큼 본인의 책임감을 드러내는 더 좋은 방법은 없다.

요구 사항 검토를 문서화하면서 해야 하는 마지막 한 가지는 미팅에 참석한 모두에게 DRB에 참석할 것을 요청하는 것이다. 다른 점이 있다면, 설계를 검토하려면 고위 관리자들보다 기술직이나 데이터 생산자에 가까운 직무의 구성원들이 더 많이 필요하다는 것이다. 설계 검토와 관련된 요구 사항을 개발하는 데 도움을 준 사람들과 함께 하는 것은 항상 가치 있는 일이다.

이 전체 프로세서에서 우리의 역할은 제안하는 것과 참여자들의 생각을 읽는 것이다. 이것이 바로 의견 일치를 만들어 가는 과정이다. 요구 사항을 수집하기 위해 질문을 던지고, 이들이 제시한 요구 사항들에 대한 각자의 의견을 제시하는 과정의 반복이다. 모두가 내린 결론에 합의하면 다음 단계는 그 요구 사항을 만족하기 위한 방안들을 제시하는 것이다.

시스템 설계 및 구축

이제는 모두가 합의한 요구 사항이 갖춰졌고 모든 미팅 참석자가 같은 요구 사항을 이해함을 확인했다면 지금부터는 해당 요구 사항들을 실제로 구현하기 위한 단계다. 물론 이 일을 혼자서 하진 않을 것이니 너무 걱정하지 않아도 된다. 설계 단계에서도 마찬가지로 우리의 목표는 시스템 설계에 대한 이들의 의견 일치를 얻어내는 것이다. 먼저 각각의 장단점을 가진 요구 사항들을 만족하기 위한 다양한 방법들을 구상하는 것으로 시작한다.

여러 가지 설계 작성

이제 이들의 요구 사항을 만족하기 위한 여러 방법들을 구상해야 한다. 여기에는 가격 대별 설계, 실질적 복구 시간RTA, Actual Recovery Time에 따른 설계, 실질적 복구 지점RPA, Actual Recovery Point에 따른 설계, 이것을 실제로 사용할 사람들의 수준별로 구분한 요구 사항에 따른 설계 등이 있다(누군가에겐 사용하기 더 쉬울 수 있고, 다른 누군가는 아닐 수 있다). 여기서 해야 할 일은 이 설계들을 체계적으로 정리하고, 관계된 구성원들의 의견 일치를 이끌어 내는 것이다.

먼저 첫 번째 계획을 작성할 때는 정해진 예산 규모와 관계없이 요구 사항에서 정한 RPO, RTO를 만족시킬 수 있는 솔루션을 제시해야 한다. 이것은 앞으로 나아가야 할 방향이고 가장 이상적인 솔루션일 경우 그 가격이 얼마나 들지를 보여 주는 좋은 사례가 될 것이다.

그런 다음, 목표는 여전히 충족하지만 앞서 계획된 이상적인 설계의 수준보다는 낮은 차선책을 설계한다. 백엔드 실행 시에 요구되는 추가적인 비용에 대한 트레이드 오프로 선행비용을 줄인다.

예를 들어 조직이 애니메이션 영화를 만들 경우 그 조직의 작화팀(즉 데이터 생산자)은 수천 개의 파일을 생성하고, 최종 결과물을 만들기에 앞서 생성된 파일들을 기반으로 복잡한 합성과 연산들을 수행할 것이다. 이 과정에서 최종적으로 이미지 생성으로 이어지는 수백만 개의 작은 파일들을 생성한다. 데이터 보호 관점에서 앞서 결정한 RPO를 만족시키려면 그 파일들을 단순히 보관하는 것만으로도 충분할 수 있다. 하지만 데이터가 손실될 경우 손실 직전의 상태로 가고자 다른 수백만 개의 파일을 재처리하는 데 소요되는 시간 또한 고려돼야 한다. 결국 이는 앞서 정한 RTO에 도달하지 못하게 되는 것이다. 따라서 복구에 추가적인 비용이 불가피하지만, 초기 백업에 포함된 수백만 개의 파일을 보관하려고 발생한 노력과 비용에 비해 최종적으론 저렴할 수 있다.

한 가지 기억해야 할 것은 실패했을 경우 그 상태는 보통 깔끔하지 않고 질서정연하지 않다는 것이다. 따라서 복구된 파일들을 완벽하게 실패 이전의 상태로 돌리는 일은 손실된 파일을 재처리하는 것보다 오히려 더 어려울 수 있다.

이런 일들을 목록으로 만들고 금전적으로 보수적인 측면이 중요한 트레이드 오프$^{trade-off}$들을 설명하는 것이 바람직하다. 데이터 복구 이후, 안정적인 상태로 돌아가려면 데이터를 정리하고 재처리하는 과정이 필수적이다. 이런 완벽한 시스템과 다른 선택지들 사이에 델타^{delta} 비용이 발생할 수 있음을 보여 주는 것이 필요하다.

비즈니스를 완벽하게 복구하는 데 걸리는 시간^{RTO}은 결국 우리가 복구하고 정리해야 하는 데이터의 양^{RPO}으로 정당화해야 한다. 진실은 항상 두 가지 다른 관점 중간의 어딘 가에 놓여 있다. 따라서 제공하는 솔루션에 대응할 수 있는 모든 시나리오를 포함할 수 있도록 준비해야 한다.

설계 검토

앞서 백서$^{white\ paper}$와 산업계의 모범 사례들을 학습했다. 만약 설계를 검토하는 단계까지 학습하게 된다면 이 책의 16장에서 설명한 백업 시스템의 설계 또는 업데이트에 대한 기술적 측면을 참고하기 바란다. 이 단계에서는 이미 잠재적 공급업체들과 접촉한 상태이고, 관련 제품에 대한 설명과 그에 따른 견적을 받은 상태다. 아마 이 단계쯤 되면 깔끔하게 정리한 시나리오들, 다이어그램, 데이터 흐름도, 비용 분석, 최종 추천 등을 포함한 완벽한 50페이지짜리 문서가 완성됐을 것이다. 이제 이 솔루션이 모두를 논리적이고, 합리적인지 검증할 차례다.

앞서 회의를 가졌던 DRB를 불러모으자. DRB는 시스템 엔지니어, 데이터베이스 엔지니어, 스토리지/네트워크 엔지니어, 보안 전문가들로 구성돼 있으며 조직이 요구하는 통찰력을 제공할 수 있다. 또한 분야 전문가들의 힘을 빌릴 수도 있다.

먼저 최종 정리한 요구 사항 문서를 간략하게 정리하는 것으로 시작해 데이터 저장 위치, 암호화 방식, 예상되는 네트워크 대역폭, 추후 운영 방식 등으로 상세히 설명해 나간다. 그리고 RPO에 관한 기대치와 설정한 RTO에 도달하기 위한 추가적인 업무는 어떤 것이 요구되는지를 설명하자. 만약 이런 설명에서 부족함이 있다면 검토에 참석한 기술자들이 설계를 검토하는 데 도움을 줄 것이다. 특히 분야별 전문가들이 양질의 피드백을 줄 것이다.

이런 피드백을 받는 작업을 계속 반복하자. 만약 기존 설계에 큰 변화가 필요할 경우 DRB를 거쳐 다시 설계하자. 만약 샌드박싱^sandboxing이나 전체 개념 증명을 했음에도 결과물이 기대했던 것과 많이 다를 경우 이를 문서화하고 DRB를 거쳐 다시 진행한다. 최종 설계가 완료될 경우 사전에 선택해 준 프레임워크에 맞춰 전체적으로 문서화하고 관련한 모든 이들에게 서명을 받는다.

시스템 선택과 구축

이번 단계는 재미있는 부분이다. 지금부터 해야 할 일은 많은 것을 구매하고 이들이 함께 잘 동작하도록 하는 것이다. 이 시스템은 데이터를 들여다보고 처리하는 목적으로 구성될 것이다. 또한 요구 사항 문서에 정의한 SLA를 모두 충족하고 있는지를 인증하고자 모든 시간을 꼼꼼히 확인해야 한다. 시스템을 몇 주, 또는 몇 달 동안 병렬로 실행하면서 현재의 설계가 사전에 목표한 RPO와 RTO에 도달하는지를 전체 규모를 시험 가동한다(이 복구 목표를 달성하는 것이 이번 단계를 수행하는 단 하나의 이유임을 기억하자).

축하한다! 이제 데이터 보호 시스템이 완성됐다. 지금부터는 운영 계획 수립과 문서를 작성할 시간이다.

새로운 시스템의 문서화와 구현

문서 작업을 완료하기 전까지는 아직 끝난 것이 아니다. 세상에서 가장 훌륭한 데이터 보호 시스템이 설계됐다 하더라도 오직 한 명의 사용자만이 어떻게 작동하는지 안다면 이 일은 아직 끝난 것이 아니다. 이 시스템 설계에 참여하지 않은 사람일지라도 아무런 도움 없이 시스템을 실행할 수 있게 문서를 완성해야 한다.

운영 책임의 정의

신규 시스템에는 항상 책임이 필요하다는 것을 모두가 알고 있을 것이다. 우선 어떤 팀이 서비스 운영과 관련한 각각의 업무에 책임을 가질지를 설명하는 RACI^Responsible, ^Accountable, Collaborator, Informed 차트를 만드는 것으로 시작하자.

실무 담당자^{Responsible}

> 활동을 완료하기 위한 업무를 수행

의사결정자^{Accountable}

> 임무나 딜리버리의 최종적인 책임을 이행

업무 수행 조언자^{Collaborator}

> 활동을 완료하는 다른 사람과 협력하는 활동을 담당

결과 통보 대상자^{Informed}

> 활동의 진행 상황을 최신으로 기록하는 일을 담당

각각의 다른 팀들에 의해 진행이 필요한 다양한 업무의 정의도 필요하다. 표 2-1은 일반적인 RACI 차트다. 이 표를 통해 누가 R^{Responsible}, A^{Accountable}, C^{Collaborating}, I^{Informed}에 해당하는지 자세히 알 수 있다.

표 2-1 일반적 RACI 차트

	시스템 운영자	데이터 옵스	NW 운영 센터	IT 부서장
야간 작업	R	A	C	I
데이터 중단 사고 관리	A	C	R	I
분기 테스트	R	A	C	I

업무를 시작하기 전, 담당팀으로부터 승인 절차를 확실히 하면 향후 팀 운영이 원활할 수 있다. 운영 검토단^{ORB, Operations Review Board}이 RACI 차트를 검토함으로써 신규 시스템이 조직에 어떤 영향을 미칠지 또는 우려 사항에 관해 해소의 시간을 갖는 것도 필요하다.

운영 검토와 문서화

최종 원하는 데이터 보호 시스템을 만들면, 모든 문서는 최신 상태를 유지해야 하고 모든 관계자에게 이를 알려야 한다. 이미 요구 사항 문서와 설계 문서를 갖고 있기 때문에 이를 기반으로 운영 매뉴얼, 런북 또는 표준 운영 지침^{SOP, Standard Operating Procedure}을 제작해야 한다. 이 문서 이름들은 각기 다르지만 실제론 같은 문서다. 이를 이용해 사용자들은 어떻게 이 일들이 하루 일과에 적용되는지를 이해하게 한다. 또한 시스템 설계에 참여한 사람들은 운영 문서를 만들기에 가장 적합하다고 할 수 있다.

그리고 시스템 운영자나 네트워크 운영 센터NOC, Network Operations Center와 같은 RACI에 정의한 팀과의 회의를 통해 서비스의 운영 책임을 가져갈 수 있게끔 이들이 필요한 부분이 문서화될 수 있도록 별도의 요구 사항을 수집한다. 각 팀에서 한 사람씩 뽑은 다음 이들의 역할을 훈련시키고 매뉴얼 작성에 첫 번째로 통과를 받는 것이 모두에게 도움이 된다. 매일 해당 업무를 수행할 담당자들의 관점에서 사안을 바라보는 것은 가치를 매길 수 없을 정도로 중요하다.

문서화는 항상 옳다

우리는 종종 누군가는 꼭 해야 하지만 아무도 그 일을 맡고 싶지 않은 상황을 마주한다. 누구도 문서를 작성하는 것을 좋아하지 않는다. 보통사람들은 업무에서 즐거움을 찾으려고 한다. 그냥 자신이 직접 시스템을 운영하는 것이 문서를 만들어서 남에게 시키는 것보다 훨씬 편하다.

이 어려운 여정에서 데이터 보안을 담당하는 독자들은 세일즈맨이 돼야 한다. 따라서 문서화는 시스템의 효율성과 체계적 운영을 위한 중요한 부분임을 설명할 준비가 돼 있어야 한다. 그리고 이 업무를 하는 사람의 관점에서 작성한 런북, 매뉴얼 또는 SOP는 그 외의 사람들이 작성한 것보다 훨씬 효과적이다. 문서화를 일반 사용자에게 설득하기 위한 사례를 설명하면 다음과 같다.

> 여기에 내 스스로가 온전히 나를 위해 할 수 있는 가장 최고의 일이 있다. 바로 문서화 작업이다. 휴가를 가고 싶은 가? 하루 일을 쉬고 싶은 가? 밤에 잠을 자고 싶은가? 좀 더 여유 있는 시간을 갖고 더 나은 직장, 새로운 직장으로 나아가고 싶지 않은가? 어떤 문제가 생겼을 때 항상 전화를 받는 사람이 당신이라면 당신이 바라는 모든 것은 절대로 이루어질 수 없다. 만약 지금 현재 본인 회사의 기대치에 미치지 못한다면 여기 있는 누군가가 한순간 당신의 자리로 교체될 수 있다는 걸 깨달아야 한다. 왜 본인은 삶을 더 편하게 만들지 않는가? 당신이 출근하기 전에 이미 당직 근무자가 문서들을 통해 문제를 해결하도록 하지 않는가?

런북

운영 런북, 즉 SOP, 운영 매뉴얼은 설계 및 요구 사항 문서와 같은 문서 형식에 통합해야 한다. 호기심이 많은 운영자가 있다면 이 서비스와 관련해 더 많은 정보를 얻을 수 있도록 부가적인 사항들을 부록으로 첨부하는 것이 좋다. 또한 서비스에 관한 개괄적인 설명, 문서 변경 내역, 서비스 운영에 참여할 모든 부서 관계자들의 서명이 담긴 페이지까지 포함해야 한다.

또한 런북은 운영자들이 앞으로 작업을 수행할 빈도에 맞춰 정규 작업들을 정의하는 체크리스트 형식으로 돼 있어야 한다. 체크리스트 형식은 바쁜 운영자가 시스템을 확인하려고 런북상의 체크리스트 항목만 빠르게 확인해 일을 좀 더 빠르고 효과적으로 할 수 있게 한다.

복잡해질 수 있는 어떠한 프로세스 조차도 상세한 답변이 가능한 FAQ 단락도 준비해야 한다.

시스템 컴포넌트들의 장애가 발생할 경우에는 공급업체 엔지니어들의 직접적인 도움이 필요할 때가 있다. 이를 위해 주요 공급사들의 기술 지원 연락처 정보를 꼭 포함시킨다. 거기에 더해 서비스 장애에 의해 직접적인 영향을 받는 서비스들의 담당자 연락처, 지속적인 상황 전파를 위한 관련한 실무 경영진들의 연락처도 필요하다. 여기서 언급한 담당자들의 휴대폰 번호도 포함하고 더불어 응급 상황 시, 각 담당자들이 선호하는 연락 방식을 기록해 두는 것도 잊지 말아야 한다.

마지막으로, 운영자들을 위한 각 장애들의 증상과 해결책이 기술된 단락이 필요하다. 업무 이력을 참조할 공간을 남겨 두는 것도 도움이 된다. 이는 나중에 운영자가 이전에 어떤 일이 발생했는지, 또한 이것을 어떻게 해결했는지를 알아보는 데 매우 유용한다.

개인적인 견해는 적어도 런북의 한 카피 정도는 운영자들이 알아보기 쉽도록 인쇄물의 형태로 돼야 한다. 우리는 대부분의 문서가 위키^{wiki} 형태로 클라우드 기반의 서비스에 보관하고 열람할 수 있는 세계에 살고 있다. 하지만 누구도 런북이 필요할 때 시스템 장애나 네트워크 장애가 일어난 시점에 정상적으로 열람이 가능할지는 아무도 장담할 수 없다. 어쩌면 종이 낭비라고 생각할 수 있지만, 만약 정전으로 어두컴컴해진 서버실 안에서 서비스 재가동 절차를 단순히 기억에만 의존해야 하는 끔찍한 상황을 상상한다면 한 부쯤은 종이로 된 사본을 갖고 있는 것도 나쁘지 않다는 생각이 들 것이다.

신규 시스템의 구현

이제 시스템의 설계, 시험가동, 문서화가 끝났다. 이제 이것을 완전히 공식적인 업무 환경의 일부로 만들어야 할 차례다. 이 단계에선 CAB와 논의할 것이 많을 수 있다.

만약 기술 조직 내에 운영계로 이동하기 전 변경 사항을 정기적으로 검토하고 고객에게 미칠 잠재적 영향을 진단할 CAB 같은 조직이 없다면 지금이 그러한 조직을 만들 좋은 기회다. 만약 이런 프로세스가 있다면 다음의 몇 가지를 질문함으로써 전체적인 시스템 가동 시간이 크게 향상될 것으로 기대된다.

- 무엇을 변경했는가?

- 변경 사항을 포함해 확실히 테스트했는가?

- 이 변경으로 인해 영향을 받을 서비스는 어떤 것인가?

- 만약 예기치 못한 상황이 발생한다면 변경을 어떻게 원상태로 돌릴 것인가?

- 언제 변경 사항을 적용할 것이며 적용에는 시간이 얼마나 걸릴 것인가?

CAB는 어떠한 변경이든지 조직의 누구라도 변경 사항을 쉽게 알아볼 수 있도록 지원하며, 이는 변경 사항이 어떤 문제가 발생했을 때 훨씬 빠르게 인지하고 빠르게 원상 복구를 가능하도록 한다. 만약 조직에 CAB이 없다면 꼭 구성하길 권한다. 또한 CAB의 감독 대상인 변경 관리자 또한 이런 검토에 도움이 될 것이다.

이제 운영 단계로 넘어갈 준비가 됐을 때 런북을 포함한 완전한 문서들을 CAB에게 전달하고 이것이 모두 검토되길 준비하자. 만약 지금까지 모든 단계가 잘 이루어졌다면 대부분의 CAB 구성원은 이미 다양한 검토에 참석해 왔기 때문에 어떤 작업이 운영 단계로 넘어갈 것인지를 사전에 인지하고 있을 가능성이 높다.

이것 또한 반복적인 프로세스다. 따라서 CAB 구성원들의 큐^{queue}를 따라야 한다. 만약 이들이 신규 시스템에 우려를 표현하거나 더 많은 데이터를 필요로 한다면 이들과 함께 다시 한번 데이터를 수집하고 검토하길 바란다. 만약 이들이 다른 변경 사항들 때문에 현재 변경 사항들을 잠시 보류해야 한다고 한다면 좀 더 기다려야 한다. 너무 많은 것을 한 번에 문제의 근본 원인을 찾는 것은 더 힘들어지곤 한다. 모든 것에 이상 없음을 확인했다면 이제 출발할 시간이다.

소프트웨어 업그레이드나 복구 테스트 같은 서비스에 어떤 것이라도 변경해야 한다면 CAB에게 이 사실을 반드시 알려야 함을 명심하자. 이들은 이 조직의 안정성을 위한 당신의 가장 친한 친구들임을 꼭 잊지 않길 바란다.

마무리

이제 조직의 중요 자산과 모든 요구 사항을 만족하는 세계적인 수준의 데이터 보호 서비스를 구축했다. 추가로, 방법론에 기초한 서비스 생명주기에 많은 도움이 되는 완전한 문서까지 만들었다. 이는 운영팀들의 삶을 훨씬 편안하게 하고 장애처리는 훨씬 단순해졌으며 작은 경험으로도 충분히 해결 가능한 수준이 됐다. 사이버 보안 팀에게는 데이터 이상을 분석하거나 잠재적 침해사고 이후 발생한 시스템 손상의 복구를 돕는 문서가 준비됐을 뿐만 아니라, 조직이 사반스 옥슬리 법^{SOX, Sarbanes-Oxley Act}(경영진의 도덕적 해이를 막는 법)이나 GDPR 같은 데이터 보호 및 제외 규칙들을 적절히 준수하고 있는지 준법 감시 담당자들이 확인을 필요로 할 때 여기서 만든 문서들은 이들에게 큰 도움을 줄 수 있다.

조직과 그에 따른 요구 사항들 그리고 좋은 데이터 보호 솔루션의 모든 구성 요소들을 완전하게 이해하고, 가장 중요하지만 종종 등한시되는 부분들을 문서에 담고, 만들면서 성공적인 기술 부서로 가는 첫 단계를 넘게 됐다.

2장에서는 조직의 요구 사항을 완전하게 이해하고 무엇을 저장하고 장기간 유지가 필요한 데이터가 무엇인지를 알게 됐다. 3장에서 데이터 보호 시스템의 종류와 데이터 백업, 데이터 아카이빙의 차이 등을 확인해 보자.

백업과 아카이브의 차이점

3장은 많은 분이 궁금해 왔던 '백업과 아카이브의 차이점은 무엇인가?'라는 질문에서 시작한다. 단순한 질문일 수도 있지만 앞으로 계속 설명해야 하는 질문이며, 나중에 다룰 3-2-1 규칙, 불변성, 암호화, 에어 갭, 재해 복구 계획과 같은 안전한 백업 및 아카이브를 유지하기 위한 중요한 개념 또한 설명하겠다.

데이터 보안 시스템의 설계, 구축 또는 유지보수를 시작하기 전에 이 용어와 개념, 특히 가끔 용어들의 의미를 혼동하거나 의사결정을 진행하는 과정에서 간과되는 용어와 개념은 확실히 이해해야 한다. 그러므로 3장은 꼭 읽어 보기 바란다.

시작하기 전에

백업과 아카이브archive의 차이점은 매우 명확하다. 이 두 가지 작업은 다른 목적과 다른 방식으로 실행한다. 그래서 이들 작업의 여러 가지 목적을 이해하는 것은 중요하다. 백업 및 아카이브 기능을 모두 지원하는 몇 가지 제품이 있는데 백업과 아키아브를 동시에 사용할 경우 편리하다.

다만 많은 조직에서 백업 목적의 제품을 아카이브 목적으로 사용하는 경우가 있는데 이는 잘못된 방식이라 생각한다. 뒤에서 설명하겠지만 백업 목적의 제품을 아카이브용으로 사용하면 비용이 증가함은 물론이고 조직에는 위험 요소가 된다.

일반적인 아카이브라는 단어는 업무 환경에서 범용적으로 사용되는 용어로 3장에서 백업과 아카이브가 실제로 어떤 의미인지를 단정 짓지는 않겠다. 마치 골프라는 단어는 동사가 아니라 명사라는 것과 마찬가지다.

예를 들어 영어로 골프golf는 명사이기 때문에 '골프 간다go golfing'라고 하지 않는다. 마치 '테니스go tennising, 축구go footballing, 야구go baseballing'라 하지 않는 것과 마찬가지다. 그러나 달리기go running, 수영go swimming, 점프go jumping 등은 모두 동사이기 때문에 용어를 사용하는 데 아무런 문제가 없다. 이 예제를 제시한 이유는 아카이빙archiving은 명사이므로 '아카이빙 백업archiving a backup'과 같은 문장은 '골프 가자go golfing'처럼 잘못된 용어이기 때문이다. 아무도 이런 얘기에 관심이 없을 수 있지만 이 점은 분명히 짚고 넘어가고 싶다.

백업 및 아카이빙 기능을 모두 지원하는 제품이나 서비스를 사용하는 담당자라면 문제가 없겠지만 백업 또는 아키이빙 업무만을 전담으로 운영하는 많은 조직의 담당자 중한 명이라면 이런 용어의 차이는 분명히 알고 있어야 한다.

백업이란?

3장의 많은 용어와 개념은 IT가 아닌 일반적인 의미를 포함하고 있기 때문에 헷갈릴 수 있지만 백업 및 아카이브라는 용어는 정확하게 표현할 수 있다. 일반적인 상황에서 이 용어의 다양한 용도를 생각해 보면 이해하기 쉽다.

TV에서 경찰이 나오는 드라마를 보면 경찰관에게 백업할 때 기다리라고 말하는 것을 종종 듣는다. 사람들은 가끔 문제가 되는 항목의 두 번째 수단을 의미할 때 백업이라는 용어를 사용한다. 예를 들어 내 아내의 차가 나의 백업 차량이라고 표현할 수 있다.

'백업'이라는 용어는 다음에서 설명할 개념과는 다소 다르게 IT에서도 사용한다. 기술적으로 어떤 파일의 복사본을 생성했을 때 파일의 백업본을 만들었다고 말한다(3장의 뒷부분에서 설명하겠지만 이것은 3-2-1 규칙에 맞지 않아 백업이 아니라 복사본이라 표현하는 게 맞다).

또한 일반적으로 NAS^{Network-Attached Storage}에서 사용되는 가상 스냅샷^{snapshot}은 복사본이 아니더라도 백업으로 사용되는 경우도 있다. 하지만 이런 방식은 원본 파일에 의존적인 가상의 복사본이므로 앞에 설명한 원본 파일을 직접 복사하는 방식의 파일보다는 백업 량이 적다. 이 때문에 이를 백업이라 부르지는 않고 복사본이라고 표현하는 게 맞을 것 같다.

백업은 별도로 저장한 원본 데이터의 복사본이며 일반적으로 데이터가 어떤 식으로든 삭제되거나 손상된 후 해당 데이터를 이전 상태로 복원하는 데 사용한다. 관련 의미를 이해하는 데 도움을 주는 몇 가지 요소들을 살펴보자.

 백업(backup)은 백(back)과 업(up)의 합성어다. 동사로 사용하면 2개 단어로 표현해야 하고 명사로 사용할 경우는 한 단어로 표현해야 한다. 마치 '내가 백업하면서 백업본을 생성했다 (When I back up, I make a backup)'와 같이 표현할 수 있다.

복사

복사^{copy}는 원본과 동일한 내용을 포함하는 원본을 바이트 단위로 다시 생성한 것이다. 리눅스^{Linux}에서 cp 명령을 사용하거나 윈도우^{Windows}에서 copy 명령을 사용해서 복사본을 생성한다. 운영체제의 유저 인터페이스^{user interface}에 있는 파일 탐색기에서 파일을 복사 해 붙여 넣으면 복사본을 생성할 수 있다. 모든 종류의 백업 명령(예: tar, dump, cpio, 윈도 우 백업 또는 상용 백업 소프트웨어)을 실행하고 원본의 다른 인스턴스, 즉 복사본을 생성 할 때 파일의 실제 복사본에는 모든 메타데이터^{metadata}, 특히 보안 및 권한 설정이 포함 된다. 복사본도 백업으로 봐도 될지는 백업의 정의에 부합하는지를 보고 판단한다.

복사본인지 아닌지 확인하는 것은 중요하다. 앞에서 언급했듯이 파일 시스템이나 스토 리지 시스템에서 생성한 가상 스냅샷은 원본의 내용을 포함하지 않기 때문에 복사본이 아니다. 이 가상 스냅샷은 대부분의 원본 데이터를 직접 참조한다. 예를 들어 NAS에서 생성된 스냅샷, XFS의 스냅샷, 윈도우의 VSS^{Volume Shadow Copy Services} 스냅샷, VMware 또 는 Hyper-V와 같은 하이퍼바이저^{hypervisor}에서 생성한 스냅샷이 있다. 원본이 작동해야 하는 복사본은 실제 복사본이 아니며 가상의 복사본이다. 이는 백업 정의의 첫 번째를 충족하지 않는다.

또한 해당 가상 스냅샷을 다른 시스템에 복사하면 실제 복사본이 되며 원본 데이터를 다른 시스템에 직접 복사한 것과 같은 복사본이 된다는 점도 고려해야 한다. 실제로 스냅샷을 다른 시스템에 복제하면 복사본을 생성하는 데 몇 시간이 걸리지만 해당 볼륨의 모든 데이터가 동일한 시점에서 생성되기 때문에 우수한 복사본이 된다(스냅샷은 9장에서 상세하게 설명한다).

스냅샷은 백업을 위한 좋은 기능이다. 데이터베이스를 백업 모드로 전환한 후 파일 시스템 스냅샷을 생성하거나 데이터베이스에서 정상적으로 동작하는 VSS 스냅샷을 생성하고 해당 스냅샷을 백업 시스템에 복사한다. 이 방식은 안정적인 백업 설계다. 그리고 원본 스냅샷은 원본 파일에 의존하기 때문에 다른 저장소로 실제 복제(즉 복사)될 때까지는 복사본이 아님을 이해하는 것이 중요하다.

실제 IT에서는 스냅샷을 이용한 여러 서비스가 있다. 예를 들어 AWS EBS^{Elastic Block Store}스냅샷을 포함해 AWS 및 기타 클라우드 서비스 제공 회사에서 제공하는 스냅샷이 있다. 다만 모든 백업 대상은 바이트 단위로 복사하기 때문에 이 책에서는 스냅샷이 아니라 이미지 복사본^{image copy}이라고 표현하겠다. 일부 데이터베이스 제품은 이미지 복사본의 개념으로 백업본을 스냅샷이라 말하는 경우도 있다.

원본과 별도로 저장

복제 파일이 동일한 파일 시스템, 컴퓨터 또는 데이터베이스에 저장돼 있는 경우 백업이 아니라 단순 복사본이라고 한다. 원본의 훼손 영향으로 파괴되는 복사본은 보통 원본을 백업하는 것이 아니라 단지 동일한 저장 공간에 있을 뿐이다. 그렇기 때문에 백업이 되려면 원본과 별도의 미디어에 저장해야 한다. 이 개념은 77페이지의 '3-2-1 규칙'에서 더 자세히 다룰 예정이다.

복원 목적

아카이브는 원본과는 별도로 사본을 보관하고 있는데 이는 복원 목적의 핵심이다. 이에 백업 또는 아카이브를 목적으로 복사본을 만든다. 원본이 손상된 경우에 원본을 복원할 수 있도록 복사본을 만드는 경우가 백업이다. 이 두 가지 작업의 차이점은 어렵지 않게 이해할 수 있다(3장 뒤에서 설명하겠지만 아카이브는 복원restore을 목적으로 생성하지 않고 회수retrieval를 위해 생성하는데 이는 백업과 다른 점이다).

복사한 원본 파일, 드라이브, 서버 또는 데이터센터가 복구할 수 없을 정도로 손상됐다고 가정해 보자. 실수로 파일을 삭제했거나 만들고 싶지 않은 파일을 변경하고 파일을 저장할 수 있다. 의도하지 않게 데이터베이스에서 테이블을 삭제하거나 실수로 드라이브를 포맷하고 새 파일 시스템을 만드는 대신 기존 파일 시스템을 지울 수 있다(사실 불과 몇 주 전에도 그랬다). 레이드-6 어레이RAID-6 array에서 트리플 디스크triple-disk 오류가 발생한 적이 있었다. 당시 하루 동안 디스크 드라이브 6개가 망가진 서버도 있었다(물론 백업이 있었다). 그리고 데이터센터에 화재가 발생했거나 물에 잠겼거나 랜섬웨어 공격으로 손상됐을 수도 있다. 이 모든 것을 해결할 수 있는 방법은 백업이다. 만약 이 위험들에 대응하려고 복사본을 만들었다면 이것 역시 백업을 만든 것이다.

복원이란?

복원이란 백업을 사용해 원본을 이전 버전으로 되돌릴 때 수행하는 작업으로 정의했다. 아카이브의 주 목적인 회수 작업과는 다른데 해당 개념을 자세히 살펴보자.

첫째, 복원은 일반적으로 서버나 파일 시스템을 가능한 최근 시점으로 되돌리도록 설계됐다. 실제로 백업은 거의 항상 어제 기준으로 복원하는 데 사용하며 어제보다 더 최근 기준으로도 복원할 수 있다. 대부분 가장 최근 백업을 사용해 복원한다. 그러나 파일 시스템을 6개월 전의 상태로 복원하지는 않는다.

보통 데이터베이스 또한 2주 전 버전으로 복원하지는 않는다. 2주 동안의 거래와 해당 거래와 관련된 모든 업무 정보를 잃어버리기 때문이다. 대부분 바로 사용할 수 있는 파일, 서버 또는 최근 데이터베이스 백업이 필요하다. 너무 당연한 말을 한다고 생각할 수 있지만 곧 이유를 설명하겠다.

복원할 때 언급하는 '최근'의 개념에는 예외가 있는데 복원해야 하는 파일이 6개월 전에 삭제됐음을 최근에 발견했을 경우 해당 파일을 복원하려면 6개월 전의 백업이 필요할 수도 있다. 만약 데이터베이스가 랜섬웨어에 감염된 사실을 뒤늦게 알았을 경우 실제 감염 이전 시점으로 복원해야 할 것이다. 또한 데이터베이스의 이전 버전과 현재 버전의 데이터베이스를 비교해야 할 경우 운영 데이터베이스에서 이전 시점의 백업을 가져와서 해당 데이터베이스를 테스트 또는 개발 영역으로 복원하고 싶을 수도 있다(데이터베이스 스키마 변경 작업이 현재 성능 저하의 원인이라고 판단될 경우에는 스키마를 변경하기 전의 데이터베이스 버전을 복원하고 두 데이터베이스의 성능을 비교해야 한다).

약간 이전 버전으로 백업을 복원하려는 경우는 거의 없다. 9개월이나 1년을 넘은 아주 오래된 버전으로 복원하는 경우는 더욱 거의 없다. 그 밖에도 백업 작동 방식에 문제가 생기기도 한다.

복원은 어떻게 작동하는가?

복원을 수행하려면 서버 또는 VM 이름(컨테이너가 아닌 경우), 애플리케이션 이름, 해당 서버 또는 VM의 자격 증명, 일부 하위 그룹 이름 등 백업 정보를 나타내는 여러 정보가 필요하다. 예를 들어 파일 시스템(예: H:\ 또는 /data), 디렉터리(예: /data/data1)의 이름, 데이터베이스의 테이블(예: 사용자 테이블), 오브젝트 스토리지의 버킷 등의 이름이 될 수 있다. 이들 모두 VM/서버/애플리케이션에 추가로 필요한 세부 정보다. 또한 복원을 하려면 보통 복원할 항목의 이름(예: 파일 이름, 데이터베이스 레코드 또는 개체)도 알아야 한다. 전체 VM 사이트 서버/애플리케이션을 복원하려면 모든 정보는 필요하지 않고 VM, 서버 또는 앱의 이름만 있으면 된다.

마지막으로, 복원하려는 대상의 복원 시점, 즉 날짜를 알아야 한다. 예를 들어 오늘 아침에 잘못 작업한 파일이 있었다면 오늘 아침 이전 기준으로 최신 버전의 파일이 필요하다. 예를 들어 5분 전에 데이터베이스 테이블을 삭제했다면 5분 전 데이터베이스에서 가장 최근 백업을 사용한다. 대부분의 사용자는 오류가 발생하기 전 시점에서 단일 서버, VM 또는 애플리케이션의 영역(데이터베이스, 파일 시스템, 디렉터리, 버킷)에서 많은 정보를 가져오려 한다.

변호사와 논쟁을 좋아하는 사람들은 '가끔은 모든 서버를 복원해야 하는 경우가 있다'고 말한다. 그럴 수도 있다. 그러나 이 경우 복원의 목적에 따라 실제로 수십 개에서 수백 개에 이르는 서버 복원 작업을 실행해야 한다. 하지만 동시에 동일한 서버, 데이터베이스, 파일 시스템 또는 파일의 여러 버전을 복원하는 것은 아니다.

만약 여러 버전의 복구 작업을 하더라도 개별 복구 작업을 여러 번 진행해야 하며, 정상적으로 복구하는 데 필요한 정보가 많지 않기 때문에 일일이 필요한 정보를 찾아야 한다. 그리고 파일 또는 데이터베이스가 정상적이었던 일자와 파일이 위치한 디렉터리 및 파일 이름을 알 수 없는 문제가 있다.

복원 작업은 하나의 항목을 특정 시점으로만 복구한다.

그리고 이것은 아카이브 및 회수의 동작 방식과는 많이 다르다. 3장의 뒷부분에서 설명하겠지만 회수는 여러 기간에서 많은 데이터를 가져올 수 있다.

3-2-1 규칙

3-2-1 규칙은 이 책에서 가장 많이 설명하는 내용이 될 것이다. 아마도 이 책의 거의 모든 장에서 3-2-1 규칙을 설명할 것이다. '전부 다 복원하자' 팟캐스트[1]와 관련된 에피소드는 거의 다루지 않고 지나갈 것이다. 재미있는 것은 많은 사용자가 이런 규칙이 있다는 것을 알지 못한 채 많은 시간을 보내왔다는 점이다. 그래서 독자분들에게는 같은 일이 일어나지 않도록 하고 싶다.

3-2-1 규칙은 모든 백업의 기반이 되는 기본 규칙이다. 이 규칙은 마치 물리학에서 $E = mc^2$의 의미와 같다. 백업 설계가 올바른지, 제대로 설계됐는지 의문이 들 경우 이 규칙을 준수하는지 확인하면 된다.

간단히 말해서 3-2-1 규칙은 2개의 다른 미디어에 최소한 세 가지 버전의 데이터가 있어야 하며 그중 하나는 다른 곳에 있어야 한다. 이 규칙 중 '3'의 의미인 3개 항목을 살펴보자.

---

1 '전부 다 복원하자' 팟캐스트는 BackupCentral.com 및 모든 일반 팟캐처에서 이용할 수 있다.

3개 버전의 데이터

이 규칙은 3개 버전의 추가 데이터를 의미한다. 즉 3-2-1 규칙을 이야기할 때 데이터의 원본은 전혀 포함하지 않는다. 원본을 포함한 세 가지 버전을 사용하면 파일이 손상됐지만 인지하지 못한 경우와 같은 심각한 오류가 발생할 수 있다. 예를 들어 어느 시점에 파일이 손상됐지만 인지하지 못했을 경우 해당 손상된 파일을 백업해서 보관하고 파일을 복원하더라도 손상된 파일이 복원될 수 있다. 따라서 최소 3개 버전의 데이터가 필요하다.

백업 및 복구 방법을 너무 많이 변경해서 데이터 버전이 3개 이상인 것은 아무런 문제가 되지 않는다. 오히려 그렇게 하는 것이 좋다. 3은 최소이지 최대를 의미하는 것은 아니다. 실제로 최신 오피스 애플리케이션은 매일 많은 버전의 파일을 생성하므로 수많은 변경 사항을 취소할 수도 있다. 데이터베이스의 트랜잭션 로그transaction log는 기본적으로 매일 수천 개의 데이터베이스 버전을 생성하므로 많은 양의 작업을 실행 취소하거나 다시 실행할 수 있다. 마지막으로, 30분 전에 발생한 실수에도 대비하도록 현재 작업 중인 모든 파일의 모든 버전을 계속 보관하려고 하루 종일 노트북을 백업하는 것이 일반적이다.

서로 다른 두 매체에서

모든 백업이 동일한 미디어에 저장되는 것을 원하는 사람은 없고, 백업을 원본과 동일한 미디어에 저장하고 싶지도 않을 것이다. 관련 가장 좋은 사례는 맥Mac OS 타임 머신Time Machine이다. 맥 OS의 디스크 관리자로 이동해 루트 드라이브를 분할하고 운영체제에 2개의 드라이브를 생성할 수 있다. 그런 다음 첫 번째 하드 드라이브를 두 번째 하드 드라이브에 백업하도록 타임 머신을 구성할 수 있다. 이것은 다소 바보 같은 짓인데 첫 번째 드라이브에 여러 버전의 데이터가 있을 수 있으며, 드라이브가 실제로 고장 난 것이 아니라면 언제든지 원하는 버전을 복원할 수 있다.

드라이브의 파티션에 백업을 저장했는데 실제로 드라이브가 고장 난 경우 이는 백업이 없다는 의미와 같다. 원본과 다른 드라이브에 백업을 저장해야 하고 원본과 다른 컴퓨터에 백업을 저장해야 한다. 백업 중인 컴퓨터의 근처에는 백업하지 않는 게 좋다. 이 책에 있는 많은 의견처럼 나도 오랜 기간 느껴온 게 있는데 다음에서 설명할 '여기서 거기까지 갈 수 없어요'를 읽어 보자.

3-2-1 규칙의 '두 미디어' 부분은 SaaS 제품 내에 저장된 버전을 유효한 백업으로 인정하지 않는 이유 중 하나다. 예를 들어 마이크로소프트 365 보존 정책 및 구글 아카이브가 있다. 이 모든 것은 보호 중인 시스템과 정확히 동일한 시스템에 전자 메일 및 파일의 추가 버전을 저장한다. 이는 3-2-1 규칙을 따르지 않아 백업이 아니다. 이 구성이 변경되기 전까지는 백업이 아니다.

'그중 하나는 다른 곳에 있다'

'그중 하나는 다른 곳에 있다'는 '그중 하나는 오프사이트'라 읽곤 했다. 왜냐하면 둘 중 하나는 온사이트[on-site](데이터를 사용 중인 곳)와 오프사이트였기 때문이다. 오늘날의 환경은 훨씬 더 복잡하다. 즉 데이터 복사본 중 적어도 하나는 보호 대상으로부터 극히 안전한 거리에 있는 위치에 있어야 한다. 과거에는 아이언 마운틴[Iron Mountain] 회사의 '승합차를 탄 남자'²가 운송하는 테이프에 백업을 저장해야 했다. 이렇게 하면 테이프가 보호하고 있던 장소에서 안전하게 분산해 보관할 수 있고 재해 발생 시에도 테이프를 쉽게 회수할 수 있다. 그러나 여기서 핵심 개념은 재해 복구 복사본을 모든 유형의 재해와 분리하는 것이다.

안타깝게도 이 규칙을 따르지 않았기 때문에 9/11 테러 사건으로 몇몇 회사는 사라졌다. 실제로는 당시 다른 타워에 실시간으로 동기화 복제되는 핫 사이트hot site 구성 방식의 매우 정교한 이중화 시스템이 있었다. 두 타워가 동시에 무너질 가능성을 예상한 사람은 아무도 없었지만 핫 사이트는 원본이 저장된 사이트와 가까운 곳에 있으면 절대 안 된다. 맨해튼은 섬이고 허드슨 강이 범람할 수도 있다. 이런 재해는 쌍둥이 타워를 모두 붕괴시킬 수는 없더라도 두 타워의 업무를 불가능하게 만들 수는 있다. 재해 복구의 복사본 그리고 핫 사이트는 주 사이트를 마비시킬 수 있는 어떤 유형의 재해에도 영향이 없는 장소에 있어야 한다.

9/11 테러로 금융거래 회사는 480킬로미터 이상 떨어진 곳에서 동시에 복제된 파일들을 갖고 있어야 하는 법 제도화 시도가 있었다. 이는 좋은 아이디어였지만, 레이턴시latency 문제와 같이 복사본이 너무 멀리 떨어져 있고 동기식 복제가 현실적으로 어려워 법제화되지는 못했다. 이로 인해 애플리케이션의 성능에 영향을 미치지 않는 비동기식 복제로 유지하게 됐다.

클라우드 환경에서는 백업을 보관하는 건물과 단순히 분리해서는 안 된다. 애플리케이션의 백업 데이터가 백업을 보관하고 있는 장소와 멀리 떨어져 있는 물리적 위치에 있는지 확인하자. 클라우드 솔루션이 실제 호스팅되는 물리적 위치를 확인하고 해당 위치에서 멀리 떨어진 다른 지역의 클라우드 스토리지에 데이터를 백업해야 한다.

IaaS/PaaS 클라우드를 사용하는 경우 애플리케이션이 동작하는 물리적 지역을 확인할 수 있는데 기본적으로 동일한 계정에서 생성한 모든 백업은 원본 데이터가 실행되는 동일한 지역 및 계정에 저장된다. 클라우드 계정에 문제가 발생할 수 있는 사항들을 생각하고 백업 데이터를 이런 예상되는 문제점들과 분리해야 한다. 클라우드 공급업체의 대

---

2 이 문구를 이상하게 생각할 수도 있다. 하지만 오래전부터 이렇게 불러왔다. '승합차에 탄 사람'이 더 맞는 표현이지만 과거부터 승합차에 탄 남자로 불렸다.

부분 서비스는 실제로 고가용성 서비스이며 일반적인 여러 오류에 대응할 수 있다. 그러나 잘못된 권한을 가진 계정 하나가 해킹돼 전체 애플리케이션 또는 애플리케이션과 관련한 조직에 피해를 입힐 수 있다.

새로운 것이 있다

2014년에 코드스페이스 닷컴이라는 회사가 있었다. 이 회사는 코드를 안전하게 보관하는 비즈니스로 사업을 했는데 많은 데이터와 백업을 삼중화로 저장했다. 좋은 설계처럼 보이지만 사실은 백업 시스템이 3-2-1 규칙을 따르지 않았다. 이유는 모든 백업을 동일한 지역의 동일한 계정으로 저장했기 때문이다.

그리고 회사는 백업 계정에 복합 인증을 설정하지 않아 외부에서 침입한 해커는 특권 계정 권한을 얻을 수 있었다. 해커는 회사에 돈을 요구하며 돈을 지불하지 않을 경우 획득한 계정을 삭제할 것이라고 협박했다. 하지만 회사는 돈을 지불하는 대신 해킹된 계정을 클라우드에서 잠그려고 했는데 마침 해커는 코드스페이스(codespace)에서 하려는 행동을 알아차리고는 모든 것을 삭제했다. 해커는 VM, 오브젝트 스토리지, 데이터베이스를 삭제했다. 그리고 백업이 같은 계정에 저장됐기 때문에 백업도 삭제할 수 있었다.

이와 같은 사례에서는 코드를 안전하게 저장하는 장소가 아이러니하게 코드를 보관하기에는 매우 안 좋은 장소가 됐다. 이 회사가 제공하는 자료는 웹사이트에서 확인할 수 있지만 안타깝게도 2014년 이 회사는 문을 닫았다. 3-2-1 규칙은 중요하다.

이와 관련된 내용은 243페이지의 '글쎄, 그 일은 절대 일어나지 않을 거야'에서 상세히 다룰 예정이다.

클라우드 리소스를 백업할 때 가장 필요한 조언은 백업 전용으로 분리된 리전region에서 별도의 계정을 만들고 다른 모든 계정에서 해당 계정으로 리전 간 백업을 수행하는 것이다. 그런 다음 계정의 보안 통제를 적용해야 한다. 이 책을 쓰는 시점에서 다중 사용자 인증multiperson authentication 기능을 제공하는 주요 클라우드 공급업체를 모두 알지는 못하지만 해당 기능이 있다면 백업 계정에 꼭 적용해야 한다. 백업 삭제 또는 기타 백업에 손상을 줄 가능성이 있는 작업을 하려면 2명이 로그인해야 한다. 이 작업은 마치 2개의 키를 정확히 동시에 돌려야 하고 2명이 키를 돌려야 할 만큼 충분히 멀리 떨어져 있는 미사일 격납고에서 하는 일과 같다. 이는 IT 환경에서도 마찬가지인데 3장의 뒷부분에서 다루게 될 변경 또는 삭제 불가능한 불변 스토리지에서도 지원하며 동일한 용도로 사용할 수 있다.

인증 관점에서 보면 다중 사용자 인증 기능이 없을 때 할 수 있는 최선은 복합 인증 multifactor authentication을 사용해 시뮬레이션한 다음 2개 인증을 두 사람 간에 나누는 것이다. 한 사람은 이메일 계정과 비밀번호를 갖고 있고 다른 한 사람은 두 번째 인증 장치를 가진다. 이렇게 하면 이메일을 받은 사람이 다른 사람의 확인 없이는 로그인할 수 없다. 보조 인증 장치만 갖고 있는 사용자는 계정 암호를 알 수 없으며 재설정 또한 할 수 없다. 다른 사용자만 해당 전자 메일 계정에 로그인할 수 있기 때문이다. 이런 구성은 완벽하지는 않지만 현실적인 상황에서 할 수 있는 최선의 방법이다.

다시 한번 강조하자면 마이크로소프트 365, 구글 워크스페이스, 세일즈포스와 같은 SaaS 제품에 저장된 버전은 같은 장소에 저장되므로 3-2-1 규칙의 마지막 항목을 준수하지 않는다. 이점을 계속 강조하고 싶다.

이제 백업이 무엇인지 알았으니 아카이브와 백업의 차이점을 살펴보자. 이 두 가지는 여러 면에서 비슷해 보이지만 그 목적은 실제로 매우 다르다.

아카이브란?

아카이브라는 용어는 대중 문화에서도 사용된다. 사람들은 '아카이브에 들어가는 것'이라고 이야기한다. 이는 많은 상자가 있는 먼지투성이의 큰 방을 의미한다. 대중 문화에서 아카이브라고 하면 인디아나 존스 영화 〈레이더스Raiders of the Lost Ark〉에서 나오는 창고나 〈콜드케이스Cold Case〉 드라마의 파일 룸file room이 생각난다.

그러나 IT에서는 아카이브라는 용어가 잘못 사용되고 있다. 사람들은 오래된 데이터를 아카이브라고 사람들이 오래된 백업을 '아카이브'라고 부를 때면 정말 짜증이 난다. 이는 아카이브가 아니라 단지 오래된 백업일 뿐이다. 고가의 스토리지 미디어에서 장기 보관용으로 설계된 저렴한 미디어로 백업을 아카이빙하는 것이 아니다. 백업 아카이빙과 같은 용어는 없다. 백업을 장기 스토리지에 옮길 뿐이다.

오래된 포도 주스는 와인으로 바뀌지만 오래된 백업은 마법처럼 아카이브로 바뀌지 않는다. 와인을 원한다면 와인을 만들고자 출발해야 한다. 아카이브를 만들려면 아카이브를 만들어야 한다. 그리고 오래된 백업을 아카이브로 취급하지 말자. 왜냐하면 백업은 항상 아카이브 역할을 제대로 하지 못하기 때문이다. 백업인지 아카이브인지를 결정하는 것은 보관 기간이 아니라 보관 목적과 방법이다.

정리하자면 백업은 데이터가 삭제되거나 손상됐을 경우 복구하려고 데이터를 저장하는 것이고 아카이빙은 데이터를 만드는 시스템에서 다른 스토리지 매체로 이동해 놓는 것이다. 아카이브가 아닌 이유를 설명했으니 아카이브가 무엇인지 살펴보자.

아카이브는 별도의 위치에 저장한 데이터의 복사본으로, 참조 복사본의 기능으로 사용하며 데이터의 출처를 모른 상태에서도 데이터를 찾을 수 있을 만큼 충분한 메타데이터와 함께 저장된다.

이 정의의 처음 두 부분은 백업 정의와 동일하다. 백업과 마찬가지로 아카이브를 별도의 위치에 저장해야 하고 원본이 없이도 동작하는 완전한 복사본이어야 한다. 아카이브와 백업은 파일 저장의 목적과 회수 목적 그리고 저장 및 복원 방식으로 구별할 수 있다.

참고 자료로 사용하려면

아카이브는 서버나 파일을 원래의 형태로 복원하려고 사용하지 않는다. 일반적으로 원래 데이터 생성 목적이 아닌 데이터를 찾는 데 사용한다. 이는 복원과 관련한 목적일 수 있지만 사실은 다른 목적이다.

예를 들어 위성 제조업체에서 위성의 특정 모델 CAD 도면을 몇 년 후에도 볼 수 있도록 보관한다고 가정해 보자. 누군가가 CAD 도면을 검색하는 이유는 아마도 동일한 위성을 만들기 위해서가 아니라 유사한 위성을 만들기 위해서일 것이다. 아니면 위성이 하늘에서 추락해서 그 원인을 파악하려고 설계를 살펴볼 수도 있다. 이 목적들은 도면과 관련이 있지만 보관의 목적과는 조금은 다르다.

이메일 아카이브는 일반적으로 이메일이 아닌 e-디스커버리 목적으로 사용한다. 또한 아카이브는 이메일 데이터베이스를 쉽게 복원할 수 있는 방식으로 저장하지 않으며 이메일 아카이브를 검색하는 방식도 아니다. 일반적으로는 어제 서버에 있던 모든 이메일이 아닌 특정 문구가 포함돼 있거나 특정 사용자가 보낸 이메일과 같은 패턴과 일치하는 이메일을 찾는다. 그래서 백업이 필요하다.

이는 마이크로소프트 365 보존 정책 및 구글 아카이브를 마이크로소프트 365 또는 구글 워크스페이스Workspace의 백업으로 간주하지 않는 이유 중 하나다. 이 서비스들은 이메일 및 기타 데이터의 아카이브이지 백업은 아니다. 데이터베이스를 복원하는 것이 아니라 e-디스커버리 목적으로 참조하는 것이다. 따라서 이 아카이브를 쿼리하는 방법은 동일한 백업 파일을 쿼리하는 방법과 완전히 다르다. 즉 백업으로 안 좋은 아카이브를 만드는 것 같이 아카이브(마이크로소프트 365 및 구글 워크스페이스가 수행하는 작업)로 안 좋은 백업을 만든다.

메타데이터와 함께 저장

때로는 메타데이터가 이미 보관 중인 항목에 포함돼 있다. 예를 들어 이메일 아카이브에 저장된 메타데이터에는 발신자, 수신자, 이메일이 전송된 제목 및 날짜를 포함하고 있다. 찾으려는 참조 정보를 찾으려면 메타데이터를 쉽게 쿼리query할 수 있도록 저장해야 한다.

이런 메타 정보는 백업에도 저장되지만 전체 이메일 시스템을 복원하는 것이 아니라면 액세스할 수 있는 방식으로 저장하지는 않는다. 이전에 언급했듯이 백업과 아카이브를 모두 지원하고 쿼리할 수 있는 방식으로 추가 메타데이터를 저장하는 시스템이 있다. 그런데 만약 아카이브에서 쿼리를 사용할 때 서버 이름이나 데이터베이스 이름을 알아야 하는 경우라면 이는 아카이브라고 하기 어렵다. 대부분의 제품이 백업과 아카이브 기능을 구분하지만 일부 소프트웨어 패키지 및 서비스는 백업 및 아카이브를 모두 지원한다.

때로는 비활성 프로젝트의 아카이브를 생성하는 것처럼 메타데이터를 추가하기도 한다. 프로젝트의 일부인 모든 파일, 이메일, 사진, 그림을 아카이브에 넣고 프로젝트 이름을 따서 아카이브 이름을 지정한다. 이 메타데이터는 실제 파일 자체에 있을 수도 있고 없을 수도 있지만 누군가가 프로젝트 이름을 쿼리할 수 있도록 파일 외부에 저장해야 한다.

가끔 아카이브 시스템은 아카이빙된 항목에서 일반 텍스트 정보를 추출해 검색할 수도 있다. 아카이브 시스템에서 전체 텍스트 검색fulltext search과 같은 문구를 볼 수 있을 것이다. 이런 기능은 메타데이터(예: 본문이 아닌 이메일 제목)가 아닌 파일 또는 이메일 자체의 내용을 기준으로 정보를 검색할 때 필요하다.

이 모든 것이 중요한 이유는 회수는 복원과 많이 다르기 때문이다. 복원은 이런 모든 메타데이터를 쉽게 쿼리할 필요가 없다. 중요한 점은 일반적인 회수를 진행할 때는 복원에 필요한 정보가 없다는 것이다. 따라서 시스템에서 복원만 가능한 경우 회수는 어려울 수 있다.

회수란?

회수retrieve는 복원과 매우 다르다. 앞서 언급했듯이 복원에는 시스템을 복원하려는 서버, 디렉터리, 데이터베이스, 파일 시스템, 파일 이름, 테이블 이름, 실제 날짜의 이름이 필요하다. 하지만 회수는 일반적으로 해당 정보가 없다. 회수는 콘텐츠 및 관련 메타데이터를 기반으로 관련 정보들을 수집한다. 일반적으로 여러 서버와 애플리케이션뿐 아니라 날짜 범위에서도 검색할 수 있다. 말 그대로 복원과 정반대다. 또한 아카이브 시스템의 회수는 백업 시스템의 복원 기능 정도로 좋지는 않다.

원래 정보가 생성된 후 몇 년 또는 수십 년 후에도 회수를 할 수 있다. 찾는 정보가 들어 있는 서버 유형을 어렴풋이 알고 있을 수 있지만 서버, VM 이름, 데이터베이스 이름 등을 알 수는 없다.

5년 전에 사용한 이메일 서버의 이름을 기억해낼 수 있을까? 아직도 기억하고 있다면 현재 운영 중이거나 안 좋은 기억이 있는 것일 테다. 나는 처음으로 담당했던 데이터베이스 서버를 기억한다. 프랑스 파리였다. 그날의 해고될 뻔한 위기가 아직도 생생히 떠오른다. 27페이지의 '잃어버린 데이터'를 읽어 보길 바란다.

일반적으로 회수를 수행할 때는 서버나 파일이 아닌 정보를 찾는다. 사용자들은 대부분 파일의 내용에 더 관심이 있다. 예를 들어 아폴로Apollo라는 단어가 포함된 모든 이메일을 찾거나, 지난 3년 동안 스티븐 스미스Stephen Smith가 제인 콜린스Jane Collins에게 보낸 모든 이메일을 찾거나, 존 스티븐슨John Stevenson이 5년 전에 작업한 특정 코드의 모든 버전을 찾을 수도 있다.

일부는 몇 년 전의 일부 프로젝트가 현재의 프로젝트와 관련이 있을 것이라고 어렴풋이 기억할 수도 있다. 마침 3년 전 수행했던 위젯 프로젝트가 기억나면 아카이브 시스템을 이용해 3년 전의 위젯 프로젝트를 검색해 해당 프로젝트의 모든 파일과 이메일은 버튼 클릭만으로 사용할 수 있다(이런 모든 정보가 있는 위치를 알고 있으면 백업 시스템을 사용해 복원할 수 있지만 여러 번의 복원 작업이 필요하며 실제로는 이 시나리오보다 훨씬 많은 정보가 필요하다).

아카이브의 여러 유형은 10장에서 자세히 설명하겠다.

백업과 아카이브는 모두 중요하다. 백업이나 아카이브(또는 둘 다)를 만드는 경우 백업은 손상되지 않고 그대로 유지되도록 하거나 손상 또는 변조되지 않아야 한다. 다음은 조직이 백업 및 아카이브가 손상될 수 있는 모든 상황에 대응하도록 조직에서 사용하는 다양한 기술을 설명하겠다.

백업 및 아카이브 데이터 보호

1장에서 백업 및 아카이브 데이터에 손상을 줄 수 있는(또는 손상을 시도하는) 여러 가지 사항을 다뤘다. 주 데이터와 마찬가지로 백업 데이터도 장비 장애, 자연 재해 및 운영자의 실수, 해킹 등으로 손상될 수 있다. 이런 위험을 완화하려면 무엇을 할 수 있는지 이야기해 보자

암호화

백업 및 아카이브 데이터에 실수로 액세스하지 않도록 하려면 데이터를 암호화하는 것이 최선이다. 모든 최신 백업 장치는 하드웨어 암호화 및 암호 키 관리를 지원한다. 그리고 최신 백업 소프트웨어 또는 서비스는 보관 중인 데이터 또는 이동할 때에도 암호화를 지원한다.

암호화한다고 해서 잘못된 사용자가 백업을 삭제하거나 도용하는 것은 막을 수 없지만 해당 사용자가 백업을 읽지 못할 수 있다. 이렇게 하면 불량 행위자가 백업을 탈취의 수단으로 사용하는 것을 예방할 수 있다. 말 그대로 전체 백업 시스템을 훔쳐갈 수 있으며

시스템에 인증하지 않는 한 아무것도 읽을 수 없다.

이것이 1장에서 논의한 복합 인증과 및 다중 사용자 인증의 개념이 매우 중요한 이유다. 악의적인 행위자는 권한 있는 사용자로 로그인할 수 있다면 모든 암호화 시스템을 즉시 무력화할 수 있다.

이것이 백업을 암호화하는 이유다

이 책을 편집하는 동안 백업의 보안이 잘못돼 데이터 유출이 발생했다. 월마트(Walmart) 회사인 보노보스(Bonobos)는 누군가가 자사의 70GB 고객 데이터베이스에 접속해 외부에 공개했으며 클라우드 백업을 이용해 데이터베이스를 접속했다고 발표했다.

세부 정보가 거의 제공되지 않았지만 이 백업에 접속할 수 없는 누군가가 데이터를 조회할 수 있었다는 것은 사실이다. 실제 40만 고객의 개인 정보가 공개됐다. 전체 사회보장 번호가 아닌 마지막 4자리만 노출하는 등 데이터 범위가 제한됐고, 유출된 비밀번호는 SHA-256으로 해시(hash)화했다. 그러나 누군가가 무차별 암호 대입 기법을 사용해 암호의 약 1/3을 알아냈다.

한 가지 말하고 싶은 것은 이런 위험은 클라우드 전문가가 아닌 사람들이 클라우드를 사용해 백업을 저장할 때 발생한다는 점이다. 비전문가들은 백업을 적절하게 보호하지 않으며 암호화하지도 않는다. 백업 프로그램 말고는 그 어떤 것도 백업에 접근할 수 없었어야 하고 누군가가 접근했다면 암호화로 읽을 수 없었어야 한다. 생성한 모든 백업이 암호화됐는지 확인하자. 만약 그랬다면 이런 데이터 유출은 막았을 것이다.

에어 갭

에어 갭air gap이란 백업 중인 데이터와 물리적으로 분리된 네트워크상의 기계에 데이터를 배치해 데이터의 복사본을 안전하게 하는 방법이다. 말 그대로 주 시스템과 백업 사이에 공기 틈이 있다는 것을 의미한다. 주 시스템과 보조 시스템에 영향을 주는 일련의 재해 또는 공격이 있는 경우 해당 시스템 사이에 에어 갭을 생성해 효과적으로 막을 수 있다. 우리는 데이터 보호 분야에서 폭발 반경 제한을 많이 언급한다. 가장 좋은 방법은 지리적으로(77페이지의 '3-2-1 규칙'에서 논의한 바와 같이) 그리고 전자적으로 보호 시스템에서 보호 복사본을 최대한 멀리 분리하는 것이다. 두 시스템 사이의 에어 갭은 크고 두꺼울수록 좋다.

이 아이디어는 인터넷에 연결된 데이터센터를 갖추기도 전에 시작됐다. 소프트웨어 버그는 한 시스템이 다른 시스템을 감염시키고 또 다른 시스템을 감염시키는 등 연속적인 재해를 일으킬 수 있다. 주 시스템과 보조 시스템이 정확히 동일한 코드를 사용한 경우 해당 코드의 오류로 양쪽 데이터가 모두 손실돼 보호해야 할 조직의 데이터가 영구적으로 손실될 수 있다.

이제 인터넷에 연결된 데이터센터가 있고 랜섬웨어가 증가하고 있어 주 시스템 및 보조 시스템을 모두 공격할 수 있는 악성 코드는 더 이상 단순한 걱정이 아니며 많은 조직에서 현실적으로 고민하고 있다.

백업 시스템조차 랜섬웨어에 감염될 경우에는 어떻게 할 수 없다는 랜섬웨어 공격과 관련한 다양한 사례를 읽어 보자. 미국에서 수백 명의 치과의사 사무실을 무력화한 랜섬웨어 공격 사례가 있었다.[3] 주 시스템 및 백업 시스템을 제거했을 뿐만 아니라 백업 시스템을 공격 수단으로 사용했다. 랜섬웨어로 암호화된 주 시스템과 함께 암호화된 백업을 윈도우 기반 백업 서버에 저장한 사례는 많다. 문제가 된 백업 시스템에 에어 갭이 없었기에 상황은 악화됐다.

혹시라도 내가 윈도우 OS를 반대한다고 오해하지는 말자. 지금 이 책을 쓰기 위해 윈도우 노트북과 드래곤 프로페셔널을 사용하고 있다. 랜섬웨어의 주요 공격 대상은 윈도우 OS 기반 노트북 및 데스크톱이다. 단일 노트북 또는 데스크톱이 데이터센터 내부에 감염되면 원격 데스크톱 프로토콜RDP, Remote Desktop Protocol과 같은 윈도우 환경에서 이용하는 프로토콜로 나머지 데이터센터를 공격한다. 백업 서버가 LANLocal Area Network을 이용해 직접 액세스할 수 있고 손상된 시스템과 동일한 운영체제를 실행하는 경우 같은 랜섬웨어의 공격을 받을 위험이 있다.

또한 364페이지의 '타깃 중복 제거 어플라이언스'에서 언급했듯이 해당 윈도우 기반 백업 서버의 디렉터리로 백업에 직접 액세스할 수 있는 경우 메인 시스템과 함께 백업이 감염될 수 있다. 그러면 백업 및 복구 시스템을 이용해 데이터를 복구할 수 없기 때문에 악의적인 공격자는 강제로 돈을 요구할 수 있다.

---

3   즐겨 찾는 검색 엔진에 '랜섬웨어가 치과 400곳을 공격하다'를 입력해 보자.

물리적 에어 갭

이전에는 항상 에어 갭이 있었다. 백업 서버와 메인 서버가 동일한 운영체제를 사용하더라도 테이프에 백업했다. 그런 다음 테이프의 복사본을 승합차에 탄 남자에게 건넸다. 이런 복사본 사이에는 복사본을 추적할 수 있는 추가적인 보호 계층이 있었고 에어 갭으로 보호했다.

또한 바코드로 모든 미디어를 추적했는데 테이프는 회사 직원과 보관 공급업체 직원이 스캔했다. 테이프는 나갈 때 상자에 넣어 스캔한 다음 금고의 선반에 올려놓으면 상자 밖에서 스캔된다. 상자에 넣은 테이프가 금고에 있는지 확인할 수 있는 시스템이 있었고 금고에서 꺼낸 테이프를 다시 데이터센터에 놓을 수 있었다. 그리고 일정에 따라 만료된 테이프는 2주 후에 다시 현장으로 돌아왔다.

정규 교체 작업 일정이 아닌 외부 테이프의 접근은 엄격히 통제됐으며 문서화로 잘 정리한 상태였다. 테이프가 정규 일정 이외의 시간에 현장으로 반송하려면 다중 사용자 인증이 필요했다. 하지만 실제로는 이런 작업은 그렇게 많이 일어나지는 않았다. 그 이유는 항상 현장 사본과 외부 사본이 있었기에 현장 사본이 손상된 경우에만 외부 사본이 필요했기 때문이었다. 따라서 일반적으로 완전 재해 복구 테스트할 때만 다중 사용자 인증을 했다.

또한 테이프 보관 회사에 방문해 침투 테스트도 했다. 테이프의 일부를 보여 달라고 요청하고 물론 다중 사용자 인증도 확인한다. 테이프가 보관된 금고 안으로 사람이 방문하는 시나리오를 만들고 테스트를 한다. 개인적으로 나는 보관 회사의 보안 문제로 테이프가 문제된 적은 단 한 번도 없었다.

가상 에어 갭

과거에 백업을 진행하면 단순히 에어 갭이 필요했지만 현재는 대부분 백업할 때 테이프를 만들지 않는다. 많은 사람이 백업 대상 시스템이나 백업 시스템을 확인하지 못한다. 다만 중요한 것은 모든 시스템이 인터넷에 연결돼 있다는 점이다. 이로 인해 인터넷을 이용한 해킹 공격 위험성은 더 증가했으며 시스템에서 시스템으로 공격 가능성 또한 훨씬 높아졌다.

실제로 에어 갭 같은 디지털 장치를 만들 수 있을까? 전자적 또는 다른 방법으로 연결할 수 없는 백업 복사본을 만들 수 있을까? 전자적으로 접근할 수 있는 경우 해킹 공격으로 주 시스템 및 백업 시스템이 암호화 또는 삭제할 수 없도록 불변성을 보장할 수 있을까?

이 모든 질문의 대답은 '그렇다'다. 운영자들은 보통 이것을 '에어 갭'이라고 부른다. 나 또한 이것을 가상 에어 갭^{virtual air gap}이라고 부르는데 다른 모든 것은 가상이기 때문에 적절한 것 같다.

다양한 방법으로 주 시스템과 백업 시스템 사이에 가상 에어 갭을 만들 수 있다. 사용자 환경에 따라 다음 방법을 최대한 많이 사용해 보자.

원격 데스크톱 프로토콜 비활성화 또는 손상

RDP는 랜섬웨어 공격자가 사용하는 가장 일반적인 공격 벡터 중 하나다. 특히 백업 시스템에서는 RDP를 비활성화하거나 기능을 정지시켜야 한다. 가상 사설망^{VPN, Virtual Private Network}과 같은 특정 네트워크로만 액세스할 수 있도록 구성하자. RDP를 활성화하려면 복합 인증을 이용해야 한다. 일반적인 작업에는 RDP가 필요하지 않기에 백업 서버의 콘솔에 연결하는 데 몇 가지 추가 인증 절차는 필요하지 않다(만약 RDP를 일반적인 작업에 자주 사용하는 경우 즉시 해결해야 한다).

다른 운영체제

가능하면 메인 컴퓨팅 서버에 사용하는 것과 다른 운영체제를 백업 서버에 사용해야 한다. 대부분의 기본 서버가 윈도우를 기반으로 하기 때문에 데이터센터에서 백업 서버의 운영체제를 리눅스로 사용하는 것과 같다. 윈도우 기반 백업 서버가 필요한 일부 백업 제품은 리눅스 기반 미디어 서버를 지원할 수 있다. 여기서 보호하려는 것은 미디어(즉 백업)이므로 미디어 서버에 다른 운영체제를 사용할 수 있는지 확인하자. 그리고 클라우드에서 이 백업 소프트웨어를 실행 중이더라도 클라우드 기반 서버가 데이터센터에 있는 것처럼 보이도록 만들어진 경우(예: VPN을 사용하는 경우)에는 변경하지 않는 것이 좋다. 클라우드이지만 데이터센터에 있는 것처럼 연결된 경우 공격의 관점에서는 데이터센터에 있는 것이다.

스토리지 분리

364페이지의 '타깃 중복 제거 어플라이언스'에서 언급했듯이 온프레미스 백업을 수행하는 대부분의 환경은 특별히 구축된 중복 제거 시스템에 백업하고 있다(중복 제거 관련 자세한 내용은 5장 뒷부분에서 다루겠다). 이런 시스템을 백업 서버에 연결하는 가장 쉬운 방법은 네트워크 파일 시스템^{NFS, Network File System} 또는 서버 메시지 블록^{SMB, Server Message Block}을 사용하는 것이다. 그러나 이렇게 하면 절대 안 된다. 백업 서버의 디렉터리로 마운트할 필요가 없는 별도의 프로토콜을 이용해 두 시스템을 연결하는 옵션을 확인해야 한다. 백업 소프트웨어 및 타깃^{target} 중복 제거 시스템 공급업체의 도움이 필요할 텐데 백업 서버의 운영체제로 직접 액세스할 수 있는 드라이브 문자 또는 마운트 지점으로 단순하게 로컬 디스크 드라이브를 마운트하면 안 된다. 일부 공급업체는 이런 설계로 백업 어플라이언스^{appliance}를 판매하고 있는데 이는 백업의 랜섬웨어 및 기타 공격에 취약하다. 특히 이 유형의 어플라이언스가 윈도우 운영체제를 사용하는 경우에는 더욱 취약하다.

오브젝트 스토리지 사용

백업 시스템이 일반 파일 시스템 대신 오브젝트 스토리지 쓰기를 지원하는 경우 해당 기능을 사용하자. 백업을 저장하는 데 사용하는 프로토콜을 변경하면 일반적인 공격으로부터 백업을 안전하게 보호할 수 있다. 온프레미스 오브젝트 스토리지는 NFS 또는 SMB로 연결하는 구성보다 더 안전하다.

변경할 수 없는 불변 스토리지 사용

일부 스토리지 시스템은 불변 스토리지 개념을 지원한다. 이 기능은 시스템에 기록된 모든 내용을 특정 기간 동안 보관하고 삭제할 수 없도록 지정한다(불변성의 개념은 3장의 뒷부분에서 더 자세히 다루겠다). 해당 스토리지가 클라우드에 있고 데이터센터에서 물리적으로 액세스할 수 없다면 더욱 좋다. 백업 시스템이 이런 스토리지 시스템에 쓰기를 지원하는 경우 불변 기능을 사용하자. 왜냐하면 직접 쓰기 기능을 지원하지 않더라도 우회적으로 설정할 수 있기 때문이다. 예를 들어 불변 기능이 설정된 오브젝트 스토리지 시스템에 버킷을 생성할 수 있고 해당 버킷에 기록된 모든 백업의 보존이 설정돼 있으면 백업 소프트웨어 시스템에서 쓰기 작업을 수행할 수 있다.

테이프 사용

데이터센터와 완전히 다른 물리적 위치에 있는 테이프 복사본보다 더 나은 에어 갭은 없다. 이런 방식이 구식이라는 것을 알고 있지만 중요하다고 생각한다. 이 작업을 진행할 때 기록 중인 테이프를 암호화하는 것을 잊지 말자. 암호화된 테이프는 복호화 키가 없을 경우 테이프가 분실돼도 무용지물이기 때문이다.

백업 서비스 사용

인증된 시스템 관리자도 로그인할 수 있는 백업 서버에 액세스할 수 없는 백업 서비스가 있다. 만약 관리자도 로그인할 수 없다면 해커나 랜섬웨어는 더 어려울 것이다. 그러나 모든 백업 서비스가 동일한 방식으로 설계된 것은 아니다. 이런 시스템을 검사할 때는 반드시 시스템의 내부 아키텍처를 살펴봐야 한다. 데이터센터에서 실행하는 것과 동일한 소프트웨어인 경우 시스템이 보이지 않더라도 시스템은 여전히 공격에 취약할 수 있다. 백업과 모든 네트워크 연결을 최대한 분리하는 서비스를 찾아보자.

불변성

1장에서 논의한 바와 같이 악의적인 삭제 또는 백업 및 아카이브의 손상을 방지해야 한다. 앞에서 논의한 일반적인 보안 모범 사례와 여기에 언급하지 않은 다른 보안 사례 외에도, 권한을 보유한 직원이나 직원을 가장한 사람이 백업 및 아카이브를 삭제, 암호화 또는 손상시킬 수 없도록 보장할 수 있는 개념이 있다. 그 개념은 불변이다.

불변성은 매우 간단한 개념이다. 불변의 대상은 경영진 등 누구라도 바꿀 수 없다. 어떤 것을 불변의 저장 체계에 놓고 90일 동안 불변의 상태를 유지해야 한다고 정의하면 나중에 다시 바꿀 수 없다. 나중에 와서 45일로 변경해 달라고 요청하면서 45일이 지난 것을 삭제할 수는 없다.

물론 보유 기간을 변경할 수 있다. 변경 후 저장된 데이터는 새로운 보존 기간이 적용된다. 변경하기 전에는 작성된 백업 또는 아카이브에는 영향을 미치지 않는다. 작성 시 지정한 기간만 변경되지 않은 상태로 유지되기 때문이다.

불변성의 개념에 몇 가지 매우 중요한 사항이 있다. 그리고 불변성은 백업 및 아카이브에서 이전보다 훨씬 중요한 기능이 될 것이라고 생각한다. 왜냐하면 1장에서 언급한 랜섬웨어 공격이 크게 증가했기 때문이다.

진정으로 불변하는 것은 없다

스토리지에 기록된 모든 데이터는 어떻게든 파괴될 수 있다. 웜^{WORM, Write-Once-Read-Many} 테이프 및 광학 미디어 또한 화재에 영향을 받는다. 데이터센터와 클라우드에서 제공하는 불변 스토리지 역시 여전히 물리적 영향을 받는다. 가능한 한 많은 위험을 제거하고 남아 있는 위험을 최대한 완화하자는 취지로 생각해야 한다.

불변성에는 많은 제어가 필요하다

과거 유일하게 변하지 않는 저장소는 광학 미디어였다. 그러나 이제 광학 미디어는 거의 사용하지 않고 동일한 기능을 제공하는 웜 테이프를 사용한다. 디스크 기반 불변 시스템은 오브젝트 스토리지를 사용해 불변성을 해결한다. 이 시스템에 저장된 각 오브젝트는 그 내용에 기반한 해시값을 가지며 내용을 변경하면 해시가 자동으로 변경된다. 이 기능은 오브젝트가 시스템에 저장된 이후 변경되지 않았음을 표시하는 데 쉽게 사용할 수 있다. 그다음 시스템에서 제공하는 API를 이용해 오브젝트를 삭제할 수 있는 모든 방법을 차단해 시스템을 강화해야 한다. 또한 다른 유형의 무단 접속을 차단할 때 시스템의 물리적 액세스를 제어해야 한다. 그리고 최종 점검과 유지 기능은 오브젝트 스토리지가 작동하는 방식에 따라 다른데 해시를 다시 계산해 오브젝트가 변경되지 않았음을 쉽게 증명할 수 있다. 해시가 동일하면 변경되지 않은 것이다.

불변성의 가장 최근 변화는 클라우드 스토리지의 도입이다. 물리적 액세스와 관련된 많은 문제를 해결하는 데 도움이 되며 온프레미스 시스템과 동일한 기능을 모두 갖추고 있다. 개인적으로는 클라우드 기반의 불변 스토리지가 불변성을 위한 최상의 옵션을 제공한다고 생각한다. 클라우드 기반 오브젝트 스토리지는 일반적으로 여러 곳에 복제되고 불변성을 옵션으로 제공하며 데이터센터의 물리적 침해에도 데이터가 위험에 노출되지 않도록 보장한다.

불변은 불변성을 의미하지 않는다

불변의 시스템은 주어진 물체가 변하지 않았다는 것을 증명할 수 있다. 하지만 여전히 물리적 접근이나 기타 발생 가능한 손상 문제를 제거하지는 못한다. 테이프에 불이 붙어서 녹으면 웜 테이프라고 해도 어쩔 수 없이 녹을 뿐이다. 따라서 불변 데이터의 복사본이 여러 개 있는지 계속 확인해야 한다.

많은 것이 불변으로 잘못 표기돼 있다

일부 백업 및 아카이브 공급업체는 보통 '공격으로부터 보호'를 의미할 때 백업을 불변이라고 부른다. 바이러스나 랜섬웨어 공격이 있더라도 백업은 안전하다는 것을 설명하려고 해커나 바이러스로부터 백업을 보호하려고 사용하는 방법을 설명한다. 하지만 백업 관리자가 백업을 생성한 후 보존 기간을 줄일 수 있다면 이는 다른 얘기다. 이 보존 기간 감소 설정은 해커가 권한이 있는 계정, 심지어 백업 관리자 계정에 액세스할 수 있기 때문에 중요하다. 백업을 암호화하거나 손상시킬 수는 없지만 보존 기간을 0일로 변경하고 모든 백업을 설정만으로 삭제할 수 있다면 해커의 목표를 달성한 것이다. 백업 관리자가 백업을 삭제(또는 조기 만료)할 수 있는지 여부는 불변성을 주장하는 백업 공급업체에게 문의해 보자. 만약 가능하다고 하면 그 백업들은 불변이 아니다.

마무리

백업 및 아카이브 시스템을 설계할 때 백업과 아카이브의 차이점을 제대로 이해하는 것이 중요하다. 하나의 제품으로 두 가지를 모두 할 수 있는 제품과 서비스가 있지만 이는 매우 드문 경우다. 백업 시스템이 단순한 복원이 아닌 회수 기능에 좋지 않다고 해서 백업을 몇 년 동안 유지하는 것이 좋다고는 오해하지는 말자. 마찬가지로 SaaS 제품에 내장된 아카이브 기능도 백업 제품이라고 착각하지 말자. 이 제품들은 복원이 아닌 e-디스커버리 및 회수용으로 사용해야 한다. 또한 백업 프로세스에서 필수적인 3-2-1 규칙도 따르지 않는다.

어떤 좋은 백업이라도 3-2-1 규칙은 따라야 한다. 2개 이상 백업은 서로 다른 미디어에 있고 그중 적어도 하나의 백업은 다른 곳에 저장돼야 한다. 이 정의를 충족하지 못하면 백업이 아니다.

또한 백업 및 아카이브는 최후의 방어선이다. 전쟁과 마찬가지로 적군(물리, 해커 등)이 당신의 요새를 목표로 삼을 텐데 당신은 이런 공격에서 요새를 보호해야 한다. 이런 공격에 대응해 암호화하고 사용자를 변경하거나 삭제할 수 없도록 구성하는 것이 백업 및 아카이브 데이터를 보호하는 데 모두 필요하다.

4장에서는 우수한 백업 시스템에 중요한 몇 가지 메트릭metric의 설명으로 시작해 백업을 자세히 설명한다. 또한 백업 선택, 유지 방법, 백업 레벨과 같은 몇 가지 중요한 백업 개념도 다룰 예정이다. 그리고 백업 데이터를 저장하는 두 가지 방법(예: 이미지 및 파일 레벨)과 백업의 몇 가지 근거를 설명하겠다.

백업과 복구의 기초

지금까지 백업과 아카이브란 무엇인지 그리고 이것들을 어떻게 안전하게 보관하는지를 알아봤다. 여기서 한 발 더 나아가 기초적인 백업과 복구의 개념들에 좀 더 상세하게 접근할 필요가 있다. 먼저 백업 레벨의 개념을 정리하고 복구 테스팅의 중요한 개념들을 논의하는 것으로 시작한다. 이후 RTO, RPO 개념을 포함한 많은 백업 시스템 수행 결과와 어떤 백업 시스템 설계에서 해당 결과가 나오게 됐는지 알아볼 예정이다. 이어서 이미지 레벨 백업 vs 파일 레벨 백업 그리고 백업 데이터는 어떻게 선택하는지 다룰 예정이다. 그러나 기본 중에서도 가장 중요한 개념은 바로 백업 테스트 수행이다.

복구 테스트

복구 테스트는 아무리 강조해도 지나치지 않다. 우리가 백업을 수행하는 가장 핵심적인 이유는 백업된 데이터 복구를 하기 위함이다. 그리고 나 스스로 데이터 복구 수행이 가능한지 평가하는 방법은 실제로 복구를 해보는 방법밖에는 없다. 정기적인 데이터 복구 테스트는 백업 시스템의 가장 기초적이면서 핵심적인 부분으로 다뤄져야 한다.

게다가 현재 보유한 백업 시스템과 관련 문서들의 유효성을 테스트하는 것 또한 직원들 훈련에 도움을 준다. 만약 처음 시도하는 대용량 데이터 복구가 운영 시스템을 향한 것이라면 관계자들의 엄청난 스트레스와 압박감으로 인해 복구 중 예기치 못한 상황에 빠지기 쉽다. 만약 훈련을 통해 이런 복구 작업을 반복해 본 경험이 있다면 마치 평소의 업무처럼 손쉽게 처리할 수 있을 것이다.

따라서 담당자들은 현재 담당하고 있는 저용량부터 대용량까지 다양한 규모의 백업 데이터를 대상으로 복구 테스트를 정기적으로 수행한다. 이런 복구 테스트의 수행 주기는 실제로 평소에 발생하는 복구 업무의 횟수와 연관이 있다. 대규모 재해 복구 테스트의 경우 1년에 몇 차례 정도가 적당하지만, 개별적 파일과 가상머신 복구는 적어도 한 사람당 일주일에 1회 정도는 이루어지는 것이 좋다.

복구를 위한 시스템 자원의 사용을 두고 더 이상 논쟁이 필요 없는 클라우드 기반 백업 시스템은 이 모든 것들을 더 용이하게 했다. 필요하다면 단지 적절하게 클라우드 자원을 복구할 데이터에 맞게 재구성만 하면 된다. 이런 특징은 대형 재해 복구 환경에 더 특별한데 이는 전체 재해 복구 테스트를 위해 모든 자원을 용이하게 배치해야 하기 때문이다. 그리고 이것을 주기적으로 수행하는 것은 운영 시스템을 대상으로 하는 데이터 복구 상황을 훨씬 수월하게 운영할 수 있도록 한다. 테스트는 SaaS 기반 서비스들의 공통 부분들, 예를 들어 사용자, 폴더, 파일, 이메일 등의 복구를 필수적으로 포함한다.

백업은 테스트를 완료하기 전까지 백업이 아니다.

– 벤 패트리지(Ben Patridge)

백업 레벨

백업 업계에서는 백업 레벨을 크게 전체 백업[full backup]과 증분 백업[incremental backup]으로 나눈다. 백업 레벨에서 다뤄지는 대부분의 내용은 과거 테이프 백업 시대에 머물러 있지만, 그 정의를 알아볼 가치는 있다. 이후 이 수준들이 실제로 아직까지 유용한지를 107페이지 '백업 레벨은 정말 중요한가?'에서 다룰 예정이다.

전통적인 전체 백업

전통적인 전체 백업은 시스템에서 모든 것을 백업 서버로 복사하는 것이다. 이는 파일 시스템 내의 모든 파일이나 또는 데이터베이스의 모든 레코드를 의미한다.

전체 백업은 거대한 양의 입/출력을 요구하는데 이는 애플리케이션에 심각한 성능 저하를 일으킬 수 있다. 만약 가상머신을 물리적인 환경으로 가장하고 동일한 하이퍼바이저 노드^{hypervisor node}상의 다수의 가상머신에서 전체 백업을 동시에 수행하면 특히 이런 현상이 두드러진다.

그림 4-1은 세 가지 증분 백업을 포함한 일반적인 주간 전체 백업 설정을 보여 준다. 증분 백업은 다음에 논의될 예정이다.

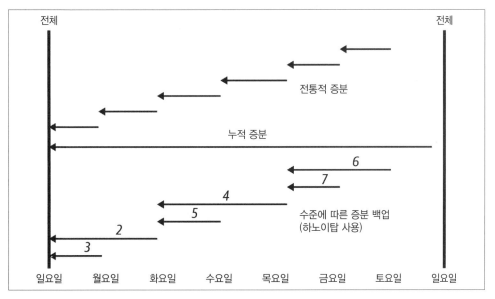

그림 4.1 전체 백업, 증분 백업

전통적인 증분 백업

전통적인 증분 백업은 지난 백업 이후, 모든 파일 시스템 내의 파일들이나 데이터베이스의 레코드들 중 오직 변경된 부분을 백업하는 방식이다. 증분 백업도 다양한 종류가 있으며 그 종류에 따라 사용되는 용어도 각기 다르다. 다음은 이 각기 다른 종류를 설명한 것이다.

특별하게 명시하지 않았다면 증분 백업은 전체 파일$^{full-file}$ 증분 백업을 말한다. 이는 파일 수정 시간이 변경됐다거나 윈도우 운영체제인 경우 아카이브 비트가 설정됐을 때 해당 파일을 전체 백업한다는 말이다. 사용자가 파일의 한 블록이라도 수정했을지라도 완전한 전체 파일이 백업된다. 블록 수준 증분과 소스 중복 제거 백업이 전체 백업을 수행하지 않는 유일한 증분 백업 방식이다.

일반적인 증분 백업

일반적인 증분 백업은 백업 유형에 관계없이 지난 백업 이후로 변경된 데이터만을 백업하는 방법이다. 지난 백업이 전체 백업이든 다른 종류의 증분 백업이든 증분 백업은 지난 백업 이후로 오로지 변경된 데이터만을 백업하는 것이다. 이것은 증분 백업의 가장 일반적인 형태이며 그림 4-1에 특징이 잘 나타나 있다.

누적 증분 백업

누적 증분 백업은 지난 전체 백업을 이후로 변경된 데이터만을 백업하는 방식이다. 이 방식은 백업 클라이언트에 일반적인 증분 백업에 비해 더 많은 입/출력을 요구하고 더 많은 네트워크 사용량과 스토리지 용량이 필요하다. 이 백업의 장점은 전체 백업과 가장 마지막에 수행된 누적 증분 백업만 복구하면 된다는 점이다. 이 백업과 일반적인 증분 백업을 비교해 보자. 일반적인 증분 백업의 경우 전체 백업본과 각 수행된 증분 백업들을 전부 복구해야 한다. 그러나 증분 백업의 이런 이점은 만약 백업 장치로 디스크를 사용한다면 완전히 상황이 달라진다.

그림 4-1에 토요일 밤에 진행된 누적 증분 백업을 보자. 이는 일요일 수행된 전체 백업 이후로 변경된 파일들만 백업했다. 이것은 언제 백업이 수행됐는지와 상관없이 발생할 수 있다.

이런 백업의 유형을 차등 백업이라고도 부르지만 이 책에서는 이 용어를 쓰는 것을 피하려고 한다. 이미 어떤 백업 소프트웨어 제품이 그 용어를 사용하고 있고 그 의미도 완전히 다르므로 이 책에서는 누적 증분 백업으로만 표시하고자 한다.

수준에 따른 증분 백업

수준에 따른 증분 백업은 수준(레벨)이라는 개념을 사용한다. 이 수준은 숫자를 사용해 표현되는데 0은 완전 백업을 의미하고, 1부터 9는 각기 다른 증분 백업 레벨을 숫자로 나타낸다. 특정 숫자에 대응하는 증분 백업은 한 수준 아래의 백업 시점 이후, 변경된 부분의 모든 것을 백업한다. 예를 들어 레벨2 백업을 수행한다면 마지막 레벨1 백업을 수행한 이후 변경된 부분을 백업한다는 의미다. 우리는 다양한 결과를 위해 이런 수준을 섞어서 사용할 수 있다.

예를 들어 일요일에 레벨0 백업을 수행하고, 레벨1 백업을 매일 수행한다. 각각의 레벨1 백업은 일요일 레벨0 백업을 수행한 이후에 변경된 데이터만을 갖고 있을 것이다. 원한다면 매월 첫째 날, 레벨0 백업을 수행하고, 레벨1은 매주 일요일에 수행할 수 있다. 그리고 나머지 주중에 수준을 연속적으로 증가시켜서 백업을 수행할 수 있다(예를 들어 2, 3, 4, 5, 6, 7). 각 일요일에 수행한 백업본은 누적된 증분일 것이고, 그 나머지 백업은 그림 4-1의 상위 절반처럼 일반적인 증분 백업일 것이다.

수준이라는 흥미로운 아이디어는 그림 4-1에 중간 아래에 묘사돼 있듯이 하노이 탑TOH, Tower of Hanoi 백업 계획이라고 불린다. 이것은 같은 이름의 고대 수학적 수열 퍼즐을 기반으로 한 것이다. 만약 여전히 테이프가 백업 매체로 사용되고 복구를 망치는 단지 하나의 매체가 걱정된다면 TOH가 도움이 될 수 있다.

이 게임은 세 가지 말뚝으로 구성돼 있고, 각각 다른 크기의 고리가 말뚝에 들어가 있다. 각 고리는 지름이 더 작은 고리 위에 위치할 수 없다. 이 게임의 목표는 두 번째 말뚝을 마치 임시 저장소처럼 이용해 모든 고리를 첫 번째 말뚝에서 세 번째 말뚝으로 이동시키는 것이다.[1]

대부분의 백업 스케줄의 목표 중 한 가지는 전체 볼륨 사용량을 줄임과 동시에 1개 이상의 볼륨에 있는 변경 파일들을 획득하는 것이다. TOH는 다른 어떠한 스케줄링보다 더 나은 수행 방식을 가진다. 만약 백업 레벨을 선택함에 있어 TOH 프로그레션을 사용한다면 대부분의 변경된 파일들은 적어도 두 번 백업된다. 여기 두 가지 버전의 TOH 프

---

1 TOH에 관련한 더 자세한 내용은 http://www.math.toronto.edu/mathnet/games/towers.html 사이트에 잘 나와 있다.

로그레션^{progression}이 있다(여기의 숫자들은 3개의 말뚝에 걸려진 고리들의 개수와 관련이 있다).

```
0 3 2 5 4 7 6 9 8 9
0 3 2 4 3 5 4 6 5 7 6 8 7 9 8
```

여기 나열된 숫자들의 규칙을 유추하기 쉽다. 2개의 연속적인 숫자들 나열이 서로 인터리브^{interleave}된 형태다. 이제 표 4-1이 어떻게 작동하는지 알아보자.

표 4-1 기본 하노이 타워 일정

일요일	월요일	화요일	수요일	목요일	금요일	토요일
0	3	2	5	4	7	6

표 4-1을 보면 일요일 레벨0 백업으로 시작한다. 월요일에 파일이 변경됐다고 가정해보자. 월요일에 수행하는 레벨3 백업은 레벨0 백업 이후로 변경된 모든 파일들을 백업할 것이다. 이는 월요일에 변경한 파일들도 당연히 포함된다. 그다음 날인 화요일에 파일들이 또 변경됐다고 가정하자. 화요일 밤에 수행될 레벨2 백업은 당연히 이보다 낮은 수준을 대상으로 참조해야 하지만 월요일에 수행한 레벨3 백업은 레벨2보다 높기 때문에 레벨0 백업을 참조하게 된다. 이로 인해 월요일에 변경한 파일과 화요일에 변경한 파일이 다시 백업된다. 레벨5 백업을 수행하는 수요일은 화요일에 수행한 레벨2 백업보다 수준이 높이 때문에 레벨2 백업에서 변경한 파일만을 백업한다. 레벨4인 목요일은 전날 레벨4보다 높은 레벨5 백업은 참조가 규칙상 불가능하기 때문에 그 전날인 화요일의 레벨2 백업을 참조한다.

여기서 한 가지 주목할 것은 화요일에 변경한 파일은 한 번밖에 백업되지 않았다는 점이다. 이 문제를 해결하고자 표 4-2에서 보이는 것처럼 각 주마다 레벨1으로 조정된 TOH 프로그레션 백업을 수행한다.

표 4-2 월별 하노이 타워 일정

일요일	0	일요일	1	일요일	1	일요일	1
월요일	3	월요일	3	월요일	3	월요일	3
화요일	2	화요일	2	화요일	2	화요일	2
수요일	5	수요일	5	수요일	5	수요일	5
목요일	4	목요일	4	목요일	4	목요일	4
금요일	7	금요일	7	금요일	7	금요일	7
토요일	6	토요일	6	토요일	6	토요일	6

이런 방식이 본인이 의도했던 백업 방법론[2]에 큰 혼란을 주지 않는다면 표 4-2에서 설명한 스케줄이 매우 도움이 될 것이다. 매주 일요일은 매월 전체 백업 이후로 변경된 모든 파일의 완전한 증분 백업을 갖는다. 그리고 나머지 주 동안 모든 변경 파일은 수요일 변경 파일을 제외하면 두 번은 백업된다. 이런 방법은 앞서 언급된 어떠한 스케줄 방식보다 미디어 오류로 인한 백업 실패를 예방할 수 있다. 물론 전체 복원에는 1개 이상의 볼륨을 필요로 하지만, 이는 볼륨 관리를 위한 수준 높은 백업 유틸리티를 운용하고 있다면 큰 문제되지 않을 것이다.

블록 수준 증분 백업

블록 수준 증분block-level incremental은 지난 백업 이후로 변경한 바이트 또는 블록들을 백업하는 방식이다. 여기서 블록은 파일보다 좀 더 낮은 개념으로 인접한 바이트들의 묶음을 말한다. 주된 차이점은 어떤 바이트 또는 블록들이 변경됐는지를 추적하는 기능이 있으며 이런 추적 메커니즘은 블록들 중 또는 바이트들 중 또는 바이트 세그먼트들 중 어떤 것을 증분 백업 대상으로 선택할 것인지 결정한다.

이런 과정은 전체 증분 방식에 비해 상당히 작은 입/출력량과 데이터 전송 대역을 요구한다. 또한 블록 수준의 증분 백업은 더 작은 크기의 백업들을 생성하고 그 작은 크기의 백업 단위들은 복원 시에 읽어야 할 데이터 양이 작아지기 때문에 복원을 더 용이하게 한다. 따라서 디스크와 관련한 기술 발전과 더불어 블록 수준 증분 백업 방식은 최근 들

---

2 이 책에서 다루는 아이디어 제안 방식이다. 만약 책에서 제안하는 백업 방법론이 더 큰 혼란을 불러온다면 피하는 것이 좋다.

어 더 보편화되는 추세다.

오늘날 블록 수준 증분 백업을 가장 많이 취급하는 곳은 하이퍼바이저 백업이다. 하이퍼바이저와 그 이하 가상머신들은 특정 시간 이후 변경한 모든 비트 정보를 포함하는 비트맵을 관리한다. 백업 소프트웨어는 특정 날짜 이후로 변경한 모든 바이트들을 간단히 조회할 수 있고 하이퍼바이저는 이런 비트맵 쿼리 결과에 응답한다.

소스 중복 제거

소스 중복 제거는 5장에서 심도 있게 다룰 예정이다. 여기서 개략적으로 설명하자면, 새 블록 또는 변경된 블록들이 백업 서버로 전송되기 전에 추가적인 작업이 적용되는 것을 제외하면 앞서 설명한 블록 수준 증분 백업 방식의 확장된 형태라고 할 수 있다. 소스 중복 제거 프로세스는 백업 시스템이 신규 블록을 다룬 적이 있었는지를 확인하는 과정이다. 예를 들어 새로운 블록이 예전에 백업된 적이 있었다면 그 블록은 더 이상 백업될 필요가 없다. 이는 많은 사용자 사이에서 공유되는 파일을 백업하거나 많은 타 시스템과 파일을 공유하는 운영체제를 백업할 경우 이런 현상이 발생할 수 있다. 또한 블록 수준 증분 백업보다 시간과 대역폭을 절약하는 효과를 가진다.

합성 전체 백업

전체 백업을 하는 대표적인 이유는 데이터 복원을 더 빠르게 하기 위함이다. 만약 단 한 번의 전체 백업이 수행됐고, 이후 계속 증분 백업만을 수행해 왔다면 복원을 수행하는 데 드는 시간은 상당할 것이다. 일반적인 백업 소프트웨어는 테이프와 같은 백업 미디어에 저장된 일부 데이터가 증분 백업된 신규 버전으로 교체돼도, 전체 백업 상에서 발견된 모든 데이터를 우선적으로 복원할 것이다. 이후 다양한 증분 백업본으로부터 백업본 생성 순서에 맞춰 신규 또는 변경된 파일들을 복원한다.

이런 다중 복원을 수행하는 프로세스, 즉 처음에 복원된 데이터가 증분 백업에서 발견된 변경 사항으로 일부 덮어쓰는 프로세스는 매우 비효율적이라고 할 수 있다. 만약 테이프를 사용한 백업 방식이었다면 각각의 테이프를 삽입하고 해당 데이터가 저장된 적절한 위치를 찾고 작업 후 테이프를 꺼내는 반복적인 작업의 시간까지 추가해야 한다.

이 과정은 각 테이프당 5분 정도의 시간을 더 필요로 한다.

이런 구성이라면 불필요한 시간을 줄일 수 있기 때문에 전체 백업을 더 많이 할 수록 복구에 걸리는 시간도 더 빨라질 것이다(복구의 관점에서 보면 매일 밤 전체 백업을 수행하는 것이 가장 이상적이다). 이는 일주일에 한 번 모든 시스템을 대상으로 전체 백업을 수행하는 일반적인 이유다. 자동화 시스템이 증가함에 따라 실무자들은 월별 또는 분기별로 전체 백업을 수행한다.

그러나 현재 사용 중인 서버나 가상머신에서 전체 백업을 수행하는 작업은 서버에 막대한 부하를 발생시킨다. 이 때문에 복구 시간이 더 걸리더라도 가능하면 전체 백업의 빈도를 줄일 것을 백업 관리자에게 요구한다. 이런 백업 효율성과 복원 효율성 사이의 관리 때문에 합성 전체 백업synthetic full backup이 더 주목받게 됐다. 합성 전체 백업은 복원 중에는 마치 전체 백업처럼 동작하지만, 이는 일반적인 전체 백업으로 생성된 것이 아니다. 합성 전체 백업의 생성 방식은 크게 세 가지로 나뉜다.

복사를 이용한 합성 전체 백업

가장 흔한 방식은 한 장치에서 다른 장치로 백업 대상을 복사함으로써 합성 전체 백업을 생성하는 것이다. 백업 시스템은 백업을 수행하는 동안 모든 데이터 정보를 카탈로그화해서 만약 전통적인 방식으로 생성된 전체 백업이라면 모든 파일과 블록이 어떤 버전에 속했는지까지 알 수 있다.

이런 합성 전체 백업 방식의 가장 큰 이점은 백업 대상이 되는 서버들이나 가상머신이 백업 과정에 포함되지 않기 때문에 해당 시스템들의 운영에 아무런 영향 없이 언제나 실행할 수 있다는 점이다. 백업이 완료되면 백업 결과물은 전통적인 전체 백업과 동일하며 그 이후 생성된 증분 백업들도 해당 전체 백업을 기반으로 생성될 수 있다.

하지만 여기에는 두 가지 단점도 있다. 첫 번째로, 데이터를 복사하는 과정은 상당한 시간이 소요될 수 있지만, 앞서 언급했듯이 데이터 복사는 운영 중에도 언제나 수행이 가능하다. 또 다른 단점은 디스크 시스템에 입/출력 부하를 줄 수 있다는 것이다. 이는 테이프 백업 방식의 경우 백업 소스와 백업 저장 장치가 명백히 분리된 장치들이기 때문에 큰 문제가 되지 않았다. 그러나 단일 타깃 중복 제거 장비일 경우 이 방식으로 생성되는 합성 전체 백업은 전체 복원과 전체 백업을 동시에 수행하는 수준의 입/출력을 발생한다. 대상 장비에 얼마나 큰 영향을 미칠지는 장비의 성능과 상태에 따라 다르다.

가상 합성 전체 백업

가상 합성 전체 백업virtual synthetic full backup은 오직 타깃 중복 제거 시스템을 통해서만 가능한 방식이다(5장과 12장에서 더 상세히 다룰 예정이다). 타깃 중복 제거 시스템에서 모든 백업은 작은 부분들로 나뉘는데 이는 불필요한 부분들이 있는지를 확인하기 위함이다.[3] 각각의 부분은 각기 다른 오브젝트로서 타깃 중복 제거 장비의 스토리지에 저장되고, 타깃 중복 제거 시스템에 저장한 작은 부분들은 각 변경된 파일이나 블록들이다. 이는 신규 백업을 생성하면서 전체 백업을 한 것처럼 인식시킬 수 있고, 이 신규 백업은 다른 백업들에 포함된 블록들을 단순히 가리키기만 하는 것이다.

이 방식은 백업 제품과 결합한 형태다. 중복 제거 시스템이 백업 제품 없이 확실히 전체 백업을 생성할 수 있다 하더라도, 백업 제품은 이 백업이 실제 전체 백업으로부터 온 것인지를 알지 못하며 데이터를 복원하거나 증분 백업의 기반으로 두지 못할 수 있다. 따라서 백업 산출물은 타깃 중복 제거 시스템에 가상 합성 전체 백업 생성을 요청한다. 또한 가상 합성 전체 백업은 상당히 빠르게 생성된다. 여기엔 어떠한 데이터 이동도 포함되지 않기 때문에, 매우 효율적이지만 가상머신 또는 파일 시스템 백업 그리고 몇몇 데이터베이스와 같이 적용 가능한 환경이 굉장히 제한적일 수 있다.

영구 증분 백업

통합 전체 백업의 개념은 실제로 다른 전체 백업을 수행할 필요 없이 전체 백업처럼 작동하는 것을 만드는 다양한 방법을 사용하는 것이다. 새로운 백업 시스템이 처음부터 새로 만들어져서 통합 백업 등 다른 전체 백업이 더 이상 필요하지 않다. 이 아이디어는 테이프 환경에서 초기에 구현됐지만, 영구 증분 백업incremental forever backup이라는 개념은 디스크 백업 분야에서 본격적으로 시작됐다.

---

3 청크는 바이트의 일부 모음이다. 블록은 고정된 크기이고 청크는 모든 크기가 될 수 있기 때문에 대부분의 사람들은 청크와 블록 용어를 비교하면서 사용한다. 일부 중복 제거 시스템은 가변 크기의 청크를 사용하기도 한다.

실제 영구 증분 백업은 우선 백업 대상으로서 디스크를 사용했을 때만 구현 가능한데, 이는 영구 증분 백업 시스템의 동작 방식이 모든 백업본에 동시 접근을 요구하기 때문이다. 또한 영구 증분 백업은 다른 백업 산출물들이 그렇듯 컨테이너, 즉 tar나 상용 백업 포맷 등에 저장될 수 없다(여기서 사용된 컨테이너라는 용어를 도커 컨테이너와 혼동하지 않길 바란다). 대신, 영구적 증분 백업 시스템은 일반적으로 가장 최신 증분 백업에서 각각의 변경 항목을 오브젝트 스토리지 시스템에 별도의 오브젝트로 저장한다.

이것은 영구 증분 백업 소프트웨어 제품이 전체 파일, 파일의 일부 또는 데이터 블록들을 백업할지 여부에 상관없이 작동한다(103페이지 '블록 수준 증분 백업'에서 이 내용을 다룬 바 있다). 백업 소프트웨어는 하나의 커다란 데이터 집합체인 모든 백업의 접근을 허락하는 각각의 오브젝트를 별도로 저장할 것이다. 심지어 이 오브젝트들은 파일, 하위 파일, 블록 또는 데이터 부분과 같이 매우 작은 오브젝트들이다.

각각의 증분 백업이 생성될 동안 백업 시스템은 그 증분 백업을 생성하는 각 서버, 가상 머신 또는 애플리케이션의 현재 상태를 확인하고 모든 블록이 있는 곳이 현재의 상태를 나타내고 있음을 알고 있다. 이 위치 정보를 갖고 있는 것 외에는 아무것도 필요하지 않다. 데이터 복구가 필요할 때 전체 백업처럼 존재하는 각각의 오브젝트들이 위치한 곳의 위치 정보만을 복구 프로세스에 전달하기만 하면 된다. 이는 생성되는 모든 백업은 증분 백업이지만, 전체 백업을 위한 어떤 데이터 이동이 없어도 복구의 관점에서 모든 백업은 전체 백업과 같이 행동함을 의미한다.

이런 백업 방식은 전체 백업이나 합성 전체 백업과 연관된 어떤 문제점 없이 매일 전체 백업을 생성한다. 이 방식의 단 하나의 단점은 백업 초기부터 영구 증분 백업 시스템을 기반으로 구축해야 한다는 것이다.

백업 레벨은 정말 중요한가?

백업 레벨backup level을 논하는 것은 사실 시대에 역행하는 것이고 요즘은 예전보다 중요하지 않은 부분으로 취급된다. 1990년대 내가 처음으로 백업 업무를 시작했을 때 백업 레벨을 결정하는 것은 굉장히 중요한 부분이었다. 매주 전체 백업을 수행했고 가능하면 매일 누적 증분을 수행하려 했다. 이 방식으로 백업을 수행하는 것은 복구하는 데 추가적으로 2개의 테이프가 더 필요함을 의미한다. 각각의 누적된 증분은 그 전의 누적분에 포함됐던 대부분의 파일을 저장하기 때문에 변경된 데이터는 여러 개의 테이프에 존재했다. 이런 방법은 내가 데이터를 복구할 때, 말 그대로 손으로 테이프들을 드라이브에서 교체하던 시기에는 보편적인 방식이었다. 따라서 데이터 복구작업 동안, 테이프 드라이브에서 테이프를 넣었다 꺼냈다 하는 동작을 반복해야 했기 때문에 테이프 보관 서랍에서 가져와야 할 테이프들의 개수를 최소화하고 싶어했다. 누가 백업 복원에 30개 테이프를 이용하고 싶어 하겠는가? 만약에 이런 일이 매월 발생한다면 과연 기분이 어떻겠는가?

몇 년이 지난 후 상용 백업 소프트웨어와 로봇으로 작동하는 테이프 라이브러리가 이일들을 넘겨 받았다. 나는 더 이상 복원 때문에 테이프를 갈아 끼울 필요는 없어졌으나, 엄청나게 많은 테이프가 요구되는 복원 작업에는 여전히 똑같은 행위가 필요했다. 만약 로봇이 데이터 복구에 30개 테이프를 교체하는 작업을 수행한다면 순수하게 데이터 복구에 걸리는 시간을 제외하고 45분이라는 시간이 더 필요하다. 왜냐하면 테이프 교체와 테이프의 첫 번째 바이트가 읽히기까지 걸리는 시간이 테이프 하나당, 평균적으로 약 90초 정도이기 때문이다. 나는 이런 백업 방식을 월간 백업, 일반적인 일간 증분 백업 그리고 주간 누적 증분 백업의 형태로 변경했다. 이것은 최악의 데이터 복원 상황에 8개의 테이프만 필요할 것이라는 의미다. 다시 말해 테이프 교체 작업에 필요한 부가적인 시간이 45분에서 12분으로 줄었다는 것이다.

사실 이제는 백업의 다양한 수준을 결정하는 이유의 대부분을 더 이상 언급할 필요가 없다. 심지어 매일 전체 백업을 하는 것 또한 좋은 타깃 중복 제거 시스템을 보유하고 있다면 스토리지를 낭비하지 않는다. 모든 백업 데이터가 디스크상에 존재한다면 30개 증분 백업이 담긴 테이프들을 드라이브에 넣을 필요도 없다. 결국 현대의 백업 시스템들은 오직 하나의 수준, 즉 블록 수준 증분 백업만을 수행하는 방식만 취급하고 있다. 더 많은 디스크와 최신 기술들을 사용할수록 과거의 기술이나 개념들의 중요성은 점점 떨어지는 것이 당연하다.

메트릭스

데이터 보호 시스템을 설계하고 유지 관리할 때 많은 메트릭스^{metrics}를 결정하고 모니터해야 한다. 이 메트릭스들은 결국 시스템을 어떻게 설계했는지부터 시작해서 시스템이 설계된 대로 작동하는지 여부를 확인하는 방법까지 모든 것을 결정한다. 메트릭스는 또한 얼마나 많은 양의 데이터를 처리하고 스토리지 용량을 사용하는지 그리고 용량을 추가하기 이전에 현재 가용 용량을 확인할 수 있다.

복구 메트릭스

데이터 복구와 관련된 메트릭스만큼 중요한 메트릭스는 없을 것이다. 일반적으로 사람들은 데이터 백업에 걸리는 시간보다 데이터 복원에 걸리는 시간에 더 관심이 많다. 솔직히 누구도 데이터 백업에 걸리는 시간에 신경을 쓰는 사람은 없다. 여기에 백업 시스템이 역할을 잘 수행하는지 결정짓는 두 가지의 메트릭스가 있다. 하나는 얼마나 빨리 데이터를 복원하는지 그리고 데이터를 복원할 때 얼마나 많은 데이터가 유실되는지에 관한 것이다. 4장에서는 이 두 종류의 메트릭스와 어떻게 결정되고 어떻게 측정되는지 설명하고자 한다.

목표 복구 시간

목표 복구 시간^{RTO}은 모든 이해 관계자 또는 관련 부서에서 동의한 목표로, 데이터 복구가 요구되는 사건이 발생한 시점 이후 복구에 걸리는 시간을 규정한 것이다. 어떠한 조직이라도 수용 가능한 RTO 수준은 일반적으로 시스템이 다운됐을 때 금전적인 손실의 정도로 결정한다.

만약 회사가 시스템 다운타임 동안 시간당 수백만 달러의 매출 손실이 난다면 일반적으로 그 조직은 매우 짧은 RTO를 요구할 것이다. 예를 들어, 금융거래를 일으키는 회사라면 가능하면 0에 가까운 RTO를 갖기 원할 것이다. 만약 좀 더 여유 있는 다운타임을 견딜 수 있는 조직들은 RTO를 몇 주 단위까지 측정할 수 있다. 중요한 것은 RTO는 그 조직이 요구하는 것과 일치해야 한다는 점이다.

정부 관련 조직들을 위한 RTO를 계산하는 것은 좀 더 문제가 있을 수 있다. 보통 정부 관련 시스템들은 시스템이 다운되더라도 수익을 잃는 것과는 거리가 멀다. 시스템 다운이 일어난 후 정부 기관이 필요한 것은 시스템 다운으로 인해 발생되는 업무 지연으로 인한 공무원들의 초과 근무 시간일 것이다.

전체 조직을 통틀어 단일 RTO를 갖는 것은 거의 드물다. 굉장히 중요도가 높은 애플리케이션은 좀 더 높은 RTO를 가질 것이고, 그 외의 부분은 좀 느슨한 RTO를 갖는 것이 일반적이다.

RTO를 계산할 때 어떤 시스템 장애 발생 시점부터 모든 비즈니스가 정상적인 상태로 복귀했을 때까지 걸리는 시간을 이해하는 것이 중요하다. 백업에만 집중하는 많은 사람은 RTO가 데이터를 복구하는 데만 걸리는 시간이라고 생각하는 경우가 많은데 백업에서 복구 대상 시스템으로 데이터를 복사하는 프로세스는 사실 전체 복구 프로세스 중 작은 부분에 불과하다. 추가적인 하드웨어 주문이 있어야만 할 수도 있고, 어떤 다른 계약이나 물류 문제 등이 데이터 복구 시작 전에 해결돼야 할 수도 있다. 이에 더해 추가적인 것들이 애플리케이션의 완전한 재가동 전 그리고 복구가 수행된 직후 발생해야 할 수도 있다. 따라서 RTO를 결정할 때 단순히 데이터를 복구 시간 외의 사항들도 함께 포함해야 하는 것을 잊지 말아야 한다.

RTO는 목표임을 기억하자. 해당 목표를 달성할 수 있는지 여부는 112페이지의 '실질적 복구 시간과 실질적 복구 지점'에서 설명한다. 먼저 RPO 또는 복구 지점 목표에 대해 논의해 보자.

목표 복구 지점

목표 복구 지점RPO은 지정된 시간 이내에 큰 사건이 발생한 직후 수용 가능한 데이터 손실의 양을 말한다. 예를 들어 우리는 1시간의 가치에 달하는 데이터는 손실될 수 있다고 동의한다면 1시간 RPO에 동의한 것이다. 앞서 설명한 RTO와 같이 각각의 데이터 묶음의 중요도에 따라 전체 조직에 다중의 RPO를 갖는 것은 굉장히 일반적이다.

그러나 대부분의 조직들은 24시간 또는 그 이상의 시간의 RPO를 갖는 것이 일반적인데 이는 RPO가 더 짧아질수록 백업을 수행하는 횟수도 많아지기 때문이다. 1시간 RPO를 채택하는 경우는 거의 없고 따라서 하루에 한 번 백업을 수행하는 것이 가장 일반적이다. 이런 시스템에 할 수 있는 가장 최선은 24시간 RPO이고 가장 최적화된 시간이다.

RPO와 RTO 협상

많은 조직은 매우 엄격한 RTO와 RPO를 원한다. 내가 지금까지 참여했던 모든 RTO, RPO와 관련한 대부분의 대화는 조직이 기대하는 수치는 무엇인지를 묻는 질문으로 시작했다. 그 답변은 항상 RTO 0, RPO 0이었다. 이것은 만약 재해가 발생했을 경우 비즈니스/운영 조직은 다운타임 전혀 없이 그리고 데이터 손실 전혀 없이 운영을 재개하길 원한다는 의미다. 먼저 이것은 역대 최고의 시스템에서도 기술적으로 불가능할 뿐만 아니라 그 가격 또한 엄청나게 비싸진다는 것을 뜻한다.

따라서 이런 요청의 답변은 해당 요구에 맞춰 신규 시스템 가격을 제안하면 된다. 만약 해당 조직이 정말로 RTO와 RPO가 0이나 0에 가까워야만 함이 정당하다고 생각한다면 제안한 가격을 수용할 수 있을 것이다.

이후 주어진 예산 범위 안에서 기술적으로 실현 가능한 것은 무엇인지와 재난 복구 상황에서 실제로 어떤 일이 발생하고 있는지 사이에서 협상이 있을 수 있다. 가장 권장하는 방법은 고객이 RTO, RPO에 관해 무엇을 제시했든 관계없이 이것을 그냥 받아들이지 말고 무시하는 걸 권한다. 그리고 진행 과정에서 비즈니스/운영 조직들과의 논의 없이 RTO, RPO를 정하는 것은 금물이다. 왜냐하면 나중에 이들에게 실제 운영 환경에 적합하지 못한 것들을 요구할 수도 있기 때문에 RTO, RPO를 정할 때는 꼭 이들의 컨설팅이 필요하다. 이런 의사소통은 2장에서도 계속 언급했듯이 매우 중요하며 꼭 이행해야 할 일이다.

실질적 복구 시간과 실질적 복구 지점

실질적 복구 지점^{RPA, Recovery Point Actual}과 실질적 복구 시간^{RTA, Recovery Time Actual}의 메트릭스는 실제로 복구 또는 복구 테스트를 진행하는 경우에만 측정한다. 쉽게 말해 RTO와 RPO는 이루고자 하는 목표이고 RPA와 RTA는 복원 후 RTO와 RPO로 나타난 목표를 어느 정도 달성했는지 측정하는 것이다. 이런 측정은 매우 중요하고 백업 및 복구 시스템의 재설계 여부를 평가하기 위한 중요한 과정이다.

현실은 대부분 조직들의 RTA와 RPA는 조직들이 합의했던 RTO와 RPO의 근처에도 가지 못한다는 것이다. 중요한 것은 이 현실을 밝히고 인정하는 것이다. 진짜는 결국 RTO, RPO를 조정하거나 시스템을 재설계하는 것이다. RTA와 RPA가 목표의 근처에도 오지 못한다면 높은 RTO와 RPO는 사실 의미 없는 목표다.

 실제 환경에서 연속적인 백업 실패는 자주 발생하므로 RPA에 영향을 미칠 수 있다. RPA에 영향을 미치지 않도록 백업 장애에 사용하는 경험상 규칙 중 하나는 RPO를 3으로 나눠 백업 주기를 결정하는 것이다. 예를 들어 3일 RPO에는 하루의 백업 빈도가 필요하다. 이렇게 하면 RPO를 놓치지 않고 최대 2번의 연속 백업 장애가 있을 수 있다. 물론 백업 시스템에서 매일 백업을 자주 수행할 수 있는 경우에 해결되지 않은 두 번의 연속 백업 장애가 발생한 경우 RPA는 3일이 된다. 연속적인 백업 장애는 현실에서 자주 발생하므로 하루에 한 번 이상 백업할 수 없는 한 일반적인 24시간 RPO는 거의 충족되지 않는다.

– 스튜어트 리들(Stuart Liddle)

복구 테스트

이 시점이 복구 테스트가 필요하다는 말을 꺼내기 가장 좋은 시점이라 생각한다. 그 이유는 대부분의 조직이 백업 시스템에 화를 내는 경우는 거의 없기 때문이다. 테스트하지 않으면 백업 시스템이 실제로 어떻게 작동하는지 알 수 없다.

만약 백업과 복구를 같이 수행해 보지 않는다면 현재 백업 시스템이 어느 정도 유용한지 알 수 없을 것이다. 그리고 대용량 복구에서는 얼마나 많은 자원이 소모되는지, 잔여 환경을 얼마나 차지할지도 알 수도 없다. 가끔씩 대용량 복구를 수행해야 복구 시간, 데이터 손실률, 그에 따른 현재 백업 시스템의 RTA와 RPA도 알 수 있다.

앞으로 몇 페이지에 걸쳐 성공적인 메트릭스를 설명할 예정이다. 백업의 성공은 중요한 메트릭스이지만 항상 실패한 백업도 존재할 것이다. 현재 시스템이 우리가 기대했던 대로 작동해 준다면 주기적인 데이터 복구는 100% 복구 성공률 또는 그에 가까운 수치를 보여 줄 것이다. 이런 성공적인 메트릭스를 알리는 것은 복구 시스템에 대한 자부심을 더욱 고취시킬 것이다.

시스템 용량을 잘 모르는 상태에서 대규모 복원을 시도한다면 이에 대한 첫 질문은 분명 작업 시간의 양일 것이다. 주기적으로 복구 테스트를 하지 않으면 이런 질문에 대답할 수 없다. 이것은 복구되는 내내 시니어 관리자에게 무엇을 보고해야 할지 모르는 상태로 긴장감 속에서 기다려야 한다는 말이 된다.

백업을 하는 만큼 복구에도 익숙해지자. 익숙해지려면 복구 테스트를 직접 해봐야 한다.

용량 메트릭스

현재의 백업 시스템이 직접 운영 방식이든 클라우드 기반 방식이든 작업이 수행되는 동안 스토리지 용량, 데이터 처리량, 네트워크 사용량을 감시가 항상 필요하고 그에 따라 백업 시스템의 설계나 설정이 변경될 수도 있다. 이는 클라우드 기반 시스템이 갖는 강점이기도 하다.

라이선스 및 워크로드 사용량

백업 제품 또는 서비스는 백업하는 각 항목에 설정된 수의 라이선스^{license}가 있다. 라이선스가 언제 소진될지 알 수 있도록 해당 라이선스의 사용률을 항상 추적해야 한다.

이와 밀접하게 관련된 것은 단순히 백업 중인 워크로드^{workload} 수의 추적이다. 이로 인해 라이선스 문제가 발생하지 않을 수도 있지만 이 작업은 현재 백업 시스템의 크기를 확인할 수 있는 또 다른 메트릭스다.

스토리지 용량과 사용량

가장 기본적인 메트릭스부터 시작하자. 조직이 보유한 백업 시스템이 현재와 미래에 발생하는 백업과 복구에 필요한 충분한 스토리지 용량을 갖고 있는가? 재해 복구 시스템은 충분한 스토리지를 갖고 있고 재해 발생 시 주 데이터센터로부터 완전한 처리량을 넘겨받을 수 있을 정도의 용량을 갖고 있는가? 백업이 수행되는 동안 재해 복구 시스템으로 전환이 가능한가? 테이프 라이브러리든 또는 스토리지 어레이든 상관없이 현재 스토리지 시스템은 제한적인 용량을 갖고 있고 그 용량과 사용률을 감시하는 것이 필요하다.

스토리지 사용률과 용량을 모니터링하지 않는 것은 결국 조직의 정책에 반하는 긴급한 결정을 강제로 내려야 하는 상황으로 이어질 수 있다. 예를 들어 장비를 구매하지 않고 추가적인 용량을 얻는 방법은 오래된 백업을 지우는 것이다. 스토리지 시스템 모니터링의 실패는 데이터 유지와 관련한 요구 사항을 만족시키지 못한 담당자의 무능력으로 귀결된다.

만약 현재 이용 중인 클라우드 스토리지가 오브젝트 스토리지라면 이는 굉장히 쉽게 해결할 수 있다. 오브젝트와 블록 스토리지 모두 사실상 무제한의 용량을 갖지만 오직 오브젝트 스토리지만이 자동으로 용량이 증가한다. 만약 현재의 백업 시스템이 블록 기반 볼륨을 요구한다면 가상 볼륨을 생성하고 데이터 양이 증가함에 따라 용량의 재조정이 필요하기 때문에 여전히 사용량을 감시해야 한다. 오브젝트 스토리지를 사용한다면 이와 같은 작업은 필요하지 않다.

이렇게 볼륨을 생성, 관리, 감시, 용량 조정을 해야 하는 단점 이외에 과금 방법에도 차이가 있다. 클라우드 블록 볼륨은 사용량에 의한 산정이 아니라 할당된 용량에 기반해 금액을 산정한다. 반면, 오브젝트 스토리지는 주어진 달에 본인이 저장한 데이터 용량인 기가바이트^{gigabyte} 단위로 과금된다.

처리 용량과 사용량

일반적으로 백업 시스템은 특정 볼륨의 일일 백업을 수행할 수 있다. 이는 초당 메가바이트^{megabyte} 단위 또는 시간당 테라바이트^{terabyte} 단위로 측정한다. 이 수치를 잘 알고 있어야 하며 또한 백업 시스템 사용량을 계속 관찰해야 한다. 이것을 실패하면 백업 시간의 연장으로 이어지고 결국 업무 시간이 늘어난다. 스토리지 용량 사용률과 같이 메트릭스를 계속 관찰하지 않으면 조직의 정책에 반하는 긴급한 결정을 내려야 할 수 있다.

테이프의 처리 용량과 사용률을 관찰하는 것은 특별히 더 중요하다. 테이프 드라이브 부분은 346페이지의 '테이프 드라이브'에서 더 자세히 논할 예정이지만, 백업 데이터 처리량을 테이프 드라이브의 처리량에 맞추는 것은 매우 중요하다. 특히 테이프 드라이브에 공급할 처리량은 테이프 드라이브의 최소 속도보다 높아야 한다. 그렇지 않으면 장치 오류와 백업 오류로 이어진다. 드라이브 설명서와 공급 업체의 기술 지원을 이용해 허용 가능한 최소 속도를 찾고 가능하다면 그 속도에 가깝게 데이터가 전송되도록 설정하는 것이 필요하다. 테이프 드라이브의 최대 속도에 도달할 상황은 거의 발생하지 않지만 항상 이 부분을 예의주시해야 한다.

이것은 또한 클라우드 서비스가 갖는 장점과 단점이다. 장점은 현재 이용 중인 클라우드 기반 서비스나 제품이 가용한 대역폭을 확장할 수 있다고 가정한다면 오브젝트 스토리지와 같은 클라우드 서비스는 사실상 처리량에 제한이 없다. 예를 들어 만약 현재 백업 시스템의 설계가 클라우드상에서 가상머신에서 동작하는 표준 백업 소프트웨어를 사용한다면 해당 가상머신의 처리량은 제한돼 가상머신의 업그레이드가 필요하다. 그러나 어느 시점에서는 백업 소프트웨어가 하나의 가상머신으로 수행하는 작업의 한계에 도달하게 되며, 결국 처리 대역폭을 추가하려고 또 다른 가상머신을 추가하게 된다. 어떤 시스템은 필요에 따라 자동으로 대역폭을 추가할 수 있다.

백업의 최종 목적지로서 클라우드를 사용할 경우 단점은 사이트의 대역폭은 무제한이 아니며 시간도 제약적이라는 것이다. 바이트 수준의 복제나 소스 중복 제거를 사용하더라도 사이트 업로드 대역폭을 초과할 가능성이 있다. 이것은 나중에 대역폭을 업그레이드하거나 고객 쪽에서 요구하는 대역폭이 공급업체에서 수용이 어려운 경우에는 설계를 변경하거나 공급업체를 바꿔야 할 가능성도 발생한다.

컴퓨팅 용량 및 사용량

백업 시스템의 처리 용량은 실행하는 컴퓨팅 시스템의 처리 용량에 의해서도 결정된다. 만약 백업 시스템을 작동하는 백업 서버나 데이터베이스의 처리 가능 용량이 따라가기 어려운 상태라면 백업 속도가 저하되고 작업시간 동안 백업을 마치지 못할 수 있다. 이로 인해 백업 시스템의 성능을 계속 관찰해 이런 일이 어느 정도 발생하는지를 확인해야 한다.

다시 한번 강조하지만 만약 백업 시스템이 클라우드를 기반으로 설계됐다면 이는 클라우드가 도움을 줄 수 있는 또 다른 영역이다. 만약 성능상의 문제가 발생한다면 클라우드는 자동으로 작업이 완료될 수 있을 만큼의 컴퓨팅 용량을 확장한다. 어떤 클라우드는 심지어 가상머신, 컨테이너, 서버리스 프로세스 등의 수를 자동으로 조정해 전반적인 비용을 합리적으로 맞춘다.

그러나 안타깝게도 클라우드에서 실행되는 많은 백업 시스템이나 서비스는 대부분 우리가 데이터센터에서 사용 중인 소프트웨어와 같은 것을 사용한다. 컴퓨팅 파워를 자동으로 추가하는 이런 개념은 클라우드에서 나왔기 때문에 데이터센터용으로 만들어진 백업 소프트웨어는 용량 자동 추가와 같은 개념이 없다. 이는 백엔드상에서 컴퓨팅 용량이 부족할 경우 용량을 수동으로 추가해야 하고 이에 필요한 라이선스까지 수동으로 작업해야 한다.

백업 윈도우

기존의 백업 시스템은 백업이 진행되는 동안 주요 시스템들의 성능에 치명적인 영향을 준다. 기존 백업 시스템은 연속된 전체 백업과 증분 백업을 수행하고 각 백업은 백업 중인 시스템에 상당한 부담을 줄 수 있다. 물론 전체 백업은 시스템의 전체를 백업하는 것이기 때문에 부담을 주는 것이 당연하다. 한 바이트만 변경되더라도 시스템의 전체 파일을 백업해야 한다는 의미인 전체 파일 증분 백업full-file incremental backup을 수행한다면 아무리 증분 백업이라도 상당히 무리일 것이다. 리눅스에서 백업은 수정 비트, 윈도우에서는 아카이브 비트를 변경하고 전체 파일을 백업한다. 일반적으로 백업은 백업대상 시스템의 성능에 큰 영향을 줄 수 있기 때문에 사전에 백업이 가능한 시간, 즉 백업 윈도우backup window의 협의가 필요하다.

내가 선호하는 일반적인 백업 윈도우는 월요일부터 목요일까지 오후 6시부터 오전 6시이고, 금요일 오후 6시부터 월요일 오전 6시까지다. 대부분의 사람들이 일하지 않는 주말과 시스템 사용률이 낮은 야간을 고려한 시간이다.

이제 백업 윈도우가 있다면 이 윈도우를 얼마나 채우는 중인지 모니터링해야 한다. 만약 백업하는 데 전체 윈도우를 다 채울 정도로 점점 가까워진다면 윈도우의 크기를 다시 조정하거나 백업 시스템의 재설계를 생각해야 한다.

이런 백업 윈도우를 사용 중인 백업 제품에 대입해 보고 윈도우 안에서 제품이 어떻게 스케줄링하는지 확인해 보는 것이 필요하다. 어떤 사람들은 외부 스케줄러로 수천 개의 개별 백업을 예약해서 이들의 백업 시스템을 과도하게 설계하려고 한다. 나는 지금까지 외부 스케줄러가 포함된 스케줄러만큼 효율적으로 백업 자원을 이용하는 방법을 본적이 없다. 이런 스케줄러가 더 효율적이라고 생각하지만 전혀 다른 생각을 가진 사람도 있을 것으로 생각한다.

영구 증분 백업으로 분류되는 백업 기술들, 이를테면 지속적 데이터 보호CDP, Continuous Data Protection, 준지속적 데이터 보호near-CDP, 블록 수준 증분 백업, 소스 중복 제거 백업, 이 책에서 소개되는 다른 백업 방식 등을 사용하는 조직들은 일반적으로 백업 윈도우를 고민할 필요가 없다. 이런 백업들은 일반적으로 짧은 시간 동작하고 적은 양의 데이터를 전송하기 때문에 주요 시스템들에 미치는 영향은 매우 작다. 적어도 전체 백업이나 일일 전체 파일 증분 백업에 비해 성능에 미치는 영향이 현저히 낮다. 이는 이런 백업 방식들을 사용하는 고객들이 하루 동안에 1시간에 한 번 또는 5분에 한 번씩 정도의 백업을 수행하는 이유다. 사실 CDP 시스템은 쓰이는 각각의 바이트를 지속적으로 전송하면서 실행된다(이론적으로 완전하게 지속적으로 실행되지 않으면 지속적인 데이터 보호 시스템이라고 할 수는 없겠지만 말이다. 그냥 말이 그렇다는 거다).

백업과 복구의 성공과 실패

어느 누군가는 몇 회의 백업과 복구를 수행했고 성공률이 얼마만큼인지를 항상 추적해야 할 필요가 있다. 물론 백업과 복구에 항상 100%의 성공률은 현실적이지 못할지라도 이런 메트릭metric에 항상 주목해야 하고 자주 지켜봐야 한다. 비록 낮은 성공률의 백업 시스템이라도 메트릭을 계속 지켜보는 것은 좋아지고 있는지 아니면 나빠지고 있는지는 말해 줄 수 있다.

백업이나 복구 실패를 해결하는 것 또한 중요하다. 백업 또는 복원이 재실행에 성공하면 최소한 목록에서 실패한 부분은 건너뛸 수 있다. 그러나 실패의 유형을 파악하기 위해 실패를 계속 추적하는 것은 여전히 중요하다.

보존

기술적인 메트릭이 아닐지라도 보존은 백업과 아카이브 시스템에서 모니터링 해야 할 부분이며, 정의한 보존 정책이 잘 준수되고 있는지 확인이 필요하다.

RTO와 RPO처럼 데이터 보호 시스템의 보존 설정들은 조직에서 결정해야 한다. IT에 속한 누구라도 얼마나 오랫동안 백업본들이나 아카이브들을 보존할지는 결정할 수 없다. 이는 법적 요구 사항, 조직적 요구 사항, 규제적 요구 사항들을 고려해 결정해야 한다.

보존을 논의할 때 필수적으로 언급해야 할 것은 스토리지 각각의 계층에 따라 보관해야 하는 기간이다. 모든 백업과 아카이브를 테이프에 보관하던 시대는 지났다. 사실 요즘 시대의 백업들의 대부분은 테이프 대신 디스크에 보관된다. 디스크는 성능과 가격의 관점에 따라 다양한 클래스를 가진다. 보존은 각 계층에 보관해야 할 기간을 특정해야 한다.

이제 보존 정책을 결정했다면 데이터 보호 시스템이 해당 정책을 준수하고 있는지 검토가 필요하다(여기서 말하는 것은 백업 시스템의 설정이 아니라 조직의 정책이다). 보존 정책을 결정하고 이것을 문서화하자. 그리고 주기적으로 백업과 아카이브 시스템을 검토하고 시스템 내에 설정한 보존 정책이 조직에서 결정한 정책과 일치하는지 확인하자. 필요하다면 조정하고 이를 보고하자.

잊힐 권리

보존 정책과 연관 있는 아이디어는 유럽연합(EU, European Union)의 GDPR과 CCPA에 의해 만들어진 잊힐 권리다. 이 개념은 상대적으로 단순하다. 여러분의 개인 정보는 본인의 것이고 이 정보를 가진 누군가에게 말할 수 있는 권리를 가져야 한다. 만약 회사로부터 개인정보 제공 선언을 철회하거나 수집 동의를 얻은 적이 없다면 이들의 시스템에서 해당 개인정보를 지워야만 한다.

그렇다면 여기서 질문이 있다. 백업 시스템에 있는 것은 어떻게 처리하는가? 백업 시스템은 근본적으로 보관하려고 만든 시스템이다. 그리고 누군가는 이것을 지우라고 요청하고 있다. 나는 GDPR이 처음으로 발효됐을 때 이 문제점을 지적했으나 지금까지 이에 관한 어떤 가이드도 본 적이 없다. 그렇다면 백업은 지워야 할 권리에서 제외되는 것인가? 어떻게 이들을 백업에서 정확히 지워 낼 수 있을 것인가? 만약 백업에서 이 데이터를 지우지 못하면 복원을 어떻게 해결할 것인가? 만약 지워진 개인정보가 포함됐던 데이터베이스를 우연히 복원한다면 무슨 일이 생길까?

이런 대부분의 질문에 나는 아직 정확한 답을 얻지 못했다. 이 시점에서 이런 문제들을 다시 쟁점화해야 한다고 생각한다. 만약 GDPR 위원회가 이에 따른 확실한 답을 준다면 더 없이 좋을 것이다.

메트릭스의 사용

백업 시스템과 관련한 타당성을 높이는 방법 중 하나는 앞서 언급된 모든 메트릭스를 문서화해 경영진들에게 백업 시스템의 성능 수준을 알리는 것이다. 실행한 백업과 복구의 횟수 그리고 이들이 얼마나 잘 수행되는지 한계 용량에 이르기 이전에 백업들이 얼마나 오랫동안 보관될 수 있을지를 알리자. 이 모든 것을 이용해서 경영진들에게 백업/복구 시스템의 능력을 인식시키고 RTO, RPO가 모두 충족됨을 알리는 것이 좋다.

예전에 내가 다니던 회사의 RTO와 RPO를 아직도 기억하고 있다. 이 회사의 RTA와 RPA는 목표 수준 근처에도 가지 못했다. 당시 RTO는 4시간을 목표로 하고 있었지만 나는 공급업체로부터 해당 시간 내에 테이프를 돌려받을 수 없었다. 전체 백업의 복구는 보통 4시간 이상이 소요됐고 이미 손상된 하드웨어를 교체하기 전까진 복원이 어렵다는 것을 이미 알고 있었다. 그때에 그 수치를 보고 모두 웃고 말았지만, 이제 이런 사례는 다시 나오지 않았으면 한다. 그림 4-2에서 이 이유를 설명한다.

그림 4.2 커티스처럼 되지 맙시다

이제 회의 중에 항상 손을 번쩍 들어 주저없이 RTO와 RPO 근처에도 못 미치는 현재의 RTA와 RPA를 지적할 수 있는 사람이 되자. 백업 시스템의 개선을 요구하든, 현실적이지 못한 RTO/RPO를 개선하든 목표에 맞출 수 있도록 변경을 요구하자. 어느 쪽이든 이기는 게임이다.

지금부터 백업과 아카이브에 관한 일반적으로 잘못 알려진 상식들을 알아보고 그에 따른 오해를 줄여 보고자 한다. 회의 중에 실시간으로 쏟아지는 질문들에 응답이 가능했으면 한다.

백업과 아카이브에 관한 오해

백업과 아카이브의 공간에는 정말 많은 오해가 난무하다. 개인적으로 인터넷상의 많은 사람과 이 부분에 관해 셀 수 없이 많은 논쟁을 벌여 왔다. 사람들은 잘못된 상식을 사실로 받아들이고 대부분 마음을 바꾸지 않는 것처럼 보인다. 그럼에도 나는 계속 이 잘못된 상식을 바로잡고자 한다.

레이드는 백업이 필요없다

중복 디스크 시스템을 갖췄다는 사실이 백업의 필요성을 없애지는 않는다. 믿기지 않겠지만 이런 논쟁은 생각보다 정말 많이 일어난다. 모든 형태의 레이드^{RAID}와 레이드 유사 기술들은 오직 물리적 장치로 인한 장애로부터 보호할 뿐이다. 레이드의 각기 다른 수준은 각 다른 형태의 장치 장애에서 시스템을 보호하지만 궁극적으로 레이드는 하드웨어 자체의 중복성을 제공하려고 설계됐다. 여기에 레이드가 백업을 대체할 수 없는 가장 중요한 이유가 있다. 레이드는 볼륨을 보호하지 볼륨 상위에 있는 파일 시스템을 보호하는 것이 아니다. 만약 파일을 삭제했다면 또는 랜섬웨어에 감염돼 파일들이 암호화됐거나 의도하지 않게 데이터베이스 테이블을 실수로 삭제했거나 하는 상황에서 레이드는 아무런 도움이 안 된다. 이것이 레이드 수준과 관계없이 데이터를 백업해야 하는 이유다.

 윈도우 NT 4.0 워크스테이션을 레이드1 설정에서 사용하던 한 친구가 있었다. 그 친구는 한 번도 백업이란 걸 해본 적 없다. 왜냐하면 레이드1이었기 때문이다. 이 친구에게 레이드1은 데이터의 안전을 의미했다. 놀랍게도 이 친구는 데이터베이스 관리자(DBA, DataBase Administrator)였고 한 파티션상에 수천 장의 사진을 저장해 둔 아마추어 사진작가였다. 어느 날 설치한 OS 패치가 호환되지 않는 드라이버로 오류가 발생해 파일 시스템을 손상시켰다. 그리고 레이드를 향한 잘못된 믿음으로 모든 사진을 잃어버렸다. 나는 복구에 어떻게든 도움을 주려고 했지만 안타깝게도 그 당시 내가 갖고 있던 툴들은 이 상황에선 쓸모가 없었다.

– 커트 버프(Kurt Buff)

데이터 복사를 했다면 백업은 필요없다

이 오해에 관한 답변은 레이드에 관한 답변과 거의 동일하다. 횟수와 상관없이 복제는 항상 좋은 것만은 아니다. 만약 데이터에 안 좋은 일이 백업 대상 볼륨에 일어났다면 이런 복제는 안 좋은 일을 다른 장소에 옮기는 것밖에 되지 않는다. 복제는 단지 에러를 더 많이 만들고 바이러스 감염을 더욱 효과적으로 할 뿐이다. 이는 본인이 만든 실수나 바이러스를 아무 장소에나 퍼뜨리는 행위가 될 수 있다. 최근 이것은 카산드라나 몽고DB 같은 다중 노드상의 공유된 데이터베이스에서 주로 발생한다. 카산드라나 몽고DB DBA들은 이런 형태의 데이터베이스를 이루는 모든 조각은 최소한 3개 노드에 복제되고, 해당 데이터는 이런 다중 노드 장애를 사용하기 때문에 복구할 수 있다고 믿는다. 사실 그 말도 맞지만, 만약 누군가 의도하지 않았던 테이블을 삭제한다면 어떻게 될까? 이 세계에 있는 모든 복제 테이블은 이런 실수를 고치지 못한다. 이것이 복제 데이터는 절대로 백업이 아니라는 이유다.

IaaS/PaaS를 사용하면 백업할 필요가 없다

사실 클라우드 기반 시스템에서 백업할 필요가 없다고 주장하는 사람들과는 많은 논쟁을 벌이진 않는다. IaaS와 PaaS 공급업체들은 일반적으로 사용자가 백업을 수행할 수 있도록 기능을 지원하지만, 사용자를 대신해 백업을 직접 수행하지는 않는다. 클라우드에서 지원하는 기능들은 정말 훌륭하고 무한히 확장 가능하다. 클라우드 서비스의 상당수는 고가용성 관련 기능들이 내장된 경우가 많다. 그러나 데이터 복제나 레이드와 같이 고가용성 기능들은 운영적 실수나 외부로부터 공격이 발생됐을 때 또는 데이터센터가 알 수 없는 폭발로 먼지가 됐을 때는 아무 도움도 되지 못한다.

이 시점에서 강조하고 싶은 것은 클라우드 계정과 해당 계정을 생성한 지역에서 벗어나 별도의 클라우드 백업을 갖는 것이 중요하다는 것이다. 물론 쉽지 않을 수 있다. 당연히 비용이 더 든다는 사실도 알고 있다. 그러나 이런 백업들을 같은 계정, 같은 지역에 방치하고 있다는 것은 3-2-1 규칙을 따르지 않는다는 것과 같다. 만약 이에 따르지 않을 경우 발생하는 사례는 81페이지 '새로운 것이 있다'에 상세히 설명했다.

SaaS를 쓰면 백업이 필요없다

나는 이런 오해에 관해 일주일에 적어도 두세 번 정도 논쟁을 한다. 많은 사람이 SaaS를 이용해 이미 백업이 이뤄지고 있다고 착각하는 것 같다. 하지만 여기에 굉장히 중요한 사실이 있다. 주요 SaaS 공급업체들은 백업 서비스를 대부분 지원하지 않는 경우가 많다. 이점이 의심된다면 SLA상에서 백업, 복구, 복원 키워드로 검색해 보자. 제품 문서에서도 백업이란 단어로 검색해 보자. 나 또한 모든 데이터 백업 및 복구와 관련한 키워드로 검색했지만 아무것도 검색되지 않았다. 심지어 3-2-1 규칙을 따르는 백업의 기본적인 정의조차 만족하는 어떤 것도 찾지 못했다. 이런 제품들은 버전 관리나 휴지통과 같은 기능들을 이용한 편리한 복구를 제공할 뿐 심각한 장애나 공격에 대응되는 보호 수준을 지원하는 것이 아니다. 이런 내용은 235페이지 'SaaS'에서 상세히 다룬다.

백업은 오랫동안 보관해야 한다.

3장에서 백업과 아카이브의 확실한 정의를 내렸다. 보통 아카이브 작업을 위해 백업 제품들을 설계하지 않는다. 만약 제품이 호스트 이름, 애플리케이션 이름, 디렉터리 이름, 테이블 이름, 복원이 시작되는 날짜 정보를 요구한다면 이는 일반적인 백업 제품이고 회수를 위해 설계된 것이 아니다. 만약 특정 기간 동안 누가 이메일을 작성했는지, 어떠한 단어가 이메일에 사용됐는지와 같은 문맥에 의한 정보를 검색할 수 있다면 이런 백업 제품은 회수 기능 사용이 가능하다는 뜻이다

그러나 대부분의 경우 아카이브와 회수 방법을 모르고 백업과 복원 기능만 사용하는 경우일 수도 있다(만약 아직도 아카이브와 백업의 차이를 모른다면 이 주제를 다루고 있는 3장을 꼭 읽어 보기 바란다). 만약 우리 백업 제품에 회수 기능이 있는지 모르고 몇 년 동안 백업들을 저장해 왔다면 문제에 빠질 수도 있다. 만약 데이터에 접근 가능하고 e-디스커버리 실행이 필요하다면 법적으로 이 요청을 만족시켜야 한다. 만약 보유한 제품이 백업 제품이고 아카이브 제품이 아니라면 하나의 e-디스커버리 요구에 대응하기 위한 몇 백만 달러짜리 잠재적 프로세스를 고려해야 한다. 만약 내가 이 사실을 과도하게 부풀리는 것으로 생각한다면 126페이지 '백업은 매우 비싼 아카이브다'를 꼭 읽어 보기 바란다.

대부분의 복구는 지난 24시간 동안의 데이터를 요구한다. 나는 지금까지 매우 이상한 많은 복원을 수행했는데 이들 중에 몇 건 정도는 지난 며칠 전의 데이터였고, 심지어 몇 주 전 데이터를 요구하는 사례도 있었다. 개인적으로 보존 기간을 18개월 정도로 설정하는 것을 좋아한다. 어떤 파일은 1년 전에 사용한 후 삭제되거나 손상됐다는 사실을 모르고 지나가는 경우가 있기 때문이다.

일이 점점 복잡해진다. 서버 이름이 변경되고 애플리케이션 이름까지 변경되고, 그 파일이 어디 있는지 심지어 모른다. 이 파일은 어쩌면 현재 사용 중인 소프트웨어 버전과 호환되지 않을 수 있다. 특히 데이터베이스 백업에서 특히 자주 발생된다.

만약 조직에서 데이터를 오랜 기간 동안 보관해야 한다면 이런 요구 사항을 처리할 수 있는 시스템이 필요하다. 만약 백업과 아카이브를 동시에 처리할 수 있는 백업 시스템을 사용하는 보기 드문 조직들 중 하나에 소속돼 있다면 여러분은 운이 좋은 경

우다. 그러나 내가 소속된 조직이 백업 데이터를 7년 이상 또는 영구적으로 보존할 것을 요구한다면 진지하게 그 정책을 재검토하길 바란다.

테이프는 죽었다

나는 지난 몇 년간 백업에 테이프 드라이브를 개인적으로 사용해 본 적이 없었다. 그리고 적어도 지난 10년 동안 또는 그 이상 동안 테이프 드라이브가 포함된 신규 백업 시스템을 설계해 본 적이 없다. 아주 특수한 상황들을 제외하고 테이프는 346페이지 '테이프 드라이브'에서 설명했던 이유들과 같이 확실히 더 이상은 사용하지 않는 매체임은 확실하다(9장에서 설명하겠지만 나는 백업 복사본으로서 테이프 사용을 고려할 것이다).

나는 테이프를 더 이상 사용하지 않기 때문에 별다른 특별한 의견은 없다. '테이프 드라이브' 절에서 설명했듯이 테이프는 오늘날의 백업 방식과 근본적으로 호환되지 않는다. 그리고 최근의 기기와 속도면에서 호환이 떨어지기 때문에 더 이상 신뢰하지도 않는다.

아이러니하게도 테이프 드라이브들은 1과 0을 쓰는데 디스크 방식보다 더 낫다. 그리고 0과 1로 된 데이터를 더 오랫동안 보존할 수 있다. 그러나 초당 수십 메가바이트 정도인 테이프 백업을 초당 1기가바이트를 처리하도록 만드는 것은 불가능하다.

그러나 더 많은 테이프가 최근에 팔리고 있다. 다른 곳에서 언급했듯이 클라우드 컴퓨팅에서 비밀은 대형 클라우드 공급업체들이 더 많은 테이프 라이브러리들을 구입하고 있다는 것이다. 그렇다면 이 테이프들은 모두 무엇을 위해 사용하는 것일까?

테이프의 완벽한 용도는 장기 아카이브라고 생각한다. 참고로 테이프에 직접적으로 증분 백업을 보내는 것은 문제를 일으킬 수 있기 때문에 그런 시도는 안 하길 바란다. 그러나 몇 테라바이트의 데이터로 구성된 대규모 아카이브를 만들고 해당 테이프 드라이브 바로 옆에 있는 디스크에 저장한 경우 해당 아카이브를 테이프로 직접 스트리밍하고 해당 테이프 드라이브를 유지하는 데는 문제가 없을 것이다. 테이프 드라이브는 데이터를 테이프에 안정적으로 기록하고 오랫동안 유지한다. 3개 이상의 사본을 만들어 전 세계에 배포할 수도 있다.

테이프는 매우 저렴한 매체다. 그리고 저렴한 드라이브, 테이프 라이브러리에 공급되는 전원과 이를 냉각하는 구조는 디스크에 적용되는 방식보다 훨씬 더 저렴하다. 사실 디스크 자체가 무료라고 하더라도 디스크 시스템을 유지하는 방식은 비용이 많이 든다(시간이 지날수록 디스크 드라이브의 전력과 냉각 비용이 테이프 드라이브의 전력, 냉각 비용과 구매 비용을 넘어서게 된다).

만약 매우 저렴한 클라우드의 오브젝트 스토리지를 사용하고 있다면 이 시스템들의 동작 방식이 테이프 방식과 굉장히 유사하기 때문에 아마도 생각하는 것 이상으로 테이프가 많이 사용될 것이라고 추측한다. 따라서 테이프가 주요 비즈니스 백업과 복구 시스템에서 사용하지 않더라도 장기적인 스토리지 비즈니스 관점에선 아직도 매력적인 방식임에 분명하다.

나는 최근 다른 IT 담당자와 대화를 나눈 적이 있다. 그는 인터넷 기반이 부족한 캐리비안 섬Caribbean island에 어떻게 데이터센터를 구축했는지 설명해 줬다. 이렇게 부족한 인터넷 대역폭 때문에 클라우드 기반 백업 방식은 이들의 데이터를 저장하기에 적합하지 않다고 생각했다. 따라서 디스크 백업 방식을 사용해 온프레미스 백업을 만들고, 이것을 다시 오프프레미스 어레이로 복제, 즉 테이프로 복사해 아이언 마운틴으로 보낸다. 나는 테이프 방식이 언젠가는 사용될 가능성이 있을 수 있다는 걸 설명했는데 IT 담당자는 얼마 전 섬 전체를 날려 버린 허리케인이 있었다고 말했다. 당시 테이프는 이들이 가진 전부였다. 내가 말했듯이 테이프 방식은 아직 죽지 않았다.

이제 이런 오해들을 풀었으니 다시 백업과 복구의 기본으로 가는 여정을 계속하자. 생각해 볼 다음 주제는 백업할 단위다. 개별적인 항목(예를 들면 파일)을 기준으로 백업해야 할까? 아니면 전체 이미지를 기준으로 해야 할 것인가?

> ### 백업은 매우 비싼 아카이브다
>
> 오래 전에 한 고객이 있었다. 이 고객은 특정 3년 동안 주어진 검색 조건에 맞는 이메일을 찾아야 하는 요청을 받았다. 이 고객은 이메일 아카이브 시스템이 없었지만 지난 3년간 익스체인지 서버의 주간 전체 백업을 수행하고 있었다.
>
> 만약 이메일 아카이브가 있었다면 이런 일은 아주 쉽게 처리가 가능했을 것이다. 예를 들어 이렇게 조건이 주어질 수 있다. "커티스가 지난 3년 동안 작성한 이메일 중에서 '3-2-1 규칙'이라는 문구가 언급된 것을 모두 찾아라." 이렇게 주어진 조건을 입력해 아카이브는 결과물을 다운로드 가능한 PST 파일의 형태로 만들고 담당자는 이를 변호사에게 전달하면 된다.
>
> 그러나 이들은 안타깝게도 이메일 아카이브가 없었고 오로지 백업 시스템만 있었다. 이들이 했던 작업은 다음과 같았다.
>
> 1. 복원 기간을 156주(3년)로 지정한다.
>
> 2. 대체 익스체인지 서버를 이용해 156주 전 상태로 복원한다(이게 생각보다 매우 복잡한 작업이다).
>
> 3. 커티스의 발송 목록으로 들어가 '3-2-1 규칙'을 포함한 이메일을 검색한다.
>
> 4. 검색 결과가 없으면 155주 전 백업을 복원한다.
>
> 5. 위의 2단계부터 4단계의 절차를 최대 155회 반복하는데 검색 결과가 나오면 종료한다.

당시 복원은 한 번에 3주치까지만 가능했다. 각각의 복원은 오랜 시간이 걸렸고, 이 작업 방식은 익스체인지 서버에 숙련된 사람만이 가능했다(대체 서버를 이용한 익스체인지 서버 복원은 정말로 어렵다). 오로지 이 일 때문에 고용된 컨설턴트 팀이 몇 달 동안을 하루에 24시간 작업했다. 이 고객은 컨설팅 비용으로 약 200만 달러를 지불했다.

이전에 말했듯이 백업은 매우 비싼 아카이브를 만든다.

항목 레벨 백업 vs 이미지 레벨 백업

서버를 백업하는 데는 두 가지 방식이 있다. 항목 레벨 백업과 이미지 레벨 백업이다. 항목 레벨은 종종 파일 레벨이라고 불린다. 이미지 레벨은 최근 들어 가상머신을 백업할 때 가장 많이 사용하는 수준이다. 이 각각의 수준의 장점들과 단점들을 살펴보자.

항목 레벨 백업

항목 레벨 백업은 개별 항목으로 처리되는 정보의 불연속적 집합을 백업하는 것을 말하며, 가장 일반적인 정보의 불연속적 집합의 유형은 파일이다. 예를 들어 몇 년 전에 4장이 쓰였다면 이 또한 파일 레벨 백업이라고 불릴 수 있다.

항목 레벨 범주에 드는 또 다른 유형은 오브젝트 스토리지 시스템의 오브젝트다. 이 오브젝트 스토리지를 사용하는 대부분의 조직에서는 파일 하나를 보통 오브젝트 하나로 취급하기 때문에 생기는 현상이다. 그러나 파일 시스템상에 저장되는 게 아니기 때문에 파일 레벨으로 저장한다 하더라도 결국 오브젝트 스토리지 시스템을 사용한다고 볼 수 있다. 오브젝트를 이루는 내용은 같지만 저장 방식이 달라지면서 이름도 바뀌게 된다.

만약 서버나 가상머신에 내장된 백업 에이전트를 이용한다면 이는 일반적으로 항목 레벨 백업을 수행하는 것이다. 백업 에이전트는 먼저 파일 시스템을 검토해 백업할 파일들을 결정한다. 만약 전체 백업을 수행한다면 파일 시스템 내의 전체 파일을 백업할 것이다. 만약 증분 백업을 수행한다면 지난 백업 이후로 변경된 파일만을 백업할 것이다. 아마존 S3, MS 애저 블롭^{Azure Blob} 또는 구글 클라우드 스토리지 등과 같은 오브젝트 스토리지 시스템을 이용해 백업한 것은 항목 레벨 백업으로 작업한다는 것을 말한다. 오브젝트 스토리지 백업은 228페이지 '클라우드 오브젝트 스토리지'에서 상세하게 다뤄질 예정이다.

이런 항목 레벨 백업의 이점은 이해하기 굉장히 쉽다는 것이다. 적절한 위치에 백업 에이전트를 설치하면 그 에이전트가 파일이나 오브젝트 스토리지를 검사하고 백업할 모든 항목들을 검색한 후 적절한 시간에 백업을 수행한다.

이미지 레벨 백업

이미지 레벨 백업은 물리적 또는 가상 장치를 블록 수준으로 백업한 것으로 전체 드라이브의 이미지를 생성하는 것을 말한다. 따라서 이미지 레벨 백업은 기준 프레임에 따라 드라이브 수준 또는 가상머신 수준 백업이라고도 한다. 저장 장치는 파일 시스템, 데이터베이스 블록 스토리지, 물리 또는 가상 기기의 부트 볼륨까지 다양한 유형의 정보들을 저장할 수 있다. 따라서 이미지 레벨 백업은 파일 그 자체의 백업이라기보다 이 파일 시스템을 구성하는 블록들의 백업이라고 할 수 있다.

가상화가 등장하기 이전에 이미지 레벨 백업은 굉장히 흔하지 않은 방식이었는데, 첫 번째로 물리 드라이브의 백업이 굉장히 어려웠고, 두 번째로 블록들을 백업하는 동안 파일 시스템 마운트를 해제시켜야 하는 번거로움이 있었기 때문이다. 이렇게 완전히 백업 대상을 분리시키지 않으면 어떤 블록은 이 시점에서 다른 블록은 다른 시점에서 생성돼 결과적으로 백업에 오염이 생길 위험이 있다. 가상 스냅샷 기술, 예를 들어 윈도우 볼륨 섀도 서비스VSS, Volume Shadow Service나 VMware 스냅샷 등은 이런 근본적인 문제점들을 해결했다.

볼륨 수준의 백업은 가상머신이 시장에 등장한 이후 굉장히 보편화됐다. 이미지 레벨 백업은 하이퍼바이저 레벨에서 가상머신의 백업을 가능하게 했고, 백업 소프트웨어는 가상머신 외부에서 실행돼 가상머신을 파일 형태의 이미지로 인식한다(예, VMware의 VMDKVirtual Machine Disk 파일).

이미지 레벨에서의 백업은 많은 이점을 갖는다. 첫 번째로, 이미지 레벨 작업은 더 빠른 백업과 훨씬 더 빠른 복원을 제공한다. 파일이나 오브젝트 스토리지 시스템의 오버헤드를 피하고, 기본 스토리지에 직접 접근한다. 이미지 레벨의 복원은 훨씬 더 빠른데, 파일 레벨 백업과 비교했을 때 파일 생성 오퍼레이션으로 각각의 파일이 생성된다. 그리고 데이터가 복원되기 때문에 이렇게 발생한 부가적인 프로세스로 인해 더 많은 오버헤드를 만든다. 이 방식은 수백만 개의 파일로 구성된 매우 밀도 높은 파일 시스템을 복원하는 경우 정말 끔찍한 문제를 만든다. 일반적으로 복원 중에 파일을 생성하는 프로세스는 데이터를 파일로 전송하는 프로세스보다 더 오랜 시간을 필요로 한다. 이미지 레벨 복원은 블록 수준으로 드라이브에 바로 데이터를 쓰기 때문에 이런 문제가 발생하지 않는다.

스냅샷으로 블록 변경 문제를 해결하니 백업 시스템은 이제 이미지 레벨 백업의 두 번째로 큰 숙제인 증분 백업 문제와 직면하게 된다. 드라이브, 볼륨, 이미지 레벨 백업을 수행할 때 모든 파일은 전체 백업으로 수행된다. 예를 들어 가상머신 디스크VMDK 파일로 구동하는 가상머신이 있다고 생각해 보자. 만약 그 가상머신을 실행하고 그 중 한 블록이 변경됐다면 이미지상의 변경 시간은 그 이미지 자체가 변경됐음을 보여 줄 것이다. 따라서 단지 몇 개의 블록이 변경됐을 뿐인데 백업은 결국 전체 백업 수행으로 이어진다.

이런 문제는 가상머신 세계에서 변경 블록 추적^{CBT, Changed-Block Tracking}이라는 기술로 해결한다. 여기서 CBT란 마지막 백업 이후로 변경한 블록을 추적 가능하도록 하는 기술인데, 변경 블록만을 확인하는 프로토콜을 사용해 그에 따른 특정 블록만을 복사함으로써 이미지 레벨 백업이 블록 수준 증분 백업의 수행까지 가능하도록 한 기술이다.

이미지 레벨 백업으로부터 파일 레벨의 복구

이미지 레벨 백업에도 한 가지 단점이 있는데 바로 항목 레벨의 복구가 어렵다는 것이다. 고객들의 일반적인 요구 사항은 가상머신 전체의 복구가 아니라 가상머신 내의 파일 1~2개 정도가 대부분이다. 단일 이미지 형태인 전체 가상머신의 백업으로부터 어떻게 파일 1개만 복원할 수 있을까? 하지만 이 문제도 많은 백업 소프트웨어 회사들이 해결했다. 예를 들어 VMware 가상머신의 VMDK 파일은 많은 것을 가능하게 하는 파일 포맷이다.

그중 한 가지 방법은 원본 VMDK 파일을 백업 서버나 백업 소프트웨어가 구동하는 어떠한 클라이언트에 마운트시켜 파일 탐색기에서 접근 가능하게 하는 것이다. 따라서 고객은 마운트 이후에 간단하게 복사/붙여넣기를 이용해 이미지에 저장한 어떠한 파일도 복구가 가능하며, 작업이 끝나면 마운트를 해제하면 된다. 이 경우 이미지는 읽기 전용으로 마운트 되고 복사/붙여넣기 형태의 복원을 용이하게 한다(읽기/쓰기가 가능한 가상머신 이미지의 마운팅과 그 이미지로부터 가상머신을 실행하는 것을 인스턴트 복원이라고 하며 이는 9장에서 다룰 예정이다).

다른 백업 소프트웨어 제품들은 사전에 이미지상에 인덱스를 생성해 이미지 내에 어떤 블록이 어떤 파일에 사용되는지를 파악한다. 이런 기능은 가상머신 이미지를 마운트해 수동으로 파일을 복원을 피하고 이미지에서 주기적인 파일 레벨 복원을 지원한다. 따라서 고객은 이들이 평소에 파일 복원하는 방식과 같은 작업 방식을 사용하고 백업 시스템은 해당 파일을 복원하려고 백그라운드에서 필요한 모든 작업을 수행한다.

이미지 레벨과 파일 레벨 백업의 결합

대부분의 고객들은 증분 백업과 항목 레벨 복원을 수행하는 능력을 유지함과 동시에 가상머신의 이미지 레벨 백업도 수행한다. 또한 이들은 항목 레벨 증분 백업보다 더욱 효율적인 블록 수준의 증분 백업도 원한다.

가상머신 수준, 즉 이미지 레벨 백업은 또한 단일 이미지인 가상머신을 더 쉽게 복원하는 잠재성을 가지고 있다. 이것은 베어메탈 복구bare-metal recovery라고 불리던 것을 이전보다 훨씬 쉽게 구현한다. 이제 이미지 레벨 백업에서 블록 변경 문제를 고민할 필요 없이 필요한 모든 베어메탈 복구 능력을 가질 수 있다.

또한 대부분의 사람들이 백업 전에 윈도우의 각 파일 시스템의 스냅샷을 생성하려고 윈도우 VSS 사용해 물리 윈도우 서버의 이미지 레벨 백업을 생성한다. 이는 백업 소프트웨어 제품이 데이터 손상에 대한 위험 없이 이미지 레벨의 백업이 가능하도록 한다.

무엇을 백업할지 결정했다면 이제 백업 제품이 어떻게 백업 대상들을 선택하는지 이해해야 한다. 잘못된 방식의 선택은 백업 시스템에 상당한 영향을 줄 수 있어 이번에 다룰 내용은 굉장히 중요하다.

백업 선택 방식

백업 시스템에서 시스템, 디렉터리, 데이터베이스가 포함되는 방식을 이해하는 것은 백업하려는 파일을 확실하게 백업하기 위함이다. 어느 누구도 중요 시스템이나 데이터베이스가 사실은 보호되지 않고 있다는 것을 알고 싶어하는 사람은 없을 것이다.

하지만 한 가지 주의해야 할 점이 있다. 백업 선택 방식은 오로지 백업 시스템이 백업 중인 시스템을 인식한 경우에만 작동한다. 이것은 백업/복구 시스템에 백업 대상 서버나 서비스를 확실하게 등록해야 함을 의미한다.

예를 들어 만약 세일즈포스 같은 신규 SaaS 사용을 시작한다면 백업 시스템은 추가 사항을 자동으로 인식하고 백업을 자동으로 시작하지 않는다. 만약 VMware 환경에서 백업 시스템을 vCenter에 연결했다면 시스템은 신규 노드가 구성 요소로 추가됐는지를 자동으로 확인한다. 그러나 Hyper-V나 커널 가상머신^{KVM, Kernel Virtual Machine}을 사용한다면 백업 시스템은 신규 하이퍼바이저가 자동으로 생성을 감지하지 못하고 백업을 시작할 것이다. 그리고 물론 백업 시스템은 물리적 서버가 새로 설치된 것은 더욱 알지 못한다. 따라서 이런 선택 방법에는 다음과 같은 주의가 필요하다.

선택적 포함 vs 선택적 배제

백업 시스템에 대상을 포함하는 방법은 크게 두 가지로 나뉘는데 선택적 포함^{selective inclusion}과 선택적 배제^{selective exclusion}로 나뉜다.

선택적 포함에서 관리자는 어떤 파일 시스템, 데이터베이스, 어떤 오브젝트를 백업 시스템이 백업할지 특정한다. 예를 들어 관리자가 D:\ 드라이브 또는 아폴로^{Apollo} 데이터베이스만을 백업하길 원한다면 이것은 선택적 포함을 따르는 것이다.

자동 포함이라 일컫는 선택적 배제에서 관리자는 선택한 항목들을 제외하고 서버의 모든 것을 백업하도록 지정한다. 예를 들어 관리자는 리눅스 파일 시스템의 /tmp나 iTunes 또는 윈도우 노트북의 Movies 디렉터리 등을 제외하고 모든 파일 시스템을 선택할 수 있다.

관리자들은 백업할 때 운영체제 자체는 백업에서 제외시키는 것이 일반적이다. 보통은 윈도우의 C:\Users나 맥북의 /Users 또는 리눅스의 /data나 /home 같은 것을 백업 대상으로 지정한다. 운영체제 전체나 애플리케이션들은 보통 백업 대상으로 지정하지 않기 때문에 관리자들은 수동으로 파일 시스템에서 백업 대상을 지정한다. 만약 백업 대상이 데이터베이스라면 테스트 데이터베이스 백업을 원하지는 않는다. 따라서 관리자들은 선택적으로 데이터베이스를 백업에 포함한다.

선택적 포함의 문제점은 구성이 변경될 때 나타난다. 매번 새로운 데이터베이스나 파일 시스템이 시스템에 추가되면 누군가는 백업 구성을 변경해 줘야 한다. 그렇지 않으면 이런 신규 자원이 자동으로 백업 대상으로 지정되진 않을 것이다. 따라서 이것이 선택적 배제가 선택적 포함보다 비교적 안전한 결정적 이유다.

선택적 배제 상태에서 발생 가능한 최악의 상황은 필요 없는 파일을 제외 목록에 추가하는 것을 잊어 불필요한 백업을 발생시키는 정도일 것이다. 선택적 배제의 최악의 경우와 앞서 설명한 선택적 포함의 최악의 상황을 비교해 보자. 이 두 상황의 단순한 비교는 어려울 수 있지만, 선택적 포함은 데이터 저장 공간을 덜 차지하기 때문에 저장 공간에 따른 비용은 절약할 수 있다. 하지만 백업 누락이라는 더 큰 위험이 따른다.

리눅스상의 /tmp, /temp 같은 데이터를 백업에서 제외시키는 것은 쉽다. 만약 운영체제 자체 백업을 필요로 하지 않는다면 /, /user, /usr, /var, /opt 등을 제외시키면 된다. 윈도우라면 OS와 애플리케이션 프로그램들의 백업을 제외하고자 C:\Windows, C:\Program Files 정도가 선택될 수 있겠다.

그러나 한 가지 고려해야 할 사항은 중복 제거가 이 결정에 미칠 영향이다. 백업할 가치가 없는 수 천개의 파일들이 백업되고 디스크 어레이나 테이프 라이브러리의 귀중한 스토리지 공간을 낭비하고 있다는 것을 인지하고 있어야 한다. 그러나 이렇게 제외하는 데 너무 많은 시간이 걸리는 운영체제를 한 번만 저장하면 어떻게 될까?

중복 제거는 윈도우나 리눅스 운영체제의 한 복사본만 백업 시스템에 저장되도록 한다. 이를 고려한다면 백업 시스템을 기본 설정에 두고 운영체제를 어떻게 제외시킬지 걱정할 필요가 없다. 따라서 백업 시스템에 드는 비용을 최소화할 수 있다.

태그 기반과 폴더 기반 포함

자동으로 백업 대상 목록에 백업 데이터를 추가하는 또 다른 방식은 태그 기반tag-based과 폴더 기반folder-based이다. 이것은 가상화 세계에서는 보편적인 기술로, 생성한 각각의 새로운 가상머신이나 데이터베이스에 이들의 유형 구분을 위해 사용하는 태그들이 주어질 수 있다. 예를 들어 모든 신규 데이터베이스 서버들은 데이터베이스 태그를 받거나 또는 특정 폴더에 태그를 적용해 데이터베이스를 포함한 가상머신이라고 인지시킬 수 있다. 이는 데이터베이스가 현재 가용한지를 감시하도록 모니터링 시스템에 요청할 수 있고 가상머신에 특정 보안 규칙이나 방화벽 등을 자동으로 적용할 수도 있다. 또한 많은 백업 시스템에서 데이터베이스 중앙 백업 정책을 해당 가상머신에 자동으로 적용할 수 있다.

이런 방법을 사용할 때 주의해야 할 한 가지 중요한 점은 바로 기본 백업 정책의 유무다. 만약 적절한 태그가 없거나 특정 폴더에 가상머신이 없다면 자동으로 적용되는 기본 백업 정책이 존재해야 한다. 또한 어떠한 신규 시스템이라도 기본 정책을 확실하게 감지하도록 하는 것이 중요하다. 만약 이 기본 정책이 적용되지 않으면 이 시스템의 데이터는 정상적으로 백업되지 않을 수 있다. 만약 백업 소프트웨어 제품이 기본 백업 정책 같은 기능을 지원하지 않으면 이것은 신규 가상머신이나 데이터베이스들을 백업하지 않는 위험을 안고 가는 것이기에 이 제품은 가능한 한 피하는 것이 최선일 수 있다.

서버에 자동화 프로세스를 만들고 가상머신이 속한 폴더들을 추가해 SLA에 기반해서 백업하도록 설정했다. 데이터베이스 백업을 위해 에이전트를 설치하고 백업 소프트웨어에 추가하고 SLA를 추가했다. 이 작업은 DB를 점검할 때 서버를 구축하는 동안 모두 마무리했다. 이렇게 하면 인지하지 못해 발생하는 백업의 누락을 줄일 수 있었다.

– 줄리 얼리치(Julie Ulrich)

마무리

RTO, RPO와 관련 합의한 SLA가 없는 백업 시스템을 설계 또는 운영하는 것은 여러 문제를 일으킬 수 있다. 시간을 갖고 이것을 것이다. IT 관련 부서뿐만 아니라 조직 전체의 합의가 있어야 함을 기억하자. 또한 문서화된 RTO와 RPO가 있지만 그에 따른 RTA와 RPA 수준이 이에 미치지 못한다면 지금이 이 문제점을 모든 이들에게 상기시켜야 할 때다.

백업에 대한 오해들 때문에 마치 백업은 불필요한 일처럼 보이게 하지만 이런 오해들은 어디까지나 오해임을 명심하자. 백업과 복구 과정이 유기적으로 동작하는 시스템이 있다면 그 모든 것들이 문서화해야 한다.

백업 레벨에 관해 대부분의 사람은 전체 부분 백업이 필요하지 않다고 여긴다. 대부분의 최신 백업 제품들은 블록 수준 증분 백업을 지속적으로 수행하기 때문에 과거의 백업 레벨을 실제로 잘 사용하진 않는다.

대부분의 백업 제품을 설치한 후, 기본값은 선택적 제외로, 즉 자동 포함으로 설정된다. 이로써 항상 새로운 데이터베이스가 잘 백업되는지 걱정할 필요가 없으니 관리자로서 해야 할 다른 활동에 더 집중하길 바란다. 백업의 우선순위는 항상 안전과 보호가 우선이고 비용은 그 다음에 고려할 사항이다. 세상 어떤 회사나 조직도 너무 많은 데이터를 백업한다고 해서 직원을 해고하지는 않는다.

5장에서는 오늘날 가장 보편적으로 사용하는 백업 방식인 디스크 방식을 다룰 예정이다. 백업 시스템에서 디스크가 다뤄지는 다양한 방법을 알아보고 그에 따른 다양한 복구 방법을 설명하겠다.

데이터 보호를 위한 디스크 및 중복 제거 사용

이전 내용에서는 백업과 아카이빙의 차이점과 백업(복사본이 아닌)을 생성할 때 매우 중요한 개념 및 사례를 설명했다. 이후 백업 레벨 및 RTO, RPO, RTA, RPA 메트릭스를 살펴보고 이런 각 요소들이 백업에서 어떻게 포함(또는 제외)되는지를 살펴봤다. 이제 지난 20년 동안 백업 데이터의 경로가 어떻게 변화했는지 그리고 이런 변화가 복구에 어떤 영향을 미쳤는지 살펴보자.

디스크는 백업에서 거의 사용하지 않았지만 오늘날 대부분 백업의 주요 저장소로 발전해 왔다(비용 관점에서 아카이브로도 간혹 사용했다). 디스크 사용 증가에는 두 가지 주요 이유가 있다. 첫 번째는 공급업체가 ATA^AT Attachment와 직렬 ATA^SATA, Serial ATA 디스크 드라이브를 사용해 디스크 어레이를 만들기 시작한 후부터다. 이전에는 데이터센터가 아닌 사용자의 컴퓨터에서만 디스크 드라이브를 볼 수 있었다. 그리고 SATA 디스크 드라이브를 사용하면 디스크 가격이 예전보다 훨씬 낮아졌다.

그러나 실제로 디스크를 실현한 기술은 중복 제거였다. 디스크 비용을 최소 몇 배 이상 줄였으며 다른 여러 기술도 이끌었던 이 기술을 살펴보자.

중복 제거

중복 제거(deduplication을 줄여 dedupe라고도 함)는 오랜 시간 많은 곳에서 생성된 백업을 포함한 데이터셋^{dataset} 내에서 중복 데이터를 식별하고 제거하는 것이다. 중복 제거와 관련해 매우 기본적인 표현은 그림 5-1과 같다. 여기서 중복 제거를 사용하면 데이터 저장에 필요한 블록 수가 66% 감소한다. 여러 파일이 서로 다른 디렉터리에 저장돼 있더라도 중복 데이터를 제거할 수 있다. 일부 중복 제거 시스템은 여러 호스트 및 데이터 센터에서도 중복 데이터를 찾을 수 있다(상세한 내용은 140페이지 '중복 제거 범위' 참고).

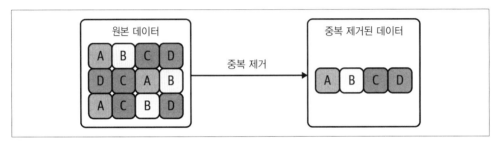

그림 5-1 중복 제거 개요

중복 제거로 무엇을 할 수 있을까?

데이터 중복 제거는 백업을 저장하는 데 필요한 디스크의 양을 수십 배 이상 줄일 수 있다. 몇 가지 사례로 중복 제거가 작동하는 방식을 이해하고 시간 경과에 따른 단일 파일의 기록 방식도 생각해 보자.

시간 경과에 따른 버전

그림 5-2에서 커티스는 스프레드시트^{spreadsheet}를 매일 편집하고 매일 백업해 시간이 지날수록 동일한 파일을 여러 버전으로 보관 중임을 알 수 있다. 각 버전의 대부분 데이터는 이전 버전과 동일하다. 중복 제거는 버전 간의 중복 데이터를 제거하고 각 버전에 고유한 데이터만 저장한다. 중복 제거 전과 후에 백업 시스템에 필요한 스토리지 양의 차이를 살펴보자.

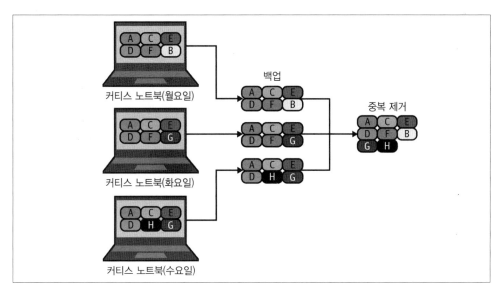

그림 5-2 시간 경과에 따른 버전

여러 위치에 있는 동일한 파일

그림 5-3과 같이 동일한 파일이 여러 위치에 있을 수 있다. 커티스는 스프레드시트를 회사 파일 서버에 저장한 것이 너무 자랑스러웠다. 좋은 중복 제거 시스템은 이런 중복 파일을 인식하고 그중 하나만 백업한다. 동일한 OS를 가진 수백 개의 VM을 백업할 때도 동일한 작업을 진행한다. 중복 제거는 다른 이미지 백업과 동일한 비트 정보를 인식해 OS를 한 번만 저장한다.

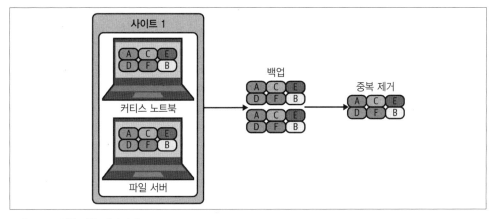

그림 5-3 동일한 파일, 여러 저장소

숨겨진 중복

커티스는 또한 스티브에게 자신의 스프레드시트를 이메일로 보냈고 스티브는 그의 사무실 파일 서버에도 스프레드시트를 저장했다. 그림 5-4에서 볼 수 있듯 이는 커티스의 노트북, 이메일 서버, 커티스의 보낸 편지함 폴더, 스티브의 받은 편지함 및 여러 사이트에 있는 회사 파일 서버 두 대에 있다. 중복 제거 시스템은 다른 사용자의 노트북에서 이미 백업된 동일한 데이터가 포함돼 있기 때문에 이메일 백업에서도 이런 중복 파일을 확인하고 제거할 수 있다. 이미 누군가의 노트북에서는 동일한 백업 데이터가 있기 때문이다.

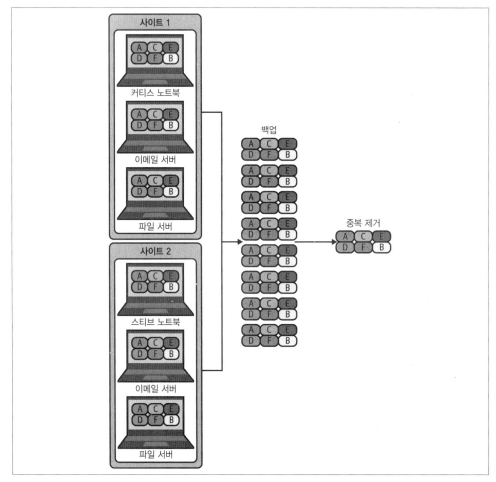

그림 5-4 숨겨진 중복

중복 제거 시스템에서 줄일 수 있는 데이터 감소량은 가변적이며, 중복 제거 기술 자체, 단일 데이터셋 내의 중복성, 백업 시스템 구성 등 여러 요소를 고려해야 한다. 예를 들어 정확히 동일한 데이터의 전체 백업을 100번 진행해 100:1의 중복 제거 비율을 얻을 수 있다. 또한 백업 소프트웨어의 암호화 기능을 켜고 데이터를 중복 제거 시스템을 사용하기 전에 암호화해 1:1 중복 제거 비율을 보장할 수 있다. 백업 및 데이터 중복 제거 소프트웨어가 같은 회사 제품인 경우에는 일반적으로 문제가 되지 않으며 백업 및 데이터 중복 제거 소프트웨어를 어떤 순서로 사용해야 하는지도 알고 있다. 문제는 한 회사의 백업 소프트웨어를 사용하고 서드파티^{thirdparty} 중복 제거 하드웨어를 사용하는 것이다. 서드파티 어플라이언스^{appliance}로 전송하기 전에 백업을 암호화하면 중복 제거는 동작하지 않는다. 또한 중복이 제거된 백업을 암호화할 수 있다. 올바른 순서대로만 하면 된다.

중복 제거 작동 방식

다음은 데이터 중복 제거의 작동 방식의 간단한 설명이다. 일반적인 중복 제거 시스템은 주어진 데이터를 청크^{chunk}라고 하는 작은 조각으로 분할한다. 이런 청크의 크기는 해당 중복 제거 시스템과 시스템 구성 시 고객의 선택에 따라 몇 킬로바이트에서 몇 백 킬로바이트까지 다양하다. 청크는 문제의 시스템에 따라 고정 크기 또는 가변 크기일 수도 있다.

각 청크는 SHA-1, SHA-2 또는 SHA-256과 같은 암호화 해싱 알고리듬^{hashing algorithm}으로 실행한다. 오브젝트 스토리지 시스템의 오브젝트 UID^{Unique ID}가 생성되는 방식을 반영하는 프로세스에서 알고리듬은 해당 데이터를 고유하게 나타내는 영문, 숫자 시퀀스를 만든다. 이 시퀀스는 데이터를 다시 만드는 데 사용할 수 없지만 해당 내용에서 고유한 시퀀스다.

예를 들어 다음의 영문, 숫자 문자열은 '빠른 갈색 여우는 게으른 개를 뛰어넘는다^{The quick brown fox jumps over the lazy dog}'라는 문장의 SHA-1 해시를 나타낸다.

408D94384216F890FF7A0C3528E8BED1E0B01621

대문자 T와 마침표를 사용해 동일한 문장을 온라인 SHA-1 해시 생성기에 입력하면 동일한 결과를 얻을 수 있다. 그리고 청크가 조금이라도 변경되면 완전히 다른 해시가 생성될 수 있는데, 예를 들어 T를 소문자로 변경하면 다음과 같이 해시값이 변경된다.

21D5E0A8782D7921B284F615E59460730EC4C21A

중복 제거 시스템은 프로그램에서 이전에 확인한 모든 해시를 데이터베이스(해시 테이블 또는 중복 제거 인덱스)로 관리한다. 즉 중복 제거 시스템이 해시 테이블에서 동일한 해시를 확인하는 것이다. 해시가 해시 테이블에 이미 있으면 청크를 중복된 것으로 간주한다. 그리고 해시 테이블을 동일한 청크 정보로 업데이트하며 해시 테이블에서 찾을 수 없는 청크는 고유한 정보로 간주해 새로운 해시를 해시 테이블에 추가한다.

새로운 청크를 디스크에 기록하는 경우 일반적으로 새로운 청크는 미리 압축한다. 압축은 완전히 다른 유형의 데이터 축소 방법으로 압축 프로세스를 이용해 모든 청크를 실행할 수 있을 만큼 청크 크기를 줄이는 경우가 많다. 들어오는 데이터 크기는 해시 중복 제거 프로세스의 중복 데이터 제거와 압축 프로세스의 데이터 크기 감소를 병행 사용해 전체적으로 감소한다.

중복 제거 범위

모든 중복 제거 시스템이 동일한 것은 아니며 모든 중복 제거 시스템이 동일한 양의 데이터를 제거할 수 있는 것도 아니다. 이 의미를 이해하려면 다음의 중복 제거 범위를 고려해야 한다. 그리고 이 내용을 참조하면 더 많은 중복 데이터를 찾아 제거할 수 있다. 다만 많은 중복 제거 작업을 완료하는 데 필요한 리소스 또한 많아진다.

백업 세트

일부 백업 제품은 백업 세트 내에서만 중복을 제거할 수 있다. 예를 들어 데이터베이스의 백업은 같은 데이터베이스의 다른 백업만 비교 후 중복을 제거할 수 있다. 해당 데이터베이스와 동일한 호스트에 있는 OS 또는 데이터베이스 애플리케이션 소프트웨어의 백업은 데이터베이스 자체의 백업 데이터와 비교해 중복을 제거할 수 없다.

호스트

호스트 레벨 중복 제거에서 호스트 백업은 해당 호스트의 다른 백업과만 비교할 수 있다. 이 중복 제거의 범위는 데이터베이스의 백업을 동일한 호스트에 있는 다른 데이터와 비교하기 때문에 앞에서 언급한 백업 세트 범위보다 크지는 않다. 이 문제는 전체 VM 이미지와 해당 VM에서 실행 중인 데이터베이스를 백업하는 경우에 발생하는데 이는 일반적인 현상이다. 호스트 레벨 중복 제거를 사용해 VM 백업에서 1개의 데이터베이스를 두 번 저장하지 않을 수 있다.

어플라이언스

어플라이언스 백업은 가장 일반적인 수준의 중복 제거의 범위다. 지정된 백업 어플라이언스로 전송한 모든 백업을 해당 어플라이언스로 전송한 다른 모든 백업과 비교한다. 그리고 여러 어플라이언스가 있는 경우 각 어플라이언스에 있는 중복 대상 범위를 공유하지는 않는다. 즉 백업은 어플라이언스 간에 비교하지 않는다.

사이트

사이트 레벨 중복 제거는 기능 측면에서 어플라이언스 레벨 중복 제거와 동일하며 특정 사이트의 모든 백업을 동일한 사이트의 다른 백업과 비교한다. 다만 여러 사이트의 백업은 서로 비교하지 않는다.

글로벌

글로벌 레벨 중복 제거는 지정한 백업 시스템으로 전송되는 모든 백업은 여러 백업의 유형, 호스트, 심지어 여러 사이트에서 보내는 백업이라도 해당 시스템으로 보내지는 다른 모든 백업과 비교할 수 있다. 이는 여러 사이트 또는 여러 어플라이언스에서 직접 데이터를 백업하는 백업 시스템일 수도 있으며 백업 시스템을 하나의 더 큰 어플라이언스로 복제하는 것일 수도 있다. 여러 중복 제거 어플라이언스(어플라이언스 레벨 중복 제거 범위 포함)가 백업을 중앙 어플라이언스로 복제하는 경우 중앙 어플라이언스는 일반적으로 백업을 이중화한다.

또한 대부분의 중복 제거 시스템은 단일 중복 제거 범위 내에서 복제할 수 있는 데이터 크기에 제한이 있다. 보통 해시 테이블의 최대 크기를 기준으로 한다. 해시 테이블이 너무 커지면 조회가 너무 오래 걸리고 성능이 저하된다. 따라서 대부분의 중복 제거 시스템은 이 문제가 발생하지 않도록 상한선을 적용한다.

그럼에도 일부 중복 제거 시스템은 위치나 크기에 상관없이 단일 장애 지점의 문제를 발생시키지 않고 전체 데이터 중복 제거를 수행할 수 있다. 시스템 간의 모든 백업의 중복을 제거할 수 있는 기능은 백업을 오프 사이트로 보내는 데 필요한 대역폭과 백업을 저장하는 데 필요한 스토리지 용량을 크게 줄일 수 있다.

중복 제거 비율을 비교하지 말자

데이터 중복 제거 시스템을 평가할 때 일반적으로 공급업체에서 광고한 데이터 중복 제거 비율이 얼마나 되는지 묻는다. 이런 질문은 불필요하다고 생각하는데, 광고에서 볼 수 있는 데이터 중복 제거율은 실제 사용량을 거의 반영하지 않는 가상으로 생성한 데이터의 테스트 환경에 기반하기 때문이다. 또한 각 공급업체는 테스트 목적으로 자체 데이터를 생성하므로 중복 제거 비율을 서로 비교할 수 없다.

또 다른 문제는 타깃 중복 제거 시스템과 소스 중복 제거 시스템 간의 중복 제거 비율을 비교할 때다. 소스 중복 제거 시스템은 백업 서버에 도달하기 전에 데이터를 제거하기 때문에 실제로 데이터 중복 제거율이 훨씬 더 작아 보인다. 중요한 것은 비율이 아니라 각 시스템이 동일한 데이터셋 백업을 완료했을 때 사용하는 디스크의 양이다.

이전에 타깃 중복 제거 공급업체의 시스템 엔지니어가 잠재 고객, 신규 고객을 대상으로 시스템 테스트 방법을 알려 준 적이 있다. 그는 고객에게 전체 백업을 진행하라고 말했다. 그리고 동일한 어플라이언스에 30개의 전체를 백업하면서 고객에게는 30:1의 중복 제거율로 백업 중임을 설명했는데 고객들은 사실상 속았다. 왜냐하면 전체 백업에 사용되는 디스크 양은 고려하지 않았기 때문이다.

이 사례는 시스템마다 저장된 데이터 양이 각각 다른 속도로 줄지 않는다는 뜻은 아니다. 요점은 주어진 시스템에서 데이터 중복 제거를 얼마나 잘 수행할지 결정하는 유일한 방법은 데이터가 있는 데이터센터에서 중복 제거를 실행하는 것이다. 그런 다음 중복 제거 비율을 비교하지 말고 각 제품이 사용하는 디스크 양을 비교해야 한다.

청크 크기가 중요

친구 중 한 명이 스탠퍼드 대학에서 추론에 관한 연구를 했다는 농담을 한 적이 있다. 연구 결과, 실제로는 2개의 고유한 데이터만 존재했으며 그 외의 모든 데이터는 실제 메타데이터였다고 한다. 이 농담은 일리가 있는데 데이터를 조각 낼 수 있는 크기가 작을수록 더 나은 중복 제거 결과를 얻을 수 있기 때문이다. 그러나 데이터를 더 작게 조각 낼수록 더 많은 해시를 생성하고 조회해야 한다. 해시를 만들려면 많은 양의 계산 능력이 필요하며 해시 테이블의 크기 또한 증가해 문제가 발생한다. 따라서 모든 중복 제거 구현에서는 성능과 중복 제거 효율성 간의 균형을 관리해야 한다.

파일 레벨의 중복 제거

오브젝트 스토리지(저장 중인 항목을 파일이라고 가정)는 기본적으로 파일 레벨 중복 제거 시스템이다. 들어오는 모든 오브젝트는 해시 알고리듬으로 실행하며 해시 테이블과 비교해 검사한다. 해시는 고유 식별자로 사용하며 개체가 이전에 개체 저장 시스템에 저장된 적이 있는지 여부를 확인하는 데 사용된다. 즉 파일 레벨의 중복 제거 시스템이다.

이런 기술은 많은 스토리지 시스템, 특히 아카이브 시스템에서 이메일 및 기타 문서를 저장하는 데 필요한 스토리지를 줄이기 위해 사용할 수 있다. 스토리지 요구 사항을 줄일 뿐만 아니라 데이터가 손상되면 해시가 변경되고 고유 ID 또한 변경되기 때문에 데이터 손상 여부를 식별하는 데도 사용할 수 있다. 자세한 내용은 228페이지의 '클라우드 오브젝트 스토리지'를 참고하자.

타깃 중복 제거

타깃 중복 제거 시스템은 중복 제거 시스템에서 받은 백업의 중복을 제거하는 시스템이다. 일반적으로 중복 제거 프로세스는 모든 백업을 대상으로 사용하는 어플라이언스에서 실행하므로 타깃 중복 제거라는 용어를 사용한다. 보통 타깃 중복 제거 시스템은 NFS 또는 SMB로 백업 소프트웨어에 연결하지만 가상 테이프 라이브러리^{VTL, Virtual Tape}

^{Library}로도 연결할 수 있다. 또한 백업 서버는 전용 프로토콜을 사용해 타깃 중복 제거 장치와 통신할 수 있으며, 보안 및 성능이 좋다. 보다 자세한 내용은 364페이지 '타깃 중복 제거 어플라이언스'를 참고하자.

타깃 중복 제거의 인기

타깃 중복 제거 시스템은 주로 백업을 담당하는 시스템의 구성 변경이 거의 필요하지 않기 때문에 지난 20년 동안 상당히 인기를 얻었다. 말 그대로 테이프 라이브러리의 플러그를 뽑고 신규 타깃 중복 제거 시스템을 연결한 다음 백업 대상 시스템을 설정할 수 있었다. 테이프 방식의 문제점이 더 이상 없다는 점을 제외하고는 다른 모든 것은 동일한 방식으로 작동한다.

모든 타깃 중복 제거 시스템이 백업 서버(중복 제거 기능이 없음)와 중복 제거 어플라이언스로 구성된 것은 아니다. 일부 백업 소프트웨어 제품 또한 백업 서버 또는 미디어 서버에서 타깃 중복 제거를 수행한다. 이는 15장에서 다루는 하이퍼 통합 백업 어플라이언스가 사용하는 접근 방식이다.

일반적인 타깃 중복 제거 시스템은 동일한 제조사의 다른 타깃 중복 제거 시스템에 백업을 복제할 수도 있다. 이에 사용자는 테이프를 사용하지 않고 온사이트 백업과 오프사이트 백업을 할 수 있었다. 하지만 대부분의 조직에서는 2개 이상의 타깃 중복 제거 시스템을 구입하는 비용이 너무 비싸다는 것을 알게 됐고, 타깃 중복 제거는 온사이트에서, 테이프는 오프사이트에서 사용하는 하이브리드 시스템을 채택했다.

백업의 초기 타깃으로 타깃 데이터 중복 제거 시스템을 사용한 다음, 백업 시스템을 사용해 백업을 테이프 라이브러리에 복사해 해당 백업의 오프사이트 복사본을 생성한다. 이는 지난 10년간 가장 널리 사용한 백업 아키텍처였다. 타깃 중복 제거 어플라이언스 및 테이프의 하이브리드 구성에서 좋았던 점은 이 책에서도 언급한 테이프 드라이브의 안정성을 확인할 수 있었다는 점이다. 타깃 데이터 중복 제거 시스템은 테이프 시스템의 거대한 캐시 역할을 하는데 데이터를 빠르게 전송해 만족도를 높인다면 매우 좋다. 타깃 중복 제거 시스템에서 테이프에 백업을 복사하면 복사 프로세스가 최대 속도로 실행되고 테이프 드라이브를 안정적으로 유지할 수 있다.

인라인 vs 포스트 프로세스 중복 제거

타깃 데이터 중복 제거 시스템을 설명할 때 어플라이언스가 데이터를 중복 관리하는 시점은 다소 논쟁거리다. 이 시점은 비용과 성능에 많은 영향을 미칠 수 있기 때문이다.

타깃 중복 제거 시스템은 인라인inline 또는 포스트 프로세스post-process 두 가지 어플라이언스 유형으로 분류한다. 인라인 중복 제거 시스템은 데이터가 디스크에 기록되기 전에 인밴드in-band, 인메모리in-memory, CPU에서 중복을 제거한다. 비동기 중복 제거라고도 하는 포스트 프로세스 중복 제거 시스템은 백업 데이터가 디스크에 기록된 후 연결되지 않은 상태에서 중복 제거 프로세스를 수행한다. 중복 제거 프로세스는 백업이 들어오는 것과 동시에 실행할 수 있기 때문에 비동기식이라고도 한다. 그러나 저장소에 아직 전송 중인 상태의 백업이 아니라 이미 전송된 백업의 중복 제거를 실행한다.

각각의 방식만을 지지하는 단체는 꽤나 경쟁적인 관계였는데, 내가 여기서 말하고 싶은 방식별 차이점은 이미 수년 전에 발표했었다. 당시 양측이 내게 다가와 내가 나중에 분명히 다른 쪽에 매수됐다고 말했었다. 발표 내용이 옳기 때문에 그랬을 것이다.

인라인 어플라이언스의 장점은 데이터를 디스크에 쓸 때 I/O 사이클을 낭비하지 않는다는 점이다. 즉 디스크에 백업을 생성하면 다른 위치에 즉시 복제할 수 있다. 그러나 들어오는 백업 속도를 늦추지 않고 데이터가 유입될 때 데이터 중복 제거를 수행하려면 더 강력한 CPU가 있어야 한다. 인라인 및 인밴드 프로세스가 데이터를 처리할 때 백업 속도가 느려지는 방법을 보여 주는 예는 많다. 적어도 인라인 방식은 백업이 완료되면 더 이상 작업할 것이 없지만 포스트 프로세스는 그렇지 않다.

포스트 프로세스 공급업체는 먼저 수신 백업을 두 가지 용도로 사용하는 랜딩 존landing zone에 기록한다. 여기서 중복 제거 프로세스가 새 백업을 읽고 중복을 제거한다. 새로운 청크는 스테이징 영역에서 중복 제거 풀pool로 복사하고 최신 백업은 네이티브 형식으로 그대로 유지되므로 두 번째 이점이 있다. 또한 최신 백업에서 제공되는 복원 및 복사본은 인라인 시스템이 복사하거나 복원할 때 백업을 다시 복제해야 하는데(리하이드레이트rehydrate라고도 함) 인라인 시스템에서는 디스크를 읽기 수만큼 검색을 수행하므로 복원 중에 성능이 저하된다.

네이티브 형식으로 저장하는 이 최신 백업은 랜덤 액세스 방식으로 사용할 경우 특히 유용하다. 대부분의 복원은 백업이 테이프에 저장됐던 시점으로 돌아가기 때문에 백업을 직렬 방식으로 읽는다. 그러나 몇몇 최신 백업 시스템은 즉시 복구 개념을 지원해 읽기/쓰기 방식으로 백업을 마운트해야 한다. 백업에 다시 쓰고 랜덤 액세스 방식으로 읽으려면 네이티브 형식으로 저장하는 것이 좋다. 인라인 시스템에서는 이 작업을 수행할 수 없다. 복원할 때 성능을 보면 이해할 수 있을 것이다.

포스트 프로세스 방식의 한 가지 단점은 랜딩 존의 비용이다. 한 번의 전체 백업에 사용할 수 있는 충분한 디스크가 필요하기 때문인데 이런 제한은 가끔 경쟁 입찰 상황으로 해결할 수 있다. 그리고 '모든 데이터 쓰기', '모두 읽기', '중복일 경우 대부분의 데이터 삭제'의 작업 단계에서는 인라인 접근 방식보다 전반적으로 훨씬 더 많은 I/O가 필요하다.

어떤 접근 방식이 적합한지는 백업 수행, 생성, 사용 방법에 따라 달라진다. 초기 백업 시간이 걱정되거나 즉시 복구를 많이 사용할 경우 포스트 처리 방식을 더 선호할 것이다. 하지만 백업이 끝나는 즉시 데이터 중복 제거 프로세스를 완료하고 데이터 중복 제거 시스템이 디스크에 기록되는 즉시 백업 복제를 시작할 수 있도록 하려면 인라인 방식이 더 유용할 것이다.

소스 중복 제거

소스 중복 제거(클라이언트 측 또는 원본 측 중복 제거라고도 함)는 중복 제거 프로세스가 백업 프로세스의 맨 처음에 발생한다는 사실(즉 원본 또는 클라이언트)에서 비롯됐다. 원래 이 프로세스는 백업 소프트웨어 시스템 자체에서 수행해야 한다. 데이터 감소 프로세스는 백업 소프트웨어 제품이 데이터 중복 제거 시스템에서 처리해야 하는 데이터의 크기를 줄이려고 가능한 모든 작업을 수행하는 것으로 시작한다. 일반적으로 데이터 감소 프로세스는 가능한 경우 블록 레벨의 증분 영구 백업 형태를 취하며 일반적인 증분 백업은 필요한 경우에만 사용한다.

백업 시스템이 마지막 백업 이후 변경된 비트맵에서 파일, 블록, 바이트 또는 비트를 식별하면 다음 단계로 이 새로운 데이터가 실제로 유일한지 여부를 확인한다. 이를 위해 앞에서 설명한 것과 동일한 프로세스를 따르며 각 신규 파일 또는 데이터 블록을 더 작은 청크로 슬라이싱한 다음 해시를 만들고 해당 해시를 해시 테이블에서 조회해 청크가 실제로 새 청크이고 유일한지 여부를 확인한다. 청크가 유일하면 네트워크로 전송하고 백업 시스템에 저장한다. 고유하지 않고 이전에 본 적이 있는 경우는 해시 테이블에 간단히 업데이트한다.

타깃 중복 제거 vs 소스 중복 제거

타깃 및 소스 중복 제거는 이미 오래 전부터 사용돼 왔으며 장단점이 있다. 해당 장단점을 비교해 보자.

타깃 중복 제거 접근 방식의 가장 큰 장점은 소스 중복 제거 접근 방식을 개선했다는 점이다. 소스 중복 제거의 가장 큰 단점 중 하나는 현재 백업 소프트웨어와 디스크를 교체해야 한다는 것으로 이 변경은 중요한 시스템에 영향을 줄 수 있다. 반면 타깃 데이터 중복 제거 기능을 사용하면 변경 사항이 거의 없다. 그리고 사용자들이 싫어하는 것은 테이프 라이브러리였을 것이다(346페이지의 '테이프 드라이브'에서 설명했듯이 테이프 드라이브의 백업 문제는 테이프의 문제가 아니라고 생각하지만 많은 사람이 테이프 드라이브의 백업 문제를 탓한다).

타깃 중복 제거를 선호하는 사용자들은 어플라이언스의 복원 성능이 일반적인 소스 중복 제거 구현의 복원 성능보다 뛰어나다고 생각한다. 개인적으로 이 생각은 기능 자체가 아니라 소스 중복 제거의 일부 구현 문제라 생각한다. 타깃 중복 제거 시스템과 비슷하거나 더 빠른 속도로 복원할 수 있는 소스 중복 제거 시스템이 있다.

모든 데이터센터에 타깃 중복 제거 기능을 사용할 수 있는 것은 중복 제거 기능이 거의 모든 백업 시스템에서 동작하기 때문이다. 전체 백업, 누적 증분 백업, 증분 백업 등 모든 백업이 어플라이언스로 전송된다. 고객은 파일 시스템 백업, VM의 이미지 레벨 백업 및 모든 종류의 데이터베이스 백업을 보낼 수 있다. 또한 오픈 소스 형식이나 데이터베이스 제품의 네이티브 포맷 및 여러 상용 포맷을 포함한 여러 백업 포맷을 보내는 경우도 매우 흔하다.

그러나 이 접근 방식의 단점은 중복 제거를 수행하려면 타깃 중복 제거 시스템이 포맷(예: tar, dump 또는 상용 포맷)을 해독해야 한다는 것이다. 하지만 소스 중복 제거 시스템은 백업 제품이며 중복 제거가 필요한 파일, 이미지, 바이트 또는 비트를 직접 확인하기 때문에 그렇게 할 필요가 없다. 백업 포맷을 해독하려면 각 포맷과 관련한 많은 개발 작업이 필요하며, 백업을 읽을 때마다 많은 컴퓨팅 사이클이 필요하다. 그리고 일반적으로 전체 백업(합성 또는 실제)을 정기적으로 읽지만 대부분 모든 백업을 삭제도 한다. 결국 많은 리소스와 작업이 필요하다. 반면 소스 중복 제거 시스템은 다음 증분 백업에 필요한 파일 및 이미지만 분할하고 선택하면 된다.

또한 타깃 중복 제거 기능을 사용하려면 네트워크를 이용해 모든 전체 백업과 전체 파일 증분 백업을 불필요하게 전송해야 한다. 데이터센터에서는 큰 문제가 아닐 수 있지만 원격 데이터를 백업할 때는 큰 문제가 된다. 타깃 중복 제거 사용자는 타깃 중복 제거 어플라이언스(또는 가상)를 원격 사이트에 배치한 다음 중앙 사이트로 다시 복제한다. 소스 중복 제거 방식에는 원격 어플라이언스가 필요하지 않으며 백업 중인 시스템의 백업 클라이언트만 필요하다. 소스 중복 제거 방식을 선호하는 사용자들은 소스 중복 제거 방식이 결국 모든 백업을 마이그레이션해야 하기에 보다 효율적이고 혁신적인 접근 방식이라 말한다. 그러나 가장 큰 단점은 여전히 고객이 소스 중복 제거를 사용하는 데 필요한 변경 사항의 정도다.

타깃 중복 제거를 선호하는 사람들은 중복 제거 프로세스에 사용되는 백업 시스템이 더 많은 작업을 수행해야 한다는 점이 소스 중복 제거의 또 다른 단점이라고 말한다. 타깃 중복 제거는 증분 백업 데이터를 청크로 분할하는 프로세스를 수행한 다음 해시 테이블 조회 작업에 사용할 해시를 만들어야 한다(조회는 일반적으로 다른 곳에서 발생). 이런 각 프로세스는 백업 클라이언트가 수행하지 않는 프로세스다. 소스 중복 제거 방식을 선호하는 사용자들은 클라이언트의 데이터 중복 제거 프로세스로 발생하는 CPU 및 RAM 사용의 증가는 네트워크에 전송되는 패킷량의 감소 그리고 빠른 시간(단지 몇 분) 안에 실행되는 백업의 이점을 생각하면 감내할 수준이라고 말한다.

하이브리드 중복 제거

하이브리드 중복 제거는 누구나 사용하는 용어는 아니지만, 달리 뭐라고 해야 할지 모르겠다. 이 방식의 중복 제거를 제공하는 공급업체는 소스 중복 제거로 마케팅할 수 있지만, 약간 다른 것 같다. 따라서 이 부분은 별도의 단락을 참조하자.

일부 타깃 중복 제거 시스템은 제한된 방식으로 소스 중복 제거를 지원한다. 클라이언트에서 중복 제거할 백업 클라이언트에 별도 드라이버를 설치하면 백업 클라이언트와 같은 가상 장치가 생성된다. 이후 이 드라이버는 네트워크로 데이터를 전송하기 전에 백업 클라이언트에서 원본 중복 제거를 수행한다. 이 책에서는 이 방법을 하이브리드 중복 제거라 부른다.

이 방법은 특수 장치를 사용할 수 있는 백업 제품과 별도 드라이버를 설치할 수 있는 OS에서만 지원된다. 이 기술을 사용하면 소스 중복 제거 시스템과 매우 비슷하게 동작하고 네트워크로 전송하는 데이터 양을 최소화할 수 있다.

이 방법은 타깃 중복 제거 시스템이 이미 있고 이 기능을 추가하려는 경우에 적합하다. 이 솔루션을 사용하면 실제 소스 중복 제거 시스템으로 교체하지 않고도 소스 중복 제거의 이점을 기존 백업 시스템에 추가할 수 있다. 하지만 타깃 중복 제거 시스템을 사용 중인 경우가 아니면 소스 중복 제거 시스템에 비해 아키텍처가 비효율적이고 비용이 증가할 가능성이 높다. 가격이 상승하는 한 가지 이유는 네트워크로 데이터를 전송하는 백업 클라이언트에서 이와 같은 장치를 사용할 경우 백업 소프트웨어 제품이 더 많은 요금을 부과하기 때문이다.

적합한 중복 제거 선택

작업을 수행하기 전에 먼저 백업 소프트웨어 공급업체의 제품에서 소스 또는 타깃 중복 제거를 지원하는지 확인해야 한다. 이후 최소한 신제품과 기능을 비교하면서 테스트해야 한다.

만약 새로운 제품을 구매할 계획이 있다면 업무 유형에 따라 구매 결정은 달라진다. 단순히 현재 디스크 시스템 또는 테이프 라이브러리 시스템을 중복 제거 시스템으로 교체하려는 경우 타깃 중복 제거 시스템을 선택하는 것이 좋다. 이후 인라인 시스템과 포스트 프로세스 시스템 중 하나를 선택해야 한다. 타깃 중복 제거 시스템에 백업하고 다른 타깃 시스템에 복제하려는 경우 가능한 한 신속하게 전체 프로세스를 완료하려면 인라인 시스템을 사용하는 것이 좋다. 인라인 시스템은 백업 데이터가 어플라이언스에 도착하자마자 중복 제거 및 복제를 시작하기 때문이다. 그러나 백업에서 많은 VM을 마운트할 계획이라면 145페이지 '인라인 vs 포스트 프로세스 중복 제거'에서 언급한 바와 같이 포스트 프로세스 접근 방식이 해당 작업에 더 적합하다는 것을 알게 될 것이다.

백업 시스템을 보다 대규모로 교체하려는 경우 선택할 수 있는 옵션이 너무 많기 때문에 결정하기가 더 어렵다. 처음부터 시작하면 타깃 데이터 중복 제거 시스템을 사용할 가능성이 낮아질 수 있다. 타깃 중복 제거 시스템은 기존 데이터 보호 시스템을 강화하도록 설계됐다. 처음부터 설계하는 경우에는 소스 중복 제거, 영구 증분, 스냅샷 및 복제 또는 서비스형 백업BaaS을 기반으로 시스템을 선택할 가능성이 높다.

정리하자면, 제안할 수 있는 최선의 조언은 모든 것을 테스트해 보라는 것이다. IT에서 제품을 사용하는 환경에 따라 테스트하는 것만큼 좋은 테스트 방법은 없다. 사용하는 데이터는 다른 조직의 데이터와 매우 다르며 백업 방식도 다르다. 이 모든 것이 데이터 중복 제거 시스템의 동작에 영향을 미친다. 백업 및 복원을 가능한 한 운영 환경에 가깝게 테스트하자. 이후 특정 제품 도입이 결정되면 작은 버전 제품부터 구입해 단계적으로 적용하자. 중복 제거 시스템이 어떻게 작동할지는 실제 운영 환경에서 확인할 수 있다.

이제까지 설명한 중복 제거 내용이 도움이 되기를 바란다. 12장에서는 데이터를 백업하는 데 사용할 수 있는 모든 대상을 다시 다룬다. 데이터 중복 제거의 중요성과 백업 시스템에서 데이터 중복 제거의 역할을 이제까지 알아봤다. 주로 데이터 중복 제거 기능을 통해 백업 시 디스크를 사용함으로써 백업에서 많은 발전이 이뤄졌다. 이제 오늘날 백업에서 디스크를 사용하는 여러 가지 방법을 살펴보자.

백업 시스템에서 디스크 사용

이 단락에서 설명하는 대부분의 설계는 데이터센터의 설계이며, 이는 데이터센터에서 실행되는 백업 시스템에서 사용하는 방법이다. 그리고 클라우드에는 D2D2T^{Disk-to-Disk-to-Tape}가 없다. 적어도 이 책을 쓰는 동안은 그렇다.

346페이지의 '테이프 드라이브'에서 다루겠지만, 일반적인 백업 및 복구 시스템의 테이프는 백업 작동 방식과 근본적으로 호환되지 않는다는 문제점이 있다. 특히 대부분의 백업은 증분 백업이며 초당 몇 메가바이트에서 몇 십 메가바이트의 속도로 실행된다. 반면, 테이프 드라이브는 초당 수백 메가바이트의 데이터를 전송하는데 이 속도보다 느릴 수는 없다. 최적 속도가 초당 700MB인 테이프 드라이브에 초당 10MB로 실행 중인 백업을 보내는 것은 백업 및 테이프 드라이브 동작이 실패하는 잘못된 설정이다(351페이지의 '테이프의 단점'을 참고하자).

디스크 캐싱

테이프 드라이브를 유지하면서 테이프 속도 불일치 문제를 해결하는 한 가지 방법은 테이프 라이브러리 앞에 약간의 디스크를 배치하는 것이다. 최대 하루 분량의 백업을 저장할 수 있는 충분한 디스크를 구입하자. 하루 분량의 백업만 저장해 중복 제거 시스템이 필요하지 않다(일부에서는 이 단계를 조금 더 진행해 전체 백업 1개와 1주일 분량의 증분 백업을 저장할 수 있는 충분한 디스크를 구입하기도 한다).

캐시로만 사용할 때 발생할 수 있는 최악의 시나리오는 하루 전의 백업이 손실되는 것이다. 위험 프로파일에 따라 디스크 어레이를 선택할 수 있는데 SATA 기반 어레이와 공유 액세스 서명^{SAS, Shared Access Signature} 디스크 드라이브 중 하나를 선택할 수 있다. SSD^{Solid-State Disk}를 사용할 수 있지만 이 용도로는 너무 비싸다.

SATA, SAS, SSD 모두 성능 및 안정성이 다르다. SAS는 SATA보다 우수하고 SSD는 SAS보다 우수하다(가격이 이를 반영한다). 한 가지 중요한 고려 사항은 백업에서 직접 VM을 마운트할 때 즉시 복구(9장에서 자세히 설명한다) 기능을 고려하고 있는지다. 그렇다면 디스크 캐시로 SAS 또는 SSD를 도입을 고려해야 한다.

모든 표준 디스크 어레이는 타깃 중복 제거 어플라이언스보다 저렴하다. 그래서 타깃 중복 제거 시스템을 구입할 필요가 없고 디스크를 테이프의 스테이징 영역으로 사용할 수 있다. 디스크 어레이가 구성되면 모든 백업을 해당 어레이로 보낸다. 일부 백업은 더 빠르게 진행되고 일부 백업은 더 느리게 진행되는데 상관없다. 이것이 랜덤 액세스 장치에 백업을 보내는 장점이다. 각 백업은 다른 백업의 성능에 영향을 주지 않고 자체 속도로 진행할 수 있다.

모든 백업이 완료되면 해당 백업을 두 세트의 테이프에 복사한다. 그리고 테이프 한 세트는 테이프 라이브러리에 보관하고 다른 테이프 세트는 승합차에 탄 남자(전문회사)에 제공한다(이 설계는 3장에서 언급한 3-2-1 규칙, 즉 모든 백업의 복사본 2개(그중 하나는 오프사이트)를 준수한다).

이 프로세스의 마지막 단계는 다음 백업 세트가 들어오기 전에 디스크에 저장된 백업을 만료(삭제)하는 것이다(스테이징 영역에 일주일 분량의 백업을 보관하는 경우 일주일 전의 백업을 삭제한다). 백업은 복원 시에도 도움이 되므로 가능한 한 오랫동안 디스크에 백업을 남겨 두도록 하자. 좋은 백업 시스템은 다음날 백업을 실행하기 바로 전에 백업이 만료되도록 프로세스를 자동화한다.

디스크 스테이징은 백업의 속도 불일치 문제를 해결하는 데 도움이 된다. 그러나 전체 백업을 위한 충분한 디스크와 증분 백업 세트가 없으면 복원 작업에는 큰 도움이 되지 않는다. 실제로 그렇게 하는 것은 가능하지만, 훨씬 더 복잡해서 대부분의 사람은 시도하지 않는다. 디스크 캐시에서 복원하는 항목을 제외하고 모든 복원은 테이프에서 동작한다. 이 방식은 비용을 최적화하고 복원 작업이 쉽게 동작하도록 도움을 준다. 이에 현재의 테이프 라이브러리 시스템, 백업 소프트웨어를 유지하고 비교적 저렴한 가격으로 조금 더 개선할 수 있다.

D2D2T

사용 중인 테이프 라이브러리 시스템을 개선하려고 이용하는 디스크 기반 백업 방법을 D2D2T^{Disk-to-Disk-to-Tape}라고 한다. 이 방법과 디스크 스테이징 방법의 차이점은 하루 백업량의 디스크를 구입하지 않고 현재 백업을 보존할 만큼 충분한 디스크를 구입해야 한다는 것이다. 그리고 데이터 중복 제거를 사용해 비용을 절감할 수 있다. 최소한 하나 이상의 백업 주기(증분 백업과 함께 전체 백업)를 저장할 수 있는 중복이 제거된 디스크 용량을 구입해야 한다.

이 방법에서는 모든 백업이 중복 제거된 디스크로 전송된 다음 테이프에 복사된다. 이 경우 중복 제거된 디스크 시스템은 모든 복원의 메인 원본 데이터로 사용된다. 그리고 테이프의 목적은 오프사이트 복사본을 만들어서 장기간 보존하는 것이다. 따라서 이 설계를 사용하는 대부분의 사용자는 승합차에 탄 남자에게 전달하는 하나의 테이프 복사본만 만든다. 테이프 복사본은 만약의 경우를 대비한 복사본이다.

이 방법은 일반적으로 타깃 중복 제거와 관련이 있다(자세한 내용은 5장 뒷부분에서 설명한다). 다양한 환경에서 D2D2D^{Disk-to-Disk-to-Disk} 접근 방식에 필요한 어플라이언스 2대를 도입할 예산이 충분하지 않기 때문에 사용자가 백업 시스템에서 타깃 데이터 중복 제거 방식으로 데이터 중복 제거를 처음 사용하는 경우가 많다. 그러나 소스 기반 중복 제거 시스템에서 이 방법을 사용하지 못할 이유는 없다. 소스 중복 제거와 테이프 드라이브를 모두 지원하는 일부 백업 소프트웨어 제품이 있는데 이 시스템을 사용해 동일하게 구현할 수 있다.

그러나 소스 기반 중복 제거 시스템에서 테이프를 사용할 때 한 가지 우려되는 점은 일부 시스템에서 중복 제거된 데이터를 테이프에 복사할 수 있다는 점이다(대부분의 시스템은 테이프에 복사할 때 데이터를 복제하거나 원상 복구한다). 중복 제거된 데이터를 테이프에 저장한다는 것은 하나의 파일을 복원하는 데 많은 테이프가 필요할 수 있다는 것을 의미하기 때문에 개인적으로는 이 방식을 선호하지 않는다. 테이프는 가격이 저렴해 중복 제거된 데이터를 테이프에 저장하는 데 따른 추가 위험을 감수할 필요는 없다고 생각한다. 중복 제거된 데이터에서 테이프로 복사할 때 가장 좋은 방법은 데이터를 다시 원상 복구하는 것이다. 이는 중복 제거된 백업 시스템의 테이프 복사본을 복구하려면 매우 힘들기 때문이다.

D2D2D

D2D2D^{Disk-to-Disk-to-Disk}라고도 하는 전체 디스크 기반 백업 및 복구 시스템을 사용할 수도 있다. 이 방식은 타깃 또는 소스 중복 제거를 이용해서도 수행할 수 있다. 먼저 중복 제거를 사용해 디스크 시스템에 백업한 다음 중복 제거된 백업을 동일한 공급업체의 다른 시스템으로 복제한다(중복 제거는 항상 이와 같은 방식이라 여러 중복 제거 공급업체를 같이 이용할 수는 없다).

타깃 기반 중복 제거 시스템을 사용하는 경우 어플라이언스 또는 백업 소프트웨어 제품에서 복제 프로세스를 관리할 수 있다. 어플라이언스로 복제 프로세스를 관리하면 좋든 나쁘든 백업 제품에서 복제 프로세스가 보이지 않게 된다. 복제 프로세스가 그냥 발생하고 백업 프로세스에서 구성하거나 관리할 필요가 없다는 점에서 좋다. 2개의 어플라이언스를 구성하고 한 어플라이언스가 다른 어플라이언스로 복제되도록 설정하면 된다. 두 어플라이언스가 다른 어플라이언스로 보낸 백업을 모두 복제하는 교차 복제도 가능하다. 여기에서 두 어플라이언스는 자신에게 전송된 백업을 다른 어플라이언스로 복제한다. 이는 여러 위치에서 정상적으로 작동하며 각 위치는 로컬 중복 제거 어플라이언스에 백업한 다음 백업을 다른 위치의 다른 중복 제거 어플라이언스에 복제한다. 이런 구성은 많은 조직이 서비스 제공업체의 관여 없이 온사이트 및 오프사이트 백업을 모두 제공하는 방법이다.

어플라이언스로 복제 프로세스를 관리할 때의 단점은 백업 소프트웨어 제품이 복제된 복사본을 알지 못한다는 점이다. 즉 다른 복사본을 사용해야 하는 경우 원본처럼 보이게 해야 한다. VPN을 사용하거나 오프사이트 시스템을 실제로 온사이트로 이동하는 경우 이전 시스템과 동일한 위치에 복사본을 마운트한다. 또한 이 '보이지 않는' 복제 프로세스는 보이지 않기 때문에 백업 시스템의 성공 여부를 모니터링하고 알리는 데 사용하는 프로세스로 확인 가능하다.

백업 시스템이 복제 프로세스를 관리할 경우 발생할 수 있는 단점은 중복 제거된 백업을 복제하고 있는지 알아야 한다는 점이다. 그렇지 않으면 해당 백업을 복사할 때 실제 중복 제거된 백업을 원복한 후 복제한다. 그 이유는 복제할 때 중복 제거된 상태를 유지하는 것보다 훨씬 오래 걸리고 대역폭도 훨씬 더 많이 필요하기 때문이다. 따라서 백업 시스템을 사용해 복제 프로세스를 관리하려는 경우 타깃 중복 제거 공급업체의 지원이 필요하다. 공급업체에서는 백업에서 중복 제거된 복제 프로세스로 실제 관리되는 프로세스를 제어할 수 있는 애플리케이션 프로그래밍 인터페이스API, Application Programming Interface를 제공한다.

마지막으로, 백업 시스템이 복제 프로세스를 관리하는 또 다른 이점은 서로 다른 어플라이언스 간에 서로 다른 보존 기간을 가질 수 있다는 점이다. 온프레미스보다 더 길게 보관하고 더 빠르고 더 비싼 어플라이언스를 보유하고 있을 수도 있다. 이렇게 하면 다른 방법보다 더 오랜 기간 동안 백업을 보관할 수 있다.

소스 중복 제거 시스템으로 작업을 수행하는 경우 이런 문제는 대부분은 해당되지 않는다. 이는 소스 중복 제거의 또 다른 이점이기도 하다. 소스 중복 제거는 백업 소프트웨어 자체에서 수행되기 때문에 백업 복제를 관리할 수 있다. 또한 백업이 중복 제거되고 리하이드레이션rehydration된 데이터를 복제하지 않는다. 그리고 서로 다른 백업 대상을 여러 보존 기간으로 관리할 수 있다. 이 모든 내용은 이전 단락 149페이지의 '적합한 중복 제거 선택'에서 설명했다. 시스템을 처음부터 설계했다면 타깃 중복 제거 시스템을 선택하는 것은 쉽지 않을 것 같다.

D2C

또 다른 설계 방법은 D2CDirect-to-Cloud 백업으로, 소스 데이터 중복 제거 시스템이 필요하다. 이 모델에서는 모든 백업이 백업 클라이언트에서 중복을 제거하고 새로운 고유 청크를 클라우드로 직접 전송한다. 이는 장점이자 단점이다. 클라우드는 종량제 용량을 제한 없이 제공하며, 소스 중복 제거 접근 방식을 사용하면 타깃 중복 제거를 사용하는 시스템에서 필요로 하는 로컬 하드웨어 없이도 어디서든 백업할 수 있다. 이 모델의 가장 큰 단점은 최초 백업과 대규모 복원이다. 이 두 가지 문제를 해결할 수 있는 방법은 서비스 공급자와 상의해야 한다.

넘어야 할 첫 번째 장애물은 초기 시드initial seed라고도 불리는 최초 백업이다. 소스 데이터 중복 제거 시스템에서 증분 백업은 일반적으로 전체 데이터 세트 크기의 1% 미만을 백업하므로 일상적인 백업에는 많은 대역폭이 필요하지 않다. 그러나 최초 백업은 모든 데이터를 백업해야 하므로 대역폭의 양을 고려할 때 시간이 꽤 걸릴 수 있다. 이런 이유로 대부분의 D2C 백업 제품 및 서비스는 공통 캐리어로 시딩 기능을 지원한다(보통 전문업체의 포터블 어플라이언스에 백업을 한다).

D2C 공급업체는 다양한 방법으로 대규모 복원 문제를 해결한다. 로컬 캐시를 사용하거나 역시드^{reverse seed}를 사용할 수 있다(앞에서 설명한 시딩 프로세스와는 반대). 또한 클라우드에서 DR을 지원해 AWS, 애저^{Azure} 또는 구글 클라우드에서 제공하는 기본 VM에서 실행되는 클라우드 기반 VM로 복구하거나 VMware 클라우드로 복구할 수도 있다.

D2D2C

또 다른 일반적인 디스크 전용 설계는 온프레미스의 디스크 시스템에 백업한 다음 백업의 일부 또는 전부를 클라우드의 스토리지에 복제하는 것이다. D2D2C^{Disk-to-Disk-to-Cloud} 접근 방식은 클라우드를 백업 또는 이전 백업의 복사본을 저장하는 장소로 간주한다는 점에서 D2C와 다르다. D2C 방식은 온프레미스 복사본을 주 복사본으로 간주한다. 백업 제품이나 서비스에서 클라우드를 주 복사본으로 인식한다면 이는 D2C다.

즉 D2D2C 접근 방식은 일반적으로 현장에서 중복 제거된 디스크에 백업할 수 있고 고객이 클라우드를 상황에 맞는 복사본으로 사용할 수 있는 기존 백업 공급업체에서 사용한다. 이 설계에서 클라우드는 본질적으로 아이언 마운틴 회사 또는 이와 비슷한 공급업체를 대체한다고 보면 된다. 테이프를 클라우드에 있는 백업 복사본으로 교체하는 것이다.

일반적으로 이 설계에서 백업은 오브젝트 스토리지 시스템(예: S3)에 복사하며 보통 리하이드레이션 형식으로 저장한다. 다만 일부 사용자들이 클라우드 버전의 중복 제거 어플라이언스를 사용하고 해당 장치로 복제하기 때문에 항상 그렇지는 않다.

오브젝트 스토리지 접근 방식은 신속한 복원이 필요한 온프레미스 시스템의 대부분 백업 데이터를 저장하고자 하는 사용자들이 선호할 수 있다. 그리고 클라우드로 백업을 저장할 수 있는 저렴한 보관 장소로 생각하지만 재해 복구를 달성할 수 있는 방법은 아니다. 중복 제거 어플라이언스 접근 방식의 클라우드 버전은 타깃 중복 제거 시스템을 계속 사용하고 싶지만 백업용으로 추가 장치를 구입하고 싶지 않은 사용자에게 적합하다. 클라우드 장치를 사용하면 추가 비용을 지불할 수 있기 때문이다.

중복 제거 및 백업에서 디스크 사용을 설명했으므로 이제 복구를 설명할 차례다. 다른 장에서 설명했듯이 아무도 여러분이 백업할 수 있는지는 신경 쓰지 않는다. 단지 복구할 수 있는지 여부만 관심을 갖는다. 앞서 언급한 모든 백업 아키텍처를 이해하는 것 외에 도 이러한 아키텍처가 복구에 어떤 영향을 미치는지 이해해야 한다. 지금부터 살펴보자.

복구 개념

앞에서는 백업 개념의 내용을 주로 다뤘지만 이 단락에서는 복원 또는 복구 시 사용하는 개념과 용어에 대해서만 설명하려 한다. 이후의 장에서 백업 시스템 옵션을 살펴보기 전에 이런 모든 옵션을 이해하는 것이 중요하다. 백업 시스템 설계에 따라 사용 가능한 복구 옵션이 결정된다. 따라서 복구 요구 사항은 백업 시스템 설계에서 중요하다.

이미지 복구

5장 앞 부분에서는 이미지 백업이라는 용어를 설명했는데, 이미지 복구를 논의하기 앞서 이 용어의 의미를 제대로 이해하는 것이 중요하다. 간단히 말해 디스크에 있는 파일이 아니라 디스크 이미지의 백업이다. 오늘날 가장 일반적인 이미지 백업은 하이퍼바이저 레벨의 VM 백업이다. VMware의 VMD^{Virtual Machine Disk} 파일 또는 Hyper-V의 VHD^{Virtual Hard Disk} 파일을 백업할 때는 해당 가상 시스템을 나타내는 가상 하드 드라이브의 이미지를 백업하는 것이다. 실행 중인 물리적 시스템에서 디스크 이미지를 생성할 수 있는 이미지 백업 소프트웨어 제품도 있다.

우리에게 익숙한 ISO 이미지도 다른 유형의 이미지 백업이다. CD나 DVD의 원본 콘텐츠를 실제로 나타내는 파일이다. 운영체제에 다른 디스크 드라이브를 마운트하는 것처럼 마운트할 수 있으며, 마운트 후에는 다른 파일 시스템처럼 사용할 수 있다. ISO 이미지는 이미지 백업이 무엇인지 보여 주며, 물리적 디바이스(예: 디스크 드라이브, CD 드라이브)인지 가상 디바이스(예: VMDK/VHD 파일)인지 여부에 관계없이 원본 디바이스의 복사본이다.

이미지 복구는 이미지 백업을 장치에 직접 복원하는 것이다. 사용자들에게 익숙한 이미지 복원 중 하나는 가상 디스크 이미지를 이용해 VM을 복원하는 것이다. 가상 원시 디스크의 이미지를 다른 가상 원시 디스크에 복원한 다음 하이퍼바이저 내부에 가상 디스크로 마운트할 수 있다. 새로운 VM은 마운트된 VM을 부팅 드라이브로 사용할 수도 있다.

모든 유형의 이미지 복원에서 이해해야 할 주요 사항은 파일 시스템과 관련된 문제를 해결한다는 점이다. 일반적으로 20TB 디스크(가상 디스크 또는 기타 디스크)의 이미지를 복원하는 것은 파일 레벨의 복원 작업으로 동일한 양의 데이터를 복원하는 것보다 훨씬 빠르다. 이는 파일 시스템이 매우 빽빽한 경우, 즉 TB당 파일이 많은 경우에 특히 그렇다.

수백만 개의 HTML 파일로 구성된 2TB 볼륨을 보관하고 있던 어느 고객을 기억한다. HTML 파일은 크기가 작기 때문에 2TB 볼륨에 얼마나 많은 파일이 있는지 상상해 보자. 파일 레벨 복원으로 수백만 개의 파일을 복원하려고 하면 영원히 끝나지 않을 것이다. 그러나 이미지 레벨의 복구로 이 볼륨을 백업하고 복원하면 빠른 시간 안에 복원할 수 있다. 이미지 복원의 주요 단점은 전체 아니면 제로all-or-nothing 접근 방식이라는 점이다. 지정된 장치를 모두 복원하거나 복원하지 않거나 둘 중 하나를 선택해야 한다(이미지 레벨 백업의 복구 옵션의 자세한 내용은 127페이지 '이미지 레벨 백업'을 참고하자).

명심해야 할 또 다른 사항은 파일 시스템보다 낮은 레벨에서 복원하기 때문에 복원된 하드 드라이브를 사용할 수 있는 위치에서 복원해야 한다는 점이다. 예를 들어 맥Mac에서 디스크 드라이브가 포함된 드라이브의 이미지 백업을 복원한다고 가정해 보자. 맥으로 복원하지 않으면 아무것도 해당 드라이브를 탑재하고 해당 정보를 사용할 수 없다.

VM의 외부 환경에서 이미지 복원은 베어메탈 복구에서 주로 볼 수 있다. 부트 드라이브의 이미지 백업이 있고 이를 새 부트 드라이브로 직접 복원할 수 있는 경우 복원된 드라이브를 새 부트 드라이브로 사용하고 베어메탈에서 시스템을 복구할 수 있다. 베어메탈 복구는 가상화의 등장으로 인기가 많이 떨어졌기 때문에 이 책에서는 자세히 다루지 않을 것이다. 이 주제와 관련한 자세한 내용은 『Backup and Recovery』(O'Reilly, 2007)를 참고하자.

파일 레벨 복구

백업 및 복구 시스템을 이용한 대부분의 복구는 파일 레벨이다. 실제로 대부분의 복원은 중요한 파일 1개를 복구하는 것이다. 레이드 어레이에서 여러 디스크 드라이브가 손실돼 전체 파일 시스템을 복구하는 경우에도 파일 레벨의 복원을 수행할 가능성이 높다. 일반적으로 이 작업을 수행하는 세 가지 방법이 있다.

직접 복원

파일 레벨 복원이 발생하는 가장 일반적인 방법은 백업 및 복구 소프트웨어의 사용자 인터페이스에서 하나 이상의 파일을 선택한 다음 복원하려는 실제 또는 가상 시스템에서 실행 중인 에이전트와 통신하고 데이터를 선택한 파일 시스템으로 직접 전송하는 것이다. 일반적으로 복원 중에 충돌하는 파일을 덮어쓸지 여부와 같은 옵션이 제공된다. 또한 선택한 파일을 다른 디렉터리(또는 복원할 디렉터리의 하위 디렉터리)에 복원해 해당 디렉터리로 수행할 작업을 결정할 수 있다.

오늘날의 컴퓨팅 환경에서 이런 유형의 복원 문제는 데이터를 복원할 수 있는 많은 시스템이 컴퓨터가 아니라 가상 시스템이라는 점이다. VM이기 때문에 VM 내부에 백업 클라이언트가 설치되지 않을 가능성이 높다. 하이퍼바이저 레벨에서 백업하므로 백업을 수행할 때 백업 클라이언트를 로드할 필요가 없다. 즉 직접 복원을 수행할 수 있는 클라이언트가 없는 것이다. 그러나 부서의 파일 서버와 같이 파일 레벨 복원을 많이 수행하는 특정 VM이 있는 경우에는 해당 VM에 백업 클라이언트를 로드해 이런 복원을 원활하게 수행할 수 있다.

SMB/NFS 마운트로 복원

VM에 백업 클라이언트가 설치돼 있지 않은 경우 다른 해결 방법이 있다. 리눅스와 윈도우 모두 다른 시스템에 하드 드라이브를 공유할 수 있다. 윈도우는 SMB 프로토콜을 사용하고 리눅스는 NFS 프로토콜을 사용한다. 백업 서버가 네트워크를 이용해 SMB 또는 NFS 마운트에 쓸 수 있는 프로토콜을 구성할 수 있다.

이 방식으로 데이터를 복원할 수는 있지만, 쓰기 가능한 SMB 또는 NFS 공유를 사용하도록 전체 네트워크를 구성하는 것은 안전한 구성은 아니다. 따라서 이 방법은 필요에 따라 조금씩 사용할 것을 권장한다. 예를 들어 많은 파일을 VM에 복원해야 하는 경우 해당 복원에 대해서만 이 공유를 구성한 다음 나중에 비활성화할 수 있다.

SMB 및 NFS를 복원 소스로 사용할 수도 있다. 백업 시스템은 원하는 모든 시스템에 SMB 또는 NFS를 제공해 원하는 파일을 가져올 수 있다. 이것은 쓰기 가능한 권한으로 공유를 열지 않기 때문에 일반적으로 더 안전하다. 하지만 이 공유 방법은 정해진 시간에 허가된 사용자에게만 열려 있어야 한다. 조직의 모든 사용자가 SMB 또는 NFS 마운트를 사용해 모든 백업을 사용할 수 있도록 하는 것은 보안 측면에서 위험하기 때문이다.

이미지 마운트를 통한 복원

하이퍼바이저 레벨에서 VM을 백업할 때와 같이 파일 레벨 복원을 수행하는 데 사용할 수 있는 백업이 파일 레벨 백업이 아닌 경우가 많다. 보통 사용자의 백업은 가상 하드 드라이브를 나타내는 이미지의 백업이다. 이 백업에는 필요한 파일이 포함돼 있지만 파일로 쉽게 액세스할 수 없다.

이 시나리오의 한 가지 기술은 백업 소프트웨어가 ISO 이미지를 파일 시스템으로 마운트할 수 있는 방식으로 이 이미지를 드라이브로 마운트하는 것이다. 마운트된 후에는 복원 원본으로 사용할 수 있다. 가장 가능성이 높은 방법은 이전 단락에서 언급했다. 즉 복원하려는 시스템에서 해당 파일 시스템을 공유 드라이브로 마운트하는 것이다. 공유 드라이브로 마운트되면 다른 파일 시스템과 마찬가지로 보이며 복원할 파일을 복원할 위치로 끌어서 놓을 수 있다.

SaaS 데이터 복구

이 책에서 마이크로소프트 365, 구글 워크스페이스, 세일즈포스, 깃허브^{GitHub}, 이와 유사한 기타 SaaS 애플리케이션을 백업해야 하는 이유를 여러 페이지에 걸쳐 설명했다. 일반적으로 SaaS 공급업체와 백업 소프트웨어 공급업체 사이에는 백업 및 복원을 위한 양방향 API를 제공하는 파트너십이 있다. 즉 SaaS 데이터의 복구는 대부분 비교적 간단하다. 백업 소프트웨어의 사용자 인터페이스에서 복원할 항목을 선택하면 사용자가 제공한 인증과 SaaS 제품이 제공한 API를 사용해 적절한 데이터를 원래 위치로 바로 복원한다.

하지만 모든 SaaS 공급업체가 백업 및 복구를 위한 API를 제공하는 것은 아니다. 가끔 백업 공급업체는 다른 방법을 사용해 데이터에 접속하고 백업해야 한다. 예를 들면 아웃룩 웹 액세스^{Outlook Web Access}로 사용자 데이터에 접속해 백업하는 마이크로소프트 365가 있다. 백업용으로 특별히 제공하는 API가 없기 때문이다. 야머^{Yammer} 또는 플래너^{Planner}와 같이 데이터를 백업할 수 없는 마이크로소프트 365도 있다(언젠가는 변경되기를 희망한다). 또한 마이크로소프트 365의 일부 서비스는 백업할 수 있지만 복원할 수는 없다. 이 글을 쓰는 시점에서 마이크로소프트는 팀즈^{Teams} 채널 내에서 대화 내용을 복원 방법을 제공하지 않는다. 많은 공급업체에서 이 정보를 백업할 방법을 찾았지만 복원할 방법이 없다.

이 내용을 언급하는 이유는 SaaS 애플리케이션을 백업해야 한다고 생각하는 사람들이 마이크로소프트와 같은 공급업체에 이런 API를 제공하도록 압력을 가하는 데 도움이 될 수 있기 때문이다. 아마도 독자 자신의 데이터를 백업하고 복원할 수 없는 회사에 돈을 주는 것을 중단한다면 이런 관행을 바꿀 수도 있을 것이다.

즉시 복구

디스크 기반 백업은 테이프로는 복구하기가 어렵기 때문에 즉시 복구는 좋은 대안이다. 개념은 비교적 간단하다. 읽기/쓰기 방식으로 VM의 부팅 드라이브 이미지를 마운트하고 손상된 VM을 대신해서 마운트된 드라이브를 사용해 해당 VM을 부팅한다. 기존 복원을 수행할 필요 없이 VM을 즉시 복구할 수 있어 이를 즉시 복구라고 한다.

이를 위한 한 가지 방법은 해당 백업 시스템이 특정 유형의 백업 형식(예: tar, 상용 백업 형식)에 넣지 않고 이미지 백업을 네이티브 형식으로 저장하는 것이다. 하드 드라이브 이미지의 백업이 네이티브 포맷으로 저장되면 언제든지 하드 드라이브로 쉽게 마운트할 수 있다(이런 가상 하드 드라이브 이미지는 전체 백업과 블록 레벨 증분 백업의 조합으로 이 작업을 수행하려면 해당 백업 소프트웨어가 모든 백업을 단일 가상 디스크 이미지로 표현해야 하기 때문에 조금 더 복잡하다). 이 접근 방식의 주요 이점은 즉시 복구를 수행할 VM을 미리 결정할 필요가 없고 추가 스토리지가 필요하지 않다는 점이다.

즉시 복구의 또 다른 방법은 백업 소프트웨어가 이런 가상 하드 드라이브를 미리 준비하는 것이다. 이 방식은 백업을 다른 형식으로 저장하는 공급업체가 해야 할 일이다. 즉시 복원을 지원하는 VM을 선택하면 해당 VM이 미리 이미지를 준비해 각 이미지를 백업한 후에 이미지를 최신 상태로 유지한다. 이 접근 방식의 이점은 이전 옵션에서 언급한 가상 이미지보다 복원 이미지가 더 연속적이라는 점이다. 하지만 보호할 VM을 미리 결정해야 하고 즉시 복구에 사용할 이미지를 위한 추가 스토리지가 필요하다는 단점도 있다.

마지막으로, 일부 하이퍼 컨버지드^{hyper-converged} 데이터 보호 어플라이언스(15장에서 설명)는 일부 백업을 플래시에 저장해 단점을 해결한다. 플래시의 고성능은 즉시 복구할 때 중복 제거된 백업의 사용 문제를 해결하는 데 도움이 된다.

스토리지 문제

인라인 및 포스트 프로세스 타깃 중복 제거 시스템을 설명할 때 포스트 프로세스 방법은 백업 시스템에서 동작하는 가상 디스크 이미지를 이용해 VM을 실행하기 때문에 즉시 복구에 훨씬 효과적이라고 언급했다. 백업 시스템, 특히 인라인 데이터 중복 제거 시스템은 이전부터 스트리밍을 염두에 두고 설계했다. 즉 일반적인 스트리밍 백업 또는 복원 속도를 높이는 데 중점을 뒀다. 이 방식은 테이프 드라이브에서 읽을 때와 전혀 다르지 않기 때문에 본질적으로 순차적 읽기 방식이다. 읽기/쓰기 액세스 권한이 있는 가상 하드 드라이브를 마운트하는 것은 스트리밍 백업 또는 복원과는 매우 다르며 백업 데이터에 제한이 없는 랜덤 액세스가 필요하다.

인라인 타깃 데이터 중복 제거 시스템을 사용하는 경우 데이터를 읽을 때 지속적으로 리하이드레이트하고 시스템에 변경 사항을 기록할 때 데이터를 중복 제거해야 한다. 효과야 있겠지만 성능 측면에서는 좋지 않다. 즉 한 번에 이 작업을 수행하는 VM 수를 제한해야 한다. 대부분의 사용자들은 하나의 VM이 느리다고 말하지만 사실 몇 개 이상의 VM은 비정상일 것이다.

설계상으로 보면 포스트 프로세스 타깃 중복 제거 시스템은 일반 디스크에서 네이티브 형식의 최신 데이터 복사본을 보관한다. 즉 네이티브 파일을 읽기/쓰기로 마운트하면 하드 드라이브의 다른 시스템과 같이 동일하게 작동한다. 이런 시스템의 하드 드라이브는 SAS나 SSD 드라이브가 아닌 SATA 드라이브일 가능성이 높다. 하지만 여전히 인라인 중복 제거 시스템을 사용하는 것보다 속도가 훨씬 빠르며 동시에 더 많은 VM을 실행할 수 있다.

유스 케이스

즉시 복구는 재해 복구 계획을 대체하는 것이 아니며 재해 복구 계획의 중요한 요소로 생각해서도 안 된다. 백업 시스템에서 즉시 복구를 지원하는 현재 시스템 중 데이터센터의 모든 VM을 즉시 부팅하도록 권장하는 시스템은 없다. 즉시 복구는 성능보다 가용성이 더 중요한 사용 환경에서 소수의 VM을 쉽게 불러올 수 있는 편리한 방법이라는 점에서 의미 있다.

물론 이 내용은 공급업체마다 다른 의견이 있을 것이다. 즉시 복구를 지원하는 일부 공급업체는 한 번에 한두 개의 VM만 지원할 수 있는 반면, 다른 공급업체는 성능 저하 없이 수십 개의 실행 중인 VM을 지원할 수 있다. 중요한 업무에 이 기능을 적용하기 전 사전에 논의하는 것이 매우 중요하다. 무엇보다 중요한 것은 이 기능에 현실적인 적용 방안을 계획하는 것이다.

생각해 볼 수 있는 사례 중 하나는 VM이 손상됐거나 오작동하는 단일 VM을 대체할 수 있도록 신속하게 VM을 실행하는 것이다. 백업 시스템에서 해당 VM을 즉시 부팅해 VM의 오작동과 비교 및 대조하거나 실제 복원을 수행하는 동안 손상된 VM 대신 VM을 설치할 수 있다. 또한 스토리지 vMotion과 같은 기능을 사용해 영향을 받는 VM을 즉시 복구된 VM에서 운영 환경에서 실행될 실제 VM으로 복사할 수 있다. 따라서 VM을 즉시 가동하고 계속적으로 작동하면서 vMotion을 이용해 실제 복원을 즉시 시작할 수 있다. 이는 복구 목적의 즉시 복구에서 가장 현실적이고 유용한 애플리케이션일 것이다.

즉시 복구의 또 다른 용도는 테스트 또는 개발할 때 작동 중인 VM의 다른 인스턴스를 가져오는 것이다. 실행 중인 시스템은 고성능 시스템이 아니며 오랫동안 실행하면 백업 시스템의 성능에 악영향을 미칠 수 있어 랩 환경에서는 운영 VM의 다른 버전을 사용하는 것이 상당히 유용할 수 있다.

복원 목적이 테스트 및 개발인 경우 해당 VM을 왜 다른 위치로 복원하지 않는지 궁금할 수 있다. 이는 의미 있는 질문이라 생각하는데 한 가지 답을 하자면 테스트 및 개발을 위해 VM를 사용할 경우 사용자는 매우 빠르게 작업하길 원하고 해당 VM을 전체 복원 프로세스를 거치지 않고 사용하길 원한다는 것이다. 즉시 복구의 큰 장점 중 하나는 실행 중에 기록되는 몇 메가바이트의 변경 데이터 이외에는 어떤 디스크에서도 공간을 차지하지 않는다는 점이다.

복구 유형 선택

이 책의 다른 많은 내용과 마찬가지로 백업 제품이나 서비스가 한 가지 방법만 지원할 가능성이 높기 때문에 복구 유형을 선택하는 경우가 많다. 그리고 사용자는 모든 선택권이 있다고 가정할 때 다음과 같은 생각을 고려할 것이다.

대부분의 경우 파일 레벨 복원을 선택할 수 있다. 별다른 이유가 없다면 가장 가능성이 높은 복원이기 때문이다. 사용자가 직접 복원을 수행할 수 있는 경우라면 그 방법을 먼저 선택해 보자. 그런 다음 상황에 가장 적합한 다른 방법을 시도할 수 있다.

파일 분산 정도가 높은 파일 시스템(예: 기가바이트당 수백만 개의 파일)을 사용하는 경우 이미지의 복원 가능성을 검토해야 한다. 이렇게 하려면 파일 시스템의 백업 방법을 미리 계획하고 변경해야 하지만 상당히 효과적으로 복원할 수 있다. 해당 파일 시스템이 VM에 있다면 운이 좋은 것이다. 대부분의 VM 복원은 이미지 기반이기 때문이다.

전체 VM을 복원하는 경우 이미지 레벨 복원을 선택할 수 있다. 그렇지 않으면 문제의 VM을 처음부터 다시 빌드한 다음 데이터를 복원해야 한다. 단, 복구 시간이 중요하고 즉시 복구를 사용할 수 있는 경우는 다르다. 즉시 복구로 VM을 복구한 다음 하이퍼바이저의 툴을 사용해 실행 중인 VM을 외부로 이동하면 된다.

마무리

1993년에 디스크와 데이터 중복 제거 기술은 백업 및 복구 환경을 크게 변화시켰다. 백업 및 매우 중요한 복원은 내가 업계에 합류했을 때보다 훨씬 더 안정적이다. 복구할 수 있는 방법 또한 매우 많다. 가장 최근의 복구 방법인 즉시 복구는 백업 매체로 디스크를 사용하지 않고는 불가능하다. 그리고 랜덤 액세스 장치가 필요하다. 백업 시스템에 디스크를 추가하지 않은 마지막 5명 중 1명이라면 지금이 적기다.

지금까지 백업 및 아카이빙의 개념과 RTO, RPO, 3-2-1 규칙과 같은 여러 가지 중요한 기본 개념 그리고 지난 몇 년 동안 백업에 얼마나 많은 변화가 있었는지 다뤘다. 이제 6장에서 서버, 가상 서버, 백업에 필요한 사항을 살펴보자.

6장

전통적인 데이터 소스

조직의 모든 데이터가 어디 있는지 이해하는 것은 내가 백업, 복구 분야에 막 입문했을 때와 비교하면 훨씬 복잡해졌다. 만약 그 당시 누군가가 회사의 모든 데이터가 어디 있는지 내게 묻는다면 간단하게 데이터센터를 가리켰을 것이다. 당시 모든 서버는 물리적으로 존재했고 노트북은 찾아보기 어려웠으며 심지어 데스크톱도 그리 흔하지 않았다. 요즘 시대의 IT 담당자라면 접하기 어려웠을 더미 터미널이라는 것으로 데이터센터에 있는 서버를 사용했다(로터스^{Lotus}1-2-3은 AT&T 3B2에서 실행됐고 워드퍼펙트^{WordPerfect}의 커세스^{curses} 버전은 DEC 울트릭스^{Ultrix} 서버에서 실행됐다). 데이터센터라는 이름도 데이터가 모두 중앙의 한 곳에 있다고 해 데이터센터라고 불리게 된 것이다.

이것을 오늘날의 일반적인 규모의 조직이 갖는 인프라와 비교해 보자. 요즘엔 물리적인 서버를 구축하는 경우는 거의 찾아보기 어렵고, 따라서 같은 건물에 위치하지 않는 경우가 많다. 노트북과 휴대폰, 심지어 태블릿과 같은 모바일 기기도 데이터를 생성하고 저장하는 주체로 취급된다. 이제 더 이상 과거의 데이터센터만이 데이터를 취급하는 중심이 아닌 시대다.

이것이 6장을 이루는 배경이다. 이런 데이터 소스 중 일부는 명백하지만 나머지는 그렇지 않다. 명백한 데이터 소스도 알면 우리가 몰랐던 사실에 놀랄 만한 것들이 있다.

6장에서는 보호해야 하는 기존의 워크로드, 즉 데이터 소스라고 생각하는 컴퓨터들을 설명한다. 여기엔 물리적 서버, 가상머신, 데스크톱, 노트북, 모바일 장치들을 포함한다.

물리적 서버

과거에는 물리적 서버를 진정한 의미의 서버라 불렀고 당연히 물리적인 장치로 생각했다. 반면 오늘날 서버를 가리킬 때는 해당 운영체제와 물리 또는 가상인지를 특정해야한다. 또한 이 범주에는 NAS 파일 서버 같은 특정 분야에 특화된 서버들도 포함한다. 서버들은 액티브 디렉터리, DNS 서버, 파일 서버(또는 NAS), 애플리케이션 서버, 데이터베이스 서버와 같이 다양한 목적을 갖는다. 서버를 백업할 때도 우리는 백업의 두 가지 유형을 고려해야 한다.

물리적 서버는 메인 프레임이나 미니컴퓨터도 될 수 있지만, 다양한 이유를 설명하고자 이들을 포함시키지 않을 것이다. 첫 번째 이유는 이런 기기들을 많이 다뤄 본 적이 없다는 것이다. 그러나 이들이 과거부터 존재했다는 것을 인식하는 것이 중요하다. 메인프레임(mainframe)과 미니컴퓨터는 아직까지도 쓰여지는 곳이 있다. 내 동료 한 사람은 이 세계가 종말을 맞이한다면 메인프레임과 테이프 드라이브 세일즈맨들을 심심치 않게 만날 수 있을 거라고 농담처럼 말한 적이 있다.

표준 백업

표준 백업은 대부분의 사람이 생각하는 서버의 백업이라고 볼 수 있다. 임의의 서비스를 제공하는 서버의 데이터를 백업하고 복구하는 것이다. 이는 파일 시스템, 디렉터리 서비스, DNS 구성 또는 데이터베이스 등을 포함한다. 이 백업을 성공적으로 수행하려면 일반적으로 에이전트를 설치하고 적절한 백업 스케줄을 설정한다. 각 다른 백업을 어떻게 설정할지는 곧 자세히 설명할 예정이다.

이 책은 데이터 보호 시스템에 비용 지출이 가능하다는 가정으로 집필했다. 따라서 물리적 서버에서 사용할 수 있는 기본 백업 도구(예: dump, tar, cpio, 윈도우 백업)는 다루지 않는다. 또한 백업PC(BackupPC), 바쿨라(Bacula), 아만다(Amanda) 등과 같은 오픈 소스 백업 도구 또한 다루지 않을 예정이다. 이에 대한 궁금한 점은 『Backup and Recovery』(O'Reilly, 2007)를 참고하자.

베어메탈 백업

베어메탈 백업은 물리 서버 그 자체의 복구에 초점을 맞춘다. 이는 아마도 기존 물리 서버의 가장 큰 문제 중 하나라고 생각한다. 만약 서버 자체에 문제가 발생하면 운영체제 및 해당 구성과 함께 하드웨어를 교체해야 하는데 이는 단순히 데이터 복원 그 이상의 일이다. 가장 어려운 점은 파일 시스템에 위치한 서버의 부트 드라이브에 있는 부트 수준 정보를 수집하고 저장하는 작업이다. 앞서 설명한 에이전트는 파일 시스템 수준에서 동작하고 이와 같은 부트 수준의 정보에는 접근하지 않는다. 그렇다고 파일 시스템 수준 백업에서 불가능한 일은 아니지만, 에이전트 같은 도구는 이런 상황에서는 잘 사용하지 않는다.

베어메탈 복구 프로세스에는 하드웨어 교체, 베어메탈 복구 프로세스를 실행해 기본 운영체제를 복원한 다음 애플리케이션과 해당 데이터를 별도로 복구하고 서버를 재부팅하는 작업을 포함한다. 모든 프로세스가 정상적으로 완료되면 신규 서버는 이전 서버가 중단된 위치에서부터 다시 작업을 시작한다. 이에 따라 손실되는 유일한 데이터는 마지막 백업 이후에 생성된 데이터이고 유일한 다운타임downtime은 서버를 교체하고 복원을 실행하는 데 걸린 시간이 된다.

베어메탈 복구는 가상화가 시작되고 물리적 서버 복구에 관한 아이디어가 대중화되기 이전부터 등장했다. 베어메탈 복구에 관심이 있다면 이를 지원하는 상용 백업 소프트웨어 제품이 있으므로 해당 공급업체에 문의하면 된다. 저렴한 비용으로 베어메탈 복구를 수행하는 방법이 궁금한 경우 『Backup and Recovery』(O'Reilly, 2007)라는 책을 참고하자.

NAS 백업

NAS 파일 서버는 일반적으로 백업 및 복구 관점에서 특별한 처리가 필요한 데이터들을 다루는 데이터센터에서 볼 수 있는 특수한 물리적 서버다. 문제는 일반적으로 사용하는 에이전트를 통한 백업은 지원하지 않는다. 따라서 이런 서버를 백업하려면 별도의 작업이 필요한데 이는 프록시, 네트워크 데이터 관리 프로토콜NDMP, Network Data Management Protocol 또는 두 번째 NAS 파일 서버에 복제된 스냅샷을 이용하는 세 가지 방법이 있다.

NAS 파일 서버는 다른 서버에 연결된 블록 장치 역할도 할 수 있다. 이 책에서는 이런 블록 장치를 다른 스토리지 어레이와 다르게 취급하지 않을 것이다. 요약하자면 이런 블록 장치의 데이터는 호스트 또는 데이터를 쓰는 애플리케이션으로 백업하거나 다른 파일 서버에 복제할 수 있다.

프록시 이용

NAS 서버의 두 가지 주요 파일 공유 프로토콜은 NFS(유닉스/리눅스용)와 SMB(윈도우용)가 있다. 파일러(NAS 파일 서버의 별칭)가 처음 등장했을 때 이를 백업하는 유일한 방법은 NFS 또는 SMB를 마운트할 수 있는 표준 서버에 백업 클라이언트를 설치한 다음, 그 서버를 이용해 데이터를 백업하는 것이었다.

이 접근 방식에는 장점과 단점이 있다. 장점은 파일이 백업 시스템상에 존재하는 파일처럼 보이기 때문에 어디에서나 복원할 수 있다는 점이다. 또한 파일러를 위한 별도의 코드를 작성할 필요가 없기 때문에 백업 회사의 작업이 더 간단해진다.

가장 큰 단점은 백업하는 데 발생하는 네트워크 트래픽이 사용자 트래픽과 동일하게 보인다는 점이다. 백업이 실행 중이지만 파일러는 둘을 구분하지 못하고 사용자 트래픽을 우선순위에 두지 못한다. 즉 프록시로 백업하는 백업 시스템은 다음 부분에서 다룰 NDMP와 같은 메커니즘을 통한 백업보다 다른 사용자들이 체감하는 성능에 부정적인 영향을 미칠 수 있다.

한 가지 문제는 NFS 및 SMB로 동시에 사용할 수 있는 다중 프로토콜 볼륨 또는 공유가 있는 경우다. 둘 사이의 메타데이터 동작은 정확히 동일하지 않으므로 NFS로 데이터를 백업하면 SMB 메타데이터를 얻을 수 없으며, 그 반대의 경우도 마찬가지다. 이 문제를 걱정하는 고객은 데이터를 양방향으로 백업하거나 NDMP와 같은 다른 방법을 사용해야 한다.

고급 사용자들에게는 파일을 복원할 경우에도 문제가 있다. 예를 들어 계층적 관리 저장소HSM, Hierarchical Storage Management 솔루션을 사용하는 경우 다른 개체를 가리키는 스텁stub 파일과 같은 형식은 복원할 수 없다. 파일 공급업체에 따라 다른 제한 사항이 있을 수 있다.

NDMP

NDMP는 파일러^{filer}를 백업하려고 NAS 업계가 개발한 방법이다. 참고로 파일러는 NAS 파일 서버를 지칭하는 용어다. NDMP는 백업 소프트웨어 제품이 파일러와 직접 통신하고 백업을 요청할 수 있도록 하는 API를 제공한다. 이때 발생한 백업 데이터는 파일러에 붙어 있는 테이프 드라이브로 전송되거나 NDMP 프로토콜을 지원하는 원격지에 있는 다른 테이프 드라이브로 전송될 수 있다. 따라서 다른 파일러에 연결된 테이프 드라이브일 수도 있고 NDMP 프로토콜을 지원하는 어플라이언스와 연결된 테이프 드라이브일 수도 있다. 예를 들어 12장에서 다뤄진 VTL이 있다. VTL은 일반적으로 리눅스 OS에서 실행되는 디스크이기 때문에 어플라이언스 제조사는 마치 파일러인 것처럼 NDMP 백업 트래픽을 받아들이도록 에이전트를 제작할 수 있다. 이것은 오직 테이프만 처리할 수 있는 프로토콜에 디스크 사용이 가능한 이점을 준다.

NDMP의 가장 큰 단점은 파일러 제조사가 백업 포맷을 결정할 수 있다는 것이다. 따라서 개발사에 따라 각기 다른 프로토콜을 가질 수 있게 된다. 어떤 개발사는 dump를, 어떤 개발사는 tar를, 또 다른 개발사는 cpio를 이용할 수도 있다. 이 때문에 A라는 공급사에서 개발한 파일러로 백업을 하면 B라는 공급업체에서 개발한 파일러로는 복구가 안 된다. 따라서 다른 개발사가 개발한 파일러를 사용하고 싶어도 장기 보존이 필요한 레거시 데이터 복구 때문에 기존 개발사를 버릴 수 없게 된다. 한 백업 솔루션 개발 업체가 이 문제를 해결하려고 백업 포맷들을 크랙^{crack}해 해결하려 했으나 근본적인 문제는 여전히 남아 있다.

나는 오랫동안 NDMP을 선호했다. 예전만 해도 NDMP는 파일러를 백업하기 위한 공인된 해결책으로 여겨졌다. 지금은 데이터 이동 편의성과 백업의 단순성 때문에 NFS/SMB 프록시를 좀 더 선호하는 편이다.

스냅샷 복제

NAS 파일 서버를 백업하는 진정한 공식적 방법은 해당 공급업체의 스냅샷 시스템을 사용해 한 파일러에서 스냅샷을 생성하고 해당 스냅샷을 다른 파일러로 복제하는 것이다. 내가 '진정한 공식적'이라고 굳이 표현하는 이유는 파일러 개발사들이 가장 좋아하는 방식이기 때문이다. 이 방식의 일반적인 구성은 그림 6-1과 같다.

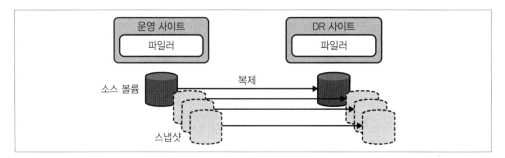

그림 6-1 스냅샷 복제

또한 이 방식은 복구 속도 관점에서 가장 최적의 방식이다. 단지 몇 개의 버튼으로 몇 초 만에 원본 복사본을 복제 복사본으로 교체할 수 있다. 바이트 수준 복제에서도 이와 마찬가지로 I/O와 네트워크 관점에서 매우 효율적이다.

한 가지 개인적인 우려는 3개의 복제본 모두가 재해로 인해 없어지는 경우다. 복제본 1개는 적어도 다른 방식으로 저장한다면 좀 더 안정감을 줄 수 있을 거라 생각한다.

내가 가장 선호하는 것은 다른 파일러에 데이터를 보내는 데 스냅샷 복제를 이용한 다음 다른 백업 시스템을 사용해 해당 데이터를 사이트와 분리하는 것이다. 효율성의 관점에서 볼 때 스냅샷 복제의 가장 큰 장점은 두 번째 파일러를 이용하는 것보다 다른 로컬 어플라이언스의 도움 없이 소스 중복 제거 시스템을 사용해 백업한다는 점이다. 이런 몇 가지 요소를 결합해 로컬에서는 언제든 복제가 가능하고 만약의 사태에 대비한 원격 복제도 가능해지는 장점들을 가질 수 있다.

지금까지 물리적 서버를 백업하는 다양한 방법들을 설명했다면 이제 최근에 가장 흔하게 사용되는 다양한 서버의 형태들을 설명하려고 한다. 나는 가상화 환경을 관리하는 시스템 관리자들과 많은 대화를 나눈 적이 있다. 이들 모두 VMware 호스트만을 물리 서버로 둔 사례들이다. 호스트가 물리 서버인 이유는 여러 가지가 있는데 백업과 복구도 그중 한 이유다. 지금부터 같이 살펴보자.

가상 서버

가상 서버들은 가상 기계, 즉 Virtual Machine의 첫 글자만 딴 VM으로 잘 알려져 있다. VM은 가상 서버를 물리적인 시스템인 것처럼 가장하는 것이다. 사실 운영체제는 여전히 본래의 물리적 서버에서 실행 중이라고 생각한다. 실제로는 하이퍼바이저라는 특화된 운영체제를 실행하는 물리적 서버가 따로 존재하는데 이 하이퍼바이저는 하나 이상의 물리적 시스템인 것처럼 가장하는 작업을 수행한다. 하이퍼바이저에는 vSphere, Hyper-V, KVM, Xen, 아크로폴리스 하이퍼바이저^{AHV, Acropolis Hypervisor}가 있다.

VM을 백업하는 데는 몇 가지 방법이 있다. 관련 다양한 방법들을 2개의 큰 범주에서 알아보고자 한다. 첫 번째는 물리적 시스템 관점에서 VM 백업이고 두 번째는 가상화 관점에서 VM 백업을 위한 별도의 작업이다. 또한 하이퍼바이저 레벨 백업을 이해하는 데 가장 필수적인 윈도우의 볼륨 섀도 복제 서비스^{VSS, Volume Shadow Copy Service}도 알아보도록 하자.

그림 6-2에서 나타나듯이 하이퍼바이저는 기술적으로 물리적 호스트를 가장하는 소프트웨어를 나타낸다. 여기서는 하이퍼바이저가 실행되는 호스트를 가리킬 때 똑같은 용어를 사용한다. 예를 들어 vSphere를 수행하는 단일 물리 호스트를 하이퍼바이저라고 부른다. 다른 사람들은 호스트 컴퓨터, 호스트 노드, 하이퍼바이저 노드 등으로 부르기도 하지만, 그림 6-2에 표현한 전체 스택을 하이퍼바이저라고 부른다. 물론 이렇게 부르는 데는 다른 사람들이 옳고 내가 틀릴 수도 있다. 아니면 우리 모두가 틀릴 수 있을지도 모른다.

그림 6-2 일반적 하이퍼바이저

VM 레벨 백업

VM이 막 세상에 나왔을 때 6장에서 다뤄질 하이퍼바이저 레벨 백업 방식은 아직 개발되기 전이었기 때문에 VM을 물리적 서버라고 가장할 수밖에 없었다. VM이 물리적 시스템인 것처럼 가장하지 않고는 백업 소프트웨어가 VM의 운영체제, 즉 게스트 OS와 통신할 방법이 없었다.

VM 레벨 백업은 일반적으로 물리적 서버에 설치하는 백업 소프트웨어 에이전트를 게스트 OS에 설치하고 물리적 서버와 동일한 종류의 백업을 수행해 이뤄진다. 백업을 아주 안 하는 것보다 낫긴 하지만 다양한 문제를 발생시킬 가능성이 높다.

물리적 서버로 가장한 VM이 갖는 진짜 문제는 백업으로 인한, 특히 전체 백업으로 인해 일반적으로 발생하는 I/O 크기다. 전체 백업은 물리 서버의 I/O 시스템을 무력화시키는 한 방법이다. 하지만 전체 백업이 여러 개의 VM에서 동시에 수행된다면 특히 같은 하이퍼바이저에서 수행되는 것이라면 더 심각해진다. 다중 VM에서 발생하는 엄청난 양의 I/O 때문에 백업 시간은 무한히 길어지고 같은 하이퍼바이저의 모든 VM 성능에 영향을 준다(이것은 하이퍼바이저 분야에서 시끄러운 이웃 문제라고 한다).

전체 파일 증분 백업(예를 들어 몇 바이트만 변경되더라도 전체 파일을 백업하는 방식)의 I/O 양도 20개 또는 50개의 가상머신에서 동시에 수행된다면 큰 문제가 될 수 있다. 이런 문제들 때문에 많은 고객은 하이퍼바이저 공급업체에 하이퍼바이저 레벨 백업을 위한 API 개발을 요청하고 있다.

VSS란?

먼저 윈도우 볼륨 섀도 복사, 즉 VSS에 대해 이해하는 것이 중요하다. VSS는 백업 소프트웨어 시스템이 윈도우에서 실행되는 애플리케이션이나 파일 시스템을 애플리케이션 정합성 관점에서 백업하는 윈도우의 특수 스냅샷 시스템이다. 이는 SQL 서버, 익스체인지 서버, 또는 오라클과 같은 외부 애플리케이션들과 같이 일반적으로 모든 마이크로소프트 호환 애플리케이션들을 백업하는 방식이다.

백업하는 동안 백업 대상이 변경되는 경우에 대응하는 두 가지 방식이 있다. 하나는 충돌 정합성(crash-consistent) 방식이고 다른 하나는 애플리케이션 정합성(application-consistent) 방식이다. 충돌 정합성 백업은 마치 서버의 전원을 끈 다음 백업하는 것과 같다. 일반적으로 데이터 보호 관점에서는 문제가 없지만 개별 백업은 복구할 수 없을 정도로 손상될 수 있으며, 복구가 필요할 때까지 손상 여부를 알 수 없다. 애플리케이션 정합성이 보장되는 백업은 애플리케이션이 항상 어떤 상태로부터 복구될 때 사용할 수 있는 방식으로 일관성을 갖는다. 보통 애플리케이션 백업 방식이 더 선호된다.

여느 서버 백업이 그러하듯 VM도 용량이 클수록 백업 시간도 더 오래 걸린다. 만약 서버에 있는 데이터가 지속적으로 변경된다면 백업이 시작될 때 백업된 데이터는 백업이 종료됐을 때 시점의 데이터와 완전히 다를 수 있다. 윈도우의 세계에서는 파일 시스템을 백업할 때도 큰 문제이지만, SQL 서버나 익스체인지 서버와 같은 서비스를 백업할 때는 이보다 더 큰 문제로 다룬다.

VSS는 백업 시스템이 백업을 수행하기 전에 스냅샷을 요청해서 이 문제를 해결했다. VSS의 지원을 받는 각각의 애플리케이션은 VSS 기록기라는 것을 생성한다. 그림 6-3에서 설명하는 것처럼 백업 시스템이 백업을 시작하면 선택한 서버나 VM에 VSS 기록기가 존재하는지를 VSS에 묻는 요청자를 갖는다. 해당 VSS 시스템은 작성자를 통해 응답하고 백업 시스템은 각각의 VSS 기록기를 위해 스냅샷을 요청한다. 이제 애플리케이션에 무엇을 해야 하는지 아는 각 VSS 기록기는 해당 애플리케이션이 필요로 하는 작업을 수행하고 OS나 VSS 통합 하드웨어 제공자로부터 받은 요청에 의해 스냅샷을 얻는다. 그림 6-3은 이런 두 가지 옵션을 설명한다.

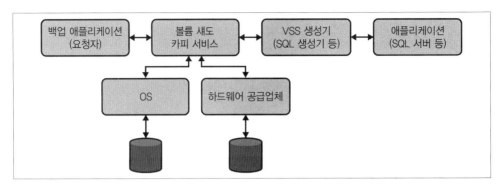

그림 6-3 볼륨 섀도 서비스(VSS)

모든 VSS 기록기가 스냅샷을 가지면 백업 시스템은 그 스냅샷을 백업 이미지로 사용한다. 즉 백업 시간에 관계없이 백업은 동일한 시점의 모든 데이터에 접근한다. 백업이 완료되면 VSS 시스템에 알리고 VSS 기록기에 해당 스냅샷을 삭제할 것을 지시한다.

VSS는 백업이 끝난 다음 SQL 서버나 익스체인지 서버의 트랜잭션 로그 삭제와 같은 다른 백업 관련 업무들도 수행이 가능하다. 이런 기능은 VSS에서 지원하고 백업 애플리케이션에 요청하기만 하면 된다. 백업 후 로그를 삭제하는 것은 매우 일반적이므로 백업 소프트웨어 제품은 VSS 스냅샷을 요청하고 백업을 수행한 다음 VSS를 사용해 트랜잭션 로그를 지울 수 있다.

하이퍼바이저에 특화된 백업

하이퍼바이저 레벨에서 백업을 수행하는 다양한 방법이 있다. 이를 위해 백업 소프트웨어 공급사, 스토리지 공급사, 기타 특수 하드웨어 등 하이퍼바이저와의 다양한 파트너십이 필요하다. 하이퍼바이저 제조사는 API를 제공하며 이를 이용하는 다른 제조사는 해당 API를 통해 하이퍼바이저와 통신한다. 사용 가능한 옵션은 하이퍼바이저와 백업에 사용 중인 하드웨어 및 소프트웨어에 따라 달라진다. 관련 옵션은 다음과 같다.

VADP

API 중 가장 잘 알려진 것은 VMware 클라우드, vSphere 온프레미스를 비롯한 모든 버전의 VMware에서 실행되는 VADP^{vSphere Storage APIs for Data Protection}다. 이 API를 활용해 소

프트웨어를 개발하는 공급업체는 vSphere 하이퍼바이저에서 실행하는 VM를 전체 백업 및 블록 수준 증분 백업할 수 있다. 또한 VMware는 백업되는 이미지의 애플리케이션 일관성을 확보하려고 각 윈도우 VM에 설치된 윈도우의 VSS와 상호 소통하는 백업 소프트웨어를 활성화시킨다. 이런 과정은 사용 중인 백업 소프트웨어 제품의 백업 방식이나 각 백업 대상의 환경에 맞는 에이전트 설치가 필요하기 때문에 굉장히 중요하다. 이 시나리오에서 에이전트 없이 수행이 가능할 수도 있지만, 앞서 언급한 이유들(엄청난 성능 저하와 같은) 때문에 적합하지 않을 수 있다.

따라서 윈도우 VM에 소프트웨어 설치를 피하고 윈도우 VM에서 실행 중인 애플리케이션과 통신하는 방식을 백업 소프트웨어 제품에 제공하는 것이 필요하다. 이를 해결하려고 사용하는 방식이 바로 VSS다. 그림 6-4와 그림 6-3의 구성이 비슷하다고 느낄지 모르지만 이번엔 VMware 하이퍼바이저 안에 VM이 들어가 있다. 백업 소프트웨어는 VADP와 연결되고 그 VADP는 게스트 OS에 속한 VSS와 통신하는데 이는 적절한 VSS 기록기와 애플리케이션이 통신하는 경로다. 이런 구성은 게스트 OS에 설치한 SQL 서버와 익스체인지 서버의 트랜잭션 로그를 삭제하는 것도 포함한다.

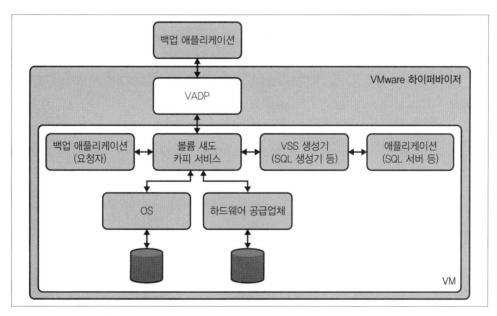

그림 6-4 vSphere VADP

리눅스 기반 VM에는 이와 비슷한 기능을 지원하지 않는다. 백업 제품이 리눅스 VM을 백업해야 한다면 VADP를 이용할 수 있지만 리눅스에는 VSS같은 서비스가 없다는 사실을 알고 있어야 한다. 같은 상황에서 VMware에서 할 수 있는 최선의 방법은 램^{RAM}에 있는 데이터를 모두 디스크에 수동으로 저장하고 스냅샷을 만드는 것이다. 나는 예전에 sync;sync;reboot 명령으로 이 작업을 했던 적이 있다. VADP는 스냅샷 전에 이와 같은 과정을 기본적으로 수행한다.

Hyper-V와 VSS

vSphere가 리눅스와 같은 운영체제상에서 실행되는 특별한 애플리케이션인 반면에 Hyper-V는 윈도우에 특화된 애플리케이션이다. 이 말은 Hyper-V가 VSS에 접근 가능하고 다시 말해서 Hyper-V가 VSS 기록기를 갖는다는 말이기도 하다.

그림 6-5는 Hyper-V 하이퍼바이저에서 VSS가 백업 애플리케이션과 통신하는 것만 제외하면 그림 6-4와 비슷함을 알 수 있다. 백업 애플리케이션은 윈도우 서버의 VSS으로 VSS 스냅샷을 요청한다. vSphere의 VADP와 비슷한 역할을 수행하는 Hyper-V VSS 기록기는 게스트 윈도우에 설치된 VSS와 통신하면서 각 게스트 윈도우가 스냅샷을 수행할 수 있도록 요청한다. 각 게스트 윈도우의 스냅샷이 얻어지면, Hyper-V는 게스트 윈도우의 파일 시스템의 스냅샷을 생성한다. 백업 소프트웨어는 생성한 스냅샷을 백업하고 게스트 OS에서 동작한 애플리케이션의 정합성을 보장하는 이미지를 갖는다.

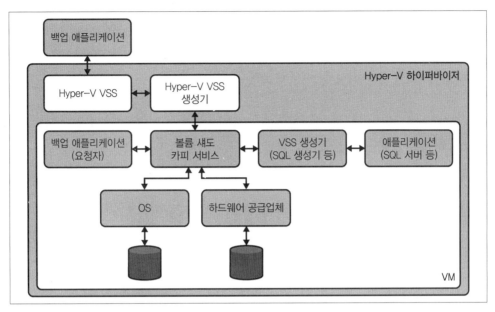

그림 6-5 Hyper-V VSS 기록기

스냅샷 기반 백업

어떤 스토리지 제품들은 백업 방법으로 하이퍼바이저 백업 API와 그 스토리지 제품의 스냅샷 기능을 서로 연결시킨다. 고객이 해야 할 일은 스토리지 시스템에 데이터 저장소를 배치하고 하이퍼바이저에서 적절한 수준의 인증을 제공하기만 하면 된다. 합의된 일정에 따라 스냅샷 시스템은 하이퍼바이저와 인터페이스하고 다양한 VM을 적절한 백업 모드(즉 하이퍼바이저 레벨 스냅샷 생성)로 설정한 다음 스토리지 수준 스냅샷을 만든다. 스냅샷은 생성되는 데 단 몇 초밖에 걸리지 않고 VM을 백업 모드에서 해제하고 하이퍼바이저 스냅샷을 삭제할 수 있다. 이는 이전 백업 방법보다 빠르며 하이퍼바이저 성능에 미치는 영향 또한 낮다.

모든 가상 스냅샷을 유효한 백업으로 인식시키고자 다른 스토리지 시스템에 복제해야 하고 이는 다양한 방식으로 수행될 수 있다. 이런 복제는 일반적으로 대역폭과 CPU가 거의 필요하지 않고 비교적 쉽게 수행할 수 있다. 이 백업 방식을 사용하는 조직은 일반적으로 백업이라고 간주되는 작업들을 수행할 필요 없이 온프레미스, 오프프레미스 복사본을 모두 가진다.

하이퍼 컨버지드 인프라

일부 조직에서는 통합 스토리지가 있는 하이퍼바이저를 실행하도록 특별히 설계된 특수 하드웨어인 하이퍼 컨버지드 인프라HCI, Hyper-Converged Infrastructure 시스템에서 하이퍼바이저를 실행한다. 이런 시스템에서 실행되는 VM을 백업할 때는 일반적으로 동일한 하이퍼바이저(예: VADP 또는 VSS)를 백업하는 데 사용하는 것과 같은 백업 인터페이스를 사용할 수 있다. 그러나 일부 HCI 제품은 VM을 백업하는 추가적인 방법들을 제공한다. 이 통합 데이터 보호 기능은 가끔 자체 하드웨어에서 실행하는 대신 HCI 제품에서 하이퍼바이저를 실행할 수 있는 이유로 제공된다. HCI를 사용하는 고객은 고객이 선택한 HCI 공급사 및 하이퍼바이저에 따라 추가적인 백업 문제를 맞이할 수도 있다.

이런 각기 다른 도구에서 제공하는 기능은 다양하지만 가장 일반적인 방법은 스냅샷이다. 스냅샷 기반 백업은 다른 위치에 복제된다면 업계에서 가장 빠른 RTO, RPO를 제공한다(RTO 및 RPO는 109페이지 '복구 메트릭스'에 자세히 설명돼 있다). 이전 부분에서 설명한 스냅샷 기반 백업 방법을 사용할 때의 일반적인 단점 중 하나는 매우 비싼 별도의 스토리지 제품이 필요하다는 것이다.

HCI 시스템은 일반적으로 스냅샷 기반 데이터 보호 메커니즘이 포함된 단일 패키지에 컴퓨팅, 네트워크, 스토리지를 번들로 제공해 이런 단점을 처리한다. 이를 이용해 고객은 별도의 스토리지 시스템 없이 스냅샷 기반 백업 방식을 사용할 수 있다. 이 단일 통합 시스템을 사용하면 VM을 더 쉽게 생성 및 관리할 수 있으며 HCI의 통합 스냅샷 기반 백업 시스템으로 백업도 수행할 수 있다. 컴퓨팅, 네트워킹, 스토리지, 백업 시스템에 따른 각각의 공급업체 대신 HCI는 이 모든 것이 단일 공급업체를 통해 제공된다. 이로 인해 많은 조직, 특히 소규모 조직에서 HCI를 선호한다.

일부 HCI 공급업체는 통합 데이터 보호를 더욱 강화하고 이런 백업을 클라우드에 통합해 재해 복구 기능도 제공한다. 이에 기존 백업을 실행하거나 일반적인 재해 복구 시나리오에서와 같은 방식으로 데이터를 복제하지 않고도 전체 데이터센터를 클라우드로 복구할 수 있다. 관련 자세한 내용은 330페이지 '서비스형 DR'을 참고하자.

컨버지드 인프라(CI)는 무엇인가?

컨버지드 인프라(CI) 제품은 하이퍼바이저를 실행하도록 설계한 특수 목적 시스템으로도 분류된다. 그러나 일반적으로 한 공급사에서 제공하는 단일 시스템이 아니라 여러 공급사의 제품으로 구성된 훨씬 큰 시스템을 말한다. 이 책에서 다루는 중요한 점은 CI 제품이 표준 하이퍼바이저와 함께 작동하는 데이터 보호 도구를 사용하는 경향이 있어 별도의 적용 범위가 필요하지 않다는 것이다.

낮은 인지도의 하이퍼바이저는 어떨까?

일부 HCI 공급업체는 Hyper-V 또는 VMware를 사용하지 않는다. 예를 들어 스케일 컴퓨팅^{Scale Computing}은 KVM 하이퍼바이저를 사용하고 뉴타닉스^{Nutanix}는 AHV를 사용하지만 뉴타닉스는 VMware도 지원한다. 이에 따른 잠재적인 문제점은 이런 하이퍼바이저에 VMware 및 Hyper-V가 제공하는 동일한 수준의 데이터 보호 API가 있는지 여부와 백업 공급업체가 해당 API에 기록하는지 여부다.

잘 알려지지 않은 하이퍼바이저를 사용하는 HCI 제품을 사용하는 고객은 데이터 보호를 위해 두 가지 기본 선택을 할 수 있다. 해당 하이퍼바이저를 지원하는 백업 소프트웨어 제조사를 찾거나 HCI 제품에서 사용할 수 있는 통합 데이터 보호 기능을 사용하는 것이다(물론 VM이 물리적 시스템인 것처럼 가장해 백업할 수 있지만 이것이 좋지 않은지는 이미 앞서 설명했다). 일부 공급업체는 시장이 요구하는 백업 요구 사항을 해결하고 있다. 예를 들어 스케일 컴퓨팅과 뉴타닉스에서 사용할 수 있는 통합 스냅샷 기반 백업 시스템은 다른 HCI 플랫폼의 스냅샷 기반 백업 시스템과 동일한 구성을 가진다.

일부 HCI 공급업체의 통합 데이터 보호 및 재해 복구 기능은 서드파티 툴을 이용한 수준을 충족하거나 그 수준을 능가하기도 한다. 이런 공급업체들은 단지 한 가지를 더 추가할 뿐이라고 한다. 단일 제품이 가상 컴퓨팅, 네트워킹, 스토리지 요구 사항을 충족하는 동시에 가동 중단이나 재해 발생으로부터 보호받을 수 있다면 이는 매력적인 제안일 수 있다.

VM을 보호하는 기술은 이제 비교적 성숙해졌다 할 수 있다. 선택한 하이퍼바이저 종류와 이를 실행할 환경에 따라 다를 수 있지만, 가상머신 백업 방법에 여전히 다양한 선택지가 있다. 이제 가상화의 세계를 떠나 좀 더 현실적인 데스크톱과 노트북의 경우를 알아보자.

데스크톱과 노트북

클라우드 세계의 사람들은 더 이상 노트북과 데스크톱을 백업할 필요가 없다고 생각할 수 있지만 현실은 실제로는 그렇지 않다. 적어도 모든 사람에게는 그렇지 않다. 이는 실제로 데이터가 장치에 저장되고 있는지 여부에 따라 다르다.

데이터 캐시로서의 노트북

일부 노트북은 데이터를 저장하지 않거나 아주 오랫동안 저장하지 않는 것이 사실이다. 단지 클라우드에 데이터를 생성하는 수단으로만 사용한다. 관련 완벽한 사례가 바로 크롬북^{Chromebook}이다. 크롬북은 실제로 구글 워크스페이스에 접근하는 데 사용하는 기기다. 물론 하드 드라이브가 존재하지만 이는 OS를 부팅하고 작업 중인 문서의 오프라인 사본을 저장하는 데 사용한다. 한마디로 구글 워크스페이스의 인터페이스일 뿐이다. 정말 우리가 사용하는 노트북에 데이터를 전혀 저장하지 않는다면, 또 앞으로도 그럴 일이 없다면, 우리는 노트북을 백업해야 할 어떤 이유도 찾지 못할 것이다.

여기에 예기치 않은 사례가 있다. 나는 현재 이 책을 쓰는 데 사용 중인 노트북을 절대 백업하지 않는다. 원래 맥을 주로 사용하지만 지금 이 노트북은 맥이 아니다(맥이라면 이미 여러 방법으로 백업했을 것이다). 이 책은 현재 윈도우 환경에서 작성 중이다. 맥 사용자인 내가 윈도우 환경에서 작업하는 이유는 15년 이상 사용해 온 음성 받아쓰기 소프트웨어인 드래곤 프로페셔널을 실행할 수 있는 유일한 운영체제이기 때문이다. 이전에는 맥의 패러럴즈^{Parallels}를 사용했지만 이보다 더 나은 완벽하게 좋은 환경을 찾았다. 드래곤패드^{DragonPad}(드래곤의 내장 메모장)에 몇 분 동안 음성으로 작업한 내용이 기록되면 그 결과물을 복사해 구글 문서 도구에 붙여 넣는다. 구글 문서 도구에 음성 인식 기능을 사용할 수도 있지만 드래곤패드의 기능이 더 좋은 것 같다. 그래서 나는 마지막 15분의 음성 기록을 잃을지도 모르는 세상에서 살고 있다. 마이크로소프트 워드, 엑셀, 파워포인트 또는 다른 앱의 로컬 버전을 사용해 데이터를 생성한 적이 없다. 노트북을 그런 방식으로 사용한다면 파일을 잃어버릴 수 있다.

마지막 15분을 잃어버릴 수 있지만 나는 여전히 이 위험을 감수하고 있다. 40페이지 '기계 또는 시스템 장애'에서 언급했듯이 드래곤으로 작업한 내용을 실제로 잃어버린 적이 있다. 하지만 1장에서도 말했듯이 백업이 모든 것을 해결해 주진 못한다. 실제 문제는 만든 프로세스를 따르지 않고 저장을 자주 하지 않았다는 점이다. 그러나 누구도 완벽할 순 없다는 생각으로 본인을 위로한다.

참고: 나는 노트북에서 데이터를 생성한 다음 드롭박스, 원드라이브, 구글 드라이브들이 지원하는 프로그램을 사용해 데이터를 클라우드로 자동 동기화하는 과정을 백업이라고 소개하지는 않는다. 이는 완전히 다른 것이고 185페이지 '파일 동기화 및 공유'에서 이 차이점을 설명한다.

일반적인 데스크톱과 노트북 사용 방법

요즘 노트북들은 과거의 것보다 훨씬 신뢰도가 높다. 특히 SSD 때문에 외부 충격이나 손상에도 잘 영향을 받지 않는다. 또한 사람에 의한 오류에도 내구성이 있다. 며칠 또는 몇 주 동안 문서 작업을 하다가 실수로 문서를 삭제한 적이 있는가?

랜섬웨어는 어떤가? 랜섬웨어를 방지하려고 악성 소프트웨어 방지 시스템을 설치하고, 랜섬웨어에 감염되면 이를 감지할 수 있는 백업 소프트웨어 시스템을 설치하는 것이 랜섬웨어를 예방하는 최고의 방법이다. 최신 백업 소프트웨어는 머신러닝을 사용해 사용자 행동의 변화를 감지해 노트북이 손상 됐음을 알리고 더 나빠지기 전에 작업을 중지할 수 있다. 물론 손상된 데이터를 복구할 수도 있다.

노트북을 백업하면 특히 원격 작업이 훨씬 더 많은 요즘 시대에 노트북을 훨씬 쉽게 업그레이드할 수 있다. 노트북을 업그레이드(즉 교체)하는 것은 IT 부서에 상당히 큰 작업이며 일반적으로 노트북 교체 또는 업그레이드 후, 데이터를 옮기는 추가 작업이 필요하다. 그러나 데이터와 사용자 프로필을 모두 백업하도록 설계된 백업 시스템을 사용하면 이 작업이 굉장히 쉬워진다. 노트북에 백업 에이전트를 설치하고 사용자에게 배송하면 모든 데이터와 설정이 해당 사용자를 인증한 후 한 번에 복원된다. 기존의 OS나 하드웨어를 업그레이드를 하는 것보다 훨씬 작업 시간을 단축할 수 있다.

이 책의 독자들은 IT 업계에 오래 종사했을 것으로 추측된다. 이전에 데스크톱과 노트북을 백업하려고 시도했지만 이것은 매우 귀찮은 일이란 것도 이미 알고 있을 것으로 생각한다. 이들에게 좋은 소식이 있다면 과거의 불량 제품이 대부분 사라지고 최종 사용자와 IT부서 모두가 행복해질 수 있는 방식으로 대체됐다는 것이다. 이런 장치를 백업하기 위한 몇 가지 옵션을 살펴보자.

데스크톱과 노트북의 백업 옵션

노트북 백업에는 몇 가지 옵션이 있으며 그중 일부는 사용하지 않기를 바란다. 솔직히 말해 개인적으로는 이 중 하나만이 오늘날의 컴퓨팅 세계에서 의미 있고 나머지는 무시해도 되는 수준이다. 그 이유도 함께 설명하겠다.

휴대용 하드 드라이브 백업

보통은 사람들이 자신의 데스크톱이나 노트북을 백업한다고 하면 휴대용 하드 드라이브를 사용하는 방식을 말하곤 한다. 이는 노트북을 전혀 백업하지 않는 것과 다르지 않다고 본다. 먼저 백업이라고 분류하려면 백업 기기가 백업 대상 바로 옆에 있어야 하기 때문에 3-2-1 규칙을 위반한다. 또한 이런 백업 방식을 설명 들으면 내가 겪었던 모든 디스크 드라이브 오류를 전해주고 싶다. 이 모든 사례 대부분은 휴대용 하드 드라이브의 문제에서 비롯됐다. 이 장치들은 충격에 매우 약하고 결과적으로 신뢰도가 매우 낮다.

또한 이 방법은 IT 관점에서 좋지 않다. 휴대용 하드 드라이브의 수백 또는 수천 개의 암호화되지 않은 기업 데이터가 복사돼 유출되는 위험이 존재한다. 휴대용 하드 드라이브를 다른 노트북에 연결한 후 모든 데이터를 읽는 것은 매우 쉽다. 따라서 회사 데이터를 백업하는 데 휴대용 하드 드라이브는 절대 사용하지 말자.

파일 레벨 증분 백업

파일 레벨에서 데이터를 백업하는 기존 백업 소프트웨어는 LAN에 연결된 데스크톱에서는 문제없으나 노트북에서는 작동하지 않을 수 있다. 4장에서 자세히 설명한 기존 증분 백업은 노트북에서 사용하기에는 대역폭 사용량이 크다. 느리고 불안정하며 안전하지 않은 연결을 이용해 백업할 수 있는 백업 시스템이 필요하다(기존 백업 소프트웨어도 일반적으로 전송 중인 데이터를 암호화하지 않는다).

파일 동기화 및 공유

파일 동기화 및 공유는 휴대용 하드 드라이브와 같은 또 다른 솔루션으로 개인 사용자에게는 나쁘지 않게 들릴 수 있지만 기업 관점에서는 지양해야 한다. 일부 사람들은 드롭박스Dropbox 또는 원드라이브OneDrive와 같은 서비스를 사용해 노트북 데이터 복사본을 클라우드에 동기화한다. 개인 사용자에게 가장 큰 위험은 악의적인 사람이 데이터의 모든 복사본을 쉽게 암호화하거나 삭제할 수 있다는 사실이며, 이렇게 변조한 데이터는 아무런 검증 없이 단순히 클라우드에 복제된다.

이 위험 관리에 책임이 있는 IT 부서의 첫 번째 우려 사항은 데스크톱 및 노트북의 랜섬웨어 문제와 같다. 파일 동기화 및 공유 제품은 백업 도구가 아니라 협업 및 데이터 효율적인 접근성을 위해 설계한 도구다. 3장에서 다룬 백업과 아카이브의 차이점을 설명한 것과 같이 동기화 및 공유로 인해 발생하는 대규모 랜섬웨어 공격을 받은 후에야 이것이 얼마나 위험한 대책인지 이해할 수 있을 것이다. 공격 발생 시점 이전으로 다시 되돌리는 데는 꽤 많은 시간이 걸릴 것이다.

동기화 및 공유를 백업 방법으로 사용할 때 발생 가능한 두 번째 문제는 IT에서 백업이 작동하는지 확인하는 데 사용할 수 있는 중앙집중식 프로세스가 없다는 점이다. 사용자는 실수로 또는 악의적으로 동기화 프로세스를 비활성화해 백업을 중지할 수 있지만 IT는 이런 일이 발생했는지 전혀 알 방법이 없다.

또한 동기화 및 공유 제품은 일반적으로 단일 폴더만 동기화한다. 사용자가 해당 폴더 이외의 폴더에 파일을 넣으면 동기화되지 않기 때문에 사용자가 노트북을 분실하거나 데스크톱 하드 드라이브가 손상되는 경우에는 같이 손실된다.

동기화 및 공유의 유일한 가치는 별도 구매가 필요하지 않다는 점이다. 이런 파일 동기화 및 공유 프로그램 사용자들은 이미 마이크로소프트 365 또는 구글 워크스페이스 고객이며 두 서비스 모두 이 기능을 별도로 제공하지 않는다. 어떤 고객은 뚜렷한 백업 제품도 없고, 추가 예산을 할당하지 않았음에도 데스크톱과 노트북이 보호되고 있다는 사실을 경영진에게 알릴 수 있다고 생각한다. 개인적인 의견은 보호해야 하는 데스크톱 및 노트북 데이터가 있는 것 자체가 기업 백업 시스템으로 설계된 제품을 사용할 가치가 있다고 생각한다. 분명 사용자를 대상으로 하는 대규모 랜섬웨어 공격이 발생하면 이런 충고를 들은 사람은 분명 나에게 감사할 것이다.

백업 시스템 또는 서비스의 소스 중복 제거

백업 시스템 또는 서비스의 소스 중복 제거는 데스크톱 및 노트북을 백업할 때 사실상 유일하게 활용 가능한 옵션이다. 소스 중복 제거는 데이터를 백업하기 위해 전송해야 하는 데이터의 양을 최대한 줄여 사용자 장치의 성능에 거의 영향을 미치지 않는 방식이다(좋은 소스 측 중복 제거 백업 시스템은 백업되는 장치의 사용자가 시스템의 동작을 눈치채지 못한다).

이 목적을 가지고 설계된 백업 소프트웨어를 구입 및 유지 관리하거나 사용자 장치를 백업하도록 설계된 서비스를 사용해 수행할 수 있다. 이 방식을 성공적으로 이행하기 위한 가장 중요한 요구 사항은 첫째, 사용자가 동작함을 알아채지 못하는 백업 프로세스, 둘째, 대역폭을 최소한으로 줄이기 위한 소스 중복 제거, 셋째, 종단 간 암호화 그리고 랜섬웨어로부터의 보호다.

데스크톱, 노트북의 백업 시 확실히 비용은 든다. 그러나 이 백업이 데스크톱이나 노트북을 업그레이드하거나 교체할 때 얼마나 많은 비용을 절감할 수 있는지 알게 된다면 아마 깜짝 놀랄 것이다. 랜섬웨어 공격을 받았다면 백업을 했다는 사실이 얼마나 다행인지 깨닫게 될 것이다. 그러면 이제 스마트폰이나 태블릿과 같은 사용자에게 더 친숙한 모바일 장치들의 백업을 살펴보자.

모바일 장치

거의 모든 사람이 안드로이드 OS 또는 iOS를 사용하는 스마트폰 세상에 살고 있다. 이런 장치는 불과 몇 년 전의 장치에 비해 엄청난 컴퓨팅 성능과 엄청난 양의 저장 용량을 갖고 있다. 사실 내 최신 스마트폰은 거의 30년 전에 인수된 350억 달러 규모 회사의 데이터센터와 같은 저장 용량을 갖고 있다.

모바일 장치에 관한 내 생각은 기본적으로 데스크톱과 노트북 관계와 관련한 의견과 동일하다. 모바일 장치가 클라우드를 이용하기 위한 캐시라면 백업은 그리 걱정할 일이 아니다. 그러나 조직에 중요한 데이터가 생성돼 모바일 장치에 저장된다면 모바일 장치의 데이터는 필수적으로 백업해야 한다.

그러나 모바일 장치에서 생성한 데이터를 클라우드의 안전한 위치로 즉시 전송한다면 백업에 덜 신경 쓰이게 될 것이다. 내 스마트폰에 있는 유일한 데이터는 가족 사진과 가끔 만드는 훈제 브리스킷brisket 요리뿐이다. 내가 찍은 모든 사진은 iCloud에 즉시 동기화된 다음 노트북에 다시 동기화된다. 스마트폰 사진 저장 설정은 저해상도이고, 기록 권한 설정은 클라우드다. 내 장치에서 데이터를 생성하고 있고 이를 클라우드와 장치에 저장하고 있는 것처럼 보이지만 실제로는 클라우드에 저장되고 내 장치에 다시 저장되는 것이다.

많은 사람이 스마트폰이나 태블릿을 백업하지 않는 또 다른 이유는 운영체제와 함께 제공되는 기본 애플리케이션 이외의 것을 백업하는 것이 실제로는 매우 어렵기 때문이다. 스마트폰에서 일반적으로 사용하는 보안 모델은 각 애플리케이션이 해당 애플리케이션에서 생성된 데이터만 볼 수 있도록 하는 것이다. 따라서 백업 애플리케이션을 설치하고 다른 애플리케이션의 데이터에 백업을 위해 접근 가능하도록 허용하지 않는 한, 백업 애플리케이션은 무용지물이 되지만 그럴 가능성은 거의 없다. 이것이 바로 각 애플리케이션, 특히 조직을 위한 데이터를 생성하는 모든 애플리케이션으로부터 데이터를 실제로 클라우드에 저장하고 있는지 확인해야 하는 이유다. 그리고 문제가 있으면 해당 문제를 해결할 수 있는 사람에게 보고한다.

앞서 언급한 주의 사항과 함께 모바일 장치에서 회사 데이터를 보호하기 위한 일들을 살펴보자.

클라우드 동기화

사람들이 장치를 백업하는 가장 일반적인 방법은 데이터를 모바일 장치 제조사와 동기화하는 앱을 사용하도록 하는 것이다. 기기에서 수행하는 유일한 작업은 클라우드로 전송되는 콘텐츠를 생성하고 그렇게 작동하는 앱만 사용하는 경우이다. 이것은 앞서 크롬북과 같은 클라우드 기반 노트북에서 말한 것과 비슷하다.

물리적 동기화

일부 사람들이 여전히 사용하는 또 다른 옵션은 휴대전화를 노트북과 같은 다른 기기에 동기화한 다음 해당 기기를 백업하는 것이다. 이것은 먼저 항상 사용자의 의지가 있어야 백업을 잘 관리할 수 있다. 또한 기타 여러 이유로 최적의 방법이라고는 볼 수 없다. 그리고 IT 관점에서 보더라도 해당 프로세스를 전혀 제어할 수 없다는 것이 큰 문제다. 당장 이 방식은 IT 부서 내부에서조차 설득력이 떨어질 것이다.

모바일 장치 백업

모바일 장치 백업을 전문으로 하는 서비스와 소프트웨어도 있다. 이전에 언급한 클라우드 동기화 회사의 제어 버전이라고 볼 수 있다. 장점은 보호된 데이터가 그 데이터가 속한 회사에 의해 통제된다는 것이다. 그러나 이 방법의 문제는 앞서 언급했듯이 일반적으로 루트 권한이 아니면 iOS 또는 안드로이드 기기에서 백업 소프트웨어를 실행할 때만 핵심 앱들에 접근할 수 있다(그러나 루팅은 보통 장치의 루트 권한을 획득하기 위한 해킹과 같아 권장할 수는 없다).

모바일 장치 관리

회사 데이터를 모바일 장치에서 사용한다면 모바일 장치 관리^{MDM, Mobile Device Management}는 대부분의 조직에서 선호하는 방식이다. 기기에 설치된 기업 전용 앱은 모든 기업 데이터를 관리할 수가 있어 사용자는 해당 앱에 기업 데이터를 넣어야 한다. 사용자가 데이터를 생성할 기업 앱은 특수 앱 내부 또는 외부에서 실행되기 때문에 쉽게 제어할 수 있다.

그런 다음 앱은 데이터가 스마트폰에 저장될 때 암호화하고 해당 데이터에 발생하는 일을 모두 제어한다. MDM 기반 시스템을 사용하면 회사 데이터가 있는 장치에서 원격으로 회사 데이터를 삭제할 수도 있다. 이렇게 하면 데이터 자체가 (백업 관점에서) 보호되고 원격 삭제 기능을 통해 도난으로부터 보호될 수 있다.

마무리

6장에서는 전통적인 데이터 소스를 설명했다. 이 데이터는 물리적인 장치에 보관할 수도 있고 일부는 가상머신에 보관할 수도 있다. 이런 데이터는 기업에서 보호해야 하는 데이터가 포함될 수 있어서 각각에 적합한 백업 방법을 채택해야 한다. 그리고 이 데이터의 대부분이 e-디스커버리의 대상이 될 수 있기 때문에 아카이브 솔루션에 대해서도 고려해야 한다.

회사에 따라선 데스크톱, 노트북 또는 모바일 장치를 백업하지 않을 수 있다. 또는 많은 회사는 앞서 좋지 않은 사례로 설명한 동기화 및 공유 방법을 사용하기도 한다. 물리적 서버와 가상 서버에서와 같은 방식으로 기업 데이터를 취급했을 때보다 더 큰 위험을 감수하고 있다는 사실을 깨달아야 한다. 이런 장치의 데이터는 다른 기기와는 달리 백업하지 않으면 문제가 발생할 확률이 높다. 그 위험성을 알고도 이를 선택하지 않는다면 이는 어쩔 수 없다. 이 문제를 다시 한번 진지하게 생각해 보길 바란다.

이제 데이터센터와 클라우드에서 쉽게 볼 수 있는 또 다른 전통적인 데이터 소스인 데이터베이스를 이야기할 차례다. 데이터베이스에는 조직과 관련한 방대한 데이터가 있으며 백업하기 가장 어려운 대상일 수 있다. 7장에서는 이 중요한 데이터를 백업하는 데 필요한 방법과 해결해야 할 문제점들을 살펴보자.

데이터베이스 보호

대부분 조직의 업무는 특정 데이터베이스 또는 데이터베이스에 데이터를 저장하는 애플리케이션에 저장된다. 그러나 지난 30년간의 작업을 돌이켜보면 실제로 어려웠던 대부분의 백업 및 복구 문제는 데이터베이스와 관련된 것이었다. 그러므로 7장이 이 책에서 가장 중요하다고 생각한다.

http://db-engines.com에는 13가지 유형의 데이터베이스와 300가지 데이터베이스 제품이 나열돼 있으며 각 제품마다 고유한 백업 및 복구 프로세스가 있다. 어떤 제품들은 데이터베이스를 백업하는 최선의 방법만을 모은 매뉴얼과 서적을 갖고 있다. 다양한 유형의 데이터베이스와 데이터베이스 백업 방법을 고려할 때 7장에서 할 수 있는 최선의 방법은 올바른 방향을 제시하는 것이다.

7장의 목표는 데이터베이스가 백업하기 어려운 이유를 이해하고, 백업을 담당하는 사람이 알아야 할 데이터베이스 아키텍처 개념을 설명하며, 각 방법의 장단점을 포함해 백업하는 다양한 방법을 설명하는 것이다. 그런 다음 데이터베이스가 어떻게 백업되지 개인적인 경험들과 의견을 제시할 것이다. 목표는 독자가 올바른 방향으로 나아갈 수 있도록 지원하고 데이터베이스 백업 방법의 세부 정보를 평가하고 잠재적으로 개선할 수 있는 충분한 지식을 제공하는 것이다.

데이터베이스 백업 및 복구의 문제와 솔루션을 살펴보기 전에 데이터베이스의 여러 유형을 이야기해 보자. 첫 번째로 데이터베이스를 배치하는 방법 또는 데이터베이스를 사용자에게 제공하는 방법으로 데이터베이스를 설명할 수 있다. 이와 같은 제공 모델로 조직의 주 데이터 보호 문제가 어느 정도인지를 파악할 수 있다.

데이터베이스 제공 모델

지난 10여 년간 데이터베이스 세계는 크게 변했다. 컴퓨팅 세계에서 일어났던 것과 마찬가지로 물리 서버에서 가상 서버 및 클라우드 컴퓨팅으로 전환했으며, 데이터베이스 환경도 이와 비슷한 변화를 보여 왔다. 데이터베이스가 서버 또는 VM에 설치한 소프트웨어라고 말할 수 있는 시대는 지났다. 사실 우리는 빠르게 변화하는 세계로 들어가고 있다. 사용자에게 데이터베이스를 제공하는 세 가지 방법을 살펴보자.

 데이터베이스를 정의하는 것은 매우 어렵다. 왜냐하면 용어를 정의할 때 정의되지 않은 용어 사용을 피해야 하기 때문이다. 익숙하지 않은 용어가 보이면 메모해 두자. 그 용어는 이어지는 내용에서 설명할 것이다.

기존 데이터베이스 소프트웨어

기존의 데이터베이스 소프트웨어 모델은 몇 년 전까지 모든 소프트웨어가 제공한 방식이다. 제품 라이선스를 구입하고 소프트웨어를 다운로드 한 후 원하는 서버 또는 VM에 설치한다. 서버의 보안 및 관리, 스토리지, 애플리케이션 자체, (물론) 데이터베이스 백업 등 모든 책임은 사용자에게 있다.

관리하는 서버 또는 VM에서 실행 중인 데이터베이스를 백업한다는 것은 사용자가 선택할 수 있는 다양한 옵션이 있다는 것을 의미하며, 그중 일부는 데이터베이스를 백업할 때 완전히 잘못된 방법이 될 수 있다. 이는 데이터베이스가 일반적인 방법을 사용해 쉽게 백업할 수 없는 특정한 방식으로 동작하기 때문이다. 다음 세 가지 개념은 거의 모든 온프레미스 데이터베이스에 해당한다.

움직이는 백업 대상

데이터베이스의 데이터는 일반적으로 데이터베이스를 호스팅하는 서버 또는 VM의 파일 시스템에서 볼 수 있는 데이터 파일에 저장한다. 어떤 파일이 데이터베이스를 업데이트하는 한 이런 파일은 계속 변경되므로 다른 파일처럼 백업만 할 수 없다. 이 움직이는 대상, 즉 계속 변경하는 파일의 백업은 필요 없는 작업이다. 27페이지의 '잃어버린 데이터'를 읽어 보자. 이런 움직이는 데이터 파일은 데이터를 백업하거나 API를 이용해 데이터베이스를 백업하는 동안 데이터를 멈추도록 무엇인가를 해야 함을 의미한다.

지정 시점 백업 및 복원

지정 시점 백업 및 복원 기능을 사용해 데이터베이스를 백업하는 경우 해당 시점으로만 데이터베이스를 복원할 수 있다. 온프레미스 데이터베이스의 백업은 대부분 매일 수행되지만 일부는 더 자주 백업할 수 있다. 데이터베이스를 하루에 한 번만 백업하는 경우에는 데이터베이스의 별다른 설정이 없으면(다음에서 설명하겠지만) 24시간만 백업하는 것이 가장 좋다. 실제 RPA는 여러 이유로 24시간보다 큰 경우가 많다.

지정 시점에서 앞으로(또는 뒤로) 롤링

대부분의 데이터베이스에는 지정 시점에서 복원을 한 다음 재생해 특정 시점까지 이동할 수 있는 트랜잭션 저널$^{transaction\ journal}$이 있다. 이렇게 하면 야간 백업을 수행하고 데이터베이스를 지정 시점으로 복원한 다음 이 로그를 사용해 데이터베이스를 복원하기 전에 몇 분 정도 앞으로 롤백$^{roll\ back}$할 수 있다. 이 로그는 데이터베이스가 손상돼 일관성이 없는 상태(즉 일부 트랜잭션은 디스크에 부분적으로만 기록됨)에서 트랜잭션을 롤백하는 데 사용할 수도 있다.

모든 규칙에는 예외가 있지만 관리하는 서버 또는 VM에서 실행되는 거의 모든 데이터베이스의 배경에는 이런 세 가지 일반 개념이 있다. 데이터 파일은 파일이 아닌 블록 장치일 때도 있고 데이터베이스가 변경되더라도 데이터 파일은 변경되지 않는 경우도 있다. 데이터베이스를 올바르게 백업하려면 데이터베이스가 이 세 가지 문제를 어떻게 해결하는지 이해하는 것이 중요하다.

'관리하는 모든 서버 또는 VM'라고 함은 클라우드의 VM 또는 코로케이션(colocation) 시설의 서버나 VM에서 실행되는 데이터베이스를 포함한다. 서버의 루트 또는 관리자 권한이 있는 경우 해당 데이터베이스는 기존 데이터베이스 제공 모델을 사용한다고 볼 수 있다.

서비스형 플랫폼

데이터베이스를 제공하는 두 번째 방법은 PaaS^{Platform-as-a-Service} 모델로, 이 모델에서는 애플리케이션만 사용하고, 애플리케이션 뒤에 있는 인프라에는 액세스할 수 없도록 제한된다. 일부 기존의 데이터베이스는 Pass 방식을 제공하며 다른 데이터베이스 제품은 서비스로만 제공한다.

PaaS 데이터베이스를 사용하면 스토리지 또는 서버의 프로비저닝^{provisioning} 방식을 걱정할 필요가 없지만 프로비저닝해야 할 항목은 지정할 수 있다. 예를 들어 데이터베이스에 가질 수 있는 복제본 또는 파티션의 수 또는 프로비저닝해야 하는 스토리지 용량을 지정할 수 있다. 그러면 이 모든 것이 자동으로 처리될 것이다. 아마존 RDS^{Relational Database Service}는 PaaS 서비스의 사례이며 오라클, MySQL, 포스트그레SQL^{PostgreSQL}, 마리아 DB, 오로라 데이터베이스를 제공하도록 구성할 수 있다. 애저^{Azure}는 모든 PaaS 데이터베이스를 포함하는 브랜드를 갖고 있지는 않지만 SQL Server, MySQL, 포스트그레SQL, PaaS 구성의 기타 기능도 제공한다.

PaaS 데이터베이스의 백업 옵션은 일반적으로 매우 간단하다. 각 PaaS 서비스는 백업을 지원하는 메커니즘을 제공한다. 이 작업은 자동으로 실행하거나 설정 작업 설명서가 제공돼 문서화된 절차를 따르기만 하면 된다.

서비스^{as-a-service} 환경의 다양한 경우와 마찬가지로 PaaS는 자체 인프라를 관리하는 것보다 간편하다. 그러나 이런 단순성으로 인해 일부 영역에서는 제어 기능이 떨어지는 경우가 많다. 많은 사용자들이 이런 제어 기능의 감소를 하나의 특징으로 보고 있다. 자동차의 스틱 운전과 오토매틱의 차이라고 생각하면 된다. 스틱 시프트^{stick shift}를 사용하면 자동차가 어떻게 운전하는지 정확하게 제어할 수 있지만 교통 체증이 심한 경우에는 오토매틱으로 운전하는 것이 훨씬 편하다. 또한 내 두 딸이 운전할 나이가 됐을 때 부모가 해야 했던 특별한 훈련도 필요하지 않다.

제공 모델 외에도 데이터베이스가 작업 중인 정보를 저장하고 처리하는 방식도 다양하다. 이런 정보를 쿼리^{query}하는 방법은 데이터베이스 모델^{database model}이라고 하는 데이터베이스 유형에 따라 다르며 모델도 다양하다. 나를 포함한 대부분의 사람이 친숙한 것은 RDBMS^{Relative Database Management System}이지만, 이는 많은 모델 중 하나다. 데이터베이스 모델을 이해하는 것은 데이터베이스 보호 방법을 파악하는 데 매우 중요하므로 여러 데이터베이스 모델을 살펴보자.

서버리스 데이터베이스

서버리스^{serverless} 데이터베이스는 PaaS 개념을 한 단계 더 발전시켜 고객의 관리 요구 사항을 제거한 훨씬 사용하기 쉬운 플랫폼을 만든다. 이미 언급했듯이 PaaS 데이터베이스를 사용하면 프로비저닝이 필요 없지만 프로비저닝해야 할 항목은 결정해야 한다. 일반적으로 복제본 및 파티션 수와 필요한 스토리지 양을 지정한다.

서버리스 데이터베이스를 사용하면 어느 것도 지정할 필요가 없다. 말 그대로 데이터를 입력하기 시작하면 데이터베이스 파티셔닝 결정뿐만 아니라 컴퓨팅 및 스토리지 리소스도 자동으로 결정되고 프로비저닝된다.

7장의 뒷부분에서 설명하겠지만 일부 데이터베이스는 수백 또는 수천 개의 노드로 분할된다. 서버리스 데이터베이스에서 이런 일이 발생하면 사용자는 전혀 알 수 없고 데이터베이스에 추가하는 레코드만 알 수 있다. 이것은 문제될 게 없다. 사실 서버리스 데이터베이스의 경우 데이터베이스 관리 권한도 없다. 제어할 수 있는 데이터베이스의 일부만 볼 수 있으며 관리 인터페이스와 제공하는 API로만 볼 수 있다.

PaaS 데이터베이스와 마찬가지로 백업 방법도 데이터베이스를 제공하는 공급업체가 결정한다. AWS^{Amazon Web Services} 다이나모DB^{DynamoDB}는 서버리스 데이터베이스의 한 예다. AWS 오로라는 PaaS이지만 데이터 확장에 따라 확장되는 AWS 오로라 서버리스도 있다.

데이터베이스의 제공 모델은 경쟁업체와 차별화할 수 있는 방법 중 하나인데 데이터 저장, 쿼리, 검색 방법이 차별화될 수 있다. 다양한 데이터베이스 모델(즉 저장 및 쿼리 방법)을 이해하는 것이 데이터베이스 백업 방법을 이해하는 첫 번째 단계 중 하나이므로 이제 해당 모델을 살펴보겠다.

데이터베이스 모델

http://db-engines.com에 따르면 최소 13개의 데이터베이스 모델 또는 설계가 있다. 일부 데이터베이스는 하나의 모델만 지원하는 반면, 다른 데이터베이스는 여러 모델을 실행할 수 있다. 가장 많이 사용되는 데이터베이스 모델 5개와 많은 분들이 궁금해하는 대표적인 백업 관련 질문에 대해 알아보겠다. 그림 7-1은 http://db-engines.com에 따른 다양한 데이터베이스 모델의 선호도를 나타낸다.

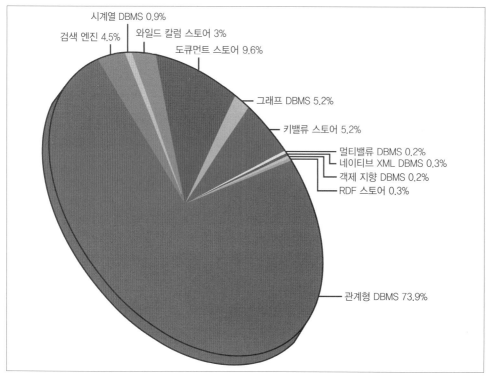

그림 7-1 데이터베이스 모델의 선호도(http://db-engines.com 제공)

이런 다양한 데이터베이스 모델을 이해하면 DBA와 대화하고 DBA와의 관계를 구축하는 것이 더 쉬워진다는 이점이 있다. '관계형 데이터베이스인가?'와 같은 질문을 하면 신뢰도를 형성할 수 있고 이 과정은 신뢰 수준을 구축하는 데 도움이 된다. 또한 http://db-engines.com이 다양한 데이터베이스 모델과 이를 사용하는 일반적인 데이터베이스 제품을 이해하는 데 매우 도움이 된다고 생각한다.

관계형 DBMS

관계형 DBMS인 RDBMS^{Relational Database Management System}는 대표적인 데이터베이스이며, 그림 7-1에서 볼 수 있듯이 가장 많이 사용되는 모델이다. 정의한 스키마^{schema}(즉 레이아웃)를 가진 일련의 테이블로 하나 이상의 속성(즉 값)의 레코드(즉 행)로 구성된다. 테이블은 미리 정의한 값들의 관계를 갖고 있다. 관계형 데이터베이스의 예로는 오라클, SQL Server, DB2, MySQL, 포스트그레SQL이 있다. 이 데이터베이스를 쿼리하려면 구조화된 쿼리 언어 또는 SQL을 사용한다. 이것이 데이터베이스를 SQL 데이터베이스라고 부르는 이유이며, 이는 NoSQL 데이터베이스^{Not only SQL}와는 다르다.

키밸류 DBMS

키밸류 DBMS는 키와 값으로 구성된 단순한 스키마를 가진 DBMS(데이터베이스 관리 시스템)로, 키를 알고 있으면 값을 조회할 수 있다(스키마는 간단할 수 있지만 대부분의 데이터베이스의 기본 아키텍처는 단순하지 않다). 키밸류 데이터베이스는 많은 NoSQL 데이터베이스 모델 중 하나이며 많이 사용하는 DB는 레디스^{Redis} 및 다이나모DB^{DynamoDB}다.

시계열 DBMS

시계열 DBMS는 각 항목이 타임 스탬프를 갖고 있기 때문에 시간 데이터를 처리하도록 특별히 설계됐다. 시계열 데이터에 다른 데이터베이스 모델을 사용하지만 시계열 데이터베이스의 구조와 쿼리 기능은 시계열 사용에 맞게 사용자가 정의한다. 프로메테우스^{Prometheus} 데이터베이스는 널리 사용되는 시계열 데이터베이스이며 쿠버네티스^{Kubernetes}를 구현할 때 많이 사용한다.

도큐먼트 DBMS

도큐먼트 DBMS는 문서를 저장하도록 특별히 설계했다. 레코드는 동일한 표준을 따를 필요가 없으며 다양한 데이터 유형을 저장할 수 있다. 제이슨^{JSON}은 이런 데이터베이스에 문서를 저장하는 데 사용된다. 몽고DB^{MongoDB}는 도큐먼트 모델만 지원하는 가장 대중적인 데이터베이스다.

그래프 DBMS

그래프 데이터베이스는 인기를 얻고 있으며 테이블과 행의 전통적인 개념 대신 쿼리에 그래프 구조를 사용한다. 이 데이터베이스가 어떻게 작동하는지 설명하는 것은 이 책의 범위는 아니지만 최근 사용 빈도가 높아져 여기에 포함하고 싶었다. Neo4j는 가장 많이 사용하는 그래프 전용 데이터베이스이며 아마존 넵튠^{Amazon Neptune}은 이 모델을 지원하는 다중 모델 그래프 데이터베이스다.

검색 엔진 DBMS

검색 엔진 DBMS는 검색에 최적화된 NoSQL 데이터베이스다. 검색 엔진에 입력하는 것과 같이 복잡한 인덱싱 및 검색이 가능하다. 일래스틱서치^{Elasticsearch}와 스플렁크^{Splunk}는 많이 사용하는 검색 엔진 데이터베이스다.

와이드 칼럼 DBMS

와이드 칼럼^{Wide column} DBMS는 스키마 없이 많은 데이터 칼럼을 저장할 수 있는 NoSQL DBMS다. 칼럼 이름과 키는 데이터베이스에서 정의할 수 있다. 가장 잘 알려진 데이터베이스는 카산드라^{Cassandra}다.

대부분의 독자는 관계형 데이터베이스에 가장 익숙하겠지만 다른 데이터베이스 모델들은 특히 PaaS 데이터베이스의 등장과 함께 인기가 크게 높아졌다. 각 유형별 전문가가 될 필요는 없지만 데이터베이스 모델을 알고 있으면 DBA와 이야기할 때 많이 도움이 될 것이다.

서로 다른 데이터베이스에서 특히 중요한 점은 여러 노드에서 실행되는 데이터베이스에서 데이터 일관성을 유지하는 방법이다. 이는 특정 데이터베이스를 백업하고 복구하는 방법을 결정할 때 매우 중요한 사항이다.

일관성 모델

데이터베이스 데이터가 삽입되거나 수정될 때 데이터베이스의 모든 뷰어의 일관성을 유지하는(또는 유지되지 않음) 두 가지 다른 방법이 있으며, 이 일관성 모델은 데이터베이스의 백업 및 복구 설계에 영향을 줄 수 있다. 신규 레코드를 삽입한 후 즉시 수행하는 작업을 고려해 보자. 모든 사용자가 삽입된 레코드를 즉시 조회할 수 있는가? 이 질문의 답은 데이터베이스가 즉각적인 일관성을 지원하는지, 궁극적인 일관성을 지원하는지 또는 둘의 혼합을 지원하는지 여부를 결정하는 것과 같다.

즉시 일관성

강력한 일관성이라고도 하는 즉시 일관성immediate consistency은 데이터를 보는 위치 또는 방법에 관계없이 모든 사용자가 동일한 데이터를 동시에 볼 수 있도록 보장한다. 대부분의 전통적인(즉 관계형) 데이터베이스는 이 모델을 따른다.

즉시 일관성은 버그와 문제 해결에 효과적으로 최종 일관성보다 유용할 수 있지만 다중 노드 데이터베이스에서는 성능을 제한할 수 있다. 이는 많은 대규모 다중 노드 데이터베이스가 다음에 설명하는 최종 일관성 모델을 사용하는 이유이기도 하다.

최종 일관성

최종 일관성eventual consistency이라는 용어는 엔터티entity에 변경 사항이 없는 경우 엔터티의 모든 읽기가 결국 동일한 값을 반환한다는 아이디어에서 시작한다. 최종 일관성의 좋은 예는 DNS 시스템이다. DNS 변경 사항이 전 세계의 모든 DNS 서버에 전파되는 데 몇 분에서 몇 시간이 걸릴 수 있지만 결국 변경 사항은 모든 서버에 적용되고 모두 동일한 값을 반환한다.

하이브리드 일관성

하이브리드 일관성$^{hybrid\ consistency}$ 모델은 NoSQL 데이터베이스에서 자주 사용하는 일
관성 모델로, 결과적으로는 일관된 쓰기를 지원하지만 읽기에 필요한 일관성 수준을
API 호출 단위로 지정할 수 있다. 예를 들어 다이나모DB 사용자는 다이나모DB에서
일관된 읽기가 가능하길 원하며, 이 읽기는 항상 리더^{leader}(다른 곳에서 계속 복제되고
있더라도 쓰기가 처음 이루어진 곳)에서 읽는다. 다이나모DB, 몽고DB, 카우치베이스
^{Couchbase} 등 DB에서 이 하이브리드 모델을 지원한다. 백업 프로세스는 이 기능을 사
용해 데이터 일관성을 지정할 수 있다.

일관성 모델이 데이터 보호 방법에 영향을 미칠 수 있는 이유는 일관성 있는 데이터를
백업하거나 복원할 수 있어야 하기 때문이다. 예를 들어 오래된 데이터베이스 노드를
백업한 경우 백업은 최신이 아니다. 또한 한 노드에 데이터의 일부가 있고 다른 노드에
다른 시점의 데이터가 있는 경우 두 노드를 동시에 백업해 모든 데이터를 일관되게 백
업할 수 없다. 두 서버를 서로 다른 두 시점으로 복원할 경우 두 서버 간에 참조 무결성
문제가 발생한다. 표 7-1은 어떤 데이터베이스가 어떤 일관성 모델을 지원하는지 보여
준다.

표 7-1 데이터베이스 일관성 모델 시작

데이터베이스	오라클	몽고DB	카산드라
	MySQL	다이나모DB	Neo4j
	SQL 서버		
	DB2		
	포스트그레SQL		
최종 일관성 모델	즉시	하이브리드	최종

데이터베이스 제품이 지원하는 일관성 모델은 다양한 오류 시나리오에 대응하는 방법
에 영향을 미치므로 설계에서 중요한 부분이다. 다음 절에서 이 아이디어를 설명하겠다.

대부분의 데이터베이스는 다양한 일반 장애에 대응할 수 있는 기능을 갖고 있다. 기존
의 가용성을 보장하는 이중화 기능은 스토리지 장애와 컴퓨팅 노드 장애 또는 스토리지
와 컴퓨팅 장애에 대응이 가능하다. 다만 이런 대응 방법은 저장소 또는 컴퓨터를 복제

(또는 공유)하는지 여부에 따라 다르다. 그리고 데이터베이스가 이 장애를 극복하는 방법은 일관성 모델에서 비롯되는 경향이 있다.

데이터센터에서 실행되는 전통적인 데이터베이스

노드 장애와 관련, 즉시 일관성을 지원하는 데이터베이스는 단일 스토리지 어레이를 공유하는 고가용성^{HA, Highly Available} 호스트 2개를 가진다. 스토리지 어레이 내부에도 이중화가 있을 수 있지만 여전히 하나의 스토리지 어레이일 뿐이다. 이 설계는 노드 장애를 극복할 수는 있지만 전체 스토리지 어레이 장애는 극복할 수 없다.

즉시 일관성을 사용하는 완전 이중화 시스템은 비공유 아키텍처 기반의 완전 이중화 시스템을 사용한다. 즉 데이터베이스 노드 간에 스토리지를 포함한 어떠한 것도 공유하지 않는다. 일반적으로 클러스터에 노드는 2개뿐이지만 모든 데이터를 클러스터의 모든 멤버로 즉시 복제한다. 두 노드에 업데이트를 성공적으로 기록할 때까지 트랜잭션이 쓰기 승인(즉 ACK)을 받지 않도록 구성할 수도 있다. 이는 성능에 영향을 미치지만 데이터 무결성은 가장 높다. 클러스터의 모든 부분이 데이터베이스의 전체 최신 복사본을 갖고 있으며 언제든지 클러스터의 나머지 부분을 대신할 수 있기 때문에 이 모델은 노드 장애 또는 스토리지 장애에 대응할 수 있다. 다만 이 접근 방식은 확장만 가능하다는 점이 단점이다.

최종 또는 하이브리드 일관성을 사용하는 데이터베이스는 서로 다른 가용성 구성을 사용한다. 이런 테이블은 수십 개에서 수천 개의 노드에 걸쳐 샤딩^{sharding}될 수 있으며, 복제는 오브젝트 스토리지 복제가 작동하는 방식과 유사하게 작동한다. 지정된 업데이트는 업데이트를 수신한 노드에 즉시 기록하고 설계할 때 지정한 개수만큼 복제본 노드로 전파한다. 일반적으로 모든 레코드의 복제본 3개를 사용한다.

복제본은 이중화를 제공할 뿐만 아니라 백업 및 복구 프로세스에도 도움이 될 수 있다. 예를 들어 3개의 복제본을 사용하는 조직은 복제 프로세스를 중지하고, 메모리를 디스크로 플러시^{flush}하고 각 노드의 복제본 하나를 분할한 후 해당 복제본의 백업을 수행할 수 있다. 여기에는 두 가지 장점이 있다. 백업은 주 데이터베이스의 성능에 영향을 미치지 않으며, 백업할 일관된 이미지를 백업 시스템에 제공해 많은 노드를 백업함으로써 발생할 수 있는 참조 무결성 문제를 해결한다.

PaaS 및 서버리스 데이터베이스

서비스 계약서에는 PaaS 및 서버리스 데이터베이스의 장애 수준을 명시하고 사용자가 선택하는 서비스 수준도 명시한다. 서버리스 데이터베이스는 보통 대부분의 운영 중단에도 견딜 수 있는 매우 높은 기능을 갖고 있다. 서비스에 가입하는 이중화 수준에 따라 PaaS 데이터베이스에 이런 기능이 있을 수도 있고 없을 수도 있다.

어느 쪽이든 장애에 대응하려고 설계한 이 기술은 통합 서비스로 제공돼 고객은 인지하지 못한다. 어떻게 구현하는지는 걱정할 필요 없이 관련 모든 기술을 사용할 수 있다.

 다른 데이터 보호의 기능과 마찬가지로 이 단락에서 언급한 보호 기능 역시 하드웨어 장애 보호 목적의 기능이라는 점에 유의하자. DBA가 실수로 중요한 테이블을 삭제하거나 잘못된 액터(actor)가 데이터베이스를 삭제하거나 암호화하는 경우 데이터 복제로 대응함이 더 효율적이다. 모든 곳에서 발생한 모든 것을 즉시 복제하자. 이것이 데이터베이스도 백업하는 이유다.

DBA와 이야기할 때 도움이 되는 것 중 하나는 데이터베이스를 이야기할 때 올바른 용어를 사용하는 것이다. 적절한 용어를 사용하는 것은 다시 한번 신뢰성을 구축하고 모두가 같은 생각을 하고 있다는 것을 확인하는 데 매우 큰 도움이 될 수 있다. 다음 단락에서는 주로 데이터센터 또는 클라우드 VM에서 호스팅되는 기존 데이터베이스와 PaaS 데이터베이스에 적용되는 기존 데이터베이스 용어를 설명하겠다. 이런 대부분의 용어는 서버리스 데이터베이스에는 해당하지 않는다.

기존 데이터베이스 용어

다음 단락에서는 기존(대부분 SQL) 데이터베이스에서 볼 수 있는 일반적인 데이터베이스 용어와 함께 많이 사용하는 데이터베이스의 용어를 설명하겠다. 일부(대부분은 아님)

는 최신 데이터베이스에도 적용된다. 이렇게 하면 문서를 더 잘 이해하고 DBA와 대화할 때 더 많은 지식을 얻을 수 있으며 백업 및 복구 프로세스를 설계하는 데 도움이 된다.

이 단락의 목표는 사용자를 모든 데이터베이스의 전문가로 만드는 것이 아니다. 이는 조직의 DBA와 이야기할 수 있는 충분한 지식을 제공함이 목적이다.

서버리스, 최신 NoSQL 데이터베이스만 사용하는 경우 이 데이터베이스 용어 단락을 건너뛰어도 괜찮다. 대부분의 용어는 해당 독자와 관련이 없을 것이다. 또한 이런 데이터베이스의 복원은 훨씬 더 간단한데 이런 모든 용어를 알 필요가 없기 때문이다. 이것이 표 7-2에 NoSQL 데이터베이스들을 표시하지 않은 이유다.

표 7-2에 일반적인 용어와 여러 인기 데이터베이스 제품과 관련된 용어(해당되는 경우)를 요약했다. DBA와 이야기할 때 이 용어들을 자유롭게 사용해 보자.

표 7-2 전통적인 데이터베이스 용어

	오라클	MYSQL	SQL Server	DB2	포스트그레SQL
클러스터	클러스터	클러스터	클러스터	클러스터	클러스터
인스턴스	인스턴스	인스턴스	인스턴스	인스턴스	인스턴스
데이터베이스	데이터베이스	데이터베이스	데이터베이스	데이터베이스	데이터베이스
테이블	테이블	테이블	테이블	테이블	테이블
인덱스	인덱스	인덱스	인덱스	인덱스	인덱스
행(row)	행	행	행	행	행
어트리뷰트	어트리뷰트	어트리뷰트	어트리뷰트	어트리뷰트	어트리뷰트
데이터파일	데이터파일	데이터파일	데이터파일	컨테이너	데이터파일
테이블스페이스	테이블스페이스	테이블스페이스	파일그룹	테이블스페이스	테이블스페이스
파티션	샤드	파티션	파티션	파티션+샤드	파티션
마스터 데이터베이스	제어 파일	MYSQL 데이터베이스	마스터데이터베이스	카탈로그	시스템 테이블
트랜잭션	트랜잭션	트랜잭션	트랜잭션	트랜잭션	트랜잭션
트랜잭션 로그	리두 로그	바이너리 로그	트랜잭션 로그	트랜잭션 로그	로그 선행 기입

인스턴스

인스턴스^{instance}는 하나 이상의 머신에 있는 프로세스들의 집합으로, 인스턴스에 연결된 데이터베이스를 공유 메모리와 통신하는 것으로 구성된다. 한 인스턴스 내에는 여러 개의 데이터베이스가 있을 수 있으며, 데이터베이스는 동일한 시스템 또는 클러스터 내의 개별 시스템에 있는 여러 인스턴스에 분산될 수도 있다. 따라서 인스턴스와 데이터베이스는 완전히 다른 개념이다. 과거에는 인스턴스 하나가 서버 내에서 실행됐지만, 오늘날의 데이터베이스 플랫폼에는 여러 서버와 노드에 걸쳐 있는 인스턴스가 있다.

어떤 이유로든 인스턴스를 종료하고 다시 시작해야 하는 경우 종료 중에는 해당 인스턴스에 있는 모든 데이터베이스를 사용할 수 없다. 인스턴스 내의 모든 데이터베이스는 인스턴스가 제공하는 공유 메모리와 연결돼 있기 때문에 그렇다. 인스턴스가 종료되면 해당 연결을 더 이상 사용할 수 없다.

데이터베이스

데이터베이스는 데이터베이스 개체의 모음이다. 하나의 노드에 하나의 테이블과 인덱스가 없는 매우 단순한 데이터베이스일 수도 있고, 테이블, 인덱스 또는 기타 데이터베이스 개체를 많이 포함할 수도 있고, 수백 개의 노드에 분할될 수도 있다.

테이블

테이블^{table}은 데이터베이스에 있는 관련 정보의 그룹이다(그래서 데이터베이스 공식 용어로 관계라고 한다). 관계형 데이터베이스에서는 데이터를 테이블에 추가하기 전에 정의한 스키마를 가지며 일반적으로 필요한 경우를 제외하고는 테이블 간에 데이터를 복제하지 않는 방식으로 정보를 그룹화한다. NoSQL 데이터베이스는 좀 더 자유로운 형식을 가질 수 있으며 사실 테이블이라 생각하지는 않는다.

인덱스

인덱스^{index}는 특수 테이블의 룩업^{lookup}을 허용하는 특정 목적의 오브젝트다. 이것은 테이블에서 제공하는 것보다 다른 보기(예: 정렬 순서)에서 더 빠르게 액세스하거나 액세스할 수 있음을 의미한다. 테이블의 하위 집합(희소 인덱스^{sparse index}라고 함)의 인덱스일 수도 있다. 테이블은 레코드(행)를 찾을 때 일반적으로 사용하는 값으로 인덱싱한다. 예를 들어 고객이 자주 전화를 걸어 계정 번호를 모르는 경우 고객 데이터베이스는 성별로 인덱싱할 수 있다. 데이터베이스를 복구하는 대신 기존 테이블에서 인덱스를 다시 만들 수 있으므로 인덱스는 데이터베이스를 복구할 때 고유한 상태를 가진다. 나머지 데이터베이스와 함께 복구하도록 선택할 수 있지만, 복구할 수 없는 경우 다시 작성할 수 있다.

행

행^{row}은 어트리뷰트^{attribute} 속성의 모음이다. 예를 들어 고객의 이름, 주소, 계정 번호 및 전화 번호와 같은 고객의 모든 기본 정보를 포함한 행이 있을 수 있다(이는 스프레드시트의 행과 유사함). 일반적으로 각 행에는 계정 번호와 같은 하나 이상의 고유한 속성이 있어 다른 행과 구별된다. 행은 레코드^{record}라고도 한다. 대부분의 NoSQL 데이터베이스는 행 개념을 사용하지 않는다. 예를 들어 몽고DB, 다이나모DB, Neo4j는 이 개념을 사용하지 않는다. 키밸류 데이터베이스의 키 및 관련 값을 행으로 생각할 수 있지만 실제로 이 용어를 사용하지 않는다. 예를 들어 다이나모DB는 이것을 아이템^{item}이라고 부른다.

어트리뷰트

어트리뷰트는 테이블에 있는 데이터의 기본 요소다. 고객의 이름 또는 우편 번호와 같은 단일 값이다. 어트리뷰트는 우편 번호와 같이 매우 작거나 문서와 같이 매우 클 수 있다. 어트리뷰트는 트랜잭션^{transaction}을 수행할 때 데이터베이스 사용자가 변경하는 값이다. 트랜잭션은 7장의 뒷부분에서 설명하겠다.

데이터 파일

데이터 파일^{data file}은 데이터가 저장되는 곳이다. 이것은 로컬 파일러 또는 네트워크 드라이브를 연결하는 기본 장치(예: /dev/sd1) 또는 사용자가 정의한 파일(예: /oracle/data/dbs01.dbf 또는 c:\database\some file.dbf)일 수 있다. 일부 제품은 로우 파티션^{raw partition}의 사용이 필요한 반면, 다른 제품은 단순한 파티션 사용이 가능하다. 일부 제품은 로우 파티션과 사용자 정의 파티션을 혼용해서 사용할 수 있다. DBA는 처음 생성하는 방식과 백업 방식을 달리 설정할 수 있지만, 그 외 데이터베이스 측면에서는 동일한 것 같다.

테이블스페이스

테이블스페이스^{tablespace}는 하나 이상의 데이터 파일의 모음이며 테이블을 삽입하는 공간이다. 테이블은 테이블스페이스에 생성된다(예: create table in tablespace alpha). 대부분의 데이터베이스 제품에서 인스턴스를 만들 때 주(또는 시스템) 테이블스페이스가 될 데이터 파일을 지정한다. 그러면 데이터베이스 제품이 자동으로 이 테이블스페이스를 생성한다. 서버리스 사용자는 테이블스페이스에 액세스할 수 없고 걱정할 필요가 없기도 하다.

파티션

데이터베이스 기술의 가장 큰 발전 중 하나는 테이블을 여러 리소스에 분산하거나 분할하는 기능이다. 이전부터 관계형 데이터베이스에는 테이블이 테이블스페이스 내에 있어야 했다. 이제 대부분의 최신 데이터베이스 제품은 테이블을 분할하고 여러 테이블스페이스에 저장할 수 있다.

테이블은 가로 또는 세로로 분할할 수 있다. 수직 분할 테이블은 한 테이블스페이스에 일부 속성을 넣고 다른 속성을 다른 테이블스페이스에 넣는다. 더 일반적인 수평 파티션은 행별로 분할해 특정 행을 다양한 테이블스페이스에 배치한다. 샤딩은 테이블의 조각(즉 샤드)을 다른 노드에 배치함으로써 파티셔닝 수준을 높인다. 이 작업은 수십 또는 수백 개의 노드에서 실행되는 대규모 스케일 아웃 데이터베이스에서 수행된다. 서버리스 데이터베이스는 거의 수만 개의 노드에 걸쳐 샤딩되지만, 대부분의 다른 데이터베이스 아키텍처와 마찬가지로 사용자는 이런 샤딩 기술을 볼 수도 없고 걱정하지 않아도 괜찮다.

마스터 파일

대부분의 전통적인 데이터베이스나 PaaS 데이터베이스에는 설치된 모든 구성 요소를 모니터링하는 몇 가지 방법이 있다. 그러나 다른 데이터베이스 아키텍처 요소들과 마찬가지로 서버리스 데이터베이스를 실행하는 경우에는 볼 수 없다. 일부 데이터베이스 아키텍처에는 중앙 집중식 제어가 없을 수 있다. 모든 스토리지 요소를 중앙 집중식으로 추적할 수 있는 시스템이 있다면 이를 마스터 파일^{master file}이라고 부른다. 이 마스터 파일은 JSON 파일, 텍스트 파일 또는 데이터베이스의 모든 부분과 해당 상태를 추적하는 데이터베이스일 수 있다. 여러 데이터베이스가 허용되는 경우 해당 데이터베이스도 모니터링해야 한다. 오라클에는 이 정보를 추적하는 제어 파일이 있다. 다른 데이터베이스는 종종 JSON 파일이나 실제 데이터베이스(예: SQL Server의 마스터 데이터베이스)와 같은 비슷한 개념을 갖는다.

트랜잭션

트랜잭션은 데이터베이스에서 하나 이상의 속성을 변경하는 데이터베이스 내의 모든 활동이다. 트랜잭션에는 단순 트랜잭션^{simple transaction}과 복합 트랜잭션^{complex transaction}의 두 가지 유형이 있다. 단순 트랜잭션은 하나의 명령문으로 수행한다(예: update attribute X in table Y to 100). 복합 트랜잭션은 훨씬 더 길 수 있으며 시작 트랜잭션으로 출발해서 종료 트랜잭션으로 끝난다. 예를 들어 한 계좌에서 돈을 인출하고 다른 계좌에 입금하는 은행을 생각해 보자. 차변과 대변은 모두 발생해야 하며, 그렇지 않으면 둘 다 발생할 수 없다. 시스템은 거래를 시작하고 한 계정에서 인출하고 다른 계정에 입금한 다음 거래를 종료한다. 그렇게 하면 트랜잭션 도중에 어떤 일이 발생하면(예: 충돌) 데이터베이스가 전체 트랜잭션을 실행 취소해 데이터베이스를 일관된 상태로 되돌린다.

트랜잭션 로그

이전 단락의 트랙잭션 사례를 생각해 보자. 데이터베이스는 충돌 후 롤백해야 하는 일부만 완료된 트랜잭션이 있다는 것을 어떻게 알 수 있을까? 이것이 트랜잭션 로그의 역할로 RDBMS에서 관리되지만 NoSQL 데이터베이스에서는 없는 기능이다.

트랜잭션 로그는 백업에서 데이터베이스를 복원할 때도 유용하다. 시스템이 데이터베이스 백업 중 충돌이 발생해 복구가 필요한 상황을 가정해 보자. 마지막 백업 이후에 발생한 트랜잭션을 다시 실행할 수 있는 방법이 없으면 이 모든 트랜잭션이 손실된다. 트랜잭션 로그는 각 트랜잭션과 변경된 레코드를 기록한다. 이 정보는 시스템 충돌로 해당 트랜잭션을 다시 입력해야 하는 경우에 사용한다. 마스터 파일은 각 데이터 파일이 어떤 상태인지 알고 있으며 시작할 때 각각의 상태를 확인한다. 트랜잭션 로그로 복구할 수 없을 정도로 손상된 항목이 발견되면 백업에서 해당 데이터 파일을 복원해야 한다.

특정 시점 복원 후 마스터 데이터베이스는 데이터 파일을 확인해 이전 시점의 복원여부를 확인한다. 그런 다음 트랜잭션 로그로 이동해 특정 일자 이후에 기록된 모든 트랜잭션을 다시 실행한다. 커밋되지 않은 트랜잭션도 롤백한다. 이 프로세스의 실제 순서는 제품마다 다르지만 주요 목적은 동일하다. 충돌 또는 재부팅 후 모든 페이지가 정상화되도록 롤백 로그와 트랜잭션 로그가 함께 동작한다.

이제 다양한 기존 데이터베이스 용어를 알았으므로 7장의 나머지 부분에서 이를 적용할 수 있다. 또한 다양한 데이터베이스 모델도 설명했으므로 데이터베이스 유형에 따라 여러 가지 방식으로 다르게 작동한다는 것을 알 수 있다. 그리고 다양한 일관성 모델과 하드웨어의 장애가 발생할 경우 동작 방식을 결정하는 방법 또한 다뤘다.

이제 이런 중요한 조직의 데이터를 백업하는 방법을 살펴보자. 데이터베이스를 백업하는 방법은 사용자의 데이터베이스 운영 방식에 따라 결정될 가능성이 높다. 기존에 데이터베이스(즉 데이터센터에 호스팅되는 데이터베이스 또는 관리하는 VM)를 백업하는 작업은 훨씬 더 복잡하며 더 많은 옵션을 제공한다. 그리고 여러 가지 이유로 PaaS 또는 서버리스 데이터베이스의 백업 및 복원 방식이 훨씬 쉽다. 데이터베이스 백업할 때 선택할 수 있는 항목을 살펴보자.

전통적인 방식의 데이터베이스 백업

이 단락에서는 이전에 설명한 '데이터센터에서 실행되는 전통적인 데이터베이스'(201페이지) 내용과 같이 사용자가 제어하는 서버 또는 VM에 설치한 데이터베이스를 설명하겠다. 데이터베이스 제품이 얼마나 오래됐는지, 새로운 제품인지는 관계가 없고 PaaS 또는 서버리스 데이터베이스가 아닌 직접 관리하는 서버 또는 VM에서 실행 중인지에 대한 내용이다.

전통적인 데이터베이스를 백업하려면 몇 가지 옵션을 선택할 수 있다. 이 절에서 설명하는 방법이 모든 데이터베이스에 적용되는 것은 아니며, 때로는 설명하는 방법들을 조합해서 사용할 수도 있다.

데이터베이스 백업의 문제는 파일 시스템에 있는 일반 파일처럼 보일 수 있지만 데이터베이스가 아닌 다른 파일과 같이 백업할 수 없다는 점을 기억해야 한다. 백업하는 동안 데이터베이스는 지속적으로 변경되기 때문이다. 직접 백업하려면 이 문제를 해결해야 한다. 유형을 살펴보자.

콜드 백업

데이터 파일을 백업할 때 데이터 파일이 변경되지 않도록 하는 가장 간단한 방법은 데이터베이스 인스턴스를 종료하고 데이터 파일을 직접 백업하는 것이다. 이를 콜드백업cold backup이라고 한다. 이 방법은 대부분의 데이터베이스를 백업하는 매우 안전한 방법이지만 일반적으로 운영상에 불편함이 있다고 한다.

분할 복제본

일부 NoSQL 데이터베이스는 콜드 백업, 즉 분할 복제본 백업split replica backup과 유사한 개념을 지원한다. 아이디어는 비교적 간단하다. 복제본이 최신인지 확인하고 복제본을 나머지 구성에서 분할한 후 복제본을 백업한다. 복제본이 더 이상 변경되지 않으므로 데이터베이스가 여전히 가동 중이고 실행 중이라 하더라도 기본적으로 콜드 백업과 동일하다.

핫 백업 모드

일부 데이터베이스에서는 데이터베이스를 핫 백업 모드hot backup mode로 설정하는 방법을 지원하므로, 데이터 파일을 백업할 때 데이터베이스가 계속 변경되더라도 직접 백업할 수 있다. 데이터 파일이 변경되는 상황에서도 백업하는 동안 데이터베이스에 특별한 작업을 수행함으로써 백업이 정상적으로 동작한다.

이 작업을 지원하는 가장 잘 알려진 데이터베이스는 오라클이다. alter database begin backup 명령을 실행하면 redo 로그에 추가 로깅을 시작해서 이전에 설명한 데이터 파일이 백업되는 동안 변경되는 문제를 해결할 수 있다. 데이터베이스가 핫 백업 모드 개념을 지원하는 경우 핫 백업 모드로 전환한 후 필요한 시간만큼 백업할 수 있다.

핫 백업 모드에서 시간을 제한하려면 핫 백업 모드로 전환하고 스냅샷을 생성한 다음 백업 모드를 종료하면 된다. 이런 방식으로 VM 내에서 오라클 백업을 수행하기도 한다. 이 방법이 작동하려면 데이터베이스를 특수 모드로 전환하는 명령이 있어야 한다.

스냅 앤드 스윕

스냅 앤드 스윕 백업snap-and-sweep backup은 이전 단락에서 언급한 핫 백업 스냅샷 방법과 매우 유사하며, 차이점은 데이터베이스를 특수 모드로 배치하는 대신 데이터베이스 자체에서 제공하는 스냅샷 명령을 사용해 일관된 스냅샷을 생성해 백업할 수 있다. 백업 관점에서 보면 거의 비슷하다. 데이터베이스가 데이터베이스의 모드를 전환하고 스냅샷을 생성하는 두 가지 작업을 모두 수행하는 데 명령어 하나로 동작한다.

스냅샷이 생성되면 백업(즉 스윕)하는 데 필요한 시간만큼 걸릴 수 있다. 해당 용도의 애플리케이션별로 일관된 이미지를 제공하기 때문이다. 이 방법은 최근에 나온 다중 노드 샤드 데이터베이스에서 사용한다. 이 방법을 사용하려면 데이터베이스와 상호작용 기능을 지원하는 스냅샷 명령이 있어야 한다. 데이터베이스와 호환되지 않는 파일 시스템 스냅샷을 생성하는 것만으로는 충분하지 않기 때문이다.

멀티 노드 데이터베이스를 백업할 때 가장 중요한 점은 클러스터의 모든 노드를 동시에 백업할 수 있도록 모든 작업을 같이 수행해야 한다는 것이다. 각 노드를 한 번에 하나씩 백업하는 경우 복구된 노드가 나머지 노드와 일관되게 만들어질 때까지 매우 오랜 시간이 걸릴 수 있다. 데이터베이스는 일관된 모델을 사용하기 시간이 오래 걸리면 안 된다. 며칠이 걸리는 일관성 프로세스 사례는 많다. 이에 대응하는 가장 좋은 방법은 모든 노드의 스냅샷을 동시에 만든 다음 모두 백업하는 것이다. 이렇게 하면 노드 간의 시간 차이를 최소화할 수 있다.

또 다른 스냅 앤드 스윕 방법은 데이터베이스가 윈도우 VM에서 실행 중이고 하이퍼바이저가 VSS를 지원하며 해당 데이터베이스에 VSS 기록 장치가 있는 경우이다. 122페이지의 '하이퍼바이저용 특수 백업'에서 언급했듯이 백업 소프트웨어는 VSS와 통신하고 VSS는 데이터베이스 제품과 통신해 백업 모드로 전환하도록 요청한다. 그런 다음 VSS 스냅샷이 생성되고 백업 소프트웨어가 해당 스냅샷을 백업한다. 스크립트 작성 없이 핫 백업을 할 수 있다.

덤프 앤드 스윕

전통적인 데이터베이스를 백업하는 가장 일반적인 방법은 덤프 앤드 스윕^{dump and sweep}이라고 한다. 데이터베이스 백업(즉 덤프)을 먼저 실행한 다음 파일 시스템 백업을 정기적으로 실행해 데이터베이스 백업(즉 스윕)의 결과를 백업하기 때문이다. 이 방법이 상당히 인기 있는 이유 중 하나는 상용 백업 소프트웨어를 구입하거나 데이터베이스 백업 에이전트를 설치할 필요가 없기 때문이다. 또한 해당 데이터베이스의 백업 제품이 필요하지 않다는 점도 괜찮은 것 같다. 그러나 오라클의 RMAN, MySQL의 mysqldump 등과 같은 덤프 명령이 필요하다. 다만 모든 데이터베이스에 이런 명령이 있는 것은 아니다.

이 백업 방법에서 한 가지 중요한 점은 백업 복사본 2개를 보관할 수 있는 충분한 스토리지를 확보해야 한다. 이렇게 하면 새 백업을 만드는 중에도 가장 최근에 완료된 백업을 항상 복원할 수 있다. 매번 가장 오래된 백업을 삭제하거나 다음 백업으로 덮어쓸 수 있다. 그러면 이전 백업은 그대로 유지하면서 복구를 시작할 수 있다.

스트리밍 백업 제품

사용자가 전통적인 RDBMS를 사용 중이고 해당 DB의 공식 매뉴얼을 본다면 백업 제품으로 직접 스트리밍하는 방식이 가장 권장되는 백업 솔루션일 것이다. 이렇게 하려면 호환되는 백업 에이전트를 설치하고 백업 소프트웨어에서 백업 프로세스를 시작해야 한다. 이 방식으로 백업을 진행하면 백업 데이터 스트림을 생성한 다음 백업 제품에 전달하고, 백업 제품이나 서비스가 데이터를 저장하는 모든 위치에서 이 스트림을 저장한다.

이 방법의 가장 좋은 점은 사용자가 정의한 스크립팅이 필요하지 않다는 것이다. 즉 백업 시스템에서 오류 확인이 용이하고 앞서 언급한 스크립팅 문제를 걱정할 필요가 없다.

백업 소프트웨어 제품 또는 서비스에서 해당 데이터베이스를 백업하려면 추가 비용이 필요할 수 있다. 그리고 사용하던 데이터베이스가 특정 백업 제품에서 지원되지 않을 수도 있다. 또한 DBA는 데이터베이스 서버 또는 VM에 백업 에이전트를 설치하는 것을 좋아하지 않을 가능성이 높다. 따라서 이 방법이 많은 데이터베이스를 백업하는 가장 좋은 방법이기는 하지만 가장 적게 사용될 수도 있다.

트랜잭션 로그 백업

대부분의 데이터베이스 제품은 데이터 파일 백업 외에도 트랜잭션 로그도 백업해야 한다. 실제로 데이터베이스를 하루에 한 번 백업할 수 있지만 트랜잭션 로그는 하루 종일 백업할 수 있다. 다음 단락에서 다루겠지만 트랜잭션 로그는 복구 중에 매우 유용하다. 데이터베이스의 트랜잭션 로그 백업 방법을 확인하자. 트랜잭션 로그를 백업하는 옵션은 기본적으로 데이터 파일 자체를 백업하는 옵션(콜드 앤드 핫 백업, 스냅 앤드 스윕, 덤프 앤드 스윕, 백업 제품으로 스트리밍)과 동일하다. 사용 가능한 방법을 확인하고 트랜잭션 로그를 백업해야 한다.

 일부 트랜잭션 로그를 백업할 때 일부 데이터베이스는 방금 백업한 로그를 잘라내는 개념(즉 삭제)을 갖고 있다. 이 기능을 사용하고 있다면 오직 한 프로세스만 트랜잭션 로그를 백업할 수 있다. 그렇지 않으면 복원할 때 매우 어려울 수 있다.

최신 멀티노드, 즉 일관성을 보장하는 데이터베이스에도 트랜잭션 로그가 있지만 다른 이름(예: 저널)이라 할 수 있다. 서버리스 데이터베이스를 사용하는 경우 일반적으로 이 로그를 사용할 수 없다.

마스터 파일

데이터베이스의 모든 기능을 추적하는 파일(예: 오라클의 제어 파일)이 있는 경우 해당 파일도 백업해야 한다. 이것은 JSON 파일, 제어 파일, 마스터 데이터베이스 또는 이와 유사한 것일 수 있다. 데이터베이스 제품 매뉴얼의 백업 단락을 읽고 데이터베이스에 이런 유형의 데이터베이스가 있는지 확인한 후 백업해야 한다.

지금까지 자체 서버 및 VM에서 실행되는 전통적으로 제공되는 데이터베이스의 백업 방법을 살펴봤으니 이제 서비스로 제공되는 데이터베이스를 백업하는 더욱 간단한 작업을 살펴보자.

PaaS 및 서버리스 데이터베이스 백업

클라우드에서 실행하는 다른 서비스와 마찬가지로 PaaS 및 서버리스 데이터베이스도 백업해야 한다. 그러나 모든 주요 SaaS 제품과는 달리 PaaS 및 서버리스 데이터베이스 백업은 패키지의 일부로 제공된다. 좋은 점은 전통적인 데이터베이스보다 훨씬 쉽게 백업이 가능하다는 것이다.

한편, 기존 데이터베이스(덤프, 스윕, CDP에 가까운 데이터베이스)에서 선택할 수 있는 옵션은 동일하다. 그러나 이런 데이터베이스의 작동 방식은 많이 다르다. 각 플랫폼마다 하나 옵션이 있는데 해당 옵션들을 살펴보자.

덤프 앤드 스윕

PaaS 데이터베이스를 백업할 때 덤프 앤드 스윕 옵션만 사용할 수 있는 경우는 드물다. 그러나 규모가 작은 PaaS 서비스는 통합 백업을 제공하지 않아 사용자가 직접 수행해야 할 수도 있다. 그러면 스케줄러와 덤프 파일을 보낼 수 있는 공간이 생겨 원하는 방식으로 백업할 수 있다. 이전에 논의한 이 옵션의 모든 장단점이 여기에도 적용된다. 데이터베이스 플랫폼에도 트랜잭션 로그가 있는 경우 트랜잭션 로그도 덤프 앤드 스윕해야 한다.

흥미롭게도 일부 PaaS 플랫폼은 데이터베이스의 덤프 프로그램을 사용해 일부 데이터베이스의 백업을 지원하지만 해당 도구를 사용한 복원은 지원하지 않는다. 예를 들어 AWS RDS 버전의 오라클은 RMAN 백업을 지원하지만 RMAN 복원을 지원하지 않는다. 개인적으로 데이터베이스 둘 다 지원하거나 둘 다 지원하지 말아야 한다고 생각한다.

통합 서비스형 백업

많은 PaaS 및 서버리스 공급업체는 데이터베이스 서비스의 빈번한 이미지 복사본 생성 프로세스를 지원하며, 이를 스냅샷이라고 한다(226페이지의 'IaaS'에서 이 용어를 좋아하지 않는 이유를 설명했다). 이 스냅샷은 데이터베이스의 이미지 복사본이며 보통 별도의 스토리지 시스템에 저장해 3-2-1 규칙을 더욱 잘 준수한다(앞으로 논의하겠지만 이 백업은 3-2-1 규칙을 완전히 준수하지는 않는다).

스냅샷은 이전에 언급한 스냅 앤드 스웝 방법과 비슷하지만 조금 더 시간이 걸린다. 기존의 스냅 앤드 스웝 방식은 실행 중인 데이터베이스의 스냅샷을 생성해 백업 소스로 사용할 수 있다. 여기서 차이점은 스냅샷이 자동으로 다른 스토리지 시스템으로 복사되는 반면 다른 방법에서는 이를 수동으로 복사해야 한다는 점이다.

이 스냅샷을 사용하면 전체 구성을 매우 빠르게 백업할 수 있으므로 대규모 다중 노드 데이터베이스를 백업하는 좋은 방법이 될 수 있다. 해당 데이터베이스가 PaaS 또는 서버리스 데이터베이스이면 스냅샷이 유일한 백업 방법인 경우가 많다.

이 기능을 활성화하는 방법은 PaaS 또는 서버리스 데이터베이스 설명서를 확인하자. 경우에 따라 기본적으로 설정해 몇 시간마다 자동으로 백업을 만든다. 아니면 단순히 켜기만 하면 되거나 백업 빈도 등과 같은 옵션을 켜고 구성해야 하는 경우도 있다.

백업 테스트

계속 강조하지만 백업과 관련된 모든 것은 테스트를 해야 한다. SaaS 및 서버리스에서 사용할 수 있는 일부 백업 방법은 작동하지 않는다. 따라서 선택한 백업 방법은 철저히 테스트해야 한다.

3-2-1 규칙

PaaS 및 서버리스 데이터베이스를 사용한 백업은 너무 간단해서 마음에 든다. 그리고 확인해야 할 것은 3-2-1 규칙을 얼마나 잘 준수하는지다. 적어도 하나의 백업 사본은 다른 곳에 있어야 한다. 동일한 계정의 오브젝트 스토리지에 백업을 저장하는 것만으로는 충분하지 않다. 해커가 몇 초 만에 전체 계정을 삭제했을 때 코드스페이스닷컴 codespaces.com 에 무슨 일이 일어났는지 알 것이다. 데이터베이스가 실행되는 동일한 계정에 유일한 데이터베이스 백업 복사본을 저장해서는 안 된다. PaaS 또는 서버리스 데이터베이스 공급업체에 이 문제를 해결하는 방법을 문의하자.

데이터베이스를 백업할 수 있는 다양한 방법을 모두 살펴봤으므로 이제 제품별로 살펴볼 차례다. 다음 단락에서는 널리 사용하는 데이터베이스 제품과 이를 백업하는 다양한 방법을 설명하겠다.

선호하는 백업 방법

각 주요 데이터베이스 제품에는 공급업체 또는 사용자가 선호하는 백업 방법이 하나 이상 있다. 7장의 분량을 감안할 때 다음 설명은 간단한 요약에 불과하겠지만, 다양한 옵션과 관련한 개인적인 몇 가지 생각을 설명하고자 한다. 사용자는 다양한 방법의 장단점을 검토해 자신의 데이터베이스를 백업하는 가장 좋은 방법을 스스로 결정할 수 있기를 바란다.

오라클

오라클은 백업을 위한 여러 옵션이 있지만 오라클을 백업하기 위한 공식적인 답변은 실제 호출 명령어 이름이기도 한 백업/복구 관리^{RMAN}다. 데이터를 백업 제품이나 서비스 또는 덤프 앤드 스윕 작업할 때 디스크로 직접 스트리밍해 데이터베이스 전체 또는 부문 그리고 리두 로그^{redo log}의 전체 또는 증분 백업을 수행할 수 있다. 또한 RMAN은 이전 증분 데이터를 전체 백업에 병합할 수 있는 이미지 옵션을 지원하므로 전체 백업을 여러 개 만들지 않고도 여러 복구 지점을 제공할 수 있다. 개인적으로 이 방식이 가장 효율적인 덤프 앤드 스윕 옵션인 것 같다. 일부 고객은 오라클을 구축할 때 `alter database begin/end backup` 명령을 사용하기도 한다. 원하는 백업 도구를 사용해 데이터 파일을 백업하기 전/후에 핫 백업 모드로 전환하거나 해제할 수도 있다. 이 옵션은 다른 기능과 함께 동작하는 데 디스크 준비 영역이 필요하지는 않지만 광범위한 스크립팅 지식이 필요하다. 윈도우의 경우 6장에서 설명한 VSS 방법으로 오라클을 핫 레벨로 백업할 수도 있다. 이 옵션도 아무런 문제가 없다.

SQL 서버

`backup database` 명령은 데이터베이스나 트랜잭션 로그 전체 또는 증분 백업을 디스크(덤프 앤드 스윕의 경우), 애저(클라우드 백업의 경우)로 자동화하거나 서드파티 백업 도구로 직접 스트리밍힐 때 사용할 수 있다. 또한 SQL 서버는 6장에서 설명한 VSS 방법을 사용해 핫 모드로 백업할 수 있다. VSS 방법은 VM 백업에 보다 쉽게 통합할 수 있으며 디스크 스테이징 영역이 필요하지 않다.

DB2

`backup database` 명령은 DB2 데이터베이스의 전체 또는 일부 및 트랜잭션 로그를 디스크에 전체 또는 증분 백업(덤프 앤드 스윕용)하거나 이를 다른 백업도구 제품으로 직접 스트리밍하는 데 사용할 수 있다. 이 명령은 스냅샷을 지원하는 스토리지 디바이스와 통합하는 `snapshot` 플래그도 지원하며, 애플리케이션 별로 일관된 데이터베이스 스냅샷을 생성하는 데 사용할 수 있다. 다른 스냅샷과 마찬가지로 스냅샷을 생성한 후에는 다른 위치에 복제해야 한다.

MySQL

MySQL 사용자는 다양한 백업 옵션을 선택할 수 있는데, 그 이유를 살펴보면 다음과 같다. 테이블 유형(예: MyISAM 및 InnoDB)은 서로 다른 옵션을 지원하는데 MySQL 엔터프라이즈 에디션 고객은 데이터 파일을 백업하기 전에 데이터베이스를 핫 백업 모드로 전환할 수 있는 엔터프라이즈 백업 기능을 사용할 수 있다. 이 옵션은 `mysqldump` 명령을 사용하는 것보다 효율적이지만 InnoDB 테이블에서만 지원한다. 그리고 백업 중에는 MyISAM 테이블 쓰기가 중단된다. 다만 InnoDB 테이블과 엔터프라이즈 에디션을 사용하는 경우라면 엔터프라이즈 백업 기능이 가장 좋다. `mysqldump` 명령은 범용적으로 사용하며 모든 사용자가 사용할 수 있지만 대형 데이터베이스에서는 속도가 매우 느리다. 대부분 사용자들이 덤프 앤드 스윕 방식을 사용하지만 전체 시점 백업만 수행할 수 있으며 대형 데이터베이스에서는 속도가 다소 느릴 수 있다. MySQL은 테이블 파일 복사, 바이너리 로그를 사용한 증분 백업, 파일 시스템 스냅샷, 분할 복제본을 사용해 백업하는 등 여러 다른 백업 방법을 제공한다. MySQL 사용자는 이 모든 백업 옵션을 테스트해 적합한 백업 옵션을 확인해야 한다. 그리고 각 방법의 복구 속도도 테스트해야 한다.

포스트그레SQL

포스트그레SQL을 사용하는 일반적인 방법은 덤프 앤드 스윕을 설정할 때 `pg_dump` 명령으로 디스크에 전체 SQL 덤프를 생성하는 방법이다. 이를 이용해 전체 데이터베이스 또는 선택한 테이블을 백업할 수 있다.

pg_dump 사용 빈도보다 더 빠른 RPO가 필요하면 연속 쓰기 로그$^{WAL, Write Ahead Log}$를 활성화한 다음 파일 시스템 백업 전후에 pg_start_backup 및 pg_stop_backup을 사용해 데이터베이스를 핫 백업 모드로 전환하거나 핫 백업 모드에서 해제해야 한다. 복구하는 동안 파일 시스템을 복원한 다음 WAL 파일을 사용해 백업 후에 발생한 트랜잭션을 재생한다. 효율적인 이 옵션은 비용이 많이 드는 데이터베이스의 빠른 RPO 복구를 지원한다.

몽고DB

몽고DB 아틀라스(제품의 PaaS 버전)를 사용 중인 경우 시점 복구와 함께 지속적인 클라우드 백업이 가장 좋은 방법이다. 복구할 수 있는 시간대를 지정하면 아틀라스는 지정한 기간 내에 클러스터를 원하는 시점으로 복원할 수 있도록 백업을 자동으로 수행한다. 다만, 일관성을 보장하지 않는 등 확인해야 할 몇 가지 주의 사항이 있다. 몽고DB를 설치해 호스팅하는 경우 몽고DB 클라우드 매니저$^{Cloud Manager}$(SaaS) 또는 Ops 매니저(온프레미스 소프트웨어)를 사용할 수 있다. 클라우드 매니저는 다양한 가격대에서 다양한 SLA를 지원하므로 아틀라스를 사용하지 않는다면 당연히 선택할 것으로 보인다. 몽고DB 4.2 이상을 실행하는 경우 mongod 데몬의 실행 동안 기본 파일 시스템을 백업하기만 하면 몽고DB가 복원 후 더티 키$^{dirty key}$를 감지해 주소를 지정한다. mongodump 옵션은 덤프 앤드 스윕 방식으로도 사용할 수 있지만 소규모 배포에만 사용하는 것이 좋다. 한 가지 이유는 mongodump가 샤드 간 트랜잭션의 원자성을 보장할 수 없기 때문이다.

카산드라

카산드라^{Cassandra}를 사용하는 백업 옵션은 오픈 소스 버전, 엔터프라이즈^{Enterprise} 버전 또는 아스트라^{Astra}(PaaS)를 사용하는지에 따라 매우 다양하다. 카산드라의 복원력을 백업과 혼동하지 말자. 누군가가 실수로 테이블을 완전 삭제하거나 영구 삭제했을 경우 복원력이 보장되지 않는다. 카산드라의 전형적인 백업 도구는 nodetool snapshot 이라 불리는데, 이는 하드 링크를 사용해 전체 또는 특정 키의 스페이스나 테이블 데이터와 완전한 분리된 사본을 생성하는 스냅샷과 같은 시스템이다. 카산드라는 전체 또는 증분 백업을 생성할 수 있다. 이후 복사본을 스냅 앤드 스윕 구성에서 사용해 데이터를 다른 곳에 복사할 수 있다. 이 옵션에는 스토리지 사용뿐만 아니라 RTO 및 RPO 문제를 비롯한 여러 가지 문제가 있다. 클라우드 공급업체에서 모든 버전의 카산드라를 실행하는 고객은 전체 클러스터의 클라우드 스냅샷을 한 번에 생성할 수 있다. 따라서 nodetool snapshot 명령을 사용해 수행할 수 있는 것보다 좋은 복원 옵션을 제공한다. 데이터 스택스에는 전체 클러스터를 백업 및 복원할 수 있도록 설계된 엔터프라이즈 사용자를 위한 DSE 백업 및 복원 서비스[Backup and Restore Service]라는 제품도 있다. 데이터스택스 아스트라[Datastax Astra] 고객은 4시간마다 자동으로 백업된다.

다이나모DB 백업

다이나모DB는 서비스로만 제공하기 때문에 백업 선택이 비교적 간단하다. AWS는 다이나모DB에서 전체 테이블 또는 일부의 시점 복구를 지원할 수 있는 자동 백업을 제공한다. 시점 복구를 활성화하면 AWS가 모든 것을 관리한다. AWS는 사용자가 제어할 수 있는 온디맨드[on-demand] 백업도 제공하지만 특정 시점 복원은 제공하지 않는다.

Neo4j 백업

Neo4j 데이터베이스는 덤프 앤드 스윕 구성에서 사용하는 여러 온라인 데이터베이스의 전체 및 증분 백업을 수행할 때 neo4j-admin 명령으로 백업할 수 있다. 오프라인(즉 콜드) 백업도 지원하지만 필수는 아니며 증분 백업도 지원하지 않는다. 백업 프로세스의 성능에 미치는 영향을 줄이려면 읽기 전용 복제본에서 백업을 실행하도록 구성하는 것이 좋다.

다음 백업 방법 중 하나를 선택해 중요한 데이터베이스를 백업한 후 복원해 보자. 복원 프로세스는 간단하거나 복잡할 수 있지만 반복적인 테스트로 확인할 수 있다. 대부분의 데이터베이스를 복원하는 방법을 살펴보자.

전통적인 데이터베이스 복구

오류가 발생할 수 있는 다양한 시나리오를 연습했다면 기존 데이터베이스 복구는 비교적 간단한 프로세스다. 실제 데이터베이스의 운영 중단이 백업 시스템의 첫 번째 테스트가 되지 않도록 준비해야 한다. 다음은 데이터베이스를 복원하는 데 필요한 여러 단계를 개략적으로 요약한 것이다.

무엇이 잘못됐는지 식별

무엇이 잘못됐는지 식별하는 것은 매우 명확해 보일 수 있지만 그렇지 않다. 각 데이터베이스 제품에는 데이터베이스가 더 이상 동작하지 않는 이유를 정확히 식별하고자 작업할 수 있는 일련의 절차가 있다. 레이드 어레이에서 이중 디스크 오류가 발생하거나 데이터베이스를 실수로 삭제해 전체를 복원해야 하는 경우는 명확하다. 그러나 데이터베이스가 더 이상 실행되지 않고 원인을 모르는 경우는 어떤 부분이 동작하지 않는지 확인하기 위해서는 데이터베이스를 단계적으로 시작하는 방법을 알아야 한다.

그러면 복구 단계에서 상당한 시간과 노력을 절약할 수 있다. 예를 들어 오라클 제어 파일만 잘못됐다고 판단되는 경우 백업 제어 파일을 사용해 데이터베이스를 재시작하고 제어 파일을 간단하게 복구하기만 하면 된다. 1분도 채 걸리지 않는다. 5TB 오라클 데이터베이스를 복원했는데 제어 파일만 잘못됐다는 사실을 알아냈다고 상상해 보자.

데이터 파일 복원

백업한 위치에서 데이터 파일을 복원해야 한다. 콜드 백업, 핫 백업, 스냅 앤드 스윕 또는 스트림 투 백업stream-to-backup 제품 방법을 사용하는 경우 백업 제품으로 이동해 파일을 원자리에 복원하기만 하면 된다. 덤프 앤드 스윕 방법을 사용할 경우 필요한 백업이 일반적으로 백업을 실행하는 위치에 있는지 확인해야 한다. 파일이 있으면 복원 명령을 내릴 수 있다. 덤프 파일이 없으면 데이터베이스 복원 명령을 실행하기 전에 백업 시스템에서 덤프 파일을 복원해야 한다(이것은 덤프 앤드 스윕 메서드의 또 다른 단점이므로 2단계 복원을 수행해야 할 수 있다).

미디어 복구 적용

데이터베이스 제품에서 지원하는 트랜잭션 로그가 있는 경우 이전 시점에서 복원된 데이터베이스를 재생할 수 있다. 이렇게 하면 데이터베이스를 백업한 이후 발생한 트랜잭션이 재생돼 운영 중단이 발생하기 전의 시점으로 데이터베이스가 복구된다. 핫 백업 또는 스냅 앤드 스윕 방법을 사용한 경우에도 미디어 복구는 필요한 단계다. 모든 데이터 파일을 다른 시점에 백업했으므로 미디어 복구는 동일한 시점으로 가져오는 데 사용한다.

데이터베이스 시작

위의 단계를 모두 정상적으로 수행했다면 데이터베이스를 시작할 수 있다. 만약 시작할 수 없다면 첫 단계로 다시 돌아가서 확인해야 한다.

이와 같은 설명이 데이터베이스를 복원할 때 필요한 단계가 무엇인지를 정할 때 도움이 될 것이다. 데이터 파일을 복원하지 않고 트랜잭션 로그를 적용하지 않으면 지금까지 설명한 복구와는 다른 복구가 될 것이다. 다음 절에서는 데이터베이스를 복구하는 보다 최신 방법을 설명하겠다.

최신 데이터베이스 복구

최신 데이터베이스, 특히 여러 노드에 샤딩된 데이터베이스의 복구 프로세스는 백업 방법, 내용, 데이터베이스가 즉시 일관된 데이터베이스인지 아니면 최종 일관된 데이터베이스인지에 따라 달라진다. 전반적인 프로세스는 앞에서 언급한 기존 데이터베이스의 방법과 비슷할 수 있지만 세부 사항은 많이 다르다. 실제로 사용하기 전에 선택한 데이터베이스의 다양한 백업 및 복구 방법을 조사하고 테스트해 보자. 클라우드는 아무리 큰 데이터베이스라도 테스트하기가 너무 쉬워 변명의 여지가 없다고 생각한다. 다음은 간략한 일부 옵션의 설명이다.

미디어 복구가 필요 없는 특정 시점 복구

PaaS 및 서버리스 데이터베이스와 같은 일부 백업 방법은 기존 데이터베이스와 동일한 방식으로 시점 복구(예: 특정 시점 백업에서 복원한 다음 트랜잭션 로그에서 롤포워드roll forward)를 제공하지 않는다. 일부 최신 데이터베이스는 스냅샷 기반 백업을 자주 수행해 지정 시점 복구를 지원한다. 알맞은 스냅샷을 선택하고 복원 명령을 실행한 후 데이터베이스를 시작하면 간단히 특정 시점으로 복구할 수 있다.

테이블 기반 복구

최신 데이터베이스의 일부 백업 옵션은 테이블 수준의 데이터만 백업하는데 이 데이터베이스의 복원도 테이블 기반이다.

노드 수준 복구

샤딩 데이터베이스의 다중 노드에서 단일 노드를 복구해야 할 수 있다. 대부분의 이런 데이터베이스에서는 복원 없이 복구 작업을 수행할 수 있다. 데이터베이스에 이미 있는 데이터의 새 복제본을 생성하려면 단순히 명령어를 실행하기만 하면 된다.

클라우드 레벨 스냅샷

클라우드 공급업체에서 실행 중인 데이터베이스는 데이터베이스가 있는 모든 볼륨의 스냅샷을 자주 생성할 수 있다. 여기서의 복구는 방금 언급한 특정 시점 복구와 매우 비슷하다. 이런 스토리지 레벨의 스냅샷 중 하나를 사용해 데이터베이스가 실행 중인 모든 LUN 또는 파일 시스템을 복원하고 데이터베이스를 시작하기만 하면 된다.

최종 일관성 복원

데이터 복원 방법에 따라 데이터베이스의 나머지 부분과 일관성 있게 복원해야 하는 경우가 있다. 이 프로세스는 얼마나 오래됐는지, 클러스터가 얼마나 큰지, 클러스터의 성능이 얼마나 좋은지에 따라 이 프로세스는 몇 분에서 몇 주가 걸릴 수 있다.

데이터베이스 제품을 이해하는 전문가와 협력해 데이터베이스를 손상시킬 가능성이 가장 높은 시나리오를 학습하고 최악의 상황이 발생할 경우 예상되는 복구 시나리오를 정확히 파악하자. 노드가 여러 개 손실되면 어떻게 될까? 복제본 세트를 모두 잃은 경우 어떻게 복구할까? 화재나 폭발과 같은 최악의 상황에서 클러스터의 모든 노드가 파괴되면 어떻게 될까? 인간의 실수나 해킹 공격은 어떤가? 테이블을 완전 삭제하거나 영구 삭제하는 경우 어떻게 대응해야 하나? 모든 시나리오에 대비해야 한다. 준비하지 않으면 직장을 잃을 수도 있다.

마무리

데이터베이스는 백업과 복구가 어려울 수 있지만 불가능한 것은 아니다. DBA와 상의하고 계획을 수립할 수 있는 충분한 정보를 얻자. 이들은 아마 다른 관점에서 바라볼 것이니 DBA 의견을 이해하고 적이 아닌 동맹으로 만들어야 한다. 개인적으로는 DBA가 내 방식대로 일하도록 설득하느라 너무 많은 시간을 허비했다. 정말 최악은 백업이 전혀 없을 때다. 그 어떤 것도 백업이 없는 것보단 낫다.

모든 데이터베이스가 동일한 것은 아니다. 덤프 앤드 스윕이 한 데이터베이스에 가장 적합한 옵션이라고 해서 다른 데이터베이스에 가장 적합한 옵션은 아니다. 각 데이터베이스의 다양한 백업 방법의 장단점을 알아보고 그에 따라 선택해야 한다.

마지막으로, 데이터베이스 복구는 무엇이 잘못됐는지에 따라 매우 복잡할 수 있다. 클라우드를 사용해 다양한 복구 시나리오를 연습하고 사용자와 DBA가 데이터베이스 복구에 능숙할 수 있도록 하자. 데이터베이스 복구의 첫 테스트가 실제 상황이 되지 않도록 준비하자.

이제 최신 워크로드를 다룰 차례다. 클라우드, 컨테이너, 회사 데이터를 저장하는 서비스에서 실행하는 기능들을 살펴보겠다. 클라우드는 마법이 아니며 어려운 일도 일어날 수도 있다. 다음으로 클라우드 데이터를 보호하는 방법을 살펴보겠다.

8장

최신 데이터 소스

앞선 장에서 데이터 소스를 보호하는 방법을 다뤘지만 극히 소수의 사람들을 제외하고 대부분의 사람들이 동의하는 방법일 것이다. 물론 예외도 있다. 이 책을 읽는 독자 모두는 서버와 데이터베이스는 당연히 백업해야 한다는 데 동의할 것이다. 하지만 모든 사람이 노트북을 백업해야 한다는 데 동의하는 것은 아니고 일부 확장 가능한 데이터베이스는 백업이 필요하지 않을 정도로 복원력이 뛰어나다고 말하는 사람들도 있을 것이다 (사실 둘 다 틀린 말이다). 하지만 8장에서 다룰 최신 데이터 소스 주제에서 백업이 필요하다는 사실을 깨닫지 못하거나 정말 백업이 불필요하다고 말하는 사람들 때문에 끊임없이 논쟁을 벌이는 내 자신이 예상된다.

클라우드는 마법이 아니다. 사실 클라우드는 추상적인 개념이다. 그 실체에는 단지 다른 사람의 컴퓨터에 있을 뿐이다. 클라우드, SaaS, 쿠버네티스는 데이터 보호 및 데이터 소유권의 기본 규칙을 변경하지 않는다. 데이터를 백업하는 것은 본인이 소유한 데이터이고 본인의 책임이며, 다른 사람이 나를 대신해 백업을 수행하고 있다는 서면 정보가 없는 한, 이를 책임지고 수행해야 할 사람은 본인 자신이다. 클라우드와 같은 플랫폼에서 누군가가 데이터 보호 업무를 하고 있고 그 사실을 문서로 갖고 있다 하더라도 이것이 진짜인지 테스트하는 것은 전적으로 담당자가 할 일이다.

이 모든 것을 가슴에 새기고 끊임없이 발전하는 기술의 방향을 살펴보자. 내가 이렇게까지 강조를 하는데 8장이 끝나더라도 아무런 생각이 없다면, 이제부터 정말 무슨 일이 생겨도 내 책임이 아니다.

퍼블릭 클라우드

대규모 서비스 제공 업체는 전 세계에 퍼져 있는 조직에 클라우드화된 컴퓨팅, 스토리지, 네트워킹 및 기타 서비스를 제공하며 우리는 이를 IaaS$^{Infrastructure-as-a-Service}$라고 한다. 이런 서비스는 전문 하이퍼바이저 및 기타 프로세스를 실행해 거의 무한한 확장성을 가지며 이와 연관된 서비스를 제공하는 거대한 데이터센터다. 단일 컨테이너를 30초 동안만 사용하거나, 며칠만 쓸 VM이 필요하더라도 이런 공급업체들은 이 모든 걸 가능하게 한다. 자신이 속한 조직의 전체 컴퓨팅 인프라를 이들이 제공하는 서비스로 완전히 이전하는 다소 무모해 보이는 발상도, 클라우드를 이용하면 전혀 불가능한 일이 아니다.

많은 거대 조직이 퍼블릭 클라우드 내에서 대부분 또는 전체 컴퓨팅 인프라를 실행하는 추세다. 아마도 가장 잘 알려진 사례는 넷플릭스^{Netflix}일 것이다. 넷플릭스는 원래 AWS에서 출발했고 자체 인프라와 결합된 환경에서 실험적으로 운영하다가 결국 모든 것을 AWS로 옮겼다. 넷플릭스는 클라우드를 활용해 서비스 수준을 높이는 동시에 비용을 절감할 수 있는 완벽한 사례로 많이 언급되고 있다.

넷플릭스 운영에 필요한 컴퓨팅 리소스의 양은 넷플릭스 시청자 수에 비례한다. 넷플릭스를 시청하는 사람의 수는 매월, 매일, 심지어 시간마다 바뀐다. 이 글을 쓰고 있는 현재, 우리는 글로벌 대유행의 한가운데 있다. 넷플릭스를 시청하는 사람들의 수는 계속 급증하며 그 속도는 떨어질 줄 모른다.

넷플릭스가 재정적으로나 기술적으로 모두 앞선 이유는 시스템을 설계할 때 클라우드의 동작 방식을 완전히 활용하도록 했기 때문이다. 소프트웨어는 필요에 따라 컴퓨팅, 네트워크, 스토리지 사용량을 자동으로 확장한다. 더 많은 사람이 넷플릭스를 시청할 때 더 많은 리소스를 자동으로 추가하고 더 이상 시청하지 않을 때는 해당 리소스를 제거하고 이 동작은 하루 종일 자동으로 일어난다. IT 인프라를 구축하는 정말 놀라운 방법이라고 할 수 있다.

IaaS

IaaS$^{Infrastructure-as-a-Service}$의 예로는 AWS EC2$^{Elastic Compute Cloud}$ 및 EBS$^{Elastic Block Storage}$가 있다. 마이크로소프트, 구글, 오라클이나 다른 그 외의 회사들도 모두 유사한 형태의 서비

스가 있지만 가장 잘 알려진 AWS를 예로 들어 설명하자면 EC2는 몇 분, 몇 시간 또는 영구적으로 실행할 수 있는 다양한 크기의 VM을 제공하는 특수 하이퍼바이저라고 할 수 있다. 또한 이 VM이 존재하려면 AWS의 블록 스토리지인 EBS가 요구된다.

IaaS 서비스를 사용하는 대부분은 백업 기능이 자동으로 제공되지는 않는다고 알고 있다. 데이터 백업 기능은 있지만 관리자가 직접 백업을 시작해야 하고 데이터를 손상시킬 수 있는 모든 요소를 파악하고 있어야 한다. 8장의 뒷부분인 242페이지의 '클라우드를 보호해야 하는 이유'를 반드시 참고하기 바란다.

IaaS 서비스 이용 고객은 일반적으로 백업과 관련해 두 가지 선택이 있다. 기존 VM과 마찬가지로 클라우드 VM은 클라우드 전용 백업 소프트웨어 제품 또는 서비스를 설치하고 원격으로 물리적 서버를 백업하는 것과 동일한 방식으로 해당 VM을 백업하는 것이다. 일반적으로 아웃바운드^{outbound} 트래픽에 대해서만 비용을 지불하기 때문에(일반적으로 전송 요금이라고 함) 대역폭을 많이 소모하지 않는 백업 방법을 사용하는 것이 유리하다. 예를 들어 9장에서 설명하는 스냅샷 및 복제 기반 백업 또는 소스 중복 제거 백업 시스템과 같은 블록 수준의 영구 증분 백업 방법을 사용할 수 있다. 다른 백업 서비스 공급자를 사용하더라도 가격에 해당 수수료를 포함하는 경우 해당 수수료는 여전히 있다.

다음으로 IaaS 서비스를 백업하는 더 일반적인 방법은 해당 공급업체에서 제공하는 기본 도구를 사용하는 것이다. 각 IaaS 공급업체는 다른 제품이 호출할 수 있는 API 부터 예약 백업 서비스에 이르기까지 모든 것을 제공한다. 도구는 일반적으로 해당 플랫폼의 생태계에 맞게 설계됐기 때문에 대부분의 사람들은 이런 기본 도구를 사용해 백업하는 게 일반적이다. 클라우드 공급업체에서는 기본 기능뿐 아니라 통합 없이는 얻을 수 없는 추가 기능도 제공한다.

클라우드 블록 스토리지

예를 들어 AWS는 EBS에서 실행되는 EC2 VM에 가장 기본적인 백업 서비스부터 고급 백업 서비스까지 세부적인 기능까지 제어가 가능한 서비스를 다양하게 제공한다. AWS 인터페이스에서 수동으로 설정하거나 자동으로 설정하도록 예약할 수도 있고, 서드파티 제품을 사용해 프로세스를 관리할 수 있다. EBS 볼륨의 최초 백업은 소스 볼륨(또는 백업 중인 특정 EC2 호스트에 연결된 모든 소스 볼륨)의 바이트 단위 이미지 복사본을 생성하고 이 복사본은 완전히 다른 스토리지 시스템에 저장되는데 이는 AWS S3^{Simple Storage Service}이다.

AWS에서는 이것을 EBS 스냅샷이라고 부르지만 다른 장에서 설명한 스냅샷이란 용어의 의미와는 다르다. 나는 9장에서 대부분의 데이터에 대해 소스 볼륨에 의존하는 볼륨의 가상 이미지로 스냅샷을 정의했다. 이번 스냅샷은 보호된 볼륨의 전체 복사본을 의미하는 것으로 앞서 정의한 스냅샷과 매우 다르다. 이는 스냅샷이라기 보다 이미지 복사에 더 가깝다. 이후에 이어질 스냅샷들은 오로지 이전 백업 이후에 변경된 바이트 수준의 데이터만 저장하는데 이 역시 EBS 스냅샷이라고 한다.

스냅샷 생성 시점만 지정하면 어떠한 보호된 원본 볼륨을 복구할 수 있다. 이런 백업 방식에 관심이 있다면 복구의 속도와 어떤 구성의 옵션들이 속도에 영향을 주는지 확실히 알아봐야 한다.

EBS 스냅샷의 한 가지 장점은 데이터가 AWS에 계속 있기 때문에 EBS 스냅샷을 생성할 때, 송신 요금이 발생하지 않는다는 것이다. 또 다른 이점은 EC2 가상 윈도우 환경에서 VSS가 지원하는 애플리케이션들의 정합성을 보장하는 백업을 진행할 때 EBS 스냅샷이 VSS와 VM내의 어떠한 에이전트를 직접 통하지 않고도 연결이 가능하다는 것이다. 많은 AWS 고객이 이런 이유로 통합 스냅샷을 선호한다. 앞서 언급했듯이 8장의 뒷부분인 242페이지의 '클라우드를 보호해야 하는 이유'를 참고하자.

클라우드 오브젝트 스토리지

IaaS 공급업체에서 찾을 수 있는 또 다른 유형의 스토리지는 오브젝트 스토리지다. 예를 들어 AWS S3^{Simple Storage Service}, 애저 블롭, 구글 클라우드 스토리지가 있다. 오브젝트 스토리지는 블록이나 파일 스토리지와 그 형태가 매우 다르지만 파일 스토리지와 비교하면 쉽게 설명할 수 있다.

파일 시스템은 블록 스토리지에 파일을 저장하고 각 파일은 파일 이름과 파일이 저장된 디렉터리로 식별할 수 있다. 예를 들어 /home/Curtis의 resume.doc은 /home/Steve의 resume.doc과 완전히 다른 파일로 간주된다. 이 두 파일의 내용과 기본 이름(resume.doc)이 정확히 동일한 경우에도 마찬가지다. 이는 2개의 다른 디렉터리에 있기 때문에 2개의 다른 파일로 간주된다. 파일의 내용은 서로 비교되지 않는다. 또한 파일 시스템은 이런 파일의 내용이 변경됐는지 여부를 파악하지 않는다.

어떤 사람들은 파일의 수정된 시간으로 파일의 변경을 감지할 수 있다고 생각할 수 있지만 대부분의 OS에는 시간을 수정할 수 있는 다른 방식들을 지원하므로 똑똑한 해커라면 해당 수정 시간을 원래대로 되돌릴 수 있다. 파일 수정 시간으로 파일 변경을 감지할 수 없는 다른 이유가 바로 데이터 열화(bit rot)다. 데이터 열화는 디스크와 같이 자기력을 이용한 데이터 저장방식에서 시간이 지남에 따라 자기력의 저하로 인해 발생하는 데이터 손실이다.

오브젝트 스토리지도 결국 블록 스토리지에 파일을 저장하지만 여러 가지 이유로 파일이라고 하진 않는다. 그중 첫 번째는 파일이란 개념은 파일 시스템에 종속된 개념이다. 따라서 파일은 파일 시스템에 저장된다. 그렇다면 오브젝트 스토리지 시스템은 오브젝트를 저장하는 것이다. 오브젝트는 resume.doc와 같이 사용자의 정의에 따라 일반적인 사용자가 파일로 간주하는 것이 될 수도 있고 EBS 볼륨의 디스크 이미지와 같은 데이터를 포함해 다른 무엇이든 될 수 있다(앞서 언급한 EBS 스냅샷은 오브젝트 스토리지 시스템인 S3에 오브젝트로 저장된다). 또한 오브젝트도 무언가의 일부가 될 수 있다. 예를 들어 중복 제거 시스템은 일반적으로 저장하는 모든 것을 샤드shard라고 하는 작은 데이터 덩어리로 분할한다. 일부 중복 제거 시스템은 각 샤드를 오브젝트 스토리지 시스템의 오브젝트로 저장한다.

파일 시스템은 디렉터리와 하위 디렉터리를 사용해 그 안의 파일을 식별하는 계층적 스토리지 시스템이다. 이와 대조적으로 오브젝트 스토리지 시스템은 완전히 수평적이다. 오브젝트 스토리지 시스템의 '버킷bucket'에 있는 모든 오브젝트는 동일한 이름공간에 저장된다. 많은 버킷이 한 계정에 존재할 수 있지만 그 수준은 모두 동일하다. 따라서 파일 시스템의 디렉터리 구조와 전혀 다르다. 그림 8-1은 디렉터리, 하위 디렉터리, 파일의 계층 구조를 가진 일반적인 파일 시스템을 보여 준다.

파일과 달리 오브젝트는 작성자가 지정한 임의의 이름이 아니라 내용으로 식별한다.

각 오브젝트는 해시라고 하는 영숫자 값alphanumeric value을 생성하는 암호화 알고리듬(예: SHA-1)으로 동작한다. 다음은 hello world를 SHA-1로 해싱한 결과다.

AAE6C35C94FCFB415DBE95F408B9CE91EE846ED.

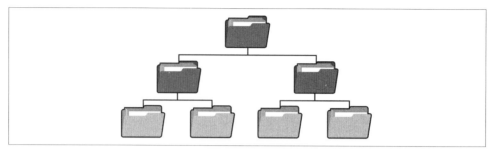

그림 8-1 파일 시스템

이 해시값은 해당 오브젝트의 내용을 기반으로 하기 때문에 각 오브젝트에 고유하고 해당 오브젝트의 고유 식별자(예: UID)로 사용한다. 오브젝트 스토리지 시스템에 오브젝트를 저장하면 방금 저장한 UID로 응답한다. 그런 다음 해당 UID를 어디엔가 보관하고 해당 데이터가 필요할 때 UID로 데이터를 불러올 수 있다. 그림 8-2는 여러 유형의 자체 오브젝트가 있는 오브젝트 스토리지 시스템을 보여 준다. 각 오브젝트는 완전히 다른 유형의 데이터를 저장하고 UID로 각각 직접 액세스할 수 있다.

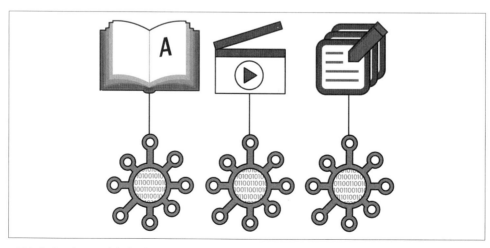

그림 8-2 오브젝트 스토리지 시스템

만약 클라우드 기반 오브젝트 스토리지 시스템을 사용해 본 적이 있다면 저장된 오브젝트의 이름을 임의로 만들 수 있다고 생각할 수 있다. 왜냐하면 마치 UI에서는 이름을 지정할 수 있는 것처럼 보여 주기 때문이다. 그러나 우리가 보는 화면은 저장된 오브젝트와 임의로 지정한 각 오브젝트의 이름을 서로 연결해 주는 전송 레이어다. 이 레이어는 저장할 파일 이름을 지정하고 해당 파일을 오브젝트 스토리지에 저장한 다음 오브젝트의 UID를 내부적으로 기록하고 지정한 파일 이름과 연결해 보여 준다.

오브젝트 스토리지와 파일 시스템의 또 다른 차이점은 오브젝트는 절대 변경되지 않는다는 것이다. 파일 시스템에서는 파일을 열고 수정한 후 다시 저장하는 것이 일반적이지만 같은 이름으로 데이터를 저장하는 것은 오브젝트 스토리지에서는 불가능하다. 오브젝트가 생성되고 식별되는 방식을 곰곰이 생각해 보면 이것이 불가능한 이유를 알 수 있다. 오브젝트를 변경하고 다시 저장하면 오브젝트의 데이터를 기반으로 생성되는 UID까지 변경해야 한다. 따라서 오브젝트를 수정해야 한다면 해당 개체의 새 버전을 저장하고 그 이전 오브젝트는 버전 관리 차원에서 별도로 기록해 두면 된다.

오브젝트 스토리지가 파일 시스템 인터페이스를 제공하기 때문에 실제로 파일 시스템이 동작한다고 착각하지 않길 바란다. 일반적인 파일 시스템의 모든 기능(예: 디렉터리, 파일 수정)을 제공하고 해당 데이터를 오브젝트 스토리지에 저장하는 파일 시스템 전송 서비스가 있다. 마치 파일 시스템이 작동하는 것처럼 보일 수도 있지만, 실제로는 수정된 오브젝트를 새 오브젝트로 저장할 뿐이다.

데이터 보호 기능은 오브젝트 스토리지에 내장돼 있다. 가장 확실한 기능은 시스템의 각 개체가 저장됐을 때와 동일한지 언제든지 검증할 수 있다는 것이다. 이런 검증 방법은 오브젝트에 저장된 데이터로부터 해시값을 다시 검출하고 UID로 현재 해시값과 비교하는 방식이다. 데이터 기반의 해시값이 원래 저장됐을 때와 동일하면 이는 내용이 어떤 방식으로든 변경되지 않은 것이다. 이것은 보관 체인, 불변성을 증명하고 기본 저장소에서 데이터 열화를 식별하는 데 유용한 기능이다(데이터 열화는 349페이지의 '장기 보관'에서 설명한다).

대부분의 오브젝트 스토리지 시스템에 내장된 또 다른 기능은 각 오브젝트가 저장되는 횟수를 지정하는 방법이다. 예를 들어, AWS S3 표준은 S3 문서에 따르면 모든 오브젝트를 'AWS 리전 중, 각각 일정 거리로 분리된 최소 3개의 가용 리전^{region}'에 저장한다. 이런 추가 복사본은 이전 단락에서 언급한 무결성 검사로 손상된 개체를 발견하게 되면 따로 보관하고 재해로부터 손상되지 않은 오브젝트의 원본을 복구할 수 있다.

IaaS 공급업체에서 제공하는 오브젝트 스토리지는 지속적인 데이터 변경이 필요 없는 조직에서 저렴한 비용으로 사용할 수 있다. 예를 들어 최근 많은 조직에서 백업 또는 아카이브를 S3, 애저 블롭 스토리지 또는 구글 클라우드 스토리지를 이용한다.

대중적인 오브젝트 스토리지 시스템에서 지원하는 많은 데이터 보호 기능은 3-2-1 규칙에 명시된 백업 요구 사항도 충족한다. 바로 각기 다른 3곳에서 3개의 데이터 사본을 두는 것이다. 데이터 삭제를 방지하는 WORM$^{Write-Once-Read-Many}$ 기능을 활성화할 수도 있다. 이렇게 하면 계정 접근 권한을 획득한 해커로부터 최소한 데이터의 손상은 보호될 수 있다. 또한 데이터 열화와 같은 데이터 손상을 감지하고 이를 복구할 수 있다는 점에서 자가 치유 기능까지 기대할 수 있다.

이런 데이터 보호 기능에도 많은 조직에서 오브젝트 스토리지를 백업할 필요성을 느끼지 못한다. 오브젝트 스토리지를 백업하지 않는다면 이를 보호할 수 있는 그 외의 작업을 수행해야 한다. 만약 계정이 있는 누구나 읽을 수 있는 오픈 버킷이 있다면 프로그래밍 방식으로 전체 계정을 검토해야 한다. 그리고 오픈 버킷은 더 이상 생성하지 않길 바란다. 오브젝트 스토리지 보호를 위해 다계층 인증$^{multifactor\ authentication}$을 활성화하고 중요한 백업 데이터는 별도 지역의 별도 계정에 저장해야 한다. 242페이지의 '클라우드를 보호해야 하는 이유'를 읽고 꼭 따르길 바란다.

이제는 인프라에서 한 단계 더 나아가 데이터베이스 플랫폼을 살펴보자. 데이터베이스는 또한 서비스로 사용이 가능하고 차세대 데이터 소스로써 앞으로 살펴봐야 할 부분이다. IaaS와 마찬가지로 백업이 필요하지만 이를 제공하는 공급업체에서 백업할 수 있는 기능을 제공한다.

PaaS

컴퓨팅 및 스토리지와 같은 인프라 서비스를 제공하는 것 외에도 대부분의 클라우드 공급업체는 PaaS^{Platform-as-a-Service} 서비스도 제공한다. 이는 데이터베이스 플랫폼(예: MySQL, 오라클), 애플리케이션 플랫폼 또는 가상화 플랫폼(예: VMware 클라우드)일 수 있다. PaaS 고객은 원하는 서비스를 선택하고 필요에 맞게 구성한다.

예를 들어 AWS RDS^{Relational Database Service}를 사용해 필요한 MySQL 버전, 데이터베이스 크기, 관리자 자격 증명을 지정할 수 있다(특정 오퍼링을 처음 생성할 때 수십 개의 구성 옵션이 제공될 수 있다. 이런 옵션의 사례로 설명하겠다). 고객이 플랫폼 프로비저닝 방법을 지정하면 그에 따라 자동으로 프로비저닝되고 고객은 프로비저닝이 끝난 후 사용만 하면 된다.

이 서비스는 플랫폼 관리에 능숙하지만 일반적인 시스템 관리 측면에는 관심이 없는 사람들을 위한 것이다. 이런 이들은 데이터베이스에 1TB 용량을 원하지만 본인들이 스스로 프로비저닝하기는 원하지 않는다.

하지만 중요한 것은 이전에 언급한 IaaS 서비스와 마찬가지로 데이터를 생성하는 모든 PaaS 제품을 백업해야 한다는 것이다. IaaS 오퍼링과 마찬가지로 이런 오퍼링 중 다수는 자동화된 백업 서비스를 제공한다. AWS RDS는 PaaS이며 통합 백업을 제공한다. 이전 부분에서 설명한 EBS 볼륨 백업과 매우 유사하게 작동한다. 데이터베이스에 대한 애플리케이션 정합성 보장 스냅샷을 생성하고 해당 스냅샷을 S3에 전체 바이트 단위 복사본으로 저장한다. 후속 스냅샷은 마지막 백업 이후에 변경된 바이트만 저장한다.

VMware 클라우드 및 Hyper-V 클라우드도 마찬가지다. 동일한 소프트웨어의 온-프레미스 버전만큼 관심을 갖고 백업해야 하지만 이를 수행할 책임은 전적으로 사용자에게 있다. 이렇게 가상화 환경을 이용하고 있다면 하이퍼바이저를 백업할 수 있는 백업 시스템을 연결해야 한다.

이 글을 쓰는 시점 기준으로 AWS는 오라클 RDS 고객이 RMAN을 사용해 RDS 오라클 데이터베이스의 백업을 생성할 수 있지만, 이런 RMAN 백업에서 오라클 RDS 데이터베이스를 복원할 수 있는 기능은 제공하지 않음을 참고하기 바란다.

PaaS의 대다수의 경우가 백업 에이전트를 설치할 곳이 없기 때문에 PaaS 제품의 통합 백업이 해당 데이터의 백업을 생성하는 유일한 방법인 경우가 대부분이다. 이 기능을 사용해 백업을 만든 다음 242페이지의 '클라우드를 보호해야 하는 이유'의 조언을 따라 해커 및 재해로부터 백업을 보호하자.

서버리스 서비스

일부 애플리케이션은 PaaS 상위의 추상화 계층에서 서비스로만 제공된다. 이런 애플리케이션들은 별다른 설정 없이 사용하기만 하면 되고, 추가적인 구성이나 관리를 필요로 하지 않는다. 이에 대한 완벽한 사례는 아마존의 다이나모DB이며, 이는 매우 이해하기 쉬운 구조의 간단한 키값 데이터베이스다. 다이나모DB에 로그인하고 키값 쌍을 저장하기 시작한다. 이는 스토리지나 데이터베이스 구성을 전혀 필요로 하지 않는다(데이터베이스는 이미 실행 중이고 데이터베이스에 테이블도 생성하고 있지만 아무것도 표시되지 않는다. 단지 키값 쌍이 포함된 테이블만 볼 수 있다). 이 상태에서 아무런 추가적인 환경 설정 없이 100억 개 이상의 키값 쌍들을 넣을 수 있다. 다이나모DB는 모든 고객의 요구 사항을 충족하도록 백엔드의 용량을 자동으로 확장한다. 클라우드의 다른 모든 것과 마찬가지로 이 서비스는 매우 탄력적이지만 그러나 여전히 백업은 필요하다.

이와 같은 서비스들은 일반적으로 데이터를 백업하는 방법까지 함께 제공한다. 예를 들어 다이나모DB는 AWS 계정에 저장되도록 높은 빈도의 백업을 구성할 수 있다. 이렇게 백업 및 복원은 간단하지만 구성 및 실행을 확인하는 것은 여전히 관리자의 책임이다.

SaaS

마지막으로 이야기해야 할 서비스 유형은 SaaS^{Software-as-a-Service}다. 일부 사람들은 AWS RDS와 같은 제품을 SaaS로 보기도 하지만, 실제로 이 용어가 의미하는 바는 좀 다르다. 일반적으로 SaaS 애플리케이션은 특정 목적을 달성하는 완전한 기능을 갖춘 특수 제작된 애플리케이션을 말한다. SaaS 애플리케이션에는 몇 가지 공통점이 있다.

물론 우리에게 이미 익숙한 SaaS 애플리케이션들이 있다. 마이크로소프트 365, 구글 워크스페이스, 세일즈포스, 슬랙, 깃허브 등이 이런 특정 목적을 위한 SaaS 애플리케이션이라고 할 수 있다.

인프라 구성이 필요하지 않다

SaaS 서비스를 이용한다면 인프라는 전혀 신경 쓰지 않아도 된다. 당연히 SaaS를 구동하고자 작동하는 수많은 서버와 이를 지원하는 애플리케이션들이 있을 수 있지만 사용자는 걱정할 필요가 없다. 이것이 SaaS가 구독 기반 소프트웨어와 다른 점이다. 구독 소프트웨어를 사용하면 소프트웨어 비용을 지불하기만 하면 되지만 여전히 해당 소프트웨어가 실행되는 인프라에 대한 책임은 소프트웨어를 구매한 조직이 갖고 있다. 하지만 SaaS는 애플리케이션의 인프라에 대해 전혀 알 필요나 관심을 가질 필요도 없다. 이 말은 프로비저닝하거나 보호할 서버나 스토리지가 없다는 말이기도 하다.

지속적인 자동 업데이트

대부분의 SaaS 애플리케이션은 애자일^{agile} 개발 모델을 바탕으로 개발됐으며 정기적으로 새로운 기능을 배포한다. 이렇게 지속적으로 새로운 기능이 배포되더라도 서비스를 유지 또는 관리하거나 업그레이드하는 것에 대해 전혀 걱정할 필요가 없다. 그저 사용자는 새로운 기능이 나오면 이를 배우고 사용하기만 하면 된다.

종량제 모델

일반적인 하드웨어 및 소프트웨어 제품은 필요한 용량을 추정해서 대규모 자본이 투자되기 때문에 사용 여부에 관계없이 모든 비용을 선불로 지급하는 구조다. 또한 시스템 자원을 충분히 확보하기 위해 실제 사용량을 넘어서서 프로비저닝되는 경우가 발생하며 결국 실제로 사용하지 않는 하드웨어 및 소프트웨어에 대한 비용을 지불하게 되는 경우가 많다. SaaS 시스템을 사용하면 백업하는 계정수 또는 사용한 용량만큼 비용을 지불할 수 있다. 많은 SaaS 서비스는 1년 정도 선지급을 요구할 수 있지만 실제로 지불하는 금액은 실제 사용량을 기준으로 한다.

백업은 포함되지 않는다

242페이지의 '클라우드를 보호해야 하는 이유'에서 설명한 것처럼 8장에서 설명하는 주요 SaaS 애플리케이션에는 백업이 포함돼 있지 않다. 휴지통이나 버전 관리와 같은 백업과 유사한 기능이 있을 수 있지만 백업의 기본 정의와 완전히 부합하는 것은 없다. 이 기본 정의는 3-2-1 규칙을 말한다. 이 규칙에 관한 상세한 정의는 3장을 참조하길 바란다.

다음은 다양한 SaaS 서비스를 간단히 설명하고, 그중에서 백업이 필요한 유형들과 SaaS 플랫폼에서 백업을 수행할 수 있는지를 설명하겠다.

세일즈포스

SFDC^{Salesforce Datacenter}는 고객 관계 관리^{CRM, Customer Relationship Management} 서비스다. 영업 사원은 모든 리드^{lead}와 콘택트^{Contact}를 여기에 입력하고 이 서비스로 모든 판매 및 잠재적 판매를 추적한다. SFDC는 본질적으로 거대한 특수 목적을 지향하는 데이터베이스이지만 일반적인 데이터베이스와 접근 권한이 다르기 때문에 다른 용어들을 사용한다. 예를 들어 SFDC에는 테이블을 오브젝트라고 부른다. IT에서 오브젝트가 매우 다양한 용도로 사용된다는 점을 감안하면 이는 혼란스러울 수 있지만 SFDC 세계에서 오브젝트는 테이블과 동일하다.

user 오브젝트는 모든 사용자, 암호, SFDC에 액세스할 수 있는 항목을 저장한다. 잠재 고객은 일반적으로 lead 오브젝트에 먼저 기록된 다음 고객으로 변환된 후 contact 오브젝트로 이동된다. 잠재적인 판매가 opportunity 오브젝트에 기록된 다음 won 또는 lost 상태로 저장된다. 이 고객과의 모든 연결은 각 유저, 리드 또는 해당 오브젝트가 속한 오브젝트의 고유한 레코드 ID로 모두가 연결된 하나 이상의 관련 오브젝트에 저장된다.

수백 개의 서드파티 애플리케이션도 SFDC와 통합돼 자동화된 청구, 수수료 관리, 이메일, 웹에서의 리타기팅^{retargeting} 등 많은 작업을 수행한다. 이런 모든 외부 애플리케이션들은 SFDC를 레코드 소스로 사용해 SFDC에서 영업 정보를 연동하고 이런 외부 애플리케이션으로 얻어진 각 고객 활동을 적절한 콘택트에 직접 기록한다.

SFDC는 매우 많은 조직에서 필수로 사용하고 있지만 이 중요한 정보를 백업하지 않는다. 세일즈포스는 아쉽게도 다음 단락의 설명처럼 이 문제를 혼란스럽게 했다.

세일즈포스는 $10,000 비용에 유사시 대비 복구 서비스를 제공한다. 그리고 각각의 세일즈포스 오브젝트(예: 유저, 리드^{lead}, 콘택트)에 저장된 데이터를 CSV 파일 형태로 변환한 다음, 다운로드 링크를 제공하는 데 6~8주가 소요된다. 그런 다음 이런 CSV 파일을 특정 순서로 한 번에 하나씩 가져와야 정상적으로 복원이 가능하다.

세일즈포스는 이 백업 서비스를 출시했으나 그 기능이 의도한 기대치에 미치지 못한다고 판단해 2020년 7월에 서비스를 철회했으며, 그 후 데이터를 백업하는 것은 사용자의 책임이라고 선언했다. 그러나 2021년 3월에 갑자기 이 입장을 번복하고 내가 본 것 중 최악의 백업 및 복구 서비스를 다시 제공하고 있다. 복구가 보장되지 않는 6주에서 8주 동안의 RTA에 그 복원 프로세스 또한 수동으로 작업해야 한다면 누가 이것을 쓰려고 하겠는가? 도대체 누가 세일즈포스에 이 서비스를 다시 시작하도록 압력을 준 건지 모르겠다.

세일즈포스는 백업에 사용할 수 있는 몇 가지 도구를 제공한다. 불행히도 이 무료 도구는 자동화와 거리가 멀다. 세일즈포스 관리자는 세일즈포스 인터페이스로 이동해 백업을 수행하도록 설정할 수 있다. 일정 시간이 지나면 레코드 수에 따라 백업할 수 있는 파일이 제공되는데 이것은 자동화할 수도 없는 매우 수동적인 프로세스다.

일부 사용자는 샌드박스를 백업 방법으로 사용한다. 라이선스에서 허용한다고 가정하면 운영 데이터베이스에서 전체 복사본을 수행하는 데 사용할 수 있는 무료 샌드박스가 제공된다. 하지만 이 또한 자동화는 안 되고 샌드박스에서 프로덕션으로 직접 복원은 더욱 불가능하다. 다시 샌드박스에서 다운로드한 다음 CSV를 사용해 운영 인스턴스를 복원할 수 있다.

이 글을 쓰는 시점에 세일즈포스는 업그레이드된 백업, 복구 기능을 개발하고 있다고 한다. 출시되지 않은 기능을 평가할 순 없지만 데이터 복사가 이루어지지 않으면 3-2-1 규칙을 따른다고 볼 수 없고, 이것이 유효한 옵션이라고 간주될 수도 없다. 그러나 세일즈포스 데이터를 보안 S3 버킷 등에 자동으로 복사하는 방법을 제공한다면 어느 정도 만족스럽다고 할 수 있다.

요즘엔 완전히 자동화된 방식의 세일즈포스 백업과 복원을 지원하는 여러 상용 도구가 판매되고 있다. 결국 이런 소프트웨어 제품 또는 서비스 중 하나를 선택해 구매해야 하는 상황이다.

마이크로소프트 365

오피스365로 알려진 마이크로소프트 365는 익스체인지 온라인$^{Exchange Online}$, 셰어포인트^{SharePoint}, 원드라이브^{OneDrive}, 팀즈^{Teams}를 포함한 커뮤니케이션 및 공동 작업 도구다. 각각의 도구가 알 수 없는 이유로 손상된다면 상당한 양의 지적 재산 또한 함께 손실됨을 의미한다. 하지만 이 중요한 IT 인프라의 가치를 논의해 본 사람은 찾아볼 수 없다.

사람들마다 시각에 차이가 있는데 마이크로소프트 365 데이터가 이미 백업되고 있는지에 관심을 갖는 사람은 찾아볼 수 없었다. 다른 SaaS 애플리케이션과 마찬가지로 마이크로소프트가 데이터를 보호한다고 하고 있는 어떤 기능도 3-2-1 규칙의 기준으로 보면 백업으로 인정될 수 없는 수준이다.

기껏해야 이들이 백업 기능이라고 소개하는 것들은 단지 편의성 기능에 지나지 않는다. 마치 노트북의 휴지통과 다를 바 없다. 휴지통은 한편으론 편리하지만 노트북에 불이 붙으면 그 휴지통은 아무 소용이 없다.

이런 편리한 기능에 어울리는 사례는 마이크로소프트 365 보존 정책이다. 모든 파일의 모든 버전, 그리고 보내거나 받은 모든 이메일을 n일 또는 n개월 동안 저장하도록 지정하는 보존 정책을 수립할 수 있다. 예를 들어 마이크로소프트 365로 생성, 수신 또는 전송된 모든 단일 파일 또는 이메일들은 보존 정책으로 저장된다. 또한 복사본을 삭제할 수 없도록 설정이 가능하다(해커로부터 보호하기 위한 것으로, 재판 소송에서 큰 도움이 되기도 한다).

문제는 데이터를 복원해야 할 때 어떤 작업을 해야 하는가다. 마이크로소프트 보존 정책에 의해 저장된 데이터를 검색하는 유일한 방법은 e-디스커버리$^{e\text{-discovery}}$ 시스템을 사용하는 것이다. 이 시스템은 복원 시스템과 혼동해서는 안 된다. 예를 들어 계정(또는 그 일부)이 어떤 방식으로 손상되거나 삭제됐다고 가정하자. 정상적인 복원은 해당 계정을 손상 직전의 모습으로 복원할 수 있고, 계정에 구축된 폴더 및 기타 조직 구조는 데이터와 함께 복원할 수 있다.

e-디스커버리 시스템은 폴더 및 조직 구조는 전혀 신경 쓰지 못한다. 이것들은 단지 재판 소송을 위한 데이터 검색이 주 목적이다. 특정 문구가 포함돼 있거나 특정 사용자가 보내거나 받은 모든 이메일을 찾는 것은 e-디스커버리에게 매우 쉬울 수 있지만, 해당 이메일이나 파일을 원래 저장됐던 원래 위치로 되돌리는 것은 e-디스커버리의 역할이 아니다. 길고 복잡한 프로세스를 거친 후에 얻게 되는 것은 대량의 이메일 및 파일들이다.

또한 e-디스커버리 시스템은 사서함이나 디렉터리의 지정 시간 복원 개념을 이해하지 못한다. e-디스커버리는 특정 시간 범위 동안 생성되거나 수신된 모든 이메일과 파일을 제공하는 방법은 알고 있다. 정전이 발생한 날에 존재했던(그리고 삭제되지 않은) 모든 이메일을 보여달라고 e-디스커버리에 요청해 보자. 우리가 원하는 완벽한 결과는 제공해주지는 못할 것이다. 이는 단지 모든 이메일과 파일을 하나의 큰 폴더로 복원하고 삭제된 파일의 복원이 가능함을 의미할 뿐이다.

마지막으로, 이 보존 정책은 이메일 및 파일 서비스를 제공하는 데 사용한 동일한 데이터베이스에 추가적인 이메일 및 파일도 저장한다. 다만, 242페이지의 '클라우드를 보호해야 하는 이유'에서 설명한 것처럼 전체 계정에 문제가 발생하면 이런 추가 복사본도 사라진다.

외부 백업 기능을 이용한 마이크로소프트 365 백업에 대한 내 아이디어를 조롱하는 사람들은 이러한 사례는 비현실적이고 최악의 복구 시나리오는 발생할 확률적으로 굉장히 낮고 극단적인 경우라고 꼬집는다. 이들은 또한 적절한 백업 소프트웨어가 없어서 불편할 일이 없다고 주장한다. 이에 대한 내 반론은 이런 일이 일어날 확률이 매우 낮다는 것은 인정하지만, 만약 예기치 않은 공격, 재해가 발생했음에도 회복이 더욱 어려워졌다면 이는 반대로 공격에 따른 피해를 훨씬 더 악화시킨다는 것이다. 마이크로소프트 365 전용 서드파티 백업 서비스를 사용하는 데 드는 비용은 적지만 이를 통한 잠재적인 보상은 매우 크다. 조직의 중요한 데이터를 보관하면서 큰 위험을 감수한다는 것은 납득하기 어렵다.

마이크로소프트 365에서 가장 많이 사용하는 두 가지 서비스 수준은 E3 및 E5다. 주요 차이점은 E5에는 보안 및 e-디스커버리 기능이 추가된다. 내가 정말 이해할 수 없는 것은 E3보다 사용자당 한 달에 15달러씩 더 비싼 E5를 결제하는 고객들이다. E5가 제공하는 기능성과 보호는 외부 도구가 제공하는 것보다 상당히 낮으며 가격은 더욱 비싸다.

결국 결정은 우리에게 달려 있다. 조직이 백업의 이점 없이도 지낼 의향이 있다고 결정했다면 이것이 바로 우리의 최종 결정이다. 마이크로소프트가 백업을 위해 하는 일은 실제로 아무것도 없다는 것을 알려 주고 싶다. 내 가장 큰 걱정은 사람들이 이미 데이터가 백업됐다고 생각하기 때문에 데이터를 백업하지 않는다는 것이고 이는 철저히 잘못된 생각이다.

여기에 덧붙여 마이크로소프트 365의 서비스 계약서를 열어 백업 및 복원을 설명하는 부분을 찾아보자. 아마 깜짝 놀랄지도 모르지만 백업에 관한 그 어느 하나, 비슷한 내용 또한 없을 것이다. 우리는 그저 마이크로소프트와 약속되지 않은 일을 알아서 하기를 기대하고 있고 계약서 또한 마이크로소프트가 해야 할 일이라고 말하지 않는다.

마이크로소프트 365에는 조직의 데이터를 무료로 백업할 수 있는 도구가 없다. 단지, 소수의 계정 또는 소수의 용량을 무료로 백업할 수 있는 상당히 제한적인 무료 도구가 제공되긴 한다. 그러나 대부분의 조직에서 마이크로소프트 365를 올바르게 백업하는 유일한 방법은 상용 소프트웨어 제품이나 서비스를 사용해 이를 자동화하는 것이다.

구글 워크스페이스

내가 마이크로소프트 365에 대해 말한 대부분의 내용은 구글 워크스페이스(이전에는 G 스윗으로 알려짐)라고 다를 게 없다. 워크스페이스의 도구들 또한 백업을 필요로 하는 협업 도구이지만 제품군에 백업은 없다. 구글 볼트Google Vault는 구글의 마이크로소프트 보존 정책에 해당한다. 구글 워크스페이스를 위한 e-디스커버리 및 보관 시스템이라고 볼 수 있다. 마이크로소프트 365와 마찬가지로 시스템을 통과한 모든 이메일이나 파일의 사본을 저장하는 데 사용할 수 있으며 이 아카이브는 웹으로 쉽게 검색할 수 있다.

보존 정책과 마찬가지로 구글 아카이브는 백업이 아니며 더 중요한 것은 편지함이나 G 드라이브 폴더를 장애 이전의 모습으로 복원할 수 없다. 누군가 실수로 본인의 계정을 삭제했거나 실수로 계정의 많은 부분을 삭제했거나 G 드라이브에 동기화하는 폴더에 랜섬웨어가 발생한 경우 구글 아카이브는 발생 전의 모습으로 되돌릴 수 없다. 이것은 e-디스커버리 시스템의 목적도 아니다. 기껏해야 계정에 있던 모든 파일과 이메일을 다시 복원할 수 있을 뿐이다. 따라서 백업, 복구 시나리오를 설계할 수 없다.

그러나 'wizbang'이라는 단어가 있는 모든 파일 또는 이메일을 확인해야 하거나 특정 기간 동안 생성한 모든 파일 또는 이메일을 표시해야 하는 경우 구글 아카이브가 가장 적합하다. 이것이 바로 e-디스커버리 시스템이 하는 일이기도 하다. 다만 계정을 특정 시점으로 복원하는 기능은 지원하지 않는다. 그나마 긍정적인 측면은 마이크로소프트 365와는 달리 이 사실들을 부정하는 사람은 없다는 것이다.

구글 워크스페이스에 사용할 수 있는 백업 도구는 마이크로소프트 365에 사용할 수 있는 도구와 유사하다. 단일 사용자를 노트북에 동기화하는 무료 도구와 몇 개의 계정 또는 조직 계정의 대용량 단위를 백업하는 몇 가지 무료 버전이 있다. 이 제품을 데모나 트라이얼로 사용해 볼 수 있고, 추가 구입도 할 수 있다. 구글 워크스페이스를 백업할 수 있는 여러 제품들을 사용해 보고 그중 하나를 검토하는 것이 좋다.

슬랙

슬랙^{Slack}은 서비스로 사용할 수 있는 가장 인기 있는 채팅 애플리케이션이지만 마이크로소프트 365에서 마이크로소프트 팀즈를 번들로 제공하면서 따라잡기 시작했다. 슬랙 중에서도 특정 기능의 제한이 있는 무료 버전 슬랙과(과거의 메시지 중 1만 개까지만 다시 검색할 수 있다) 제한이 없는 상용 버전이 있다.

슬랙이 점점 더 많은 조직에서 기본 커뮤니케이션 매체가 되면서 많은 사람들이 슬랙을 조직 지식의 중요한 저장소로 사용하기 시작했다. 이는 소송에서 사용할 수 있는 기능으로 국가를 상대로도 e-디스커버리를 수행할 수 있으면 도움이 될 것이다.

나는 그동안 슬랙을 백업할 수 있는 무료 도구가 있다는 걸 모르고 있었는데 이번 집필을 통해 슬랙 백업을 지원하는 서드파티 애플리케이션이 있다는 것을 알게 됐다.

깃허브

깃허브 리포지터리 시스템 및 이와 유사한 다른 시스템은 자체 애플리케이션을 배포하는 조직, 특히 도커 및 쿠버네티스로 배포하는 조직에서 점점 더 중요해지고 있다. 도커, 쿠버네티스를 관리하는 방법을 설명한 251페이지의 '도커와 쿠버네티스'를 빠르게 설명하자면 깃허브가 매우 중요한 정보의 최종 목적지이자 소스다.

다만, 깃허브의 백업은 서비스 계약에 포함돼 있지 않다. 깃허브를 백업하는 방법을 좀 찾아봐야 하는데 깃허브 백업을 위한 서드파티 옵션은 다른 툴과는 다르게 찾기가 쉽지 않다.

클라우드를 보호해야 하는 이유

클라우드는 모든 문제를 해결하는 마법의 장소가 아니다. '우리는 IT 문제를 해결하지 않는다. 단지 이것들을 옮겼을 뿐이다.' 이 말과 같이 퍼블릭 클라우드 서비스는 IT를 이동한 것에 불과하다. 퍼블릭 클라우드에서 제공되는 서비스는 일반적인 IT 인프라에 필요한 많은 일상적인 작업을 제거했다. 그러나 퍼블릭 클라우드가 컴퓨팅, 특히 데이터 보호의 본질을 근본적으로 바꾸지 않는다는 점을 이해하는 것이 가장 중요하다. 좋지 않은 일이 클라우드에서 발생할 수 있고 지금도 발생하고 있기 때문이 이런 상황으로부터 데이터를 보호해야 한다.

이 책을 마무리 짓고 있을 때 유럽 최대 클라우드 공급업체인 OVHcloud에 큰 재해가 있었다. 무정전 전원 공급 장치UPS, Uninterruptible Power Supply의 명백한 오작동으로 데이터센터 중 하나가 완전히 파괴된 화재가 발생했다. 화재는 이웃 데이터센터에도 피해를 입힐 만큼 컸다. 3-2-1 규칙을 준수하는 백업이 있는 고객은 작업을 쉽게 복원할 수 있었지만 일부 고객은 모든 것을 잃어버렸다. 이들 중 일부는 OVHcloud가 백업을 수행하고 있다고 믿었지만 실제로는 그렇지 않았다. 다른 사람들은 백업을 했지만 같은 데이터센터나 같이 피해를 입은 이웃 데이터센터에 저장했다. 이전 단락에서 말했듯이 클라우드는 마법이 아니다. 최악이 상황이 현실에서 일어나는 것처럼 클라우드에서도 발생이 가능하기 때문이 이런 상황에서 데이터를 보호해야 한다.

IT 담당자가 클라우드의 데이터를 여전히 보호해야 한다는 사실을 인식하지 못해 클라우드상에서 손실되거나 도난당한 데이터가 복구되지 않는 사례가 많이 발생한다. 평균적으로 퍼블릭 클라우드에 있는 서버와 데이터의 보안 수준이 내가 경험한 일반적인 데이터센터의 보안 수준보다 높다고 생각한다. 하지만 최고의 보안이라 해도 공격에 항상 안전한 상태는 아니다. 또한 여러 단계의 많은 대응 장치들이 존재하지만 동시에 많은 일이 잘못돼 모든 장치가 한 번에 무용지물이 될 수 있다. 이에 대한 사례는 다음 '글쎄, 그 일은 절대 일어나지 않을 거야'에서 설명한다.

글쎄, 그 일은 절대 일어나지 않을 거야

1993년 2월, 시러스(Cirrus) ATM 네트워크의 두 허브 중 하나가 눈보라로 장애가 발생했을 때 나는 신용카드 회사인 MBNA에서 이제 막 IT 경력을 시작하는 중이었다. 물론 이 네트워크는 미국에서 대부분의 ATM 거래에 사용되는 중요한 시설이었다.

'전혀 문제 없어요.' 우리는 이렇게 말했다. '뉴욕에 있는 세계무역센터 지하에 완전 이중화된 시스템이 있는데요.'

그렇다. 그 세계무역센터다. 그리고 같은 날 북쪽 타워 아래 주차장에서 트럭 폭탄이 터져 두 번째 이중화된 시러스 ATM 네트워크 시스템은 사라져 버렸다.

이 폭탄 테러는 1993년 2월 26일에 일어났다. 나는 1993년 2월 23일 MBNA(당시 미국에서 두 번째로 큰 신용카드 회사)의 백업 직원으로 입사했다. 그 사건이 내 IT 경력을 통틀어 이중화된 시스템을 바라보는 관점에 지대한 영향을 미쳤다고 할 수 있다. 오늘날까지 나는 누군가가 '우리는 완전 이중화된 시스템을 갖고 있다'라고 말할 때 이날의 사건을 떠올리며 쓴웃음을 짓곤 한다.

그러고는 '내가 취직한 지 3일째 되는 날에 무슨 일이 일어났는지 얘기해 줄게'라고 이어 말하곤 한다.

클라우드의 데이터를 보호해야 하는지 생각할 때 많은 이야기가 떠오른다. 그러나 코드스페이스닷컴과 같은 재앙에 가까운 이야기는 아마 없을 것이다. 또한 흔치 않은 역설적인 사례이기도 하다. 81페이지의 '새로운 것이 있다'에서 다뤘지만 여기에서 더 자세히 다뤄 보자.

코드스페이스닷컴은 '강력하고 안전하며 저렴한 SVN 호스팅, Git 호스팅 및 프로젝트 관리'라고 광고하는 SaaS 서비스였다. 2014년 6월 14일 웹사이트에서는 '강력한 리포지터리 호스팅'과 '전체 이중화 및 스냅샷 백업'을 제공한다고 밝혔다. 전체 IT 인프라는 세계에서 가장 신뢰할 수 있는 클라우드 서비스인 AWS에 저장됐다. 물론 이중화 시스템과 견고한 호스팅을 지원하고 있었다.

2014년 6월 17일 화요일, 웹사이트는 '코드스페이스가 다운됐다'라는 글을 띄웠다. 한 해커가 코드스페이스의 AWS 제어판의 접근권한을 획득했고 계정을 삭제하겠다고 위협해 돈을 갈취하려고 시도했다. 물론 해커의 접근을 차단하려고 시도했지만 이를 알아챈 해커는 이에 대해 보복까지 감행했다. '요약하면 우리의 대부분의 데이터, 백업, 머신 구성, 오프사이트 백업이 부분적으로 또는 완전히 삭제됐다.' 관계자의 말이다.

나중에 코드스페이스가 다계층 인증과 같은 일반적인 절차를 따르지 않았다는 사실이 밝혀졌다. 이 해커들이 어떻게 접근했는지는 알려지지 않았지만 이런 환경으로 보아 불가능한 일이 아닌 것으로 보인다. 또한 코드스페이스는 운영 데이터와 백업 데이터를 분리하는 권한 분리 방식을 따르지 않았기 때문에 해커는 몇 번의 키 입력으로 모든 것을 삭제할 수 있었다.

이야기를 읽고 '다계층 인증을 활성화했더라면 그런 일이 일어나지 않았을 것'이라고 생각할 수 있다. 그렇다면 우리의 보안이 최고 수준이고 모든 모범 사례를 따른다고 가정해 보자. 이렇게 생각하는 사람들을 위한 또 다른 사례가 있다. 캘리포니아 오클랜드에 있는 Musee, Inc.라는 회사는 오랜 속담처럼 자기 발에 총을 쏜 기막힌 사례다. 시스템 관리자가 테스트 계정을 삭제하려고 하다가 실수로 회사의 G-Suite 계정을 삭제했다. 이 회사는 모든 지적 재산을 G-Suite(지금은 구글 워크스페이스라고 함)에 저장하는 매우 미숙한 회사였다. 또한 노트북이나 데스크톱에 저장된 데이터를 구글 드라이브로 동기화하는 방식이 아니라 단순히 데이터를 구글 드라이브에 직접 저장해 사용해 왔다고 한다.

따라서 시스템 관리자가 실수로 계정을 삭제했을 때 회사 전체의 지적 재산은 더 이상 존재하지 않게 됐다. 구글 기술 지원에 문의했지만 전혀 소용이 없었다. 이것은 독자에겐 놀라운 일이 될 수 있지만 구글이나 이와 유사한 서비스를 제공하는 다른 회사들은 사용자가 데이터를 삭제하거나 손상시킨 경우 데이터를 복구할 수 있는 방식으로 데이터를 백업하지 않는다.

SaaS 세계에서 백업 전문가가 백업을 고려하는 경우는 거의 없다. 백업의 가장 기본적인 정의(3-2-1 규칙)를 충족하려면 백업 데이터를 별도의 시스템에 저장해야 하며 우리가 잘 아는 공급업체는 그렇게 하지 않는다. 기껏해야 데이터가 저장된 동일한 시스템에 데이터의 과거 버전을 저장하는 버전 관리 기능 정도가 있을 뿐이다. 이는 별도의 미디어에 저장되지 않으며 다른 지리적 영역에 저장되지도 않는다.

3장에서 설명한 매우 중요한 3-2-1 규칙을 살펴보면 휴지통 또는 버전 관리가 해당 규칙의 2와 1을 충족하지 못하는 방법임을 알 수 있다. 이 규칙의 가장 중요한 부분이다.

나는 TV 드라마인 〈사인펠드Seinfeld〉의 렌트카 에피소드 중 렌트카 회사가 사인펠드의 예약은 확인이 되지만 렌트해 줄 차가 없다고 말하는 장면이 기억난다. '당신은 어떻게 예약을 하는지는 알고 있죠. 하지만 어떻게 그 예약을 유지하는지는 모릅니다. 이것이 예약의 가장 중요한 부분인 홀딩인 것이죠.'

3-2-1 규칙도 마찬가지다. 데이터의 최소 세 가지 버전을 유지하는 것도 중요하지만 그 데이터를 백업 중인 시스템에 모두 저장한다면 아무 이유 없이 저장하는 것이다. 이 부분에서 사인펠드의 말투를 흉내 내어 보겠다. '백업에서 가장 중요한 부분은 분리다.'

또 다른 매우 중요한 점은 공급업체는 데이터 복구를 지원할 법적 의무가 전혀 없다는 것이다. 아마 서비스 계약상의 가용성, 중복성, 데이터 복원력과 같은 항목들이 언급되고 이런 내용이 백업과 복구를 다룬다고 가정하는 내용이 있을 수 있다. 그러나 여기서 말하는 백업과 복구처럼 보이는 모든 것은 서비스 자체의 이면에 있는 하드웨어와 소프트웨어에 대한 것이다. 이는 생성한 데이터 자체의 보호를 의미하는 것이 아니다. 서비스 계약을 다시 한번 확인해 보자. 백업, 복원, 복구와 같은 단어를 찾는다. 랜섬웨어 공격 또는 해킹과 같은 단어와 구문을 찾는다. 아마 IaaS/PaaS/SaaS 공급업체의 제공 서비스 계약에서 이런 문구는 절대 찾을 수 없을 것이다. 이는 사용자가 저장하는 데이터에 문제가 발생하는 경우 공급업체가 본인을 도울 법적 의무가 없음을 의미한다. 앞서 언급한 오클랜드에 위치한 회사인 Musee는 이에 발생한 데이터 손실과 관련해 구글을

고소했다. 이를 위해 내가 할 수 있는 말은 단 하나다. '행운을 빈다.'

2020년에 KPMG와 마이크로소프트 365에서 또 다른 큰 사건이 발생했다. KPMG는 보존 정책을 사용해 모든 비공개 채팅이 90일과 같은 일정 기간 동안 보관되도록 설정했다. 어떤 이유로 한 사람의 비공개 채팅을 삭제하라는 윗선의 지시가 있었고, 관리자는 보존 기간이 0일인 보존 정책을 만들고 해당 사용자를 해당 정책으로 이동시켰다. 문제는 실제로 의도한 것과는 반대로 14만 명의 사용자를 그 정책으로 이동했다는 것이다. 어느 날 갑자기 모두의 비공개 채팅이 사라져 버렸다. 다급해진 관리자는 마이크로소프트에 연락했지만 마이크로소프트의 답은 '그런 백업은 없어요'였다.

한 가지 더 재미있는 이야기가 있다. 2019년 5월 수천 명의 세일즈포스 고객들은 이들의 계정이 비활성화된 것을 발견했고 세일즈포스에서 이 상황을 설명하는 메시지를 전송했다: '2019년 5월 17일, 세일즈포스는 특정 인스턴스들로의 접근을 차단했다. 이 인스턴스들은 데이터베이스 스크립트 배포로 영향을 받는 사용자들이 포함된 인스턴스이고 이 스크립트 배포는 의도한 것보다 더 많은 데이터 접근 권한을 사용자에게 부여했는데 이는 되돌릴 수 없다.' 세일즈포스 직원에 의해 실행된 스크립트는 조직의 모든 사용자에게 세일즈포스 계정 내의 모든 레코드에 접근 권한을 부여하는 것이었다. 이들이 제시한 해결책은 사용자 계정을 비활성화하고 계정을 활성화하기 전에 사용자에게 그 문제를 해결하라고 알려 주는 것이다. 이해할 수 없을 수 있으니 다시 한번 설명하면, 세일즈포스는 수천 개의 고객 계정에서 사용자 오브젝트를 변경한 다음 그것을 사용자에게 수정하도록 요구했다. 만약 계정을 백업했다면 몇 분 안에 수정할 수 있을 것이다. 사용자 오브젝트를 오류 이전의 방식으로 복원하면 완료된다. 그러나 백업이 없으면 모든 사용자 권한을 수동으로 개별적으로 편집해야 한다. 이와 같은 사례의 유일한 긍정적인 측면은 세일즈포스가 이제 공식적으로 데이터를 백업하는 것은 사용자의 책임이라고 명시했다는 것이다. 다른 SaaS도 이에 관해 진전이 있으면 좋겠다.

위치에 관계없이 조직의 데이터를 보호하는 것은 해당 시스템 관리자의 책임이다. 앞서 언급한 공급업체들이 이 책에 나와 있는 정의를 충족하는 진정한 백업 및 복구 서비스를 제공한다고 해도 이것은 관리자의 책임임을 계속 강조하고 싶다. 물론 공급업체에서 서비스를 제공한다면 그렇지 않겠지만 만약에 클라우드에 보관된 데이터에 대한 책임감을 갖는다면 조직의 데이터에 대해 굳이 해당 서비스에 의존하지 않게 될 것이다. 백업이 3-2-1 규칙을 따르는 가장 유일하고 확실한 방법은 데이터를 별도의 시스템이나 서비스에 백업하는 것이다.

대부분의 사람은 VM을 백업하고 IaaS 공급업체에서 실행되는 스토리지를 차단해야 한다는 것을 알고 있는 것처럼 보인다. 또한 대부분의 사람은 애저 SQL 데이터베이스 또는 VMware 클라우드 또는 애저 클라우드와 같은 데이터베이스 서비스를 사용할 때와 같이 PaaS 데이터를 백업해야 한다는 것을 알고 있는 것으로 보인다.

가장 큰 관심사는 SaaS 데이터다. 백업 논쟁이 자주 일어나는 부분이 바로 SaaS 데이터이기 때문이다. 이유는 잘 모르겠지만 백업 및 복구가 SaaS 패키지의 일부라는 일반적인 오해에서 비롯된 것으로 보인다. 삭제된 파일 및 이메일의 버전 관리, 장기 보존과 같은 백업과 유사한 기능이 너무 많기 때문일 수도 있다. 그러나 이미 언급했듯이 이런 백업 복사본은 백업의 정의를 충족하지 않는다. 이는 별도의 시스템이나 위치에 저장되지 않는다는 것이다. 이런 시스템에서 파일이나 이메일을 삭제하면 단순히 삭제 플래그를 설정하고 파일이나 이메일을 같은 위치에 보관한다. 어디에도 이 데이터를 별도로 저장하지 않는다.

클라우드 데이터를 실제로 백업하고 나면 코드스페이스닷컴에서 발생한 것과 같은 해커 공격과 허리케인이나 홍수와 같은 지역 전체의 재해로부터 해당 백업을 보호하고 있는지도 꼭 고려했으면 한다. 백업을 주 복사본과 동일한 계정이나 지역에 저장했던 코드스페이스닷컴이 한 실수를 답습하지 않길 바란다.

백업 데이터가 주 데이터와 다른 계정 및 지역에 저장돼 있는지 확인하자. 가장 좋은 아이디어는 클라우드 서비스를 사용하지 않는 지역으로 선택하고 모든 백업을 해당 지역으로 보내는 것이다. 백업 및 복구가 유일한 목적인 별도의 계정을 만들자. 가능한 최고 수준의 보안으로 해당 계정을 보호하는 것이 필요하다. 다계층 인증 및 공급업체에서 제공하는 모든 보안 기능을 사용하는 것이 좋다. 가능하면 다중 인증이 가장 좋으며 일반적인 삭제 정책을 벗어나 데이터를 삭제하려면 여러 사람의 인증 및 권한 부여가 필요하도록 설정하는 것이 좋다. 보존 기간이 끝나기 전에 백업이 수정되거나 삭제되지 않도록 일부 오브젝트 스토리지 시스템의 WORM 기능을 사용하는 것도 권장한다.

이제 주제를 전환해서 백업해야 할 최신 워크로드를 설명할 예정이다. 다음은 약간의 논쟁이 있을 수 있는 주제인데, 일부 하드웨어는 온프레미스고 다른 데이터는 클라우드에 있는 형태인 하이브리드 클라우드 구성을 다루겠다.

하이브리드 클라우드 구성

많은 컴퓨팅 환경은 하이브리드 클라우드 모델이라고 하는 것을 사용한다. 즉 클라우드에 가장 적합한 워크로드는 클라우드로 이동시키고, 온프레미스에 더 적합한 워크로드는 데이터센터에 그대로 유지한다. 이 단락에서는 설계에서 하이브리드 클라우드 아키텍처 모델을 사용하는 하드웨어와 소프트웨어의 조합을 구체적으로 설명하겠다.

NFS/SMB 게이트웨이

하이브리드 클라우드 제품 사례는 클라우드 게이트웨이^{cloud gateway}로 설명되는 제품이다. 다양한 형태로 제공되지만 큰 관점에서 보면, 데이터센터의 애플리케이션과 사용자가 단순히 어플라이언스처럼 보이는 기기에 접근하는 것이다. 그러나 해당 어플라이언스는 클라우드에 데이터를 저장하고 있다. 이런 형태의 일반적인 형태는 클라우드 연결로 용량이 무제한인 NFS 또는 SMB 서버이다. 데이터 보호 관점에서 이런 시스템에 접근하는 방법은 다양한 요인에 따라 달라진다.

캐싱 또는 스테이징

문제는 클라우드가 전체 스토리지 설계에서 어떤 역할을 하느냐는 것이다. 만약 장치에 저장된 모든 데이터가 클라우드로 전송된다면 장치는 단순히 캐시^{cache} 역할을 수행할 뿐이다. 캐시 데이터 백업은 걱정할 필요가 없고, 단지 클라우드 복사본이 어떻게 보호되고 있는지를 고민하면 클라우드 복사본을 백업할지 여부를 결정하면 된다.

그러나 스토리지 계층으로 클라우드를 사용하는 경우 이는 매우 다른 문제다. 즉 로컬 어플라이언스에 있는 데이터는 데이터센터의 다른 데이터와 같이 백업해야 한다.

버전 관리

게이트웨이는 현재 버전의 파일을 클라우드에 복제하는가? 아니면 별도 방식으로 버전 관리를 하는가? 파일을 수정하면 이전 버전의 파일은 어떻게 되는가? 이전 버전은 특정 방법으로 사용할 수 있는가? 아니면 지워지는 것인가? 제품에 버전 관리 기능이 내장돼 있다면 이것은 3-2-1 규칙에서 버전 관리 부분을 해결한 것이다. 3-2-1 규칙의 데이터 분리 부분을 충족하는지 여부는 클라우드에서 사용 중인 스토리지에 따라 다르다. 모든 데이터를 세 위치에 자동으로 복제하는 오브젝트 스토리지를 사용하는 경우, 특히 오브젝트 스토리지 시스템에서 WORM 기능을 활성화한 경우 3-2-1 규칙의 모든 측면에서 충족했다고 할 수 있다.

사이징

어플라이언스가 모든 현재 데이터를 저장할 수 있는 방식으로 크기를 조정하면(즉 클라우드는 장치에 있는 모든 파일의 현재 버전을 의미) 주 복사본은 장치 자체에 있다. 그러나 장치의 사이징sizing이 활성 파일만 저장할 수 있도록 돼 있다면, 예를 들어 지난 30일 이내에 사용한 파일만 저장하도록 돼 있다면, 클라우드에는 현재 사용하지 않는 파일의 버전만 복사하기 때문에 이전에 설명한 것과 동일한 논리를 버전 관리에 적용해야 한다. 오브젝트 스토리지의 백업 필요성은 사용자의 의견에 따라 다를 텐데 228페이지의 '클라우드 오브젝트 스토리지'를 읽어 보면 판단에 도움이 될 것이다.

멀티클라우드

일부 클라우드 게이트웨이에서 사용은 가능하나 그렇게 많이 사용하지 않는 기능 중 하나로 멀티클라우드multicloud 공급업체에는 파일을 복사하는 기능이 있다. 모든 파일의 버전을 AWS S3와 애저 블롭 모두에 저장하는 경우, 데이터 보호 관점에서 이런 설계가 잘못됐다고 말하기는 쉽지 않다. 특히 WORM 기능을 활성화한 경우에는 더욱 그렇다. 하지만 아직까지 이 기능을 사용한 사람을 본 적이 없는 것 같다.

클라우드 게이트웨이 사용을 고려할 때 일부 오브젝트 스토리지 시스템의 WORM 기능이 중요한 이유는 해커나 악의적인 직원이 몇 번의 키 입력으로 전체 계정을 파괴할 수 있기 때문이다(코드스페이스닷컴의 사례로도 알 수 있다). WORM 기능을 활성화하면 지정된 보존 기간보다 빨리 데이터를 삭제할 수 없도록 설정할 수 있다. 이것은 또한 악의적인 의도를 가진 사용자가 데이터를 손상하는 것을 방지할 수 있다.

제한된 클라우드

애저와 AWS 같은 퍼블릭 클라우드 공급업체는 애저 게이트웨이 및 AWS 아웃포스트와 같은 소프트웨어를 실행하는 로컬 어플라이언스를 제공하기 시작했다. 클라우드에서 사용할 수 있는 서비스들을 동일하게 이용할 수 있지만 클라우드 공급업체로부터 어플라이언스 형태로 임대 받아 실행하는 방식이다.

이런 어플라이언스는 클라우드 공급업체에 있는 동일한 서비스의 물리적 접점일 뿐이므로 기존 백업에 적용되는 동일한 규칙은 이런 어플라이언스에도 적용해야 한다. 사실 자원에 따라 더 높은 수준의 보호가 필요할 수도 있다. 예를 들어 어플라이언스에 있는 모든 서비스 옵션이 퍼블릭 클라우드에서 사용할 수 있는 옵션과 같아도 된다고 생각해선 안 된다.

다행인 점은 지금까지 나온 어플라이언스로 일반 클라우드 서비스를 보호하는 데 사용하는 동일한 도구를 적용할 수 있다는 점이다. 데이터센터는 백업을 실행할 수 있는 인터페이스에서 선택 가능한 가용존^{available zone}으로 표시된다.

예를 들어 일반 EC2 호스트를 백업하는 데 사용하는 것과 동일한 인터페이스를 사용해 AWS 아웃포스트 어플라이언스에서 실행되는 EC2 호스트의 백업을 예약할 수 있다. 해당 호스트의 백업은 클라우드에 있는 S3에 EBS 스냅샷으로 저장된다. 즉 데이터센터에서 클라우드로 스냅샷을 전송해야 하므로 아웃포스트에서 실행 중인 로컬 VM을 백업할 때 대역폭 문제가 있을 수 있지만, 그래도 최소한 동일한 도구를 사용해 프로세스를 관리할 수 있다는 데 장점이 있다.

다음 주제는 최근 급부상하고 있는 기술이지만 모든 사람이 백업해야 한다고 생각하는 대상은 아니다. 이 기술에서 사용하는 컨테이너는 임시적인 것으로 사용자들은 백업은 필요하지 않다고 생각한다. 나는 최소한 쿠버네티스 구성 정도는 보호해야 한다는 점을 알려 주고 싶다. 또한 어느 때보다 많은 사람이 스테이트풀 컨테이너stateful container를 사용하고 있다. 도커와 쿠버네티스에 관한 매우 흥미로운 기술을 이야기해 보자.

도커와 쿠버네티스

데이터 보호 인력이 어려워하는 최근에 개발돼 출시된 데이터 소스의 형태는 컨테이너와 오케스트레이터orchestrator다. 그중 가장 인기 있는 것은 도커Docker와 쿠버네티스다. 개인적으론 도커와 쿠버네티스가 앞으로 지금까지 사용해 오던 일반적인 백업 및 복구 프로세스와 소프트웨어에 대해 더 많은 변경을 요구할 것으로 예상한다. 일부 상용 백업 솔루션은 도커 및 쿠버네티스를 사용할 때 일부 항목을 선택적으로 보호할 수 있는 기능을 출시했다. 자세한 제품 라인업은 백업 솔루션 공급업체에 문의하기 바란다. 그러나 이 글을 쓰는 시점에서 사용할 수 있는 가장 완성도 높은 상용 솔루션이 아직 많이 없어서 다른 주제보다 이 내용을 더욱 자세히 다룰 예정이다.

컨테이너의 간단한 정의는 경량 VM이라고 할 수 있다. VM이 많은 기능을 수행할 수 있다면, 컨테이너에는 일반적으로 하나의 기능만 맡는다. vSphere 또는 Hyper-V와 같은 하이퍼바이저 대신 컨테이너 런타임 환경인 도커를 사용한다. 도커는 실행 중인 컨테이너와 도커 자신을 실행 중인 호스트의 운영체제(일반적으로 리눅스) 간의 인터페이스다 (도커는 다른 운영체제에서도 실행할 수 있지만 리눅스는 단연 가장 대표적인 도커 호스트 OS 다). 도커는 도커가 실행되는 핵심 OS에서 제공하는 기능을 각 컨테이너에 제공한다. 그리고 실행에 있어 시스템 부담이 적다는 특성 때문에 컨테이너가 빠르게 부팅될 수 있다. 이런 컨데이너들은 완전한 OS 부팅은 필요하지 않고 필수 기능만 활성화시킬 수 있다.

VM은 특정 하드웨어 구성에서 실행되는 하이퍼바이저 내에서 동작하도록 설계된 반면 컨테이너는 이식성이 높다. 컨테이너는 거의 모든 리눅스에서 실행되도록 설계됐으며 적절한 소프트웨어가 설치됐다면 윈도우에서도 실행될 수 있다. 또한 컨테이너는 VM

보다 짧은 기간, 즉 일시적 가동에 초점을 두고 설계됐다. 그와 반대로 VM은 몇 달 또는 몇 년 동안 실행될 수 있지만 대부분의 컨테이너는 일주일 미만 동안 사용되는 것이 일 반적이다.

운영 환경에서 많은 컨테이너를 실행하려면 각 컨테이너들의 관리를 위한 도구가 필요 한데 쿠버네티스(종종 K8로 표기)가 그중 하나다. 이런 컨테이너를 VM에 비유한다면(다 소 부정확할 수도 있지만) VM에서 K8은 VMware의 vCenter 또는 Hyper-V의 시스템 센 터 가상머신 관리자라고 보면 된다. K8은 컨테이너를 파드^{pod}라는 개념으로 그룹화해 서로 쉽게 통신하고 공유 볼륨을 탑재해 스토리지를 공유할 수 있다. K8 파드는 논리적 호스트라고도 하며 이는 VM과 유사하다고 할 수 있다. VM의 각 프로세스는 파드에 있 는 하나 이상의 컨테이너와 유사하다.

쿠버네티스에서는 애플리케이션을 구성하는 모든 리소스, 그리고 그 리소스의 초기화, 액세스, 삭제를 수행하는 데 필요한 구성 정보 등을 포함해 애플리케이션을 정의한다. 이것은 실제로 백업 구성을 완전히 뒤바꿔야 하는 상황까지 불러올 수 있지만 결국에는 몇 가지 정말 큰 이점이 따른다. 8장의 뒷부분인 257페이지의 '쿠버네티스: 새로운 길' 에서 좀 더 다뤄 보도록 하겠다.

컨테이너들이 백업을 어떻게 뒤바꾸는가?

가상화 이전에는 서버에 에이전트를 배치해 백업을 수행했다. 그러나 가상화의 출현으 로 하이퍼바이저 레벨에서 에이전트를 실행하고 VM을 이미지로 백업하는 다른 모델이 나타났다. 그러나 컨테이너에서는 이런 옵션을 제공하지 않는다.

이론적으로 컨테이너 이미지 내부에 에이전트를 설치해 활용할 수 있지만, 여러 가지 이유로 추천하지 않는 구성이다. 또한 하이퍼바이저 레벨과 유사한 컨테이너 런타임(예: 도커) 계층에서 에이전트를 실행할 수 있는 방법도 제공하지 않는다.

많은 컨테이너 지지자는 컨테이너 인프라의 모든 부분에 고가용성이 내장돼 있다고 주장 한다. 쿠버네티스는 항상 클러스터에서 실행되고 컨테이너는 필요에 따라 생성되고 소멸 된다. 그러나 많은 사용자는 이런 고가용성을 재해복구 기능과 혼동하는 경우가 있다.

이런 혼동 때문에 백업의 필요성을 느끼지 못한다면 누군가에게 전체 클러스터, 컨테이너 노드, 구성, 관련 영구 저장소가 완전히 제거된 경우 전체 쿠버네티스, 도커 환경을 다시 구성하는 방법을 되물어 보길 바란다. 만약 해답을 제시하지 못한다면, 이제는 K8과 도커 백업을 다시 생각해 봐야 할 때다.

DR 외에도 업그레이드 전에 테스트/개발 환경에서 운영계로 또는 운영계에서 개발계로 이동할 때와 같이 환경을 복제할 수 있어야 한다. 마지막으로 쿠버네티스 클러스터를 더 쉽게 마이그레이션할 수 있어야 한다. 다음 단락에서는 재해가 발생했을 때 도커와 쿠버네티스를 복구하고자 백업해야 하는 사항을 설명하겠다. 물론 사용자 오류, 소프트웨어 버그를 추적하거나 시스템 관련 규정 준수를 위해 K8 클러스터에서 실행 중인 애플리케이션도 백업해야 할 수 있다. 사용하는 솔루션이 이 모든 것을 보호하는지 확인이 필요하다.

도커파일

도커 컨테이너는 이미지로 실행되고 이미지는 도커파일^{Dockerfile}로 빌드된다. 적절한 도커 구성은 먼저 깃허브와 같은 일종의 저장소를 모든 도커파일의 버전 제어 시스템으로 사용한다. Ad Hoc 도커파일에서 빌드된 Ad Hoc 이미지를 사용해 Ad Hoc 컨테이너를 생성하지 않길 바란다. 모든 도커파일은 현재 빌드에 문제가 있는 경우 해당 도커파일의 이전 버전을 가져올 수 있는 저장소에 저장해야 한다. 서드파티 이미지의 경우에도 마찬가지인데 이는 서드파티에서 버전을 제공할 것이라는 보장이 없기 때문이다. 이전 버전의 이미지로 롤백 해야 하는 경우 사용자가 결정할 수 있다.

또한 각 K8 배포와 연결된 YAML 파일을 저장하는 일종의 리포지터리가 있어야 한다. 이들은 버전 제어 시스템으로 관리할 수 있는 텍스트 파일 형태다.

그런 다음 저장소를 백업해야 한다. 가장 인기 있는 리포지터리 중 하나는 리포지터리를 백업할 수 있는 다양한 방법을 제공하는 깃허브다. 제공된 API를 사용해 리포지터리의 현재 백업을 다운로드하는 다양한 스크립트가 있다. 또한 깃허브를 백업하는 데 사용할 수 있는 상용 도구들도 많이 출시됐다.

앞서 언급한 조언들을 따르지 않고 도커파일이 없는 이미지를 기반으로 컨테이너를 사용하고 있다면 Docker image history 명령을 사용해 현재 이미지를 기반으로 도커파일을 생성할 수 있다. 해당 도커파일을 리포지터리에 넣고 백업을 시작하자. 그러나 솔직히 말하자면 이런 상황을 만들지 말길 바란다. 현재의 도커 환경을 만드는 데 사용되는 도커파일 및 YAML 파일을 항상 저장하고 백업하는 것을 꼭 지키길 바란다.

도커 이미지

컨테이너 실행에 사용되는 현재 이미지도 리포지터리에 저장해야 한다(물론 쿠버네티스에서 도커 이미지를 실행하고 있다면 이미 실행 중이다). 도커 레지스트리와 같은 개인 리포지터리 또는 도커 허브와 같은 공개 리포지터리를 사용할 수 있다. 클라우드 공급업체는 이미지를 저장할 개인 리포지터리도 제공한다. 리포지터리 선택이 끝났다면 해당 리포지터리를 백업한다. '도커 허브 백업'과 같은 간단한 구글 검색으로도 상당히 많은 백업 방법을 찾을 수 있다.

컨테이너를 실행하는 데 사용되는 이미지가 없는 경우 Docker commit 명령을 사용해 생성한다. 그런 다음 Docker image history 명령을 사용해 해당 이미지에서 도커파일을 만들 수 있다.

쿠버네티스 etcd

쿠버네티스 etcd 구성 데이터베이스는 매우 중요하다. 이 데이터베이스의 백업은 클러스터의 상태와 구성을 저장하기 때문에 전체 클러스터 메타데이터 복구에 큰 역할을 한다. 따라서 etcdctl snapshot save db 명령을 사용해 백업해야 한다. 이 명령을 실행하면 현재 디렉터리에 snapshot.db 파일이 생성되고 우리는 해당 파일을 외부 저장소에 백업해야 한다.

상용 백업 소프트웨어를 사용하는 경우 snapshot.db가 생성되는 디렉터리를 백업하기 전에 etcdctl snapshot save 명령을 쉽게 실행할 수 있다. 이것이 이 백업을 상용 백업 환경과 통합할 수 있는 방법 중 한 가지다.

영구 볼륨

데이터를 저장하거나 생성하는 데 사용할 수 있는 영구 스토리지의 액세스 권한을 컨테이너에 부여할 수 있는 다양한 방법이 있다. 기존 도커 볼륨은 도커 구성의 하위 디렉터리 안에 있다. bind mount 명령을 사용해 연결된 바인드 마운트들은 컨테이너 내부에 마운트된 도커 호스트의 모든 디렉터리가 대상이 될 수 있고 기존 볼륨과 바인드 마운트는 기본적으로 동일하게 보인다. 또한 네트워크 파일 시스템NFS, Network File System 디렉터리 또는 오브젝트 스토리지의 오브젝트를 컨테이너 내부의 볼륨으로 마운트할 수 있다.

영구 볼륨을 백업에 사용하는 방법은 컨테이너에서 선택된 방식을 기반이다. 그러나 앞선 옵션들 모두 같은 문제를 안고 있는데, 이는 애플리케이션의 정합성을 보장하는 백업을 얻으려면 데이터가 변경되는 경우를 항상 고려해야 한다는 점이다.

이를 수행하는 한 가지 방법은 특정 볼륨을 사용하는 모든 컨테이너를 종료하는 것이다. 이것은 구식이라고 생각될 수 있지만 결과는 확실하다. 해당 컨테이너가 종료되면 볼륨을 백업할 수 있다. 기존 도커 볼륨인 경우 백업하는 동안 데이터를 변경하지 않는 다른 컨테이너에 마운트한 다음 바인드 마운트된 볼륨에 tar 포맷의 백업 이미지를 생성하면 이후에는 백업 시스템에 사용되는 아무 백업 방식을 사용해 백업이 가능하다.

그러나 이것은 쿠버네티스에서 수행하기는 쉽지 않다. 이는 상태 저장 정보가 파일 시스템이 아닌 데이터베이스에 저장되는 것을 선호하는 이유 중 하나다. K8 인프라를 설계할 때 이 문제를 충분히 고려하기 바란다.

또한 바인드 마운트 디렉터리, NFS 마운트 파일 시스템 또는 오브젝트 스토리지 시스템을 영구 스토리지 시스템으로 사용하는 경우 해당 스토리지 시스템을 백업하는 가장 좋은 방법을 선택해 사용할 수 있다. 스냅샷을 찍은 다음 복제하거나 해당 시스템에서 상용 백업 소프트웨어를 실행해 백업할 수 있다.

K8s 환경에서 도커를 실행하는 경우 컨테이너 스토리지 인터페이스CSI, Container Storage Interface를 사용해 영구 볼륨의 사용 및 보호를 크게 간소화할 수 있다. CSI는 K8s 1.13 버전 이후 일반적으로 사용 가능GA, Generally Available해 관리자가 사전 프로비저닝하거나 스토리지 클래스를 사용해 동적으로 프로비저닝한 영구 볼륨PV, Persistent Volume에 PVCPersistent

$_{VolumeClaim}$를 실행할 수 있다. CSI의 장점은 표준 플러그인으로 K8s 관리자는 스토리지에 표준 API 호출 세트를 사용할 수 있으며 스토리지 공급업체는 이러한 API 호출을 다양한 방식으로 구현할 수 있다는 점이다. 이를 통해 스토리지 공급업체는 K8s 샌드박스에서도 우수한 성능을 발휘하면서 회사만의 가치를 추가할 수 있다.

CSI에는 데이터 보호 기능도 있다. 9장에 정리한 스냅샷의 표준 정의를 따르는 PV 스냅샷 생성을 지원한다. 동일한 스토리지 클래스나 동일한 VolumeMode 설정을 가진다면 동적 볼륨의 복제도 가능하다. 심지어 CSI가 없으면 불가능할 수도 있는 백업 에이전트를 컨테이너에 설치하는 것 또한 가능하게 할 수 있다.

데이터베이스

다음은 컨테이너가 데이터베이스를 사용해 데이터를 저장하는 경우다. 이런 데이터베이스는 무결성을 보장하는 방식으로 백업해야 한다. 다시 말해 데이터 변경이 일어나고 있는 데이터베이스 파일을 백업하는 것은 무의미한 일이라는 것이다.

데이터베이스에 따라 앞서 언급한 방법이 적합할 수 있다. 데이터베이스에 액세스하는 모든 컨테이너를 종료한 다음 해당 파일이 저장된 디렉터리를 백업하는 것이 그 예다. 그러나 이 방법은 시스템 다운타임^{downtime}을 갖기 때문이 어떤 상황에선 적절하지 않을 수 있다.

또 다른 방법은 데이터베이스 엔진 자체에 직접 연결해 백업하는 방법이다. 데이터베이스가 컨테이너 내에서만 실행 중이고 해당 컨테이너에서 백업하려는 상황이라면 먼저 바인드 마운트를 사용해 백업 결과물이 컨테이너 외부에 존재할 수 있도록 볼륨을 연결해야 한다. 그런 다음 데이터베이스에서 사용하는 명령(예: mysqldump)을 실행해 백업을 생성한다. 이 명령이 종료되면 백업 시스템을 사용해 생성된 결과물을 백업한다.

또 다른 선택지는 다른 호스트에서 데이터베이스 백업 명령을 실행하고 컨테이너에서 실행 중인 데이터베이스를 가리키는 것이다. 예를 들어 다음 mysqldump 명령을 사용해 컨테이너 상자에 있는 모든 mysql 데이터베이스를 백업할 수 있다.

```
mysqldump -h box -u user -p password --all-databases > backup.sql
```

마지막으로, K8을 실행 중인 경우 데이터베이스 안으로 명령을 실행해 데이터베이스를 정지시킨 후 스냅샷을 찍을 수도 있다. 이를 이용해 7장에서 언급한 백업의 스냅-스웹 방법을 사용할 수도 있다.

만약 임의의 컨테이너가 어떤 스토리지 또는 어떤 데이터베이스를 사용하고 있는지를 모른다면 어떻게 하겠는가? (데이터 보호를 목적으로 K8 및 도커 환경을 적절하게 구성하는 방법은 이전 단락을 참고하기 바란다.) 한 가지 솔루션은 Docker ps 명령을 사용해 실행 중인 컨테이너를 나열한 다음 Docker inspect 명령을 사용해 각 컨테이너의 구성을 화면에 출력한다. 화면에 출력된 항목 중, Mounts 항목은 마운트된 볼륨을 나타낸다. 모든 바인드 마운트는 쿠버네티스에 제출한 YAML 파일에도 표시된다. 이것은 또한 쿠버네티스의 또 다른 사용 방법이다.

쿠버네티스: 새로운 길

데이터 보호의 관점에서 세상을 바라보는 사람들은 도커, 쿠버네티스에 긍정적인 면과 부정적인 면 모두를 갖고 있을 것이다. 데이터 백업을 더 복잡하게 만드는 신제품이 출시되면 대부분 마음에 들지 않을 것이다. 그러나 쿠버네티스는 데이터 보호 분야에서 상당한 성장했고, 일부에서는 데이터 보호를 바라보는 새로운 시각을 제시할 수 있을 것이라고 믿고 있다.

백업의 세계를 처음 접한 사람들은 종종 서버나 데이터베이스만 백업해야 하는 것에 대해 불평한다. 보통은 전체 애플리케이션을 백업하고 싶어한다. 그리고 대부분 사람들은 백업하고 있는 오라클 데이터베이스가 전체 백업 영역 중 단지 일부분이라는 것을 수년 간 알고 있었다. 그러나 쿠버네티스는 이를 변화시켰다. 왜냐하면 한 번에 모든 애플리케이션을 볼 수 있고 모든 것을 한 번에 보호할 수 있는 단일 장소를 제공하기 때문이다.

쿠버네티스의 데이터 보호는 단순히 데이터(볼륨)나 이미지 등을 보호하는 데 그치지 않는다. K8s에서 애플리케이션을 백업하는 방법에는 애플리케이션 기반 또는 네임스페이스 기반 두 가지가 있다. 쿠버네티스 애플리케이션은 포드, 시크릿, PVC(볼륨), 서비스 (액세스 등)와 같은 다양한 개체로 구성된다. 일부 백업 제품에서는 모든 백업 파일을 애플리케이션 백업으로 한 번에 캡처할 수 있다. 전체 애플리케이션을 한 번에 백업 및 복원할 수 있다고 상상해 보자.

또한 일부 제품은 전체 네임스페이스 백업을 지원하므로 해당 네임스페이스 내부의 모든 데이터를 캡처할 수 있다. 이것은 전체 애플리케이션과 해당 네임스페이스에 존재하는 다른 모든 애플리케이션이 될 것이다. 한 번의 백업으로 이런 작업을 수행하는 환경에서는 어렵겠지만, 단일 백업으로 전체 K8s 환경의 스냅샷을 생성할 수 있는 유일한 방법이 될 수 있다.

어느 쪽이든 쿠버네티스는 향후 몇 년 동안 이어질 데이터 보호에 관한 새로운 길을 제시할 것이다. 아마도 데이터 보호 담당자와 컨테이너 담당자들 간의 해결책을 모색한다면 좋은 사례가 될 것이다.

이제 쿠버네티스와 도커의 세계를 떠나 사물 인터넷IoT, Internet of Things에 관해 살펴보자. 수백만 개의 작은 기기를 만들어 모든 종류의 데이터를 생성하고 있는데 백업할 필요가 있을까?

사물 인터넷

노트북과 모바일 장치를 거쳐 이제 컴퓨팅 영역의 가장 끝에 와 있다. 사물 인터넷IoT은 에지 컴퓨팅, 또는 어떤 조직에서 데이터가 지나는 길의 가장 끝에 위치한 장치들의 하위 집합이라 볼 수 있다. IoT 이전에는 대부분의 장치가 원격 사이트의 서버나 최근에는 스마트폰 및 태블릿과 같은 것이었다. IoT 장치는 그보다 훨씬 더 나아가 일반적으로 데이터 수집 장치 또는 정보 표시 장치다. 데이터 표시 장치는 데이터를 생성하지 않으므로 데이터 보호의 우려는 없다. 그러나 데이터 수집 장치는 상당한 양의 데이터를 보유하므로 데이터 보호의 관점에서 접근해야 한다.

IoT 장치는 다양한 형태로 제공된다. 정부 기관들은 사람이 직접 관찰해 데이터 수집을 했던 장소에 IoT 장치를 사용해 인력을 대체할 수 있게 됐다. 예를 들어 IoT 장치는 스마트 주차 계량기, 수도 계량기, 전기 계량기, 교통 흐름을 모니터링하고 보고하는 많은 일을 수행할 수 있다. 조직에서 사용할 수 있는 IoT 장치 유형은 조직 유형에 따라 다르다. 예를 들어 소매점에는 매장 내 유동 인구, 구매자와 제품과의 상호 작용을 추적하는 장치 등, 여러 종류의 장치가 있을 수 있다. 그러나 여기에 POS^point-of-sale는 IoT 범주에 들어가진 않는다. 일반적으로 IoT 장치는 단일 기능을 수행하고 단일 유형의 데이터를 수집하는 매우 작은 장치다. 물리적으로 매우 작고 전력 소모가 낮으며 일반적으로 데이터를 장치 내에 저장하지 않는다.

대부분의 IoT 장치는 생성한 모든 데이터를 별도의 저장 장치로 즉시 전송한다. 이런 시스템은 가장 일반적으로 클라우드로 일부 서비스를 구현한다. 그러면 보호할 필요가 있는 실제 물리적 서버는 없다. 조직의 IoT 장치를 검사해 보호해야 하는 다른 서버나 서비스가 존재하는지, 또한 데이터를 동기화하고 있는지, 생성된 데이터가 장치에 로컬로 저장되는지 확인해야 한다. 로컬에 데이터를 저장하고 있다면 문제는 훨씬 더 복잡해질 것이다. 왜냐하면 해당 데이터를 중앙으로 옮겨 백업할 새로운 방법을 찾아야 하기 때문이다. 소형 기기의 리눅스, 또는 윈도우 커널을 실행한다면, 최신 백업 소프트웨어를 사용해 이 데이터를 백업할 수 있다. 전체 파일만 백업하는 것이 아니라 중복 제거를 최대한 많이 수행하고 바이트 수준 변경 사항을 식별해 백업 크기를 줄이는 것이 필요하다. 이런 과정은 데이터를 백업하는 데 필요한 컴퓨팅 및 I/O 부하를 줄이는 데 실제로 많은 도움이 된다.

IoT 장치가 데이터를 중앙 집중식 데이터 저장 장치와 동기화하지 않는다면 데이터를 백업하는 것이 상당히 어려울 수 있다. 이런 장치는 일반적으로 많은 양의 대역폭을 갖지 않지만 실제로 상당한 양의 데이터를 생성할 수 있다.

이와 관련 적절한 사례는 고화질 비디오 감시 시스템이다. 도둑은 단순히 보안 카메라를 훔쳐 범죄 증거를 없앨 수 있기 때문에 관리자는 카메라가 아닌 다른 위치로 데이터를 보관하길 원한다. 그러나 HD 화질의 동영상은 용량이 작지 않으며 해당 데이터를 다른 위치에 복제하는 데 기대 이상의 비용이 필요할 수 있다. 이 경우 일반적인 솔루션은 모션 활성화를 사용해 카메라 앞에서 어떤 일이 발생할 때만 실제로 비디오를 녹화하도록 하는 것이다.

이 HD 보안 카메라의 사례는 큰 용량으로 인해 데이터를 장치에 저장할 수밖에 없는 에지^edge 장치의 한 예일 뿐이다. 여기서 제시할 수 있는 조언은 이런 각 장치를 면밀히 검사하고 장치들이 데이터를 저장하는 방식을 관리자가 확실히 이해하고 있어야 한다는 것이다.

백업 결정

8장의 마지막은 조직의 데이터가 생성 및 저장될 수 있는 모든 위치를 파악하고, 따라서 백업이 필요할 수 있는 모든 위치를 알고 있는지를 정확하게 확인하는 것이다. 특정 데이터의 백업 결정은 방식의 결정과 마찬가지로 모두 관리자에게 달려 있다. 이런 결정을 내릴 때 다음을 고려해야 한다.

조직에 미칠 영향도

장치에서 생성된 데이터를 새로 만들어야 할 경우 상당한 비용이 드는가? 어떤 데이터는 엄청난 가치를 가진 것도 있다. 만약 당신이 로펌이고 중요한 사건에 대한 유일한 증거를 갖고 있다면 이것보다 더 중요한 데이터는 어디에도 없다. 해당 데이터의 손실은 형사 사건인 경우 누군가의 생명을 잃을 수도 있고, 중요한 소송인 경우 수십억 달리의 손실을 의미할 수 있다.

제품 창고에 보관돼 있는 작은 생활 용품들의 재고량 사례로 들어보자(그렇다고 이게 중요하지 않다는 말이 아니다). 만약 이 데이터가 손실됐다 하더라도 이를 다시 계산하도록 누군가를 보내면 되는 일이다. 물론 비용이 발생하지만 아주 대체가 불가능한 것은 아니다.

이런 결정을 내릴 때는 비슷한 형태의 데이터라 할지라도 서로 다른 가중치를 적용해 중요도를 결정해야 한다. 또한 이 정보는 설계 및 비용 결정을 내릴 때 매우 중요하다. 관련 사항은 4장 RPO(복구 지점 목표)에서 자세하게 다룬다.

조직에 미칠 영향도를 파악할 때 시간을 측정하는 것을 꼭 기억해야 한다. 때때로 우리는 주어진 데이터를 백업하기로 결정하지만 그 복원 방식을 고려하지 않는 경향이 있다. 느린 복원 프로세스로 인해 발생하는 다운타임 비용을 생각하고 중요도 결정에 꼭 반영해야 한다. 앞서 언급한 형사 사건의 경우 판사에 따라 계속 재판을 이어나가 복원 시간을 벌 수도 있고 그렇지 않을 수도 있다. 따라서 이 중요한 사례 데이터의 매우 느린 복원은 누군가의 생명과 연결되는 일일 수도 있다.

일반적으로 복원에 걸리는 시간을 계산할 때 항상 누군가의 생명과 같은 무거운 주제를 다루지는 않는다. 아마도 대부분의 경우 단순히 회사의 수익 손실 또는 정부 조직의 수수료 측면에서 장기간 복원으로 얼마나 많은 비용이 지출되는지를 확인할 것이다. 그러나 데이터 복원에 걸리는 시간을 정확히 살피지 않는다면 많은 직원이 일할 수 없는 기간이 늘어나고, 시스템이 복구된 후 초과 근무 수당을 지급하며 지체된 업무를 만회해야 할 수도 있다. 이것은 주어진 데이터의 중요도를 결정하는 또 다른 요소이며 복원에 걸리는 시간을 결정하는 데 사용된다. 관련 논의는 4장의 복구 시간 목표^{RTO}에서 확인하기 바란다.

데이터 원본의 고려

지정된 데이터 원본을 백업하는 방법을 결정할 때 해당 특정 데이터 원본의 고유한 측면도 생각해야 한다. 예를 들어 VM을 백업한다면 VM의 유형을 고려해야 한다. 클라우드에서 실행 중이라면 클라우드 기반 방법을 검토해야 하고, 데이터센터의 하이퍼바이저에서 실행 중이라면 일반적인 백업이 하이퍼바이저의 I/O 성능에 얼마나 영향을 미치는지 따져 보고 하이퍼바이저 친화적인 백업 방법을 사용해야 한다.

백업에 사용할 수 있는 대역폭도 고려해야 한다. 이는 일반적인 데이터센터에서는 그렇게 문제가 되지 않지만 노트북, 모바일 장치, 원격 사무실, 클라우드 리소스를 백업할 때는 매우 어려운 문제다. 이런 리소스를 백업하는 방법을 고려할 때, 대역폭을 고려한 방법을 선택해야 한다.

또한 데이터 원본이 작동하는 방식의 다른 고유한 측면도 고려 사항이다. 예를 들어 노트북을 백업할 때 노트북이 절전 모드와 같이 항상 켜져 있지 않을 수 있다는 점을 고려해야 한다. 따라서 노트북에서 수행되는 백업은 제대로 작동하지 않을 가능성이 있다. 노트북 백업은 다소 유동적이어야 하며 노트북이 켜져 있을 때 실행돼야 한다.

또한 데이터를 백업할 때 데이터가 어떻게 변경되는지, 데이터를 백업하는 동안 해당 데이터를 다른 특별한 방식으로 처리해야 하는지 여부도 고려해야 한다. 관련 좋은 사례는 데이터베이스 단락에 잘 나와 있다. 데이터베이스의 특수성을 무시하지 말고 아무 생각 없이 데이터 파일을 백업해선 안 되며 해당 백업의 복원이 항상 제대로 작동할 것이라고 기대해선 안 된다. 앞에서 비슷한 상황을 설명했는데 27페이지의 '잃어버린 데이터'를 다시 한번 읽어 보길 바란다.

또한 백업 방법을 고려할 때 주어진 데이터 원본을 어떻게 복원해야 하는지도 고려해야 할 사항이다. 노트북이 좋은 예다. 사용자가 데이터센터에 있는 경우에만 백업이 작동한다면 백업 관점에서는 좋은 선택이 아니다. 이는 누군가가 회사에 없다면 노트북을 복원할 수 없다는 의미이기도 하기 때문이다. 코로나19 사태로 이 글을 쓰는 데 6개월 동안 사무실에 가 보질 못했다. 백업 및 복구 단계를 설계할 때 이런 복구 요구 사항을 고려해야 한다.

마무리

5, 6, 7장에서는 백업에 필요한 다양한 고려 사항을 모두 다뤘다. 서버, VM, 데스크톱, 노트북, 모바일 장치를 설명했다. 이후 무수히 많은 데이터베이스와 백업이 얼마나 어려운지도 다뤘다. 그러나 8장에서는 설명한 최신 기술 중 일부의 백업의 필요성은 아직도 논쟁 중이기도 하다. IaaS, PaaS, SaaS에서 IoT 및 쿠버네티스에 이르기까지, 여러 장치 및 서비스에서 데이터를 생성한다면 이 데이터는 백업이 필요하다는 것도 다시 한번 강조했다.

지금까지는 데이터를 어디에 백업해야 하는지를 알아봤고, 이제는 백업을 어떻게 하는지를 설명하고자 한다. 이후의 장에서는 데이터를 백업하고 보관하는 데 사용하는 다양한 방법을 설명하겠다.

백업 및 복구 소프트웨어 방법

상용 백업 및 복구 솔루션은 지난 30년 전에 사용했던 기존 방식에서 최근 기술까지도 사용한 기술을 포함해 다양하다. 9장은 백업 및 복구에 이용할 수 있는 모든 옵션과 각 접근 방식의 여러 장단점을 한눈에 볼 수 있도록 설명했다.

백업의 정의

9장에서는 많은 이가 백업이라고 생각하지 않는 백업 솔루션을 설명하겠다. 백업이란 원본과 별도로 저장된 데이터로 손상된 시스템을 원래와 같이 복원하는 데 사용할 수 있는 데이터의 복사본으로 정의할 수 있다. 그리고 많은 기술적 솔루션들이 이 정의를 뒷받침한다.

대부분의 사람은 백업이라는 단어를 생각할 때 파일이나 데이터베이스의 테이프 드라이브 및 배치 백업 프로세스를 떠올린다. 즉 tar, dump 또는 상용 포맷으로 백업하는 것을 떠올린다. 이와 같은 백업 정의만 보면 디스크 백업에 가깝고 복제, 스냅샷 또는 지속적인 데이터 보호는 백업과 관련이 없다고 생각할 수 있다. 나는 이런 의견 또한 존중한다.

9장에서 언급한 모든 내용이 앞서 정의한 백업과는 맞지 않음을 알 수 있을 것이다. 가까운 예로 복제와 스냅샷은 그 자체로는 완벽한 백업 방법이라 생각하지는 않는다(동적으로 복제된 복사본은 주 복사본을 제거하면 쉽게 손상될 수 있으며 스냅샷 또한 원본에 의존한다). 그러나 이 둘을 함께 사용하면 거의 연속적인 데이터 보호, 즉 준CDP(near-CDP)와 같은 강력한 솔루션이 된다(9장의 뒷부분에서 준CDP를 설명한다).

열린 생각으로 백업 용어와 관련한 9장을 읽어 보길 바란다. 파일, 데이터베이스, 서버, 애플리케이션이 해커, 랜섬웨어 공격, 테러 또는 재해로 손상된 경우 이전 상태로 복원할 수 있어야 한다는 점은 모두 동의한다. 그러나 이것을 어떻게 달성하느냐는 더욱 고민해야 한다. 9장에서 설명한 백업은 모두 3-2-1 규칙에 부합할 것이다. 혹시 3-2-1 규칙을 모른다면 77페이지 '3-2-1 규칙'을 보길 바란다. 그 이유는 백업 및 복구에서 3-2-1 규칙이 가장 중요하다고 생각하기 때문이다.

이렇게 큰 관점에서 백업을 이해하려면 백업 솔루션을 여러 단락으로 분류해야 한다. 먼저 데이터를 복원할 수 있는 백업 방법의 유형에 따라 모든 백업 방법을 2개 단락으로 분류했다(결국 중요한 것은 복원이다).

첫 번째 단락에서는 기존 복원 방식의 솔루션을 설명한다. 즉 한 번만 복원을 시작하면 백업 솔루션에서 복원할 시스템으로 데이터를 복사하는 프로세스다. 다음 두 번째 단락에는 백업을 사용하기 전에 기존 복원 방식의 실행 없이도 일정 기간 동안 기본 백업으로 사용할 수 있는 즉시 복구 개념의 최신 솔루션을 포함한다.

이후 각 복원 유형을 백업을 구성하는 다양한 방법으로 설명하겠다. 9장은 패키징이 아닌 방법에만 초점을 맞춘다. 9장에서 언급하는 많은 백업 및 복구 방법은 소프트웨어 전용 솔루션, 통합 어플라이언스 또는 서비스형 백업^{Baas, Backup-as-a-service}형으로 제공된다. 이 솔루션은 14장과 15장에서 설명하겠다.

기존 복원을 지원하는 백업 방법

복원이라는 단어를 생각하면 당연히 전통적인 복원이 떠오른다. 특정 유형의 백업 미디어(예: Disk, 테이프)에 복원할 데이터의 백업 복사본이 있으며, 일부 항목(예: 파일, 데이터베이스 또는 VM)이 삭제되거나 손상될 경우 이전 상태로 되돌릴 수 있는 환경이다. 복원이 필요하면 백업 시스템은 대상 데이터를 백업 미디어에서 복원 미디어로 복사하고 복원한다(이 내용은 너무 당연하다고 생각할 수 있지만, 즉시 복원과 비교하려고 이렇게 설명한다.

해당 내용은 9장의 뒷부분에서 다루겠다).

기존 복원은 복원 프로세스를 시작한 순간부터 몇 분에서 몇 시간(또는 며칠)까지 제한된 시간이 소요된다. 프로세스의 소요 시간은 백업 시스템에서 복원할 시스템으로 전송해야 하는 데이터 양과 백업 시스템이 복원을 얼마나 효율적으로 수행하느냐에 따라 달라진다. 이 효율성은 대역폭, 백업 시스템 성능, 복원된 시스템 성능의 영향을 받을 수 있다.

멀티플렉싱

멀티플렉싱multiplexing은 그 자체로는 백업 유형이 아니다. 하지만 여러 백업 및 복구 방법을 설명하기 전에 대부분의 기존 백업 제품에서 볼 수 있는 멀티플렉싱의 일반적인 개념을 이해하는 것이 중요하다.

멀티플렉싱은 346페이지 '테이프 드라이브'에서 설명한 테이프 속도 불일치 문제를 해결하려고 데이터를 테이프에 쓰는 방법이다. 내용은 간단하다. 테이프 드라이브는 빠른 속도가 필요하지만 대다수 백업(특히 증분 백업) 방법은 속도가 많이 느리다. 테이프 드라이브는 초당 수백 메가바이트의 데이터 전송 속도를 필요 하지만 일반적인 증분 백업은 초당 10~20메가바이트에 불과하다.

멀티플렉싱은 많은 개별 증분 백업을 다중화(인터리빙interleaving)해 더 많이 더 빠른 백업을 만들 수 있다. 이 아이디어가 처음 나왔을 때는 4~8개의 백업을 함께 다중화하곤 했는데 현재는 두 배 이상의 성능을 보인다. 데이터는 복원 중에 성능과 관계없이 다중화되는 경우가 많다.

일반적으로 36개의 백업을 다중화할 경우 복원 속도는 매우 느려진다. 36개의 백업을 읽고 35개를 버리기 때문이다. 복원 속도는 일반적으로 드라이브 전체 속도의 약 1/36인데 이 속도로 진행하면 무한 작업 반복shoe-shining problem 문제가 발생한다.

적어도 한 공급업체는 다중화 프로세스 작업 동안 매우 큰 청크 크기를 사용해 이 문제를 해결하려고 시도했다. 그러나 이 방식은 많은 자원 및 메모리가 필요하고 청크가 너무 커서 복원 프로세스가 정상적으로 작동하지 않았다. 이 문제는 seek 명령을 실행해 다음 청크로 이동한 후 읽은 다음 청크로 이동하는 등의 작업으로 어느 정도 해결을 했다. 성능에는 여전히 영향이 있지만, 이전 단락에서 설명한 것과 같은 심각한 문제는 없다.

이 방법을 사용하는 고객과 이야기했었는데 디스크 스테이징이 없어도 프로덕션에서 여전히 테이프를 사용하고 있었다. 멀티플렉싱의 작동 방식의 사소한 변화로 프로덕션에서 테이프를 계속 사용하는 누군가 있다는 점이 매우 흥미로웠다.

전통적인 전체 백업 및 증분 백업

전통적인 복원 방식을 사용하는 가장 일반적인 백업은 익히 잘 알려져 있는 백업 유형이다. 처음에는 전체 백업으로 시작해 이후 일정 기간 동안 증분 또는 누적 증분 백업을 진행한 후 다시 다른 전체 백업과 더 많은 증분 백업을 수행한다(여러 유형의 증분 백업은 4장에서 다뤘다).

이전에는 매주 전체 백업과 매일 증분 백업을 수행했다. 그러나 최근 몇 년간 많은 사용자는 월간 전체 백업, 주간 누적 증분 백업, 일일 증분 백업으로 전환하고 있다(백업 레벨은 4장을 참고하자). 이렇게 하면 데이터 이동이 훨씬 적은 주간 전체 백업과 매우 비슷한 복원 속도를 제공하므로 백업을 전송하는 네트워크뿐만 아니라 백업 클라이언트의 부하도 줄어든다.

전통적인 전체 및 증분 백업 방식의 주요 변화는 통합 전체 백업을 추가한 것이다. 통합 전체 백업은 복원 관점에서 전체 백업과 동일하게 동작하지만 백업 클라이언트에서 다른 전체 백업을 전송하지 않고 생성된다. 이미 4장에서 통합 전체 백업을 만들 수 있는 다양한 방법을 설명했다.

이 백업 설계는 가장 널리 사용하고 있으며 오랫동안 사용했다. 특히 이해하기 쉽고 무난하게 백업 및 복구 방법을 사용할 수 있어 오늘날 많은 상용 백업 및 복구 시스템이 이 모델을 사용한다.

다만, 이 방식은 최근 백업 방식에 비해 단점이 많다. 반복적인 전체 백업은 자원의 낭비이며, 전체 및 증분 백업을 저장하는 방식은 복원할 때 시간이 많이 걸린다. 그 이유는 전체 백업을 복원한 다음, 생성된 순서대로 각 증분 백업을 복원해야 하기 때문이다. 그리고 전체 백업에서 복원된 데이터의 상당 부분은 첫 번째 증분 백업으로 덮어쓴 다음에 증분 백업으로 계속 덮어쓰기 때문이다. 게다가 요즘은 훨씬 더 빠른 복구 방법이 있다.

파일 레벨 영구 증분 백업

기존 복원을 지원하는 또 다른 백업 시스템은 파일 레벨 영구 증분 백업file-level incremental forever backup 제품이다. 이 방식은 오래전부터 사용했는데 1990년대에 초기 버전이 나왔다. 이를 파일 레벨 증분이라고 하는 이유는 파일 레벨에서 백업 항목을 결정하기 때문이다. 파일 내의 변경 사항이 있으면 수정 날짜 또는 아카이브 비트가 변경되고 전체 파일이 백업된다. 파일 내에서 1바이트의 데이터만 변경되더라도 전체 파일이 백업에 포함된다.

파일 레벨 영구 증분 백업 제품이 되려면 백업 제품은 통합 또는 기타 방식으로 하나의 전체 백업만 수행하면 되며, 증분 백업과 함께 수행하면 된다. 단 전체 백업은 다시 수행하지는 않는다. 즉 해당 백업 제품을 처음부터 이 방법으로 생성해야 한다.

일부 상용 백업 서비스는 이전 단락에서 설명한 통합 전체 백업의 개념을 지원하기 때문에 영구 증분 백업 제품이라고 마케팅한다. 그러나 백업 솔루션이 정기 전체 백업에만 의존할 경우에는 백업 파일을 통합으로 생성하더라도 파일 레벨의 증분 영구 백업 솔루션으로는 적합하지 않다.

이렇게 구분하는 이유는 통합 전체 백업이 제공하는 백업 클라이언트의 처리 및 네트워크 트래픽의 감소뿐 아니라 전체 백업을 반복해서 수행하지 않는 정점이 있기 때문이다. 전체 백업을 반복하지 않으면 백업 시스템에 저장해야 하는 데이터뿐만 아니라 클라우드를 포함한 다른 스토리지에 복사될 수 있는 데이터도 줄어든다. 영구 증분 방식으로 백업을 시작하는 것은 중복 제거 측면에서도 좋다. 통합 전체 백업도 중복 제거를 수행해야 하는데 이는 컴퓨팅 성능을 낭비하기 때문이다.

영구 증분 방식 시스템은 전통적인 전체 백업, 증분 백업 방법보다 효율적이다. 가장 큰 이점은 추가적인 전체 백업으로 CPU 프로세싱, 네트워크 또는 스토리지가 낭비되지 않는다는 점이다. 그리고 백업 시간도 단축된다.

그러나 이 방식은 테이프와 호환되지 않는데 테이프의 가장 큰 문제는 증분 백업이기 때문이다(346페이지 '테이프 드라이브'를 참고하자). 다른 장점은 설계상 시스템이 전체 복원에서 복원해야 하는 파일의 버전을 정확히 알고 있어야 해당 파일만 복원할 수 있다는 점이다. 이렇게 하면 데이터를 지속적으로 덮어쓰면서 정상적인 복원 중에 시간과 노력을 낭비하지 않을 수 있다. 이는 많은 공급업체에서 사용하지 않는 견고한 백업 방법이다.

블록 레벨 영구 증분 백업

또 다른 영구 증분 백업 방식은 블록 레벨 영구 증분 백업이다. 이 방법은 한 번의 전체 백업과 이어지는 증분 백업을 진행하고 전체 백업을 다시 수행하지 않는다는 점에서 이전 방법과 비슷하다.

블록 레벨 증분 백업 방식에서는 비트 또는 블록 레벨에서 백업이 동작한다(이를 비트 레벨 증분 백업이라고 해야 하지만 누구도 그렇게 부르지 않는다). 이 방식은 데이터와 변경되는 부분의 비트맵(일반적으로 변경 블록 추적$^{\text{CBT, Changed-Block Tracking}}$이라고 함)을 기반으로 동작한다. 가상화 환경에서는 보통 VMware 또는 Hyper-V와 같은 하이퍼바이저가 이를 처리한다. 백업을 수행할 때 백업 소프트웨어는 마지막 증분 백업 이후 변경된 블록의 비트맵을 요청한다. 그런 다음 최신 블록 레벨 증분 백업에 포함해야 하는 블록의 정확한 맵을 제공한다. 그리고 복원을 수행할 때도 이런 맵 정보가 필요하기 때문에 백업의 각 블록의 위치도 추적해야 한다. 이런 솔루션은 가상화 환경에서만 볼 수 있는 것은 아니다.

 지속적 데이터 보호(CDP) 및 준지속적 데이터 보호(준CDP)와 같은 개념에 익숙한 사용자는 블록 레벨 영구 증분 백업과 어떻게 다른지 궁금할 수 있다. 9장에서는 일반적인 복원을 수행하는 백업 솔루션을 설명하는데 즉시 복구가 가능한 CDP 및 준CDP는 해당하지 않는다. 이는 블록 레벨 증분 백업이라고도 하는데 그 이유는 나중에 알게 된다.

블록 레벨 영구 증분 백업은 백업 클라이언트에서 백업 서버로 전송해야 하는 데이터 양을 크게 줄일 수 있어 원격 시스템 백업에 매우 유용하다. 노트북 및 원격 사무실의 백업을 위해 설계한 일부 백업 솔루션은 블록 레벨의 영구 증분 백업 방식을 사용한다. 이 방식의 고민 사항은 CBT 프로세스를 제공해야 하는데 모든 시스템이 CBT 프로세스를 제공하지 않는다는 점이다. 개별 파일을 테이프에 저장하면 여러 테이프에 분산돼 복원 시간이 오래 걸릴 수 있기 때문에 해당 백업 프로세스는 디스크를 백업하는 경우에만 동작한다. 그리고 디스크는 랜덤 액세스 특성이 있어 블록 레벨 영구 증분 백업 방식에 적합하다.

소스 중복 제거

기존 복원 개념을 지원하는 다음 백업 방법은 소스 중복 제거source deduplication 백업 소프트웨어다. 소스 중복 제거(일반적으로 중복 제거)의 개념은 5장에서 넓게 다루지만, 간단히 요약하면 소스 중복 제거 시스템이 백업할 때 제일 처음 중복 제거부터 수행한다는 것이다. 그리고 백업 클라이언트에서 새 데이터 청크를 백업 시스템으로 전송할지 여부를 결정한다.

소스 데이터 중복 제거 시스템은 영구 증분 백업 방식이기도 하다. 9장에서 설명한 것처럼 청크는 데이터를 중복 제거할 때 파일이나 큰 이미지를 잘라 만든 임의 크기의 바이트 모음이다. 실제 블록 레벨 증분 영구 백업 솔루션보다 작은 양의 데이터를 백업할 수 있다. 왜 그런지는 다음 예제에서 설명하겠다.

마이크로소프트 관리자가 여러 VM에 수백 메가 바이트의 패치를 작업한 다음 날의 100개의 윈도우 VM을 생각해 보자. 파일 레벨 증분 백업은 새로운 소프트웨어 전체를 백업한다. 그러나 블록 레벨 증분 백업의 경우 일부 패치는 기존 파일의 몇 바이트만 변경시킬 수 있기에 더 작은 블록만을 백업할 수 있다. 그리고 소스 중복 제거 시스템은 제일 처음 윈도우 VM에서도 새 블록을 백업하고 같은 날 패치한 99개의 다른 윈도우 VM을 포함한 해당 블록을 다시 백업하지 않을 것이다.

이 기능이 소스 중복 제거 시스템의 장점이다. 특히 네트워크를 이용해 백업할 때 매우 효율적이다. 그리고 잘못된 데이터 관리 방식을 일부 개선(제거는 아님)하는 데 도움이 될 수도 있다. 물론 잘못된 데이터 관리 방식을 사용하라는 것은 아니다. 적어도 백업 시스템에서 중복 데이터는 많이 생성하지 않을 것이라는 뜻이다.

소스 중복 제거 시스템은 백업 클라이언트에서 백업 솔루션으로 백업되는 데이터 양을 다른 어떤 접근 방식보다 크게 줄이기 때문에 퍼블릭 클라우드에서 실행하는 노트북, 모바일 기기, 원격 사무실 또는 VM과 같은 원격 시스템을 백업할 때 블록 레벨 증분 백업보다 훨씬 효과적이다. 노트북 및 원격 사이트를 중앙으로 백업하려고 설계한 대부분의 백업 솔루션은 소스 중복 제거를 사용한다. 소스 데이터 중복 제거 방식의 가장 큰 단점은 백업 소프트웨어를 변경해야 할 수 있다는 점이다. 일부 주요 백업 제품에는 소스 데이터 중복 제거 기능이 추가됐지만, 모든 백업 제품에서 지원되는 것은 아니다. 표 9-1에서 이 단락에서 논의한 기술의 장점과 단점을 요약했다.

표 9-1 기존 복원 백업 방법 비교

	대역폭 필요	스토리지 필요	VM/클라우드 필요	테이프, 디스크 또는 모두
기존 백업	4	4	4	모두
파일 레벨 영구 증분	3	3	3	모두
블록 레벨 영구 증분	2	2	2	모두
소스 중복 제거	1	1	1	디스크

각 열의 숫자 1~4(1이 가장 좋음)는 유형별 순위를 나타낸다. 기존 백업은 대역폭과 스토리지 요구 사항에 대해 4점을 받았다. 두 가지 모두 필요하기 때문이다. 같은 이유로 소스 중복 제거 백업 소프트웨어는 VM/클라우드 관련 칼럼에서 1점을 받았다. 이는 VM 및 클라우드에 가장 적합하며 이 방식에 필요한 대역폭과 작은 CPU 사용량으로 VM 및 클라우드에 가장 적합하기 때문이다. 마지막으로 대부분 방식은 디스크와 테이프를 지원하는 반면, 소스 중복 제거 방식에만 디스크가 많이 필요하다.

지금까지 9장에서는 복원이 필요한 백업 방법을 설명했다. 즉 복원을 시작한 후 백업 원본에서 데이터 복사를 시작한다는 의미다. 복원을 시작하는 시점과 복원을 완료하는 시점 사이에는 제한된 시간(분, 일)이 있다. 하지만 이제 많은 백업 시스템이 복원을 시작할 때 복원된 시스템을 즉시 사용할 수 있는 즉시 복원 개념을 지원한다. 이제 이 옵션들을 살펴보자.

즉시 복구를 지원하는 방법

이 단락에서는 실제로 복원 작업을 하지 않고도 파일, 파일 시스템, 데이터베이스, VM 또는 애플리케이션의 손실을 복구할 수 있는 즉시 복구를 지원하는 방법을 설명하겠다. 보통 이 복구 유형은 엄격한 RTO를 설계하는 사용자가 선호한다.

즉시 복구의 가장 일반적인 형태는 간단한 명령으로 스냅샷을 주 복사본으로 이용하는 스냅샷 기반의 복구다. 데이터를 한 곳에서 다른 곳으로 복사하는 복원 작업은 없으며 포인터의 이동만 있을 뿐이다.

복제

복제replication는 수십 년 동안 사용해 매우 익숙한 데이터 보호의 개념이다. 일반적으로 모든 작업은 보호하고자 하는 볼륨 또는 파일 시스템(즉 소스 볼륨)에서 시작한다. 이 볼륨은 스토리지 어레이 또는 볼륨 관리자의 가상 디스크(논리 번호 단위[LUN]라고도 함)이 거나 파일 시스템이다(복제는 일반적으로 블록 레벨에서 동작하지만 파일 레벨에서도 동작할 수 있다). 그리고 어딘가(가급적이면 다른 위치)에서 복제 대상으로 사용할 다른 호스트(즉 타깃 볼륨)의 볼륨 또는 파일 시스템을 선택한다.

다음으로 중요한 요소는 복제 시스템의 유형이다. 다양한 유형이 있는데 스토리지 어레이 공급업체, 볼륨 관리자 공급업체, 파일 시스템 공급업체 또는 서드파티 복제 솔루션 등 여러 곳에서 제공한다. 복제 솔루션에서 소스 볼륨과 타깃 볼륨을 구성하면 타깃 볼륨이 소스 볼륨과 정확히 동일하게 표시되는 두 볼륨 간의 초기 동기화가 이뤄진다. 초기 동기화가 완료되면 복제 솔루션은 소스 볼륨에서 발생하는 모든 변경 사항이 타깃 볼륨에서도 적용되도록 보장한다. 이 작업은 일반적으로 블록 수준에서 진행하며 변경 사항이 발생할 때 지속적으로 발생한다. 앞서 언급했듯이 파일 레벨에서는 이 작업을 수행할 수 있지만, 파일 레벨 복제는 일반적으로 9장의 첫 번째 단락에서 언급한 파일 레벨 증분 제품과 같이 전체 파일이 복제되기 때문에 효율성이 많이 떨어지고 일반적으로 모든 변경 사항이 타깃 볼륨에서도 적용되도록 보장하지는 않는다.

복제에는 크게 동기식 복제와 비동기식 복제가 있다. 동기식은 더 높은 수준의 보호를 제공하며 비동기식은 보호된 볼륨의 성능에 거의 영향을 주지 않는다. 이 두 가지 복제 방법의 장점과 단점을 살펴보자.

동기식 복제

동기식 복제^{synchronous replication} 시스템은 애플리케이션에 변경 사항을 적용하기 전에 모든 변경 사항을 복제한다. 그리고 애플리케이션이 데이터 블록을 볼륨에 생성할 때 이미 쓰기 작업이 진행 중인지를 확인(즉 ACK)하는 신호를 기다리고 이후 블록에 쓰기를 진행한다. 동기식 복제 시스템은 새로 작성된 블록을 타깃 볼륨에 복제할 때까지 ACK 신호를 보내지 않는다(데이터베이스 용어로 2단계 커밋의 개념과 매우 비슷하다. 소스 볼륨의 쓰기 및 타깃 볼륨의 쓰기 복사본은 하나의 원자 이벤트로 간주한다).

이것이 동기식 복제가 더 높은 수준의 데이터 보호를 제공하는 이유다. 소스 볼륨과 타깃 볼륨이 항상 100% 동기화돼 있다고 확신할 수 있다. 이 접근 방식의 주요 단점은 타깃 시스템의 성능과 복제된 데이터가 거쳐야 하는 경로에 따라 애플리케이션이 ACK를 수신하기까지 상당한 시간이 걸릴 수 있다는 것이다.

 동기식 복제의 또 다른 단점은 운영자의 오류와 데이터의 손상 또한 100% 동기화된다는 점이다.

– 댄 프리스(Dan Frith)

동기식 복제의 성능 문제를 완벽하게 보여 주는 사례는 9/11 테러 이후에 일어난 사건이다. 미국 규제 당국은 타워가 무너진 후 일부 기업들에게 일어난 일 때문에 480킬로미터 이상 떨어진 곳에서 금융 기관들이 데이터를 동기식으로 복제하도록 시도했다(일부 기업은 다른 타워에 핫 사이트를 설치했다). 규제 당국은 금융 관련 기록의 중요성 때문에 동기적으로 복제하기를 원했고, 재난이나 공격에 대비해서 480킬로미터 이상 떨어진 곳에서 이를 보호하길 원했다. 당시 지연 시간 측정기로 시간을 측정했더니 각 왕복에 9밀리초^{ms} 미만의 시간이 걸릴 것으로 확인했지만 모든 쓰기 작업 시간이 너무 오래 걸린다고 판단해 계획은 취소됐다.

비동기 복제

비동기 복제^{asynchronous replication}는 변경 사항을 즉시 복제하는 대신, 시간과 대역폭을 고려해서 변경 사항을 수신한 순서대로 복제한다. 이 접근 방식의 가장 큰 장점은 보호하는 볼륨의 성능에 일반적으로 영향을 미치지 않는다는 것이다. 쓰기 작업은 분할해서 그 중 하나가 복제 시스템으로 전송돼 대기열 끝에 추가된다. 대역폭과 대기 시간에 따라 타깃 볼륨이 소스 볼륨보다 몇 초에서 몇 시간 정도 늦어질 수 있다.

비동기 복제의 주요 관심사는 복제 프로세스가 너무 늦어 따라잡지 못할 때 발생하는 현상이다. 이때 특정 조건에서 일부 애플리케이션은 쓰기 병합이라고 하는 프로세스를 지원할 수 있다. 예를 들어 개별 블록이 5번 업데이트됐다고 가정했을 때 대기열이 너무 많이 밀려서 따라잡지 못할 경우 처음 4개의 쓰기를 취소할 수 있다. 이 방식이 바로 쓰기 병합이다.

하이브리드 복제

일부 공급업체는 일반적으로 동기식이지만 동기작업이 실패할 경우를 대비해 일정량을 지연시켜 동기화시키는 제품과 같이 동기식 및 비동기식를 모두 지원하는 하이브리드(공급업체에서 광고하는 용어) 복제 모드를 지원한다. 개인적인 의견은 동기적이든 아니든, 실시간 복제가 아닌 상태에서 만약 조금이라도 지연이 있는 복제 방식이라면 이는 동기식이 아니라 생각한다.

데이터베이스 복제

이전 단락에서는 소스 볼륨이 타깃 볼륨에 지속적으로 복제하는 블록 레벨 복제를 중점적으로 설명했다. 데이터베이스 복제^{database replication}와 매우 비슷한 개념으로, 한 데이터베이스의 트랜잭션이 다른 데이터베이스로 자동 복제된다. 큰 차이점은 블록 레벨과 달리 트랜잭션 레벨에서 이뤄지고 있다는 점이다. 데이터베이스 복제는 일반적으로 비동기적 방식으로 동작한다.

복제의 제한

이전부터 복제는 미션 크리티컬 애플리케이션을 보호하려는 사람들이 선택하는 방법이었다. 이들은 백업 시스템을 복원하는 데 시간이 너무 오래 걸릴 것을 알고 있었기 때문에 재해에 대비하려고 앞서 언급한 복제 방법 중 하나를 사용해 오프사이트 복사본을 만들었다.

이 방법이 올바르진 않지만 어쩔 수 없이 사용하는 사람들을 이해한다. 백업 방법으로 복제만을 사용하는 것은 데이터 보호에 제약이 있다. 가장 큰 제약은 일반적인 복제 시스템에는 뒤로 가기 버튼이 없다는 것이다. 누군가 삭제하지 말아야 할 테이블을 완전 삭제하는 것과 같은 실수를 할 경우, 복제는 단순히 실수 또한 복제할 뿐이다. 데이터베이스가 다른 이유로 손상되면 손상된 데이터베이스도 복제한다. 따라서 복제 자체만으로는 데이터베이스를 보호할 수 없다.

이를 다른 방법으로 표현하면 복제 자체가 3-2-1 규칙을 준수하지 않는다는 것이다. 3이 없는 상태인데 데이터의 복사본이 하나만 있어 원본이 손상된 경우 타깃도 같이 손상될 수 있다.

이 접근 방식의 또 다른 한계는 데이터베이스 또는 데이터베이스에 연결된 스토리지의 성능에 부하를 일으킬 수 있다는 것이다. 이 성능 저하는 무시해도 될 정도라고 주장할 수 있지만, 정기 백업과 복제를 모두 수행하는 경우 데이터를 두 번 복사하게 돼 성능에 영향을 미칠 수 있다.

지속적 데이터 보호

업무상 중요한 데이터베이스를 보호해야 하는 데이터베이스 관리자[DBA, DataBase Administrator]와 시스템 관리자[SA, System Administrator]는 복제를 사용해 데이터베이스를 보호할 수밖에 없다. 과거의 백업 시스템에서 미션 크리티컬 애플리케이션을 복구하는 작업은 너무 오래 걸렸다. 그러나 데이터베이스를 보호하는 백업 시스템과 복제 시스템을 모두 갖고 있다면 동일한 작업을 수행하는 두 가지 툴 모두에 비용을 지불해야 한다. 내 생각에는 기본적으로 두 가지 백업 툴이 있다. 하나는 다양한 시점에 시스템을 복원할 수 있고 다른 하나는 시스템을 매우 빠르게 복원할 수 있다.

이 두 가지를 모두 하나의 애플리케이션으로 사용할 수 있다면 어떨까? 이것이 지속적 데이터 보호CDP, Continuous Data Protection의 목표다. CDP는 기본적으로 변경 로그(즉 뒤로 가기 버튼)를 사용하는 비동기 복제다. 이 변경 로그를 이용해 CDP 시스템은 데이터베이스를 지금 또는 몇 시간 또는 며칠 전으로 복원할 수 있다. CDP의 장점은 운영 복구 및 재해 복구 관점에서 필요한 모든 작업을 수행하는 단일 시스템이라는 점이다. 이 시스템으로 변경 로그에 명시된 지정 시점으로 데이터베이스를 복원할 수 있으며, 거의 즉각적으로 그리고 일반 백업 시스템보다 훨씬 빠르게 데이터베이스를 복원할 수 있다(CDP 사용자는 변경 로그를 유지할 기간을 지정하고, 변경 로그를 사용해 보호된 시스템을 복원할 수 있는 기간을 결정한다).

CDP 시스템에는 두 가지 주요 유형이 있는데, 첫 번째 유형은 보호 중인 애플리케이션, 데이터베이스 또는 볼륨을 즉시 사용할 수 있도록 이미지를 유지하는 방식이다. 어떤 의미에서 이 방식은 기본적으로 변경 로그를 갖고 있기 때문에 과거로 돌아갈 수 있는 비동기 복제 시스템의 기능과 같다. 현재 시점이 아닌 다른 시점으로 복원해야 하는 경우 두 시점 사이에 변경된 블록을 덮어써야 한다(이런 블록만 변경하면 되기 때문에 프로세스가 상당히 빠를 수 있다). 이 접근 방식의 이점은 현재 시점(가장 복구 가능성이 높은 경우)의 데이터가 필요한 경우 즉시 복구할 수 있다는 것이다. 다만 이전 시점으로 복구해야 하는 경우에는 약간의 지연이 있을 수 있다.

CDP의 다른 접근 방식은 복구할 때 실제 볼륨을 유지하지 않고, 사용자가 요청한 시점의 가상 볼륨을 제공하는 데 필요한 모든 다양한 블록을 저장하는 시스템 유형이다. 이 접근 방식의 장점은 어떤 시점에서든 볼륨을 즉시 제공할 수 있다는 것이다. 반면, 단점은 이 가상 볼륨이 이전 방법에서 사용한 물리적 볼륨과 동일한 성능을 갖지 못한다는 것이다.

CDP를 사용하면 두 가지 장점(DR 및 백업)과 무한 복구 지점을 얻을 수 있다. 특히 무한 복구 지점을 이해하는 것이 매우 중요한데, 다른 데이터 보호 시스템을 사용하면 몇 초 또는 몇 분에서 며칠 간격으로 정해진 복구 지점을 얻을 수 있다. CDP를 사용하면 말 그대로 시스템이 수행하는 모든 쓰기의 로그가 있어 로그에 포함된 모든 시점을 선택할 수 있다.

재미있는 점은 무한 복구 지점을 갖고 있다는 점이 CDP의 단점 중 하나다. 무한한 복구 지점 선택에서 특정 시점을 어떻게 선택할까? 어떤 사람들은 데이터베이스가 일관된 상태라는 것을 알 때 정의한 복구 지점 목록이 훨씬 더 적은 제품을 선호했다(CDP는 종종 데이터베이스를 백업용으로 판매한다).

그러나 CDP의 진짜 단점은 필요한 자원의 양이다. 입출력, CPU, 메모리, 네트워크, 스토리지 리소스 측면에서 매우 많은 비용이 소요되며 CDP 소프트웨어 자체도 저렴하지 않다.

0 수준의 RTO와 RPO를 필요로 하는 미션 크리티컬 데이터베이스가 있는 경우 기본적으로 두 가지 옵션을 선택할 수 있다. 운영 복구를 위한 백업 시스템과 DR을 위한 복제 시스템에 모두 비용을 지불할 수 있다. 또는 두 가지 기능을 모두 지원하는 단일 시스템에만 비용을 지불할 수 있다. 비용이 많이 들지만 근본적으로 같은 일을 하는 두 가지 솔루션에 비용을 지불하는 것은 마찬가지다.

보험은 보험 증서를 어떻게 쓰든 결코 싸지 않다.

– 스탠 호위츠(Stan Horwitz)

스냅샷

IT 업계에서는 스냅샷이라고 부르는 몇 가지가 있지만 여기서는 보호해야 할 대부분의 데이터가 담겨 있는 주 볼륨을 이용하는 가상 스냅샷에 대해서만 살펴보겠다. 이 스냅샷은 NAS 공급업체에 의해 대중화됐는데, 그 이유는 사용자가 자신의 과거 버전 디렉터리에 직접 접근할 수 있는 동시에 공간을 매우 적게 차지하기 때문이다. 그런데 '매우 적게'라는 용어는 상대적인 용어로, 공간을 너무 많이 차지한다는 불만도 있다. 그러나 스냅샷은 대부분의 다른 데이터 보호 메커니즘보다 공간을 적게 차지한다. 주요 관심사는 백업들이 차지하고 있는 공간은 값비싼 주스토리지에 있다는 것이다.

스냅샷을 생성하는 순간 스냅 샷의 원본 볼륨의 가상 복사본이 생성된다. 해당 스냅샷을 마운트하면 스냅샷을 만든 시점의 정확한 복사본(가상이지만)이 표시된다. 그러나 스냅샷을 작성하는 순간 실제 데이터는 복사되거나 이동하지 않는다. 스냅샷을 생성한 시점부터는 볼륨의 가상 뷰일 뿐이다. 스냅샷에서 파일 또는 블록을 읽는 경우 실제로 보호 중인 원래 소스 볼륨에서 대부분의 파일 또는 블록을 읽는 것이다. 스냅샷 자체가 좋은 백업 방법이 아닌 이유는 스냅샷의 볼륨이 사라지면 스냅샷도 사라지기 때문이다(3-2-1 규칙의 '2' 또는 '1'에 맞지 않으므로 백업과 원래 백업을 분리해야 한다).

스냅샷 제공 프로그램은 스냅샷을 생성한 후 볼륨에서 블록이 변경될 때 발생하는 작업을 세 가지 기본 방식으로 처리한다. 이 방법을 간략하게 살펴보자.

쓰기 시 복사

쓰기 시 복사copy-on-write 방법은 스냅샷 소프트웨어가 소스 볼륨의 변경 사항을 처리하는 가장 일반적인 방법이다. 스냅샷에서 참조하는 블록을 변경할 때 발생하는 동작에서 이름을 붙였다. 스냅샷 소프트웨어는 새 버전의 블록으로 덮어쓰기에 앞서 이전 버전의 블록을 복사해 특수 홀딩 영역으로 보낸다. 다시 말해 이것은 쓰기할 때 복사한다는 의미다. 이 방법의 가장 큰 장점은 쓰기 시 복사 기능으로 파일 시스템 코드를 변경할 필요가 없다는 점이다. 스냅샷 소프트웨어가 모든 작업을 수행한다. 하지만 이 방법의 단점은 시간이 지남에 따라 성능이 저하된다는 점이다. 변경된 블록 영역에 저장한 스냅샷에서 변경된 블록 수가 많을수록 볼륨의 성능이 저하된다. 이 단점은 스냅샷을 오랜 기간 사용한 많은 사용자들이 쓰기 시 복사 방식의 장기간 사용을 추천하지 않는 이유이기도 하다.

쓰기 시 리디렉션

쓰기 시 리디렉션redirect-on-write 방식을 지원하는 디스크 시스템에서 볼륨 파일은 디스크의 블록들로 구성되며 파일 시스템은 각 파일을 구성하는 다양한 블록을 가리키는 포인터 맵을 운영한다. 파일을 업데이트할 때 여러 블록 중 하나 이상이 변경되면 파일 시스템은 다른 위치에 새 블록을 기록하고 새 블록의 포인터 정보를 업데이트 한다. 각 블록의 이전 버전에 연결된 포인터는 스냅샷 시스템에서 사용한다. 그리고 스냅샷을 작성한 시점에 있었던 다양한 블록을 가리키는 포인터 맵을 운영한다. 이 방식의 이점은 보호된 볼륨의 성능에 영향을 주지 않고 기간에 제한 없이 사실상 무제한으로 스냅샷을 보관할 수 있다. 다만, 처음부터 이런 목적으로 설계한 파일 시스템에서만 작동한다는 점이 단점이다. 한 스토리지 공급업체 넷앱NetApp은 쓰기 시 리디렉션 방법에 아주 가까운 또 다른 포인터 기반의 시스템을 사용하지만 세부 동작 방식은 조금 다르다. 이런 이유로 데이터를 보호하고자 스냅샷 사용을 대중화한 넷앱은 성능에 영향을 주지 않고 많은 스냅샷을 보유할 수 있었다.

모든 쓰기 보류

마지막으로, VMware와 같은 일부 공급업체는 사용자의 이해가 필요한 다른 방식으로 스냅샷을 수행한다. VMware 스냅샷을 사용하면 스냅샷이 릴리스release될 때까지 파일 시스템 드라이버가 소스 볼륨의 모든 스냅샷 쓰기를 보관한다. 스냅샷이 릴리스되면 VMware는 소스 볼륨에 모든 쓰기를 다시 실행한다. 이 사실을 알기 전, 최소 1년 이상 VMware를 관리했는데 다른 스냅샷과 비슷하다고 생각해 몇 주 또는 몇 개월 동안 스냅샷을 보관했다. 그리고 스냅샷을 삭제할 때 디스크 드라이브가 비정상적으로 동작하는 것을 알게 됐다. VMware가 스냅샷을 수행하는 방식이 왜 이런지 솔직히 이해할 수 없다. 그러나 스냅샷은 매우 다르고 오래 보관해서는 안 된다는 점은 숙지하자.

스냅샷의 장단점

스냅샷은 다양한 버전의 파일과 볼륨을 제공하면서도 저장 공간을 거의 차지하지 않을 수 있는 좋은 방법이다. 그러나 볼륨에 많은 변화가 있을 경우 스냅샷도 빠르게 증가할 수 있다. 그래서 해당 시스템에 따라 디렉터리를 모든 파일 버전을 보관하고 있는 하위 디렉터리(예: ~snapshot)로 변경해 사용자 지정 복원을 활성화할 수도 있다. 그리고 스냅샷은 백업에 가장 적합한 원본이기도 하다. VM 스냅샷은 일부 소프트웨어를 업그레이드하거나 구성을 변경하기 전에 빠르게 원복할 수 있다. 만약 업그레이드나 구성 변경을 실패한다면, 원래 위치로 바로 돌아갈 수 있다. 또 다른 예로 윈도우 VSS가 있다. VSS는 윈도우에서 실행 중인 데이터베이스의 애플리케이션과 동일한 이미지를 생성할 수 있다. 이 시스템은 스냅샷을 백업하는 데 필요한 만큼의 시간이 걸린다(174페이지 'VSS란?' 참고).

스냅샷 관련 알아야 할 주요 사항은 대부분의 데이터를 소스 볼륨에 의존한다는 점이다. 소스 볼륨이 손상된 경우 스냅샷도 손상된다. 즉 3-2-1 규정을 준수하지 않는다. 따라서 복제와 마찬가지로 이들 자체도 유효한 백업 시스템은 아니다.

준지속적 데이터 보호

앞의 두 단락에서는 복제 및 스냅샷을 설명했다. 복제 및 스냅샷은 모두 데이터 보호의 매우 중요한 구성 요소이지만 3-2-1 규칙의 요구 사항을 충족하지 않기 때문에 둘 다 유효한 백업 시스템으로 적합하지 않다. 복제는 한 버전의 데이터만 저장하고 스냅샷은 대부분 블록에서 원본 파일에 의존한다.

그러나 스냅샷과 복제의 조합은 준지속적 데이터 보호near CDP라고 하는 훌륭한 데이터 보호 시스템이다. 준CDP에 가까운 가장 일반적인 방법은 보호 중인 기본 볼륨의 스냅샷을 만들어 다른 대상으로 복제하는 것이다. 일부 시스템은 주 시스템에서 스냅샷을 수행하지 않고 주 시스템을 보조 시스템에 복제한 다음 해당 시스템에서 스냅샷을 생성한다. 이는 주 시스템의 데이터 일관성에 문제가 없는 경우 가능한 방법이다. 예를 들어 데이터베이스를 백업할 때 스냅샷을 생성하기 전 백업 모드로 전환해야 하는 경우에는 이 방법을 사용할 수 없다. 따라서 스냅샷을 생성한 다음 복제하는 첫 번째 방법이 훨씬 더 보편적으로 사용하는 접근 방식이라고 생각한다.

어떤 방식을 사용하든 먼저 온사이트 시스템에 복제한 후 오프사이트 시스템으로 복제함으로써 이 설계의 3-2-1 규칙을 준수할 수 있다. 이렇게 하면 백업의 물리적 복사본이 여러 개 생성되고 그중 하나는 오프사이트에 생성된다.

180페이지의 '하이퍼 컨버지드 인프라'에서 하이퍼바이저 전용으로 설계한 컴퓨터, 스토리지, 네트워크 시스템인 HCI 어플라이언스의 개념을 설명했다. 이들 중 일부 어플라이언스는 준CDP에서 필수 사항인 통합 데이터 보호 시스템을 함께 제공한다. 백업 관리 시스템은 하이퍼바이저와 통합해 모든 VM에 VSS 스냅샷을 생성하는 등의 사전 백업 예방 조치를 취한 다음, VM이 있는 모든 스토리지의 스냅샷을 생성한다. 이 시스템은 가상화를 위해 특별히 설계한 준CDP에 가까운 백업 시스템이다.

이제 이들 중 어떤 방법이든 여러 버전의 원본과 사본을 가질 수 있고, 그중 하나는 오프사이트에 생성될 수 있다. 즉 다른 준CDP 기능을 사용하지 않고 완벽한 백업 및 복구 시스템을 갖출 수 있다. 그리고 이 시스템에 좀더 완벽을 기하려면 사용자 관리, 제어, 보고 기능이 필요할 것이다. 다만, 이는 이상적일 수 있는데 모든 준CDP 시스템이 이런 기능을 갖고 있지는 않다.

또한 준CDP는 완전히 연속적이지는 않은 복제 기반의 데이터 보호라 생각한다. 모든 디스크의 쓰기를 감지해 변경 사항을 그대로 복제하면 CDP다. 그리고 몇 초 정도 아주 짧은 주기로 감지해 작은 스냅샷을 찍고 이 스냅샷에서 발견된 델타^{Deltas}를 복제하는 경우는 준CDP다.

사실 내가 준CDP라는 용어를 수년 전에 만들었지만 모두가 좋아하진 않는다. 어떤 사람들은 연속 이진 조건이라고 말한다. 세상은 연속적이거나 연속적이지 않다. 가득 차 있거나 비어 있는 것과 같은 다른 많은 이진 조건과 같다. 나는 비행기에 탔을 때 우리가 매우 배부르다고 말하는 것이 싫다. 우리는 가득 차 있거나 가득 차 있지 않다. 가득 찼거나 비어 있을 수 없다. 이상하게도 나는 거의 가득 찼거나 거의 비어 있다고도 표현하고 싶다. 이것이 내가 준연속이라는 용어를 선호하는 이유다.

실제로 백업이 수행되는 시간대는 일반적으로 매우 큰 범위에 속한다. 한편으로 연속성이 있다는 의미이며 모든 변경 사항을 발생하는 대로 복제한다. 반면에 대부분의 백업은 하루에 한 번 실행된다. 준CDP라는 용어를 고집하는 이유는 사람들이 1시간에 한 번 또는 심지어 1분에 한 번씩 CDP에 가까운 스냅샷을 찍는 경향이 있기 때문에 준CDP는 하루에 한 번보다 훨씬 더 지속적이라는 점이다. 그래서 나는 이 용어를 계속 쓰고 있다.

준CDP는 나름의 장단점이 있지만 여러 가지 면에서 장점이 있다. 복제 및 CDP의 즉시 복구 기능, 스냅샷의 빠른 복구 옵션, 스냅샷 및 복제가 사용하는 블록 레벨의 증분 접근 방식에서 얻는 스토리지 절감 효과, 사용자 데이터를 직접 복구할 수 있는 기능 등 여러 장점을 사용할 수 있다. 또한 블록 볼륨 및 파일 볼륨에서 작동하며 보통 보호 중인 시스템의 성능에 영향을 주지 않는다. 스냅샷을 생성하는 다양한 방식과 성능에 미치는 영향은 276페이지의 '스냅샷'의 설명을 참고하자.

준CDP 백업 시스템에 반대하는 한 가지 이유는 단일 공급업체가 전체 데이터 보호를 관리한다는 점이다. 준CDP 시스템은 일반적으로 주 시스템과 보조 시스템을 모두 제공하는 스토리지 어레이 또는 파일러를 기반으로 한다. 문제는 롤링 버그로 주 시스템과 보조 시스템 모두 그리고 모든 스냅샷이 손실될 수 있다는 것이다.

이 문제는 갑자기 발생 가능하며 만약 사용자가 이 문제를 관리하지 않는다면, 어떤 사람들은 3-2-1 규칙을 위반한다고 주장할 것이다. 나는 과거부터 마지막 단계에 테이프를 복사하는 것을 좋아했지만, 오늘날 클라우드 기반 시스템의 세계에서는 이런 작업이 점점 더 어려워지고 있다. 아마도 주 시스템에서 기술적으로 단절된 오프사이트에 백업을 제공할 때 다른 기술을 사용할 수 있는지 여부를 확인해야 할 수도 있다. 준CDP 제품은 회사가 다양한데, 동일한 공급업체의 제품일 필요는 없다. 한 공급업체의 스토리지와 다른 공급업체의 데이터 보호 제품을 함께 사용할 수 있다.

동일한 공급업체에서 일반적으로 제공하는 준CDP의 우려 사항은 전체 스토리지 시스템의 가격이 더 비싸지고 다른 부품을 구입하지 못하게 된다는 점이다. 다시 말하자면, 이는 준CDP 시스템 사용을 검토할 때 고민해야 할 중요한 항목이다.

마지막으로, 많은 준CDP 공급업체가 애플리케이션 통합을 제대로 수행하지 못하고 있다. 사용자는 본인의 장치와 스크립트를 이용해 애플리케이션을 직접 통합해야 한다. 이는 항상 그런 것은 아니지만 준CDP 분야에서는 일반적인 현상이다.

복사 데이터 관리

복사 데이터 관리^{CDM, Copy Data Management}는 CDP와 다른 목적으로 설계했지만 접근 방식은 준CDP의 개념과 매우 비슷한 시스템이다. CDM은 데이터 복사본이 백업이 아닌 다양한 목적으로도 사용하는데 이런 복사본은 스토리지 및 관리 비용을 절감할 수 있는 중앙 집중식 시스템에서 사용한다. 일반적인 작동 방식은 한 시스템의 모든 쓰기 작업이 비동기 방식으로 다음 시스템에 전송되는 데이터 분할 방식이며 기본적으로 비동기 볼륨 복제 방식이다.

또한 복사 데이터 관리 시스템은 CDP 시스템과 마찬가지로 타깃 볼륨 또는 파일 시스템이 언제든지 나타날 수 있도록 로그를 유지 관리한다. 여기서 차이점은 복사본이 사용하는 스토리지 양을 최소화하면서 다양한 용도로 복사본을 제공하는 데 초점을 맞춘 수많은 다른 기술이 있다는 점이다. 기술적으로는 CDP 시스템으로도 가능한 기술이지만, 이는 CDP 시스템의 주요 기능은 아니다.

이전에 설명한 CDP 시스템의 작동 방식을 살펴보면 하나는 현재 시점의 활성 볼륨을 유지하고 다른 하나는 특정 시점의 가상 볼륨을 표시하는 데 필요한 모든 블록을 유지한다. 후자는 CDM 시스템이 작동하는 방식이다. 이는 CDM 시스템이 고성능으로 재해 복구를 처리하지 않기 때문이다. 아마도 CDP 시스템처럼 고성능 재해 복구 복사본이라는 목표를 달성하기보다는 스토리지 비용을 절감하고 복사 데이터를 사용하는 정도를 높이는 데 더 신경을 쓰는 것으로 보인다(그러나 CDP 시스템과 마찬가지로 CDM 시스템은 일반적으로 장기간 고성능 사용을 위해 필요한 경우 다른 물리적 복사본을 생성할 수 있다).

물론 모든 기능을 갖춘 CDM 시스템은 각각의 복사본을 별도의 물리적 복사본으로 만들지 않고도 테스트, 개발, 기타 용도로 데이터 복사본을 제공할 뿐만 아니라 백업 및 복구 시스템에서 제공하는 모든 일반적인 서비스를 제공할 수 있다. 많은 기업이 보조 스토리지 비용을 낮추면서도 이 모델을 사용해 왔다.

한 가지 우려되는 점은 CDM이 만들어진 목적에서 보면 CDM 시스템은 테스트, 개발, 백업에 사용되는 복사본 수를 줄이려고 한다. 그러나 이와 같은 주요 개발은 항상 백업에 초점을 맞추는 것이 아니라 테스트와 개발에 초점을 맞추는 경향이 있다. 즉 백업과 함께 구축된 시스템과 같은 동일한 수준의 기능이 없을 수 있다.

또 다른 우려는 하나의 공급업체만을 사용하는 CDP 시스템의 경우다. CDM 시스템은 여러 데이터 복사 시스템보다는 저렴한 비용으로 사용할 수 있어 유용할 수 있지만, 모든 보조 스토리지 데이터를 하나의 시스템에 저장하기 때문에 일부에서는 이를 걱정하고 있다.

또 다른 문제는 CDM 시스템의 이점을 최대한 활용하려면 다른 많은 시스템을 변환하고 CDM 방식으로 완전히 전환해야 한다는 점이다. CDM 방식의 이점이 현재 운영중인 시스템보다는 비싸지 않겠지만, CDM 방식으로 전환 시 많은 시스템의 사용을 중단해야 하는데 이것은 다소 부담스러울 수 있다.

즉시 복구 기능이 있는 기타 소프트웨어

즉시 복구 소프트웨어 유형이라고 보긴 어렵지만 즉시 복구 기능을 지원하는 몇 가지 제품이 있다. 이런 제품은 보통 즉시 복구의 중요성을 인지하고 이 기능을 내장한 최신 백업 제품들이다. 핵심 디자인에 이를 내장한 제품부터 향후 추가될 제품까지 다양하다. 제품 설계에 따라 기존 코드의 사소한 변경부터 많은 수정이 필요할 수 있다.

이런 다양한 제품의 기능은 너무 다양해 추상적으로 논의하는 것은 정말 어렵다. 아주 오래된 일부 제품에서도 즉시 복구 기능을 사용할 수 있다고 설명하는 게 중요한 것 같다. 결국 제품이 무엇이고 실제로 어떻게 작동하는가 중요하지 해당 제품들이 어떻게 즉시 복구 기능을 지원하게 됐는지 알아보는 것은 중요하지 않은 것 같다. 데이터 보호 세계의 다른 모든 것과 마찬가지로 공급업체의 광고 내용은 자체적으로 테스트하면서 확인해야 한다.

표 9-2에서는 이 단락에서 다루는 옵션의 다양한 기능을 요약했다.

표 9-2 즉시 복구 제품군의 비교

	논리적 손상 복구	시스템/디스크 오류 복구	백업 권장/DR	RTA	RPA	비용	백업과 유사한 기능
복제 단독	미지원	지원	미지원	0	0	높음	불가능
스냅샷 단독	지원	미지원	미지원	수 분 (하드웨어 장애가 없는 경우)	수 분 (하드웨어 장애가 없는 경우)	중간	가능 (단, 하드웨어 장애 제외)
CDP	지원	지원	지원	0	0	매우 높음	대부분 가능
준CDP	지원	지원	지원	수 분	수 분	중간	가능
CDM	지원	지원	상황에 따라 상이	수 분	수 분	중간	가능
기타	지원	지원	상황에 따라 상이	수 분	수 분	낮음	백업 제품만 해당

복제 또는 스냅샷을 백업 또는 DR에 단독으로 사용해서는 안 된다. 복제만으로는 논리적 손상(예: 바이러스)을 복구할 수 없으며 스냅샷만으로는 하드웨어 장애를 복구할 수 없다.

따라서 즉시 복구를 원한다면 CDP, 준CDP, CDM 시스템 및 이 기능을 추가한 다른 최신 제품들이 좋다. CDP 풀 제품을 사용하면 가장 높은 수준의 RPA와 RTA를 얻을 수 있지만 매우 비싸다. 준CDP, CDM, 기타 제품은 모두 RTA 및 RPA와 관련 비용이 다른데 이는 사용자가 판단하고 스스로 결정해야 할 몫이다.

지금까지 즉시 복원을 지원하는 백업 시스템을 설명했으니 이제 백업을 단순한 복원 이상의 용도로 활용하는 새로운 기능을 설명하겠다. 이 기능은 비교적 새로운 아이디어이면서 점차 선호도가 높아지고 있다.

더 많은 백업 활용

데이터 보호 업계 종사자들은 백업 데이터를 단순한 백업 이상의 용도로 사용하는 것에 더 많은 관심을 보이고 있다. 보통 백업은 일반적으로 어떠한 이점도 얻을 수 없는 비용만 절감하는 것으로 인식한다. 백업 및 재해 복구 복사본은 필요한 경우 매우 유용하지만 대부분의 사용자는 많은 시간을 실제 복원을 수행하지 않는 데 보낸다. 따라서 일부 고위 경영진은 데이터 보호와 관련한 비용을 보고 투자했을 때 무엇을 얻을 수 있는지 궁금해할 수 있다.

일부 데이터 보호 담당자는 단순한 백업 이상의 용도로 백업 복사본을 사용한다는 개념을 설명하려고 데이터 관리라는 용어를 사용하기 시작했다. 조직에서 오랫동안 쌓아 온 방대한 데이터 더미에서 우리가 얻을 수 있는 추가적인 가치는 무엇일까?

한 가지 해결책은 단일 복사본으로 백업 및 아카이브 기능을 모두 제공할 수 있는 최신 데이터 보호 시스템이다. 백업과 아카이브의 차이점을 여러 번 강조한 3장을 읽은 분들은 아마 이 시스템들이 분리돼야 한다고 생각할 것이다. 그 생각은 절대 내 요점이 아니다. 요점은 백업 시스템(그리고 아마도 지구상의 대부분의 백업 시스템)으로만 가능한 시스템이 있다면 아카이브 시스템으로 사용하지 말아 달라는 것이다. 일부 백업 시스템은 백업과 아카이브를 모두 수행할 수 있는데 이런 노력은 긍정적이라 생각한다.

오늘날 대부분의 백업은 디스크에 저장되기 때문에 랜덤 액세스 방식으로 액세스할 수 있다. 그래서 많은 백업 시스템이 아카이브 제품에서 일반적으로 제공하는 e-디스커버리 기능을 추가하기 시작했다. 이것은 사용하지 않을 복사본을 더 유용하게 많이 사용하는 좋은 사례다. 백업 시스템으로 모든 e-디스커버리 요청을 충족할 수 있다면 더욱 강력해질 것이다. 별도의 백업 및 아카이빙 시스템을 사용하는 경우 두 가지 기능을 모두 제공하는 보다 최신의 솔루션을 고려해야 할 때다.

백업 시스템이 제공하기 시작한 또 다른 기능 영역은 다양한 규정 및 컴플라이언스 준수를 보장하는 것이다. 예를 들어 개인 식별이 가능한 정보를 특정 장소에 저장해서는 안 된다. 그리고 주민등록번호가 있는 엑셀 스프레드시트는 암호화되지 않은 채 노트북에 보관하고 있으면 안 된다. 최신 백업 시스템은 현재 데이터를 읽고 백업 중인 데이터가 사용자가 지정한 규정을 준수하는지 여부를 확인하기 위한 기능도 개발하고 있다. 예를 들어 다양한 패턴을 찾아 특정 사용자에게 위반 규칙을 알리는 백업 시스템을 구성할 수 있다. 25년 전에 대기업에서 일하던 시절, 한 직원이 회사 서버를 사용해 일부 콘텐츠를 저장하고 있는 것을 발견했는데 이 경우 회사가 막대한 부채를 질 수 있는 상황이었다. 최신 데이터 보호 시스템은 이런 파일을 찾도록 설정할 수 있으며, 관리자가 지정한 특정 위치가 아닌 위치에 파일을 저장하는 것을 차단할 수도 있다. 만약 이런 제어 기능이 있었다면 이 직원의 이상 행동을 알아냈을 것이다.

또한 일부 백업 시스템은 전달되는 백업을 분석해 랜섬웨어로부터 보호하고 있다. 백업 시스템은 항상 랜섬웨어 공격과 같은 문제를 복구하는 데 사용하지만 실제 공격의 발생 여부를 식별하는 데는 사용하지 않았다. 그러나 백업 시스템은 여러 시스템에 랜섬웨어 공격이 발생 했음을 탐지할 수 있는 최적의 위치에 있다. 머신러닝 알고리듬은 증분 백업에 포함된 파일 수가 크게 증가하는 것과 같은 패턴을 감지할 수 있다. 특정 사용자가 하루 만에 수정한 파일 수가 갑자기 2개에서 5,000개로 늘어난다면 해당 사용자는 랜섬웨어에 감염됐을 가능성이 높다. 이 패턴을 감지할 경우 백업시스템은 백업을 중지하고 관리자에게 알리며 랜섬웨어 완화 프로세스를 지원할 수 있다.

CDM 기능을 제공하기 시작한 백업 시스템도 있다. 읽기/쓰기를 쉽게 마운트하고 이 유형의 기능을 위한 스핀업할 수 있는 스냅샷을 제공해 테스트/개발 노력을 줄일 수 있다. 여기서 핵심은 스핀업된 VM을 동일한 호스트가 인식하지 못하거나 원본의 애플리케이션을 그대로 호환하지 못하는 경우가 있다. 이런 문제들은 백업 애플리케이션에서 쉽게 처리할 수 있기를 희망한다.

데이터 보호 시스템의 추가 기능으로 사용하는 가장 최근 분야는 다양한 목적의 데이터 분석 기능이다. 여러 조직에서 업무 목적을 달성하기 위한 데이터 분석에 머신러닝과 인공지능 기술을 많이 활용하고 있다. 그리고 일부에서는 디스크 기반의 백업 시스템이 해당 목적을 달성하기 위한 데이터 소스라 생각하기 시작했다. 많은 조직이 클라우드에 백업을 저장한다는 사실을 알면 이런 데이터 분석 시도는 더욱 흥미롭다. 이 분석 서비스는 대부분 클라우드 기반이며 특정 프로세스를 인증하는 것 말고는 다른 작업을 수행할 필요 없다. 백업을 분석 대상 소스로만 사용할 수 있기 때문이다.

백업 및 아카이빙 데이터를 다른 용도로 재사용하는 것이 결국 매우 큰 산업이 될 것이라고 생각한다. 사용자가 백업 시스템을 잘 관리하는 한, 이 아이디어가 잘못된 것이라고 생각하지 않는다. 하지만 백업의 주목적을 지키는 것은 매우 중요하다. 지나친 열정으로 인해 불필요한 것들은 유지하면서 본질적인 것들을 버리면 안 된다. 백업과 복원에 능숙하지 않은 재사용 가능한 백업 시스템은 누구도 만들고 싶어하지 않을 것이다.

백업 방법 결정

백업 방법을 결정할 때 가장 먼저 인지해야 할 것은 완벽한 백업 및 복구 방법은 없다는 점이다. 이전 설명에서 볼 수 있듯이 모든 백업 및 복구 방법에는 장단점이 있다. 먼저 해야 할 일은 단순히 필요하지 않은 것과 꼭 필요한 것을 정하는 것이다. 이는 백업 방법 유형을 좁히는 데 도움이 된다.

요구 사항의 충족 여부

잔디는 울타리 반대편에 항상 더 푸르다. 모든 사람은 항상 현재의 백업 및 복구 시스템을 보고 백업 및 복구 시스템을 달리 사용해도 모든 문제를 해결할 수 있다고 생각한다. 아마도 테이프에서 디스크로 바꾸는 것이 도움이 될 것이다. 그리고 전체 및 증분 백업에서 증분 영구 백업으로 전환하면 현재 시스템의 문제를 해결할 수 있다. 또한 복원이 필요한 시스템에서 즉시 복구가 가능한 시스템으로 전환하는 것이 좋다.

현재 사용 중인 백업 및 복구 시스템보다 더 나은 백업 및 복구 시스템을 거의 항상 찾을 수 있다. 하지만 여기 정말 중요한 질문이 있다. 현재 보유하고 있는 시스템이 사용자의 요구를 충족하고 있을까? 조직이 요구하는 RTO 및 RPO를 충족할 수 있을까? 시스템 비용이 계획한 예산 범위 안에 있는가? 운영 비용은 어느 정도인가? 현재 시스템의 일상적인 운영 문제를 해결하는 데 얼마나 많은 시간이 걸리나? 단순히 하드웨어, 소프트웨어 또는 서비스를 교체하는 비용보다 훨씬 많은 백업 시스템 전환 비용을 고려했나? 또한 교육 시간이 많이 필요하고, 교육 중에도 새 백업 시스템이 필요할 수 있다.

이런 질문에 '아니오'라고 대답할 경우 사용 중인 제품의 전문가를 찾아 소프트웨어, 하드웨어 또는 웨트웨어wetware 문제인지 알아보는 것이 좋다. 나는 몇 년 동안 수많은 백업 컨설팅을 실시했는데, 작업한 거의 모든 백업 시스템의 문제는 소프트웨어나 하드웨어가 아니라 구성(예: 웨트웨어)이었다. 가장 큰 문제는 사람들이 테이프 드라이브의 작동 방식을 이해하지 못하고 상황을 개선하려고 계속 더 많은 드라이브를 구입했다는 것이다. 테이프 드라이브 몇 개를 끄면 백업 시스템이 더 빨라진다고 말한 별난 사람이 바로 나였다. 따라서 백업 및 복구 시스템이 충분히 나쁘다고 판단되면 교체해야 할 때라 생각하므로 전문가에게 문의해 교체 여부를 확인하는 것이 좋다. 솔루션을 제공하는 회사가 이 서비스를 제공할 가능성이 높으며 고객에게 무료로 솔루션을 제공할 수도 있다.

다양한 접근 방식의 장점과 단점

앞의 각 장에서 다양한 접근법에 대한 장단점을 제시했는데 이제 그 장단점들을 개략적으로 검토해 보려고 한다. 9장의 첫 번째 단락에 있는 백업 솔루션(복원이 필요한 솔루션)으로는 분명 9장의 두 번째 단락에 있는 솔루션의 RTO를 충족할 수 없다. 즉 즉시 복구 기능만으로는 어렵다. 하지만 RTO 0(또는 이에 가까운) 수준이 실제 필요한지는 확인이 필요하다. 24시간 RTO가 있는 경우 8시간 RTA를 사용하는 데 아무런 문제가 없다. 더 빠른 RTO 수준의 방법을 찾을 수 있다고 해서 반드시 그렇게 해야 하는 것은 아니다. 실제 조직에 꼭 필요한지를 검토해야 한다.

RPO와 관련해 이 책에서 언급한 많은 백업 방법은 1시간 이하의 RPA를 제공할 수 있다. 이는 가장 엄격한 미션 크리티컬 시스템을 제외한 모든 시스템의 RPO 요구 사항을 충족하기에 충분하다. 기존의 전체 및 증분 시스템은 물론 전체 파일 증분 영구 접근 방식도 하루에 한 번만 실행할 수 있으므로 최상의 RPA를 기대할 수 있는 시간은 24시간이다.

이런 백업 및 복구 방법은 거의 모든 가상화 환경에 적합하고 VMware 및 Hyper-V를 백업 및 복구하는 데도 유용하지만 AHV 또는 KVM과 같은 다른 하이퍼바이저를 모두 백업할 수 있는 것은 아니다. 이를 위해서는 특별히 설계한 전문 솔루션이 필요할 수 있다.

클라우드 환경으로 전환함에 따라 이제는 새로운 백업 및 복구 솔루션을 구매하는 사용자는 클라우드 환경을 바라보는 시각을 가져야 한다. 클라우드를 이전 백업이나 사용하지 않을 백업(예: 아이언 마운틴)을 단순히 저장할 수 있는 곳이라고 생각한다면 백업을 클라우드에 복사할 수 있는 백업 및 복구 솔루션을 선택해야 한다. 하지만 클라우드를 새로운 워크로드workload 대상으로 보기 시작하고 VM을 단순히 복사해 이동하는 장소 이상의 것으로 생각한다면 클라우드에 맞게 설계된 시스템을 고려해야 할 것이다.

첫 번째로 중요한 것은 백업의 주복사본을 단순히 오래된 백업 방식을 사용하지 않고 오브젝트 스토리지에 저장할지 여부다. 백업 솔루션에서 백업의 주복사본을 블록 스토리지에 저장해야 하는 경우 오브젝트 스토리지 사용 대비 최소 4배의 비용을 지출해야 한다(오브젝트 스토리지는 블록 스토리지 비용의 절반이고 오브젝트 스토리지는 일반적으로 3배 복제된다). 블록 스토리지는 일반적으로 복제되지 않으므로 복사본 2개가 필요하다(2개 가격이 2배인 것은 4배라는 뜻이다). 오브젝트 스토리지는 백업 복사본에 많은 이점을 제공하며, 백업 솔루션을 설계할 경우 백업을 저장하는 데 유용하다. 블록 스토리지는 대부분의 백업 시스템이 디스크에 백업을 저장하는 방식과 같이 하나의 대용량 이미지를 더 빠르게 복원할 수 있다. 백업 시스템이 클라우드에 백업을 저장한다면 블록 디스크에 백업을 저장하는 것이 매우 유용하다. 그러나 백업 시스템이 오브젝트 스토리지의 작동 방식을 활용할 수 있다면(백업을 하나의 큰 블록으로 저장하지 않고) 오브젝트에서 성능을 복원하는 속도가 디스크에서보다 훨씬 빠를 수 있다. 따라서 고객이 오브젝트 스토리지를 사용하는 경우 성능이 저하되지 않도록 해야 한다.

다음으로 중요한 것은 주어진 솔루션의 클라우드 버전이 클라우드에서 실행되도록 설계됐는지 아니면 데이터센터에서 실행되는 솔루션과 동일한 솔루션인지 여부다. 데이터센터에서 실행하는 제품과 동일한 제품이라면 클라우드의 경제성을 활용하도록 설계하지 않았을 가능성이 있다. 이 제품은 아무것도 하지 않는 경우에도 백업 VM을 24시간 실행한다. 이는 동일한 수준의 기능을 제공하면서 많은 비용을 절약할 수 있는 컨테이너나 서버리스 기능을 고려하지 않았을 것이다.

완전한 솔루션

오늘날 대부분의 백업 및 복구 시스템은 완전한 솔루션으로 판매되고 있다. 하드웨어 및 소프트웨어를 포함한 어플라이언스일 수도 있고 백업 소프트웨어를 관리할 필요 없이 사용할 수 있는 서비스형 백업일 수도 있다. 구입한 솔루션에 따라 사용한 백업 방법이 결정되는 경우가 많다. 따라서 요구 사항을 충족할 수 있는 적합한 백업 방법 목록을 작성한 후 이런 백업 방법을 제공하는 완벽한 솔루션을 확인하는 것이 좋다.

마무리

9장에서는 제품이 백업을 생성해 우수한 복원을 지원하는 모든 방법을 설명했다. 두 가지 큰 범주로 나눌 수 있는데 복원이 필요한 경우와 즉시 복구를 지원하는 경우다. 중요한 것은 제품을 평가하기 전에 최소한 이 모든 접근 방식의 장단점을 이해하는 것이다.

복구 시점 및 복구 시간 관점에서 제공하는 다양한 범위를 이해해 보자. 2장의 내용을 참고해 실제 조직 요구 사항을 기반으로 시스템을 설계한 후 요구 사항에 가장 근접한 9장에서 설명한 백업 방법을 지원하는 제품 및 서비스를 살펴보자.

한 가지 제안을 하자면 9장에서 다루는 여러 방법을 지원하는 백업 제품이나 서비스를 살펴보는 것이다. 그러면 여러 방법을 테스트하고 다양한 워크로드에 맞는 다른 방법을 선택할 수 있다. 유연성이 최고라 생각한다.

아카이빙 소프트웨어 방법

 10장은 @penguinpunk로 알려진 호주의 베테랑인 댄 프리스(Dan Frith)가 작성했다. 댄은 내 책의 열렬한 독자이지만 단순한 팬은 아니다(그는 내 주장이 틀렸다고 생각하면 나에게 직접 말할 수 있을 만큼 배짱이 두둑하다. 아마 호주 사람의 전형적인 기질로 보인다). 그는 또한 현장 경험도 풍부하기에 이 책의 기술적인 부분을 검토했으며, 10장을 써주기도 했다.

아카이브는 필요하지만 가장 보유율이 낮은 데이터 보호 시스템일 것이다. 3장에서 아카이브를 별도의 위치에 저장된 데이터 복사본이라고 정의했다. 또한 아카이브는 충분한 메타데이터와 함께 저장되기 때문에 데이터의 출처가 불분명할 경우라도 충분히 검색이 가능하다. 반면, 백업은 데이터의 주복사본이 손상, 삭제 또는 다양한 사건의 영향이 있을 때 복구할 때 사용하는 보조 데이터 복사본이다.

대부분의 조직에서 백업 시스템은 보유하고 있을 가능성이 높지만 아카이브 시스템은 그렇지 않은 경우가 많다. 따라서 대부분은 실제 아카이브 시스템이 무엇인지, 또는 왜 필요한지를 인식하지 못한다. 지금부터 관련 내용을 살펴보자.

아카이브 파헤치기

아카이브를 다른 방식으로 정의하면 부수적인 데이터의 주 복사본^{primary copy}이라고 할 수 있다(즉 이 데이터는 사실상 주 데이터가 아니다). 일반적으로 아카이브 데이터는 더 이상 최신 정보가 아니거나 자주 액세스하지 않으며 사용자가 더 이상의 가치를 두지 않는 데이터를 말한다. 모든 데이터를 눈에 잘 띄는 곳에 보관하고 모든 사람이 볼 수 있도록 표시해야 할 필요는 없다. 대신 일반적으로 운영 스토리지 시스템의 공간을 절약하려고 가치가 낮은 데이터를 보관하고, 일반적으로 매일 참조되는 데이터가 아닌, 어떤 이슈 발생 시 확인을 위해 사용한다.

이것이 내가 주 데이터의 보조 복사본을 백업하고 보조 데이터의 복사본을 아카이브하는 이유다.

그렇다면 더 이상 필요하지 않은 데이터를 그냥 삭제하는 것은 어떨까? 다양한 정부 기관에 적용되는 법률 및 규정 준수 요구 사항과 같은 여러 이유 때문에 아무리 덜 중요한 데이터라 하더라도 관련 규정에 따라 보관해야 할 상황이 발생한다.

아카이빙의 필요성을 강조하는 많은 예가 있다. 예를 들어 회계 회사는 감사할 때 증거 보존을 위해 특정 기간 동안 고객 데이터 기록을 유지해야 한다. 많은 조직에서 다양한 세법 및 정부의 감독 요구 사항을 충족하고자 거래 기록을 보관해야 한다. 정부 기관과 금융 기관은 문제나 분쟁이 발생할 경우에 대비해 고객 기록을 수년 동안 보관해야 하는 경우가 많다. 한 번은 사건 의뢰인을 위해 99년 동안 사건 파일을 온라인에 보관하는 정부 기관에서 일한 적이 있다. 기술 수명 주기 및 데이터의 장기 보존과 관련된 문제를 제외하고도 고객과 문제가 발생할 경우 유지해야 하는 데이터의 양은 놀라울 정도였다. 시간이 지나면서 더 많은 데이터를 저장해야 하는 요구 사항도 늘어나서 과거 데이터를 더 저렴한 스토리지 환경에 아카이브해야 하는 드라이브가 생겨났다.

아카이브 데이터를 보다 저렴한 시스템에 저장한다고 해서 반드시 데이터 손실 위험이 더 큰 것은 아니다. 데이터는 다양한 방법으로 보호할 수 있으며 아카이브 데이터도 마찬가지다. 문제는 속도다. 일반적으로 아카이브 시스템은 일반적으로 데이터 회수 시간과 전체 시스템 처리량에서 느리다. 따라서 이러한 시스템을 보호하는 작업은 기존 데이터 보호 솔루션이 아닌 다양한 복제 수단으로 수행되는 경우가 많다. 올플래시^{all-flash} 시스템에서는 스토리지 스냅샷 툴을 활용해 야간에 대량의 데이터를 보호할 수 있고 대규모 오브젝트 스토리지 시스템에서는 이와 전혀 다른 기능을 사용할 수 있다. 아카이브 저장소가 증가함에 따라 야간에 데이터를 보호해야 하는 과제도 증가하고 있다. 이런 이유로 많은 솔루션이 아카이브 데이터를 보호하고자 여러 위치에서 여러 복사본을 사용한다.

회수 vs 복원

백업과 아카이브의 차이점을 이해하는 것은 회수(아카이브)와 복원(백업)의 차이점을 이해하는 것만큼 간단하다. 우리는 이미 3장에서 이 주제를 다뤘지만 회수가 무엇인지 조금 더 알아보면서 두 가지가 매우 다르다는 것을 다시 한번 강조하고자 한다.

데이터가 생성된 지 몇 년이 지나고 데이터를 회수하려는 사용자는 어떤 서버의 어떤 위치에 데이터가 저장됐었는지 당연히 기억하지 못한다. 물론 흐릿한 기억은 있을 수 있지만 완전히 신뢰하기는 어렵다. 또한 데이터 회수의 이유가 e-디스커버리 요청과 관련된 것일 수도 있기 때문에 이를 검색하는 사람은 해당 데이터를 직접 생성한 사용자가 아닐 가능성이 높다. 따라서 아카이브 시스템의 회수는 백업 시스템의 복원과 매우 다르다.

복원은 일반적으로 하나의 시스템에서 특정 시점의 1개 파일을 요청한다. 예를 들어 9월 1일에 elvis 파일 서버에서 /home/curtis/resume.doc 파일을 복원 요청이 있다고 하자. 만약 이런 파일 이름, 위치와 같은 정보가 없다면 복원이 불가능하다.

아카이브에서 회수할 때 서버 이름, 디렉터리 위치, 파일 이름, 생성 날짜 등의 정보가 모두 필요한 것이 아니다. 대신 대략 언제 만들어졌는지, 누가 만들었는지에 대한 부분 정보와 내용 정보는 있어야 한다. 따라서 회수 조건은 '지난 3년 동안 'wowza'라는 단어가 포함된 생성, 수신, 전송된 파일 또는 이메일 검색'과 같이 완성될 수 있다. 이러한 요청은 서버 또는 애플리케이션 이름을 전혀 알지 못한 채 수십 대의 서버에서 이메일,

문서 및 스프레드 시트를 검색한다.

이제 아카이브 시스템이 무엇인지 그리고 회수 시스템이 무엇인지를 알았으니 이제 이 시스템들이 동작하는 다양한 방법을 설명하겠다. 이는 백업의 세계만큼 간단하지는 않고 조직 또는 비즈니스 문제에 따라 다르다.

아카이브 시스템의 종류

아카이브 도입을 결정하면 현재 출시된 이용 가능한 다양한 유형의 아카이브 시스템들의 차이점을 이해하는 것이 중요하다. 이들은 모두 비슷해 보여도 기능적으로 약간의 차이가 있으며, 모든 시스템이 모두 아카이브 사용 사례에 적합한 것은 아니다. 다른 기술 분야와 마찬가지로 특정 제품 도입의 결정은 기술적인 사양만으로 결정하는 경우는 거의 없다. 아카이브 요구 사항 이외의 요소로 예산 규모, 성능, 솔루션을 지원하는 데 필요한 리소스 및 기타 비기술적 고려 사항 등이 시스템 선택에 영향을 미친다. 이제 다양한 아카이브 시스템을 더 자세히 살펴보자.

전통적인 배치 아카이브

전통적인 배치 아카이브에서는 데이터를 일정 기간 사용한 다음 규정 준수 또는 과거 데이터 검색을 위해 참조해야 할 경우 안전한 장소에 보관한다. 그러면 아카이브된 데이터가 원래 위치에서 삭제된다. 이러한 유형의 아카이브의 주된 목적은 데이터를 오랜 시간 동안 보관하면서도 적은 비용으로 보관하고 수년 후 더 쉽게 찾을 수 있도록 하는 것이다. 데이터를 전통적인 배치 아카이브에서 보관할 때 보관 중인 데이터에는 메타데이터에 포함된 ID가 여러 개 제공된다. 이 메타데이터는 관련된 프로젝트의 이름(예: 유니콘 위젯 프로젝트), 데이터 작성에 사용되는 도구(예: CAD/CAM), 데이터 작성과 관련된 사용자, 작성 기간(예: 2021년 2분기)을 포함한다. 그리고 이 메타데이터는 나중에 이 데이터를 검색하는 데 사용된다. 데이터가 저장된 서버는 메타데이터의 일부가 아닐 수 있으며, 이는 백업과 아카이브의 또 다른 큰 차이점이다.

특정 조직에서 일정 기간 동안 데이터를 작업한 다음 다른 곳으로 이동해 안전하게 보관하는 것이 합리적이라는 여러 근거가 있다. 나는 예전에 건설업에 종사하는 고객과 상담을 했었다. 이 회사는 행정, 엔지니어링, 기타 건설 활동을 관리하는 핵심 직원 그룹과 같이 운영되고 있었다. 교량이나 청사 등 특정 사업에 입찰할 기회가 생기면 내부 직원과 시공사가 함께 팀을 구성해 다양한 단계에서 입찰 작업을 진행했다. 입찰에 성공하면 프로젝트와 관련된 데이터는 프로젝트 기간 동안 프로덕션 스토리지 시스템에서 유지했다. 그러나 입찰에 실패하면 팀은 해체되고 데이터는 아카이브 시스템으로 옮겨져 다른 프로젝트의 참조 자료로 사용됐다. 프로덕션 스토리지 시스템에 데이터가 영구적으로 보관되지 않은 이유는 입찰 및 입찰 중인 수많은 프로젝트와 관련된 많은 데이터가 있었기 때문이다. 스토리지 시스템의 용량이 계속 늘어나는 것을 방지하고자 아카이브 시스템이 과거 입찰 데이터를 저장하기에 더 적합하다고 판단했었다.

또 다른 경험은 내가 인공위성 회사에서 일했을 때 그곳의 모든 위성 설계는 위성이 제작된 후 보관했다. 만약 5년 전에 위성을 주문한 정부가 지난번과 같은 모델로 몇 개를 더 주문할 수도 있다. 구매한 위성 모델을 찾은 다음 아카이브 시스템에서 해당 모델을 검색하면 초기 설계에서 최종 생산 지침에 이르기까지 해당 위성 모델에 대한 모든 데이터를 쉽게 찾을 수 있었다.

실시간 아카이브

실시간 아카이브는 스토리지에서 데이터가 생성 또는 저장되는 이벤트를 감지해 해당 데이터를 실시간으로 다른 위치에 아카이빙한다. 이런 유형의 아카이브는 일반적으로 규정 준수 감시 또는 감사 목적으로 사용한다.

온프레미스 이메일 시스템이 더 보편화됐을 때 저널 이메일 계정은 실시간 아카이브의 가장 흔한 사례였다. 이메일이 메일 시스템에 들어오면 각 메시지의 사본이 저널 사서함에 저장되고 원본이 의도한 수신자에게 전달된다. 감사자나 관리자가 저널 메일함에 접근해 법적 소송에서 사용해야 하는 정보를 검색하거나 정보 공개 요청에 대응하는 자료로 활용할 수 있다.

이런 유형의 아카이브는 일반적으로 기존 이메일 클라이언트에 접속하지 않고 세분화된 검색 기능이 있는 포털에 접속한다. 실시간 아카이브는 스토리지 시스템에 대한 부담을 덜어 주지는 않지만(만약 제품이 297페이지의 'HSM 형태의 아카이브'에 설명된 기능이 있는 경우 제외하고) 규정을 준수하도록 조직의 능력을 향상시킬 수 있다.

실시간 아카이브 시스템의 개념은 SaaS 기반 이메일 또는 기타 SaaS 서비스의 출현으로 아직까지 건재하다. 오히려 실시간 아카이브 방식을 아카이빙의 주류로 만들었다. 마이크로소프트 365와 구글 워크스페이스는 모두 실시간 아카이브 기능을 제공한다. 마이크로소프트는 이를 보존 정책이라고 하고 구글 워크스페이스는 이를 구글 아카이브라고 부른다. 적절한 권한 부여와 몇 번의 마우스 클릭으로 시스템에서 생성하거나 시스템을 통해 전송된 모든 이메일 및 문서의 사본을 저장하도록 설정할 수 있다. 마이크로소프트 365는 승인된 관리자라도 사용자가 아카이브를 삭제하는 것을 허용하지 않는 기능을 지원해 악의적인 관리자로부터 아카이브를 보호한다(92페이지 '불변성' 참고).

이것이 결국 백업 아닌가?

어떤 사람들은 마이크로소프트 365 보존 정책과 구글 워크스페이스 아카이브가 백업과 같은 역할을 수행한다고 단정지어 말한다. 이에 대한 답은 235페이지 'SaaS'에서 다루고 있지만, 여기에서 다시 한번 강조하고 싶다.

이것은 아카이브(즉 백업이 아님)이므로 메일 박스를 특정 시점의 이미지로 저장하지 않는다. 따라서 특정 시점의 상태로 복원할 수 없을 뿐만 아니라 3-2-1 규칙을 따르지 않는다. 또한 백업이 사용자를 보호해야 하는 것과 동일한 도구를 사용해 관리해야 함을 의미한다.

따라서 이것은 회수는 가능하지만 복원은 어렵다. 백업 제품에서 회수(즉 거의 불가능)를 수행하는 것이 정말 어려운 것처럼 아카이브에서 복원을 수행하는 것은 불가능하다고 하는 것이 맞다.

노동자에게 유리한 노동법이 적용되는 국가에 살고 있다면 모든 직원의 이메일에 액세스할 수 있는 조직의 이런 의도가 혐오스러울 수 있다. 불행히도 많은 국가에서 이런 종류의 행동을 유도하는 조항들이 있다. 나는 이런 시스템을 이용해 관리자가 직원을 감시하기보다는 e-디스커버리 프로세스와 함께 사용하는 효과적인 도구로 사용됐으면 하는 바람이다.

HSM 형태의 아카이브

가장 널리 사용되는 아카이브 형식 중 하나는 HSM^{Hierarchical Storage Management} 형태의 아카이브로, HSM(계층적 저장소 관리)을 사용해 데이터 저장소를 관리한다. 데이터가 오래되거나 사용 빈도가 줄어들면 데이터를 더 저렴한 스토리지로 옮기는 것이 경제적이다. 사용자가 매일 데이터에 접근하지 않거나 데이터가 오래됐지만 규정 준수를 위해 보관해야 한다면 조직에서 이 데이터를 보다 저렴한 스토리지 플랫폼에 저장하는 것이 합리적이라고 할 수 있다. 데이터의 양에 따라 이 데이터를 확장 가능한 오브젝트 스토리지 시스템에 저장하거나 회수에 걸리는 시간이 중요하지 않다면 클라우드 기반 콜드 스토리지 시스템에 저장하는 것이 적절할 수 있다. 많은 솔루션이 아카이브 데이터를 테이프로 마이그레이션해 오프사이트 및 오프라인에 저장할 수 있는 기능을 제공한다. 이런 방식은 꼭 필요한 경우가 아니라면 기본적으로 사용할 수는 없어 어느 정도 향상된 보안 수준을 제공한다고 볼 수 있다. 또한 테이프는 일부 스토리지 시스템보다 기가바이트당 더 경제적인 가격을 제공한다. 120페이지 '백업과 아카이브에 관한 오해'에서 언급했듯이 테이프는 데이터를 매우 오랜 기간 동안 보관하는 데도 매우 유용하다.

이 HSM 개념을 적용한 대표적인 사례는 2000년 초반에 매우 인기 있었던 실시간 이메일 아카이브 시스템이었다. 사용자가 HTML 형식의 이메일을 사용하면서 이메일 자체 용량이 커지고 더불어 첨부 파일까지 점점 커지면서 많은 조직은 메일 서버의 대량의 메일함 때문에 고민하고 있었다. 모든 이메일이 자동으로 보관됐기에 관리자는 특정 기간보다 오래되고 특정 용량보다 큰 이메일들을 보관함으로 이동하고 주 시스템에서 삭제하도록 지정할 수 있었다.

조직에서 메일 호스팅에 대한 요구가 서드파티 서비스형 사용으로 점점 이동하면서 네트워크로 연결된 파일 서버에 저장되는 비정형 데이터로 초점이 옮겨졌다. 업계 분석가들은 이런 스토리지가 기가바이트당 가격이 점점 더 저렴해지고 있다고 분석했지만, 조직들 또한 데이터를 저장하려고 점점 더 많은 용량을 요구하는 것이 현실이다. 따라서 고성능 스토리지에 대한 지출을 줄이는 모든 방법은 의미가 있다.

HSM 방식의 아카이브는 일반적으로 데이터의 오래된 정도 또는 마지막으로 사용한 시간을 기준으로 데이터를 다른 스토리지로 이동시킨다. 데이터가 오래되면 파일 시스템의 해당 위치에서 아카이브 시스템으로 이동될 수 있다. 그러나 검색을 용이하게 하고자 아마도 소스 시스템에 일종의 포인터나 스텁 형태의 데이터를 남길 것이다. 일부 시스템은 강력한 검색 엔진 기능을 위해 스텁을 피한다. 이 접근 방식은 시스템 간의 호환성을 높일 수 있지만 사용자가 데이터에 포함된 내용을 기억하지 못하고 저장 위치만 기억하는 경우가 많아 검색의 효율성이 떨어진다.

아카이브 시스템 결정

아카이브 시스템을 결정할 때는 아카이브 시스템의 필요성에 대한 기본적인 질문부터 시작해 여러 가지 요소를 고려한다. 아카이브 시스템이 필요하다면 조직의 요구 사항에 가장 적합한 시스템을 선택하는 것이 중요하다. 지금부터 조직에서 이를 결정할 수 있는 방법을 살펴보자.

아카이브 시스템이 필요한가?

조직은 조직 운영에 필요한 모든 종류의 데이터를 사용한다. 해당 데이터 중 일부는 온프레미스에서 생성하고 일부는 조직 외부에서 가져온다. 아카이브 시스템이 필요한지 여부를 결정하는 것은 간단한 문제가 아니며 어떤 것을 결정하기 이전에 여러 요소를 고려해야 한다.

첫째, 조직에서 사용하는 데이터는 어떤 종류인가? 주로 데이터베이스나 이와 유사한 애플리케이션에 저장되는 정형화된 데이터인가? 아니면 비정형 데이터인가? 비정형 데이터는 정형화된 데이터보다 아카이브 시스템에 더 쉽게 활용할 수 있다. 이미 다양한 부서에서 대규모 네트워크 볼륨에 많은 데이터를 저장하고 있고 계속 생성하고 있는가? 그렇다면 그 데이터는 사용자에 의해 생성된 데이터인가 아니면 기기에서 생성한 데이터인가? 일부 조직은 다양한 산업 애플리케이션의 데이터 로깅 및 처리에 크게 의존한다. 이런 데이터는 조직의 다양한 로깅 및 모니터링 도구에서 사용하는 기능에 따라 엄청난 속도로 증가할 수 있다. 이런 데이터는 매우 중요할 수 있지만 사람이 거의 확인하지 않기 때문에 아카이브를 적용에 적합하다.

클라우드 서비스 공급자는 한 번에 몇 달 동안 엄청난 양의 로깅 및 모니터링 데이터를 저장하는 경우가 많다. 이는 고객과 과금 분쟁이 발생하거나 계획되지 않은 서비스 중단 후 원인 분석을 수행할 때 항상 사용한다. 또한 일부 국가에서는 서비스 제공업체가 정부 기관에서 고객 접속 로그에 대한 접근을 요구할 수 있기 때문에 이를 법적으로 보관해야 하는 상황이 발생될 수 있다.

또한 각각 다른 데이터셋마다 어떤 종류의 보존 요구 사항이 있는가? 내가 근무했던 일부 환경에서는 조직에서 데이터 보존 요구 사항이 무엇인지 정확하게 파악하지 못하거나 특정 상황에서 데이터 보존 요구 사항을 구현하는 방법을 제대로 파악하지 못해 안타까웠다. 이에 스토리지 및 데이터 보호 관리자는 조직이 '모든 것을 영원히 보관하기를 원한다'라는 요구를 계속 관철시켰다. 이 요구 사항은 스토리지 시스템을 처음 도입했을 때 예상했던 속도보다 항상 더 빠른 속도로 데이터가 쌓이기 시작했다. 결국 많은 논의를 거쳐 예상보다 일찍 시스템을 확장하기로 결정했다. 이 방법은 항상 비용이 많이 들고 시간이 많이 소요된다. 이런 보존 요구 사항은 실제로 아카이브 시스템의 필요성을 증가시키고 시스템 도입의 근거로 도움을 줄 수 있다.

만약 사용자가 조직에서 생성한 데이터의 보존 요구 사항을 처리할 수 있는 권한이 있더라도 이런 요구 사항을 만족하는 데이터가 올바른 위치에 저장되도록 하려면 어디서부터 시작해야 할까? 특정 데이터의 형태는 보호 및 보존을 위해 특정 법적 요구 사항을 만족해야 하지만, 조직은 이에 해당하는 데이터 대부분이 실제로는 여러 홈 디렉터리 또는 오랫동안 사용하지 않은 중복 폴더에 있다는 사실을 모르고 있는 경우를 많이 봤다.

만약 계속 사용하는 데이터가 있다면 데이터 스토리지 요구 사항은 계속 증가할 것이다. 짧은 시간 동안만 필요한 데이터를 생성하는 운이 좋은 상황이라면 아카이브 시스템의 필요성을 너무 걱정하지 않고 이전 데이터를 쉽게 삭제할 수 있다. 그러나 이와는 달리 조직은 '모든 데이터를 영원히 보관'이라는 요구 사항을 유지하고 싶어하는 이 데이터는 적절한 곳에 보관해야 한다고 계속 주장할 가능성이 높다.

잠재적인 아카이브 시스템을 구현하려는 모든 프로젝트는 2장에서 설명한 것과 동일한 프로세스를 사용해야 한다. 이 프로젝트의 이해 당사자로는 법률팀, 컴플라이언스 준수팀이 포함돼야 한다. 이 모두가 데이터를 삭제해야 하는 시기를 결정할 중요한 당사자들이기 때문이다.

요구 사항

아카이브 시스템을 배포한다면 요구 사항 수집을 먼저 해야 한다. 데이터가 보관되는 기간과 보관으로 발생할 수 있는 문제를 예측해야 한다. 이런 요구 사항 중 일부를 좀 더 자세히 살펴보자. 이미 언급했듯이 기본적으로 2장에 설명한 프로세스를 따라야 한다.

데이터 포맷 이슈

조직에 어떤 유형의 아카이브가 적합한지 확인할 때 중요한 고려 사항은 향후 데이터의 저장 방식과 검색 방법이다. 수천 개의 일반 텍스트 로그 파일이라면 필요할 때 일부 시스템에서 해당 파일을 읽을 것으로 예상하는 것이 합리적이다. 그러나 소프트웨어가 특정 애플리케이션 형식으로 데이터를 저장하고 있다면 어떨까? 리눅스에서 생성된 애비워드AbiWord 파일을 맥 OS 문서 도구로 열려고 한다면 과연 잘 열릴까?

사무 자동화 데이터도 중요하지만 여러 환경에 산재한 마이크로소프트 액세스 데이터베이스에 숨겨져 있는 다량의 중요한 데이터는 어떨까? 현재 해당 소프트웨어에서 다른 시스템으로 데이터를 가져올 수 있는 다양한 방법이 있지만, 전 세계에서 사용되는 모든 비즈니스 소프트웨어가 마이크로소프트 도구와 같이 오래 살아남지는 못한다.

개발자들이 은퇴했거나 다른 방법으로 옮겨간 수많은 소규모 기업 회계 및 재무 패키지들이 여전히 전 세계에서 사용되고 있다. 그렇다면 50년 후에 어떻게 이런 시스템에서 데이터를 검색할 수 있을까? 나는 수년간 컨설팅을 해 온 모든 조직에서 데이터센터에 레거시 서버나 애플리케이션을 배치해 개발자가 오랫동안 잊고 있었지만 조직 내부의 일부 프로세스에서 중요한 역할을 하는 애플리케이션이나 워크플로workflow로 중요한 프로세스에 정보를 제공했다. 그 당시에 이런 상황이 오도록 지켜보고만 있어야 했을까? 물론 그렇지는 않다. 하지만 현실에서는 예상보다 더 자주 일어나는 일이다.

스토리지 미디어

아카이브 데이터가 저장될 미디어의 선택도 중요하다. 아이오메가 재즈^{Iomega Jaz} 카트리지가 책상 서랍에 오랫동안 보관돼 있어도 읽을 수 있는 재즈 드라이브가 없다. 최신 테이프 기기로는 읽을 수 없는 전 세계 조직의 창고에 쌓여 있는 디지털 데이터 저장^{DDS,} Digital Data Storage 테이프의 수를 생각해 보자. 과연 펀치 카드^{punch card}에서 읽고 싶은 중요한 데이터가 있을까? 나중에 그 데이터를 열어야 하는 사람들은 저장된 데이터에 접근하는 데 어려움을 겪을 것이다. 카세트 테이프가 창고에 많이 있는데 1980년대 시스템에서 생성된 데이터를 찾기가 점점 더 어려워지고 있다. 이와 같이 수명이 길지 않은 스토리지 시스템에 데이터의 복사본을 저장하고 싶지 않을 것이다. 데이터를 저장하는 데 사용하는 스토리지 시스템이 약 50년 후에 사용할 수 있다는 확신이 없다면 아카이브를 그대로 유지하면서 어느 정도의 데이터 지속 가능성을 수용할 수 있는 아카이브 시스템을 선택해야 한다.

또한 데이터 이식성^{portability}의 관점에서 아카이브 시스템을 고려하는 것도 중요하다. 예를 들어 소프트웨어 기반 아카이브 시스템의 장점은 잠재적으로 위험한 마이그레이션 작업을 수행할 필요 없이 하드웨어 플랫폼에서 다른 하드웨어 플랫폼으로 아카이브 데이터를 이동할 수 있다. 이 접근 방식의 단점은 암호화 및 데이터 불변성과 같이 전통적으로 하드웨어 기반 아카이브 플랫폼과 관련된 일부 기능을 소프트웨어에 구축하고 정기적으로 유지해야 한다는 것이다. 이상적인 시나리오에서 소프트웨어 아카이브 솔루션은 데이터 이동성과 보호를 지원하고 사용자에게 암호화 및 데이터 중복 제거와 같은 하드웨어 플랫폼 기능을 사용할 수 있는 옵션을 제공한다.

그 외의 고려 사항

보관하는 데이터에 따라 사람이 읽을 수 있어야 하는지 아니면 최신 애플리케이션에서 단순히 이해할 수 있어야 하는지도 고려 대상이다. 현재 데이터와 비교하거나 차이를 분석하고자 지리 정보 시스템에도 제공할 수 있는 데이터를 단순히 매핑하는 것이라면 현재 시스템에서 로우 데이터^{raw data}를 오픈 포맷으로 내보내는 것으로도 충분할 수 있고, 향후 소프트웨어에서도 읽을 수 있다.

그러나 사람이 직접 데이터를 이해하려 한다면 아마 더 어려운 상황에 처하게 될 수 있다. 또 다른 접근 방식은 공급업체에서 기술지원이 끝난 후 가상화 도구를 사용해 노후화된 시스템 및 관련 데이터를 유지 관리하는 것이다. 소프트웨어 세계는 빠른 속도로 변화하고 있으며 기본 외형과 느낌은 같을지 모르지만, 1995년부터 가상화 윈도우 환경을 접한 사람은 상황이 크게 변하고 있음을 느낄 것이다. 지금은 당연하게 여기는 데이터 가용성의 많은 부분을 단순히 이런 시스템으로는 이해하기는 어렵다.

분리된 시스템 또는 통합된 시스템?

아카이브 시스템의 채택에 큰 영향을 미치는 두 가지 다른 주요 요소는 바로 스토리지의 제한 없는 확장과 법적 규정 준수다. 올바른 시스템을 선택한다면 이런 요구 사항 모두가 수용이 가능하다. 제한 없는 확장과 법적 규정 준수가 조직에서 데이터 아카이브를 선택에 미치는 유일한 이유는 아니지만 이에 대한 요건의 충족 여부가 의사결정 과정에서 중요한 역할을 한다. 10장에서 언급했듯이 유지해야 하는 데이터 유형과 향후 해당 데이터에 접근하는 방법도 고려해야 한다.

구축하는 아카이브 시스템이 백업 환경과 분리될지 또는 통합될지 여부를 고려하는 것이 중요하다. 궁극적으로 아카이브 데이터의 안전한 저장 및 보호는 신뢰할 수 있는 데이터 보호 및 보존 시스템에 매우 중요한 것으로 간주돼야 하지만, 그렇다고 해서 아카이브 시스템을 백업 시스템에서 제어할 필요는 없다. 실제로 데이터 타입의 기능이 여러 면에서 다르기 때문에 각 팀의 시스템도 시스템을 유지 보수하는 것처럼 분리될 수 있다고 생각할 수 있다. 백업팀은 항상 프로덕션 데이터 스토리지 운영에 관여하지만 아카이브 시스템 담당팀은 기록 관리 또는 조직의 규정 준수 부분에 상주할 수 있으며 조직의 기술 기능에서 완전히 분리될 수도 있다.

특히 규정 준수를 위해 데이터를 아카이브해야 하는 경우 아카이브 시스템을 선택할 때 고려해야 할 또 다른 주요 사항은 아카이브된 데이터에 대한 정확한 메타데이터를 유지 관리할 수 있는 시스템 기능이다. 모든 파일/오브젝트/애플리케이션 레코드에는 데이터가 생성된 시간, 마지막으로 액세스한 시간, 사용자 등과 같은 정보를 포함한 일정의 메타데이터가 연결돼 있다. 데이터가 아카이브로 전송될 때 이 메타데이터를 유지하는 것이 중요하다. 메타데이터는 일반적으로 데이터의 콘텍스트를 제공하는 데 사용되는 중요한 도구다. 예를 들어 사진일 경우 파일에 저장된 메타데이터는 사진이 촬영된 장소, 사용된 카메라의 종류 등에 대한 정보를 제공한다. 아카이브 플랫폼이 불변인지, 데이터가 아카이브 플랫폼에 저장되면 변경할 수 없는지 확인해야 하는 요구 사항도 있을 수 있다. 왜 불변이어야 하는가? 예를 들어 법원 사건에서 자료를 활용한다면 어떤 식으로든 자료가 변조되지 않았고 증거로 사용될 수 있다. 데이터가 금고나 외부와의 접근성이 없는 산의 벙커 같은 곳에 있지 않는 한 후드티를 입고 랜섬웨어 프로그램을 퍼뜨리는 악의적인 사람들에게 취약할 가능성도 있다. 불변성은 데이터 손실 가능성을 방지하는 데 도움이 되는 시스템의 보안 수준을 제공한다.

아카이브 데이터가 플랫폼으로 이동된 후 액세스 방법도 고려해야 한다. 이는 컴플라이언스 아카이브 데이터와 같은 작업에 특히 중요하다. 최종 사용자가 해당 데이터에서 특정 정보를 검색할 수 없는 경우 수 테라바이트의 컴플라이언스 레코드를 아카이브 시스템에 저장해도 소용이 없다. 앞서 언급했듯이 데이터가 사람이 읽을 수 있는 형식으로 애플리케이션에 저장되는 경우 아카이브 시스템이 기능적인 애플리케이션 프런트엔드에 액세스를 계속 제공하는 것이 중요하다. 반면에 아카이브 데이터가 단순히 파일에 저장된 텍스트 또는 이미지인 경우 강력한 검색 도구와 메타데이터 태깅^{tagging}이 데이터에 충분히 접속할 수 있어야 한다.

또 다른 고려 사항은 먼저 프로덕션 시스템과 애플리케이션의 데이터를 아카이브 시스템으로 어떻게 이동할 것인가다. 구축하려는 아카이브 시스템의 유형은 통합 시스템이어야 하는지 아니면 데이터 보호 및 프로덕션 스토리지 환경과 분리해야 하는지에 영향을 미친다. 예를 들어 실시간 아카이브를 사용해 전자 메일을 검색하는 경우 저널 메일함이 기본 전자 메일 시스템에서 너무 멀리 떨어져 있는 것을 원하지 않을 수 있다. 하지만 데이터를 전달해야 하는 기간에 제한이 없고 주기적으로 많은 양의 데이터가 보관되는 배치 모드 시스템을 사용하는 경우는 운영 시스템 및 애플리케이션과 통합할 필요가 없다.

나는 과거 손상된 백업 서버의 파일 시스템 복구를 돕고자 지원한 적이 있다. 파일 시스템 공급업체와 몇 시간 동안 협력한 결과, 파일 시스템의 데이터를 복구할 수 없다는 것을 확인했다. 시스템에 저장된 백업 데이터만 손상됐거나 또는 프로덕션 데이터(백업 세트에서 복구할 수 있음)만 손상됐다면 상황은 그리 나쁘지 않았을 것이다. 불행히도 이 시스템은 조직의 아카이브 데이터도 동일한 파일 시스템에 호스팅했으며, 이 데이터가 갑자기 증가하자 아카이브 데이터도 함께 보관했다. 물론 사용자가 시스템을 보호하기 위해 몇 가지 예방 조치를 안 했기 때문에 전적으로 아카이브 솔루션 공급업체의 잘못은 아니었다. 그러나 이 사례는 모든 데이터를 한 곳에 저장하는 것은 매우 좋지 않음을 상기시켜 준다. 물론 이것은 백업과 아카이브에도 적용되는 3장에서 소개된 3-2-1 규칙의 핵심이다.

마무리

대부분 조직들의 어떤 기능을 수행하기 위한 활동이 항상 어떠한 범주에 정확히 맞는 것은 아니다. 마찬가지로 이런 기능을 지원하는 애플리케이션이나 업무 방식이 항상 특정 범주에 꼭 맞지는 않는다. 결과적으로 다양한 경로로 생성되는 데이터를 지원하기 위한 스토리지 시스템 및 관련 인프라는 굉장히 다양하다. 이에 선택한 아카이브 시스템 또한 다양한 업무 방식 및 특정 요구 사항도 지원할 수 있어야 한다. 그렇지 않으면 목적 달성을 위해 다른 솔루션과의 조합을 고려해야 할 수도 있다. 결국 특정 애플리케이션이나 업무 방식에 따른 요구 사항을 이해하는 것은 이를 만족시키는 솔루션을 도입하는 데 있어 중요하다. 아카이브 시스템의 선택도 이와 다르지 않다.

도입하기로 한 아카이브 시스템과 관계없이 아카이브 시스템에 저장된 데이터는 정기적으로 백업된 데이터와 매우 다르다는 점을 기억해야 한다. 백업 시스템은 운영 시스템이 망가지면 운영 시스템에 저장됐던 데이터를 특정 시점으로 복구하는 데 사용할 수 있지만 백업과는 다르게 아카이브 데이터는 검색을 위한 과거 데이터다.

아카이브에 관한 내용은 매우 중요하지만 다소 지루할 수 있다. 결국 폐기되기 바로 직전의 데이터를 중심으로 구축된 시스템이라고도 볼 수 있다. 이제 주제를 전환해 랜섬웨어의 출현 이후 더욱 중요해진 재해 복구를 살펴보자.

11장

재해 복구 방법

훌륭한 백업 및 복구 시스템을 갖추는 것이 중요하다는 것에 아무도 이의를 제기하지 않을 것이다. 그러나 수년 동안 대부분의 조직에서 일반적인 재해 복구^{DR} 계획은 소산 백업^{vault backup} 공급업체에서 제공하는 오프사이트의 테이프 박스에 의존했다. 11장에서 다루겠지만 이런 방식을 재해 복구 계획에 적용 하는 것은 IT 업계에서 점차 사라지고 있다. 조직을 매우 빠르게 복구할 수 있는 견고한 재해 복구 계획을 갖는 것이 훨씬 더 중요해졌는데 11장에서 관련 내용을 다루는 이유다. 좀 더 상세하게 살펴보자.

가장 중요한 재해 복구

재해 복구는 대부분의 조직에서 옵션이 된 적이 없고 항상 필수 요구 사항이었다. 하지만 많은 분야에서 이 사실을 알지 못한다. 일반적으로 데이터 보호는 누군가가 이야기하는 첫 번째 메인 프로젝트가 아니다. 백업 시스템이 구식이고 뒤처진 방식이라는 것은 누구나 알고 있지만 백업 시스템을 개선하는 것이 경쟁에서 우위를 차지하는 수준으로 생각하는 경우는 거의 없다. 데이터 보호 프로젝트는 종종 꼭 필요할 때까지 예산 스프레드시트에서 점점 더 아래로 밀려난다.

데이터 보호가 예산 스프레드시트의 마지막 항목인 경우 재해 복구가 데이터 보호의 마지막 항목인 경우가 많다. 사실 항상 그래 왔다. 백업이 필요하다는 것도 알고 있었고 일부는 오프사이트에 저장해야 한다는 것도 알고 있었다. 하지만 추진하기 어려워졌고 갑자기 재해 복구 계획은 어떤 저장소의 테이프 박스에 저장하는 방법으로 변경된다. 심지어 이번 해에는 아이언 마운틴에 보관할 예산조차도 없을 수 있다.

나는 재해 복구 계획이 없는 조직과 몇 번이나 수도 없이 통화했다. 해당 조직은 재해가 발생할 가능성이 상대적으로 적다는 논리와 예산 문제로 온전한 재해 복구 시스템을 갖추지 못한다고 설명한다. 자연 재해가 일어나기 쉬운 지역이나 테러 공격이 빈번한 지역에 있다면 재해 발생 가능성이 높다고 생각하겠지만 많은 조직에서는 본인들이 상대적으로 확률이 낮다고 위안을 삼을 뿐이다.

며칠 동안의 변명

'아이언 마운틴으로 테이프를 보내는 것은 말고는 재해 복구 계획이 없는 조직들과 수년간 많은 대화를 나눴다. 나는 이 문제를 갖고 해당 조직을 압박할 때 말도 안 되는 여러 변명들을 듣곤 했다. 다음은 몇 가지 사례다.

- 우리 건물이 폭발하면 나는 아마 사망할 거라서 신경 쓰지 않아도 된다.
- 만약 우리 마을이 재난으로 파괴된다면 나는 가족과 집을 구하는 것에 더 신경을 쓸 것이고 다른 재해 복구 계획도 신경 쓰지 않을 것이다.
- 만약 우리가 테러리스트의 공격으로 파괴된다면 나는 더 이상 일을 하지 않을 것이고 그래서 신경 쓰지 않을 것이다.

내 밑에서 일하는 사람이 이런 식으로 말한다면 그 자리에서 교체해야 할 것 같다.

하지만 최근 들어 '아마도 그런 일은 없을 것'이라는 감정은 줄어들고 있는 것 같다. 갑자기 많은 사람이 단순 재해 복구 계획이 아닌 효과적인 재해 복구 계획을 세우려고 한다. 이들은 랜섬웨어 공격에 대응할 수 있을 만큼 충분히 짧은 RTO를 원한다. 데이터의 새로운 위협과 이 위협이 어떻게 랜섬웨어를 최우선순위로 이동시켰는지 살펴보자.

모든 것을 바꾼 랜섬웨어

랜섬웨어는 몇 년 전부터 증가했는데 이때부터 조직들은 재해 복구 계획을 활성화하기 시작했다. 민첩한 재해 복구 계획이 없으면 랜섬웨어의 주요 타깃이 된다.

허리케인으로 지도에서 데이터센터가 지워지는 것은 한 순간이다. 물리적으로 모든 것을 재건하고 복원하는 것 외에는 방법이 없다. 그리고 아무리 많은 돈을 지불하더라도 이 작업을 수행하려면 수백 명의 엔지니어와 물리적인 시간이 필요하다. 물론 조금 더 빠르게 만들 수는 있지만 며칠 만에 사무실 건물과 데이터센터를 구축할 수는 없다. 불가능한 일이다.

이를 짧은 RTA(즉 실제 복구 시간 또는 재해에서 실제로 복구하는 데 걸리는 시간)가 목표이지만 최신 재해 복구 계획 없는 상태에서 랜섬웨어에 감염된 피해자의 경우와 비교해 보자. 랜섬웨어의 공격이 발생하면 물리적으로 파괴되는 것은 없어 누구도 자연 재해로 인해 발생할 수 있는 가능성을 걱정하지는 않을 것이다. 다만 피해자들은 모든 데이터가 암호화됐기에 암호화된 데이터를 해제해야 한다.

또한 피해자는 담당자가 빨리 조치하기를 기대한다. 만약 조치가 지연될 경우 조직의 비용 손실이 계속 발생한다는 것도 알게 된다. 기업의 경우 급여를 받는 직원에게 여전히 급여를 지급하는 동안에도 이익이 감소할 가능성이 가장 크다. 정부 기관의 경우도 업무는 진행되지 않지만 여전히 모든 직원에게 급여를 지급한다. 몇 주 후에 다시 정상화되면, 즉 온라인 상태가 되면 손실된 업무를 만회하고자 수백만 달러의 초과 근무를 지시하게 될 것이다. 어떤 유형의 조직을 보호하든 몇 주 또는 몇 달 동안 컴퓨팅 환경을 유지하려면 많은 비용이 든다.

여기서 또 다른 큰 차이점은 일반적인 재해와는 달리 조직에는 쉽게 해결할 수 있는 옵션이 있다는 점이다. 바로 랜섬웨어 몸값을 지불하는 것이다. 한편으로 모든 서버를 깨끗이 지우고 처음부터 복원할 수 있다. 백업 및 복구 시스템의 효율성에 따라 며칠에서 몇 주가 걸릴 수 있다. 반면에 몸값을 지불하고 데이터를 해독할 수 있는 키를 받을 수도 있다. 이런 선택에 직면한 대부분의 조직은 몸값 지불하는 것을 선택하는데, 그 이유는 비용을 지불하고 복호화 키를 받는 방법이 궁극적으로 가장 비용이 적게 드는 쉬운 방법이라 생각하기 때문이다.

재해 복구 개요

재해 복구 계획은 컴퓨팅 환경의 상당 부분이 작동하지 않을 때 실행하는 프로세스이다. 이것은 1~2개의 매우 중요한 서버를 복원하는 것 이상의 프로세스다. 재해 복구 계획을 수립하거나 실행할 때 전체 데이터센터 또는 여러 데이터센터 또는 클라우드 환경에 걸쳐 있는 전체 컴퓨팅 환경을 복구하는 것보다 훨씬 더 큰 효과를 볼 수 있다. 먼저 재해 복구 계획을 사용해야 하는 다양한 이유를 살펴보자.

DR 계획을 실행해야 하는 시기와 장소는 보호 중인 리소스 유형에 따라 달라진다. 과거에는 모든 재해 복구 계획이 데이터센터에 초점을 맞췄지만, 이 영역에서는 많은 변화가 있었다. 이제 데이터센터, IaaS/PaaS 리소스, 조직에서 사용하는 모든 SaaS 애플리케이션에 저장된 데이터를 보호해야 한다.

데이터센터

화재, 홍수 또는 자연 재해 및 테러 행위 등으로 인해 데이터센터가 파괴된 경우 전체 데이터센터를 복구해야 할 수 있다. 최근 몇 년 동안 추가 랜섬웨어 공격이 발생했는데, 해당 공격으로 DR 계획을 재검토해야 했다.

IaaS/PaaS

조직에서 퍼블릭 클라우드를 사용하고 있고 아마도 사용 중인 경우 이런 IaaS/PaaS의 손실도 복구해야 할 수 있다. 클라우드는 마법이 아니며 클라우드에 있다고 해서 클라우드에 있는 컴퓨팅 리소스가 손실될 수 있는 재해의 가능성이 제거되지는 않는다. 실제로 클라우드 리소스 손실에 대비한 설계가 더 중요하다고 주장할 수 있다. 일반적인 데이터센터 재해 복구 계획은 뭔가 심각하게 잘못된 경우 사용하며 클라우드 리소스 재해 복구 계획은 단순한 문제가 발생할 때 사용할 가능성이 더 크다. 클라우드 서비스 전체 영역이 오프라인 상태가 되는 경우가 있다. 이를 위한 계획이 필요하며, 이를 재해 복구 계획이라고 한다. 클라우드 사용자들은 장애^{failure} 예측 또는 장애^{failure} 설계와 같은 용어를 사용한다.

SaaS

8장에서 언급했듯 선호하는 SaaS 제품에 데이터 복구 서비스가 포함될 가능성은 거의 없다. SaaS는 매우 가용성이 높은 시스템으로 자연 재해 또는 테러 공격으로 SaaS 제품이 오프라인 상태가 될 가능성은 거의 없다. 보호해야 할 대상은 SaaS 공급업체에 구축한 데이터 보호 시스템에서 처리하지 않는 데이터를 타깃으로 한 해커의 랜섬웨어 공격 및 해킹 공격이다. 파워 유저와 시스템 관리자 또한 SaaS 환경에 상당한 피해를 줄 수 있어 SaaS의 재해 복구 계획에서 고려해야 한다. 재해 복구 계획이 필요한 이유를 살펴봤으니 이제 재해 복구 계획에 포함될 수 있는 항목들을 살펴보자.

> ## 비즈니스 연속성 계획
>
> 비즈니스 연속성 계획(BCP, Business Continuity Planning)는 재해와 같은 비상 상황에서도 전체 조직이 지속될 수 있도록 유지하는 거대한 프로세스다. BCP는 여러 요소를 포함하는데 그중 하나는 재해 복구(DR)다. BCP에는 시설 관리, 인사 관리 등 IT 범위를 벗어난 모든 것을 포함한다. 이는 BCP에 최소한 직원의 임시 교체와 같은 사항이 포함될 수 있으며 임시 사무실과 통신 회선도 포함될 수 있다. 이는 본질적으로 IT 범위를 벗어남을 의미한다.
>
> 비즈니스 연속성 계획이 실행에 옮겨지고 있는 한 가지 사례는 이 책을 쓰는 동안 일어난 일이다. 전 세계 조직들은 COVID-19 전염병으로 직원들이 재택 근무를 하게 됐을 때 어떻게 업무 연속성을 계속 유지할 수 있는지 알아내려고 노력하고 있었다. 어떤 조직들은 다른 곳보다 이런 고민을 잘 해결했고, 어떤 조직들은 단지 원격만으로는 업무를 유지할 수 없었다.
>
> 원격으로 운영되지 않는 조직의 좋은 예는 식료품점이나 레스토랑이다. 예를 들어 직원은 원격으로 식당을 운영할 수 없다. 하지만 직원은 원격 고객에게 서비스를 제공할 수 있을지도 모른다. COVID-19로 여러 조직의 BC 계획을 테스트했다고 생각한다. 최악의 COVID-19가 끝난 후에 이 글을 읽고 싶은 독자도 있을 것이다. 하지만 그때는 아마도 교훈으로만 삼을 것 같다.
>
> BCP는 이 책의 범위를 벗어난다. 이 책은 재해를 포함한 모든 종류의 사건 발생 후 데이터와 시스템이 신속하게 온라인 상태가 되도록 하는 데 집중하고 있다. 그 외의 업무 연속성 문제와 관련한 내용은 논의하지 않겠다.

재해 복구 계획에는 무엇이 있는가?

재해 복구DR 계획을 세우기로 결정했다면 계획 수립에 앞서 어떤 내용이 들어가는지 살펴보자. DR 계획의 구성 요소를 이해하는 것은 실제로 유용할 계획을 설계하는 데 매우 중요하다.

DR 계획은 처음부터 시작하는 것으로 가정한다. 완전히 새로운 환경을 구성한 다음 데이터와 애플리케이션을 복원해야 정상 운영을 재개할 수 있다. 즉 DR 계획에서 이 모든 사항을 고려해야 하는데 다음과 같은 항목을 준비해야 한다.

컴퓨팅, 스토리지, 네트워크 리소스는 어디에서 얻을 수 있는가?

    일반적인 데이터센터 환경에서는 복원 프로세스를 시작하기 전에 교체용 하드웨어를 구매해야 한다. 이 구매는 사전에 준비할 수 있다. IaaS/PaaS 환경에서는 이 문제를 스크립트로 쉽게 해결할 수 있다. 그러나 SaaS 서비스가 완전히 오프라인 상태라면 단순히 새 서비스를 표시할 수는 없을 것이다. 따라서 재해 복구 계획이 이 문제를 해결해야 한다.

대체 환경을 어떻게 보호할 것인가?

재해가 발생하면 대체 환경이 운영 환경이 된다. 보통 사람들이 DR 계획에서 제외하는 한 가지 중요한 점은 임시 컴퓨팅 환경을 이전 환경과 동일한 수준으로 보호하도록 하는 것이다. 사용자는 어떻게 임시 환경을 적절하게 보호할 것인가? 자동화할 수 있을까?

복구 요구 사항은 무엇인가?

복구 시점 목표^{RPO}와 복구 시간 목표^{RTO}를 사전에 합의해야 하고 복구 시간 실제^{RTA}와 복구 시점 실제^{RPA}에 적합한 DR 시스템을 설계해야 한다. 만약 그렇지 않다면 지금이라도 협의해야 한다.

복구 우선순위 및 전제 조건은 무엇인가?

DR 시스템이 완전히 자동화되지 않은 한 모든 것을 한 번에 복구할 수 있는 경우는 거의 없다. 어떤 순서로 복원해야 할지 미리 정해야 한다.

담당자는 누구인가요?

누가 그 계획을 실행할 것인가? 그 담당자(또는 사람들)가 부재중이면 어떻게 할 건가? 부재 시 업무 대행자 지정과 같은 계획이 있어야 한다.

문서화 수준은 어떤가요?

DR 계획 지침(즉 DR 실행부)은 운영에 익숙하지 않은 기술자가 아무런 도움 없이 실행할 수 있을 정도로 충분히 문서화됐는가? 또한 이 문서가 최신 상태를 유지하도록 하는 검토 과정이 계획에 포함돼야 한다.

얼마나 많은 DR 런북이 자동화됐나?

자동화는 훌륭한 DR 계획의 핵심이다. 더 많은 작업이 자동화될수록 복구 과정에서 성공할 가능성이 높아진다. 이렇게 하면 모든 사람이 쉽게 사용할 수 있을 뿐만 아니라 DR 계획에 익숙하지 않은 사람이라도 훨씬 더 쉽게 사용할 수 있다.

테스트가 됐나?

이 문서의 다른 부분에서 언급했듯이 백업 및 DR 시스템을 테스트하지 않는 것은 재해의 지름길이다. DR 계획의 실행은 정기적인 테스트에 전적으로 의존하므로 어떤 것에 문제가 있는지 먼저 알 수 있다.

뛸 수는 있지만 숨길 수는 없다

매뉴얼이 없어 여러 번 개인적인 시간을 낭비했다. 나는 매일 2~3시간 동안 전화를 하며 보낸 휴가를 기억한다. 다음에 어떤 버튼을 눌러야 할지 아무도 몰라서 컴퓨터 앞에서 긴 밤을 보냈던 기억이 난다. 그러나 그 중 어느 것도 내 첫째 딸이 태어났을 때만큼 기억나지는 않는다. 지금쯤 이 이야기가 멋지다고 말하는 독자가 있을 수 있는데, 사실 그렇지 않다.

아내가 출산한 병원은 사무실 건물에서 두 블록 정도 떨어진 곳에 있었다. 나는 이를 알고 있었고 내 동료들도 알고 있었다(창 밖을 내다본 사람이라면 누구나 알 것이다). 내 딸이 태어난 날, 하필 우리는 주요 파일 시스템을 잃어버렸다. 나는 파일 시스템이 백업 볼륨에 있다는 것을 알았지만 근무하는 날이 아니었다. 그리고 평소에 항상 차고 다니던 삐삐(무선호출기)를 집에 두고 왔다. 하지만 나는 사무실에 전화하지 않았다. 왜냐하면 모든 과정이 문서화돼 있다는 것을 알고 있었기 때문이다.

문제는 이들이 매뉴얼을 읽지 않았다는 것이었다. 내가 아내의 병실에 서서 곧 태어날 멋진 아이에 대해 이야기하고 있을 때 전화벨이 울렸다. '지금 상황이 급해서 병원에 전화했어!' 그리고 나더러 회사로 들어오라고 했지만, 시스템이 문서로 잘 정리된 것을 알고 있었기에 나는 안 된다고(사실 아무 말도 안 하고 전화를 끊은 것 같다) 말했다. 이것은 적절한 문서가 없거나 사용 방법을 알려 주지 않은 경우의 사례다.

실제 재해 복구 시스템에 대해 이야기하기 전에 DR 계획이 아닌 몇 가지 사항을 설명하겠다. 생각한 DR 계획에 다음의 내용들이 포함돼 있다면 지금 당장 제거해야 한다. 그래야 처음부터 시작할 수 있다.

테이프 박스는 DR 계획이 아니다

DR 계획이 단지 테이프가 담긴 박스에 의존하는 정도라면 특히 문제다. 원래도 테이프는 재해 복구에 그다지 좋은 편은 아니었지만, 지금은 정말 좋은 계획이 아니다.

12장에서 언급했듯이 나는 테이프에 반대하지 않는다. 장기적인 스토리지 메커니즘이 훌륭하다고 생각한다. 하지만 DR 프로세스 중에 발생하는 단일 스레드 복원은 테이프가 제대로 작동하지 않는 작업 목록 중 제일 위에 있다. 대규모 DR의 경우 수십 대 또는 수백 대의 서버 또는 VM을 동시에 복원해야 하며 각 서버마다 단일 스레드 복원이 필요하다. 이는 스토리지 쓰기 성능 때문에 병목 현상이 발생할 수도 있다. 이런 각 복원에는 자체 테이프 드라이브가 필요할 뿐만 아니라 테이프 드라이브에서도 복원을 빠르게 수행할 수 없다.

백업 및 복구 시스템에서 테이프를 사용할 경우 테이프 드라이브의 안정적인 운영이 가능하도록 빠른 백업 스트림을 제공하는 멀티플렉싱을 사용한다(265페이지 '멀티플렉싱' 참고). 멀티플렉스 백업은 테이프를 스트리밍할 수 있을 만큼 빠르게 만들고자 인터리빙(즉 다중화)한 수십 개의 스트림 중에서 하나만 테이프에 복원할 경우 복원 성능이 대부분 저하된다. 이 문제를 해결하더라도 DR 계획을 실행하는 동안 자체 테이프 드라이브가 필요한 모든 서버의 요구 사항 때문에 실제로는 사용할 수 없다. 테이프가 담긴 박스는 DR에 결코 좋은 계획은 아니며, 346페이지의 '테이프 드라이브'에서 설명한 것처럼 시간이 지날수록 속도가 일치하지 않는 문제점이 더욱 악화된다.

복제된 중복 제거 어플라이언스는 성능이 크게 향상되지 않는다

타깃 데이터 중복 제거 시스템에 오프사이트로 백업을 복제하는 방식으로 DR 계획을 구성했다면 이는 DR 계획이 아니다. 물론 오프사이트 소산 백업 공급업체에 있는 테이프 박스보다는 낫지만 그렇다고 좋은 방식이라 할 수 없다.

여기서 진짜 문제는 어플라이언스가 아니라 복원 그 자체다. 재해가 발생한 후 백업 시스템에서 전체 시스템 복원을 시작하는 것으로 DR 계획을 구성했다면 랜섬웨어에 대비할 수 있는 충분한 RTO를 보장하지 못할 수 있다. 랜섬웨어 공격이 발생했을 때 처음부터 복원을 수행할 경우 낮은 수준의 RTA를 생성할 것이고 결국 조직은 몸값을 지불하는 선택을 하게 될 것이다.

만약 이런 어플라이언스에서 9장에서 설명한 대로 즉시 복구를 수행할 수 있다면 DR 이라고 볼 수 있을 것이다. 하지만 타깃 중복 제거 어플라이언스가 대부분의 RTO를 충족할 정도의 충분한 규모로 이 작업을 수행하는 것을 본 적이 없다. 문제는 중복 제거된 데이터를 복원하는 것과 관련된 문제다. 이런 접근 방식은 성능에 많은 문제가 있다. 작동할 수도 있지만 대부분 작동하지 않을 가능성이 크다. DR을 성공적으로 수행하는 가장 좋은 방법은 재해가 발생하기 전에 데이터를 사전에 복원하는 것이다.

RTA에 관한 모든 것

전체 컴퓨팅 환경이 암호화되거나 파괴된 후 전체 환경을 복구해야 한다고 상상해 보자. 이 이벤트가 발생한 후 전체 컴퓨팅 환경을 다시 온라인으로 전환하는 데 걸리는 실제 시간은 어떻게 될까? 전체 컴퓨팅 환경의 RTA가 너무 길면 몸값을 지불해야 한다는 압박을 받게 된다.

이와 같은 주요 이벤트가 발생할 때 RTO 및 RPO를 고려하지 않았다면 지금이 적기이다. 랜섬웨어 공격에서 살아남기 위한 핵심은 랜섬웨어 공격을 받기 전에 얼마나 오랫동안 다운을 허용하고 얼마나 많은 데이터를 손실할 수 있는지 결정하는 것이다. 그런다음 RTA 및 RPA가 해당 값 아래에 있도록 DR 시스템을 설계하자. 이전 단락에서 설명했듯이 테이프 박스나 복제된 스토리지 어레이에 저장된 백업의 경우에는 그렇지 않을 가능성이 높다.

랜섬웨어에 대비해서 매우 짧은 RTO 및 RPO를 충족할 수 있는 유일한 방법은 복원이 필요하기 전에 이미 복원을 완료한 경우다. 마치 드라마인 멀미약 광고에 나오는 '드라마민Dramamine을 복용할 시간은 드라마민을 복용하기에는 너무 늦을 때다.'라는 광고 문구와 같다. 사전에 데이터 복원 작업을 완료하지 않으면 너무 늦다.

이것이 11장에서 다룰 내용이다. 그러나 데이터를 복원하는 방법을 이야기하기 전에 컴퓨팅 환경을 다시 만드는 방법을 설명해야 한다. 메인 컴퓨팅 환경을 대신하는 대체 하드웨어는 복구 사이트라는 일반 용어로 언급하겠다. 물론 이 하드웨어는 사이트나 실제 하드웨어가 아닐 가능성이 높다.

복구 사이트 구축

복구 사이트는 최악의 상황이 발생할 경우 컴퓨팅 환경을 대신할 물리적 또는 가상 장소다. 테러 공격으로 데이터센터가 불에 타거나 침수되거나 파괴된 경우 작업을 재개하려면 복구 사이트가 필요하다. 과거에 복구 사이트는 항상 사용자 사이트에서 멀리 떨어져 있는 또 다른 물리적 데이터센터였다. 하지만 오늘날에는 물리적 사이트가 아니고 조직이 보유한 사이트가 아닌 경우가 많다. 현재 복구 사이트는 크게 세 가지 유형이 있다. 자체적으로 구축하거나 서비스에서 임대하거나 퍼블릭 클라우드를 사용한다.

자체 DR 사이트 구축

이전의 DR 계획은 자체 DR 센터를 만들어 유지 보수하는 구성이다(아이들이 말하는 OG 계획이다).[1] 주 데이터센터를 대체하기에 충분한 스토리지, 컴퓨팅 및 네트워킹 용량을 갖춘 완전히 별도의 데이터센터를 조달하고 유지 관리한다.

자체 복구 사이트를 유지하는 것은 컴퓨팅 환경의 비용을 두 배 이상 증가시키기 때문에 매우 많은 비용이 든다. 재해 또는 랜섬웨어 공격이 발생할 때 복구 데이터센터가 주 데이터센터를 대체해야 하는 경우 교체하려고 하는 데이터센터와 거의 동일한 비용이 든다. 여기에 사용하기로 결정한 모든 DR 시스템을 실제로 실행하는 데 드는 비용이 추가된다.

일부 조직에서는 복구 사이트에 오래된 장비를 사용해 비용을 절감하려고 한다. 주 사이트에 사용할 새 장비를 구입하면 오래된 장비를 복구 사이트로 옮긴다. 이렇게 하면 비용이 절감되지만 장비를 한 사이트에서 다른 사이트로 옮기는 비용이 많이 든다. 또한 복구 사이트의 컴퓨팅 성능이나 스토리지 용량이 주 사이트를 효과적으로 대체할 수 없는 위험이 있다.

모든 프로세스를 내부에서 통제하고 싶어하고 돈이 문제가 되지 않는 조직을 제외하면 아무도 이 작업을 수행하지 않을 것이다. 최신 솔루션의 옵션 중 어느 것도 이 설계 방식의 복구 환경을 완벽하게 제어할 수는 없다.

---

1 편집자가 OG를 설명해야 한다고 해서 여기에서 설명한다. 원래 갱스터를 의미하고 올드스쿨 출신이라는 뜻의 힙합 용어다.

SaaS 복구

SaaS^{Site-as-a-Service} 복구를 사용하면 자체 복구 하드웨어를 유지 관리하는 대신 SaaS 회사에 비용을 지불하고 유지 관리할 수 있다. 처음에는 비싸다고 생각할 수 있고 여러 옵션에 따라 비용이 추가되지만 실제로는 비용을 절약할 수 있는 방법이 있다.

이런 복구 서비스를 이용하는 첫 번째 방법은 재해가 발생할 경우 전용 장비를 사용하는 것이다. 이 방법은 자체 복구 사이트를 구입해 유지하는 것보다 비용이 더 많이 든다. 왜냐하면 조직에서는 내부 전용 복구 사이트를 구입하고 유지 보수하는 데 비용을 지불해야 하기 때문이다. 그러나 해당 복구 사이트는 이 사이트를 유지하는 방법에 익숙한 전문가들이 담당하게 된다. 이렇게 하면 비용이 절감되지는 않지만 전용 복구 사이트 유지 보수와 관련된 위험을 크게 줄일 수 있다(자체적으로 관리하는 복구 사이트는 잊히고 오래된 방식이 됐다).

사람들이 이런 복구 서비스를 이용하는 더 일반적인 방법은 가용성에 한계가 있다는 것을 이해하고 할인된 요금으로 일정 수준의 장비 가용성을 확보하는 것이다. 조직은 복구가 필요할 때 일정량의 장비를 제공하기로 사용자와 계약을 맺는다. 그리고 동일한 서비스를 사용하는 다른 모든 사용자와 이 장비를 공유한다. 따라서 자체 장비를 유지하거나 DR 서비스 전용 장비를 유지 관리하는 것보다 비용이 적게 든다. 이 모델은 너무 많은 조직에서 동시에 장비 사용을 하지 않는 한 유용하다

많은 조직에서 이 공유 장비가 동시에 필요한 경우에는 은행(보관소)에 맡겨 둔 장비를 바로 사용하는 것과 같은 효과를 얻을 수 있다. 그리고 공유 장비는 조직에 영향을 주는 랜섬웨어 공격에 대응하는 매우 좋은 방법일 것이다. 하지만 지역 전체를 파괴하는 자연 재해가 발생하면 어떻게 될까? 이 조직은 여러 공유 고객에게 동시에 장비를 제공하기 위한 어떤 규정을 갖고 있을까? 만약 공급업체에서 사용자에게 장비를 제공할 수 없다면 어떻게 해야 하나? 이런 모든 위험은 공유 장비를 사용할 때 감수해야 하므로 이 방법을 사용할 때 반드시 대답해야 할 질문이다.

DR을 위해 만들어진 퍼블릭 클라우드

퍼블릭 클라우드는 기본적으로 이전 모델(공유 장비 임대)과 동일하지만 사실은 큰 차이점이 있다. 재해 발생 시 매우 많은 리소스가 필요하지만 은행에 맡겨서는 안 될 것이다. 왜냐하면 재해가 발생하기 전까지는 불필요한 비용이기 때문이다. 이것이 많은 조직에서 DR용 퍼블릭 클라우드를 찾는 이유다.

재해 시에는 수십 대에서 수천 대에 이르는 서버 또는 VM과 수 테라바이트^{TB} 또는 페타바이트^{PB}의 스토리지, 관련 네트워킹, 보안에 즉시 액세스해야 한다. 미리 비용을 지불하고 싶지 않으며 자연 재해가 발생한 지역의 은행(보관소)에서 실행하고 싶지도 않을 것이다. 사용할 때 사용한 만큼만 결제하고 버튼 하나로 무제한의 리소스를 사용할 수 있기를 원한다.

이것은 말 그대로 클라우드가 필요한 상황이다. 재해 복구는 일반적인 하이퍼스케일러에 비해 약간 용량이 증가하는 정도에 불과하다. 다른 리전^{region}을 쉽게 선택할 수 있기 때문에 지리적 리전 전체에 피해를 주는 재해도 여전히 복구할 수 있을 것이다. 일반적인 컴퓨팅 환경에 피해를 주는 것과 동일한 자연 재해가 발생하지 않는 리전을 선택하기만 하면 된다.

퍼블릭 클라우드를 사용하면 재해가 발생하기 훨씬 전에 시스템을 복원할 수 있으며, 재해 상황이 아닐 때는 스토리지 측면에서만 비용을 지불할 수 있다. 예를 들어 VM 1,000개로 구성된 1PB 컴퓨팅 환경을 가정해 보자. 재해가 발생하면 클라우드에 저장될 1PB의 데이터 복제 또는 복구 복사본의 비용을 지불해야 하지만 실제로 필요할 때까지 VM 1,000개 비용을 지불할 필요가 없다.

또한 컴퓨팅 환경의 복구 복사본을 일반적인 데이터센터에 저장하는 비용보다 저렴하게 저장할 수 있는 경제적인 방법도 있다. 예를 들어 클라우드 공급업체가 복제 데이터의 스냅샷을 클라우드의 주 스토리지에 저장하는 비용의 절반으로 저장할 수 있다(9장에서는 스냅샷이라고 부르는 것이 마음에 들지 않는다고 이야기했지만 어쩔 수 없다). 스냅샷에 유용한 복원이 필요하지만 이 복원 작업은 몇 분밖에 걸리지 않으며 모든 VM에서 병렬로 수행할 수 있다. 이 복원은 백그라운드에서 느리게 수행되는 반면, 읽기는 아직 완전히 복원되지 않은 볼륨에서 시작될 수 있다. 성능이 저하된 볼륨을 사용하지 않으려면 복원된 볼륨을 미리 준비해서 더 빨리 복원할 수 있다. 전자는 성능에 영향을 미치며, 후자는 비용에 영향을 미친다.

사용할 복구 사이트 유형을 파악한 후에는 재해가 발생할 때 복구 사이트에서 컴퓨팅 환경의 사전 복원 여부를 결정해야 한다. 다음 단락에서는 이 옵션을 설명하겠다.

DR 사이트를 최신 상태로 유지

DR 사이트를 직접 제공하든 서비스나 퍼블릭 클라우드를 사용하든 재해가 발생하기 전에 시스템을 사전 복원할지 여부를 결정해야 한다. 이는 최신 RTO 및 RPO 요구 사항을 충족할 수 있는 유일한 방법이기 때문에 대부분의 조직이 DR 사이트를 사전에 복원해야 한다고 생각한다. 그러나 사전 복원이 필요하지 않을 만큼 RTO가 길 수도 있다.

사전 복원 여부에 관계없이 이 작업을 수행할 수 있는 방법은 여러 가지가 있으며, 여기에는 다양한 종류의 복구 사이트뿐만 아니라 백업 데이터를 해당 사이트로 가져오는 다양한 방법이 있다. 이 옵션들을 살펴보자.

콜드, 핫, 웜 사이트

복구 사이트를 미리 설정했지만 재해가 발생할 때까지 기다렸다가 복원을 시작하면 콜드 사이트cold site라고 한다. 사전 복원을 수행하는 경우 RPA에 따라 웜 사이트warm site 또는 핫 사이트hot site가 된다. 콜드 사이트는 훨씬 저렴하지만, 웜 사이트와 핫 사이트는 훨씬 좋은 복구 옵션을 제공한다.

콜드 사이트는 기본적으로 장비의 전원이 정지된 상태에서 복구 준비가 됐지만 복원이 수행되지 않았기 때문에 콜드 사이트라고 한다. 재해가 발생하면 물리적 또는 가상머신의 전원을 켜고 복원을 시작한다. 랜섬웨어가 등장하기 이전의 대부분의 조직들은 콜드 사이트로 DR을 사용했다. 그러나 대부분의 백업 시스템은 데이터를 복원하는 데 너무 많은 시간이 걸려 많은 조직은 웜 또는 핫 사이트 구성으로 마이그레이션을 진행했다.

웜 사이트는 보통 조직의 현재 데이터 세트로 최신 상태를 유지하지만 필요할 때까지 전원이 꺼지는 사이트이기도 한다. 요구 사항에 따라 몇 시간 늦어질 수도 있고 하루 이상 늦어질 수도 있다. 재해가 발생하면 어느 정도 데이터의 손실을 허용하거나 추가 백업을 사용해 복구 사이트를 최신 상태로 유지하는 등의 옵션이 1~2개 있을 수 있다. 예를 들어 복구 사이트에서 시스템을 스핀업spin up할 때 주 사이트보다 4시간 늦어진다면 조직에서 최대 4시간 동안 데이터가 손실된다. 조직의 RPO 범위 내에서라면 충분히 수용할 수 있다. 그러나 RPO가 1시간인데 4시간이나 늦어지면 DR 시스템에서 몇 시간 동안 증가한 증분 백업을 복원해 복구 사이트를 현재 시간보다 가까운 시점으로 가져올 수 있어야 한다.

핫 사이트는 전원이 완전히 켜져 있고 항상 사용할 준비가 돼 있을 뿐만 아니라 가능한 주 데이터 세트와 데이터를 동기화된다. 이 유형은 세 가지 옵션 중 가장 비싸지만 가장 짧은 RTA와 RPA를 제공한다. 둘 다 0에 가깝다. 몇 초 안에 핫 사이트로 장애 조치할 수 있어야 하며 데이터 손실이 거의 없어야 한다. 이 사이트에는 고가의 소프트웨어, 하드웨어, 기본 사이트와 복구 사이트 간의 동기식 네트워크 연결이 필요하다.

핫, 웜, 콜드 사이트 선택

핫 사이트, 웜 사이트 또는 콜드 사이트를 선택하는 것은 실제로 사용자의 요구 사항에 달려 있다. RPO와 RTO가 0일 경우 이를 충족할 수 있는 유일한 방법은 핫 사이트다. 그러나 RPO와 RPO가 0일 정도로 작은 조직은 거의 없다. RPO와 RTO가 0이 아닌 경우 핫 사이트는 리소스 낭비다.

대부분 조직의 RTO 및 RPO는 시간 단위로 측정하며 웜 사이트 또는 콜드 사이트에서 요구 사항을 충족할 수 있는지 여부에 따라 달라진다. 이것은 복구 사이트의 기능과 사이트를 업데이트하는 소프트웨어 또는 서비스의 기능에 따라 달라지기 때문에 조금 더 복잡하다.

일반적으로 대부분의 조직은 웜 사이트가 비용과 속도의 균형을 잘 유지한다는 것을 알게 된다. 앞에서 설명한 재해 발생 시 증분 복원 기능을 사용하는 DR 소프트웨어나 DR 서비스를 이용할 수 있는 경우는 특히 그렇다. 이렇게 하면 대역폭을 절약하고 복구 사이트를 대부분 최신 상태로 유지한 다음 재해가 발생할 경우 조금만 업데이트할 수 있다. 1~2시간 정도 걸릴 수 있지만 RTO 및 RPO에 기준에 맞는다면 비용을 절감하고 요구 사항을 충족할 수 있다.

그러나 RTO 및 RPO 요구 사항이 매우 느리거나 매우 작은 양의 필수적인^{mission-critical} 데이터가 있는 경우에는 콜드 사이트를 선택할 수 있다. 다른 두 가지 옵션보다 훨씬 저렴하고, 사용자의 요구 조건에 부합한다면 가장 좋은 옵션이다. 테라바이트의 데이터와 1주일의 RTO 및 RPO가 있는 경우 핫 사이트 또는 웜 사이트가 필요하지는 않을 것 같다

이해해야 할 한 가지 중요한 점은 웜 사이트나 핫 사이트를 운영하려면 항상 장비에 접속할 수 있어야 한다는 것이다. 앞에서 언급한 서비스형 복구 옵션에는 일반적으로 이런 접속 기능이 없어 자체 복구 사이트를 실행하거나 퍼블릭 클라우드를 사용해야 한다.

지금까지 복구 사이트(콜드, 핫 또는 웜 사이트)를 업데이트하는 데 필요한 다양한 요구 사항을 다뤘다. 이제 어떻게 해야 하는지 살펴보자.

복구 메커니즘

앞서 최신 재해 복구 계획은 테이프 박스에 의존하지 않을 것이라고 언급했다. 즉 모든 최신 재해 복구 시스템은 주 데이터 복제 또는 백업 데이터 복제의 두 가지 방법 중 하나를 사용해 주 데이터 세트를 복구 사이트에 전자적으로 복사해야 한다. 각각의 방법에는 장단점이 있다.

주 데이터 복제

주 데이터 복제는 주 데이터 셋의 모든 변경 사항을 복구 데이터셋에 즉시 복사^{copy}하거나 복제^{replicate}한다. 이 작업은 파일 또는 데이터베이스 수준에서 수행할 수 있지만 훨씬 간단하기 때문에 일반적으로 스토리지 수준에서 수행한다. 복제는 9장에서 자세히 설명하지만 DR 관점에서 가장 중요한 점은 동기식 복제와 비동기식 복제의 차이다.

동기식 복제 시스템은 데이터가 디스크에 기록됐음을 원본 애플리케이션에 알리기 전에 데이터가 복제되는지 확인해 모든 변경 사항을 2개의 저장소에 저장한다. 따라서 주

사이트와 복구 사이트를 100% 동기화한다. 핫 사이트 설정을 선택하는 경우 동기식 복제와 이를 지원할 수 있는 충분한 대역폭 및 지연 시간이 필요하다.

비동기 복제 시스템은 먼저 주 사이트의 변경 내용을 기록한 다음 주 사이트에서 수행한 것과 동일한 순서로 해당 변경 내용을 복구 사이트에 업데이트한다. 그러나 이 작업이 비동기적으로 수행되기 때문에 복구 사이트는 주 사이트보다 대역폭, 지연 시간, 변경 횟수에 따라 크게 뒤처질 수 있다. 얼마나 뒤처지느냐에 따라 RPA를 결정한다.

복제를 사용해 복구 사이트를 업데이트하는 경우 어레이 기반 복제, 호스트 기반 복제 또는 기타 스토리지 시스템을 비롯한 다양한 복제 메커니즘으로 이를 수행할 수 있다. 주 데이터 복제를 수행할 수 있는 방법을 살펴보자.

주 데이터 복제 방법

어레이 기반 복제array-based replication는 한 어레이를 다른 어레이로 복제할 때 발생한다. 이는 단순성과 안정성 때문에 주 데이터 복제의 가장 일반적인 형태다.

어레이 기반 복제는 복구 사이트의 데이터가 주 사이트의 데이터와 정확히 동일한지 확인하는 쉽고 안정적인 방법을 제공한다. 일반적으로 두 곳에 동일한 공급업체의 하드웨어가 필요하기 때문에 가장 비용이 많이 드는 복제 방법이기도 하다. 각 측면에 서로 다른 성능과 비용 가치를 가진 다양한 모델을 사용할 수 있지만 선택할 수 있는 항목은 사용 중인 공급업체에서 제공하는 제품에 따라 다르다. 또한 스토리지 하드웨어와 복제 소프트웨어가 동일한 공급업체에서 제공하기 때문에 저렴한 비용으로 구매할 수 없다. 이런 단점에도 불구하고 어레이 복제는 온프레미스에 있는 동일한 데이터를 오프프레미스에도 보관할 수 있는 매우 안정적인 방법이다.

호스트 기반 복제host-based replication는 어레이 기반 복제에 적합한 방식이다. 복제는 자체 데이터를 복제하는 여러 호스트 내에서 수행한다. 기본 호스트에서 복구 센터로 데이터를 복제할 수 있는 방법은 다양하다. 처음에 이런 제품은 소프트웨어 기반으로 볼륨을 관리하는 기능을 이용했으며 비슷한 제품들이 그 뒤를 따랐다. 최근에는 가상화 관점에서 데이터를 복제하는 제품도 있다. 즉 VM을 인식하고 각 VM에 복제해야 하는 데이터를 파악한다.

호스트 기반 복제는 어레이 기반 복제보다 훨씬 유연하다. 왜냐하면 어떤 스토리지를 사용하든 상관하지 않기 때문이다. 즉 데이터가 있는 스토리지를 복제하는 게 아니라 데이터만을 복제하기 때문이다. 이에 다른 공급업체 스토리지를 혼용해서 사용해도 성능 및 비용의 특성을 충족할 수 있다.

어레이 기반 복제와 호스트 기반 복제 사이에는 스토리지 가상화 하드웨어가 있다. 하드웨어 제품은 서버와 스토리지 사이에 위치하며 스토리지를 호스트에 가상화한다. 일반적으로 디스크 어레이 공급업체나 호스트 공급업체에서 제공하지 않으며(가끔 제공되기도 함) 서로 다른 스토리지 시스템 간에 데이터를 복제할 수 있다. 파이버 채널^{FC, Fibre Channel} 또는 SAS 디스크 어레이에서 SATA 기반 어레이 또는 클라우드 볼륨으로 복제할 수 있다. 성능과 단순성은 어레이 기반 복제에서 볼 수 있는 것과 비슷한 수준이지만 스토리지 공급업체를 혼합하고 일치시킬 수 있는 유연성도 제공한다.

이 방식의 한 가지 단점은 호스트나 스토리지 공급업체에서 지원하지 않을 가능성이 높다는 점이다. 스토리지 가상화 제품에서만 해당 기능을 사용할 수 있을 것이다. 이는 장점이 될 수도 있고 단점이 될 수도 있다.

어느 접근법이 어떤 상황에서 더 낫다고 말하는 것은 정말 어렵다. 이런 다양한 선택과 각자의 상대적인 가치를 인지하는 것이 중요하다고 생각한다. 성능, 단순성, 관리, 비용의 요구 사항에 따라 방법을 선택해야 한다.

백업 복제

주 데이터 복제와 비교할 때 백업 복제는 새로운 개념이겠지만 약 20년 이상 사용해왔다. 거의 모든 백업 환경에서 중복 제거 하드웨어 및 소프트웨어가 중요하기 때문에 지난 10년 동안 그 중요성이 크게 향상했다.

중복 제거를 사용하지 않으면 복제해야 하는 데이터의 양이 너무 많다. 증분 백업은 일반적으로 전체 백업 크기의 약 10%에 해당하는 대규모 백업이다. 물론 대부분의 백업 소프트웨어 제품에서는 전체 백업도 가끔씩 볼 수 있다. 즉 매주 전체 백업 및 일일 증분 백업의 일반적인 백업 설정을 보면 매주 데이터센터 크기의 약 200%(예: 100% + (10% × 7) = 190%)를 복제해야 한다. 이 백업을 위해서는 엄청난 양의 대역폭이 필요하다.

데이터 중복 제거 기능을 적용하면 전체 백업과 증분 백업 모두 전체 백업 크기의 1% 미만으로 줄어든다. 즉 매주 데이터센터 크기의 200%를 복제할 수 있는 충분한 대역폭이 필요하지 않고 데이터센터 크기의 7% 이하를 복제할 수 있는 대역폭만 있으면 된다. 이는 상당한 차이다.

물론 데이터 중복 제거에도 장단점이 있는데 모든 데이터 셋이 1% 미만으로 중복되는 것은 아니다. 그러나 알맞게 설계한 중복 제거 기능을 사용하면 주 데이터 복제와 거의 동일한 크기로 복제해야 하는 데이터 양을 줄일 수 있다. 어떤 경우에는 심지어 그 이하로 줄어들 수도 있다. OS 공급업체에서 제공하는 동일한 패치를 모든 VM에 적용해야 할 때 어떤 일이 발생하는지 생각해 보자. VM 중 하나를 백업하면 해당 패치는 다른 백업 VM에 다시 적용하지 않아도 된다.

그러나 백업 복제에도 문제점도 있다. 일반적으로 이것은 원래 상태로 복원이 필요한 파일을 복제한다는 의미다. 복제되는 주 데이터(예: VM 또는 데이터베이스)는 일반적으로 특정 유형의 컨테이너(예: tar, dump 또는 특정 백업 형식, 도커 컨테이너와 혼동해서는 안 된다)에 넣어야 한다. 윈도우 사용자라면 zip 파일에 여러 개의 파일을 넣는 것과 비슷하다. 그 파일들이 다시 복원 후 사용하려면 압축을 풀어야 한다. 유닉스 또는 리눅스 사용자인 경우 tar, cpio 또는 dump 명령을 사용할 때와 비슷하다. 이 모든 사례에서 파일들은 다른 파일 안에 저장되며 사용하려면 해당 파일에서 꺼내야 한다. 즉 백업은 복원에 반드시 필요한 데이터이지만 복제는 복원할 필요가 없는 데이터 복사본도 생성한다.

모든 백업 소프트웨어가 tar와 같은 컨테이너에 백업을 저장하는 것은 아니다. 일부 백업 소프트웨어 제품은 실제로 백업을 원래 상태로 유지한다. 즉 복원하려고 데이터를 추출할 필요가 없다. 이것은 9장에서 다룬 즉시 복구 개념의 또 다른 아이디어 중 하나다.

하지만 최신 재해 복구 시스템으로 사용자를 랜섬웨어로부터 보호하려면 사전에 복구 작업을 완료해야 한다. 주 데이터를 복제하는 경우 해당 데이터는 부팅하는 데 사용할 수 있는 서버 또는 VM에서 사용할 수 있는 형식이다. 그러나 주 데이터 복제와 달리 백업 복제는 재해 발생 전에 데이터를 미리 복원하기 위한 보조 프로세스가 필요할 것이다.

백업 소프트웨어 제품 및 서비스가 이 문제를 해결하는 방법은 재해 테스트를 하거나 재해를 선언하기 전에 해당 VM 및 서버를 사전에 정기적으로 자동 복구하는 것이다. 사용자는 재해 복구에 포함해야 할 VM 또는 서버를 결정하고 해당 서버를 복구 사이트에서 얼마나 자주 최신 상태로 유지해야 하는지를 결정한다. 일반적인 백업 소프트웨어는 매일 밤에 계속 백업하며, 일반적인 설정은 복구 사이트에 있는 복구 이미지의 최신 백업을 한 다음날 아침에 증분 복원을 수행한다. 일부 소프트웨어 제품은 1시간마다 또는 몇 분마다 백업할 수 있다. 이후 사용자는 이런 각 백업을 복구 사이트에 즉시 복제할지 아니면 기간을 두고 가끔 복제할지 결정할 수 있다.

플랫폼 형식 문제

재해 복구 시스템을 설계할 때 겪게 될 한 가지 문제는 Solaris, AIX, HP-UX, 윈도우, 리눅스, 메인 프레임과 같은 플랫폼이 아닌 플랫폼을 사용하는 경우이다. 이 하드웨어는 일반적으로 클라우드 구성에서 사용할 수 없어 컴퓨팅 환경 측면에서는 일종의 물리적 복구 사이트가 필요하다. 이는 최근 몇 년 동안 사용자들이 앞서 설명한 플랫폼을 선호하지 않았던 많은 이유 중 하나다.

그러나 널리 사용하는 가상화 공급업체(예: VMware, Hyper-V 또는 KVM)를 사용하는 가상화 환경에서는 다양한 클라우드 기반 옵션을 제공한다. 해결해야 할 문제점은 하이퍼바이저 자체다. 주 데이터 또는 복구 사이트에서 백업을 복제하는 경우 온프레미스에서 사용하는 서버 또는 가상화 플랫폼이 복구 사이트에 있는 것과 동일한지 확인할 수 있다. 이를 이용하면 서버 또는 VM 기반의 복제가 어렵지 않다.

또한 선호하는 클라우드 기반의 하이퍼바이저 버전을 사용하는 것도 좋다. 예를 들어 클라우드 기반의 VMware, Hyper-V 및 KVM를 구현한다고 가정해 보자. 클라우드 구현에서 이런 하이퍼바이저와 필요한 스토리지, 네트워킹, 보안을 제공하는 경우 온프레미스 VM을 이 하이퍼바이저에 직접 복제하기만 하면 모든 것이 정상적으로 작동한다. 이 글을 쓰는 시점에 몇 업체가 이 옵션을 제공하고 있다. 단일 하이퍼바이저(예: VMware, Hyper-V)를 사용하면서 하이퍼스케일러의 경험이 전혀 없는 조직들은 이 옵션에 매력을 느낄 것이다. 선호하는 하이퍼바이저를 동일한 하이퍼바이저의 클라우드 버전으로 복원하면 작업이 간편해지고 빠른 RTA 및 RPA를 제공할 수 있다. 그러나 이 접근 방식에는 단점이 있는데 다음 단락에서 설명하겠다. 이제 클라우드에서 DR을 구성할 때 사용할 수 있는 다른 옵션을 설명하겠다.

또 다른 클라우드 DR 방법은 온프레미스에서는 선호하는 하이퍼바이저를 사용하고 클라우드에서는 하이퍼스케일러를 사용해 DR을 수행하는 것이다. 이는 비용 및 서비스 가용성을 포함한 여러 가지 이유로 널리 사용하고 있다. 일반적인 하이퍼스케일에서 가상 데이터센터로 복구하는 것은 보통 기존 하이퍼바이저를 실행하는 비슷한 규모의 환경으로 복구하는 것보다 비용이 적게 든다.

하이퍼스케일러는 클라우드 버전의 기존 하이퍼바이저보다 훨씬 더 오랜 기간 동안 가상 데이터센터를 제공해 왔기 때문에 현재로서는 훨씬 더 뛰어난 유연성을 제공한다. 그리고 퍼블릭 클라우드 하이퍼스케일로 복구하는 것은 여러 이유로 비용이 적게 든다. 첫 번째로, 하이퍼스케일에서는 선호하는 하이퍼바이저의 클라우드 기반 버전에 비해 각 VM의 비용이 저렴하다. VM이 몇 개만 있는 경우에는 큰 차이가 없을 수 있지만 수백 개 또는 수천 개의 VM이 있는 경우에는 더욱 비용 차이가 날 수 있다. 또한 일반적으로 널리 사용하는 하이퍼바이저의 클라우드 버전보다 하이퍼스케일러에서 더 많은 스토리지 옵션을 사용할 수 있다. 이런 옵션 중 다수는 다른 제품보다 훨씬 저렴하다.

예를 들어, 많이 사용하는 클라우드 기반 하이퍼바이저 버전(예: VMware Cloud)의 경우 고객이 가상 데이터센터를 프로비저닝할 때 많은 비용을 절약하도록 설계할 때 RTA이 몇 시간을 늘어나는 것을 감내해야 하는 선택의 문제가 있다. 예를 들어 이 문서 작성 시점에는 새로운 VMware Cloud 소프트웨어 정의 데이터센터^{SDDC, Software-Defined Data Center}를 프로비저닝하는 데 약 2시간이 걸린다. 그리고 일단 프로비저닝되면 비용을 지불해야 한다. 재해 복구에만 사용 필요한 SDDC에 비용을 지불하고 싶지 않다면 재해가 발생한 후 프로비저닝하는 방법밖에 없다. 그러나 이는 RTA가 최소 2시간이라는 뜻이다. 물론 나중에 바뀔 수도 있다.

많은 고객이 대형 하이퍼스케일에서 사용할 수 있는 복구 옵션이 다른 서비스에서 사용할 수 있는 옵션보다 더 유용하다고 생각한다. 따라서 하이퍼바이저(예: Hyper-V, KVM 또는 VMware)를 하이퍼스케일러(예: AWS, Azure, GCP)로 복구할 수 있는 제품을 찾고 있다. 여기서 중요한 문제가 있다. 많이 사용하는 가상화 플랫폼마다 고유한 디스크 형식이 있으며, 하이퍼바이저마다 고유한 디스크 형식이 있다. 가상 디스크를 하나의 형식에서 완전히 다른 형식으로 복구하는 방법은 무엇일까?

사용 중인 두 시스템의 가상 디스크 형식이 호환되지 않는 경우 복구 중에 작동하도록 호환돼야 한다. 이를 위한 두 가지 선택은 전환^{conversion} 또는 변환^{transformation}이다.

전환 과정에서 AWS Import Tool과 같은 일종의 도구로 전체 가상머신 이미지를 실행할 수 있다. 이 도구는 원래 VM을 AWS로 가져오도록 동작하기 때문에 온프레미스 VM 이미지를 AWS에서 실행될 이미지로 전환하는 데 매우 유용하다. 이 방식의 장점은 이미 검증된 방식이고 해당 하이퍼스케일러가 제공하는 표준 도구를 사용한다는 점이다.

전환 프로세스의 단점은 시간이 오래 걸린다는 것이다. 전환 시간이 오래 걸리는 첫 번째 이유는 빠른 속도를 염두에 두고 설계하지 않았기 때문이다. 다만 철저하고 신뢰할 수 있게 설계됐다. 해당 도구의 핵심 포인트인 AWS로 VM을 가져오는 사용자들은 일반적으로 서두르지 않는다는 점이다.

전환 속도가 느린 두 번째 이유는 전체 VM이 프로세스로 실행되기 때문이다. VM의 크기가 클수록 전환 시간이 더 오래 걸린다. 작년에 진행한 테스트 결과 100GB VM을 전환하는 데 약 4시간이 걸렸는데 이를 1TB VM으로 전환하면 24시간에서 최대 48시간이 소요될 것이다. 이는 RTA에 상당한 악영향을 준다.

반면에 변환은 데이터 보호 공급업체가 수행하는 것으로, 공급업체는 파일 자체만으로 변환하고 프로세스로 전체 디스크 이미지를 파이핑^{piping}하지 않는다. 이미지 주변에 래퍼^{wrapper}를 씌우고 이미지를 열어 드라이버를 삽입하고 디스크의 다양한 작업을 수행해 디스크 이미지가 문제의 하이퍼스케일과 호환되도록 할 수 있다.

이 접근 방식의 장점과 단점은 전환 방식과 정반대다. 장점은 전환에 비해 변환이 비교적 빠르며 디스크 이미지당 몇 분밖에 걸리지 않는다는 것이다. 그 이유는 두 가지인데, 첫 번째는 변환이 속도에 중점을 두고 설계했기 때문이다. 그리고 두 번째는 파이프를 이용해 전체 디스크 이미지를 실행하는 것이 아니므로 디스크 이미지를 변환하는데 걸리는 시간은 해당 이미지의 크기와 관계없어야 한다. 그리고 데이터를 복사하거나 이동하는 것이 아니라 데이터를 제자리에 놓고 작업을 수행한다.

이는 백업 공급업체마다의 고유한 접근 방식이다. 하이퍼스케일러에서 제공하는 것이 아니며 지원하지도 않는다. 이 프로세스의 지원은 재해 복구 제품에서 제공해야 한다.

이 두 가지 방법 중 선택

이 두 가지 방법은 RTA와 RPA에 큰 영향을 미친다. 1시간마다 백업하고 클라우드에서 복구 이미지를 증분 업데이트할 수 있는 두 가지 백업 제품을 고려하고 있다고 가정해 보자. 이론상으로는 RPA를 60분 동안 지원할 수 있는데 그렇게 빠르지 않다. 한 가지 옵션을 이용해 상대적으로 작은 RPA 또는 RTA 중에서 선택해야 한다. 추가 설명을 하자면 그림 11-1에 표시된 백업 및 복구 일정을 고려해야 한다.

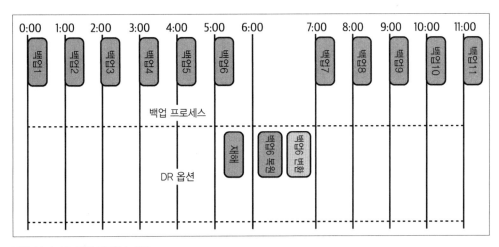

그림 11-1 DR, 변환 프로세스 사용

이 그림은 30분도 걸리지 않는 시간별 백업을 보여 준다. 이어 5시 30분경 재해가 발생하는 것을 알 수 있다. 이 제품은 15분밖에 걸리지 않는 변환 프로세스를 사용한다. 즉 오후 7시 이전에 구성이 정상적으로 동작하고 그 후에 백업을 재개할 수 있다. RTA는 30분 정도 걸릴 것 같고 RPA는 운이 좋아서 몇 분밖에 안 걸릴 것 같다. 재해는 백업을 수행한 직후에 발생했다(예를 들어 오후 6시 백업 중에 재해가 발생한 경우 RPA는 1시간에 가깝다).

이제 동일한 구성으로 전체 VM을 변환해야 하는 제품의 경우 4시간 이상이 소요된다 (이전에 말했듯 100GB VM의 변환 테스트는 약 4시간이 걸렸다. 많은 VM이 그보다 훨씬 크기 때문에 상황이 훨씬 더 악화될 수 있다).

그림 11-2에서 이와 비슷한 시간별 백업 구성을 확인할 수 있다. 또한 모든 백업 후 4시간 동안 전환 프로세스를 시작해 최신 백업을 클라우드에서 실행하는 백업으로 변환한다. 이것이 어떤 의미가 있는지는 잠시 후에 알게 될 것이다.

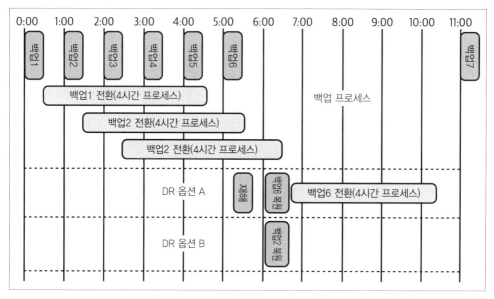

그림 11-2 DR. 전환 프로세스 사용

다시 5시 30분에 재난이 발생한다. 복원 옵션 A는 백업6을 복원한 다음 전환한다. 이 옵션을 선택하면 재해가 발생하기 몇 분 전의 백업을 사용하기 때문에 RPA가 몇 분밖에 되지 않는다. 그러나 불행히도 RTA는 약 4.5시간 정도 걸릴 것이다. RTO를 충족한다면 좋겠지만 그렇지 않은 경우 다른 작업을 수행해야 한다.

훨씬 빠른 RTA를 사용하려면 이미 전환된 백업을 선택해야 한다. 4시간이 걸리기 때문에 가장 최근에 변환이 완료된 백업은 재해 발생 직전에 변환을 완료한 백업2다. 백업2에서 복원하는 경우 RTA는 1분이지만 백업2가 1시에 발생했기 때문에 RPA는 5시간 가까이 된다. 이것이 의미하는 바는 좋은 RPA와 좋은 RTA 중 하나를 선택해야 한다는 것이다.

지금까지 재해 복구를 수행할 수 있는 다양한 방법을 설명했으니 이번에는 재해 복구 계획을 지원할 수 있는 제품 유형을 알아보자. 재해 복구를 계획하는 사용자는 소프트웨어 제품을 구입해 직접 관리하거나 재해 복구를 위한 서비스를 사용할 것인지를 선택해야 한다. 그 선택을 살펴보자.

소프트웨어 또는 서비스

복구 사이트를 직접 만들 것인지 아니면 서비스를 사용해 제공할 것인지, 콜드 사이트, 웜 사이트 또는 핫 사이트를 사용할 것인지, 복제 소프트웨어 또는 백업 소프트웨어로 이 작업을 수행할 것인지를 검토하고 결정해야 할 사항이 있다. 소프트웨어를 직접 구입해 실행할지 아니면 서비스를 사용할지의 선택이다.

여기서의 판단은 16장에서 다룬 상용 데이터 보호 소프트웨어와 관련한 판단과 매우 비슷하다. SaaS 솔루션을 사용할 때와 마찬가지로 소프트웨어를 소유하고 관리할 때에도 장점과 단점이 있다. 재해 복구와 관련해 다시 살펴보자. 429페이지 '서비스형 데이터 보호'에서 좀 더 상세하게 설명한 내용이 도움이 될 것이다.

상용 DR 소프트웨어

자체 DR 소프트웨어를 구입한다는 것은 관리하는 자체 서버에 소프트웨어를 설치한다는 것을 의미한다. 실제로 소유하고 있는 물리적 시스템이나 가상 시스템 또는 클라우드 공급업체의 VM일 수 있다.

이 방식의 주요 장점은 제어다. 사용자는 소프트웨어가 실행되는 서버를 전적으로 책임이 있으며 여러 방법으로 서버의 보안 수준을 제어할 수 있다. 사용자 환경이 다른 모든 서버에서와 마찬가지로 원하는 모든 정보 보안 설정을 서버에서 실행할 수 있다. 이런 방화벽은 일반적인 데이터센터 방화벽이든 클라우드에 제공되는 방화벽이든 방화벽 내부에 보호 자산을 둘 수 있다. 서버의 액세스 권한을 가진 모든 사용자의 사용자 ID

를 알 수 있으며 특수 액세스 단계가 지정된 사용자 ID도 제어할 수 있다. 이런 것들은 SaaS 서비스로 할 수 있는 것이 아니다.

DR용 소프트웨어를 소유하고 설치할 때의 주요 단점도 제어에 있다. 사용자가 제어하는 서버에 DR 소프트웨어를 설치하고 구성하는 경우 서버의 보안을 전적으로 책임진다. 보안 관점에서 잘못되는 것은 모두 사용자의 책임이라는 뜻이다. 하드웨어 자체, 운영체제, 사용 중인 스토리지 디바이스, DR 소프트웨어 자체의 모든 적절한 패치를 유지관리해야 한다. 별거 아닌 것처럼 들리겠지만 지난 2년간 성공한 랜섬웨어 공격은 대부분 해당 시스템들이 적절한 보안 패치를 설치하지 않았기 때문에 성공했다는 점을 지적하고 싶다. 설상 가상으로 이런 패치들 중 많은 것들이 1년 이상 된 것이라는 사실인데 이것은 패치가 나온 지 1년이 넘었지만 여전히 패치를 하지 않았다는 것을 의미한다.

또 다른 단점은 비용이다. 상용 데이터 보호 소프트웨어를 13장, 16장에서 논의하는 것처럼 이를 처리할 수 있는 충분한 인프라를 구입하고 유지하려면 많은 장비를 미리 구입해야 하고 프로세스 전반에 걸쳐 발생할 여러 부하를 처리하기 위한 장비 또한 무리하게 구입해야 한다. RTO 및 RPO 요구 사항이 엄격할수록 이 프로세스를 관리하는 데 더 많은 비용이 소요될 수 있다. 요구 사항을 항상 충족하려고 단순히 많은 장비를 구매하는 것은 매우 쉽다.

이런 모든 장점과 단점은 소프트웨어를 미리 구입하든 아니면 특정 유형의 구독 프로그램으로 구입하든 상관없이 적용된다. 많은 주요 소프트웨어 회사는 한 번의 대량 구매 대신 월별 또는 연간 구독료를 지불하는 구독 기반 가격으로 전환했다. 이것은 단순히 소프트웨어 비용을 지불하는 방법일 뿐이며 다른 장점과 단점을 개선하지 않는다.

소프트웨어를 구입하고 관리할 때의 단점을 해결하려면 SaaS를 사용해야 한다. SaaS 모델에서는 소프트웨어를 사용하기만 하면 된다. 따라서 인프라를 관리할 필요가 없다.

서비스형 DR

서비스형 DR^{DRaaS, DR-as-a-Service} 제품(즉 SaaS 기반 DR 서비스)을 사용할 때 일반적으로 DR에서 가장 많이 해야 할 일은 알맞은 위치에 에이전트를 설치하는 것이다. DR SaaS 서비스의 모든 기능은 사용자를 위해 관리된다. SaaS 환경에서는 시스템을 실행하는 인프라를 관리하지 않는다. 서버나 스토리지에서 관리자로 로그온 하는 것은 전적으로 SaaS 공급업체의 책임이기 때문에 절대 해서는 안 된다. 일부 서버에서 여전히 슈퍼유저superuser로 로그인하고 있다면 클라우드의 가상머신을 사용하더라도 DRaaS 제품을 사용하지 않는 것과 같다. 이 사용자는 아마 단순히 구독 모델로 소프트웨어를 구매하고 있을 것이다.

그러나 실제 DRaaS 제품을 사용하는 경우 장점과 단점은 기본적으로 자체 DR 소프트웨어를 소유하거나 임대하는 경우와 정반대다. 이 모든 것은 서비스 자체에서 제공되기에 더 이상 서비스 뒤에 있는 컴퓨팅 또는 스토리지 인프라를 구입, 프로비저닝, 관리할 필요가 없다. 모든 DR 리소스의 존재 및 보안을 유지하는 책임은 DRaaS 공급업체가 담당한다. 이들은 작업을 수행하기에 충분한 리소스가 있는지 확인하고 공격으로부터 리소스를 적절하게 보호할 책임이 있다. 기본적으로 자체 DR 소프트웨어를 관리할 때 고려해야 하는 모든 단점은 이제 DRaaS 솔루션의 장점이다.

다만 여전히 복구 사이트 자체를 관리해야 할 수도 있다. 다시 말해, 보안 문제와 같은 재해 발생 시 컴퓨팅 환경을 대신할 서버를 관리해야 할 수도 있다. 일반적으로 이런 서버의 관리를 다른 사용자에게 넘기는 것은 암호화하지 않은 데이터 사본에 제한 없이 액세스할 수 있어 보안 문제가 발생할 수 있기 때문이다.

이 문제를 해결할 수 있는 방법은 두 가지가 있다. 즉 관리자가 이런 시스템에 액세스해 관리할 수 있도록 하는 방법과 재해가 실제로 발생할 때까지 관리할 VM이나 암호화되지 않은 볼륨이 없는 퍼블릭 클라우드를 사용하는 방법이다. 재해가 발생하면 데이터의 암호화되지 않은 복사본과 해당 데이터를 사용하는 데 필요한 VM이 장애 조치 프로세스 중에 자동으로 생성 또는 복원된다. 이는 해당 자원이 실제로 필요할 때까지 관리 문제가 발생하지 않는다는 것을 의미한다.

DRaaS 솔루션의 주요 단점은 통제가 어렵다는 점이다. 많은 IT인력은 보안과 같은 중요한 업무 담당자가 있어야 한다고 생각한다. 그렇지 않으면 업무가 올바르게 수행되고 있다고 확신할 수 없다고 한다. 이것은 '어떤 일을 제대로 하고 싶다면, 스스로 하라'는 개념과 같다.

DRaaS 방법의 또 다른 단점은 백업 등 DR이 일반적으로 클라우드 리소스로 제공된다는 점이며, 일부 사용자들은 자신의 데이터센터보다 클라우드가 안전하지 않다고 인식한다. 앞서 언급한 통제의 문제 외에도 일부에서는 클라우드가 황무지와 같아 클라우드의 리소스가 공격을 받을 확률이 더 높다는 일반적인 인식이 있다.

모든 사람이 클라우드를 전적으로 신뢰하는 것은 아니다. 일부에서는 클라우드를 하나의 거대한 보안 위험으로 생각한다. 개인적인 의견으로는 일반적인 데이터센터의 보안보다는 클라우드 제공업체의 보안 수준이 더 낮다고 생각한다. 이전에 경험한 여러 데이터센터의 보안 사고를 보면 그렇다.

나는 여러 조직에서 수년간 컨설팅을 했는데, 오랜 기간 IT 부서에서 경험한 데이터센터의 보안보다는 클라우드 리소스의 보안을 더 신뢰하게 됐다. 대부분 데이터센터의 컴퓨팅 환경은 보안을 중요하게 여기고 조직이 공격받지 않도록 하는 데 전념하고 있다. 그러나 거의 예외 없이 IT 부서는 조직의 목적이 아니고 IT부서는 조직의 목적을 지원한다.

이를 IT 부서가 핵심인 클라우드 제공회사와 비교해 보자. 안전하지 않은 클라우드 서비스는 상대적으로 빠르게 사라진다. 강력한 보안은 클라우드의 최소한의 요건이다. 그렇기 때문에 일반적인 클라우드 공급업체, 더 나아가서는 SaaS 공급업체는 보안을 굉장히 중요하게 여기고 있다.

그렇기 때문에 IT인력은 일반적으로 단순히 헌신적이지만 클라우드 인력은 지극히 헌신적이라고 한다. 이 두 용어의 차이점과 관련한 오랜 농담이 있다. 아침식사를 하면 닭은 계란을 바쳐 헌신하지만 돼지는 몸을 희생해 헌신한다.

일체형 또는 최상의 소프트웨어?

백업 소프트웨어가 운영 복구만 수행하던 시절에는 RTO가 1일 미만인 경우 복제를 사용했다. 즉 DR을 중요하게 생각하는 조직은 두 가지 제품을 모두 보유하고 있었다. 조직에서 항시 운영 복구작업이 필요하고 강력한 DR 시스템이 필요하다고 생각하는 경우 일체형 시스템이 필요하다. IaaS/PaaS 애플리케이션을 위한 별도의 백업 제품과 SaaS 애플리케이션을 위한 또 다른 백업 제품이 필요했던 적도 있었다.

SaaS 공급업체의 자체적인 백업이 아닌 SaaS 앱의 DR은 실제로 존재하지 않는다는 것을 이해해야 한다. 모든 SaaS 백업 도구는 앱 자체에 의존한다. 따라서 SaaS 공급업체가 정상화된 후 데이터를 복원할 수 있도록 준비하는 것이 최선이다.

이런 각 도구는 다른 도구에서 할 수 없는 기능이 있기 때문에 여러 제품을 구매하는 것 외에는 할 수 있는 것이 없었다. 주요 문제는 이런 모든 기능을 학습하고 관리해야 하므로 일반적인 환경에서는 데이터 보호 관리의 복잡성이 크게 증가한다는 것이다. 또한 사용자는 모든 제품에 비용을 지불해야 했는데, 이는 많은 사용자들이 모든 제품을 갖고 있지 않은 또 다른 이유다.

우리는 데이터센터, IaaS/PaaS 및 SaaS 애플리케이션의 운영 복구 및 재해 복구를 수행할 수 있는 다양한 제품이 있는 새로운 환경에 살고 있다. 다시 말해 데이터센터, IaaS/PaaS 및 SaaS 애플리케이션의 운영 복구 및 재해 복구를 담당하는 IT 담당자는 여러 활동을 수행하려고 하나의 제품을 구입하거나 각 활동별로 별도의 제품을 구입할 수 있는 선택권을 갖게 된다.

구매 비용과 교육 및 관리 비용의 관점에서, 각각 한 가지 기능만 수행하는 몇 가지 제품을 구입 및 관리하는 것보다 몇 가지 기능을 하나로 사용할 수 있는 제품을 구입하는 것이 확실히 비용이 적게 든다. 이는 IT 외 영역에서도 적용되는 보편적인 사실이다. 그렇다면 어떤 접근 방식이 더 나을까?

항상 요구 사항은 중요하다. 제품을 구입하기 전에 요구 사항이 무엇인지 확인해야 한다. RTO 또는 RPO가 0인 경우 주 데이터 복제를 기반으로 하는 DR 도구가 필요하다. 이런 작업을 수행하고 운영 복구를 수행할 수 있는 도구는 거의 없다. 하지만 운영 복구 요구 사항도 충족하는 복제 기반 도구를 찾는다면 이 방법도 좋을 것 같다.

또한 데이터센터, IaaS/PaaS 애플리케이션, SaaS 애플리케이션의 DR 요구 사항을 충족할 수 있는 백업 및 복구 제품을 찾을 수도 있다. 이런 제품은 0 수준의 RTO 및 RPO를 수행할 수 없지만, 일반적으로 1시간 이하의 RPO를 수행할 수 있다. 두 가지 요구 사항을 모두 충족할 수 있는 백업 제품을 찾는다면 이것도 좋은 방법인 것 같다.

DR을 지원하는 백업 소프트웨어든 백업을 수행하는 DR 소프트웨어든 여러 제품을 찾았다면 운이 좋은 것이다. 사용자의 니즈를 충족할 수 있는 여러 경쟁 제품을 보유하는 것이 비용을 검토할 때 필요하다.

다음으로 확인해야 하는 것은 비용이다. 보통 한 가지 일을 할 수 있는 2~3개 제품이 동시에 2~3개 일을 하는 제품 하나보다 더 저렴하다는 것이 사실이지만 항상 그렇지도 않다. 왜냐하면 운영 비용도 포함해야 한다. 구매 비용이 같다면 제품 1개를 관리 · 운영하는 것이 제품 2~3개 제품보다 비용이 적게 든다. 따라서 구매 비용이 같거나 비슷하다면 개인적인 의견은 한 제품이 2~3개 제품보다 낫다고 생각한다. 사용자의 요구 사항을 충족하는 경쟁 제품이 여러 개 있고 그중 1개 또는 2개 제품이 다른 제품보다 많이 저렴하다면 이 역시 좋은 제품 구매를 고려할 때 도움이 될 것이다.

이런 판단은 실제로 다른 컴퓨팅 분야와 다르지 않다. 데이터센터, IaaS/PaaS, SaaS의 운영 복구 및 재해 복구 또한 단일 제품으로 수행할 수 있는 기술 수준에 도달했다고 생각한다.

계획 선택

계획을 선택할 때 실제 목표부터 시작하는 것이 중요하다. 독자들의 목표는 컴퓨팅 환경을 파괴하는 재해가 발생한 후 컴퓨팅 환경을 다시 온라인 상태로 전환하는 것이다. 이것은 자연 재해, 테러 행위 또는 랜섬웨어나 다른 악성 프로그램일 수 있다.

목표는 복제 제품이나 복제를 수행하는 백업 제품을 구입하는 것이 아니다. 독자의 목표는 클라우드에 도달하거나 클라우드에서 멀리 떨어져 있는 것이 아니고 조직에 문제가 발생할 경우 조직을 다시 온라인 상태로 전환하는 것이다. 계획을 결정할 때 그 목표를 염두에 두고 노력하고 그 계획을 실행할 공급업체를 정하자.

나는 이런 계획을 보통 섬에 비유하곤 한다. 어떤 섬의 주인의 목표는 하루에 1,000대의 자동차가 섬을 드나드는 것이다. 그래서 섬 주인은 이 목표를 지원하는 공급업체들에게 입찰을 받는다. 하지만 다리, 터널, 페리 등 상세하게 특정 섬 인프라를 만들어 줄 사람을 찾고 있다고 홍보하지는 않는다. 다만 매일 1,000대의 자동차가 섬에 드나들 수 있도록 도와줄 공급업체를 찾고 있다고 홍보한다. 이들이 어떻게 그 목표를 달성할 수 있는지 설명해 주면 이 공급업체 중 한 곳은 영화 〈스타트렉Star Trek〉에서 보는 것처럼 실제로 수송기를 갖고 있을지도 모른다. 섬 주인이 입찰할 때 섬을 잇는 다리가 필요하다고 명시하는 것은 좋은 터널, 더 싼 페리, 또는 훌륭한 운송 장치를 놓칠 수도 있다는 것을 의미한다.

공급업체에 문의하기 전에 운영 복구 및 재해 복구 모두의 복구 요구 사항을 숙지해야한다. 이런 요구 사항이 무엇인지 알려 주고 어떻게 해결할 것인지 알려 줘야 한다. 요구사항을 얼마나 잘 충족하는지, 각 제안의 구입 및 일상적인 관리 비용이 얼마인지 등을 제안서에서 검토한다. 그런 다음 어떤 것이 독자분들의 환경에 가장 적합한지 조직적으로 결정해야 한다.

DR 요구 사항에 동의하고 설계를 결정하며 적절한 하드웨어, 소프트웨어 또는 서비스를 조달하고 모든 것을 구현하려면 DR 지침서(런북runbook)가 필요하다. 이 런북은 재해복구 계획을 실행할 수 있는 문자 그대로의 '실행 책'이기 때문에 런북이라는 이름이 붙어졌다. 오늘날 DR 런북은 전자적으로 관리하고 있다.

이 개념은 2장에서 이미 다뤘지만, 여기서는 DR과 관련한 런북에 실제로 포함해야 하는 내용이 무엇인지를 좀 더 자세히 설명하겠다.

DR 런북 만들기

최악의 시나리오가 발생했다고 상상해 보자. IT 인프라의 모든 부분이 재해로 파괴되거나 일부는 랜섬웨어 프로그램에 의해 암호화됐는데 재해 복구 계획을 이해하는 담당자는 없는 상태다. 아마 재해 복구 담당자들은 몇 달 전에 복권에 당첨됐을 수도, 아마 버스에 치였을 것일 수도, 어쩌면 이들은 이 재앙을 일으킨 어떤 사건에 연루됐을지도 모른다. 누가 알겠는가? 요점은 담당자들을 이용할 수 없다는 것이다.

DR 런북은 IT에 정통한 사람이 처음부터 끝까지 이를 따르고 재해 복구 계획을 실행할 수 있도록 제작했다. 런북이 충분히 좋은지 여부를 결정하려고 할 때 이 설계 기준을 측정 기준으로 삼는다.

런북의 목표

DR 계획은 런북만큼 우수하며 이런 목표를 달성하는 데 좋은 런북이 될 수 있는 여러 목표를 위해 노력해야 한다. 다음은 관련 목표들의 목록이다. 모든 것을 다 나열한 건 아니지만 꽤 괜찮은 목록이다. 이 목록을 읽을 때 기억해야 할 중요한 한 가지는 단순 암기만 하지 말고 실천해야 한다.

인가된

런북은 하나만 있다는 데 동의해야 한다. 서로 다른 내용을 담고 있는 또 다른 런북은 없어야 하며 사용 중인 런북 버전에 의심의 여지가 없어야 한다. 현재 런북 이전 버전은 매우 혼란스러울 수 있으므로 복구 중에 마법처럼 나타나면 안 된다.

정확한

특정 서버나 디렉터리로 이동하거나 특정 버튼을 클릭하라는 명령만큼 런북의 신뢰성을 손상시키는 것은 없다. 재해 복구를 실행하는 것은 굉장히 어렵기에 정확해야 한다.

접근하기 쉬운

요즘 런북에 액세스할 수 있는 가장 쉬운 방법은 온라인에 올리는 것이다. 그러나 전자 런북은 온프레미스와 클라우드에서 모두 여러 곳에서 사용할 수 있어야 한다. 항상 최신 버전을 사용할 수 있도록 쉽게 동기화할 수 있다. 재해 발생 시 실행 지침서에 액세스해야 하는 모든 방법을 검토하고 준비하자. 사용자의 인프라에 따라 실제 출력된 런북 또한 포함해 준비하면 좋다.

융화

런북은 모든 사람의 철학과 마음가짐의 일부가 돼야 한다. 더글러스 애덤스[Douglas Adams]의 『은하수를 여행하는 히치하이커를 위한 안내서』(책세상, 2005)에서 나온 용어를 사용하려면 모두가 이 용어를 이해해야 한다. 경영진의 지원은 IT 부서의 모든 직원이 DR 런북을 검토하는 데 도움이 될 수 있다.

능동적인

런북은 지속적으로 업데이트해야 하며 정기적인 변경 관리 프로세스의 일부여야 한다. 변경 제어 프로세스는 신규 서버, VM, 데이터베이스 또는 클라우드 애플리케이션을 추가할 때마다 따라야 하는 프로세스이며, 이 프로세스의 일부는 새 항목을 런북에 추가하는 것이다. 대안은 자동으로 모든 것을 목록화하고 런북에 추가하는 것이다. 런북을 업데이트하는 게 사용하는 프로세스가 무엇이든 간에 이 프로세스는 항상 발생하는 활성 프로세스여야 한다.

적응력

재해 복구는 보통 계획대로 되지 않는다. 백업 계획의 유연성을 런북에 포함해야 한다. 만약 일이 잘 안 풀린다면, 현재 상황에 적응할 수 있는 대안이 있어야 한다. 이런 신속한 적응력을 런북에 담기 위해 최선을 다해야 한다.

감사 기능

외부 기관 또는 제3자가 런북을 보고 확인할 수 있어야 한다. 나는 은행에서 근무했다. 통화 감사원[OCC, Office of the Comptroller of Currency]의 업무 중 일부는 DR 런북이 있는지, 현재 구성과 일치하는지 확인하는 것이었다. 감사에 실패했다는 건 더 이상 은행에서 일할 수 없다는 걸 의미할 수도 있었다.

확인

테스트하지 않은 DR 런북은 어떠한 경우에도 유효한 런북으로 간주해서는 안 된다. 테스트 없이는 이론일 뿐이다. 설계한 런북을 사용하고 설계한 대로 사용하는 정기적인 DR 테스트가 있어야 한다. 즉 DR 또는 백업 담당자의 테스트만으로는 부족하다. 일반 IT 기술자가 실행해 볼 수도 있다. 이와 같이 재해 복구를 많이 테스트할수록 런북은 더 좋아질 것이다.

개요

DR 실행 지침서는 조직의 DR 프로세스의 개요부터 시작해야 한다. 원할 경우 핵심 요약으로 시작하는 것이 좋다. 조직에서 복구 시 사용할 전체 프로세스를 단 몇 페이지로 설명할 수 있어야 한다.

핵심 요약 뒤에는 훨씬 더 자세히 설명하는 기술 개요가 뒤따라야 한다. 개요에 불과하지만 여러 페이지가 있으며 사용 제품 및 서비스의 이름을 포함해 복구의 각 기술적 부분을 설명한다. '절차'는 340페이지에서 더 자세히 설명하겠다. 개요는 기술 담당자가 런북을 읽기 전에 간략히 읽을 수 있는 부분이다. 이는 기술 담당자가 세부사항을 파헤치기 전에 높은 수준의 관점을 이해할 수 있게 해준다. 각 상위 단계마다 번호가 매겨진 목록이 있어야 하며 이 목록은 세부 정보를 제외하고 절차 단락에서 반복돼야 한다.

앞서 설명한 개요의 간단한 예시는 다음과 같다.

1. 비밀번호 데이터베이스에 접근

2. 복구 사이트 전원 켜기

3. 인벤토리 확인

4. 복구할 앱 및 VM 목록 찾기

5. 각 앱의 복구 및 확인

    a. 앱의 각 VM 복구 및 확인

    b. 애플리케이션 확인

6. 네트워크 연결 및 확인

7. 앱 간 기능 확인

8. 이해관계자에게 통지

기술 인벤토리

재해 복구의 일환으로 사용하는 모든 제품은 해당 제품을 제공하는 각 업체의 연락처를 포함해 기술 단락에 기재해야 한다. 또한 고객 번호, 계약 번호, 날짜 등의 요약해 기술해 놓으면 계약 내용을 찾을 때 매우 유용하다.

또한 각 제품이 전체 DR 계획의 일부로 수행하는 작업 및 각 공급업체의 계약도 자세히 설명해야 한다. 각 공급업체가 동의한 서비스 수준은 어느 정도일까? 다음은 사용자들이 이해해야 할 목록들이다.

- 복구 사이트로서의 서비스 제공업체는 복구에 사용할 수 있는 하드웨어를 얼마나 빨리 제공해야 하는가?

- 계약에서 제공하기로 서버는 몇 대인가?

- 계약에서 제공하기로 스토리지의 크기는 어느 정도인가?

- 얼마나 많은 대역폭을 계약했는가?

- DRaaS 공급업체는 RTO 또는 RPO에 동의했는가?

- 오프사이트 보관 공급업체가 얼마나 신속하게 테이프를 가져와야 하나? (테이프를 사용하지 말라고 언급했지만, 많은 사용자들이 어쨌든 많이 사용한다는 것을 안다.)

- 자체 복구 사이트를 유지 관리하는 경우 하드웨어 및 소프트웨어 공급업체는 어떨까? 새 하드웨어 또는 소프트웨어를 얼마나 빨리 제공받을 수 있는지 여부를 계약에 포함했을까?

이 단락에서 가장 중요한 내용은 연락처다. 재해 복구는 보통 계획대로 진행되지 않으므로 공급업체의 도움이 필요하다. 누구에게 전화해야 하는지, 무엇을 제공해야 하는지 아는 것이 중요하다.

연락처 정보

누구에게 전화해야 하는지 알고 있으려면 복구 프로세스에 참여하거나 지원할 수 있는 조직 내 모든 사람들을 알아야 한다. 물론 여기에는 모든 IT 담당자의 연락처 정보가 포함돼야 한다. 대형 재난이 발생한 후 누가 가용한지는 알 수 없다. 또한 휴대폰, 집 전화, 회사 이메일, 개인 이메일 그리고 담당자가 생각할 수 있는 모든 종류의 연락 방법을 포함하는 것을 제안한다. 재난이 닥쳤을 때 시간 관리는 필수적이며 관련 사람들과 연락할 수 있는 여러 가지 방법을 갖고 있는 것이 도움이 될 것이다.

고위 경영진으로 알려진 DR 총괄도 정말 중요하다. 지휘 계통에 있는 모든 사람의 연락처 정보 중 맨 위에 있는 사람까지 알고 있어야 한다. 공급업체의 상황이 좋지 않은 경우 CEO, 전무이사 또는 고위 정부 관리의 격앙된 전화 연락만큼 도움이 되는 것은 없다. 다시 말하지만 이 모든 사람들의 연락처를 가능한 한 많이 기록하길 권한다. 다만 독자들은 이 모든 프로세스가 실제 필요하지 않기를 바란다. 갑자기 동네 보석 광고가 생각난다. '그때 나를 알고 내가 필요하지 않고 나를 필요로 하지 않는 것이 좋다.'

한 가지 제안은 이 부분을 런북의 여러 곳에 작성하는 것이다. 긴급 상황이 발생할 경우 바로 적절한 사람에게 전화를 걸 수 있는 것이 큰 도움이 될 수 있다.

절차

절차 내용은 런북에서 진가가 발휘되는 순간이다. 절차는 모든 것이 잘못됐을 때 실제로 DR 계획을 실행할 사람들이 보게 될 페이지다. 이 지침은 최대한 상세하고 정확해야 한다. 11장에서 이미 말했듯이 이 절차는 항상 최신 상태여야 한다. 개요에서 동일한 높은 수준의 지침 목록을 나열한 다음 단계별로 구체화해야 한다.

여기서 중요한 것은 절차를 실행하는 사람이 IT, 로그인 방법, 시스템 관리 방법에 대해 잘 알고 있다고 가정하는 것이다. 이들이 익숙하지 않은 것은 이 특정 프로세스의 세부 사항이다. 서버 이름, 애플리케이션 이름, 사용자 이름, 암호를 알 필요는 없다. 인벤토리 및 암호 관리 시스템이 이를 처리하기 때문이다.

필요한 경우 DR 계획을 실행할 수 있도록 충분한 교육을 IT에 종사하는 모든 사람이 받아야 한다. 누가 어떤 단계를 수행해야 할지 알 수 없으므로 이와 같은 교차 분야의 교육이 매우 중요하다. 그리고 이 교육에는 절차를 포함한 기초 지식 수준이 포함돼도 좋다.

개요 단락에서 설명한 예시를 다른 차원으로 설명해 보겠다. 이것은 예시일 뿐이다. 사용자의 런북은 사용자의 시스템에 의해 결정된다. 예를 들어 비밀번호 데이터베이스를 사용하지 않을 수도 있다. 모든 복구 시스템에 각 사용자가 고유한 사용자 이름과 비밀번호를 유지할 수 있는 관리자 계정이 여러 개 있는 경우 이런 데이터베이스가 필요하지 않을 수 있다.

1. 비밀번호 데이터베이스 접속 – 비밀번호 데이터베이스에 로그인

2. 복구 사이트 전원 켜기

    a. 복구 사이트에 로그인

    b. 복구 사이트 각 부분의 전원을 켠다

3. 인벤토리 확인

    a. DR 인벤토리 시스템에 로그인

    b. DR 인벤토리의 목록과 비교하기

    c. 불일치 해결

4. 복구할 앱 및 VM 목록 찾기

    a. DR 인벤토리 시스템 참고하기

    b. 앱 목록 가져오기

    c. 각 앱의 VM 목록 가져오기

    d. 우선순위 목록 가져오기

5. 각 앱 복구 및 확인

    a. 앱의 각 VM 복구 및 확인

        i. 앱에서 VM 식별

        ii. 각 VM 복구

        iii. 앱의 모든 VM이 복구됐는지 확인

    b. 애플리케이션 확인

        i. 앱 인벤토리 참고하기

        ii. 테스트를 위한 각 앱의 절차 사용

6. 네트워크 연결 및 확인

    a. 네트워크 관리 시스템에 로그인

    b. DR별 VPN 활성화

    c. 네트워크 테스트를 실행해 연결 확인

7. 앱 간 기능 확인

    a. 애플리케이션 인벤토리 참조

    b. 앱 간 종속성 식별

    c. 앱 간 기능 테스트

8. 이해관계자에게 통지

    a. 이해관계자를 위한 애플리케이션 인벤토리 참조

    b. 각 이해관계자에게 연락

    c. 고위 경영진에게 연락

각 단계 다음에는 해당 단계를 실행하기 위해 로그인할 서버 또는 애플리케이션 및 로그인을 하기 위해 자격 증명에 액세스하는 좀 더 자세한 위치 정보를 표시한다. 또한 계획을 실행하는 사람이 각 단계를 수행할 때 화면에서 무엇을 볼 수 있을지도 설명해야한다.

에스컬레이션을 이용한 예외 처리

계획대로 되는 일은 절대 없다. 분명 계획하지 않은 일이 생길 것이다. DR 계획이 원하는 만큼 최신 상태가 아닐 수도 있다. 아마도 DR 계획에서 잘못된 가정을 했을 수 있다.

특정 작업을 수행하기로 돼 있던 시스템이 실패했을 수 있다. 이와 같은 경우에 사전에 합의한 에스컬레이션 절차가 있어야 한다.

에스컬레이션 절차는 잘못될 수 있는 일들과 각 유형의 일을 누가 처리해야 하는지를 설명해야 한다. 예를 들어 네트워크가 설계된 대로 초기화되지 않으면 헤드 네트워크 관리자에게 이를 에스컬레이션해야 한다. 서비스를 사용할 수 없는 경우 문제를 IT 책임자에게 보고해야 한다. 서비스를 사용할 수 없는 경우 CIO에게 보고해야 한다.

요점은 이 모든 것을 미리 결정해야 한다는 것이다. 따라서 DR 계획을 실행하는 사람은 누구에게 전화해야 할지 알거나 알 필요가 없다. 이들은 단지 런북에 요약돼 있는 절차를 따를 뿐이다.

마무리

백업을 테스트하는 것도 중요하지만 DR 계획을 테스트하는 것도 중요하다. DR 테스트를 자주 실행할수록 DR 계획이 성공할 가능성이 높아진다. 앞서 언급했듯이 DR 계획의 상황을 알고 있는 모든 사용자는 없다고 생각하고, 이런 작업을 하지 않는 사람들이 DR 작업을 수행할 수 있도록 훈련해야 한다. 관련 전문가들이 함께 참여해야 하고 전문가들이 질문하고 답하는 내용들은 메모를 해야 한다. 질문이 많으면 많을수록 런북이 명확하지 않다는 것을 보여 준다. 충분히 테스트하고 해당 테스트 결과를 기반으로 런북과 시스템을 업데이트하면 불완전한 DR 시스템을 실행해야 할 때 더욱 도움이 될 것이다.

이후의 장에서는 이 모든 것을 실현할 때 구매할 수 있는 실제 제품의 종류를 상세하게 살펴볼 예정이다. 테이프, 디스크, 클라우드 스토리지와 같은 하드 제품부터 시작하겠다.

12장
데이터 보호 대상

데이터 보호가 IT 산업의 한 영역으로 자리잡은 후 어느 때보다 많은 데이터 보호 대상 (즉 백업 또는 아카이브를 보낼 장치)을 보유하고 있다. 오래 전 내가 MBNA에서 백업 담당자로 경력을 시작했을 때 선택할 수 있는 건 테이프 드라이브 하나였다. 당시 고민 사항은 어떤 테이프 드라이브를 사용할 것인지였다. 그리고 많은 서버 공급업체에서 테이프 드라이브를 이미 설치한 서버를 제공했기 때문에 어떤 드라이브를 사용할지에 대한 질문조차 필요하지 않은 경우가 대부분이었다. HP 서버에는 4mm DDS 드라이브(2, 8, 24GB 용량)가, 디지털 서버에는 TK50(무려 94MB 용량!)이, AT&T 3B2에는 80MB 데이터를 저장하고 느린 속도의 QIC-80 테이프 드라이브가 함께 제공됐다. 또한 메인프레임에 9트랙 테이프 드라이브를 사용했다. 이 장치가 무엇인지를 모른다면 오래된 영화에 컴퓨터가 나오는 장면에서 볼 수 있는 큰 오픈릴식reel-to-reel 테이프 드라이브를 생각하면 된다.

오늘날 데이터를 백업해야 하는 담당자는 다른 선택과 결정을 내려야 할 대상이 많다. 이러한 결정은 가끔 잘못된 정보로 다양한 선택을 한다. 12장을 통한 내 바람은 독자들 앞에 놓인 선택에 편견 없는 정보를 제공해 스스로 현명한 결정을 내릴 수 있도록 하는 것이다.

테이프 드라이브

테이프 드라이브는 오늘날의 프로덕션 환경에서도 여전히 사용하는 가장 오래된 데이터 보호 장치다. 예를 들어 펀치 카드와 종이 테이프도 있었지만 자기 테이프 드라이브는 실제로 서버에 저장된 프로그램과 데이터를 백업하는 메커니즘으로 주목을 받았던 최초의 장치였다. 나는 TRS-80을 카세트 테이프에 백업했던 기억이 난다. 정말 아주 오래 전 일이다.

테이프는 거의 모든 경우에 다른 옵션보다 저렴하지만 대부분의 데이터 보호 업계는 더 이상 테이프 드라이브를 백업의 주요 대상으로 사용하지 않는다. 그 이유를 알아보고 어떤 테이프가 좋고 어떤 테이프가 좋지 않은지도 같이 알아보자.

테이프의 장점

테이프는 비용, 안정적인 데이터 쓰기, 데이터의 장기 보관이라는 세 가지 영역에서 디스크보다 우수하다고 할 수 있다. 이 중 안정적인 데이터 쓰기와 데이터 장기 보관에 용이한 점은 아마도 대부분의 사람들에게 놀라운 일이지만 과학적으로 입증된 사실이다.

비용

테이프는 가장 가까운 경쟁 제품인 중복 제거 디스크보다 훨씬 저렴하다. 디스크의 총 소유 비용$^{TCO, Total Cost of Ownership}$은 다음 단락에서 설명하겠지만 사용이 훨씬 쉽기 때문에 실제로 테이프보다 낮다고까지 주장한다. 또한 현재 디스크 기반 백업 시스템이 제공하는 기능(예: 오프사이트 백업 복제)이 테이프로 할 수 있는 것보다 훨씬 뛰어나서 비용이 무의미하다는 주장도 있다. 이 모든 것을 뒤로 하더라도 테이프는 여전히 매우 저렴한 매체다.

테이프가 매우 저렴한 한 가지 큰 이유는 기록 매체(즉 실제 테이프)가 기록 장치(즉 테이프 드라이브)에서 분리될 수 있기 때문이다. 이것은 디스크 드라이브에서는 불가능하다. 일반적으로 모든 미디어에는 기록하는 전자적/기계적 구조를 갖춰야 한다. 디스크 드라이브 내부의 장치는 테이프 드라이브에서 보는 것보다 훨씬 더 복잡함을 알 수 있다. 결과적으로 대형 스토리지 어레이와 매우 유사하게 작동하는 완전 자동화된 테이프 라이브러리라도 일반적으로 동급 디스크 어레이보다 비용이 적게 든다.

테이프가 실제로 그 능력을 발휘하는 영역 중 하나는 전력 소비와 관련된 비용이다. 테이프 라이브러리의 슬롯에 있는 테이프는 전력을 소비하지 않고 테이프 드라이브는 데이터를 적극적으로 쓰지 않거나(또는 테이프 이동을 기다리는 로봇) 전력을 거의 소비하지 않기 때문이다. 이것을 일반적인 회전 디스크 드라이브가 소비하는 전력과 디스크 어레이의 모든 디스크가 일반적으로 항상 켜져 있다는 사실과 비교하면 큰 차이가 있음을 알 수 있다.

MAID^{Massive Array of Idle Disks}라는 기술로 절전형 디스크 구현이 가능했지만 더 이상 사용되지는 않는다. 중복 제거 기술이 나오기 전에는 어느 정도 인기를 얻었고, MAID와 결합도 시도했지만 중복 제거는 구조상 불가능하다. 왜냐하면 중복 제거 기술을 위해 모든 디스크가 작동해야 한다는 조건이 있지만 MAID는 대부분 디스크를 사용하지 않기 때문에 조건이 서로 맞지 않는다.

그 결과 테이프 시스템과 디스크 시스템의 전력 소비량을 계산할 때마다 테이프 시스템이 더 나을 수밖에 없다. 테이프 시스템은 데이터를 오래 저장할수록 전력 및 냉각 관리에서 더 많은 비용을 절약할 수 있다. 실제로 디스크와 테이프의 비용 차이는 너무 커서 디스크에 여유 공간이 있어도 전력 및 냉각을 고려하면 테이프보다 비용이 더 많이 든다. 그 이유 중 하나는 테이프는 테이프에 있는 여러 복사본의 전력 소모 및 냉각 비용 측면에서 동일하지만 디스크는 디스크에 복사본이 여러 개 있을 경우 이 비용이 두 배가 되기 때문이다. 서로 다른 디스크에 있는 2개의 백업 복사본은 하나의 복사본보다 두 배의 전력이 필요하다. 테이프에 백업 사본을 20개 저장할 수 있으며, 일단 생성되면 전력을 소모하지 않는다.

그러나 오늘날의 디스크 기반 시스템이 제공하는 이점이 이런 비용 차이를 넘어선다고 주장하는 사람이 있겠지만, 테이프는 여전히 디스크보다 저렴한 건 사실이다.

 새로운 시스템을 구입한다는 건 우리가 매일 하루 종일 전원을 공급해야 할 대상이 하나 더 생긴다는 걸 의미한다. 전력 및 냉각 문제는 여전히 중요하다.

안정적인 데이터 쓰기

테이프 드라이브는 디스크 드라이브보다 더 안정적으로 데이터를 기록하며, 매체의 특성상 이런 차이는 기본적으로 안고 있다. 저장 장치의 수정되지 않은 비트 오류율UBER, Uncorrected Bit Error Rate은 찾기 어려울 수 있지만 각 저장 장치의 스토리지 공급업체에서 그 값을 알려 준다. 이 값은 드라이브가 0을 쓰려고 했을 때(또는 그 반대로) 드라이브가 1을 쓰는 빈도를 나타내며 복구(수정)할 수 없다. 이 부분에서 테이프는 디스크보다 더 안정적이다.

기록 장치가 데이터를 안정적으로 쓸 수 있도록 모든 최신 기록 장치는 검증을 수행한다. 그러나 이를 위해 사용되는 오류 수정 코드ECC, Error Correcting Code 및 순환 중복 검사CRC, Cyclical Redundancy Check 기술은 블록 대 블록 비교가 아니다. 성공 비율 오즈odds는 장치가 대부분의 시간에 올바른 블록을 작성한다는 것이고 실패 비율 오즈는 대부분의 시간에 실패를 감지하는 실패를 감지하는 기술이다. 쓰기 실패 오즈와 수정 실패 오즈를 결합하면 둘 다 가질 확률은 실제로 매우 낮지만 절대적인 0은 아니다.

ECC 및 CRC에 대한 간단히 설명하자면, 드라이브에 데이터를 쓰기 전에 블록의 해시를 계산한 다음 블록을 기록한다. 그런 다음 드라이브는 블록을 다시 읽고 해시를 다시 구한다. 앞서 구한 해시와 기록된 데이터로부터 구한 해시 정보가 일치하면 모든 것이 정상으로 간주된다. 그러나 CRC 해시가 너무 작기 때문에(12^{16}비트) 블록이 일치하지 않지만 CRC는 일치할 가능성도 있다. 결론적으로 수정되지 않은 비트 오류를 발생시킨다. 이런 일이 발생하는 비율은 일반적으로 상당히 높고 테이프보다 디스크에서 더 나쁜 결과를 가져올 수 있다. 더군다나 기술의 발전으로 인해 최신 테이프 드라이브가 잘못된 데이터를 반환할 가능성은 극히 더 낮아졌다. 테이프의 손상으로 인해 드라이브가 올바른 데이터를 제공하지 못할 수도 있지만, 잘못된 데이터를 제공하지는 않는다. 하지만 디스크는 가능하다.

표 12-1에서 LTO-8의 UBER은 $1:10^{19}$로 이는 10^{-19}로 표시되고, 따라서 SATA 디스크의 UBER은 10^{-14}이다. 이는 LTO-8이 SATA 디스크보다 데이터 쓰기에서 1만 배 더 우수하다는 것을 의미한다. 실감이 잘 나지 않는다면 10TB와 1,000PB 차이 정도로 생각하면 될 것 같다. 다시 말해 SATA 디스크 드라이브에 불량 블록이 존재할 가능성이

LTO-8 테이프보다 1만 배 더 높다는 의미다.

표 12-1 최신 미디어의 UBER 발생 비율

매체	UBER
광학	10^{-8} – 10^{-12} (보통, 10^{-10})
SATA 디스크	10^{-14}
기업용 디스크	10^{-15}
기업용 SSD	10^{-16}
LTO-8	10^{-19}
IBM TS1160	10^{-20}

따라서 10^{-14}을 실제 상황에 대입해 보면 약 12TB 용량 디스크에 부정확한 1개의 비트가 존재할 확률로 이는 SATA로 구현할 수 있는 최대 드라이브 크기보다 적다. 이는 모든 디스크 드라이브에 부정확한 비트 오류가 하나 이상 있을 수 있음을 의미한다. 그와 반대로 테이프는 다른 전문가들의 이견이 없을 정도로 디스크보다 데이터 쓰기에 훨씬 뛰어나다고 인정받고 있다.

장기 보관

아마 많은 독자가 테이프는 30년 동안 안정적으로 데이터를 저장할 수 있지만 전원이 켜진 디스크는 그 저장 기간이 5년밖에 안 된다는 사실에 놀랄지도 모른다. 납득이 안 될 수도 있지만 이는 업계에서 이미 잘 알려진 사실임을 받아들여야 한다. 아마 주변에 백업을 잘 아는 사람들에게 물어본다면 이에 대해 쉽게 답을 줄지도 모른다. 이 책에선 내가 설명하도록 하겠다.

모든 자기 매체magnetic media는 시간이 지남에 따라 성능이 저하된다. 이를 일어나지 않게 할 방법은 없다. 다만 이 저하를 얼마나 늦출 수 있는지의 문제일 뿐이다. 이 저하를 업계 용어로 썩은 비트bit rot, 즉 데이터 열화라고 하며 파일을 이루는 자기 성질의 저하가 일어나기 전까지 안전하게 저장할 수 있는 기간을 결정한다.

공식은 각 자기 매체의 에너지 장벽을 결정한다. 여기서 에너지 장벽은 강제로 반대 상태(즉 1을 0으로, 또는 그 반대)를 만들고자 자기 입자(단일 비트를 저장하는 자기 매체의 이름)를 발생시키는 데 필요한 에너지를 말한다. 공식은 KuV/kT이며, 여기서 Ku는 이방성 상수이고 k는 볼츠만 상수[1]다. 이 논의에서 관련 값은 V, 즉 자성 입자의 부피이고, T는 매질의 온도(켈빈)다. 이 공식에서 파생된 값이 클수록 주어진 자성 입자가 시간이 지남에 따라 저하될 가능성이 적음을 의미한다.

따라서 비트의 변질 속도는 자성 입자의 크기(즉 부피)와 매체의 평균 온도라는 두 가지 요소에 의해 결정된다. 자성 입자는 클수록 좋다. 또한 매체는 차가울수록 좋다. 테이프와 비교할 때 디스크는 입자가 훨씬 작고 미디어가 훨씬 따뜻한 성질이 있다. 그래서 디스크의 자기 입자가 작고 작동 온도가 지속적으로 따뜻하기 때문에 테이프에서보다 훨씬 더 빠르게 데이터가 저하된다.

이 분야의 전문가들은 이 주장에 동의한다. 최신 테이프 드라이브는 30년 동안 비트 손상 없이 데이터를 안정적으로 보유할 수 있는 반면, 디스크의 경우 데이터 저장 후 5년 동안만 신뢰할 수 있다. 따라서 디스크에 장기간 저장된 데이터는 새로운 곳으로 이동하는 과정이 필요하다. 그러나 이동할 때마다 디스크의 더 높은 비트 오류율이 적용된다는 점을 명심해야 한다. 따라서 테이프가 데이터의 장기 저장을 위한 훨씬 더 나은 매체라고 할 수 있다.

테이프에 30년 동안 데이터를 저장하는 것을 이야기할 때 혹자는 드라이브 가용성 문제를 제기하기도 한다. 10~30년 후에도 미디어를 읽을 수 있으려면 이와 호환되는 드라이브 또한 계속 유지해야 하는 것은 사실이다. 또한 다음 관련 주장도 모두 사실이다.

- 데이터의 장기 보관을 위한 프로세스에는 이를 읽을 수 있는 적절한 테이프 드라이브를 유지 관리하는 프로세스도 있어야 한다. 테이프에 있는 내용의 데이터베이스를 유지 관리해야 하는 것처럼 테이프를 읽기 위해 드라이브를 유지 관리하는 것도 프로세스의 일부다.

- 디스크와 같이 항상 전원을 켜야 하는 것은 아니다. 테이프 드라이브의 플러그를 뽑고 안전한 곳에 보관하자. 필요할 때 정상적으로 작동할 것이다.

---

1 이는 복잡한 공식에서 비롯된 것이지만 이방성 상수나 볼츠만 상수까지 알 필요는 없다. 이 내용에서 중요한 것은 변수 V와 T임을 기억하기 바란다.

- 만약 30년 전에 작성된 테이프를 읽어야 하더라도 이와 호환되는 테이프 드라이브를 찾는 데는 며칠이면 된다. 아무리 오래됐더라도 그렇게 어려운 일은 아니다. 오래된 테이프 드라이브를 유지 관리하는 것도 모두가 관심을 갖는 일이다.

- 호환되는 테이프 드라이브를 정말 찾을 수 없다면 어딘가에 테이프 드라이브를 읽어 주는 서비스가 있을 수 있다.

- 테이프에 데이터를 오래 보관하는 대부분의 사람들은 때때로 테이프를 새로 고쳐야 한다. 데이터를 안전하게 유지해야 하는 이유도 있지만, 최신 테이프가 더 크고 더 빨라서 오래된 테이프 드라이브를 폐기하고 스토리지 비용을 절약할 수 있기 때문이다. 상용 환경에서 테이프를 저장하는 데 보통 연간 테이프당 약 4달러의 비용이 든다. 400GB 테이프 1만 개를 저장한다면 연간 4만 달러 정도라고 생각할 수 있다. 그런데 동일한 데이터 세트를 12TB 테이프 334개에 복사하면 스토리지 비용이 연간 1,336달러로 줄어들게 된다.

- 테이프의 장점을 설명하는 부분인데 왜 디스크에 관한 내용을 이어 나가야 할까?

 변형된 비트, 즉 데이터 열화는 오브젝트 스토리지 주소 문제 중 하나다. 데이터 열화로 인해 주 데이터가 변형되면 오브젝트의 해시에서 생성된 UID가 변경되고 이는 오류로 감지돼 수정된다. 디스크 방식에도 장기 스토리지 문제를 해결하는 기술이 있지만 테이프는 더 안정적인 메커니즘을 제공한다.

혹자들은 또한 테이프에서 수행하는 것과 비교해 오브젝트 스토리지에 저장된 데이터의 무결성을 정기적으로 확인하는 것이 더 쉽다고 할 수 있다. 일부 테이프 라이브러리는 테이프에서 정기적으로 무결성 검사 수행을 지원하더라도 디스크에서 수행하는 것만큼 쉬운 일은 아니다. 따라서 이 문제는 제품 결정 시 반영해야 한다.

테이프의 단점

테이프는 장기간에 걸쳐 기록되는 소량의 일반적인 증분 백업을 기록하는 데 적합하지 않다. 이것은 앞서 설명한 테이프가 디스크보다 데이터 쓰기에 더 우수하다는 사실과 모순되기 때문에 자세한 설명이 필요할 것으로 생각된다.

테이프 드라이브는 자기 디스크 드라이브가 작동하는 것과 같은 방식으로 매체(즉 테이프)에 기록 헤드를 통과시켜 작동한다. 헤드의 극 변화는 기록 매체의 자기 비트를 재배치하고 헤드가 지나간 후에도 그 위치에 남아 '1' 또는 '0'을 남긴다.

헤드가 기록 매체에 데이터를 안정적으로 기록하려면 높은 신호 대 잡음비를 유지해야 한다. 즉 잡음(간섭을 일으킬 수 있는 전자 간섭)보다 훨씬 더 큰 신호(기록 헤드의 극 변화)를 의미한다. 낮은 신호 대 잡음비는 장치에 잘못된 데이터가 기록될 수 있음을 의미하며, 이는 아무도 원하지 않을 것이다.

내가 전기공학을 전공했다면 더 잘 이해할 수 있겠지만, 높은 신호 대 잡음비를 유지하는 핵심은 기록 매체[2]에서 헤드를 매우 빠르게 움직이는 것이다. 디스크 드라이브는 기록 매체를 매우 빠른 속도로 회전시켜 이를 수행하고 테이프 드라이브는 헤드 전체에서 테이프를 고속으로 당겨 이를 수행한다.

대부분의 테이프 드라이브에서 이 작업을 수행하는 방법은 기록 헤드가 고정돼 있고 테이프가 매우 빠른 속도로 해당 헤드를 가로질러 당기는 것이다(오디오 카세트를 기억하는 사람들에게는 아마 익숙한 방법일 것이다. 헤드는 고정돼 있고 카세트가 회전하면서 테이프가 그 헤드를 가로지르는 방식이다). 고정 헤드와 빠르게 움직이는 테이프의 사용은 선형 테이프 linear tape 기록 모델이며, LTO Linear Tape Open 테이프 드라이브와 IBM의 TS110x0 드라이브가 사용하는 방식이다.

LTO-8 테이프는 초당 약 20피트 또는 13MPH(21KPH)의 속도로 기록 헤드를 통과한다. 최대 속도로 실행되는 LTO-8 테이프 드라이브에는 초당 750MB의 수신 데이터 스트림이 필요하며 초당 1GB가 필요한 장치가 곧 출시될 예정이다. 문제는 백업이 750MB/s로 실행되지 않는다는 점이다.

LTO-8 드라이브의 1GB 버퍼는 수신 데이터 속도와 테이프 드라이브 속도 간의 약간의 격차를 처리하는 데 도움이 되지만 사소한 격차 정도만 가능하다(데이터를 최대 속도로 전송하는 테이프 드라이브에서 1초 정도의 시간을 벌기 충분한 정도다). 테이프 드라이브로 들어오는 데이터의 속도가 테이프에 기록되는 데이터의 속도보다 현저히 느린 경우 버

---

2 실제로 테이프 드라이브를 설계하는 사람들과 직접 대화를 나눴는데, 이는 지난 20년 동안 테이프 드라이브가 직면한 핵심 문제다. 테이프 드라이브는 속도를 늦출 수 없고 여전히 안정적으로 데이터를 쓸 수 없다.

퍼는 비어 있게 되고 기록 헤드는 작동하지 않을 것이다.

이러한 일이 발생될 때 테이프 드라이브는 두 가지의 선택을 가진다. 첫째, 아무것도 기록하지 않은 채로 상당한 길이의 테이프를 낭비할 것인가? 둘째, 아니면 더 낮은 속도를 유지하려고 주기적으로 테이프 멈춤과 위치 이동을 반복할 것인가? 테이프 드라이브는 테이프를 멈추고, 앞으로 돌리고, 같은 속도로 테이프의 처음으로 이동한다. 이러한 작업을 매체 재배치라고 하며 한 번 발생될 때마다 3초 내지 6초의 시간이 소요된다. 속도 일치는 어떻게 이뤄질까? 드라이브 속도는 70MB/s까지 낮춰질 수 있고 이는 14단계로 속도 조정이 가능하다.

 지속적으로 위치를 변경하는 테이프 드라이브는 구두닦이가 구두를 닦고 천을 앞뒤로 움직이는 동작과 움직임이 비슷해 구두닦이라고 부르기도 한다.

버퍼가 다시 가득 차면 테이프 드라이브는 버퍼 데이터를 테이프에 쓰기 시작하고 그 후에 또 버퍼는 데이터로 가득 차게 된다. 이런 상황이 지속적으로 발생하면 드라이브는 실제로 데이터를 쓰는 것보다 위치 변경에 더 많은 시간을 소비하므로 테이프 드라이브의 쓰기는 데이터가 들어오는 속도보다 느리다.

지난 몇 년 동안 테이프 드라이브가 작동하는 방식에 대한 기본적인 사실을 이해하지 못한 고객이 얼마나 되는지 다 셀 수 없을 정도다. 500MB/s 처리 가능한 테이프 드라이브에 500MB/s를 전송하면 행복하고, 250으로 보내면 불행하며, 50으로 보내면 비참해진다. 50보다 느려지면 그때부터 테이프 드라이브에 대한 비난이 시작된다. 바로 다음에 나오는 '테이프 드라이브는 더 필요하지 않아!' 사례를 보자.

테이프 드라이브는 더 필요하지 않아!

몇 년 전, 방송국에서 컨설팅을 할 때였다. 이들은 18개의 테이프 드라이브를 사용해 약 20TB 규모의 데이터센터를 백업하고 있었다. 그리고 24시간 동안 백업을 하고 있었지만 여전히 백업은 진행 중이었다. 나는 실제로 시스템을 보진 않았지만 이들이 보여 준 수치들만 보고도 문제가 무엇인지 정확히 알 수 있었다. 이들은 또한 두 대의 테이프 드라이브를 더 추가한다면 문제가 해결될 거라 생각했지만 나는 그 반대로 더 악화될 가능성이 높을 것을 직감했다.

새로운 테이프 드라이브를 구입하는 비용이 그 당시 3만 5,000달러 정도였다. 나는 이들에게 새로운 테이프 드라이브 없이도 백업 시스템을 훨씬 더 개선할 수 있으며 2개의 새 테이프 드라이브에 드는 비용보다 더 적게 들 것이라고 했다. 일단 계약서에 서명을 하고 현장을 방문했다.

나는 먼저 18개의 테이프 드라이브 중 12개를 즉시 정지시켰다. 그런 다음 백업 소프트웨어의 인라인 테이프 복사 기능을 켜서 모든 백업이 동시에 2개의 드라이브로 이동해 원본과 복사본을 동시에 만들도록 했다(이는 기술적으로 실제로 운영계 백업을 수행하는 데 드라이브 3개에 해당하는 것을 사용했다는 것을 의미한다). 또한 일부 데이터가 백업에서 누락된 것 같은 현상이 있어, 백업 대상을 선택한 파일 시스템에서 모든 로컬 파일 시스템으로 바꿨다. 마지막으로 각 드라이브가 만족할 만큼 충분한 백업이 이루어지도록 하기 위해 멀티플렉싱 설정을 조정했다.

이들의 데이터센터는 실제로 20TB가 아니라 30TB였다(일부 데이터가 누락됐을 거라는 내 추측이 맞았다. 무려 10TB 데이터가 백업에서 누락됐던 것이다). 결과적으로 백업 시간은 24시간에서 8시간으로 단축됐을 뿐만 아니라 모든 백업에 2개의 복사본을 가지게 됐다(내가 이 문제에 참여하기 전에는 매일 밤 백업이 한 번도 성공하지 못했다고 한다). 이와 같이 단순히 시스템 구성만 변경했음에도 테이프 드라이브의 1/3만을 사용해 50% 성능 향상과 2배의 복사본을 만들고 있었다. 해당 테이프 드라이브의 한계 속도와 유사한 데이터 스트림을 각 테이프 드라이브에 설정했다. 이것이 테이프 드라이브의 속도를 백업의 속도와 일치시키는 것이다.

265페이지의 '멀티플렉싱'에서 설명한 것처럼 멀티플렉싱은 일반적으로 양날의 검과 같다. 백업 속도를 향상시킬 수 있지만 일반적으로 복원 속도가 저하될 수 있다. 그러나 초기 백업 소스를 디스크로 전환하는 것 외에도 멀티플렉싱은 테이프 드라이브에 도움이 된다.

최신 테이프 드라이브는 가능한 한 위치 변경을 최소화하려고 적응형 속도 기술을 이용해 데이터 입력 속도를 조정해 이 문제를 해결하고 있지만, 이전에 언급한 신호 대 잡음비 문제로 드라이브의 데이터 쓰기가 너무 느려질 가능성이 있다. 결국 다시 위치 변경이 발생하고 드라이브의 성능이 저하된다.

이것이 테이프 드라이브를 대부분의 백업 방식으로 이용되는 증분 백업에 적용하는 것이 좋지 않은 이유다. 증분 백업의 데이터 양은 종종 초당 몇 메가바이트에 불과할 정도로 초당 750MB로 실행하려는 테이프 드라이브에서는 처리하기 어려울 정도로 적은 양이다. 테이프 드라이브는 느린 매체가 아니다. 다만 백업이 느릴 뿐이다. 그리고 테이프 드라이브는 그 느린 속도에 맞게 동작하기 위해 더 느려지게 된다.

어떻게 이런 일이 일어날 수 있을까?

이런 기술의 불일치는 지난 30년 동안 테이프 드라이브의 발전 때문이다. 사실 테이프 드라이브는 백업보다 느렸고 심지어 네트워크보다도 느렸다. 내가 IT 업계에 막 입문했을 때 사용했던 네트워크 환경은 10Mb/s, 즉 초당 약 1MB 정도였고, 당시 사용하고 있던 테이프 드라이브(Exabyte 8200 8mm 드라이브)는 초당 125kB로 동작했다.

IT 시장은 더 큰 용량의 테이프 드라이브가 필요했고 백업 테이프 회사들은 비트 간격을 더 가깝게 저장하는 방식으로 제작했다. 비트가 위치하는 자리가 더 가까우면 카트리지에 테이프를 더 추가하지 않고도 테이프 드라이브 용량이 더 커진다. 그러나 비트가 더 가깝고 녹음 헤드가 동일한 속도로 이동해야 하는 경우 테이프 드라이브에 요구되는 처리 속도도 더 빨라진다. 따라서 지난 20년 동안 백업은 거의 동일한 속도를 유지했지만 테이프 드라이브는 점점 더 빨라졌고, 결과적으로는 원래 만들어진 목적과 호환되지 않는 장치가 돼 버렸다.

백업 소프트웨어 산업은 다중 백업을 인터리브interleave해 단일의 더 빠른 스트림을 생성하는 멀티플렉싱을 이용했다. 그러나 이것은 백업에 도움이 되지만 실제로는 복원성을 저하시키는데 이는 필요한 하나의 스트림을 얻으려고 모든 스트림을 읽고 대부분을 버려야 하는 방식이기 때문이다. 멀티플렉싱은 265페이지 '멀티플렉싱'에서 자세히 다뤘다.

5장에서 설명한 또 다른 아이디어는 디스크 캐싱 또는 디스크에 백업한 다음 테이프에 복사하는 방식이었다. 이 방식은 백업이 증가할 필요가 없어 백업이 더 잘 됐지만 여전히 속도 불일치 문제로 복원에 도움이 되지는 않았다. 테이프 방식의 향상을 위해 많은 것을 시도했지만 눈에 띄는 향상은 없었다.

이것이 바로 많은 사람들이 주 백업 대상을 디스크로 변경한 이유다. 결코 디스크가 테이프보다 빠르기 때문이 아니라 디스크가 백업 데이터 입력 속도에 더 쉽게 맞출 수 있기 때문이다. 디스크는 문자 그대로 쓰기에 필요한 만큼(최대 쓰기 속도까지) 느리게 또는 빠르게 쓸 수 있는 임의의 액세스 장치다. 또한 수백 개의 동시 쓰기 또는 읽기 요청을 처리하면서 각각을 필요한 속도로 정확하게 실행할 수 있다. 백업 작동 방식의 관점에서 디스크 방식은 테이프보다 훨씬 더 호환성이 좋아지고 영구 증분 백업 방법을 적용하면서 더욱 인기를 얻게 됐다.

테이프 드라이브 기술

테이프 드라이브는 매우 단순해진 영역 중 하나다. 테이프를 저장 매체로 사용하는 대부분의 경우에 사용 가능한 테이프 드라이브 유형은 1~2개 정도뿐이다.

테이프 드라이브 기술을 논의하기 전에 즉시^{on-the-fly} 압축의 개념을 이해하는 것이 중요하다. 최신 테이프 드라이브는 데이터가 테이프 드라이브로 들어오거나 나갈 때 즉시 데이터를 압축 및 압축 해제해 드라이브의 유효 속도와 용량을 두 배 이상으로 향상시킨다. 이는 모든 테이프 드라이브가 압축 및 기본(비압축) 처리량 및 용량 수치를 표기하는 이유다(테이프 기반 암호화가 켜져 있으면 암호화된 데이터는 압축되지 않기 때문에 압축한 후 데이터를 암호화한다).

현재 생산 중인 주요 테이프 드라이브 제품에는 LTO와 TS11x0이 있다.

Linear Tape Open

LTO^{Linear Tape Open} 드라이브는 오늘날 가장 많이 사용되는 테이프 드라이브다. 제조 사양은 현재 HP, 퀀텀^{Quantum}, IBM을 포함한 LTO 컨소시엄이 관리한다. 현재 세대는 LTO-8이며 최대 750MB/s(압축) 및 300MB/s의 기본 속도로 쓸 수 있고 30TB의 압축 데이터 또는 12TB의 비압축 데이터를 저장할 수 있다. UBER은 10^{-19} 미만이다. LTO-9는 2020년에 출시될 것으로 예상됐지만 코로나19로 인해 연기될 가능성이 있다. LTO-9는 60TB 카트리지(압축)와 1.7GB/s의 압축 처리량을 갖는다.

IBM TS11x0

TS11x0 라인은 일부 테이프 라이브러리에서 사용되는 훨씬 더 안정적인 드라이브다. UBER은 10^{-20}으로 LTO보다 10배 더 좋다. TS1160 드라이브는 압축일 경우 900MB/s 정도로 LTO-8보다 약간 더 빠르며, 기본 20TB, 압축 50TB로 카트리지 용량이 거의 두 배다.

DDS 드라이브 및 StorageTek T10000 드라이브와 같은 다른 인기 있는 드라이브가 있었지만 둘 다 더 이상 생산되지 않는 것으로 보인다. 둘 다 매우 인기 있는 드라이브였기 때문에 이는 매우 안타까운 일이다. 이제 최신 테이프 드라이브가 어떻게 사용되는지 알아보자.

선형 테이프 파일 시스템

최신 테이프 드라이브는 디스크 드라이브와 마찬가지로 파일 시스템으로 마운트할 수 있다. 이것을 선형 테이프 파일 시스템^{LTFS, Linear Tape File System}이라고 한다. 독립 실행형 또는 로봇 테이프 드라이브에 마운트되면 사용자는 디스크 드라이브를 마운트했을 때와 같이 파일 시스템을 사용할 수 있다. 물론 차이점은 실제 랜덤 액세스 장치가 아니므로 파일에서 파일로 이동할 때의 성능이 그렇게 좋지는 않다는 점이다.

그러나 이것은 장기적으로 테이프에 데이터를 기록하는 제품에 독립적인 방법을 제공한다. 개인적인 생각에 이는 장기 아카이브 스토리지에 훌륭한 아이디어이고, 이 기능을 지원하려면 데이터 아카이빙과 관련한 모든 업체들을 설득해야 한다고 생각한다. 아마도 업체들은 이미 더 많은 기능을 지원하고 있을지 모르지만 대부분은 이 아이디어를 동의할 것이다. 또한 이런 제품의 독립적인 데이터 포맷이 제공하는 이동성은 각 업체에서 만든 고유한 포맷을 이용한 기능보다 훨씬 가치가 클 것이다.

로봇 테이프 라이브러리

독립 실행형 테이프 드라이브에 백업하거나 아카이브하는 조직은 거의 없다. 거의 모든 사람이 수십(또는 수천) 개의 테이프 슬롯과 몇 개 또는 그 이상의 테이프 드라이브를 기반으로 자동화 장치를 사용한다. 현재 이런 대형 테이프 라이브러리는 주로 장기 보관에 사용하는 아카이브를 대상으로 판매하고 있다.

이런 대규모 테이프 라이브러리에서 한 가지 놀라운 사실은 이 시장의 가장 큰 고객이 대규모의 퍼블릭 클라우드 회사라는 점이다. 첨단 기술을 주도하는 기업들도 가장 오래된 형태의 저장 장치를 여전히 사용하고 있다는 점이 흥미롭다. 결국 이들에게도 이와 같은 오래된 형태의 저장 장치 사용이 필요하다는 의미다.

지금까지 OG 백업 대상을 살펴봤고, 이제 몇 가지 최신 장치들을 살펴볼 차례다. 어떤 사람들은 다른 형태의 미디어를 사용하는 광학 장비를 궁금해할 수 있다. 테이프의 사촌쯤 되는 광학 드라이브^{optical drive}의 장점과 단점을 살펴보자.

광학 미디어

광학 장치는 레이저로 데이터를 저장하며, 레이저는 기본 저장 매체에 위상을 변화시킨다. 오늘날 생산되는 유일한 광학 장치는 DVD와 블루레이 디스크^{Blu-ray disc}다(자기 광학이라는 다른 종류가 있었는데 더 이상 사용하지 않는 것으로 보인다).

블루레이 디스크의 용량은 25GB 또는 양면 디스크의 경우 50GB이며 현재 쓰기 속도는 최대 72MB/s다. 그러나 현장에 있는 대부분의 장치는 USB 연결에서 외부 드라이브로 연결되는 경우가 많고 해당 버스의 속도에 의해 제한을 받기 때문에 그보다 훨씬 느리게 기록한다. 그러나 이런 장치가 일반적으로 느린 주요 이유는 물리적 매체에서 위상 변경을 수행하는 프로세스가 매우 느리기 때문이다. 표 12-1에서 봤듯이 광학 미디어도 UBER이 매우 낮고 일부는 10^{-8}, 대부분은 10^{-10}이다. 12장의 뒷부분에서 UBER에 대해 자세히 다룬다.

미디어 비용 및 기타 요인으로 광학 미디어를 데이터 보호 장치로 사용하는 회사는 거의 없지만 일부는 중요한 정보를 위한 장기 저장 장치로 사용한다. 예를 들어 LTO 외에도 영화의 장기 저장본을 만드는 데 광학 저장 장치를 사용하는 미디어 회사들과 대화를 나눈 적이 있다. 이것이 진짜 현실이 될지는 아직 모르지만, 이들은 블루레이 디스크가 LTO 테이프보다 50년 후에 더 읽기 쉬울 것이라고 기대하고 있다. 그렇게 기대하는 큰 이유는 가장 최신의 블루레이 장치가 가장 오래된 CD와 DVD를 읽을 수 있다는 점이다. 따라서 일반적으로 1, 2세대 정도만 읽는 일반 테이프 드라이브보다 역호환성이 훨씬 뛰어나다고 할 수 있다.

그러나 내가 업계 전반에 걸쳐 수년 동안 보아온 결과, 광학 미디어 형식 중 어느 것도 실제로 성공한 사례가 없다. 심지어 특정 산업에서 잘 사용되던 것조차 사라지는 것 같은 기분이다. 이와 관련된 몇몇 제조사가 있지만 현장에서 본 적은 없다. 위에서 논의한 바와 같이 상대적으로 작은 용량과 상대적으로 느린 전송 속도가 주된 이유라고 생각된다.

광학 미디어의 발전에 도움이 되지 않은 경쟁자는 바로 이동식 디스크 드라이브였다. 지금부터 이 내용에 대해 알아보자.

개별 디스크 드라이브

디스크 드라이브는 최신 데이터 보호 시스템에서 다양한 방식으로 사용하지만 적어도 대규모 데이터센터에서는 개별 디스크 드라이브의 형태로는 사용하지 않는다. 그렇다고 전혀 없다는 것은 아니다.

가장 의미가 없는 백업 장치 유형은 제거할 수는 없지만 백업 대상으로 사용하는 두 번째 디스크 드라이브다. 이런 형태로 구성되지 않는 이유는 3-2-1 규칙을 위반하기 때문이다. 백업하는 장치는 말 그대로 백업 데이터를 보내서 기록하는 장치다. 따라서 이것은 정말 잘못된 구성이다.

IT 업계에는 디스크를 더 쉽게 제거할 수 있을 뿐만 아니라 더 견고하게 운반할 수 있도록 특별히 설계된 이동식 디스크 드라이브들이 유통되고 있다. 이 드라이브는 서버의 특수한 콘센트에 연결하거나 테이프 라이브러리에 연결해 테이프와 동일한 폼 팩터form factor에 맞도록 제작됐다. 시장에서 통용되는 이런 유형의 장치가 몇 개 있으며 이는 휴대용 디스크 드라이브를 검색하면 찾을 수 있다.

이동식 디스크가 통합된 테이프 라이브러리도 있다. 이들은 운반용으로 설계한 강화된 디스크 팩(여러 개의 레이드 보호 디스크로 구성됨)을 갖고 있지만 테이프 라이브러리에 연결하면 테이프처럼 보인다. 백업 및 아카이브 소프트웨어는 테이프처럼 기록하고 다른 테이프처럼 꺼낼 수 있도록 돼 있다.

이 드라이브는 351페이지의 '테이프의 단점'에서 언급한 이런 단점에 크게 신경 쓰지 않고 테이프의 이동성을 원하는 사람들에게 판매했다. 특정 상황에서 이런 장치가 필요하다면 이는 사용하는 데 아무런 문제가 없다고 생각한다. 디스크를 백업 매체로 사용하면서 실제 단점을 보완하는 흥미로운 방법이 될 수도 있다. 독립 실행형 장치는 클라우드 백업 서비스를 사용하고 싶지 않지만 복제된 중복 제거 시스템 구성 비용이 부담스러운 소규모 비즈니스에 가장 적합하다. 이런 독립 실행형 장치를 사용하면 비교적 단순하고 이해하기 쉬운 백업 설계로 3-2-1 규칙을 준수하는 온프레미스 및 오프프레미스 백업을 가질 수 있다.

우려되는 사항은 일반적으로 개인용으로 설계된 USB 휴대용 디스크 드라이브를 상용 데이터 보호로 사용하는 사례들을 접할 때다. 노트북 데이터를 걱정하는 사람들은 가끔 이런 드라이브를 개인 데이터 백업 장치로 사용한다. 이런 장치가 편리해 보일 수 있고 데이터 유실 사고가 발생하지 않았다고 해서 조직의 중요한 데이터를 백업하는 데 사용하는 것은 권장하지 않는다.

내가 이 기기를 좋아하지 않는 가장 큰 이유는 3-2-1 규칙 때문이다. 드라이브가 외부에 있으므로 규칙을 위반하지 않는 것처럼 보일 수 있지만 일반적으로 장치가 저장되는 방식을 고민해야 한다. 편리함 외에 다른 이유가 없다면 이런 드라이브들은 거의 항상 백업 대상 컴퓨터와 함께 보관된다. 즉 노트북을 도난당한 경우 백업 드라이브도 함께 도난당할 가능성이 높다는 것이다. 만약 노트북에 불이 났다면 백업 드라이브는 화재 바로 옆에 있는 위험이 있다. 이는 결국 3-2-1 규칙을 위반해 발생하는 일이다.

그래도 이런 유형의 드라이브를 사용하면서 3-2-1 규칙을 준수하는 백업 기술이 있다면 사용하는 데 찬성한다. 단 한 가지 주의할 점은 경험상 고장난 디스크 드라이브 대부분이 이 휴대용 장치들이다. 백업본을 항상 2개 이상 갖고 있어야 한다.

나는 장치 간에 데이터를 이동하는 데 이 드라이브를 가끔 사용한다. 맥 사용자이고 가끔 사용에 어려움을 겪지만 타임머신을 자주 사용한다. 개인적인 목적으로 한 장치에서 다른 장치로 OS 및 데이터를 전송하는 데 사용한다. 그러나 많은 이유로 일반적인 백업 및 복구에는 절대 사용하지 않는다. 이런 이동식 저장 장치를 이용하기보다 별도로 제공되는 백업 및 복구 서비스를 이용하는 것이 조직의 중요한 지적 재산을 지키는 데 훨씬 더 안전한 방법이라고 생각한다.

하지만 현장에서 볼 수 있는 대부분의 디스크는 이런 개별 디스크 드라이브는 아니다. 대부분은 디스크는 일종의 어레이 형태임을 볼 수 있을 것이다. 다음 단락에서는 일반적인 백업 시스템에서 중복 제거 없이 표준 디스크 어레이를 사용하는 방법을 설명하겠다.

표준 디스크 어레이

최근 가장 보편적인 디스크를 사용한 백업 시스템을 알아보기 전에(중복 제거 디스크 시스템) 특별한 백업 및 복구 기능이 없는 표준 레이드 어레이를 알아보자. 레이드는 여러 개의 디스크 드라이브들로 구성됐으나 하나의 큰 디스크인 것처럼 행동하며 iSCSI, FC, NFS 또는 SMB로 백업 서버에 연결되는 저렴한 디스크 어레이 방식을 말한다.

이 유형의 시스템을 사용할 때 이점은 대중적으로 사용하는 중복 제거 시스템보다 구매 비용이 훨씬 저렴하다는 것이다. 그러나 중복 제거는 매우 중요하므로 중복 제거 없이 디스크를 사용하는 것은 일반적이지 않은 구성이다. 중복 제거 없는 디스크 사용이 의미 있는 경우는 디스크 스테이징/캐싱과 백업 소프트웨어가 중복 제거 기능을 제공하는 경우다. 이렇게 자체 중복 제거 소프트웨어를 광고하는 대규모 상용 백업 제품들이 있으며 이런 제품은 어떤 디스크 어레이에서도 잘 작동하는 편이다.

앞서 언급한 백업 제품을 사용 중이고 이미 모든 기능에 액세스할 수 있다면 표준 디스크 어레이를 사용하는 것이 가장 완벽한 방법이다. 그러나 백업 소프트웨어에 이런 기능이 없거나 포함된 기능이 특수 제작된 시스템에서 제공되는 것만큼 좋지 않다면 최소한 특수 제작된 시스템에서 얻을 수 있는 것과 표준 디스크 어레이로 얻을 수 있는 이점들을 서로 비교하고 검토해야 한다.

오브젝트 스토리지 방식은 표준 블록 기반 디스크 어레이와 유사하지만 상당히 다른 시스템이다. 이들은 또한 디스크 어레이를 사용하지만 백업 시스템으로 디스크에 쓰는 방식은 매우 다르다. 이 부분을 살펴보자.

오브젝트 스토리지

8장에서 오브젝트 스토리지^{object-storage}의 정의를 아직 읽지 않았다면 228페이지의 '클라우드 오브젝트 스토리지'를 먼저 읽기 바란다. 지금부터 나오는 내용은 독자가 오브젝트 스토리지에 익숙하고, 데이터 무결성 관점에서 그 이점을 잘 알고 있다는 가정하에 설명한다.

현실에서 오브젝트 스토리지는 기본적으로 내장된 데이터 보호 기능 때문에 백업과 아카이브 모두를 지원하는 매력적인 장기 보관 스토리지가 될 가능성이 높다. 백업 및 아카이브 목적 외에도 오브젝트 스토리지의 다양한 활용법이 있지만 데이터에 대한 자가 치유 및 자가 복제 스토리지 시스템의 개념은 백업 및 아카이브를 염두에 두고 설계한 것처럼 보인다. 오브젝트 스토리지 시스템에 저장된 모든 데이터는 자동으로 여러 위치에 복제될 수 있으므로 기본적으로 3-2-1 규칙을 따른다. 이 규칙을 준수하지 않는 다른 시스템들에 비해 모든 것을 알아서 여러 위치에 자동으로 복제하는 이 오브젝트 스토리지는 정말 훌륭하다.

이렇게 재해로부터 데이터를 보호하는 것 외에도 오브젝트 스토리지는 자기력 저하로부터 데이터를 보호할 수 있는데, 이는 데이터의 장기 보관에서 꼭 고려해야 할 부분이다. 228페이지의 '클라우드 오브젝트 스토리지'에서 언급했듯이 데이터가 손상될 경우 오브젝트의 고유 ID가 변경되기 때문에 자기력이 저하된다(349페이지의 '장기 보관'에서 데이터 열화에 대한 설명을 참조하길 바란다). 자동화된 시스템은 각 오브젝트에 대한 해시를 정기적으로 다시 계산하고 이를 원래 UID와 비교할 수 있으며 데이터 열화로 인해 발생하는 모든 차이점을 즉시 알아차리고 다른 복제된 복사본 중 하나를 복사해 수정한다.

오브젝트 스토리지는 또한 여러 유형의 기본 스토리지 시스템과 함께 사용할 수 있는 단일 프로토콜 계층이다. 즉 디스크, 테이프, 광학 장치 위에 레이어를 구성할 수 있어 고객이 전체 구성을 변경하지 않고도 자신에게 가장 적합한 스토리지 장치를 사용할 수 있다. 대상 시스템이 오브젝트 스토리지에 데이터를 쓸 수 있는 한, 주 시스템이 오브젝트를 저장하는 방법에는 전혀 신경 쓰지 않는다. 물론 액세스 시간과 같은 사항은 신경 써야 할 부분이지만 이는 다양한 오브젝트 스토리지 기능으로 해결할 수 있다.

오브젝트 스토리지는 현재 프라이빗 클라우드와 퍼블릭 클라우드 모두에서 볼 수 있으며 가장 잘 알려진 오브젝트 스토리지 구현은 아마존의 스토리지 서비스인 S3다. S3는 아마존에서 제공하는 서비스이자 누구나 호환 가능한 스토리지 서비스를 제공하는 데 사용할 수 있는 프로토콜이다. 애저 블롭과 구글 클라우드 스토리지는 모두 S3를 프로토콜로 제공하며, 데이터센터 전용 오브젝트 스토리지를 지원하는 다수의 제품도 있다.

단순히 스토리지 공급자를 변경하려고 코드를 변경할 필요가 없고 단지 목적지만 변경하면 되기 때문에 큰 유연성을 갖는다. 백업과 아카이브는 동일한 프로토콜과 호환만 된다면 빠른 전환이 가능하고, 그 반대로는 어떤 S3에 어떤 UID가 있는지 추적하기만 하면 되기 때문에 스토리지 공급자의 전환도로 쉽게 가능하다.

이 외에도 S3 프로토콜을 사용하지 않는 오브젝트 스토리지 시스템도 있다. 나는 이들에 대한 경험이 없지만 이것은 S3 프로토콜이 기술 전쟁에서 승리한 또 다른 기술 영역처럼 보인다. 쿠버네티스 및 도커와도 유사하다. 이것들이 컨테이너와 오케스트레이션 시스템의 유일한 구현은 아니지만, 아마 이 분야에서는 독보적일 가능성이 높다.

S3 호환 오브젝트 스토리지 서비스를 제공하는 각 주요 퍼블릭 클라우드 공급업체는 다양한 가격대와 기능으로 다양한 버전을 제공한다. 항상 그런 것은 아니지만 대부분은 더 비싼 버전이 데이터를 더 빠르게 전달하고 더 높은 복원력을 갖도록 한다(복원률이 더 높은 오브젝트 스토리지는 재해, 공격 또는 단순한 관리 부실에 직면하더라도 더 안정적이어야 한다). 관련 적합한 사례로 구글 클라우드 플랫폼이 있는데, 이 플랫폼은 모든 오브젝트 스토리지 버전에 동일한 액세스 시간과 안정성을 제공한다. 단지 차이점은 검색 비용에 있다. 데이터를 유지하는 데 거의 비용이 들지 않지만 데이터를 검색할 경우 그에 따른 값비싼 비용이 부과된다. 아마존과 애저는 가격이 비슷하지만 구글 클라우드 플랫폼만큼은 아니다. 오브젝트 스토리지를 백업 또는 아카이브 대상으로 고려할 때 프라이빗 클라우드에서 다양한 퍼블릭 클라우드 공급업체에 이르기까지 사용할 수 있는 모든 옵션을 살펴보는 것이 필요하다.

오브젝트 스토리지 시스템은 데이터 보호 담당자에게 많은 옵션을 제공하며, 개인적인 생각으론 시간이 지남에 따라 이 백업 방식이 앞으로 주요한 방식이 될 것이라 전망한다. 그러나 오늘날 가장 인기 있는 백업 방식은 아직까지 타깃 중복 제거 어플라이언스이며 다음 단락에서 설명하겠다.

타깃 중복 제거 어플라이언스

이 글을 쓰는 시기에 가장 인기 있는 백업/복구 방식은 타깃 중복 제거 어플라이언스target deduplication appliance다. 136페이지의 '중복 제거'에서 설명한 것처럼 중복 제거는 일련의 백업 또는 아카이브에서 중복 데이터를 식별하고 제거해 디스크 스토리지 시스템의 유효 용량을 늘리는 프로세스다.

타깃 중복 제거 시스템은 어플라이언스 자체에서 이 기능을 수행하는 시스템을 말한다. 항상 사용하던 것과 동일한 백업 소프트웨어를 사용하지만 테이프 라이브러리나 표준 디스크 어레이에 백업하는 대신 일반적으로 NFS 또는 SMB로 타깃 중복 제거 어플라이언스로 백업을 보낸다. 또는 테이프 드라이브 또는 테이프 드라이브 라이브러리(예: VTL)인 것처럼 인식시키는 것도 가능하다(이어지는 내용에서 더 자세히 설명한다). NFS과 SMB 시스템은 이더넷으로 연결되고 VTL은 광 채널 또는 iSCSI로 연결된다.

어플라이언스는 백업된 대량의 데이터를 각각의 조각으로 자르고 각 조각에 알고리듬을 적용해 해시라고 부르는 결과를 얻는다. 이 해시는 해당 데이터 조각에서 유도된 고유한 영숫자 시퀀스alphanumeric sequence를 말한다. 타깃 중복 제거 시스템은 해시 테이블에서 그 해시를 찾고, 이미 그 해시가 존재한다면 이전에 동일한 데이터 조각을 본 적이 있음을 의미하기 때문에 그 조각은 중복 건이라 삭제한다. 동일한 해시가 없다면 새 데이터 조각이 저장되고 해시 테이블이 수정된다.

이런 타깃 중복 제거 시스템은 VTL과 NAS 파일 서버라는 매우 다른 두 가지 형태로 제공된다. VTL은 예전에 더 인기가 있었지만 최근에는 NAS 기반 어플라이언스가 시장을 이끌고 있다. 이 두 가지 유형의 타깃 중복 제거 어플라이언스를 살펴보도록 하자.

가상 테이프 라이브러리

가상 테이프 라이브러리^{VTL}은 기본적으로 테이프 라이브러리인 것처럼 행동하면서 결과를 디스크에 저장하는 서버를 말한다. VTL은 실제로 최초의 메인스트림^{mainstream}이자 특수 목적으로 제작된 디스크 기반 백업 방식이었다. VTL이 초기에 등장했던 이유는 많은 디스크 백업을 지원하는 백업 제품이 없었기 때문이었다. 또한 디스크에 백업할 수 있다고 하더라도 그 기능이나 성능이 테이프 백업 시스템보다 훨씬 떨어졌었다. 그래서 다양한 제조사들의 노력 끝에 리눅스 기반 운영체제와 SATA 디스크 드라이브를 결합해 VTL을 탄생시켰다.

일반적으로 VTL은 광 채널로 백업 서버에 연결하지만 때로는 iSCSI로 연결하기도 한다. 또한 대부분의 VTL은 특정 모델의 테이프 라이브러리가 지원하는 가상 슬롯 및 가상 테이프 드라이브의 수까지 에뮬레이트^{emulate}한다. 테이프 백업 방식만 지원하는 일부 백업 프로그램(예: NDMP)에게는 매우 희소식이 아닐 수 없었다. 그리고 광 채널을 이용해 블록 장치로 백업하는 방식이 네트워크 연결 기반의 NAS 어레이보다 훨씬 더 나은 성능을 얻을 수 있었다.

VTL은 매우 빠른 성능, 그리고 일부 백업 제품과의 훨씬 용이한 통합성을 제공했지만 몇 가지 단점도 지니고 있었다. 그중 가장 큰 문제는 에뮬레이팅 방식이 직렬 접근 방식(즉 테이프)을 모방하고 있었기 때문에 백업 대상인 임의 접근 방식을 사용하는 디스크를 사용하더라도 직렬 접근 방식을 유지할 수밖에 없었다. 즉 특정 가상 테이프를 사용해 데이터를 백업 또는 복원한다면 다른 프로세스에서 이 장치를 동시에 사용할 수 없다. 이것은 사소한 불편처럼 보일 수 있지만 누군가에게는 그리 사소하지 않을 수 있다. 중복 제거 VTL이 여전히 판매되고 있지만 불과 몇 년 전보다 그 인기는 많이 떨어진 상황이다.

NAS 어플라이언스

유명 백업 제품은 NAS 파일 서버와 같이 파일 시스템 기반 대상에 백업하는 방법을 개발했다. 따라서 NFS 또는 SMB로 마운트할 수 있는 NAS 기반의 타깃 중복 제거 시스템은 가상 테이프 라이브러리보다 공유하기가 훨씬 수월해졌다.

일부 백업 프로그램은 테이프보다 파일 시스템 기반 대상에 백업하는 것이 더 쉽다고 판단했다. 관련 사례는 211페이지의 '덤프 앤드 스웝'에서 설명한 대로 데이터베이스 덤프다. 덤프 앤드 스웝은 항상 데이터베이스를 백업하는 데 널리 사용하는 방법이었지만 DBA는 이전에 백업 시스템에 의존해 백업 시스템에 데이터베이스 덤프를 전송해야만 했다. NAS 기반의 타깃 중복 제거 시스템을 사용하면 데이터베이스 서버가 타깃 중복 제거 시스템을 직접 마운트할 수 있다. 이를 통해 DBA는 백업 소프트웨어가 쓰고 있는 동일한 장치에 직접 백업할 수 있어 백업 시스템을 완전히 배제할 수 있었다. 또한 이 백업이 자동으로 사이트가 아닌 장소에 복제될 수 있다는 점에서 훨씬 더 신뢰가 있었다. 이 변경 사항은 DBA에게는 매우 인기가 있었지만 모든 백업을 실행하는 데 익숙한 사용자에게는 그렇게 인기 있는 방식은 아니었다.

NAS 기반 타깃 중복 제거 시스템의 도입에 따라 새로운 보안 문제점이 발생했다. 이는 백업 서버의 디렉터리(예: C:\BACKUPS)로 백업본에 접근할 수 있었기 때문에 실수나 랜섬웨어와 같은 악의적 프로그램에 의해 삭제되거나 손상될 가능성이 높다.

오늘날의 데이터센터에서 랜섬웨어의 출현을 매우 우려하는 담당자들도 이 백업 시스템의 도입에 우려를 나타내고 있다. 단순히 백업 서버와 타깃 중복 제거 시스템 간의 보안을 강화한다고 해서 해결될 수 있는 문제가 아니기 때문이다. 진짜 문제는 백업이 백업 서버의 디렉터리로 접근할 수 있다는 것이다. 오늘날 많은 백업 서버가 많은 랜섬웨어 공격의 대상인 윈도우 기반 백업 서버라는 사실이 이런 걱정을 더 키우고 있다. 만약 백업 서버가 랜섬웨어에 감염된다면 백업 데이터가 변조돼 백업의 의미가 사라진다.

대부분의 주요 백업 제품은 이 문제를 해결하고자 백업 소프트웨어가 백업 서버에 디렉터리 형태로 표시되지 않고 타깃 중복 제거 시스템과 통신을 위한 별도의 프로토콜을 만들어 이 문제를 해결했다. 현재 이 기능을 지원하는 시스템을 사용하고 있다면 백업 소프트웨어 제품이 디렉터리로 보이지 않는 설정을 즉시 확인해야 한다. 백업 제품이 이런 기능을 지원하지 않는다면 다른 백업 솔루션을 알아보길 권장한다.

이 단락의 앞부분에서 백업을 위해 NAS를 사용하는 DBA를 언급했듯이 타깃 중복 제거 시스템을 사용할 때 흥미로운 장점 중 하나는 백업을 복제할 수 있다는 것이다. 이는 모든 백업(전체 백업 포함)을 백업에 포함된 고유 비트로 줄이기 때문에 가능하다. 물론 첫 번째 백업은 규모가 상당히 크고 복제하는 데 시간이 걸리겠지만, 이후 백업은 전체 백업이라 하더라도 규모가 매우 작을 수 있다. 그리고 중복 제거 시스템에 저장된 새 비트를 다른 타깃 중복 제거 시스템에 복제해 백업을 다른 장소에 저장할 수 있다. 이렇게 하면 테이프의 작업 없이도 3-2-1 규칙을 준수할 수 있다. 일부 제품은 이런 백업을 클라우드에 복제하는 기능도 지원하므로 동일한 작업을 수행할 수 있다.

타깃 데이터 중복 제거 디스크 어레이는 백업 환경을 테이프에서 디스크로 전환하는 데 유용한 수단이 됐다. 그러나 백업 기술이 발전함에 따라 다른 타깃도 인기를 끌기 시작했다. 앞서 이미 온프레미스 오브젝트 스토리지를 설명했는데 이는 시간이 지나면서 더 인기를 끌 것으로 보인다. 그러나 진정한 타깃은 퍼블릭 클라우드 스토리지라 생각한다. 백업은 클라우드에서 가장 핵심적인 서비스이므로 대부분의 백업이 클라우드로 옮겨지는 데 그리 오래 걸리지 않을 것이다. 이제 데이터 보호를 위한 퍼블릭 클라우드 스토리지를 살펴보자.

퍼블릭 클라우드 스토리지

퍼블릭 클라우드는 백업을 위한 두 가지 주요 유형의 저장소인 블록 저장소(일반적으로 파일 시스템으로 나타난다)와 오브젝트 스토리지를 제공한다. 어떤 서비스가 더 인기가 많은지는 고객이 사용 중인 백업 제품이 어떻게 클라우드를 사용하느냐에 따라 다르다.

클라우드 아웃

고객의 데이터센터에서 백업의 일부 또는 전체를 클라우드에 복사하는 백업 제품은 보통 해당 백업을 S3에 호환되는 오브젝트 스토리지에 복사한다. 이 모델을 사용하는 많은 제품은 클라우드를 고객의 오프사이트 스토리지 회사(예: 아이언 마운틴)를 대체하는 것으로 활용한다. 클라우드의 오브젝트 스토리지는 고객이 백업을 쉽게 복사해 오프사이트에 저장할 수 있는 저렴한 장소다. 항상 그렇지는 않지만 일반적으로 백업을 저장하려는 첫 번째 위치로 오브젝트 스토리지를 고려하지 않는다.

클라우드 VM상의 온프레미스 백업 소프트웨어

많은 조직이 백업을 위해 클라우드를 사용하는 또 다른 방식은 클라우드의 VM기반의 데이터센터에서 동일한 백업 소프트웨어를 실행하는 것이다. 해당 백업 소프트웨어가 실행 중일 때 백업을 저장할 파일 시스템을 찾을 것이다. 그리고 백업 시스템은 최소한 가장 최근의 백업이 파일 시스템 대상에 있기를 원할 것이며, 이는 블록 장치가 필요하다는 것을 의미한다.

클라우드 네이티브 스토리지

일부 백업 제품은 클라우드 스토리지를 지원하도록 제품을 설계하거나 또는 재설계해 판매한다. 이런 제품은 백업 저장소에서 필요한 모든 기능을 제공하고 심지어 성능까지 고려해 오브젝트 스토리지와 연동한다.

이제 백업 시스템과 함께 사용할 수 있는 모든 유형의 저장 장치를 알아봤으니 하나를 선택할 차례다. 저장 장치를 선택할 때 어떤 논리를 이용하는지 살펴보자.

백업 대상 선택 및 사용

지금부터는 현재 주어진 상황에서 적합한 백업 방식을 선택하고 현재 보유하고 있는 것을 최대한 활용하는 방법을 설명하겠다. 어쩌면 하나 이상의 제품을 선택할 수도 있다. 모든 사람에게 적합한 완벽한 백업 장치는 없다. 따라서 최적의 결정을 내리는 방법을 이야기해 보자.

먼저 기존 백업 대상을 최대한 활용해 실제로 새 백업 솔루션이 필요한지 확인하는 방법을 설명하고, 새 백업 대상을 선택할 때 고려해야 할 사항을 알아보자.

보유한 제품의 성능 최적화

나는 백업 시스템의 성능을 향상시키는 업무를 해본 경험이 있다. 종종 이런 업무는 백업 시스템 교체로 대화를 시작하지만, 결국 기존에 보유하던 시스템을 단순히 재설계하는 것으로 마무리한다. 경험에 비춰 보면 잘못된 구성이 백업 실패의 가장 일반적인 원인이 되는 것을 많이 봤다. 테이프 경우라면 특히 더 그렇다.

테이프의 성능 향상

테이프 드라이브의 성능 향상은 상당히 어려운 일이지만 테이프 작동 방식의 기본적인 이해에서 시작한다. 먼저 테이프 드라이브의 최소 전송 속도를 알아보는 것이 중요한데, 자세한 정보는 테이프 공급업체를 통해 알 수 있다.

앞서 언급했듯이 백업 시스템에서 테이프의 문제는 대부분 백업이 테이프에 비해 너무 느리다는 점이며, 백업 속도와 테이프 속도가 최대한 비슷하도록 시스템을 설계해야 한다. 다음의 질문을 고민해야 한다. 테이프 드라이브가 얼마나 느려야 데이터를 안정적으로 쓸 수 있나? 나는 성능을 최소 전송 속도로 얘기하고 있는데 모든 제조업체의 제품에는 이 질문에 대한 각기 다른 답변을 갖고 있다.

대부분의 최신 테이프 드라이브에는 속도 일치 기능이 있다. 예를 들어 LTO-8 테이프 드라이브의 최대 속도는 초당 750MB이지만 이보다 느리게 하는 것도 가능하다. 그러나 이 느린 속도는 제조업체마다 다르기 때문에 운영자는 제조업체에서 테이프 드라이브를 일치시킬 수 있는 가장 느린 속도 정보를 확인해야 한다. 그런 다음 백업 데이터가 들어오는 속도가 그 느린 속도에 맞도록 목표를 설정해야 한다. 물론 데이터의 유입 속도가 테이프 드라이브의 최대 속도에 가까워질 수 있다면 좋겠지만, 먼저 달리는 것을 배우기 전에 걷기부터 배워야 하지 않을까 한다.

테이프 드라이브의 성능을 조정할 때 가장 먼저 확인해야 할 사항은 백업 서버의 수신 대역폭이다. 다음의 '1톤 트럭에 비료 2톤 싣기'를 참고하자. 최소 전송 속도가 500MB/s인 테이프 드라이브가 있지만 해당 백업 서버로 들어오는 대역폭이 100MB/s에 불과하다면 이는 문제다. 100MB/s 파이프로 500MB/s 데이터 스트림을 생성될 수 없다. 대부분 백업 서버의 최소 데이터 입력 속도를 10GB 이더넷으로 권장한다. 이 속도는 그마저도 하나의 LTO-8 테이프 드라이브만 만족할 것이다.

1톤 트럭에 비료 2톤 싣기

경험에 비춰 볼 때 수학이나 물리에 대한 기본 상식조차 이해하지 못하는 고객들이 너무 많았기 때문에 한두 가지의 사례만으로 모든 것을 설명하기 어렵지만, 특히 유별난 한 사람이 떠오른다.

그 고객은 10개의 LTO-2 테이프 드라이브가 설치된 1개의 미디어 서버를 보유하고 있었고, 각 테이프 드라이브는 80MB/s를 처리할 수 있었다. 그때 최소 전송 속도는 약 25MB/s였던 것 같다. 따라서 10개의 테이프 드라이브가 있기 때문에 총 250MB/s 용량을 처리할 수 있었다. 그런데 여기에 연결된 네트워크는 100MB 정도, 즉 12MB/s밖에 되지 않았다. 이런 네트워크 연결 상태라면 테이프 드라이브 10개는 고사하고 테이프 드라이브 1개조차 충분한 대역폭을 가질 수 없게 된다.

각각 최소 25MB/s 데이터가 전송돼야 하는 10개의 테이프 드라이브에서 12MB/s로 전송되는 데이터를 나누면 흥미로운 결과를 얻을 수 있다. 전체 시스템의 처리량은 결국 약 5MB/s였고 이는 지금부터 설명할 내 요점을 잘 보여 준다. 먼저 12를 10으로 나누면 1.2다. 초당 25MB를 요구하는 드라이브에 1.2MB/s를 제공하면 데이터를 쓰지 않고 대부분의 시간을 낭비하므로 각 드라이브의 유효 처리량이 80MB/s인 드라이브가 0.6MB/s으로 떨어지게 된다. 여기에 드라이브 개수인 10을 곱하면 전체 시스템은 대략 5MB/s의 처리량을 얻을 수 있다. 나는 이들에게 네트워크 연결을 업그레이드하고 즉시 테이프 드라이브 10개 중 9개를 차단하라고 말했는데 즉시 시스템의 총 처리량은 두 배가 됐다. 리소스의 1/10을 사용해 시스템을 두 배 빠르게 만들었다. 이렇듯 테이프 드라이브의 작동 방식을 이해하면 놀라운 일이 일어난다.

개인적인 생각은 백업 시스템에서 테이프의 성능을 조정하는 가장 쉬운 방법은 일반적인 백업으로 해당 테이프에 직접 백업하지 않는 것이다. 다시 말해 테이프로 즉시 전송되는 최소 1일 분량의 백업을 보관하는 디스크 캐시를 테이프 시스템 앞에 두는 것이다. 더 나아가 중복 제거된 디스크 어레이를 테이프 시스템 전에 두는 것이다. 이를 통해 중복 제거된 디스크는 모든 온프레미스 백업을 보관하고 테이프는 오프사이트 사본에만 사용한다.

백업 시스템에 디스크를 두기에 부담스럽다면 백업 데이터의 전송 속도가 테이프의 최소 처리 속도만큼만 되도록 최선을 다해야 한다. 증분 백업(일부 전체 백업 포함)으로 이 작업을 수행하는 유일한 방법은 백업 시스템의 멀티플렉싱 설정으로 다량의 백업 데이터를 생성해 테이프 드라이브의 상태를 만족스럽게 유지하는 것이다.

테이프 드라이브의 성능을 완전히 사용하기 위해 멀티플렉싱을 사용해야 한다면 멀티플렉싱 설정이 높을수록 복원 속도에 더 큰 영향을 미친다는 것을 염두에 둬야 한다. 따라서 테이프의 최소 처리 속도로 작동하도록 구성할 것이다. 사용자는 원활한 백업을 원하지만 그와 동시에 원활한 복원도 원하기 때문이다.

레이드의 성능 향상

테이프 드라이브의 성능을 조정하는 것보다 레이드 어레이의 성능을 조정하는 것이 훨씬 쉬운 경향이 있다. 여기서 고려해야 할 주요 사항은 입력되는 데이터를 쓰는 성능에 대한 다양한 레이드 수준의 영향이다. 모든 패리티parity 기반 레이드에는 이 성능에 영향을 미치는 쓰기 페널티penalty가 있다.

테이프 드라이브에 부착된 디스크를 캐시로만 사용한다면 패리티가 없는 간단한 스트라이핑striping 구성을 고려할 수 있다. 이렇게 패리티에서 쓰기 페널티를 제거하면 디스크 성능이 크게 향상될 수 있다. 이와 동시에 디스크 드라이브가 하나라도 손실되면 데이터 복구는 전혀 기대할 수 없게 된다. 백업 도중 또는 해당 백업을 테이프에 복사하는 도중에 손실이 발생했다면 일부 백업까지 손실될 가능성도 생긴다.

만약 동시에 백업 클라이언트 중 하나가 복원해야 할 데이터를 손실한 경우 영원히 데이터가 손실될 수 있다. 스트라이핑 레이드로 성능을 향상할지는 독자 판단에 맡기겠다. 여기서는 단지 예산을 고려한 대안으로 제안했을 뿐이다.

타깃 중복 제거 디스크 어레이의 성능 향상

사실 중복 제거 디스크 어레이의 성능을 조정하는 방법에 대해 내가 제안할 수 있는 내용은 거의 없다. 왜냐하면 수행할 작업의 상당 부분이 백업 솔루션 업체가 개발한 중복 제거 기능을 기반으로 하기 때문이다. 이를 감안해 아래 몇 가지 제안을 검토하기 바란다.

더 나은 중복 제거 비율을 얻으려면 전체 백업을 수행하지 않는 것이 좋다. 어느 날 중복 제거 백업 솔루션 개발 업체의 시스템 엔지니어가 고객에게 매일 전체 백업을 수행하도록 말하는 것을 본 적이 있다. 이렇게 하면 중복 제거 비율이 높아지기 때문이다. 이 내용은 5장에서 이미 설명했다. 또한 성능 관점에서 중복 제거 시스템에 영향을 미친다는 점을 이해하는 것도 중요하다. 백업 시스템이 필요로 하는 것보다 더 자주 전체 백업을 수행한다면 전체 백업으로 인해 이전 전체 백업으로부터 중복된 데이터를 제거하는 데 상당한 시간이 걸린다. 낭비하는 컴퓨팅 용량, RAM, I/O는 백업을 다른 위치로 복제하거나, 오프사이트 복사를 위해 테이프에 복사하거나, 새 백업에 사용할 공간을 확보하려고 가비지 수집 프로세스를 실행하는 등의 더 나은 작업에 사용할 수 있다.

데이터를 타깃 중복 제거 어레이로 가져오는 다양한 방법을 조사하자. NFS가 SMB보다 빠를 수도 있고, SMB보다 느릴 수도 있다. 아마도 공급업체는 훨씬 더 빠른 iSCSI 연결을 제공할 것이다. 또한 일부 공급업체는 더 안전하고 더 빠른 전용 연결 메커니즘을 제공한다. 이러한 모든 메커니즘으로 정확히 동일한 백업을 실행해 실제로 더 빠른 백업을 확인하자. 깜짝 놀랄지도 모른다.

더 적합한 장치 선택

백업 대상의 성능을 향상시키고자 최선을 다할 수 없다면 다른 대상을 선택할 차례다. 이럴 때 사용해야 할 논리를 보자.

백업 소프트웨어 또는 서비스 중 하나를 먼저 선택하라

이미 백업 소프트웨어나 서비스를 선택했다면 그 제품에 가장 적합한 백업 대상을 제품 담당자에게 물어보는 것이 좋다. 대부분의 제품은 여러 시스템을 지원할 수 있으며 우수한 엔지니어라면 해당 제품이 어떤 시스템에서 더 잘 동작하는지 잘 알 것이다. 이들로부터 추천을 받고 테스트하기 바란다.

새 백업 시스템 구매를 고려하고 있다면 제품 구매에 대한 결정을 내리기 전에 어떤 시스템을 백업할지 먼저 결정하는 것이 좋다. 예를 들어 매우 큰 중복 제거 디스크 어레이를 구입했는데 새로운 백업 소프트웨어 공급업체에서 이 제품은 현재 대상에 필요하지 않다는 말을 듣는다면 처음부터 기본 레이드 어레이 제품을 구입하는 것이 더 나았을 수 있다. 설상가상으로 최신 테이프 드라이브를 구입했는데 선택한 백업 소프트웨어가 테이프를 전혀 지원하지 않는다면 어떻게 될까? 따라서 새로운 하드웨어를 구입하기 전에 백업 소프트웨어나 서비스를 선택했는지 확인해야 한다.

나에게 맞는 제품을 골라라

높은 곳에 앉아 모든 사람이 이런 종류의 제품을 사용해야 하고 그런 종류의 제품은 절대 사용하지 말아야 한다고 말하는 것은 정말 쉽다. 컨설턴트는 고객만큼 백업 환경이나 예산 제약에 대한 지식이 없다. 또한 고객은 전혀 고려해 본 적도 없는 특정 유형의 제품들이 어떻게 구매로 이어졌는지 쉽게 이해하지 못한다. 이것들은 고객사가 원하는 것과 완전히 다른 방향일 수도 있다는 것이다.

이것이 내가 새로운 시스템을 선택하는 데 도움을 줄 때마다 항상 이런 환경을 파악하려는 이유다. 클라우드를 싫어하는 회사라면 클라우드 기반 시스템을 절대 추천하지 않을 것이다(이들이 클라우드를 싫어하는 이유를 정확히 파악하고 그 이유가 잘못된 정보인지 확인하려고 할 수도 있지만, 결국 특정 유형의 시스템을 싫어한다면 추천할 의미가 없다). 예산 내에서 사용자에게 적합한 것을 선택하도록 해야 한다.

온프레미스 디스크

클라우드 기반 백업 서비스의 시대가 오기 전에는 사용자 환경에서 실행되는 디스크 기반 백업 시스템이 가장 인기 있는 구성이었다. 이 구성은 소스 기반 또는 타깃 기반 중복 제거 시스템에서 작동하며 백업이 모두 중복 제거되고 다른 위치로 쉽게 복제될 수 있는 방법이다. 이 디자인은 성능 제어가 더 쉽고 백업을 오프사이트로 이동하는 것이 더 쉽다는 점에서 가장 단순한 디자인 중 하나다. 테이프를 사용하는 시스템과 달리 백업을 다른 위치로 보내려고 사람이 개입될 필요가 없다. 복제를 설정하기만 하면 온프레미스 백업과 오프프레미스 복사본이 자동으로 생성되므로 사람이 일일이 테이프를 운반할 필요가 없다.

13장에서 설명하겠지만 이런 시스템의 규모를 결정하는 중요하다. 그리고 대규모 예산을 사용하기 때문에 많은 개선 사항을 고려해야 한다. 또한 동일한 장치에서 동시 백업 및 복원 요청도 필요할 수 있기 때문에 성능도 고려해야 한다. 마지막으로, 대부분의 경우 용량의 낭비가 있더라도 주로 야간에 수행하는 가장 큰 백업에 맞게 시스템 크기를 산정해야 한다.

또 다른 중요한 사항은 모든 디스크 시스템이 동일한 성능을 갖지 않음을 고려해야 하며 이를 위해 구입하기 전에 시스템의 성능을 테스트해야 한다. 예를 들어 읽기 속도가 쓰기 속도보다 10배 느린 타깃 중복 제거 시스템을 생각할 수 있다. 최종 구매 결정을 내리기 전에 데이터를 사용해서 이런 환경들을 실제로 테스트해야 한다.

디스크를 교체하기 전에 디스크 손실 및 성능 저하와 같이 운영 중에 발생할 일반적인 사항을 테스트해야 한다. 오래된 백업을 삭제하는 프로세스를 업계에선 가비지 컬렉션 garbage collection이라고 하는데 이를 수행하는 중에 발생하는 성능 저하를 살펴보자. 이 프로세스는 중복 제거 시스템에서 더욱 복잡하며 백업 중에 수행하지 말라고 권장될 정도로 영향을 미칠 수 있다. 백업과 복원을 동시에 수행하는 것도 성능에 영향을 미칠 수 있기 때문에 꼭 테스트하길 바란다.

중복 제거 시스템을 구입한다면 동일한 데이터를 여러 시스템에 백업하고 어느 정도의 중복 제거 비율을 얻을 수 있는지 확인해야 한다. 이를 테스트할 때 동일한 데이터를 전송하는 경우에만 서로 다른 시스템 간의 중복 제거 비율을 비교할 수 있다. 이를 테스트할 때는 가능하면 운영 데이터를 사용하는 것이 좋다. 다른 데이터는 잘못하면 시간 낭비가 될 수 있다(좋은 방법 중 하나는 백업 시스템에 연결하고 동일한 백업 세트를 각 어플라이언스에 복사하는 것이다).

중복 제거 시스템을 구입할 때 고려해야 할 또 다른 사항은 9장에서 설명한 대로 즉시 복구를 수행할 계획인지 여부다. 재해가 발생했을 때에도 백업에서 직접 운영계 시스템을 실행할 계획이라면 그 시스템에서 중복 제거 시스템의 성능을 테스트해야 한다. 아마도 다른 경쟁 공급업체 간의 뚜렷한 성능 차이를 보이는 영역은 없을 것이다. 또한 재해 상황을 고려해 백업에서 직접 실행하는 1~2개의 VM을 테스트하기보다 가능하면 많은 VM을 대상으로 테스트하는 것이 필요하다(일부 시스템은 1~2개의 VM상에선 잘 수행되는 것처럼 보일지 몰라도 다수의 VM상에선 다른 성능을 보일 수 있다).

클라우드 디스크

클라우드에서 백업 시스템을 실행하는 경우 디스크를 사용하는 방법밖에 없다. 클라우드에는 블록 디스크와 오브젝트 디스크라는 두 가지 매우 다른 유형의 디스크가 있다.

백업 공급업체마다 이런 백업 대상을 다르게 사용한다. 특히 오브젝트 스토리지가 그렇다. 백업 시스템이 오브젝트 스토리지를 지원하는 것은 매우 간단하다. 그런데 한 가지 분명히 할 점은 지원을 잘 하는 것과 고성능을 지원하는 것은 완전히 다른 문제라는 점이다.

블록 스토리지에는 아마존의 엘라스틱 블록 스토어, 애저의 디스크 스토리지, 구글의 영구 디스크와 같은 제품이 있다. 오브젝트 스토리지 제품에는 아마존 S3, 애저 블롭, 구글 클라우드 스토리지가 있다. 대부분 내용이 이 제품들에 적용된다. 클라우드의 블록 스토리지는 일반적으로 클라우드의 오브젝트 스토리지 비용의 최소 두 배이지만, 단지 오브젝트 스토리지가 더 저렴하다는 이유로 오브젝트 스토리지를 선택하지 않길 바란다.

오브젝트 스토리지는 자가 복구되며 일반적으로 다른 3개의 지역에 자동으로 복제된다. 반면에 블록 스토리지는 기본적으로 단일 데이터센터의 단일 레이드 어레이에 있는 가상 디스크라고 생각하면 된다. 따라서 해당 스토리지 시스템의 일부(예: 컴퓨팅, 네트워크 또는 스토리지)에 장애가 발생하면 데이터가 손실될 수 있다. 이를 예방하고자 해당 백업을 다른 위치로 복제가 필요하고, 블록 스토리지에 복제하는 경우 비용이 두 배로 증가할 수 있다(클라우드에 복제되는 일부 블록 스토리지 제품이 있지만 훨씬 더 비싸다).

오브젝트 스토리지를 사용하면 3개의 사본이 다른 위치에 저장되는 것이 이미 가격에 포함돼 있다. 그러나 퍼블릭 클라우드 오브젝트 스토리지의 비용 문제는 바로 데이터 사용 기반의 과금이다. 클라우드의 블록 스토리지 접근은 I/O와 함께 발생한다. 오브젝트 스토리지를 사용하면 GET 및 PUT라고 하는 각 I/O 작업이 발생될 때마다 비용을 지불한다. 이를 종종 데이터 요청당 과금이라고 한다. 따라서 백업 시스템이 오브젝트 스토리지를 사용하는 방식에 따라 청구서 내역이 달라질 수 있다.

블록 스토리지의 한 가지 이점은 대부분의 백업 소프트웨어가 데이터를 읽고 쓰는 방식이 오브젝트 스토리지보다 파일 시스템과 블록 스토리지에 더 도움이 된다는 것이다. 백업 소프트웨어 제품은 매우 큰 파일을 쓰는 경향이 있으며, 각 백업 시스템의 각 백업 스트림은 파일 시스템의 파일을 나타낸다. 파일을 약간 더 작은 파일로 분할할 수도 있지만, 이것은 실제 문제를 해결하지 못한다. 진짜 문제는 복원이다. 복원 중에 큰 파일(또는 약간 작은 파일 여러 개)을 하나의 큰 파일로 읽는다. 마치 테이프 드라이브에 파일을 쓰는 것과 같다. 백업 소프트웨어 제품에서 흔히 볼 수 있는 이 단일 스레드 복원 프로세스에는 가능한 모든 성능이 필요하다. 즉 해당 파일을 오브젝트 스토리지가 아닌 파일/블록 스토리지에 저장해야 한다.

오브젝트 스토리지는 많은 목적으로 개발됐다. 오브젝트 스토리지는 여러 개의 작은 파일을 동시에 읽고 쓸 때 성능 면에서 문제가 없지만, 대부분의 백업 제품은 디스크에 백업을 쓰는 방식이 아니다. 따라서 클라우드의 VM에 있는 백업 서버에서 백업 제품이 실행 중이라도 현재 백업 세트는 파일 시스템 타깃에 쓰는 것을 선호할 수 있다. 현재 백업 세트를 블록 장치에 저장해야 하는 대부분의 백업 제품은 모든 백업을 오브젝트 저장소로 쉽게 마이그레이션해 신규 백업을 위한 공간을 확보할 수 있다.

그러나 백업 제품이 디스크 백업 메커니즘을 다시 작성해 개체 스토리지 쓰기를 최적화하면 백업 및 복원 성능이 실제로 향상될 수 있다. 오브젝트 스토리지에 익숙한 제품은 단일 파일을 요청하고 테이프에 있는 것처럼 직렬 방식으로 읽는 대신 수천 개의 개별 파일을 동시에 요청하고 블록 장치에서 얻을 수 있는 것보다 훨씬 빠른 복원 속도를 얻을 수 있다.

따라서 사용 중인 백업 제품과 오브젝트 스토리지를 사용하는 방법에 따라 적합한 클라우드 백업 대상이 결정된다. 만약 회사에서 오브젝트 스토리지를 위해 기존 코드를 변경했다면, 그냥 오브젝트 스토리지로 선택하길 바란다. 오브젝트 스토리지는 확실히 블록 스토리지보다 복원력이 뛰어나고 비용이 저렴하다. 그러나 백업 제품에서 기본 백업으로 블록으로 선택하도록 권장한다면, 지금까지 이 글을 정독한 사람들은 이제 그 이유를 충분히 이해할 수 있을 것이다. 권장 사항이 있다면 이를 잘 따르자. 그렇지 않으면 나중에 복원할 때 우리가 원하는 속도가 나오지 않을 수 있다.

모든 테이프

지난 20년간 백업 업계에 있으면서 내가 전체 테이프 백업만을 제안하는 경우는 백업에 대한 예산 편성에 가장 민감한 조직의 경우다. 소규모 환경에서는 테이프 자동화 시스템을 구입하기보다 적은 비용으로 소형 디스크 어레이를 구입할 수 있다.

한정된 예산 때문에 테이프 방식으로 결정하려 한다면 LTO를 선택하게 될 가능성이 높다. 물론 테이프 방식에 관한 다른 대안도 있지만 이보다 가격이 훨씬 비싸질 수 있다.

LTO의 이점은 이전 두 세대 기기에서 기록한 매체와 읽기 호환이 가능하고 바로 이전 세대에서 사용한 매체와 쓰기 호환이 가능하다는 점이다. 즉 LTO-8 테이프 드라이브는 LTO-6 드라이브에 기록한 테이프를 읽을 수 있고 LTO-7 드라이브용 테이프는 쓰기까지 가능하다. 이것은 새 테이프 모델을 결정할 때 고려해야 할 사항이기도 하다.

동일한 세대의 모든 LTO 테이프 드라이브는 선택한 공급업체에 관계없이 서로 호환되므로 선택에 영향을 주지 않는다. 살펴야 할 사항은 구입한 테이프 시스템을 얼마나 쉽게 업그레이드할 수 있을지다. 이미 용량이 다해 업그레이드가 시급한 상황에서 업그레이드도 할 수 없는 테이프 라이브러리 때문에 일을 그르치는 실수를 저지르지 않길 바란다. 이미 백업 시장에는 작은 용량이지만 업그레이드의 범위가 넓은 많은 종류의 모듈식 장비들이 있다. 만약 추가 슬롯이나 드라이브 등을 추가하는 방식으로 쉽게 업그레이드할 수 있는 테이프 라이브러리를 생각한다면 조금 더 돈을 들이는 편이 좋다. 이렇게 하면 전체 테이프 환경에서 비용 대비 최고의 효과를 얻을 수 있다.

그런 다음 테이프에 충분한 대역폭을 제공하도록 백업 시스템을 설계하면 된다. 369페이지의 '테이프의 성능 향상'을 참고하자.

하이브리드

제목에서도 알 수 있듯이 가장 일반적인 백업 구성은 앞의 접근 방식 중 두 가지 이상을 혼합한 것이다. 어떤 백업에는 타깃 중복 제거 시스템이 있고 다른 백업에는 테이프가 구성될 수 있다. 클라우드 기반 백업 서비스를 사용해 원격 사이트, 노트북, 모바일 장치를 백업하면서 온프레미스 인프라 기반의 좀 더 전형적인 백업 소프트웨어도 동시에 사용할 수 있다. 이는 각 백업 방식에 대해 서로 다른 백업 매체를 가질 수 있다는 의미다.

그러나 이런 방식을 시스템 설계 초기부터 의도하는 것은 권장하지 않는다. 하지만 백업을 운영하다 보면 자연스럽게 하이브리드 방식을 사용할 수 있다. 가장 일반적인 하이브리드 백업 구성은 일부는 디스크를, 다른 일부는 테이프를 사용하는 것이다. 온프레미스 백업에는 디스크를, 오프사이트 사본에는 테이프를 사용할 수 있다. 11장에서 논의한 것처럼 재해 복구와 관련해 테이프가 작업에 적합하지 않다고 생각하기 때문에 대부분의 시나리오에서는 이상적이지 않다. 하지만 충분한 예산이 없다면 이런 구성도 가능할 수 있다.

마무리

12장에서는 테이프 드라이브가 절대 느린 방식이 아니고 신뢰할 수 있는 방식임을 강조하고 싶었다. 테이프 드라이브는 실제로 상당히 빠르며 따라서 이를 고려해 백업 시스템을 설계해야 한다. 테이프 드라이브의 작동 원리를 이해하고 이에 맞는 구성을 적용한다면 훨씬 더 신뢰할 수 있다는 것을 알게 될 것이다. 즉 테이프 시스템의 성능 문제 해결책은 테이프 드라이브를 더 구입하거나 이미 갖고 있는 테이프 드라이브보다 더 빠른 드라이브를 구입하는 것이 아니다. 이 책에서 다른 것은 잊어버려도 꼭 기억해야 할 한 가지는 바로 이 부분이다. 백업 시스템에 여전히 테이프가 있다면 테이프의 최소 처리량을 파악하고 각 드라이브가 해당 처리량에 도달하도록 백업 시스템을 설계해야 한다. 이 내용은 나를 완전히 신뢰해도 좋을 것이다. 앞서 언급한 내용을 잘 따라 준다면 확실히 더 나은 백업 성능을 기대해도 좋다.

다시 한번 언급하고 싶은 또 다른 내용은 모든 타깃 중복 제거 시스템이 동일하지 않다는 점이다. 이들은 데이터를 다르게 분할하고, 중복을 제거하고, 중복 제거된 데이터를 다르게 작성한다. 이는 많은 성능과 비용의 차이를 가져온다. 다양한 접근 방식(특히 인라인 방식과 포스트 프로세스 방식)의 장단점을 알아보고 이 접근 방식이 백업 성능과 더 중요한 복원 성능에 어떤 영향을 미치는지 생각해 보길 바란다.

다양한 유형의 백업 하드웨어를 모두 다뤘으니 이제 백업 소프트웨어를 이야기할 차례다. 이에 대한 다양한 선택지를 살펴보기 전에 각 백업 시스템이 해결하려고 했던 과거 및 현재 문제들을 이해하는 것이 중요하다. 13장에서 이런 문제들을 함께 다뤄 보자.

사용 데이터 보호 과제

13~14장에서 여러 종류의 데이터 보호 솔루션을 설명하기 전에 솔루션의 변천사를 설명하고 상용 백업 제품을 이용하기 전에는 어떻게 백업을 했는지 설명하겠다. 요즘 운영자들은 솔루션의 편리함을 알지 못하는 것 같다.

13장에서는 오늘날 백업 및 복구 시스템에서 흔히 발견되는 문제를 포괄적으로 설명한다. 설명하는 내용들은 일반적인 기술 프레젠테이션의 설명이라 생각해도 좋다. 백업 및 복구에서 잘못된 문제들을 해결하고자 구매할 수 있는 모든 유형의 상용 백업 및 복구 시스템을 두 장에 걸쳐 나눠 설명하겠다. 각 솔루션 영역에는 특정 아키텍처의 장점과 해결해야 할 문제를 설명하고 다음으로는 현재의 백업 및 복구 산업의 유형을 분석한다.

백업의 간략한 역사

상용 백업 소프트웨어가 데이터 보호의 세계에서 얼마나 중요한지 이해하려면 백업이 나오기 전 옛날 백업은 어땠는지 살펴봐야 한다. 유닉스^{Unix} 및 네트웨어^{Netware}용 상용 백업 소프트웨어 제품은 1980년대 중반에 등장하기 시작했지만 오늘날과 같이 주요 산업은 아니었다. 대규모 상용 유닉스 환경에서 상용 백업 제품이나 모든 유형의 테이프 자동화 시스템을 실행할 것이라고는 상상도 못했다.

나는 1990년대 초에도 일하고 있었다. 1993년에 수백 대의 유닉스 서버가 있는 350억 달러 규모의 은행에서 일했으며 모든 백업은 몇 개의 셸 스크립트와 크론 작업으로 이뤄졌다. 당시 AT&T System V, DEC Ultrix, HP-UX, Solaris, AIX 시스템을 서버의 일부로 제공된 로컬 테이프 드라이브에 백업하고 있었다(요즘 관점에서는 이해하기 어려울 수도 있지만 모든 서버에는 내부 테이프 드라이브가 함께 제공된다).

내 AT&T 3B2s는 유닉스를 실행하고자 설계한 최초의 서버로 80MB의 저장 공간과 빠르지 않은 QIC-80 테이프 드라이브를 갖고 있었다. DEC 서버에는 TK-70이 있었고 HP-UX 서버에는 모두 DDS 드라이브가 함께 제공됐다(내 첫 외부 테이프 드라이브는 9트랙 테이프 드라이브였지만 메인 프레임에 연결돼 있었다).

이 테이프 드라이브에 백업하려면 dump, tar, cpio와 같은 명령을 실행했다. 보통 우리는 다음 날 아침에 수십 개의 백업 테이프를 수집한 다음 복사해 오프사이트로 보낸다. 실제로 한 테이프에서 바이트 단위로 다른 테이프에 복사하는 2개의 테이프 드라이브(듀얼 카세트 테이프와 비슷함)가 있는 유용한 독립형 장치가 있었지만 매우 수동적인 프로세스로 한 번에 한 테이프씩 복사했다. 백업 또는 복사본의 작동 여부를 제어하는 중앙 집중식 구성, 스케줄링, 모니터링, 보고 기능이 없어 이를 파악하려면 각 서버에 로그인해야 했다.

셸 스크립트shell script를 사용해 이 모든 작업을 수행했다. 하지만 한 가지 중대한 결함이 있었는데 백업 테이프에 서버를 저장할 수 있다고 착각했다. 은행에서 근무할 때 첫 2년 동안은 몰랐었다. 그리고 나서 우리는 4~5GB의 스토리지와 이를 백업할 수 있는 단일 2GB DDS 드라이브가 있는 HP 서버를 구입하기 시작했다. 스크립트 분석을 시작해서 한동안 어떻게 대처해야 할지 고민했는데 서버가 계속 커지고 테이프 드라이브는 같은 크기였다.

좌절과 공포에 떨며 상사에게 간 그날의 기억이 생생하다. 나는 실수를 인정하고 내 스크립팅 기술이 이 문제를 처리하기에 충분하지 않다고 말해야 했다. 상사는 '상용 백업 제품은 없나?'라고 말했다. '잠깐, 내가 돈을 쓸 수 있을까?'라고 생각했던 기억이 나는데 구글링으로 조사해 ARCServe, 알렉산드리아Alexandria, 버드툴BudTool, SM-Arch와 같은 제품들을 발견했다. 이들 제품들 중 현재는 ARCServe만이 남아 있다.

나는 셸 스크립트를 대신할 백업 도구가 필요했다. 로컬 테이프 드라이브를 계속 사용하도록 지원하는 백업 소프트웨어를 사용하고 싶었다. 그 당시 ARCServe는 중앙 집중식 서버의 백업만 지원했기 때문에 검토를 중단했고 알렉산드리아는 너무 복잡해 보였다(가장 많은 GUI와 관련 리뷰가 있었던 것으로 기억한다. 수십 개의 대화 상자와 옵션이 있었는데 너무 많아 보였다). 버드툴은 흥미롭게 보였지만 테이프 드라이브가 있는 각 서버를 미디어 서버로 인식했다. 그래서 우리는 로컬 테이프 드라이브 사용을 원했기 때문에 이 소프트웨어를 구입하는 데만 1995년에 12만 5,000달러가 들었다. 이후 미네톤카Minnetonka 기반 소프트웨어 모굴Software Mogul의 SM-Arch를 찾았는데 테이프 드라이브가 몇 개나 되는지는 문제가 되지 않았다. 1만 6,000달러였던 걸로 기억한다.

이 소프트웨어로 업무가 한층 편해졌다. 그러나 그때도 모든 테이프 스와핑swapping에는 문제가 많았다. 그리고 서버가 테이프보다 크다는 문제도 여전히 있었다. 이 중 가장 기억에 남는 서버는 100GB의 스토리지를 가진 HP T-500였다. 상사에게 '4GB 테이프 드라이브가 있는 100GB 서버를 정확히 어떻게 백업해야 하나요? 밤새 테이프를 교환하려고 누군가를 고용해야 하나요?'라고 말했던 기억이 있다. 그리고 그날부터 우리는 테이프 라이브러리를 찾기 시작했다.

첫 번째 테이프 라이브러리는 20, 40 또는 60슬롯과 1~4개의 DDS 테이프 드라이브를 함께 제공하는 스펙트라 로직Spectra Logic 캐러셀carousel 장치였다. 이 유닛의 장점 중 하나는 20슬롯 유닛을 구입해 40슬롯 또는 60슬롯 유닛으로 직접 업그레이드할 수 있다는 것이다. 사용자가 해야 할 일은 상단을 제거하고 나사 몇 개를 돌리고 20슬롯 캐러셀을 빼내고 새 캐러셀을 넣고 나사를 조이기만 하면 된다. 현장 교체 가능 유닛FRU, Field-Replaceable Unit이라고 하는 것을 전문으로 하는 유닛인데, 이는 자체 운영 인력으로 업그레이드 및 유지 관리를 수행하도록 설계됐음을 의미한다. 우리는 이 장치 중 16개를 갖고 있었기 때문에 프로덕션에 60개가 넘는 테이프 드라이브가 있었던 것으로 기억한다. 나는 항상 여분의 테이프 드라이브와 전원 공급 장치를 보유하고 있었고, 시스템은 내가 모든 것을 직접 교체한 후 다음 교체를 위해 리버스 스왑을 수행할 수 있도록 설계됐다. 현재의 스펙트라 로직 제품을 살펴봤는데 FRU 개념은 오늘날까지도 사용하고 있다.

이 테이프 라이브러리는 운영 효율성을 다시 개선했다. 개별 테이프를 선택하려고 여러 곳을 돌아다녀야 하는 대신 여러 테이프 라이브러리(예: 테이프 자동화 시스템)를 포함한 중앙 집중식 테이프 라이브러리(예: 테이프가 있는 방)를 만들 수 있다. 테이프 라이브러리 시스템의 로봇을 사용해 백업 시스템이 자동으로 테이프 복사본을 생성하도록 할 수도 있다. 일부 테이프 라이브러리에서는 어젯밤의 백업 테이프를 아침에 꺼낼 수 있도록 특수 서랍에 보관할 수도 있다.

이와 같은 사례는 전 세계에서 일어나고 있었다. 분산 컴퓨팅 분야가 복잡할수록 상용 백업 소프트웨어는 일반 사용자에게 더 중요해졌다. 13장 이후의 설명은 조금 다른 방식으로 진행하려 한다. 몇 년 동안 컴퓨팅 환경이 어떻게 변했고 각 발전으로 인해 백업이 중단됐는지(다시) 살펴보겠다. 또한 오늘날까지도 이어지고 있는 다른 데이터 보호 문제도 설명하겠다.

상용 백업 솔루션의 난제

지난 30년 동안 상용 백업 소프트웨어 제품은 여러 면에서 데이터 보호에서 혁신을 일으켰다. 이런 제품에는 14장에서 설명하는 여러 범주의 데이터 보호 솔루션을 고려할 때 검토해야 하는 많은 난제가 있다. 이는 각 사용자의 환경을 고려해 판단하는 데 도움이 된다. 14~15장에서 논의하는 모든 제품 범주는 이런 문제 중 하나 이상을 해결했으며 일부는 현재 제품을 보완하고 때로는 완전히 교체했다. 이런 어려운 과제들을 살펴보자.

이 단락은 적절한 백업 시스템 설계를 대체하기 위한 것은 아니다. 이는 백업 시스템을 설계할 때 논의해야 하는 종류의 개요를 설명하고 이 프로세스가 얼마나 복잡할 수 있는지를 소개하기 위함이다.

백업 시스템 크기 조정

일반적인 백업 시스템의 첫 번째 과제로 백업 솔루션을 구입하기 전에 적절한 크기를 지정해야 한다. 어떤 종류의 시스템도 설계 없이는 얼마나 많은 하드웨어, 소프트웨어,

테이프 또는 디스크를 구입해야 하는지 알 수 없다.

다음으로 논의할 내용은 소프트웨어와 하드웨어를 포함한 일반적인 온프레미스 백업 시스템을 구축이다. 클라우드에서 이런 시스템을 설계할 때에도 비슷한 프로세스가 필요하지만 다음에 제시할 사례에서는 단순한 구성을 위해 온프레미스 시스템을 사용해 설명하겠다.

일반적인 백업 사이징 프로젝트는 하나의 전체 백업 크기, 일일 변경률, RTO, RPO, 온사이트 및 오프사이트 보존, 백업 창과 같은 몇 가지 설정 지표로 시작한다. 또한 향후 3~5년 동안 데이터가 어떤 유형으로 증가하는지 결정해야 한다. 이 정보로 필요한 백업 서버의 수, 대상 장치(디스크 또는 테이프)의 수, 필요한 대역폭의 종류를 결정한다.

문제는 많은 조직이 프로세스를 시작할 때 설계에서 가장 중요한 고려 사항 중 하나인 전체 백업 크기를 모른다는 점이다. 나는 고객에게 이 질문을 너무 많이 해서 몇 번을 했는지 알 수 없을 정도다. 그래서 어떨 때는 일주일 또는 야간에 백업하는 백업 크기(전혀 같지 않음)를 기반으로 대답하도록 안내했다. 이 크기, 즉 숫자를 결정해야 한다. 이 숫자는 시스템이 하나인 경우 대부분의 백업 시스템에서 데이터를 복구하는 것은 그리 어렵지 않다. 질문은 간단하다. '전체 데이터센터에서 전체 백업을 한 번 수행한다면 그 규모는 얼마나 될까?'

또한 백업 솔루션에서 최초 백업이 완료된 후 전체 백업을 수행해야 하는 빈도를 알아내야 한다. 추가 전체 백업이 증분 백업인 경우에도 시스템 설계에 포함돼야 한다(증분 백업의 개념은 4장에서 다뤘다).

다음으로 알아야 할 것은 일별 변화율이다(아쉽게도 많은 고객이 이 숫자를 모르고 있어 대부분 변화율을 알면 당황하게 된다). 여기에서 사용하기 가장 적절한 값은 현재 백업 시스템의 일반적인 증분 백업 크기다. 이후 현재 백업 시스템이 전체 파일 증분 제품인지(즉 파일의 일부가 변경된 경우 전체 파일을 백업한다) 블록 수준 증분 제품인지 알아야 한다. 그런 다음 설계하려는 증분 백업 시스템의 유형을 알아야 한다. 한 유형에서 다른 유형으로 변환해야 하는 경우 이는 추측에 불과하다. 그러나 설계하려는 시스템 유형이 현재 설정과 동일한 유형의 증분 백업을 사용하는 경우에는 의미가 있다. 다음 사례에서는 양쪽에서 모두 전체 파일 증분 제품을 사용한다.

백업 시스템을 설계하기 전에 RTO 및 RPO 값에 합의했으면 한다. 복구해야 하는 속도 RTO와 손실될 수 있는 데이터의 양RPO을 모르면 백업 시스템을 올바르게 설계할 수 없기 때문이다. 그러나 아쉽게도 이것은 설계 팀이 동의하는 가정에 따라 맹목적으로 설계해야 하는 또 다른 영역인데 이렇게 하면 안 된다. RTO와 RPO는 4장에서 자세히 다룬다.

보존은 백업 시스템을 설계하는 사람들이 결정해서는 안 되는 또 다른 가치다. 보존은 일반적으로 복원이 수행되는 시점(예: 이전 30일 이내), 특정 데이터 세트를 장기간 보존해야 하는 규정 요구 사항이 있는지 여부, 특정 데이터 세트가 특정 기간 내에 확실히 삭제됐는지 확인해야 한다.

백업 시스템 관리자가 도움을 줄 수 있는 값 중 하나는 일반적으로 복원이 발생하는 경우이며, 이는 수 개월이 걸릴 수 있는 몇 가지 예외를 제외하고 거의 항상 며칠 이내일 것이다. 그러나 일반적으로 백업을 장기간 저장해야 하는지 여부를 결정하는 것은 규정 및 법적 요구 사항이다. 해당 기간에 따라 요구 사항을 충족하려면 백업이 아닌 아카이브를 살펴봐야 한다. 해당 주제에 대한 자세한 내용은 82페이지 '아카이브란?' 단락을 참조하자. 또한 이 중요한 주제의 자세한 내용은 10장 전체를 참고하면 좋겠다.

백업 실행 기간(백업 윈도우라고도 함)에 동의하는 것도 중요하다. 이는 전체 파일 증분 및 전체 백업을 사용하는 시스템을 설계할 때 절대적인 요구 사항이다. 백업이 실행되는 동안, 특히 전체 백업 중에 프로덕션 시스템에 상당한 부하를 주기 때문이다. 블록 수준 증분 또는 소스 중복 제거 접근 방식을 사용하는 제품은 백업 중에 프로덕션 시스템에 미치는 영향이 훨씬 낮은 경향이 있다. 이런 시스템을 사용하면 대부분의 환경에서 백업 시간이 하루 24시간 걸린다.

클라이언트에 큰 영향을 주는 백업 시스템의 경우 백업 기간은 자정에서 오전 6시 또는 오후 6시와 같은 값을 갖는 경우가 많다. 주말의 경우 오전 6시까지도 설정한다. 백업 시스템이 금요일 저녁과 월요일 아침 사이에 언제든지 백업할 수 있도록 하는 것이 일반적이다(물론 이것은 조직이 비즈니스를 수행하는 방식과 주말의 업무처리 여부에 따라 다르다).

시스템에서 예상할 수 있는 시스템의 성장 유형은 일반적으로 연간 데이터 성장의 50%에서 100% 정도인 과학적 추측SWAG, Scientific Wild-Ass Guess일 것이다. 이는 향후 몇 년간 조직의 계획과 이런 계획에 스토리지 분야의 성장이 포함될 가능성이 있는 여러 요인을 기반으로 한다.

이 수치를 모두 알고 나면 백업 시스템의 처리량 및 저장 용량 요구 사항을 계산할 수 있다.

전체 백업이 500TB인 데이터센터가 있는 조직을 설명하는 표 13-1의 숫자를 살펴보자. 전체 파일의 증분 백업 일일 변경률은 10% 또는 50TB다. 조직은 24시간의 RPO에 동의한다면 매일 성공적인 백업이 필요하다. 또한 백업이 허용되는 하루 10시간의 백업 기간에 동의했다.

백업 시스템에는 정기 전체 백업이 필요하며, 이 백업 시스템은 한 달에 한 번 수행하기로 결정했다. 개인적으로는 월별로 500TB를 균등하게 분산하는 것을 선호한다. 이는 17.86TB를 초과하는 서버가 없다고 가정할 때 하루에 17.86TB의 전체 백업이다.

이 조직은 17.86TB의 일일 전체 백업에 50TB의 일일 증분 백업을 추가해 하루에 총 67.86TB의 백업 데이터를 생성한다. 백업 윈도우는 10시간이므로 하루에 시간당 7TB를 백업할 수 있는 백업 시스템이 필요하다. 이를 위해서는 초당 1.88GB의 처리량이 필요하다.

표 13-1 백업 및 복원 속도 계산

데이터센터 TB	변화율	증분/일(TBs)
500	10.00%	50
전체 TB	**월별 일자**	**전체/일(TBs)**
500	28	17.86
매일 TB	**백업 시간**	**GB/초**
67.86	10	1.88
복원 TB	**MB/s**	**복원 시간**
10	750	3.70
10	37.5	74.07

테이프에 백업하는 경우 평균 750MB/s 속도로 스트리밍할 수 있다고 가정하면 3개의 LTO-8 테이프 드라이브를 사용해 백업할 수 있다. 물론 이것은 369페이지의 '테이프의 성능 향상'에서 설명했듯이 현실에 맞지 않는 가정이다. 일반적인 디스크 시스템은 아마도 그 처리량을 처리할 수 있을 것이다.

물론 이렇게 하려면 모든 백업을 3개의 백업 스트림으로 멀티플렉싱해야 하며 이는 최적의 설정과는 거리가 멀다. 선호하는 백업의 멀티플렉싱 설정이 그렇게 높지 않을 수도 있다. 그렇다면 심각한 복원 성능 문제를 겪을 수 있다.

이런 문제를 해결할 수 있다고 가정하면 RTO 값을 살펴보고 백업 시스템으로 해당 RTO를 설계된 대로 충족할 수 있는지를 결정해야 한다. 전체 규모의 재해 복구 시스템이 아닌 운영 복구만을 위한 순수 백업 시스템을 설계할 때 최소한의 RTO 내에서 가장 큰 시스템을 복원할 수 있는지 확인해야 한다.

표 13-1에서 500TB 데이터센터에 10TB인 단일 서버가 있고 합의된 RTO가 4시간이라고 가정하자. 이는 시스템이 시간당 약 2.5TB로 복원할 수 있어야 함을 의미하며, 이는 우리가 구입한 테이프 드라이브를 감안할 때 이론적으로 가능하다. 그러나 그 수준까지 도달하는 데 사용한 멀티플렉싱 설정으로 복원 속도 문제가 발생할 수 있다.

앞서 언급한 3개의 LTO-8 테이프 드라이브를 구입해 백업하는 동안 최대 속도로 구동했다고 가정해 보자. 복원은 보통 단일 스레드이지만 항상 그런 것은 아니며 한 번에 하나의 테이프에서만 읽는다. 즉 처리량이 750MB/s인 LTO-8 테이프 드라이브를 하나만 사용할 수 있다. 10TB를 복원하는 동안 해당 LTO-8 테이프 드라이브를 최대 속도로 실행한 경우 복원에는 목표 RTO 내에 있는 약 3.7시간이 걸린다.

그러나 백업 중에 테이프 드라이브를 스트리밍하기 위해 멀티플렉싱 설정을 20으로 사용하면 어떻게 될까? 265페이지의 '멀티플렉싱'에서 언급한 완화 방식(즉 큰 청크 크기)을 사용하는 백업 소프트웨어 제품을 사용하지 않는 한 복원하는 동안 약 1/20 수준의 드라이브 속도를 얻을 수 있다. 750MB/s의 데이터를 읽고 20개 블록 중 19개를 버린다. 표 13-1의 마지막 행에서 볼 수 있듯이 단일 복원의 유효 처리량은 37.5MB/s이며 실제 복원 시간은 74시간이 된다. 이 복원 시간은 4시간의 RTO에 충족하지 않아 다시 검토해야 하는데 이런 제약으로 사용자들은 일반적으로 초기 백업 대상으로 테이프를 사용하지 않는다.

이것이 시스템의 복원이 백업 기능보다 설계를 상세히 검토해야 하는 이유다. 하나의 백업 시스템에서 하나의 백업 클라이언트로 시간당 2.5TB를 복원하는 것보다 전체 데이터센터에서 시간당 7TB를 백업하는 것이 훨씬 쉽다(이 문제의 해결 방법을 알아낸 여러 공급업체 내용은 265페이지의 '멀티플렉싱'을 참고하자).

이후 해당 백업 제품의 SME와 협력해 시스템의 처리량 크기를 조정해야 한다. 이 예에서 설명한 처리량을 달성하려면 여러 미디어 서버가 필요할 수 있으며 각 서버에는 하나 이상의 디스크 또는 테이프 장치가 있다. 346페이지의 '테이프 드라이브'에서 언급한 바와 같이 백업 작업 초기에 테이프를 사용하는 시스템을 설계하지는 않겠지만, 이 단락에서는 다양한 백업 시스템이 해결해야 할 문제점을 다룬다. 이 부분이 설계에서 가장 복잡하나 이 책에서 모든 내용을 다룰 수는 없으므로 더 이상 자세히 설명하지는 않겠다.

각 미디어 서버는 제공할 수 있는 최대 처리량을 가지며 각 디스크 또는 테이프 시스템은 최대 처리량을 갖고 있어 설계 목표를 달성하려면 두 가지를 조합해 사용해야 할 수도 있다. 사용자는 리소스 낭비를 방지하려면 시스템의 기능을 최대한 활용해야 한다.

시스템에 필요한 속도를 결정한 후에는 합의한 보존 기간을 고려해 저장해야 하는 용량을 결정해야 한다. 이 예에서는 전체 백업은 보존 기간이 13개월이고 증분 백업의 경우 90일이라고 말한다. 표 13-2에서 500TB의 13개의 전체 백업은 전체 백업이 6.5PB임을 알 수 있다. 90일 동안의 50TB 일일 증분 백업으로 4.5PB의 증분 백업이 되며 총 시스템에서 필요한 용량은 11PB다(중복 제거를 사용할 계획이라면 11TB의 유효 용량이 필요하다. 필요한 실제 디스크의 양은 중복 제거의 양에 따라 다르다).

표 13-2 백업 시스템 용량 계산

	TBs	복사본	PBs 용량
전체	500	13	6.5
증분	50	90	4.5
전체			11

이 모든 수치는 첫날 백업 시스템 기능(처리량 및 저장 용량)을 계산하는 데 필요한 정보다. 또한 조직에서 추정하는 별도의 요청 사용량의 증가 수준도 고려해야 한다. 현재 추정치는 일반적으로 연간 100%에 가까우며, 이는 3년(100 + 100 + 200 + 400 = 700)을 합산하면 700%다. 따라서 연간 100% 성장으로 3년 동안 지속되는 시스템을 설계하는 경우 앞의 모든 설계 숫자에 7을 곱해야 한다.

백업 서버 OS의 유지 관리

백업 시스템을 설계하고 구현할 때는 보통 핵심적인 서버 또는 가상 서버를 갖게 될 가능성이 크다. 이런 서버에는 유지 관리, 업그레이드, 보호해야 하는 운영체제가 있다. 백업 서버는 매우 유용한 백업 데이터의 도구다. 조직에 있어 이는 매우 중요하지만 한편으로는 악의적인 사용자는 이 데이터에 액세스하기를 원하며 백업 서버를 악용하기 좋은 수단으로 볼 것이다. 이들이 운영체제 계정에 접속할 수 있는 액세스 권한을 얻은 다음 백업 소프트웨어 또는 하드웨어를 제어할 수 있는 액세스 권한을 무단으로 부여할 수 있다면 많은 피해를 입힐 수 있다(87페이지 '이것이 백업을 암호화하는 이유다'를 참조하자).

이것이 데이터센터에서 백업 서버의 운영체제가 최신의 보안관리, 설정을 해야 하는 이유다. 하지만 아쉽게도 조직에서 경영진 등 주요 사용자들은 백업 시스템을 중요한 시스템으로 생각하지 않아 관심을 받지 못하는 영역 중 하나다. 그러나 하나 이상의 백업 서버가 있는 경우 해당 운영체제는 모든 최신의 패치와 일반적인 보안 수준을 유지 관리해야 한다.

백업 소프트웨어 유지 관리

백업 공급업체는 지속적으로 백업 소프트웨어에 기능을 추가하고 있다. 아마도 특정 운영체제 또는 애플리케이션의 새 버전 백업을 계속 지원하고 있을 것이며 A에서 B로 백업을 복사하는 것을 더 쉽게 만들고 있을 것이다. 백업 소프트웨어 공급업체는 주요 릴리스나 작은 기능을 업데이트할 때 많은 기능을 향상시킬 수 있다.

백업 시스템을 담당하는 시스템 관리자로서 운영자는 이런 업데이트를 유지하려고 최선을 다한다. 물론 그중 일부는 보안 업데이트이며 즉시 적용해야 한다. 다른 업데이트는 좀 더 전략적으로 적용할 수 있어 운영 중지 시간에 수행할 수 있다.

백업 서버에서 백업 소프트웨어를 업그레이드하는 것 외에도 백업 에이전트를 설치한 모든 경로에서 백업 에이전트를 업그레이드해야 한다. 일부 백업 시스템은 이를 자동화할 수 있다. 자동화가 안 되는 시스템의 경우 수동으로 진행하도록 한다.

백업 시스템을 업그레이드하는 것보다 더 무서운 것은 없다. 백업 시스템의 궁극적인 목적은 다른 모든 시스템이 잘못될 경우에 대비하는 것이다. 백업 시스템 업그레이드가 실패하면 어떻게 될까? 이것은 단순히 작동하지 않는 시스템의 업그레이드보다 훨씬 더 복잡한 문제다. 업그레이드도 물론 매우 중요하지만 업그레이드하려는 새 버전에 생각치도 못한 기능이 포함된 경우 어떻게 될까? 이런 사례는 다음의 '설계된 대로 작동'을 참고하자.

설계된 대로 작동

내 백업 서버 업그레이드 경험을 돌이켜보면 대규모 고객 백업 시스템을 당시 최상의 백업 소프트웨어 최신 릴리스 버전으로 업그레이드했을 때를 생각한다. 여러 목적으로 새 버전이 필요해 1999년 가을에 버전을 업그레이드했다. 하지만 새 버전으로 백업 시스템 동작에 영향을 미치는 수집 가지 기능을 발견했다.

여기서 중요한 사건이 발생했는데 여러 이유 때문에 고객은 공식 오라클 에이전트를 통해 RMAN을 이용한 백업을 원하지 않았다. 그래서 나는 이들에게 오라클을 백업 모드로 전환하는 셀 스크립트를 제공했다. 그리고 백업 시스템의 기능을 사용해 백업 전에 해당 셀을 실행하고 다른 하나는 백업이 끝날 때 셀을 다시 실행하기로 했다.

또한 이 백업 소프트웨어의 기능으로 각 파일 시스템의 별도의 동시 백업 작업을 생성해 백업 성능을 높이고 있었다. 문제는 이런 각 개별 작업이 내 셀 스크립트를 실행하고 오라클을 백업 모드로 전환한다는 것이었다. 그래서 첫 번째 작업이 끝나면 백업 모드로 전환된 오라클을 다시 원상태로 돌려놔야 했다. 이 문제를 해결하려고 공급업체에 연락했더니 대답은 '설계된 대로 작동합니다'였다.

나는 이런 오류를 개선하려고 어떤 작업이 첫 번째 작업이고 어떤 작업이 마지막 작업인지 파악하고 해당 작업에서만 스크립트를 실행하는 셀 스크립트를 다시 개발했다. 물론 스크립트가 정상적으로 동작하기 전까지 수많은 테스트가 있었지만 이런 다양한 '기능'을 해결하려고 175개의 사용자 지정 셀 스크립트를 개발했다. 이 경험은 1999년 가을, 대부분의 사람이 Y2K를 위한 준비 작업에 열중이었을 때 내가 이 고객을 위해 일주일에 95시간 이상 일한 이유다. 이 고객은 내 집에서 45분 거리에 있었지만 잠이 너무 부족한 나를 생각해 5분 거리에 있는 아파트를 마련해 줘서 1시간 더 잘 수 있었고 고객과 더 가까워질 수 있었다.

어느 기술자 중 한 명은 이 이야기는 새 버전의 백업 소프트웨어 테스트가 얼마나 중요한지를 알려 주는 사례라고 말한다. 전적으로 동의한다. 하지만 당시 Y2K 때문에 너무 정신없어 그럴 시간이 없었던 것으로 기억한다.

내가 말했듯이 백업 서버 소프트웨어를 업그레이드하는 것보다 더 무서운 것은 없다.

여러 공급업체 관리

15장에서 설명하는 백업 어플라이언스 및 하이퍼 컨버전스 백업 시스템이 등장하기 전, 일반적인 백업 시스템에는 백업 서버, 백업 소프트웨어, 테이프 또는 디스크 공급업체, 소산 백업 공급업체 등 4개 이상의 공급업체가 포함돼 있었다. 4개의 공급업체가 많은 것 같지 않지만 데이터센터에는 2~3개의 백업 제품이 있는 것이 일반적이며 각 제품의 서버 및 스토리지 요구 사항은 다르다.

오늘날에는 모두가 디스크 기반 백업으로 옮겨갔기 때문에 디스크와 테이프를 모두 다룰 필요가 없다고 생각할 수도 있다. 모든 신규 백업 시스템은 초기에 백업을 디스크로 보냈다. 그러나 복사본으로 복제하는 것은 너무 비용이 비싸기 때문에 많은 이가 상대적으로 보존 기간이 긴 레거시 테이프 라이브러리를 여전히 사용하고 있다. 이렇듯 많은 사용자는 여러 환경에서 5~6개의 공급업체를 관리하고 있음을 의미한다. 이런 일이 자주 발생하는 한 가지 이유는 인수합병 때문이다. 중앙 집중화 및 표준화 대상의 IT 시스템들 중 백업 시스템은 우선순위가 많이 낮다.

멀티 공급업체 환경의 가장 큰 문제는 다양한 시스템 간에 호환성이 부족할 때 발생한다. 백업 시스템이 최적의 성능을 내지 못하고 시스템의 각 구성 요소에서 오류가 발생하는 경우처럼 안 좋은 상황은 없다.

DR을 위한 별도 시스템

대부분의 백업 시스템은 전체 데이터센터를 복구하기 위한 조직의 목표 RTO를 거의 충족하기 힘들다. 이런 RTO는 일반적으로 몇 시간 내 수준으로 수립하며 일반적인 백업 시스템은 이런 짧은 RTO를 충족할 수 없다.

이런 환경에서 일반적으로 조직에서는 임무 수행에 필수적인 시스템의 DR을 구축하려고 두 번째 시스템을 구매한다. 이것은 일반적으로 하나의 비싼 어레이에서 다른 매우 비싼 어레이로 어레이 기반 복제를 사용한다. 이는 274페이지의 '지속적 데이터 보호' 및 279페이지의 '준지속적 데이터 보호'를 참고하자. 특히 이 방법은 백업 및 복구 시스템이 이미 있다는 점을 고려하기 때문에 DR 구성 시 많은 비용이 든다.

백업 시스템이 DR 요구 사항을 충족할 수 없다고 말했는데 그러면 어떻게 해야 할까?' 이는 많은 조직이 DR을 구성할 때 별도의 시스템을 구축하는 이유다. 그러나 사용자들은 대부분의 백업 및 복구 시스템에서 별도의 시스템을 구축했을 때 효율적으로 운영할 수 있는지는 해결해야 할 과제 중 하나다. 15장에서 이런 시스템을 다룰 것이다.

e-디스커버리를 위한 별도 시스템

3장에서 백업과 아카이브의 차이점을 설명했고 10장에서 아카이브를 설명했다. 백업은 시스템이 손상된 후 복원하기 위한 것이다. 아카이브는 e-디스커버리 및 규정 준수 요청을 충족하고 사용하지 않는 데이터를 저렴한 스토리지로 이동해 스토리지 비용을 절감하기 위한 것이다.

대부분의 백업 시스템은 좋지 않은 아카이브 시스템을 만든다. 특정 일자에서 지정한 서버에 있던 디렉터리에서 삭제된 파일을 복원해야 하는 경우 백업 솔루션이 가장 좋은 방법이다. 예를 들어 지난 3년 동안 whatchamacallit이라는 단어를 포함한 모든 파일이 필요한 경우 일반적인 백업 시스템은 해당 요건을 충족할 수 없다.

만약 whatchamacallit이라는 단어가 포함된 파일이 법원 소송에서 핵심이고, 법원의 소송으로 해당 파일을 증거 자료로 요구한다면 조직에서는 해당 파일이 존재하지 않음을 증명하는 데 수십만 달러의 비용을 지출할 것이다. 아카이브 시스템이나 e-디스커버리가 가능한 백업 시스템이 있는 경우 단일 쿼리로 결과를 확인할 수 있다.

조직은 소송의 무결성을 증명하기 위해 백업 시스템이 단순히 e-디스커버리 기능을 한 번만 사용하면 된다. e-디스커버리 기능이 없다면 소송에 대응하려고 많은 돈을 지출하고 해당 문제 재발을 방지하려고 대규모 프로젝트를 구축할 것이다. 왜냐하면 대부분 e-디스커버리 기능을 지원하지만 대다수 제품은 지원하지 않기 때문이다. 조직에서는 필요한 증거 개시 유형에 따라 이메일 아카이브, 파일 시스템 아카이브 또는 데이터베이스 아카이브를 구현한다.

별도의 e-디스커버리 시스템 비용은 작지 않겠지만 여전히 대규모 e-디스커버리 요청에 드는 비용보다는 작을 것이다. 그렇기 때문에 백업 시스템이 e-디스커버리를 지원하지 않는 경우(대부분 그렇지 않은 경우)에는 전자 개시를 위한 별도의 시스템이 있을 가능성이 크다.

테이프 관련 과제

테이프 방식이 아닌 데이터 보호 시스템을 운영할 만큼 운이 좋다면 이 단락을 무시하거나 단순 참고용으로 읽어도 좋다. 그러나 현실은 컴퓨팅 세계에서 적어도 사용자 절반이 여전히 백업 시스템에서 어떤 방식으로든 테이프를 사용하고 있다는 것이다. 따라서 테이프 사용자가 직면할 문제를 논의하는 것이 중요하다.

테이프 드라이브는 조정하기 어렵다

테이프 드라이브는 조정^{tune}할 수 없지만, 참치$^{tuna\ fish}$는 가능하다는 농담이 있다.

앞서 설명했듯이 테이프는 아직도 많은 데이터 보호 시스템에서 필수적인 구성 요소이지만 테이프를 기반으로 백업 시스템을 튜닝하는 것은 거의 불가능에 가깝다. 다만 전체 백업이 테이프에 이상 없이 저장하고 테이프 드라이브가 안정적으로 운영되도록 시스템을 설계하는 것은 어느 정도 가능하다. 물론 많은 작업과 지속적인 성능 모니터링이 필요하지만 실제 수행하는 작업을 알고 있다면 어느 정도 가능하다.

문제는 전체 백업이 전체 작업해야 하는 대상 중 일부분이라는 것이다. 이전의 500TB 예에서 66TB의 일일 백업 중 50개가 증분 백업임을 기억하자. 전체 백업이 한 달에 한 번 또는 그 이하로 실행돼야 한다. 매일 수행하는 작업의 대부분은 증분 백업이지만 증분 백업의 단점 중 하나는 성능 조정이 불가능하다는 것이다.

백업마다 데이터를 전송하는 데 걸리는 시간이 다르다. 증분 백업에 따라 증분 백업에 포함해야 할 항목을 파악하려고 파일 시스템이나 데이터베이스를 탐색하는 데 걸리는 시간이 다르다. 그리고 백업 클라이언트마다 컴퓨팅 성능이나 네트워크 속도 수준이 다르다. 증분 백업을 위해 테이프 드라이브의 성능을 조정할 때 이런 모든 변화를 고려하는 것은 불가능하다. 멀티플렉싱(9장에서 설명)을 사용해 여러 개의 느린 백업을 하나의 빠른 스트림으로 인터리브할 수 있다. 그러나 복원할 때 일반적으로 모든 백업을 읽고 대부분을 사용하지 않고 버린다. 이것은 멀티플렉싱이 백업에는 도움이 되지만 일반적으로 복원에 손상을 준다고 말하는 이유다(9장에서 예외 상황을 설명한다).

테이프 드라이브에 문제가 있었던 적이 있다. 백업 작업이 예전처럼 잘 돌아가지 않는다는 전화를 받고 나는 현장으로 돌아가서 상황을 살펴봤고, 무언가가 변경됐음을 직감했다. 테이프 드라이브와 백업 설정은 동일했지만 증분 백업 설정이 변경돼 테이프 드라이브가 더 이상 제대로 작동하지 않았다.

151페이지의 '디스크 캐싱'에서 설명한 것처럼 이 문제는 디스크를 처음 백업한 후 단순히 해당 백업을 테이프에 복사할 때는 발생할 가능성이 작다. 이는 디스크에서 테이프로 전체 백업을 복사하는 것과 매우 비슷하며 이 목적으로 특별히 설계한 2개의 장치에서 실행된다. 또한 다른 작업이 동작하지 않는 시간(일반적으로 낮 동안)에 이 프로세스를 수행하도록 예약할 수 있다. 이렇게 하면 각 시스템이 최대 성능을 발휘할 수 있다. 개인적으로 재해 복구용으로 테이프를 사용하는 것을 좋아하지는 않지만 한 가지 좋은 점은 테이프를 사용하는 재해 복구 구성에서 테이프 복사본을 생성할 때 성능 문제가 그리 크지 않다는 것이다.

이런 이유로 테이프에 직접 백업하는 것은 이제는 좋은 백업 시스템 설계라 생각하지는 않는다. 여러 테이프 드라이브와 이 테이프 드라이브에 전송할 수백 개의 백업 성능을 조정하는 것은 너무 어렵다.

테이프의 손실 가능성

온프레미스 복사본을 위해 디스크 백업을 도입했지만 여전히 재해 복구 목적으로 테이프를 만들고 있다면 '승합차에 탄 남자'에게 넘겨줄 가능성이 크다. 인간은 누구나 실수를 하고 테이프를 분실하거나 도난당할 수 있다. 이런 일이 생기면 여러 가지 일이 발생할 수 있다. 다만 테이프가 암호화된 경우 다른 사람이 읽을 수 없는 데이터 복사본만 손실된다.

테이프를 분실하거나 도난당하면 큰 보안 위험이 있어 모든 백업 테이프를 암호화해야 한다. 그렇지 않으면 위험이 너무 높다.

만약 테이프를 암호화하지 않은 경우 악의적인 사용자가 쉽게 읽을 수 있다. 이들은 테이프를 분실한 회사가 사용하는 백업 소프트웨어 제품이 없더라도 모든 백업 시스템에는 삭제된 백업 테이프를 인덱스로 다시 스캔할 수 있는 기능이 있다. 이는 대부분의 백업 제품이 그렇다. 따라서 백업테이프는 반드시 암호화해야 한다.

테이프가 분실됐을 뿐 도난당하지 않은 경우 테이프가 어디에 있는지 모를 경우 해당 분실 사실을 외부에 공개해야 하는 여러 법령이 있다. 내가 알고 있는 최초의 미국 법률은 2005년 캘리포니아의 SB 1386으로, 조직은 이런 상황이 발생하면 이를 공개해야 한다. 유럽 연합의 GDPR과 CCPA에는 전 세계의 다른 많은 법률과 마찬가지로 유사한 조항이 있다.

오프사이트 보관 공급업체 관리

만약 오프사이트 테이프 관리를 위해 승합차에 있는 사람을 사용하는 경우 이 공급업체를 관리해야 하는 또 다른 일이 필요하다. 다시 말하지만 이것은 많은 조직에서 중요하게 여기지 않았을 프로세스이지만 그래서는 안 된다. 예전에 오프사이트 보관 공급업체를 관리했던 기억이 난다. 89페이지의 '물리적 에어 갭'에서 테이프가 항상 운영자가 생각했던 위치에 있는지 확인하는 프로세스를 논의했지만 적어도 1년에 몇 번은 테이프가 일시적으로 누락되는 경우가 있었다. 프로세스로 관리하면 테이프 누락을 식별하고 궁극적으로는 찾을 것이다. 나는 항상 이 프로세스를 우리 방식대로 관리하지 않았다면 어떻게 됐을지 궁금했다.

오프사이트 소산 백업 판매업체 관리에 있어 가장 중요한 것은 불행히도 사람이 관리하는 승합차에 탄 남자다. 인간은 때로는 의도적으로, 때로는 의도하지 않게 실수를 한다. 그리고 때로는 이 사람들을 해고해야 한다. 관련 상세 이야기를 확인하려면 다음의 '방금 뭐라고 말한 건가요?'를 읽어 보자.

백업 시스템이 어떤 방식으로든 오프사이트 테이프를 사용하는 경우 오프사이트 보관 공급업체가 필요하며 업체와의 계약 및 보관 프로세스를 관리해야 한다. 테이프를 사용하려면 어쩔 수 없다.

방금 뭐라고 말한 건가요?

몇 년 전에 고객이 소산 백업 판매업체로부터 테이프 상자를 받았는데 내부를 살펴보니 본인 것이 아닌 테이프였다. 잘못 받은 테이프를 업체에 알리기 위해 대표번호로 전화했고, 업체 담당자는 잘못 배송된 테이프의 바코드 번호를 알려달라고 했다. 그러고는 '그 테이프가 누구의 것인지는 모르겠어요. 그냥 잠시 보관해 주세요.' 라고 말했다.

이전에 말했듯 가끔은 사람들을 해고할 필요가 있다.

디스크 관련 과제

백업 및 복구 시스템을 디스크로 사용해 테이프와 관련한 문제가 사라졌지만 실제 디스크를 사용하면서 백업 공간에서 새로운 문제가 발생했다. 'IT에서는 결코 문제를 해결하지 못한다. 우리는 데이터를 옮기기만 하면 된다.'

디스크에 에어 갭이 없다

비용을 고려하지 않고 테이프의 가장 큰 특징을 설명하자면 3장에서 설명한 것처럼 오프사이트로 쉽게 이동할 수 있어 에어 갭을 생성할 수 있다는 것이다. 디스크에는 일반적으로 이런 기능이 없어 해결해야 하는 문제다(테이프처럼 에어 갭을 만드는 데 사용할 수 있는 이동식 디스크 팩이 있지만 실제로는 극히 드물다).

에어 갭은 악의적인 사용자가 백업을 삭제하거나 암호화한 다음 몸값(예: 랜섬웨어)을 요구하는 것을 방지한다. 과거에는 해커가 외부 백업을 손상시키려고 소산 백업 공급업체에 물리적으로 침입해야 했다. 백업 시스템으로 직접 액세스할 수 있는 디스크에 모든 백업을 저장하면 백업 시스템에는 백업을 암호화하거나 삭제할 수 있는 새로운 위험이 발생한다. 타깃 중복 제거를 논의할 때 12장에서 이 문제를 설명하고 어느 정도 완화할 수 있는 방법을 다룬다.

전체 디스크 기반 백업 시스템을 사용하는 고객은 백업에 현실적인 보안 위험 문제를 해결해야 한다. 일부는 오프사이트로 이동하는 비정기적인 테이프 복사본을 만들어 대응하고 있다. 또는 다른 사용자는 클라우드를 이용해 무결성을 보장하는 계층에 백업을 복사한다. 이 계층은 올바른 자격 증명이 있더라도 실수로 또는 악의적으로 지우거나 손상될 수 없다. 바이러스나 랜섬웨어가 직접 공격할 수 없기 때문에 고객과 완전히 분리된 인프라에서 실행되는 SaaS 서비스도 이를 수행할 수 있다.

데이터 열화

12장에서는 데이터 열화를 설명했다. 시간이 흐름에 따라 자기 매체에 저장된 데이터가 저하되는 것을 나타내는 용어다. 또한 12장에서 디스크는 테이프보다 시간이 지남에 따라 데이터 열화의 위험이 훨씬 더 크다는 것을 설명했다. 관련 내용을 연구하는 사람들은 5년 이상 블록을 디스크에 저장해서는 안 된다고 말한다. 그렇지 않으면 데이터 열화가 발생할 수 있다. 누군가가 디스크에 그렇게 긴 백업을 저장하는 경우에도 이 문제를 해결해야 한다.

이를 해결할 수 있는 유일한 솔루션은 데이터 무결성을 보장하는 다른 계층을 이용하는 것이다. 백업 소프트웨어는 이런 계층을 제공할 수 있지만 일반적으로 제공하지 않는다. 일반적인 솔루션은 장기간 저장이 필요한 경우 오브젝트 스토리지를 사용하는 것이다. 오브젝트 스토리지는 오브젝트에서 발생하는 자기 저하를 감지해 이를 감내할 수 있도록 설계돼 있다.

대규모 선행 구매

이제는 대규모 구매가 필요하지 않은 데이터 보호 방법이 있지만 대부분의 백업 시스템에는 대규모 구매가 필요하다. 이전 단락에서 언급했듯이 일반적으로 조직에서는 감가상각 일정을 고려해 3~5년 동안 사용을 예상하고 구매 계획을 수립한다. 그런 다음 하드웨어 및 소프트웨어를 포함해 대규모 구매를 위한 비용을 산정한다. 장비를 구매하면 그중 75%는 최소 1년 동안 거의 사용하지 않고 50%는 2년 동안 사용하지 않는다. 그러나 대부분은 현재의 예산 안에서 구매할 수 있는 모든 것을 구매한다.

이 방식이 IT 시스템을 구매하는 방식이다. 그러나 이 프로세스의 단점 때문에 요즘 많은 조직은 다수의 시스템을 가능한 SaaS 모델로 전환한다. 특히 운영 비용(예: opex) 또는 투자 비용(즉 capex)을 고려해 이런 서비스를 구매할 수 있다.

오버 프로비저닝 필요성

향후 2년 동안의 사업 성장을 계획하려고 더 많은 하드웨어를 구입하는 것도 중요하지만 발생할 수 있는 다양한 상황에 대비하려면 오버 프로비저닝해야 한다. 어느 시점에서는 대량의 복원 작업이 필요할 수도 있으며 복원으로 백업 시스템이 손상되거나 백업으로 복원이 손상되는 것은 누구도 바라지 않을 것이다. 따라서 대량의 백업 로드와 복원 로드를 동시에 처리할 수 있는 충분한 리소스를 확보하도록 백업 시스템을 설계하는 것이 일반적이다. 물론 잘 지켜지지는 않는다.

전체 백업 및 증분 백업을 수행하는 경우 다른 날보다 더 많은 백업을 수행하는 날이 있을 가능성이 크다. 즉 더 작업이 많은 날의 부하를 처리하려고 시스템을 오버 프로비저닝해야 하며 작업이 없는 나머지 기간에는 컴퓨팅 및 디스크 등의 리소스를 사용하지 않는다.

일반적인 백업 시스템의 작동 방식과 또 다른 점은 윈도우 백업 작업을 완료하려고 하루 종일 백업을 실행할 수 있는 것보다 더 크게 시스템을 만들어야 한다는 것이다. 예를 들어 8시간이 걸리는 윈도우 백업의 경우 백업 시스템은 24시간 동안 동일한 백업 로드를 처리할 수 있도록 3배는 커야 한다. 8시간 백업 작업이 완료되면 하루 16시간 동안이 거대한 시스템은 사용하지 않게 된다.

스케일링의 어려움

일반적으로 백업 시스템의 컴포넌트는 백업 속도를 높이거나 많은 데이터를 보관할 수 있는 스케일 업 컴포넌트다. 만약 여러 미디어 서버가 있는 백업 서버를 지원하는 백업 소프트웨어 시스템이 있더라도 어느 시점에서는 백업 서버의 컴퓨팅 용량이 부족해 필요한 모든 미디어 서버의 모든 백업을 처리할 수 없다. 자주 고장나는 영역은 백업 인덱스/카탈로그/데이터베이스인데 이는 백업 시스템이 생성하는 모든 파일과 중복 제거 청크의 기록을 저장하기 때문이다. 인덱스/데이터베이스 업데이트가 느리면 백업 시스템의 성능에도 영향을 미쳐 결국 또 다른 백업 서버를 구매하고 별도의 시스템을 구축해야 한다.

많은 백업 시스템에는 여러 단일 확장 실패 지점이 있다. 용량을 추가할 수는 있지만 새로운 인덱스로 다시 시작해야 하거나 인프라를 공유할 수 없는 등의 단점이 있을 수 있다.

백업 제품 변경의 어려움

경험상 백업 업계에서 항상 존재하는 문제 중 하나는 백업 제품을 변경하는 것이 매우 어렵다는 것이다. 각 백업 제품에는 고유한 백업 인덱스 형식과 백업 형식이 있다. 한 백업 업체의 제품에서는 다른 백업 업체의 테이프를 읽을 수 없다. 이는 형식 문제와 백업 업체에서 제공하는 암호화 시스템을 사용하는 많은 사용자 때문이다. 특정 업체가 다른 백업 업체의 백업을 읽을 수 있더라도 복호화할 수는 없다. 이런 이유로 많은 사람이 제품 전환이 너무 어려워서 특정 백업 공급업체 제품만을 이용하는 실정이다.

그리고 사용자들은 수년 간 백업 유지하는 것을 좋아하지 않는다. 만약 90일(또는 이와 비슷한 정도)의 유지 기간이라면 이 문제는 90일 안에 사라질 것이다. 그러나 백업을 10년 동안 보관하면 상황은 달라진다. 다음은 이 문제를 처리하는 데 사용할 수 있는 다양한 옵션 목록이다.

만료 설정

이 문제를 해결하는 가장 간단한 방법은 이전 백업이 만료되도록 하는 것이다. 이전 백업 시스템을 새 시스템과 병렬로 계속 실행한다. 그리고 새 백업 시스템으로 백업을 보내지 않는다. 즉 이전 하드웨어를 이전 시스템 전용으로 사용해야 하므로 모든 새 백업 하드웨어(또는 서비스)가 필요하다.

보유 기간이 90일이면 쉬운 방법이다. 몇 년간 백업을 유지하는 경우 해당 기간 동안 여러 유지 관리 문제에 직면하게 된다. 기술적으로 더 이상 사용하지 않는 백업 시스템을 위해 서버, 디스크 또는 테이프 하드웨어를 업그레이드해야 한다. 적어도 이상적인 상황이 아니다.

서비스 사용

백업을 관리하고 백업을 안전하게 유지할 수 있는 비싸지 않은 비용의 서비스가 있다. 이 서비스는 백업을 복원하거나 검색해야 하는 경우 다소 비용이 비싸다. 하지만 많은 복원이 필요하지 않다면 좋은 선택이다.

인프라를 유지 관리하는 것은 다른 전문 회사에 위임하고 규모의 경제를 적용할 수 있다. 예를 들어 큰 테이프 라이브러리는 많은 클라이언트를 처리할 수 있다. 이 작업을 직접 수행하는 경우 전용 테이프 라이브러리가 있어야 한다.

복원 및 백업

현장에서 거의 사용하지 않는 아이디어는 오래된 백업 데이터를 복원해 다시 백업하는 아이디어다. 많은 사람이 이 아이디어를 제안하지만 여러 이유로 논리적으로 구현하기 매우 어렵다.

하지만 해당 아이디어가 가능한 경우가 있는데 마이그레이션하려는 백업 시스템이 즉시 복원 개념을 지원하는 경우다. VM 이미지를 마운트한 다음 이전 백업 시스템에서 새 백업 시스템으로 직접 백업할 수 있다면 가능할 것이라 생각한다. 다소 어렵고 시간이 오래 걸리지만 전체 복원 후 전체 백업을 반복하는 것보다 훨씬 관리하기 쉽다. 이제 13장을 마무리하겠다.

마무리

10~20년 후에 누군가 이 책을 들고 읽으면서 웃게 만드는 것이 내 꿈이다. 이 책을 읽으면서 '예전에는 이런 사소한 것들도 고민했다니 믿기지가 않네?'라고 말할 것이다. 하지만 현실은 오늘날 대부분의 백업 및 복구 시스템이 13장에 나열된 문제의 전부는 아닐지라도 대부분의 어려움을 겪고 있다는 것이다. 그러나 우리는 여전히 꿈을 꿀 수 있다.

이런 과제는 중요하다. 안타깝게도 그중 상당수는 너무 일반적이기 때문에 백업 시스템을 고민할 때 더 이상 생각조차 하지 않는다. 그러나 일반적인 백업 시스템을 적절하게 크기 조정, 구매, 유지 관리하는 것은 실제로 매우 어렵다.

이런 해결하기 어려운 문제점들은 14~15장에 설명할 제품으로 어느 정도 해결됐다. 다만 14장에서 하나 또는 두 가지만 다룬다. 다음으로 약 20년 이상 된 기존 제품부터 상용 데이터 보호 제품까지 살펴보겠다.

14장

전통적 데이터 보호 솔루션

데이터 보호 산업은 지난 수십 년 동안 상당히 발전했다. 14장과 15장에서 설명하는 데이터 보호 솔루션은 이전 솔루션 또는 VMware나 클라우드의 출현으로 나타난 기존 데이터 보호의 한계와 과제를 해결할 목적으로 설계됐다.

백업 산업은 10~20년 전에 디자인한 제품들이 여전히 만족하는 고객들을 많이 보유하고 있다는 점에서 좀 독특하다. 20년 전에는 시장의 100%를 점유했던 기존 백업 제품을 시작으로 가상화 중심의 제품이 신규 투자를 통해 시장 점유율을 높이는 등 다양한 변화가 일어나고 있다. 또한 하이퍼 컨버전스 및 서비스형 백업BaaS 오퍼링, IaaS/SaaS 제품 백업 등과 같은 다른 제품이 떠오르고 있다. 그리고 많은 고객 또한 신규 제품들로 이동하고 있다. 오늘날의 백업 시장은 제품과 서비스가 혼재돼 있으며, 그중 일부는 작년에 출시됐고 일부는 나보다 더 오래됐다.

나는 이 모든 범주를 개인적인 방식으로 설명할 예정이다. 이 이야기는 오래 전 사용한 기존 백업 제품에서부터 시작한다. 수백 대의 유닉스 시스템을 개별 독립형 테이프 드라이브에 머리를 쥐어 뜯어가며 백업하려고 애써 왔던 나와 같은 수많은 사람이 있었기에 개발될 수 있었다. 타깃 중복 제거 시스템은 테이프에 문제가 생기면서 백업 시장에서 떠오르기 시작했는데, 이런 내용을 설명한 후 다양한 솔루션의 장점과 해결해야 할 과제를 설명할 예정이다. 기존 솔루션의 개요는 제품을 더 잘 이해하는 데 도움이 되며 문제가 단순히 한 가지만이 아님을 확인할 수 있다. 16장에서는 14장에서 배운 내용을 기반으로 백업 솔루션 업그레이드 방법 및 교체 방법을 설명하겠다.

이름을 밝히지 않음

지금부터는 데이터 보호 제품을 이야기할 때 제품 이름을 가급적 언급하지 않을 예정이다. 이 점이 독자들에게 불편하게 느껴질 수도 있겠지만 믿거나 말거나 이것은 우리 모두를 위한 것이다. 이를 통해 특정 범주의 잠재적인 장단점을 가감 없이 설명함으로써 장점과 단점을 훨씬 더 직관적으로 이해할 수 있다. 만약 제품 이름을 밝히면서 직설적으로 설명할 경우에는 잘못된 정보로부터 독자를 보호하고 소송을 피하기 위해 세부적인 내용들을 샅샅이 확인해야 한다. 쉽게 말해 내 의견을 특정 제품의 예를 들어 이야기하기보다 제품 범주로 이야기하면 좀 더 직설적으로 설명할 수 있다. 그리고 독자는 이 설명을 토대로 각 제품에 대해 자신만의 경험 축적할 수 있고 이를 통해 함께 배우고 생각할 수 있게 된다. 더 나아가 이 책이 좀 더 시대를 앞서가도록 하는 데 도움이 될 것이다. 왜냐하면 여기서 언급할 백업 제품에 관한 우려는 지금부터 10년 후에도 여전히 남아 있을 가능성이 높기 때문이다. 이 문제들 모두 그때까지 해결되길 바라지만 아닐 가능성이 더 높아 보인다.

따라서 특정 제품이 아닌 제품 범주로 설명하겠다. 각 범주에는 연관되는 제품이 1~2개씩 있는데 이 제품 이름을 붙이면 훨씬 쉽겠지만 앞 단락에서 언급한 이유도 있고, 만약 하나를 언급하면 그와 비슷한 모두를 나열해야 하고, 결정적으로 그 모든 솔루션이나 제품들을 얻을 수 있는 방법이 없기 때문에 그렇게 하지 않을 것이다. 그러나 이것 때문에 범주를 정의하는 게 조금 더 어려워질 수도 있다는 생각이 든다. 따라서 일반화된 규칙을 사용해 각 섹션에서 설명하는 솔루션의 유형을 기존 백업 솔루션부터 살펴보겠다.

전통적인 백업 솔루션

가상화 중심, 타깃 중복 제거, 하이퍼 컨버지드, 백업, 서비스형 DR 솔루션을 포함한 여러 범주를 15~16장에서 설명한다. 이런 범주는 쉽게 정의할 수 있다. 전통적인 솔루션을 정의하는 가장 쉬운 방법은 거기에 속한 솔루션들이 아니다.

전통적인 백업 솔루션을 정의를 한다면 이 제품은 업계에서 20년 이상 사용됐으며, 수년 동안 디스크를 사용하도록 개선했는데 원래는 테이프를 중심으로 설계됐을 가능성이 높은 솔루션이라고 말하고 싶다. 추가로 설명하면 전통적인 백업 솔루션은 전체 백업을 수행한 후 일련의 증분 백업 또는 차등 백업을 수행한 다음 때때로 전체 백업을 수행한다. 전체 백업을 통합할 수 있더라도 때때로 전체 백업이 필요한 경우에는 기존 백업 솔루션일 가능성이 높다. 그러나 널리 사용되는 기존 백업 솔루션 중 몇몇은 파일 시스템 백업 시 가끔 전체 백업을 수행할 필요가 없도록 설계됐는데 자주 전체 백업을 하지 않더라도 이 범주에서는 크게 벗어나지 않는다.

기존 백업 솔루션은 일반적으로 선택한 백업 서버에 설치하는 별도의 소프트웨어 전용 오퍼링으로 구입된다(이 중 일부는 이제 어플라이언스로 사용할 수 있다. 이 내용은 441페이지의 '전통적인 백업 어플라이언스'에서 다룬다). 사용자는 중앙 백업 서버와 중앙 서버에 의해 관리되는 하나 이상의 미디어/스토리지 서버를 보유할 것이다. 그리고 각 서버는 하나 이상의 스토리지 디바이스에 백업된다. 규모가 작은 구성에는 미디어/저장소 서버 역할을 하는 단일 중앙 백업 서버가 있을 수 있다.

내가 이 업계에서 일을 시작했을 때 이런 용어들을 역할에 따라 마스터(master) 서버와 슬레이브(slave) 서버라고 불렀지만, 그 용어가 과거 부정적인 의미를 담고 있어 최근 몇 년 동안 업계에서 많이 사라졌다. 슬레이브 서버라고 불렀던 것은 이제 일반적으로 미디어, 스토리지 또는 장치 서버라고 하며 마스터 서버는 여전히 마스터라는 용어로 사용되거나 중앙 백업 서버는 완전히 다른 용어로 사용되고 있다.

전통적 백업의 장점

전통적 백업 소프트웨어를 사용하면 모든 주요 유닉스 제품, 윈도우, 리눅스, 맥 OS는 물론 vSphere, Hyper-V, AHV 하이퍼바이저를 비롯한 다양한 데이터 소스에서 중앙 집중식으로 예약 백업을 수행할 수 있다. 사실 이런 넓은 적용 가능 범위는 가장 큰 경쟁력을 갖는 부분이다. 또한 오라클, SQL 서버, SAP, MySQL, 하둡, 몽고DB와 같은 최신 애플리케이션을 포함한 모든 주요 데이터베이스 솔루션의 백업까지 지원한다. 또한 쿠버네티스 백업을 지원하는 최초의 기업도 있다.

전통적 백업 솔루션은 눈덩이 효과를 실현한 최초의 상용 백업 솔루션이다. 수많은 환경에서 이 솔루션을 사용하는 이유는 커버하는 플랫폼 수에 따라 다르며, 솔루션을 사용하는 사람의 수에 따라 수많은 플랫폼을 커버할 수 있기 때문이다. 이 눈덩이는 지난 30년 동안 만들어 왔다. 이 솔루션은 10여 년 전 시장 점유율의 상당 부분을 잃었지만 쉽게 사라지지는 않을 것이다.

전통적 백업 방식이 다루는 특정 부분은 다른 많은 솔루션이 목표로 삼은 적은 있어도, 어떤 백업 솔루션도 이렇게 넓은 범위에서 사용할 수 있도록 시도한 적은 없었다. 이렇게 광범위한 적용 범위로, 당분간은 많은 환경에서 전통적 백업 방식을 계속 사용할 것이라 생각한다. 14장의 뒷부분에서 다룰 새로운 솔루션 중 다수는 많은 소규모 데이터 소스보다는 VMware, 윈도우, 리눅스 등 넓은 시장에서 사용하는 백업 소스에 집중해 비교적 단기간에 성과를 내어 현재 위치에 도달했다. 이는 개발 및 지원 모델을 단순화하고 다양한 데이터 소스 형태를 지원하기보다 더 많은 기능을 구현하도록 R&D 투자를 가능하게 한다. 하지만 이에 따른 단점은 다양한 데이터 소스를 백업하는 데 전통적 백업 외에는 선택의 여지가 없다는 것이다.

주요 전통적 백업 소프트웨어 솔루션에는 중앙 집중식 모니터링과 리포트 기능이 제공되지만 아직 약간의 아쉬움이 있다. 리포트의 부족한 기능은 전통적 솔루션뿐만 아니라 많은 백업 솔루션의 공통된 문제점이다. 하지만 이로 인해 백업 리포팅 솔루션이라는 작지만 새로운 산업 분야가 만들어졌고 일부는 계속 사용 중이다.

서드파티 리포트 툴은 무엇인가?

서드파티 리포트 툴은 백업 제품은 아니지만 백업 제품을 사용하는 많은 사람이 사용한다. 많은 백업 툴의 리포팅 기능이 좋지 않기 때문에 서드파티 리포트 툴이 필수적이기도 했다. 서드파티 리포트 툴은 어젯밤 발생한 장애는 알려 줄 수 있지만 정기적으로 발생한 장애는 알려 줄 수 없다. 그리고 문제가 된 백업 장애로 인해 RPO를 준수하는지 여부도 알려 줄 수 있다.

이러한 툴은 백업 제품이 2개 이상 있을 때 매우 유용하다. 백업 제품이 2개 또는 3개 있는 경우 단일 제품으로 모든 백업을 리포팅하는 것이 좋다. 데이터를 정규화하고 백업 및 복원 성공 지표, 추세 분석, 용량 관리 등 진행 상황을 알려 준다.

백업 제품이 2개 이상 있다면 이러한 툴을 적극 추천한다. 제품이 하나뿐이라면 그래도 좋은 생각인 것 같다. 물론 비용이 문제다.

전통적인 백업 솔루션은 또한 백업을 위해 다양한 인프라와 연동할 수 있는 백업 에이전트라는 아이디어를 발명했다. 이런 에이전트 발명 이전에는 유닉스나 윈도우 백업 에이전트 또는 오라클이나 SQL 서버 에이전트 같은 것이 없었고, 셸 스크립트와 크론 작업 그리고 현재 덤프 앤드 스윕 백업이라고 부르는 것으로만 수행이 가능했다(7장에서 설명). 전통적 백업 소프트웨어가 에이전트를 통한 해법을 제시했을 때 백업 업계의 혁명이었다.

전통적 백업의 난제

전통적 백업 시스템 사용자는 13장에서 설명한 모든 문제를 경험할 것이다. 필요한 모든 복잡한 상황을 고려해야 하기에 적절한 크기 조정이 어려울 수 있다. 이런 복잡함 속에 중복 제거까지 추가되면 백업이 더 어려워질 수도 있다. 제품과 설계를 결정했다면 백업 소프트웨어와 동시에 백업 서버와 해당 OS까지 유지 관리해야 한다. 만약 백업 어플라이언스를 구입했다면 이렇게 여러 제조사를 동시에 관리하는 일은 피할 수 있다. 이 때문에 이런 어플라이언스가 전통적 백업 솔루션을 사용하는 고객에게 많은 인기를 얻게 됐다.

전통적인 시스템은 11장에서 이야기한 DR 요구 사항이나 10장에서 이야기한 e-디스커버리 요구 사항을 거의 충족할 수 없기 때문에 DR과 e-디스커버리를 위한 별도의 시스템이 필요할 수 있다. 또한 성능 조정, 테이프 손실, 보관, 공급업체 관리와 같은 테이프와 관련 문제가 발생할 가능성이 있다. 만약 이런 테이프의 직접적인 문제를 해결하지 않는다면, 오래된 백업 테이프들의 자기력 저하 문제나 에어 갭이 없는 디스크 문제, 디스크에 직접적으로 백업 데이터가 저장되는 위험에 직면한다. 이런 시스템의 구축은 항상 대규모 예산이 필요하기 때문에 설계나 구매가 쉽지 않다.

또한 일단 시스템을 갖추게 되면 일정 수준까지만 확장이 가능하다. 용량을 초과하면 중앙 백업 서버는 모든 백업의 모든 인덱스 항목 처리를 처리할 수 없다. 이런 현상을 막고자 데이터를 다른 시스템과 공유하지 않는 완전히 다른 백업 시스템을 생성해야 한다.

분석

이렇게 전통적 백업 솔루션은 여전히 데이터 보호 시장 점유율의 대부분을 차지하고 있고, 이를 점차 사라져 가는 기술인 것인 양 무시하는 것은 적절하지 않은 태도다. 이는 마치 자신의 죽음이 과장되게 보도됐다는 마크 트웨인Mark Twain의 유명한 일화를 떠올리게 한다. 이 글을 쓰는 시점에서 모든 포춘Fortune 100대 기업과 포춘 500대 기업 중 대부분은 적어도 1개의 전통적 백업 솔루션을 보유하고 있으며, 이 유형의 솔루션은 계속해서 평가회사에서 호평을 하고 있다.

이런 전통적 솔루션을 사용하는 가장 큰 이유는 오랫동안 시장에서 주류로 자리매김했다는 점과 광범위한 호환성이다. 수십 년에 걸친 R&D와 그에 따른 높은 신뢰도로 인해 고객들은 이런 부분에서 이점을 얻을 수밖에 없다. 15장에서 다루는 대부분의 최신 솔루션은 전통적인 백업 솔루션만큼의 신뢰성은 없다. 또한 전통적인 솔루션은 신규 및 기존의 거의 모든 데이터센터 운영체제, 플랫폼, 데이터베이스까지 호환이 가능하다. IaaS 및 PaaS 제품, 쿠버네티스 및 도커, 하둡 및 몽고DB와 같은 최신 시스템들의 백업을 지원한다. 또한 13년 동안 새 버전을 출시하지 않은 HP-UX 같은 운영체제를 포함해 모든 변종 유닉스 운영체제에 대한 백업을 여전히 지원한다. 대부분의 주요 전통적 백업 솔루션의 매출 성장이 정체됐거나 감소하고 있는 것은 사실이지만 이 범주는 여전히 백업 시장에서 대체 불가한 영역이므로 절대로 금방 없어질 기술이 아니다.

또한 이런 솔루션은 타깃 중복 제거 시스템, 모든 종류의 테이프 라이브러리, 여러 클라우드 플랫폼을 포함해 상상할 수 있는 모든 종류의 백업을 지원한다. 14장의 뒷부분에서 설명하는 많은 최신 솔루션과 달리 이런 솔루션은 다양한 플랫폼에서 베어메탈 복구 개념까지 지원한다.

전통적인 솔루션은 또한 시장 변화에 적응해 가고 있다. 딱히 다양한 플랫폼을 지원할 필요가 없는 소규모의 볼품없는 솔루션조차도 새로운 기능을 추가하고 시장 점유율을 조금씩 차지하고 있어, 전통적인 솔루션들도 이런 비슷한 기능을 추가해 낮아지는 시장 점유율에 대응해 왔다. 예를 들어 전통적 백업 소프트웨어를 사용하는 많은 사람이 타깃 중복 제거 어플라이언스에 백업하는 경향이 있지만 이런 솔루션 중 일부는 소스 측 중복 제거를 추가하기도 했다. 블록 수준 증분 백업을 위해선 CBT 사용을 포함해

VMware용 VADP 및 Hyper-V용 VSS를 지원한다. 많은 솔루션이 완전 전체 백업으로 발생하는 문제점들을 개선하고자 솔루션이 통합 전체 백업을 제공하고 있다.

오프사이트 복사본을 오브젝트 스토리지로 복사하는 것 외에도 일부는 클라우드 오브젝트 스토리지를 백업 기본 스토리지로 사용하는 기능을 추가했다(대부분의 백업 소프트웨어는 오브젝트 기반 스토리지가 아닌 파일/블록 스토리지를 기본 스토리지로 선호한다). 이들 솔루션 중 일부가 가진 흥미로운 옵션은 중앙 백업 서버 간에 백업을 복제하는 기능이 있다. 전통적으로 각 중앙 백업 서버는 다른 백업 서버를 전혀 알지 못하는 독립 실행형 서버였다. 하지만 이 복제 기능의 중복 제거를 사용해 중앙 백업 서버 간에 백업을 복제할 수 있으므로 다중 사이트 조직에서 서드파티 공급업체(예: 클라우드) 없이 온사이트 및 오프사이트 백업을 수행할 수 있다.

이런 솔루션은 상당한 기능을 제공하지만, 다른 백업 솔루션 범주(15장에서 설명)는 앞서 언급한 전통적인 백업 솔루션 고객의 공통적인 문제를 해결하기 위한 것이다. 전통적인 백업 시스템은 크기를 적절하게 조정하려면 상당한 양의 설계가 필요하며, 이후에는 백업 서버와 소프트웨어를 여러 공급업체와 지속적으로 유지 관리해야 한다. 높은 수준의 DR을 구축하려면 일반적으로 별도의 DR 시스템이 필요하며, e-디스커버리에서도 마찬가지다. 대부분의 최신 기존 시스템(최신 기존이라는 단어가 모순인 것 같지만)이 데이터 중복 제거 디스크에 백업되고 있지만, 여전히 많은 고객은 비용을 이유로 테이프에 오프사이트 백업을 보내고 있다. 즉 성능 조정 테이프 드라이브, 테이프 손실에 대한 우려, 관리해야 하는 외부 저장소 공급업체의 문제도 있다. 이러한 시스템은 거의 항상 대규모로 구매하며, 초과 프로비저닝해야 수년 동안 지속될 수 있고 한번 설계 및 설치하면 확장하기가 어려울 수 있다.

이런 솔루션의 고객은 조직의 일부에서 전통적인 솔루션(예: 기존 유닉스 서버)도 필요하고 인프라의 다른 일부에서는 최신 솔루션이나 서비스가 필요할 때 어떻게 해야 하는지에 대해 질문한다. 한 가지 확실한 것은 가상화된 서버의 백업은 전통적인 백업으로도 가능했지만 가상화 전용으로 설계된 솔루션보다 더 나을 순 없다. 내 조언은 복구 요구 사항을 충족할 수 있다면 모든 면에서 기존 솔루션을 그대로 유지하라는 것이다. 과거 나는 사람들에게 여러 백업 솔루션을 실행하는 복잡성을 조언하고 이를 기획에 반영하도록 요청했다. 현재의 내 대답은 변함이 없다. 전통적 백업 중 일부를 다른 최신의 솔루션으로 대체하려 한다면 여러 백업 솔루션을 실행하는 복잡성까지 고려해야 한다. 물론 어떤 사람들은 새로운 솔루션을 관리하는 것이 훨씬 쉬워서 두 가지 솔루션의 사용 방법을 익히는 것이 더 낫다고 하기도 한다. 언제나 그렇듯 결정은 사용자의 몫이다.

타깃 중복 제거 백업 어플라이언스

타깃 중복 제거 백업 어플라이언스는 특수 운영체제(일반적으로 리눅스의 일부 변형)상에서 동작하는 프런트엔드 서버(종종 헤드라고도 함) 뒤에 위치한 디스크 어레이로 구성된 어플라이언스다. 대부분의 어플라이언스와 마찬가지로 OS는 일반적으로 숨겨져 있으며 모든 관리는 웹 기반 인터페이스로 이뤄진다. 대부분의 사람이 NFS/SMB로 연결하지만 이런 어플라이언스는 스스로를 NFS/SMB 서버, iSCSI 대상, VTL로 보이게 할 수 있다. 백업 데이터를 이런 어플라이언스로 보낸 다음 중복을 제거하고 다른 어플라이언스에 복제하도록 백업 서버를 구성한다. 타깃 중복 제거 어플라이언스는 12장에서 자세히 다뤘다.

이런 솔루션은 기술적으로 백업 솔루션은 아니지만 두 가지 이유 때문에 14장에서 설명하고자 한다. 첫 번째, 여러 업체에서 생산하지만 이미 많은 사람들이 보편적으로 사용하는 백업 솔루션이기 때문이다. 두 번째, DBA와 같은 일부 사용자들을 위한 완벽한 백업 솔루션이기 때문이다. 많은 DBA는 일반적인 백업 제품이 지원하지 않는 방식으로 덤프 앤드 스윕 백업에 이런 방식을 사용한다. 데이터베이스를 타깃 중복 제거 어플라이언스에서 제공하는 NFS/SMB 마운트에 덤프한 다음 통합 복제를 사용해 해당 덤프를 오프사이트로 복제한다. 대부분의 DBA들은 이런 방식에 만족하며 따라서 백업 담당자는 데이터베이스 백업에 대한 걱정을 덜 수 있다.

백업 및 복구 분야에서 원래 설계 의도보다 너무 빨라진 테이프 드라이브 때문에 많은 조직이 이 문제를 해결하려 했지만, 이런 어플라이언스를 통해 많은 부분을 해결할 수 있다. 이 책의 다른 여러 곳에서 언급했듯이 최신 데이터 보호 시스템을 설계할 때 테이프 드라이브는 너무 느려서가 아니라 반대로 너무 빨라서다. 테이프 드라이브는 조정할 수 있는 속도가 딱 두 가지인데 정지와 고속이다. 현재 최신 테이프 드라이브는 초당 1.7GB 이상으로 측정되는데 이 속도로 거의 백업하는 경우는 없다. 따라서 이를 위한 대안이 필요했다.

일부 조직에서는 392페이지의 '테이프 관련 과제'에서 설명한 디스크 캐시 접근 방식을 채택해 테이프 속도에 따른 문제를 해결했다. 디스크 캐싱은 디스크가 없는 방식보다 낫지만 오프사이트용 테이프 문제로 부분적인 해결책밖에 되지 않는다. 대부분의 최신 백업 및 복구 시스템에서 성공 열쇠는 테이프를 최대한 배제하는 것이다. 이를 구현할 유일한 방법은 여러 세대의 전체 또는 증분 백업을 저장할 수 있는 충분한 디스크 용량을 확보한 후, 백업본을 디스크에 저장해 테이프를 일일이 찾을 필요 없이 지난 90일에서 6개월 사이의 모든 파일 또는 데이터베이스 버전을 복원할 수 있다.

그러나 이 설계의 문제점은 디스크 용량이다. 382페이지의 '백업 시스템 크기 조정'에서 설명한 사례를 보면 500TB 데이터센터에 6개월에서 1년 동안의 백업을 보관하려면 6~11PB의 디스크가 필요하다. 이는 주 데이터보다 20배 큰 용량이다.

이런 상황을 예방하려면 서드파티 타깃 중복 제거 어플라이언스를 사용할 수 있다. 364페이지의 '타깃 중복 제거 어플라이언스'에서 자세히 설명했듯이 이런 어플라이언스는 백업 형식을 크랙한 다음 열어서 데이터를 작은 조각으로 분할하고(크기는 솔루션에 따라 다름) 각 조각을 고유하게 식별할 수 있는 해싱 알고리듬을 실행한다.

이런 어플라이언스는 매우 인기가 많다. 전통적인 백업 솔루션의 많은(대부분은 아니지만) 고객은 대부분의 백업을 서드파티 타깃 중복 제거 어플라이언스에 저장한다(백업 및 복구 소프트웨어를 공급하는 회사에서 제공하지 않는다는 점에서 서드파티 제품이다). 다음 단락에서 이런 인기 있는 어플라이언스의 장점과 과제를 요약해 보겠다.

타깃 중복 제거의 장점

타깃 중복 제거 방식의 가장 큰 장점은 고객이 사용할 때 백업 시스템을 크게 변경할 필요가 없다는 점이다. 즉 백업 시스템에 중복 제거 기능을 추가하려고 이미 구입한 제품을 버릴 필요는 없다.

15장에서 설명하는 솔루션을 사용하려면 백업 솔루션 전체를 전환하거나 최소한 그 솔루션을 사용해 백업할 시스템은 기존 백업 솔루션을 변경해야 한다. 많은 사람이 VMware, 원격 사이트 또는 클라우드 워크로드와 같은 특정 워크로드를 처리하려고 14 장에서 설명하는 솔루션 중 하나를 구입할 것이다. 해당 워크로드에 이런 솔루션을 사용하려면 현재 사용 중인 백업을 중지해야 한다. 하지만 일부는 계속 현재 백업 솔루션을 사용할 수 있다. 이렇게 해서 조직이 평균 2~3개의 백업 솔루션을 갖게 된다.

이와 반대로 타깃 중복 제거 어플라이언스는 외부 디스크에 백업이 가능한 기존 백업 및 복구 시스템에 쉽게 추가할 수 있으며, 일반적으로 신규 시스템으로 완전히 교체하는 것보다 비용이 저렴하다. 또한 다양한 방법으로 백업 시스템에 연결할 수 있기 때문에 매우 유연하다.

타깃 중복 제거 어플라이언스를 사용하려면 고객은 백업을 새 장치로 보내고 오프사이트 복사 프로세스만 관리하면 된다. 또는 테이프에 복사하거나 다른 중복 제거 시스템에 복제한다. 이는 일반적으로 매우 간편하지만 대부분 테이프 전용 환경에서는 백업 테이프를 복사하지 않고 원본 테이프를 오프사이트로 보낸다. 이런 환경에서는 새로운 복사 프로세스를 추가하고 관리해야 하는 번거로움이 있다.

테이프에서 디스크로 전환할 때 백업의 안정성이 높아지는 것을 경험할 수 있다. 이런 혁신적인 백업 설계 변경으로 해당 솔루션이 수년 동안 인기를 얻은 적이 있었다. 하나의 어플라이언스를 구입했을 뿐인데 많은 테이프 문제가 갑자기 사라진다. 이를 2개를 구입하고 복제까지 하면 테이프 보관 업체에 지불하던 비용을 포함해 테이프로 발생한 복잡한 문제들이 없어진다.

타깃 중복 제거 어레이는 모든 종류의 백업은 물론 서로 다른 서버와 애플리케이션 백업에서 중복 데이터를 찾을 수 있다. 또한 여러 서버에 저장된 중복 파일을 찾아야 하며 시간이 지나면서 저장된 여러 버전의 파일에서 중복 데이터 블록을 찾아야 한다. 그리고 서로 중복 제거해야 하는 모든 백업을 동일한 어플라이언스로 전송해야 한다는 몇 가지 주의 사항이 있다. 그렇다고 모든 타깃 중복 제거 어플라이언스가 어플라이언스 내에 저장된 모든 데이터를 중복 제거하는 것은 아니다.

데이터 중복 제거는 기존 백업 및 복구 환경에 적용되는 경우 10:1 이상의 데이터 중복 제거 비율을 제공한다. 즉 이러한 시스템을 사용하면 이전에 언급한 500TB 데이터센터 (11PB의 백업 데이터)의 사례에서 약 1PB의 물리적 디스크에 6개월에서 1년 분량의 백업을 저장할 수 있다. 실제 중복 제거 비율은 데이터, 백업 구성, 데이터 중복 제거 시스템에 따라 크게 달라진다.

테이프를 완전히 없애고자 한다면 이 시스템은 오프사이트에서 두 번째 타깃 중복 제거 어플라이언스로 백업을 복제할 수도 있다. 364페이지의 '타깃 중복 제거 어플라이언스'에서 언급한 것처럼 이는 백업 소프트웨어 또는 어플라이언스에서 관리할 수 있으며 두 접근 방식 모두 장단점이 있다. 이런 백업 설계를 채택한 고객은 사람의 힘 없이 현장 및 오프사이트 백업을 수행할 수 있으므로 관리해야 하는 공급업체의 수를 1/2배로 줄이고 복잡성도 훨씬 더 줄일 수 있다. 이런 고객은 더 이상 테이프 드라이브의 속도에 맞게 백업 성능을 조정하는 것을 걱정할 필요가 없다. 또한 물리적 테이프를 관리하고 테이프가 손실될 가능성을 걱정할 필요도 없다. 그리고 마지막으로 테이프를 운송하고 저장하려고 보관 업체와 계약할 필요가 없다.

타깃 중복 제거의 난제

중복 제거 어플라이언스는 많은 문제를 해결했지만 몇 가지 새로운 문제를 갖게 됐다. 타깃 중복 제거 어플라이언스에 모든 백업을 저장하면 크기 조정, 가격 책정, 보안이라는 세 가지 문제가 발생한다. 하나씩 살펴보자.

첫 번째, 이런 시스템의 용량 산정에 많은 추측이 필요하다. 실제로 백업을 중복 제거할 때까지 백업이 얼마나 잘 중복 제거되는지 알 수 있는 백업 업체는 없다. 이 문제를 실제 해결할 방법도 없다. 우리는 그저 추측할 따름이고 공급업체도 추측할 뿐이며 서드 파티 컨설턴트는 하루 종일 추측만 할 수 있다. 모든 시스템의 데이터 및 백업 구성은 다르다. 따라서 모든 사람의 중복 제거율도 다를 수밖에 없다.

타깃 중복 제거 시스템의 용량을 산정할 때 알아야 할 또 다른 중요한 사항은 다음과 같다. 중복 제거 범위는 단일 스케일 업^{scale-up} 어플라이언스로 제한되며, 때로는 이보다 더 작은 경우도 있다. 널리 사용되는 타깃 중복 제거 어플라이언스는 해당 어플라이언스 내에서만 데이터 중복 제거를 수행할 수 있는 스케일 업 어플라이언스다. 이러한 어플라이언스는 일반적으로 크기가 다양하며, 각각은 프런트엔드 어플라이언스(즉 헤드)이고, 그 뒤에는 특정 크기의 디스크가 있다. 더 강력한 헤드는 더 많은 디스크와 뒤에 있는 디스크 용량을 처리할 수 있다. 성능이 낮은 헤드를 기반으로 가격이 저렴한 어플라이언스를 구입했다가 용량을 초과한 경우 헤드를 교체하거나 다른 어플라이언스를 구입하는 두 가지 선택이 있다.

헤드를 교체하면 처음 구매한 헤드를 버리고 돈을 낭비하게 된다. 자체 디스크와 함께 보조 어플라이언스를 구입하는 경우 중복 제거 관점에서 다시 시작하게 된다. 각 어플라이언스의 중복 제거 시스템은 서로 통신하지 않으므로 백업을 서로 분할해 낭비를 최소화해야 한다. 대부분의 사람들은 다른 어플라이언스를 구매하는 두 번째 선택을 하는데, 가끔 이렇게들 어플라이언스를 많이 산다. 따라서 일반적으로 중복 제거 시스템이 모든 백업을 전체적으로 비교하는 중복 제거 비율을 기반으로 하기 때문에 사이징이 다소 어긋날 수 있다. 2개 이상의 어플라이언스를 구입하는 경우에는 이러한 문제가 발생하지 않는다.

또한 프로비저닝이 부족하면 곧바로 추가 자원이 필요할 수 있어 서둘러 구입해야 한다. 이는 여러 이유로 결코 좋지 않은데, 미국 TV 시트콤 〈사인펠드〉에서 조지^{George}의 한 구절을 빌리자면 '어떻게 할 수가 없다$^{have no hand}$'는 의미다. 첫째, 공급업체와 협상할 수 있는 능력이 없다. 공급업체는 사용자가 새로운 하드웨어가 꼭 필요로 한다는 것을 알고 있기 때문이다. 둘째, 적절한 크기를 조정할 시간이 없기 때문에 곧 이런 일이 다시 발생하지 않도록 과도한 용량을 추가할 수 있다. 가장 큰 위험은 백업 담당자가 용량을 확보하려고 일부 백업을 원하지 않게 삭제해야 할 수도 있다.

대부분의 사람들이 이 문제를 해결하려고 하는 일은 처음부터 현재 필요한 것보다 훨씬 큰 헤드를 구입해 지원할 수 있는 것보다 적은 디스크로 초과 프로비저닝하는 것이다. 그런 다음 필요할 때 디스크를 추가한다. 이들은 시스템이 3~5년 동안 지속돼야 하기 때문에 어쨌든 이 작업을 수행할 것이라고 주장한다. 만약 이게 잘못된다면 나중에 더 많은 하드웨어를 빠르게 구입하게 된다. 이러한 한계를 극복하는 한 가지 방법은 모든 데이터가 중복 제거되는 방법을 알 수 있는 파일럿 프로그램을 실행하고, 검증하기 전까지 전체 시스템을 구입하지 않는 것이다. 백업 유형마다 중복 제거가 다르므로 데이터센터에 있는 여러 유형의 데이터를 모두 백업하고 각각의 중복 제거율을 개별적으로 측정해야 한다. 오라클 및 SQL 서버와 같은 RDBMS의 백업은 문제가 많기로 유명하며, 백업에서 활성화해 중복 제거율을 크게 변경할 수 있는 다양한 옵션이 있다.

타깃 중복 제거 시스템에는 395페이지의 '디스크에 에어 갭이 없다'에서 언급한 에어 갭 문제도 있다. 타깃 중복 제거가 NFS/SMB 또는 VTL로 백업 서버에 직접 연결됐다면 불량 관리자 또는 기타 악의적인 행위자에 의해 손상되거나 거기에 저장된 모든 백업이 삭제될 수 있다. 이 공격 방식은 랜섬웨어 공격자가 데이터 세트의 주/보조 복사본을 모두 암호화하는 데 사용한다. 언론 기사를 보면 이런 백업에 어떤 영향이 있었는지 확인할 수 있다.

타깃 중복 제거 시스템의 마지막 문제점은 높은 비용이다. 완전히 새로운 백업 시스템을 구입하는 것보다 기존 백업 시스템에 타깃 중복 제거를 추가하는 것이 더 쉬울 수 있지만 일반적인 새로운 환경에서는 전체 솔루션 비용이 다른 솔루션 비용보다 더 높다.

이러한 비용 때문에 타깃 데이터 중복 제거 시스템에 온프레미스 백업을 모두 저장하는 많은 고객이 여전히 백업을 테이프에 복사해 승합차에 있는 직원에게 전달하고 있다. 이들 중 일부는 복제된 백업에서 얻을 수 없는 에어 갭을 제공하고자 이 작업을 수행하기도 하고, 다른 일부는 테이프에 복사하는 비용이 다른 어플라이언스로 백업을 복제하고 중복 제거하는 것보다 훨씬 저렴하기 때문에 이 작업을 수행하기도 한다.

분석

타깃 중복 제거 시스템은 전통적인 백업 환경에서 테이프와 관련한 문제 해결하려고 만들어졌다. 타깃 중복 제거 어플라이언스는 중복이 제거되지 않은 디스크에 비해 상대적으로 저렴한 백업 대상 장치를 제공하며, 이는 테이프 드라이브로 교체하는 것보다 백업에 훨씬 더 적합하다. 조직에서 오프사이트 백업을 테이프에 복사해 승합차에 탄 사람에게 전달하기로 결정하더라도 백업의 주 복사본을 만들고 사용하는 것이 훨씬 쉽다. 백업 및 복원은 테이프에 직접 백업하는 것보다 훨씬 더 잘 동작하며 테이프 드라이브 오작동으로 백업 문제를 해결해야 하는 횟수가 0으로 줄어든다(테이프 복사본의 문제를 해결해야 할 수도 있지만 테이프에 직접 백업을 보내는 것보다 훨씬 안정적이다). 중복 제거를 사용하면 복제 백업도 가능하다.

그러나 타깃 데이터 중복 제거의 대중성을 높이는 혁신적인 접근 방식은 기존 데이터 보호 시스템의 테이프 문제를 해결하는 데 아무런 도움이 되지 못했다. 타깃 중복 제거는 한 영역의 복잡성을 줄였지만 다른 솔루션과 공급업체를 추가해 다른 영역의 복잡성을 증가시켰다. 결과적으로 테이프만 사용하는 이전 시스템보다 구입 및 유지 관리 비용이 훨씬 더 많이 들게 된다.

일부는 타깃 중복 제거 시스템이 비용이 많이 들 수 있지만 전체 백업 시스템을 교체하는 것보다 여전히 저렴하다고 말한다. 이것은 대체로 사실이다. 백업 시스템에 다른 솔루션과 공급업체를 추가하면 복잡성이 증가하고 비용도 수반된다는 점을 기억해야 한다. 이와 같은 주요 변경 사항을 볼 때는 백업 시스템의 전체 TCO를 비교하는 것이 중요하다. 타깃 중복 제거 시스템을 추가하는 것이 더 저렴할 수도 있고 새로운 설계로 다시 시작하는 것이 더 저렴할 수도 있다. 결과적으로 현실을 반영한 숫자만이 그 질문에 정확한 답을 할 수 있을 것이다.

마무리

전통적인 백업 시스템은 오래됐지만 꾸준히 사용돼 왔다. 일부 레거시 워크로드에서는 여전히 전통적인 백업 시스템이 유일한 옵션이며, 수십 년의 R&D로 매우 안정적이다. 또한 이 시스템들은 새로운 업체들에게 시장을 포기하지 않고, 시장 요구 사항이 변화함에 따라 계속해서 적응해 왔다. 사실 새로운 경쟁자에게 동일한 작업을 맡기는 것보다 원래 그 제품을 잘 아는 공급업체를 찾는 것이 훨씬 쉽기 마련이다. 그러나 지난 20년 동안 이들에게서 서서히 멀어진 시대의 흐름을 막을 수 있을 것 같지는 않다. 이제는 문제점이 훨씬 적고 운영 비용이 더 저렴한 좋은 대안이 넘쳐난다.

타깃 중복 제거 시스템도 이미 상당히 안정화돼 곧 사라질 기술은 아니다. 그러나 기존 백업 시스템과 마찬가지로 많은 공급업체가 비용을 절감하고 있다. 대부분의 최신 백업 시스템에는 자체 통합 중복 제거 기능이 있어 타깃 중복 제거 어플라이언스가 필요하지 않다. 이 때문에 기존 백업 소프트웨어 고객에게는 이런 솔루션이 훨씬 적합하다고 생각해 14장에서 설명했다.

15장에서는 신규 데이터 보호 제품을 설명하겠다. 이런 새로운 제품 중 일부는 출시된 지 오래됐지만 이런 제품(하이퍼바이저 중심 제품)조차도 전통적인 제품과 완전히 다른 백업 접근 방식을 적용했다. 이제부터 최신 제품들을 살펴보자.

최신 데이터 보호 솔루션

이전의 장에서는 주로 솔루션의 테이프 문제를 해결하려고 설계한 기존 데이터 보호 솔루션과 타깃 중복 제거 시스템을 살펴봤다(이 제품들 중 하나의 제품 마케팅 슬로건이 '테이프는 쓸모 없다. 어서 가자'였기 때문에 타깃 중복 제거 제품이 시장에 나타난 이유로는 매우 공정한 평가라고 생각한다).

15장의 제품과 이전 장의 제품 간의 주요 변경 사항 중 하나는 이런 모든 백업 제품이 디스크를 중심으로 설계했다는 것이다. 이들 중 다수의 제품은 계속 디스크 전용이고 나머지는 여전히 디스크 중심이지만 일부 테이프는 기능이 추가됐다. 그러나 이런 모든 제품은 디스크를 기본(그리고 가끔은 디스크만을) 백업 대상으로 사용하도록 설계했다.

이런 제품은 디스크 중심적일 뿐만 아니라 일부 시장 변화에 대응하도록 설계한다. 백업 프로세스가 계속 중단되는 일들이 발생했고(그리고 계속 발생하고 있다) 이를 해결할 수 있는 신제품들이 나타났다. 가상화 중심의 백업 솔루션이 등장하기 시작한 것은 시장에서 기존 솔루션이 서버 가상화로 인해 발생하는 문제를 적절하게 대응하지 못한다고 생각했기 때문이다. 하이퍼 컨버지드 백업 솔루션은 4~5개 공급업체의 솔루션을 사용하는 일반적인 백업 구성으로 세분화된 데이터 보호 산업을 해결했다. DPaaS 제품은 SaaS 접근 방식을 사용해 동일한 요구 사항을 해결했다. 마지막으로, 지난 몇 년 동안 많은 사용으로 인기를 끌기 시작한 다양한 IaaS, PaaS, SaaS 제품의 백업이 가능하도록 특별히 설계한 솔루션도 나타났다. 이 차세대 데이터 보호 제품을 살펴보자.

가상화 중심 솔루션

테이프 드라이브의 속도가 너무 빨라지고 타깃 중복 제거 시스템이 시장에 출시되기 시작할 때쯤 VMware라는 작은 회사가 눈에 띄기 시작했다. 그리고 몇 년 안에 x86 아키텍처를 가상화하는 매우 인기 있는 방법이 됐다. 이를 이용해 여러 조직은 해당 서버의 CPU, 메모리, I/O 리소스를 공유하는 여러 가상머신을 이용해 물리 서버를 공유할 수 있다.

VMware가 처음 이 아키텍처를 설계할 때 고려하지 않았던 한 가지는 가상머신을 쉽게 백업하는 방법이었다. VMware는 사업 시작 몇 년간은 가상머신을 백업하는 유일한 방법으로 가상머신이 물리적 머신인 척하는 것이었다. 백업 클라이언트를 설치하고 다른 물리적 시스템과 마찬가지로 백업했다.

VM이 물리적 시스템인 것처럼 동작할 때 문제는 여러 백업을 동시에 수행할 때 발생한다. 특히 이런 백업 중 일부가 전체 백업인 경우에 그렇다. 가상화 호스트의 I/O 시스템에 과도한 부담을 주기 때문에 동일한 가상화 호스트에 있는 백업 및 기타 VM의 성능을 저하시켜 어떻게든 개선해야 했다.

VMware는 먼저 VCB^{VMware Consolidated Backup}라는 것을 시도했고 많은 백업 회사는 VMware가 결국은 포기한 API를 개발하는 데 많은 R&D를 낭비했다(개인적으로 이를 엉터리 백업이라고 불렀다). 이후 VMware는 변경 블록 추적^{CBT}을 포함한 VADP^{vSphere Storage API for Data Protection}을 출시했다. 이를 이용해 백업 소프트웨어 시스템은 각 VM에 백업 클라이언트 소프트웨어를 설치할 필요 없이 가상머신을 백업할 수 있었고 VM에서 블록 수준 증분 백업 기능도 활성화할 수 있었다.

유일한 문제는 기존 백업 솔루션이 이 문제를 해결하지 않고 10년 이상이 흘렀다는 것이다. VCB의 실패와 일반적인 가상화 시장의 불확실성 사이에서 대규모 백업 회사들은 문제를 해결하기 위한 별도의 솔루션을 만드는 데 R&D에 비용을 낭비하고 싶지 않았다. 이로 인해 새로운 유형의 솔루션 시장 수요가 나타났고 가상화 중심의 백업 솔루션이 탄생했다. 다수의 업체들은 가상화를 떠오르는 트렌드로 보고 그 트렌드의 백업 및 복구의 요구 사항을 해결해 시장에서 자리매김했다.

이런 솔루션은 디스크 전용, 윈도우 전용 백업 접근 방식을 사용했다. 즉 백업 서버 소프트웨어는 윈도우에서만 실행되고 테이프는 지원하지 않았다(대부분이 지금은 테이프 지원을 추가했지만 처음에는 포함하지 않았다). VMware에 전적으로 집중하고 윈도우의 플랫폼 지원을 줄임으로써 이런 솔루션은 연구 및 개발 요구 사항과 사용 용이성을 모두 크게 단순화했다. 그 결과 솔루션은 사용하기에 매우 쉬웠고 특히 가상화 커뮤니티의 요구 사항을 충족했으며 결국 Hyper-V도 포함하게 됐다. 이런 공급업체 중 일부는 계속 성장해 다른 하이퍼바이저(예: KVM 및 AHV)의 지원 기능도 추가했지만 주요 솔루션은 여전히 VMware 및 Hyper-V에 초점을 맞추고 있다.

처음에 이런 솔루션은 VM용으로만 설계했으며 요즘 IT 담당자는 이것이 얼마나 단순화됐는지를 이해하기 어려울 것이다. 당시 데이터센터는 각각 다른 물리적 아키텍처에서 실행되는 Solaris, HP-UX, AIX, IRIX, DG-UX, AIX와 같은 유닉스 변형의 서버로 가득 차 있었다. x86 서버의 윈도우와 리눅스는 인기가 높아지고 있었지만 오늘날만큼은 인기를 끌지는 못했다. 이런 공급업체는 VM용 백업 솔루션만 설계했기 때문에 다른 모든 아키텍처 및 운영체제의 복잡성을 모두 처리할 필요가 없었다.

나는 두 가지 다른 백업 솔루션을 실행하는 사용자를 옹호하지는 않기 때문에 과거 고객이 VMware 백업을 이런 새 솔루션으로 교체해 백업 환경을 복잡하게 만들기 시작했을 때 마음에 들지 않았다. 이는 물리 서버로 하나의 백업 솔루션을 실행하고 VM으로 다른 백업 솔루션을 실행한다는 것을 의미한다. 고객에게 2개의 백업 솔루션을 실행하는 것보다 가상머신을 물리 서버와 같이 취급하는 것이 더 좋다고 말한 기억이 난다. 그러나 가상화 중심의 백업 소프트웨어 솔루션을 출시하는 기업들은 이와 다르게 생각했다. 첫째, 이런 업체들은 가상화가 미래 전략이며 이에 따라 전문 기능에 초점을 둔 '포인트 솔루션'은 점차 사라진다고 생각했다(대부분의 데이터센터를 운영하고 있다면 포인트 솔루션과는 거리가 있을 수 있다). 오늘날의 데이터센터는 대부분 가상화됐으며 가상화는 현재 클라우드를 기반으로 동작한다. 둘째, 백업 솔루션 기업들은 좀 더 초점을 좁히면 가능한 더 많은 최신 기능을 추가할 수 있다고 생각했다. 지나고 보면 이 두 가지 전략이 모두 옳았다.

또한 이런 솔루션은 윈도우용 디스크 전용 접근 방식으로 시작했지만 대부분의 솔루션에서는 이 방식을 사용하지 않는다. 백업을 장기간 보관하려고 테이프를 추가했는데, 이는 모든 백업을 디스크에 보관하는 데 비용이 너무 많이 든다는 고객 불만이 제기됐기 때문이다(물론 백업을 너무 오래 저장해 테이프의 장기적인 저장 비용이 필요해서는 안 된다고 생각한다. 이 주제는 3장을 참고하자). 일부 고객은 이전의 장에서 설명한 것과 동일한 설계, 즉 타깃 중복 제거 어플라이언스의 내부 백업과 테이프의 외부 백업도 선택했다. 이것이 가능한 유일한 방법은 이런 솔루션이 테이프를 지원하는 경우였다. 그리고 이 솔루션 중 일부는 리눅스 미디어 서버를 지원해 윈도우의 보안 문제를 해결하는 데 도움이 됐다. 관련 내용은 421페이지의 '가상화 중심 백업의 난제'를 참고하자.

가상화 중심 솔루션의 장점

윈도우와 디스크 기반 솔루션은 고객이 솔루션을 더 쉽게 이해할 수 있다. 테이프 라이브러리는 이해하기 어렵고 구성 또한 더 어렵다. 백업을 C:\BACKUPS에 저장하는 것이 훨씬 이해하기 쉽다(이전의 장에서 언급했듯이 파일 시스템에서 백업을 직접 사용할 수 있게 되면 보안 위험이 있다). 또한 모든 유닉스 변수를 사용하는 다양한 명령어가 있는 두꺼운 매뉴얼이 필요하지도 않고 일반적인 윈도우 UI를 사용한다.

또한 이런 솔루션은 디스크 중심 아키텍처를 이용해 기존 백업 솔루션과는 다른 방식으로 백업을 저장할 수 있다. 일반적인 백업보다는 복사본이나 스냅샷에 가까운 백업 데이터에 직접 액세스할 수 있는 방식으로 백업을 저장할 수 있다. 이 설계는 중요한 여러 기능을 가능하게 했다. 예를 들어 VMDK/VHD 파일을 파일 시스템으로 마운트한 다음 단일 파일 복구가 필요할 때 개별 파일을 가져올 수 있다. 이 기능이 지원되지 않으면 파일 하나를 복원할 때 전체 VMDK를 복구해야 한다. 또한 마이크로소프트 익스체인지_{Exchange} 백업과 비슷한 기능을 지원하므로 사용자는 전체 데이터베이스를 복원하기 전에 익스체인지 내에서 개별 이메일을 찾아볼 수 있다. 이 두 가지 기능은 모두 이런 솔루션의 고객에게 매우 중요하다.

그러나 백업 환경에 추가한 두 가지 가장 큰 기능은 9장에서 다룬 즉시 복구와 자동 백업 테스트다. 이 두 가지 기능이 백업 및 복구 업계에 미친 영향은 아무리 강조해도 지나치지 않다. 백업에서 VM을 즉시 부팅한 후 모든 VM을 자동으로 완전하게 부팅할 수 있는지를 테스트할 수 있다는 아이디어는 시장의 판도를 바꾸어 놨다. 나는 이런 공급 업체 중 하나가 수십 대의 VM을 완전 자동화 기반으로 복구하는 기능을 처음 봤을 때 이 아이디어가 몇 년 동안 본 것 중 가장 멋진 새로운 기능이라고 생각했다. 오늘날까지 많은 백업 공급업체가 수년 전에 추가한 이런 중요한 기능을 따라잡고 있다.

몇 년 동안 나는 '아무도 당신이 백업할 수 있는지 없는지 관심이 없고 당신이 복구할 수 있는지만 신경 쓴다'는 농담을 여러 번 했지만 일반적으로 자동 복구 테스트를 할 자원은 없다. 그 이유는 단순히 테스트에는 사용할 수 없는 스토리지와 컴퓨팅 자원은 실제 복원 작업에 필요했기 때문이다. 이런 즉시 복구와 자동 정기 백업 테스트의 개념은 다른 수많은 백업 솔루션의 설계를 변화시켰으며 이 아이디어를 시장에 처음 선보인 것은 가상화 중심의 백업 솔루션이었다.

가상화 중심 백업의 난제

가상화 중심의 백업 솔루션도 새로 해결해야 할 문제가 있다. 타깃 중복 제거 어플라이언스와 마찬가지로 디스크 기반 백업은 해커가 쉽게 액세스할 수 있다는 문제점이 있다. 이전의 장에서 설명한 C:/BACKUPS에 백업을 저장하는 단순성은 해커가 더 쉽게 데이터를 손상시킬 수 있게 해준다. 이런 문제는 대부분의 솔루션이 백업 서버용 마이크로소프트 윈도우 플랫폼을 기반으로 개발된다는 사실로 인해 더욱 심각해진다. 윈도우는 특히 랜섬웨어의 주요 공격 대상이다(리눅스나 맥 OS 둘 다 영향을 받지 않지만 주요 공격 대상은 아니다). 주 시스템과 백업 시스템이 랜섬웨어에 감염된 조직의 사례는 너무나 많다.

윈도우를 사용할 때 얻는 대부분의 편의성은 모든 사용이 콘솔에서 실행하도록 GUI를 사용하기 때문이다. 이 콘솔은 일반적으로 데이터센터에 있으며 실제 콘솔이 아닌 경우가 많다. 많은 시스템이 헤드리스 모드로 실행하거나 단일 모니터, 키보드, 마우스를 공유할 수 있는 KVM 시스템에 연결돼 있다. 따라서 원격 데스크톱 프로토콜^{RDP, Remote Desktop Protocol}를 사용하도록 설정하는 것이 매우 일반적이며, 이는 윈도우 시스템 관리자가 기기의 콘솔에 연결할 때 GUI를 이용하는 가장 일반적인 서버 관리 방법이다. 이것의 문제는 RDP가 랜섬웨어 공격에 사용되는 주요 공격 포인트라는 점이다. RDP 보안을 위한 모범 사례에 따르면 이런 위험을 어느 정도 완화할 수 있지만, 많은 고객은 문제를 알지 못하거나 보통 보안을 위한 변경 작업을 진행할 시간이 없다.

일부 솔루션은 리눅스 미디어 서버를 지원하고 백업을 S3와 같은 변경할 수 없는 스토리지 시스템으로 복사하는 것을 지원해 해당 취약점에 대응했다. S3 오브젝트 잠금 옵션은 오프사이트 복사를 위한 좋은 솔루션이며 리눅스 미디어 서버는 온프레미스 복사본을 보다 안전하게 만드는 데 도움이 된다. 가장 중요한 것은 고객이 위험을 인식하고 최선을 다해 해결해야 한다는 것이다.

분석

가상화 중심 백업 솔루션은 가상화 중심 환경에서 널리 사용되는 솔루션이다. 물리적 워크로드와 함께 제공돼 여러 가지 변형 유닉스를 사용하지 않는다면 가상화 중심 접근 방식을 선호할 것이다. 또한 가상화 환경에서 윈도우를 많이 실행할수록 이런 솔루션을 선호할 가능성이 높아진다.

윈도우 중심의 이런 시스템은 15년 전에 처음 등장했을 때보다 더 큰 보안 문제가 됐다. 이 때문에 해당 솔루션 기업의 매출이 기존 백업 솔루션 사업 때와 비슷한 양상을 보이고 있다. 이 업체들의 수익은 지난 몇 년 동안 둔화했고, 몇몇은 기존 산업 분야에서 일어났던 것처럼 최근에 사모펀드 회사들에 의해 인수됐다. 개인적인 의견은 이 솔루션이 가진 윈도우 랜섬웨어 취약점이 이 추세의 핵심이라고 생각한다. 제품 강화로 시장 점유율을 어느 정도 회복할 수 있을지는 시간이 지나봐야 알 수 있을 것이다.

윈도우 기반 스토리지에서도 리눅스 미디어 서버 및 불변 클라우드 스토리지의 사용이 가능해서 모든 백업을 해당 서버, 스토로지로 이동시킬 수 있고 이는 랜섬웨어 취약점 문제를 어느 정도 해소하는 데 도움이 된다. 일부 제품은 운영체제에 백업 디렉터리(예: C:\BACKUPS)를 제공하지 않는 스토리지만 연결하는 기능도 있다. 미디어 서버로 윈도우를 사용하려는 경우에도 이 방법을 사용할 수 있다. 그러나 주 백업 서버는 여전히 윈도우에서 실행되기 때문에 랜섬웨어 공격을 당할 수 있지만 적어도 백업은 이런 유형의 공격으로부터 안전하게 지킬 수 있었다.

그러나 윈도우 기반 백업 서버에서 해결해야 할 문제점은 보안 문제를 해결할 수 있도록 공급업체가 문제를 지적해야 한다는 것이다. 자동차 제조사들이 처음에 안전벨트에 반대했던 모습이 떠오른다. 왜냐하면 자동차 제조사들이 안전벨트를 하지 않으면 운전자들이 차를 운전하다가 사망할 수 있음을 지적해야 했기 때문이다. 이런 솔루션 공급업체는 사용자에게 기본 구성(로컬 스토리지가 있는 윈도우 서버 및 C:\BACKUPS 디렉터리)이 위험하다는 충분한 공지, 주의를 전달하지 않은 것 같은데, 이는 업체들이 솔루션 사용 편의성에 상반되는 행동이라고 생각해서 그런 것 같다.

13장에서 설명한 데이터 보호에서 해결해야 할 문제점 측면에서 살펴보면, 이런 가상화 시스템 사용이 도움이 되는 가장 큰 이유는 대부분 고객이 더 이상 테이프 드라이브 솔루션을 사용하지 않아도 된다는 점이다. 이에 설계는 단순화되고 사용해야 하는 솔루션 수 또한 자연스럽게 줄어든다. 그러나 대부분의 고객은 타깃 중복 제거 시스템을 사용하고 있어 조직이 관리해야 하는 공급업체 수는 줄어들지 않는 것 같다. 13장에서 언급한 나머지 해결해야 할 문제점들도 여전히 남아 있다.

사용자들 중 이런 과거 솔루션을 선택하는 첫 번째 이유는 윈도우 중심, 가상화 중심 데이터센터이기 때문이다. 그리고 이 시스템들은 앞서 언급한 보안 문제에 취약하며 백업 시스템이 다른 데이터센터와 동일한 OS를 실행하기 때문에 RDP 및 디스크 기반 백업에 있는 보안 문제는 여전히 존재한다. 이 점을 참고하면 좋겠다.

하이퍼 컨버지드 백업 어플라이언스

약 8년 전 이 글을 집필할 때 몇몇 회사는 온프레미스 백업 시스템인 보조 스토리지 및 백업 전용 스케일 아웃 스토리지 시스템을 사용해 기존 데이터 보호의 많은 과제를 해결하는 계획을 수립했다(보조 스토리지는 고속 주 스토리지가 필요 없는 데이터 전용 솔루션을 포함하는 커다란 범주다. 그리고 이것은 보조 스토리지의 목적이기도 하다). 이 새로운 유형을 하이퍼 컨버전스 백업 어플라이언스HCBA, Hyper-Converged Backup Appliance라고 한다. 이 범주에서 일부 시스템은 백업 및 복구 전용이며 다른 범주에서는 백업 및 복구와 보조 스토리지의 요구 사항을 모두 지원한다. 하지만 이 책에서는 백업 및 복구 측면에만 초점을 맞추고 있다.

스케일 업$^{scale up}$과 스케일 아웃$^{scale out}$이라는 용어가 익숙하지 않은 경우 해당 용어를 설명하자면 컴퓨터 시스템을 수직으로 또는 수평으로 확장하는 두 가지 주요 방법이다. 스케일 업 시스템은 단일 노드와 일정량의 스토리지로 시작해서 노드에 더 많은 디스크를 추가해 확장한다. 스케일 아웃 시스템은 일련의 노드로 시작하는데 각 노드는 자체 컴퓨팅 및 스토리지로 구성되며 클러스터 구성에서 모두 함께 작동한다. 이런 시스템은 노드를 추가해 확장하며 각 노드마다 컴퓨팅 및 스토리지 구성을 추가한다.

이런 시스템을 만들기 전에 모든 백업 시스템은 스케일 업 방식으로 구축됐다. 미디어 서버를 사용해 확장할 수 있는 기능을 제공하더라도 모든 미디어 서버를 담당하는 중앙 백업 서버가 항상 존재했다. 이 중앙 백업 서버는 단일 장애 지점이면서 특정 백업 시스템만을 확장할 수 있는 한계가 존재했다. 13장에서 언급한 바와 같이 대표적인 문제는 백업 인덱스였다. 어떤 시점에서는 인덱스가 너무 커서 다양한 미디어 서버에서 발생하는 모든 백업 속도를 따라잡지 못하므로 중앙 백업 서버를 하나 더 가져와 완전히 새로운 백업 시스템을 만들어야 한다. 마지막으로, 일부 중앙 백업 서버를 고가용성$^{HA, Highly Available}$ 클러스터에 배치할 수 있지만 비용 때문에 이 설계는 거의 사용되지 않았다. 그리고 HA는 인덱스와 관련된 확장성 문제도 해결하지 않는다.

하이퍼 컨버전스 백업 어플라이언스를 사용해 스케일 아웃 방식으로 이 문제를 해결했다. 다른 스케일 아웃 시스템의 기술을 이용한 이 시스템은 백업 데이터의 중복성은 물론 발생하는 모든 작업의 인덱스 예약, 운영, 저장을 제공하는 개별 노드로 구축한다.

또한 이런 솔루션은 소프트웨어 전용 모델 대신 어플라이언스 모델을 선택하는 것도 가능하다. 모든 사람들이 물리적 어플라이언스에 관심이 있는 것은 아니지만, 어플라이언스를 이용해 기존 백업 시스템의 가장 큰 문제 중 하나를 해결하는 데 문제가 발생하면 바로 연락할 수 있는 전화번호가 같이 제공된다(예전보다는 어플라이언스 기반의 구축 모델 수요가 많아진 것 같다. 441페이지의 '전통적인 백업 어플라이언스'에서 설명한 바와 같이 일부 기존 및 가상화 중심 솔루션이 이제 어플라이언스 버전 제품을 제공하는 이유다). 하이퍼 컨버지드 백업 시스템은 서드파티 타깃 중복 제거 기능을 사용하지 않는다. 다른 스케일 아웃 어레이처럼 내부 스토리지를 사용한다. 그리고 하이퍼 컨버지드 백업 시스템은 클러스터형 어레이를 이용해 백업 데이터를 자체적으로 중복 제거한다. 서드파티 어플라이언스가 필요하지 않고 해당 어플라이언스를 확장성이 좋지 않은 경쟁업체 솔루션으로만 생각한다.

하이퍼 컨버지드 백업 어플라이언스의 장점

하이퍼 컨버지드 백업 어플라이언스^{HCBA}의 스케일 아웃 설계는 수십 년 동안 온프레미스 백업 시스템에 꼭 필요했던 것이다. 나는 항상 스케일 아웃 설계 방식의 팬이었다. 이 어플라이언스는 효율적으로 훨씬 더 많은 확장성을 제공한다. 스케일 업 시스템은 확장하는 데 한계가 있으며 가끔 시작한 노드의 성능에 제한을 받게 된다. 또한 완전히 별도의 시스템을 만들거나 기존 노드를 버리고 새 노드로 교체해야 한다. 스케일 아웃 시스템은 매우 쉽게 확장할 수 있으며 사용하는 노드가 너무 오래된 경우가 아니라면 어떤 것도 폐기할 필요가 없다. 백업 시스템이 데이터센터보다 10~20배 더 많은 데이터를 보유해야 하기 때문에 왜 백업 시스템이 더 확장 가능하지 않은지 항상 궁금했다. 따라서 백업 설계에 스케일 아웃 개념을 적용할 수 있다는 아이디어에 박수를 보낸다.

스케일 아웃을 설계할 때에는 여전히 초기 백업 설계가 필요하지만 시스템을 언더프로비저닝^{underprovisioning}할 경우 쉽게 확장할 수 있기 때문에 초기 백업 설계가 잘못될 위험이 크게 줄어든다. 거의 모든 다른 백업 시스템에서 초기 설계가 잘못되면 많은 문제가 발생할 수 있다. 서버, 레이드 어레이 또는 타깃 중복 제거 시스템의 크기를 쉽게 잘못 조정할 수 있다. 이는 대부분의 스케일 업 방식의 백업 시스템 아키텍처에서 좋지 않은 부분 중 하나다. 하지만 스케일 아웃 설계는 이런 걱정을 다소 해소한다.

이전의 장에서 언급한 바와 같이 스케일 업 시스템 설계의 가장 큰 문제는 언더프로비저닝(즉 초기 구성을 너무 작게 만드는 것)이다. 확장을 계획하지 못하거나 구성을 언더프로비저닝할 경우 구입한 하드웨어 중 일부를 강제로 교체하거나 여러 어플라이언스로 백업을 분할해 중복 제거율을 효과적으로 낮춰야 하기 때문에 비용이 낭비될 수 있다. 따라서 이런 일이 발생하지 않도록 백업 환경을 대량으로 과도하게 프로비저닝하는 경향이 있다. 이로 인해 비용을 낭비하기도 한다.

HCBA의 스케일 아웃 아키텍처는 언더프로비저닝의 위험이 없으므로 이를 보완하기 위해 오버프로비저닝overprovisioning할 필요가 없다. 시스템을 설계하고 향후 약 1년 동안 필요하다고 생각되는 것을 구입하자. 언더프로비저닝된 것으로 확인하면 노드를 몇 개 더 구입해 시스템에 추가하면 된다. 낭비되는 것은 없다.

이런 시스템은 모든 가상화 중심 솔루션이나 많은 기존 백업 솔루션과는 달리 리눅스 기반 아키텍처를 사용하기 때문에 랜섬웨어 감염 보호 기능을 제공한다. 이는 다른 제품과 비교하면 사이버 보안에 큰 강점이다.

시스템 지원 업무

어쨌든 오버프로비저닝을 어쩔 수 없이 설계하는 유일한 이유는 구매 프로세스가 매우 까다롭고 매년 진행할 필요가 없는 경우다. 그러나 이는 시스템 설계가 아니라 조직의 프로세스에 문제가 있다. 예전에 추가 예산이 필요한 물건을 사는 데 얼마나 많은 시간이 걸렸는지 모른다. 몇 달, 심지어 1년이 걸렸다. 그리고 우리는 1,000달러가 넘는 단일 품목마다 비용을 입력해야 했다. 각각의 테이프 비용이 1,000달러 아래였기 때문에 운영 비용으로 20,000달러 상당의 테이프를 구입할 수 있었다. 그러나 1,200달러의 테이프 드라이브는 별도로 구매를 해야 했다.

돌이켜보면 내가 한 경험이 자랑은 아니지만 독자의 어려움을 이해한다는 것을 설명하려고 이 말을 하는 것이다. 테이프 드라이브가 필요했지만 앞으로 6개월 정도 사용할 수 있는 충분한 테이프가 있었다. 테이프 드라이브의 구매 승인을 받았지만 신규 구매였기 때문에 테이프 드라이브가 도착하기까지 몇 달이 걸릴 것이라는 것을 알았다.

결국 테이프 드라이브를 판매할 수 있는 리셀러(reseller)를 찾았다. 테이프 드라이브 비용을 확보했을 때 리셀러는 내게 테이프를 팔고 송장에 테이프 드라이브를 넣었다. 나는 당시 한 일들이 얼마나 잘못됐는지 알고 있다. 하지만 독자들 또한 비슷한 상황으로 곤경에 처할 수 있다는 것 또한 안다.

HCBA를 이용하면 즉시 복구 및 백업 자동 테스트 또한 사용할 수 있다. 이들은 가상화 중심 솔루션에서 이런 장점을 확보해 설계에 반드시 포함시켰다. 앞서 말했듯이 즉시 복구, 백업 자동 테스트는 이 분야에서 주요 기능이 됐다.

또한 HCBA는 백업 데이터의 재사용 아이디어를 널리 전파했다. 몇 개월 또는 몇 년 전 버전의 복사본이 있는데 이를 다른 용도로 사용해야 할 수도 있다. 예를 들어 모든 백업을 한 곳에 두면 특정 패턴을 이용해 바이러스, 랜섬웨어 공격 여부, 데이터 사용량(예:

파일 형식 및 크기)과 같은 모든 종류의 정보를 백업에서 쉽게 검색할 수 있다. 즉시 복구 및 자동 백업 테스트와 마찬가지로 백업 데이터 재사용의 아이디어도 크게 인기를 끌고 있다.

또한 이런 솔루션은 중복 제거 제품을 플랫폼에 통합함으로써 다른 솔루션이 불필요하다는 점에서도 인정을 받고 있다. 기존 및 가상화 중심 백업 솔루션에는 대개 솔루션에 중복 제거 기능을 갖고 있었지만, 많은 사용자가 별도의 타깃 중복 제거 어플라이언스 사용을 선호한다. 이것은 HCBA에 해당하지 않는다. 통합 타깃 중복 제거는 고객의 요구 사항을 수용할 수 있을 만큼 충분히 스케일링이 가능하다.

마지막으로, 이런 솔루션은 클라우드 오브젝트 스토리지에 일부 백업을 복사할 수 있는 기능을 제공한다. 이는 클라우드 인프라와 완벽하게 통합하기 위한 첫 번째 단계다.

HCBA의 난제

HCBA은 스케일 아웃 설계를 사용해 확장이 용이하지만 스케일 다운은 지원하지 않는다. 이는 현재 HCBA 솔루션이 소스 중복 제거 대신 타깃 중복 제거를 사용하기로 결정했기 때문이다. 이런 시스템은 스케일 다운^{scale down}이 필요 없는 데이터센터에서는 그렇게 큰 문제는 아니다. 만약 사용자가 서버 1대가 있는 원격 사이트를 운영하고 있는 경우 원격 사이트에서 중복 제거를 수행할 계획이라면 백업할 로컬 어플라이언스가 필요하다. HCBA 공급업체의 솔루션은 로컬 사이트에서 VM으로 실행할 수 있는 어플라이언스의 가상 버전을 제공한다. 여기서 중복을 제거하고 새로운 데이터가 오프프레미스 시스템에 복제될 것이다. 이는 로컬 어플라이언스가 전혀 필요하지 않은 소스 중복 제거 솔루션만큼이나 유연하고 관리 가능한 기능이다. 하지만 로컬 시스템이 가상화 호스트가 아닌 노트북 또는 데스크톱인 경우 어떻게 해야 할지 생각해 보자. 가상 어플라이언스를 어디에 설치해야 할까?

HCBA의 또 다른 과제는 프로비저닝과 관련이 있다. 백업에는 특정 리소스를 사용하고 복원할 때는 다른 청크를 사용한다. 백업 데이터를 재사용해 바이러스나 랜섬웨어를 검색하거나 도움이 되는 메뉴를 찾는 등의 기능이 동작하려면 추가적인 컴퓨팅 또는 I/O 용량을 프로비저닝해야 한다. 바꿔 말하면 추가 리소스를 설정했음에도 검색 등 이런 프로세스가 동작하지 않을 때 해당 시스템은 오버프로비저닝된 시스템이라고 할 수 있다.

다른 스케일 아웃, 하이퍼 컨버전스 시스템(예: HCI)과 마찬가지로 HCBA의 또 다른 문제는 스토리지 및 컴퓨팅을 개별적으로 확장할 수 없다는 것이다. 모든 노드에는 일정량의 컴퓨팅 및 스토리지를 함께 제공한다. 노드를 구입할 때마다 두 노드 모두를 조금씩 더 많이 얻을 수 있다. 이 중 일부는 필요하지 않을 수도 있다. 사용자는 컴퓨팅 및 스토리지 리소스를 이와 같은 아키텍처와 같이 동일하게 구성하지 못할 것이다. 이런 아키텍처를 단순하게 구성하려면 당연히 사용 비용을 지불해야 할 것이다.

분석

HCBA는 기존 백업 및 복구 시스템의 문제점들을 해결하는 데 있어 다른 온프레미스 아키텍처보다 한 단계 더 발전했으며, 여기에는 윈도우에서 백업 서버를 실행하는 가상화 중심 솔루션의 보안 문제점도 포함한다. 리눅스 기반의 아키텍처를 사용하면 해당 리스크를 해결하고 어느 정도의 비용 절감 효과도 얻을 수 있다. 서버, 디스크, 테이프 리소스를 독립적으로 설계하는 기존 시스템보다 설계가 간단하며 대부분 한 공급업체만 관리하면 된다(일부 고객은 장기간 보존을 위해 이 시스템의 백엔드에 테이프를 연결했기 때문에 계속 테이프로 작업해야 하는 어려움을 겪는다).

이런 솔루션은 유지 관리 및 업그레이드가 필요한 OS 및 애플리케이션을 보유한 온프레미스 백업 서버다. 하지만 HCBA 솔루션을 사용하면 업그레이드를 쉽게 작업할 수 있다. HCBA 공급업체는 일반적으로 펌웨어 업그레이드와 비슷한 방식으로 OS와 애플리케이션을 모두 업그레이드하는 데 필요한 단일 이미지를 제공한다. 따라서 이 업그레이드를 수행하는 것은 여전히 사용자의 책임이지만 일반적인 백업 서버를 유지하는 것만큼은 복잡하지 않다. 또한 이런 어플라이언스는 최적화된 보안 설정으로 이미 구성돼 있다.

이런 시스템 중 일부는 재해 복구를 클라우드로 구축했으며 시스템에 e-디스커버리 기능도 추가했다. 이 기능은 백업 시스템뿐 아니라 별도의 재해 복구 시스템 및 별도의 e-디스커버리 시스템이 필요한 문제를 해결한다.

HCBA는 일반적으로 대규모로 구매한다. 이 점은 전통적인 IT 시스템과 매우 비슷하다. 그러나 앞서 언급한 오버프로비저닝은 필요하지 않다. 기존 구성에 필요한 추가 노드를 구입하면 이런 시스템을 쉽게 확장할 수 있다.

HCBA는 보통 가장 많이 사용하는 OS, 애플리케이션, 클라우드 서비스 백업을 지원하기 때문에 기존 백업 및 복구 솔루션과는 달리 서비스 범위가 넓지 않다. 따라서 다양한 환경에서 온프레미스 백업 솔루션 범주의 HCBA는 많은 장점과 몇몇 단점이 있다.

HCBA가 나타났을 때 거의 동시에 다른 제품의 범주, 즉 서비스형 백업^{BaaS}으로 동일한 문제를 해결하려는 제품이 등장했다. 이 제품들은 HCBA와는 다른 유형으로 다음에 설명할 주제다.

서비스형 데이터 보호

서비스형 데이터 보호^{DPaaS, Data Protection-as-a-Service} 솔루션은 백업 관리 업무에서 완전히 탈피하려는 사용자를 위한 솔루션이다. HCBA는 유지 관리가 쉬운 온프레미스 백업 시스템을 제공하는 반면, DPaaS는 고객이 백업 인프라를 구입, 임대 또는 유지 관리할 필요가 없다. 많은 조직에서 CRM의 SaaS 버전, 이메일, 파일 공유, 협업, 헬프 데스크 티켓팅 및 기타 수백 가지 솔루션을 사용해 인프라의 상당 부분을 서비스형으로 구축했다. 'IT의 SaaS화'는 최근 컴퓨팅의 추세로 보이며 일부 백업 및 DR에서도 동일한 전환이 이어지고 있다.

SaaS란 무엇인가?

SaaS(Software-as-a-Service)를 정의하는 것은 매우 쉽다. 서비스로만 제공하는 일종의 소프트웨어다. 소프트웨어 기능은 제공 또는 프로비저닝 방식을 걱정할 필요 없이 사용할 수 있다. 그러나 SaaS라고 부를 수 있는 제품과 아닌 것을 구별하는 것은 조금 어렵다. 다만, SaaS 제품을 사용한다면 많은 것을 할 필요가 없다는 것은 분명하다.

SaaS는 일반적으로 고객이 서비스 실행 인프라의 구입, 임대, 프로비저닝 또는 관리가 필요 없는 서비스로서의 IT 솔루션을 제공한다. 웹 브라우저로 접속 가능한 CRM 솔루션을 제공하는 SFDC(Salesforce Data Center)를 고려해 보자. 이 서비스 뒤에는 서버, 소프트웨어, 스토리지가 있지만 소프트웨어를 서비스 형태로 제공하기 때문에 데이터센터의 서버, 소프트웨어, 스토리지는 볼 수 없다. 마이크로소프트 365, 구글 워크스페이스, 깃허브, 슬랙과 같은 다른 인기 있는 SaaS 서비스에서도 마찬가지다. 사용자는 원하는 모든 사용자를 이 서비스에 추가하면 된다. 그리고 사용자가 챙겨야 할 것은 서비스 비용이다. 백엔드에서는 사용자에게 서비스를 제공하는 데 필요한 모든 것을 자동으로 프로비저닝한다.

SaaS라 잘못 부르는 어도비 크리에이티브 스위트(Adobe Creative Suite)와 비교해 보자. 사용자는 구독료와 매달 요금을 지불하고 어도비가 제공하는 모든 솔루션을 컴퓨터에 다운로드해서 설치하고 실행할 수 있다. 이 글을 쓰는 중에는 적어도 포토샵의 웹 버전은 없는 상태다. 있을지는 모르겠지만 예전부터 없었다.

오라클의 CEO가 몇 년 안에 100% SaaS 회사가 될 것이라고 말하는 것을 듣고 이런 생각을 했다. 이 회사는 서버, 디스크, 테이프와 서버용 오라클 라이선스를 여전히 판매하고 있다. 따라서 이런 모든 제품 판매를 중단하고 서버 또는 클라우드에서 오라클을 서비스로만 제공하지 않는 한 100% SaaS가 되지 않을 것이다. 내 생각에 CEO가 말하고자 하는 것은 100% 가입 가격제 모델로 갈 것 같다.

DPaaS를 논의하기 전에 일반적인 SaaS 솔루션의 공통점을 계속 살펴보자. 앞에서 설명한 첫 번째 사항은 솔루션 기반 인프라의 비용을 지불하거나 관리할 필요가 없다는 것이다. 단지 서비스를 사용한다. 또한 비용은 일반적으로 해당 솔루션을 실제로 사용할 사용자 수에 따라 달라진다.

다른 중요한 SaaS 기능이 있는데 마이크로소프트 365를 사용하는 경우 이 회사가 서비스로 제공하는 소프트웨어를 지속적으로 업그레이드하기 때문에 익스체인지 서버를 업그레이드해서 최신 버전의 온라인 익스체인지를 얻는 데 걱정할 필요가 없다는 점이다. 최신 버전의 릴리스 정보를 읽고 새로운 기능에 익숙해지기만 하면 된다. 마이크로소프트 아웃룩과 같은 일부 새로운 기능을 사용하려면 서비스에 액세스하는 데 사용하는 클라이언트 소프트웨어를 업데이트해야 할 수 있다. 이런 시스템은 일반적으로 비용에 따라 무제한 확장성을 제공하며, 이 확장성을 제공하는 데 필요한 백엔드 인프라 변경을 걱정할 필요가 없다. 만약 독자들이 내일 마이크로소프트 365에 10만 명의 새로운 사용자를 추가하기로 결정한다면, 그 청구서를 지불할 수 있는 신용카드만 있으면 된다.

BaaS 또는 DRaaS 또는 2개 모두 다 될 수 있는 DPaaS를 구매하는 경우 해당 서비스는 다른 SaaS 솔루션과 동일하게 동작해야 한다. AWS/Azure/GCP 클라우드 계정의 VM에서 백업 서버를 실행하는 것은 DPaaS가 아니고 백업 소프트웨어 서비스의 구독 비용으로 실행한다. 이는 단순한 SaaS 서비스는 아니다.

BaaS/DPaaS/DRaaS가 되려면 해당 솔루션은 이전 단락에서 설명한 다른 SaaS 서비스와 같이 작동해야 한다. 백업 서버를 구입하거나 임대하거나 유지 관리할 필요가 없다. 서비스를 실행하고 필요한 작업을 수행해야 한다. 독자들의 회사에서 다른 회사를 인수해 DPaaS 솔루션에 백업하기를 원한다면 백엔드 시스템을 사용해 이를 지원할 필요가 없다. 계정 담당자에게 전화를 걸어 라이선스를 업그레이드해야 할 수도 있지만, 백엔드는 사용자의 작업 없이 자동으로 확장 및 축소된다. 또한 백엔드 소프트웨어는 사용자가 별도의 작업을 수행할 필요 없이 최신 버전으로 계속 업그레이드를 해야 한다. 비용은 백업 중인 사용자 수 또는 테라바이트 용량에 따라 책정될 가능성이 높다. 일부 공급업체는 프런트 엔드 테라바이트(데이터센터 크기)에 비용을 부과하고, 다른 공급업체는 백엔드 테라바이트(백업 데이터 크기)에 비용을 부과하며, 또 다른 공급업체는 VM당 가격을 책정하거나 용량별로 가격을 별도로 책정한다.

이전 단락에서 제안한 것처럼 모든 DPaaS 솔루션이 동일하게 구축되거나 동일하게 동작하는 것은 아니다. 한 가지 큰 차별화된 특성은 스토리지다. 어떤 DPaaS 솔루션은 예측이 가능한 보안 및 비용 모델을 내세워 사용자에게 클라우드 스토리지를 사용하도록 요청한다. 이 모델에서는 보안 모범사례를 백업에 지속적으로 적용하고 클라우드 스토리지의 가변 비용을 균일한 가격 구조로 제공한다. 올인원 가격 모델에서 한 가지 우려되는 점은 DPaaS 공급업체를 완전히 전환하는 것 외에는 더 나은 가격 정책을 얻을 수 없다는 것이다.

일부 서비스에서는 온프레미스 스토리지 사용과 유연성을 주요 장점으로 내세운다. 자체 온프레미스 스토리지를 사용할 수도 있지만 클라우드 리소스를 데이터센터에 백업하는 경우에는 백업을 수행할 때마다 클라우드 공급업체에 백업 전송 비용을 지불할 것이다. 다만, 데이터센터를 백업하는 경우에는 문제되지 않는다. 클라우드 스토리지 계정을 사용할 때 한 가지 걱정되는 사항은 가격을 예측할 수 없다는 것이다. 왜냐하면 다음 사항을 포함한 모든 스토리지 운영 비용을 지불해야 하기 때문이다.

저장

매달 오브젝트 스토리지의 기가바이트 용량별로 요금이 청구된다.

API 요청

오브젝트를 넣거나 꺼내거나 목록을 나열할 때마다 요금이 부과된다.

데이터 회수

콜드 스토리지를 사용하기로 결정한 경우 추가 회수 기능을 사용할 때마다 비용(GB 당)을 지불해야 한다.

데이터 전송

오브젝트 스토리지에서 데이터를 전송할 때마다 GB당 요금을 지불해야 한다. 이 비용은 복원 중 발생하고, 오브젝트 저장소에서 콜드 스토리지로 데이터를 전송할 때에도 발생한다. 이 비용은 통상 전송 비용이라 한다.

전송 속도

일부 데이터를 에지^{edge} 위치로 푸시^{push}하도록 요청해 더 빠른 복원을 수행할 수 있다. 이 경우 GB당 비용을 지불한다.

데이터 관리 기능

인벤토리 및 스캐닝과 같이 사용할 수 있는 여러 가지 다른 기능에도 요금이 부과된다.

이 모든 것이 공급업체의 클라우드 스토리지를 사용하는 것보다 비용이 적게 들 수도 있지만 훨씬 더 많을 수도 있다. 백업을 오래 저장할수록 클라우드 스토리지와 공급업체의 클라우드 스토리지 간의 비용 차이는 더욱 중요하다.

자체 스토리지(또는 클라우드 공급업체의 스토리지)를 DPaaS와 함께 사용하는 것은 SaaS의 핵심 원칙 중 하나를 지키지 않는 것이다. 즉 솔루션 이면에 있는 인프라를 관리해야 한다. 또한 데이터 보호 공급업체를 하나로 축소하지 않고 있다. 그러나 일부에서는 자체 스토리지 사용으로 유연성이 확보되고 어느 정도 비용 절감이 가능해서 선호하기도 한다.

DPaaS의 장점

DPaaS의 가장 큰 장점은 편의성이다. 15장과 이전의 장에서 설명한 백업 시스템에서 해결해야 할 주요 문제점들은 대부분의 백업 또는 재해 복구 시스템 뒤에서 백엔드 시스템을 구입하고 유지 관리해야 한다는 점이었다. 익스체인지 온라인이 익스체인지 관리를 대폭 단순화하는 것처럼 DPaaS도 백업 및 DR에 동일한 작업을 수행한다.

백업 시스템 설계는 훨씬 간단하다. 백업 서비스 제공업체로부터 데이터를 제공받을 수 있는 대역폭이 충분한지 여부가 주요 설계의 핵심이기 때문이다. 사용자들이 설계 프로세스에서 대부분의 시간을 소비하는 백엔드 설계를 자동으로 처리한다. 그중 일부는 사용자가 원할 경우 직접 처리할 수도 있지만 굳이 그럴 필요는 없다. 즉 OS 또는 백업 서버 소프트웨어를 유지 관리할 필요가 없다. 13장에서 언급한 테이프 또는 디스크와 관련된 문제는 걱정할 필요가 없다. 또한 스토리지를 사용한다고 가정할 때 공급업체가 하나만 있기 때문에 여러 공급업체를 관리할 필요가 없다.

랜섬웨어 감염의 대응을 고려할 때 DPaaS의 또 다른 큰 장점은 모든 백업 데이터를 데이터센터 외부에 완전히 다른 계정으로 저장한다는 것이다. DPaaS인 경우(클라우드 계정의 VM에서 실행되는 백업 소프트웨어뿐 아니라) 데이터는 사용자의 클라우드 계정이 아니라 공급업체의 클라우드 계정에 저장한다. 또한 프로덕션 서버에서 백업 데이터로의 전자적 경로가 없기 때문에 해당 경로를 이용해 해킹하거나 손상되지 않아야 한다. 데이터는 전송할 경우 및 사용하지 않을 경우에도 암호화된다. 다만, 스토리지 및 공급업체의 솔루션을 사용하는 경우 백업 데이터의 보안은 사용자에게 달려 있다.

DR 또는 e-디스커버리를 사용하기 위해 별도 시스템이 필요한지 여부는 공급업체에 따라 다르다. 단순히 DPaaS 솔루션이라고 해서 공급업체가 이런 특정 문제를 자동으로 해결하는 것은 아니다. 그러나 테이프 성능, 테이프 손실 또는 외부 저장 문제 등 테이프와 관련된 문제는 전혀 걱정하지 않아도 된다.

DPaaS 솔루션도 보통 대량 구입할 필요가 없다. 대신 운영비로 비용을 지출할 수도 있다. 일반적인 고객은 세일즈포스와 마이크로소프트 365의 고객과 마찬가지로 한 번에 1~2년 서비스 비용을 지불하는 경향이 있다.

DPaaS의 난제

백업 요구 사항을 다른 사람에 위임하는 것은 몇 가지 새로운 문제를 발생시킨다. 이런 문제 중 일부는 SaaS 구현할 때와 동일한 문제이지만 일부는 데이터 보호와 관련이 있다.

DPaaS에서 한 가지 우려되는 사항은 사용자는 상세 설계 내용을 알 수 없다는 것이다. 즉 백엔드 시스템의 구성을 보거나 설계 방법을 알지 못할 것이다. 시스템이 사용자의 요구에 맞게 자동으로 확장하도록 구축했는지 또는 데이터가 얼마나 안전하게 저장되고 있는지 알 수 없다. 이 문제를 해결하는 가장 좋은 방법은 많은 질문을 하고 인증된 서비스를 찾는 것이다.

공급업체에게 시스템을 어디까지 확장 가능하도록 설계했는지 물어보자. 임곗값에 도달할 경우 백엔드를 변경할 수 있도록 다른 관리자에게 연락할 수 있는지 아니면 시스템이 사용자의 요구에 맞게 자동으로 확장되는지 확인하자. 많은 백업을 삭제할 경우 시스템(및 비용)도 자동으로 축소되는지도 중요하고, 절감된 비용이 청구서에 얼마나 빨리 반영되는지도 중요하다.

사이트 장애 및 악성 해커로부터 데이터를 보호하는 방법을 질문하자. 퍼블릭 클라우드 또는 프라이빗 클라우드 구성을 사용하든 상관없이 장애에 대비한 설계와 해커로부터 보호해야 한다. 해킹 사고를 보면 알게 된다.

또 다른 주요 질문은 중복 제거에 관한 것이다. 많은 공급업체에서 다양한 중복 제거 수준을 주장하지만, 결국에는 몇 GB를 전송하고 저장해야 하는지가 중요하다. 많은 중복 제거 공급업체는 글로벌 중복 제거 기능을 갖추고 있다고 말하지만 사실은 그렇지 않다. 무엇이 무엇과 비교되는지 확인해 보자. 알게 되면 분명 놀랄 것이다. 일부 백업 서비스는 지정된 클라이언트의 백업을 동일한 클라이언트의 다른 백업과만 비교한다. 일부는 백업을 특정 어플라이언스로 전송된 백업과만 비교한다. 동일한 서비스에 백업된 경우 모든 백업을 비교하는 경우도 있다. 중복 제거 시스템의 작동 방식을 이해하고 테스트해야 정확한 비교를 할 수 있다.

실제로 얻을 수 있는 중복 제거의 양은 DPaaS에서 특히 중요하다. 서비스에서 필요한 대역폭과 매달 청구서를 결정하기 때문이다. 겉으로 보기에는 작은 차이들이지만 이것은 큰 차이를 만들 수 있다. 백업의 90% 감소와 95% 감소의 차이는 필요한 대역폭과 클라우드에 저장할 때 지불하는 데이터 양의 두 배(또는 절반)다.

다음 과제는 첫 번째 전체 백업과 관련이 있는데 실제 예시를 통해 계산해 보자. 500TB의 데이터가 있고 오후 8시부터 오전 8시까지 조직의 10GB 연결을 모두 사용할 수 있는 경우 10GB 연결에서 해당 데이터를 백업하는 데 최소 2주가 걸린다. 그리고 최초 백업을 클라우드로 더 빠르게 전송할 수 있는 시드seed라고 하는 방법이 필요하다(특히 현재 보호되지 않은 경우에는 더욱 그렇다).

이것을 수행하는 일반적인 방법은 스니커넷sneakernet이다. 공급자는 고객에게 어플라이언스를 배송한다. 이는 휴대용 디스크 드라이브에서 스니커넷 사용을 위해 설계된 물리적으로 강화한 서버에 이르기까지 모든 것이 가능하다. 고객은 여러 개의 어플라이언스에 최초 백업을 전송하고 어플라이언스를 서비스 공급자에게 다시 보낸 다음 해당 백업을 계정에 업로드한다. 이 방법을 사용하면 수 페타바이트를 단 며칠 만에 클라우드에 쉽게 시드할 수 있다.

또한 매일 백업할 수 있을 정도의 충분한 대역폭을 확보해야 한다. 타깃 중복 제거 어플라이언스와 마찬가지로, 실제로 사용해 보기 전에는 매일 얼마나 많은 데이터를 클라우드로 전송해야 하는지 실제로 알 수 없다. 개략적인 수치를 사용해 유추할 수 있지만 결국 정확히 알 수 있는 유일한 방법은 실제로 테스트하는 것이다. 그런 다음에야 일일 변경률에 맞는 대역폭이 충분한지를 알 수 있다.

첫 번째 대규모 백업을 클라우드에 시드하고 일일 변경 비율이 가용 대역폭 및 백업 윈도우에 비해 작다고 가정해 보자. 이때 DPaaS를 사용할 때 해결해야 할 과제는 대규모 복원을 목적으로 해당 데이터를 복원하는 방법이다. 클라우드에서 직접 복구하는 작업은 여러 다른 시나리오와 같이 빠를 수 있지만, 어느 시점에서는 너무 크기가 커져서 시간 내에 클라우드에서 직접 복원하지 못할 수도 있다. 서비스 공급자가 이 문제를 해결할 수 있는 방법은 로컬 캐시, 클라우드 복구, 역시딩^{reverse seeding} 세 가지다.

일부 DPaaS 공급업체는 백업을 서비스에 복제 가능한 로컬 캐싱 어플라이언스에 백업할 수 있는 기능을 제공한다. 이 작업을 정상적으로 수행하면 기능적으로는 고객이 볼 수 없게 된다. 고객은 로컬 캐시가 필요한 백업을 선택하고 물리적 어플라이언스 또는 가상 시스템일 수 있는 이 캐시 어플라이언스로 백업을 전송한다. 로컬 캐시에 전송되는 백업은 자동으로 클라우드로 전송돼야 하기 때문에 모든 기능은 백업 서비스 형태로 관리된다. 한 가지 의문은 캐시가 오프라인 상태일 경우 백업 또는 복원에 실패할 수 있는지 여부다(실제로 캐시라면 대답은 '아니오'다). 분명히 오프라인 상태이고 클라우드에서 복원해야 하는 경우 시간이 더 오래 걸린다. 그러나 캐싱 어플라이언스가 온라인 상태이고 모든 최근의 백업이 있는 경우에는 해당 백업에서의 복원 작업은 캐시에서 직접 가져와야 하며 결과적으로 훨씬 빨라야 한다.

다음 옵션인 클라우드 복구는 11장에서 자세히 다룬다. 요점은 이렇다. 백업이 클라우드(개인 또는 공용)에 저장된 경우 클라우드에 있는 여러 가상 시스템을 복원하는 것이 더 빠르다. 특정 VM을 클라우드에서 즉시 복원할 수 있도록 사전 복원을 할 수도 있다. 이 방법은 대규모 복원을 위한 세 가지 선택 중 가장 좋은 선택이라고 생각한다. 제대로 동작한다면 고객은 클라우드에서 임무 수행에 필수적인 시스템을 복원할 수 있어야 하며, 이런 시스템의 복원은 온프레미스에 있는 기존 데이터 보호 시스템에서 복원하는 것보다 더 빠를 수 있다. 가장 좋은 점은 이 인프라를 테스트하거나 재해가 발생할 때까지 비용을 지불하지 않는다는 것이다. 이것이 바로 많은 사람이 DR을 퍼블릭 클라우드를 위한 완벽한 워크로드라고 생각하는 이유다.

마지막으로, 역시딩이 있다. 이 방식이 세 가지 옵션 중 가장 좋지 않은 이유는 잠시 후에 설명하겠다. 즉 다른 두 가지 옵션 중 하나를 미리 계획하지 않은 경우 선택할 수 있는 옵션이다. 서비스 제공업체가 역시딩 개념을 지원하는지 확인하자. 역시딩은 본질적으로 앞서 논의한 시딩 프로세스와 정반대다. 서비스 제공업체는 문제의 데이터를 백업과 함께 배치된 어플라이언스로 복원하므로 훨씬 빨리 초기에 복원이 가능하다. 그런 다음 공급업체에서 장치를 배송한 후 로컬 캐시를 사용해 미리 준비한 것처럼 로컬 복원을 시작할 수 있다. 이 방법은 두 번의 복원과 해당 장치의 물리적 배송이 필요하기 때문에 최선의 선택이 아니다. 즉 RTA는 며칠 후에 측정되지만 나머지 두 선택의 RTA 는 몇 분에서 몇 시간까지 다양할 수 있다. 서비스 제공업체가 이 개념을 지원하는지 여 부를 확인해야 하지만 사용할 필요가 없도록 할 수 있는 건 다 해야 한다. 만약 그렇지 않다면 매우 힘든 한 주가 될 것이다.

분석

DPaaS 솔루션은 최근 IT 추세를 따르고 있다. 즉 최대한 많은 IT 서비스, 특히 인프라 서비스의 SaaS 버전을 만들고 있다. 마이크로소프트 365 또는 구글 워크스페이스를 사 용해 자신의 익스체인지 서버를 유지하는 사람은 여전히 거의 없다. 사용자는 익스체인 지를 작동하는 백엔드 시스템을 프로비저닝, 구입 또는 관리할 필요 없이 익스체인지의 모든 이점을 누릴 수 있다. 이메일과 같은 데이터의 보호는 모든 조직이 갖춰야 하는 중 요한 서비스이지만, 조직의 이익에 직접적으로 기여하지는 않는다. 비록 모든 사람이 두 서비스가 중요하다는 것에 동의할지라도 결국 주로 비용 관련 문제가 발생할 때 데이터 보호 서비스가 언급된다.

데이터 보호는 많은 사람이 생각하는 것보다 훨씬 더 복잡하고 아무도 책임지고 싶어하 지 않는 작업이기 때문에 서비스 제공 방식이 적합하다. 백업 시스템의 설계 및 유지 관 리만을 전담으로 책임지는 담당자를 채용하려는 사람은 거의 없다. 따라서 백업 시스템 이 항상 실행되고 있는지 확인하는 서비스 제공업체에 이 중요한 작업을 아웃소싱하는 것이 좋다.

SaaS와 함께 제공되는 모든 일반적인 장점 외에도 DPaaS의 가장 큰 장점 중 하나는 프 로덕션 데이터와 백업 데이터를 분리하는 것이다. 백업 데이터를 제공자의 계정(예: 데이 터센터 또는 클라우드 계정이 아님)에 저장하면 일종의 롤링 랜섬웨어 공격으로부터 데이 터를 보호할 수 있다.

DPaaS 서비스를 검토하는 고객이 고려해야 하는 한 가지 문제는 WAN^{Wide Area Network} 연 결의 반대편에 백업 인프라를 배치하는 것이 얼마나 현실적일까 하는 것이다. 물리 법 칙에 따르면 이것은 모든 환경에서 가능하지는 않다. DPaaS에 관심이 있다면 클라우드 제공사에게 간단한 사이징을 문의해 확인할 수 있다. 즉 많은 환경에서 가상화 백업을 가상화 중심 공급업체나 하이퍼 컨버지드 백업 공급업체에 맡기는 것처럼 일부 사용자들이 DPaaS로 전환하는 것은 일반적인 온프레미스 접근 방식보다 어렵지만 DPaaS를 사용하면 훨씬 쉬운 백업이다. 몇 가지 예를 들면 원격 사이트, 노트북, SaaS, IaaS/PaaS의 백업이다.

일일 백업을 위한 대역폭이 충분할 경우 최초 백업 및 대규모 복원의 문제도 해결해야 한다. 제공업체마다 이런 질문의 답변이 모두 동일하지는 않다.

간단히 말해, DPaaS는 백업 비즈니스에서 벗어나고자 하는 사용자들과 랜섬웨어 공격으로부터 백업을 보호하고자 하는 사용자들이 선호할 것이다. 사용자의 대역폭이 충분하고 프로바이더가 최초 백업 및 대규모 복구를 해결할 수 있는 방법이 있는 경우 DPaaS는 데이터 보호 요구 사항을 충족하는 좋은 선택이다.

다음 단락에서는 사용자를 대신해 모든 것을 실행하는 DPaaS 제품보다도 더 쉽게 이용할 수 있는 완전 관리형 서비스 제공업체에서 제공하는 데이터 보호 솔루션을 살펴보자.

완전 관리형 서비스 제공업체

15장에서 다룰 상용 데이터 보호 솔루션의 마지막 영역은 완전히 관리되는 서비스 공급자^{MSP, Managed Service Provider}다. MSP, 특히 완전히 관리되는 MSP는 좀 더 진화된 서비스 기반 데이터 보호다. 일부 조직에서는 MSP 용어를 다른 회사의 서비스 리셀러라는 의미로 사용하고 있으며 MSP가 실제로 해당 서비스를 관리하지는 않는다는 것도 알고 있다. 이 단락에서는 회사가 고객을 대신해 데이터 보호 시스템을 관리하는 경우에 한해서 해당 솔루션을 언급한다는 점을 분명히 하고 싶다. 15장의 DPaaS 및 기타 다룰 서비스와 비교를 통해 이점을 이해하는 데 도움이 되도록 했다.

가상화 중심의 전통적인 타깃 중복 제거 또는 HCBA 기반 데이터 보호 솔루션을 구입하는 경우 백업 시스템의 하드웨어, 소프트웨어 및 운영을 설계, 구입, 관리할 책임은 사용자에게 있다. DPaaS 솔루션을 구입하는 경우 서비스 제공업체는 하드웨어와 소프트웨어를 책임지고 사용자는 DPaaS 솔루션을 구성하고 운영 모니터링에 책임이 있다. 완전 관리형 MSP를 사용하면 데이터 보호 시스템에서 수행할 작업을 지정한 다음 MSP가 해당 사양을 구성하고 실행한다.

MSP는 백그라운드에서 모든 종류의 소프트웨어를 보유할 수 있다. 실제로 단일 MSP가 여러 제품을 사용해 목표를 달성할 수 있다. 임무 수행에 필수적인 시스템에 DR 중심 제품(11장에 나와 있음), SaaS, 클라우드 데이터를 백업하기 위한 DPaaS 솔루션, 데이터센터를 백업하기 위한 온프레미스 아키텍처 중 하나를 사용할 수 있다. 이 모든 것을 하나의 솔루션으로 패키징하고 서비스 수준 및 보호된 리소스 수에 따라 요금을 부과한 다음 사용자를 대신해 이 모든 소프트웨어를 실행한다.

MSP 사용의 장점

MSP를 사용하는 가장 큰 장점은 여러 제품이나 서비스를 학습, 구성, 관리할 필요 없이 각 환경에서 동종의 최고 솔루션을 사용할 수 있다는 것이다. 솔루션을 배울 필요도 없다. 사용자의 솔루션이 원하는 작업을 MSP에 전달하기만 하면 MSP가 이를 구성할 수 있어 편리하고 쉽다.

1993년 데이터 보호 업계에 입사한 이래로 알게 된 보편적인 사실 중 하나는 아무도 백업 담당자가 되고 싶어하지 않는다는 것이다. MSP를 사용하는 가장 큰 장점은 일상적인 운영을 조직 업무에서 완전히 제거할 수 있다는 것이다. 다만 사용자의 책임이 완전히 없어진다는 의미는 아니다. 여전히 사용자의 책임은 있다.

이는 기본적으로 제3자에게 데이터 보호를 완전히 아웃소싱하는 것이다. 설계, 용량, 실행 중이든 아니든, 누군가 자세히 지켜보고 있든 걱정할 필요가 없다. 이런 모든 작업을 수행하는 데 있어 말 그대로 비용을 지불만 하면 된다. 또한 서비스 제공업체는 백업을 주요 기능에 숙련된 직원을 통해 서비스를 관리한다. MSP에서 백업은 부수적인 의무가 아니라 유일한 의무다.

MSP 사용 시 유의점

데이터 보호 MSP를 사용하면 일반적으로 WAN 연결로 백업할 수 있지만 반드시 그런 것은 아니다. 그러나 WAN 연결로 백업하는 경우 매일 백업이 가능하도록 충분한 대역폭의 확보, 최초의 전체 백업 완료, 대규모 복원 등 DPaaS 사용자들과 동일한 과제를 안고 있다. 앞의 단락에서 다뤘기 때문에 이 과제들은 더 이상 자세히 설명하지 않겠다.

MSP 사용자는 DPaaS 사용자보다 설계 난독화에 더욱 문제점을 안고 있다. MSP가 여러 제품을 단일 제품으로 결합하는 경우 사용자는 데이터 보호 서비스를 제공할 수 있는 다양한 솔루션의 기본 아키텍처를 잘 알지 못할 수 있다. 또한 MSP는 비용을 절감하거나 서비스 수준을 높이고자 인프라의 일부를 실제로 변경할 수 있다. 이는 안정적 운영을 위한 MSP의 신뢰성 확보 활동들이지만 MSP가 이 작업들이 정상적으로 수행하는지는 모니터링으로 검증해야 한다.

MSP를 데이터 보호 측면에서도 다시 생각해 볼 수 있다. 일부 사용자는 MSP가 제공하는 원격 분리를 믿고 백업을 잊어버릴 수 있다. 작업을 아웃소싱할 수는 있지만 책임을 아웃소싱할 수는 없다. MSP가 해당 작업을 수행하지 못해 위기 상황이 발생해 데이터 센터를 복원할 수 없는 경우 MSP는 계약을 잃을 수 있지만 사용자는 업무를 잃게 될 수 있다. 계약된 서비스를 모니터링하지 않거나 검증하지 않고 MSP가 원하는 모든 작업을 수행하도록 허용하는 경우 특히 그렇다. MSP를 사용하더라도 맹신하지는 말자. MSP 또한 많은 조직의 사람들로 가득 차 있다.

분석

궁극적으로 MSP를 사용하는 것은 편의성이며 DPaaS 기반 백업 시스템에도 관심이 없는 조직을 위해 설계됐다. 백업을 실행하고 싶지만 백엔드를 관리하지 않으려면 DPaaS 솔루션을 선택해야 한다. 온프레미스에서 백업을 원할 경우 기존 가상화 중심 또는 HCBA 솔루션을 선택해야 한다.

만약 조직이 말 그대로 백업 시스템과 아무 관련이 없다면 MSP가 최선의 선택이다. 가장 마음에 드는 점은 백업을 자신의 직업으로 생각하는 그룹이 있다는 것이다. 백업 비용만 부담할 만큼 규모가 큰 조직은 거의 없다. 백업은 항상 부수적인 의무로 여겨져 왔다. MSP를 사용하면 소규모 조직에게 백업 전담 관리자가 제공된다.

참고로 '백업 전용'이 아니라 '사용자의 백업 전용'이라고 말한다. 완전 관리형 MSP 모델과 관련해 우려되는 사항 중 하나는 백업 담당자가 특히 소규모 사용자인 경우 사용자의 계정을 주의 깊게 관리하는지 여부다. 이것은 사용자가 무엇을 하고 있는지 감시해야 하는 이유 중 하나다.

이제 지난 10여 년 동안 시장에 출시될 모든 새로운 제품과 서비스를 살펴봤으니 전통적인 데이터 보호 공급업체가 이런 모든 신제품에 어떻게 반응했는지 살펴보자. 그리고 이런 새로운 제품 중 일부가 시장에서 점유율을 얻고 있는 다른 제품과 클라우드의 인기에 어떻게 반응하는지 알아보자. 또한 이런 제품이 변화하는 데이터 보호 시장에 어떻게 적응했는지 살펴보자.

시장에 적응

이 책에서 다루는 상용 솔루션을 제공하는 많은 공급업체는 고정관념에 사로잡혀 있는 것을 좋아하지 않으며 기술 흐름에 적응하기 위해 최선을 다해 왔다. 따라서 이 단락에서는 다양한 솔루션이 시장의 요구 사항에 따라 최신 상태를 유지하도록 어떻게 발전해 왔는지 설명하고자 한다.

전통적인 백업 어플라이언스

다양한 백업 어플라이언스(특히 HCBA)의 인기로 인해 기존 및 가상화 중심의 백업 공급업체는 어플라이언스 버전의 솔루션을 제공했다. 직접 제공하는 경우도 있고, 파트너를 통해 제공하는 경우도 있다. 이런 어플라이언스는 단순한 설계와 쉬운 유지보수를 선호하는 사용자를 대상으로 제공한다.

이런 어플라이언스는 기업에서 중소 규모의 백업 솔루션을 쉽게 구입하는 방법이 될 수 있다. 이 시스템은 대부분 디스크 기반이며 고객이 직접 테이프를 추가하는 경우에만 테이프를 포함한다. 일반적인 백업 및 복구 요구 사항을 처리하고자 이런 시스템 중 하나를 구입한 다음 이전에 구입한 테이프 라이브러리를 사용해 오프사이트로 가져갈 복사본을 관리하는 것은 매우 일반적이다. 또한 일부 고객은 여러 시스템을 구입하고 백업 소프트웨어를 사용해 시스템 간에 백업을 복제한다.

이런 백업 시스템은 고객이 연락해야 하는 공급업체 수를 줄이고 대부분의 고객으로부터 테이프 문제를 해결한다. 이 외에도 앞서 설명한 전통적인 가상화 중심 백업 솔루션과 동일한 과제를 안고 있다.

구독 가격

온프레미스 데이터 보호 솔루션을 원하는 많은 고객은 여전히 솔루션을 구입할 때 대규모로 구입해야 하는 문제를 걱정한다. 많은 온프레미스 공급업체가 자사 솔루션의 구독 가격을 제공함으로써 이런 시장 수요에 대응해 왔다. 이를 통해 일부 고객은 최소한 데이터 보호 시스템의 소프트웨어 부분을 운영 비용으로 구입할 수 있었다.

소프트웨어의 구독 가격은 모든 사용자에게 윈-윈win-win이다. 고객에게 예측 가능한 비용과 공급업체에게 예측 가능한 수익 흐름을 제공한다. 또한 공급업체에서 제공하는 최신 버전의 소프트웨어에 액세스할 수 있지만 이를 위해서 사용자는 백업 서버를 업그레이드해야 한다(388페이지의 '백업 소프트웨어 유지 관리'를 참고하자).

다른 것보다 지켜봐야 할 것은 SaaS 공급업체가 제공하는 구독 가격이다. SaaS는 하드웨어 및 소프트웨어 구성 요소를 완전히 제거하고 서비스로 교체한다. 구독 가격은 단순히 데이터 보호 소프트웨어 사용을 위해 결제하는 방식을 변경할 뿐이다. 429페이지 'SaaS란 무엇인가?'를 참고하자.

클라우드에 대응

백업 공급업체는 클라우드에 백업을 복사하고, VM의 온프레미스 소프트웨어 및 온프레미스(SaaS)를 비롯한 다양한 방법으로 클라우드 지원 요구에 대응해 왔다. 이런 옵션들을 간략하게 설명하겠다.

클라우드 스토리지에 백업 복사

온프레미스 소프트웨어 공급업체가 일반적으로 가장 먼저 하는 일은 흔히 클라우드 아웃, 클라우드 복사 또는 클라우드 내보내기와 같은 클라우드에 백업을 복사할 수 있도록 지원하는 것이다. 해당 백업 솔루션은 여러 가지 이유로 백업의 일부 또는 전부를 오브젝트 스토리지 서비스(예: S3)에 복사한다. 한 가지 이유는 클라우드 복사본이 테이프와 오프사이트 소산 백업 공급업체를 대신하는 3-2-1 규칙을 준수하기 위함이다. 한 가지 궁금한 점은 해당 공급업체가 S3 복사본을 복원에 사용하기 전에 스토리지 시스템(일반적으로 표준 파일/블록 스토리지)으로 다시 가져와야 하는지 여부다. 이런 경우 이 옵션은 백업을 오프사이트에 저장하거나 일부 백업을 장기간 보존할 수 있는 저렴한 저장공간을 제공하지만 직접 백업 및 복원을 지원하지 않는다.

클라우드의 온프레미스 소프트웨어

공급업체가 클라우드 기능성을 높이려고 다음으로 해야 할 일은 클라우드에서 소프트웨어를 인증하는 것이다. 일반적으로 특정 클라우드 제공업체에서 소프트웨어를 실행하는 데 필요한 VM 및 스토리지 유형의 기본 구성을 지정한다. 이를 클라우드 서클에서는 애플리케이션을 클라우드로 이동하는 리프트 앤드 시프트^{lift-and-shift} 방식이라고 한다. 기본적으로 데이터센터에서 VM을 올려 클라우드로 전환하는 것이다. 클라우드용으로 앱을 리팩토링하고 있지 않기 때문에 일반적으로 클라우드에서 상당한 비용 문제가 발생한다.

이 접근 방식의 장점은 실제 백업 하드웨어를 유지 관리할 필요 없이 이전부터 사용한 경험이 있는 백업 소프트웨어를 계속 사용할 수 있다는 점이다. 일부 사람들에게는 이것은 충분한 이점이 될 것이다. 한 가지 이해해야 할 점은 백업 서버를 클라우드의 VM으로 이동해도 테이프를 제거할 가능성이 높고 백업 하드웨어를 걱정할 필요가 없다는 점을 제외하고는 앞서 언급한 각 솔루션 대부분의 과제들을 해결할 수 없다는 것이다. 그러나 여전히 OS와 애플리케이션을 관리하고 서버와 스토리지를 프로비저닝하고 공급업체를 관리해야 한다. 또한 클라우드용 백업 애플리케이션을 리팩토링하지 않으면 많은 비용이 필요할 수 있다.

리프트 앤드 시프트 방식이 더 비싼 한 가지 큰 이유는 백업 서버가 24×7로 상시 작동하기 때문이다. VM을 24×7로 실행하면 요금이 계속 증가할 수 있다. 클라우드용으로 설계된 백업 시스템은 백업이 실행 중일 때만 리소스를 사용하므로 컴퓨팅 측면의 비용은 크게 줄어든다. 데이터센터에서 전통적인 워크로드에서 이 방식을 사용해 본 적 있는 사용자라면 증가하는 VM 비용이 어떤지를 이해할 것이다.

데이터센터에서 클라우드 백업 애플리케이션으로 전환할 때 발생하는 또 다른 비용 문제는 대부분의 백업 소프트웨어 제품이 사용하는 스토리지 유형이다. 대부분의 백업 소프트웨어 솔루션에서는 여전히 주 백업 저장소를 파일 기반 스토리지 또는 테이프에 둬야 한다. 즉 일반적으로 오브젝트 스토리지를 데이터의 주 저장소로 사용할 수 없다. 기껏해야 이런 솔루션은 일반적으로 오브젝트 스토리지를 이전 백업을 저장하는 장소로 생각한다. 오브젝트 스토리지에서 직접 백업 및 복원하는 솔루션을 찾을 수 있다면 스토리지 비용을 절반 이상 절감할 수 있다. 아쉽게도 오늘날 서비스 중인 대부분의 백업 솔루션은 이 기능을 지원하지 않는다.

그러나 백업과 관련한 추가적인 비용 문제는 복구다. 모든 복구에는 많은 이그레스 egress(외부로 데이터를 이관) 비용이 든다. 그리고 데이터 중복 제거를 사용하는 백업 솔루션도 선택해야 한다. 다만, 데이터를 클라우드로 전송하기 전에 데이터 중복을 제거할 수 있는데 이를 통해 대역폭 비용을 크게 절감할 수 있다.

이런 비용 문제로 클라우드 업계에서는 리프트 앤드 시프트 방식이 임시 솔루션으로 인식되고 있다. 심지어 데이터 보호 영역이 아닌 곳에서도 그렇다. 장기적인 클라우드 전환에는 클라우드의 작동 방식을 고려해 애플리케이션을 재설계하는 리팩토링이 수반돼야 한다. 리팩터링 애플리케이션은 원래의 기능(개선도 가능) 동작뿐 아니라 동시에 비용을 절감할 수 있다. 하지만 리프트 앤드 시프트 방식을 사용하는 백업 공급업체 중 리팩토링을 지원하는 업체는 없는 것 같다.

마무리

데이터 보호 분야는 아직 활성화 중이다. 이 분야는 지난 10여 년간 4개의 새로운 제품 유형과 수십 개의 새로운 백업 제품이 있었다. 디스크 기반 및 클라우드 기반 백업의 환경이 등장했으며 많은 조직이 테이프에서 완전히 벗어나고 있고 최소한 테이프를 아카이브로 이동했다.

16장은 독자들이 정말 좋아할 것 같다. 윈도우 중심, 가상화 중심 선호 사용자들은 가상화 중심 제품을 선호할 것이다. 윈도우 OS를 사용하지 않는 백업 시스템을 선호하지만 여전히 온프레미스 시스템을 원하는 사람들은 HCBA 확장 방식을 좋아할 것이다. 마지막으로, 일부 고객은 DPaaS 또는 MSP 서비스로 이동해 문제를 완전히 해결하고자 할 것이다.

일부 새로운 회사들과 오래된 회사들의 기존 제품들은 다양한 편승 효과를 내려고 노력하고 있다. HCBA 접근 방식을 좋아하지만 이미 알고 있는 제품에 익숙한 사용자들은 기존 제품을 개선한 새로운 백업 어플라이언스에 관심을 가질 것이다. 그리고 많은 사용자는 백업 제품을 구독 기반으로 쉽게 이용할 것이다. 또한 공급업체들은 구독 가격 기반의 서비스를 SaaS라고 부르기도 할 것이다. 사실 해당 서비스 중 SaaS가 아닌 경우도 많다.

마지막으로, 모든 것이 클라우드로 전환하는 것 같다. 몇 년 후에는 거의 모든 사람이 데이터 보호 측면에서 클라우드를 사용하게 될 것이다. 그리고 클라우드에서도 옵션을 계속 사용할 수 있다. 독자들은 이전부터 사용한 소프트웨어를 구입할 것인가? 아니면 해당 소프트웨어를 관리하는 서비스로 이동할 것인가?

만약 독자들이 13, 14, 15장을 읽은 후 클라우드로 변경하고 싶은 생각이 든다면 제대로 찾아온 것이다. 16장에서는 데이터 보호 시스템의 업그레이드 및 교체에 대해 설명하겠다.

16장

백업 시스템의 교체, 업그레이드

이 책의 마지막 장까지 오게 된 것을 진심으로 축하한다. 지금 이 책을 보는 독자는 내 딸의 친구가 지구상에서 가장 지루한 책이라고 부르는 책의 마지막 장까지 왔다. 우리는 약 450페이지의 많은 내용을 다뤘고 이 중 많은 부분이 16장에서 다룰 권장 사항을 이해하기 위한 배경 지식이었다.

이 책을 구입한 독자는 아마도 현재 관리 중인 백업 시스템을 교체해야 한다고 확신했기 때문에 구입했을 가능성이 매우 높다. 그래서 앞선 장들을 모두 무시하고 이 마지막 장으로 바로 건너뛰어 어떤 것을 선택해야 하는지를 알고 싶어했을 것이다. 만약 사실이라면 백업 시스템을 업그레이드하거나 교체하기 전에 이 책에 있는 다른 모든 내용을 꼭 이해해야 한다. 이 책을 다 읽었다면 기억해야 할 몇 가지 중요한 사항이 있는데 간단히 요약하면 다음과 같다.

백업과 아카이브의 차이(3장)

백업과 아카이브가 다르다는 생각은 백업 및 아카이브 시스템을 설계할 때 매우 중요하다. 이것은 내가 다른 사람들에게 끊임없이 말하는 세 가지 중 하나일 정도로 매우 중요하다.

3-2-1 규칙(3장)

2개의 미디어에 세 가지 버전이 있고 그중 하나는 다른 곳에 위치한다는 규칙이다. 백업 시스템이 이를 준수하지 않는다면 이는 추후 잘못될 가능성이 있다는 의미다.

백업 방식(9장)

백업 방식은 매우 다양하다. 백업의 긴 여정을 시작하기 전에 이런 모든 옵션을 이해해야 한다.

재해 복구(11장)

요즘은 좋은 DR 방식이 너무 많다. 대부분은 클라우드 기반이지만 최신 백업 솔루션과 클라우드의 결합은 확실히 성공적인 조합이다.

테이프는 결코 죽지 않았다(12장)

테이프는 절대 느린 매체가 아니며 충분히 신뢰할 만한 매체다. 오히려 디스크보다 빠르고 안정적이며 저렴하다. 다만 백업 시스템에서 이를 작업하는 것이 쉽지 않을 뿐이다. 왜 쉽지 않은지를 이해하는 것이 중요하다.

디스크는 완벽하지 않다(12장)

디스크는 백업을 훨씬 수월하게 만들었지만 반대로 몇 가지 새로운 문제가 발생하기 시작했다. 에어 갭 문제를 숙지하고 있어야 이를 해결할 수 있다.

데이터 보호 문제(13장)

나는 백업 시스템을 개선하고 업그레이드하면서 경력을 쌓았다. 데이터 보호 문제와 관련해 알고 있는 한 가지가 있다면 그것은 공간의 문제다. 독자들이 전에 생각하지 못한 많은 문제를 상세히 설명했다. 솔루션을 평가하기 전에 이 문제들을 이해해야 한다.

전통적인 데이터 보호 솔루션(14장)

14장에서 언급한 백업 방식 중 하나를 사용하고 있는가? 타깃 중복 제거 시스템으로 확장될 수 있는가? 이는 교체가 필요한가? 이런 제품이 갖다줄 가치를 이해하는 것이 필요하다.

최신 데이터 보호 솔루션(15장)

지난 10여 년 동안 많은 신제품이 등장했다. 이들 중 훌륭한 제품도 있지만 각각의 제품은 고유한 목적과 기능이 있다. 지금 무작정 최신 솔루션을 적용해 보기 전에 정확히 어떤 솔루션인지를 이해해야 한다.

이제 모든 지식을 습득했으니 이를 적용할 때다. 우리는 백업 시스템을 업그레이드하거나 교체할 생각을 갖고 있다. 좀 더 상세하게 살펴보자.

어떤 솔루션이 우리에게 좋을까?

어떤 상황에 완벽히 대응할 수 있는 백업 제품은 없다. 업무 방식에는 적합하나 조직에 적합하지 않은 제품이 있을 수 있다. 또한 당장 적합하다고 생각했으나 나중에 다시 알아보니 적합하지 않은 것으로 평가될 수도 있다. 데이터 보호를 수행하는 방법을 지속적으로 평가해 이것이 데이터 보호에 최선인지 계속 확인해야 한다.

 예전의 나는 내가 아는 대로만 했다면 지금은 그렇게만 하면 안 된다는 걸 알기에 더 잘 할 수 있게 됐다.

– 마야 안젤로(Maya Angelou)

14장과 15장에서 다룬 다양한 제품은 누군가에겐 맞을 수 있다. 물론 그 범주 내에서 다른 것보다 더 나은 제품이 될 것이다. 하지만 이 책에서 모든 것을 다룰 수 없기 때문에 상세한 이해는 독자에게 맡기도록 하겠다.

어떤 제품이 가장 적합한지를 아는 것은 데이터 보호만의 요구 사항을 이해하는 것으로 시작한다. 이는 2장의 첫 번째 부분에 설명한 프로세스를 따랐을 때 알 수 있다. 조직의 목적과 데이터 보호 시스템이 충족해야 하는 요구 사항(예: RTO 및 RPO)을 확실히 이해해야 한다.

다음으로 이해해야 할 것은 각 솔루션의 판매 가치 제안^{USP, Unique Selling Proposition}이다. 이것은 특정 솔루션을 구매하려는 고유한 이유를 나타내는 비즈니스 용어다(특정 조건에서는 이 방식이 그렇게 좋지 않을 수 있는데 그 이유는 다음에 설명한다).

이렇게 제품의 유형에 따라 다르고, 해당 유형에 속한 솔루션들이 다양한 만큼 이들 솔루션을 모두 글에 담기엔 벅차지만 분명 도움이 될 것이라 생각한다. 각 솔루션 유형의 주요 문제점 또한 설명하겠다.

전통적 백업

전통적인 백업 제품은 기존 유닉스와 같은 레거시 워크로드, 레거시 데이터베이스 솔루션, 가상화, IaaS, 쿠버네티스와 같은 보다 최신 워크로드가 혼합돼 있고 만능 백업 솔루션을 찾고 있는 데이터센터에 가장 적합하다. 전통적인 백업 솔루션은 지난 30년간 개발된 대부분의 데이터를 백업할 수 있는 유일한 솔루션이다. 다른 범주는 특정 워크로드에서 더 좋거나 낮은 TCO를 제공할 수 있지만 하나의 솔루션에서 사용자의 모든 제품을 다루지는 못할 수도 있다. 이런 제품을 처음 사용하는 경우 공급업체의 복잡성을 줄이고자 어플라이언스 버전을 고려해야 한다.

타깃 중복 제거

타깃 데이터 중복 제거 어레이는 기존 백업 솔루션을 보유하고 있고 테이프에 백업하는 데 어려움이 있거나 백업 솔루션에 통합된 데이터 중복 제거 시스템에 만족하지 못하는 고객에게 적합하다. 기존 백업 인프라 구조를 크게 변경하지 않고도 복제를 통해 온사이트 및 오프사이트 백업을 수행할 수 있는 기능을 제공한다. 기존 백업 시스템을 타깃 데이터 중복 제거 어플라이언스로 업그레이드하는 것은 교체하는 것보다 비용이 적게 든다. 또한 한 공급업체의 백업 솔루션과 다른 공급업체의 데이터 중복 제거 솔루션을 사용하는 친환경(즉 새로운)의 새로운 백업 솔루션은 두 가지 솔루션을 모두 사용하는 솔루션 중 하나를 사용하는 것보다 비용이 더 많이 든다.

가상화 중심

가상화 제품은 모두 윈도우와 디스크를 중심으로 설계하기 때문에 윈도우 중심 또는 윈도우 전용 환경에 적합하다. 만약 윈도우 아키텍처의 보안 문제를 개선하는 방법을 잘 알고 있다면 가상화 중심 솔루션이 더 매력적일 수 있다. 만약 이런 환경에서 랜섬웨어 공격으로부터 백업 데이터를 보호한다면 백업 디스크가 백업 서버의 운영 체제에 표시되지 않도록 구성하는 것이 필요하다.

HCBA

13장에서 언급한 대부분의 데이터 보호 문제를 해결하는 온프레미스 솔루션을 찾고 있다면 HCBA가 그 답이 될 수 있다. 스케일 아웃 어플라이언스 아키텍처, 즉 어플라 이언스의 대수를 늘려 문제를 해결하는 아키텍처를 이용해 다른 온프레미스 솔루션 보다 설계, 유지 관리, 확장이 더 쉽고 일부는 레거시 워크로드도 지원한다. 이런 시 스템을 설계할 때는 일반적인 백업 시스템과 같이 3~5년 동안 지속되는 용량이 필 요가 없고, 시간이 지남에 따라 용량을 추가할 수 있음을 알아 두길 바란다. 이는 구 매할 때 비용을 절감에 도움이 된다.

DPaaS

DPaaS 솔루션은 더 이상 온프레미스 데이터 보호 솔루션을 설계, 유지 관리, 확장이 필요 없는 사람들에게 적합하다. 특별한 유지 보수가 필요하지 않는 이메일 및 CRM 시스템 백업을 수행하려 한다면 DPaaS이 적합할 수 있다. 설계 난독화가 가장 큰 문 제일 수 있는데 이는 예상하지 못한 상황으로 많은 인적 자원이 필요할 수 있다. 솔 루션을 구매하기 전에 솔루션을 최대한 자세히 알아보고 무엇을 기대할 수 있는지 확실히 인지하고 구매하길 바란다.

완전 관리형 MSP

완전 관리형 MSP는 DPaaS 모델을 한 단계 더 발전시켜 사용자를 대신해 서비스를 운영한다. 완전히 손을 댈 필요가 없는 데이터 보호 시스템이라는 아이디어가 마음 에 든다면 MSP를 선택하는 것이 좋다. 여기서 한 가지 고려해야 할 사항은 공급업 체가 관리 중인 솔루션의 설정을 변경한다면 어떤 영향이 있는지, 그리고 서비스 계 약에서 이를 해결하는 내용이 담겨 있는지 여부다. 따라서 이에 대한 세부 사항과 서 비스 과금 방식을 잘 이해해야 한다. 어느 누구도 예측하지 못한 상황은 원하지 않기 때문이다.

전통적 어플라이언스

백업 솔루션 선택은 마음에 들지만 물리적으로 솔루션을 설계하고 구성하는 데 문제가 있다면 이런 설계 및 유지 관리를 좀 더 쉽게 가능하게 하는 독립 소프트웨어 공급업체ISV, Independent Software Vendor 및 부가가치 재판매업체VAR, Value-Added Reseller 이용을 고려하는 것도 한 가지 방법이다. 이를 통해 여러 백업 솔루션 제조사들을 관리해야 하는 불편함에서 벗어나 한 업체만 관리하면 되기 때문에 좀 더 관리를 수월하게 할 수 있다. 그러나 HCBA 시스템의 스케일 아웃 아키텍처와 달리 이런 어플라이언스는 더 큰 확장성을 제공하지 못한다.

클라우드의 온프레미스

클라우드를 우선적으로 고려했지만 데이터 보호 솔루션을 클라우드 네이티브 솔루션으로 전환하고 싶지 않다면 온프레미스 백업 서버를 클라우드상의 VM으로 마이그레이션해 현재 백업 솔루션을 해제하고 클라우드로 전환하는 방법밖에 없다. 이 아이디어에서 가장 큰 우려 사항은 이런 설계가 무중단으로 실행되는 VM을 사용하고 많은 블록 스토리지를 사용해야 하기 때문에 클라우드 요금이 매우 높을 수 있다는 것이다. VM과 블록 스토리지 모두 클라우드에서 매우 비싼 자원들이다.

어떤 유형의 솔루션을 선택하든지 사용자의 책임 범위와 공급업체의 책임 범위를 이해하는 것이 중요하다(관련 적절한 사례는 SaaS 제품이 데이터를 백업한다는 일반적인 오해가 대표적이다). 따라서 데이터 보호 시스템에서 사용자의 책임이 무엇인지 살펴보도록 하겠다.

사용자의 책임

데이터 보호 솔루션 도입을 검토할 때 고려해야 할 또 다른 사항은 어떤 부서 또는 직원이 어떤 작업을 담당할지 정하는 것이다. 데이터 보호 시스템이 가동되는 동안 다양한 작업이 존재할 수 있는데 이 모든 작업에는 적절한 담당자가 정해져야 한다. 그렇지 않으면 수시로 공급업체에 도움을 요청해야 하는 일이 발생한다.

하드웨어

누군가는 데이터 보호 시스템을 구성할 하드웨어(물리적 또는 가상) 설계에 궁극적으로 책임이 있어야 한다. 온프레미스 하드웨어의 대규모 자본을 통한 구매 또는 가상 리소스에 대한 클라우드 공급업체와의 계약 협상 등을 포함해 해당 하드웨어의 비용을 누가 지불할 것인가? 이 하드웨어에서 운영체제를 업그레이드하고 안전하게 구현됐는지를 최종 확인하는 책임자는 누구인가? 일반 디스크 어레이, 타깃 중복 제거 시스템 또는 테이프 라이브러리를 포함한 모든 스토리지 시스템을 연결하는 것은 누구의 일인가? 마지막으로, 모든 하드웨어 구성 요소가 최적의 성능을 발휘하도록 하는 것은 누구의 책임인가?

소프트웨어

운영체제도 소프트웨어이긴 하지만 이전 단락에서는 하드웨어에 포함시켰는데 이 단락에서는 백업 소프트웨어 자체에 중점을 두겠다. 누군가는 백업 시스템에 제공된 모든 가상 또는 물리적 하드웨어를 인식하도록 백업 소프트웨어를 구성해야 한다. 이 작업에는 백업 소프트웨어 시스템 자체를 최신 버전으로 유지 관리하고 안전한 방식으로 구성됐는지 확인하는 작업도 포함한다. 관련 대표적인 사례는 디스크 기반 백업 시스템이 고객에게 보안상의 이유로 백업 디렉터리가 운영체제에 표시되지 않도록 백업을 구성하도록 권장하는 것이다. 이런 인프라 변경 작업의 담당자는 누구인가?

구성 설정

백업 하드웨어를 물리적으로 설치 또는 프로비저닝하고 백업 시스템이 모든 리소스를 파악하도록 구성했으면 누군가는 백업 시스템의 실제 운영을 구성해야 한다. 이 구성 작업에는 백업 원본에 필요한 에이전트 설치, 백업 시스템 연결, 백업 작업, 예약 생성 등이 포함된다. 이는 대규모 백업 시스템 구현 초기에 수행하는 주요 작업이며, 조직 환경에 백업 소스가 추가되기 때문에 지속적으로 수행되는 작업이다.

모니터링

누군가는 백업 시스템을 모니터링하고 실제로 정상적으로 작동하고 있는지 확인해야 한다. 이는 백업 시스템을 조직의 운영 관리 도구와 연결하는 것을 포함해 다양한 방법으로 수행할 수 있다. 낮은 수준에서는 어젯밤의 백업이 올바르게 실행됐는지 확인하고자 하루에 한 번 백업 인터페이스를 확인하는 사람이 필요할 수도 있다. 백업이 실패할 때 문제점을 티켓으로 자동 생성해야 할 수 있다. 문제는 이런 백업 시스템을 모니터링하는 것이 누구의 책임이냐는 것이다.

운영

아무리 자동화된 백업 시스템에서도 사람의 개입이 필요한 지속적인 작업들이 있다. 테이프 백업 환경이라면 테이프를 교체하고 오프사이트 보관 공급업체에 전달하는 작업일 수 있다. 전체 디스크 시스템에서 공간을 확보하기 위해 이전 백업을 삭제하거나 필요에 따라 추가 공간을 추가하는 작업이 될 수 있다. 이 작업은 구성과 모니터링 사이의 다리 역할로 비유할 수 있다. 백업 시스템을 모니터링 하는 사람이 작업을 수행해야 한다고 판단하면 실제로 작업을 수행하는 사람은 운영 담당자다.

14장과 15장에서 언급한 거의 모든 데이터 보호 솔루션에서 주로 IT 부서가 이런 모든 작업을 담당한다. 기존 타깃 중복 제거, 가상화 중심, HCBA, 기존 어플라이언스 또는 클라우드 솔루션의 온프레미스 등 무엇이든 이 조직은 이런 모든 작업을 수행할 책임이 있다.

DPaaS를 사용하면 하드웨어 및 소프트웨어 작업이 더 이상 사용자의 책임이 아니다. 백업을 수행하는 데 필요한 모든 백업 인프라는 이미 설계됐으며 백업이 필요할 때 활성화된다. 별도의 시스템 관리 또는 스토리지 관리 작업이 필요하지 않다. 그러나 백업 시스템을 구성, 운영, 모니터링하는 것은 사용자의 책임이다. 이런 작업 또한 아웃소싱을 원한다면 MSP를 이용할 수도 있다.

그러나 각 작업을 담당하는 조직에 관계없이 데이터 보호에 대한 궁극적인 책임은 여전히 백업 책임자인 사용자에게 달렸다. 백업 시스템이 실패하면 사용자 조직이 피해를 입게 되므로 결과적으로 누군가는 일자리를 잃게 될 수 있다. 설계, 유지 보수, 운영, 모니터링은 아웃소싱할 수 있지만 사용자 본인의 책임은 절대 아웃소싱으로 대체할 수 없다. MSP 모델을 사용한다면 본인도 모르게 이런 책임을 인식하지 못할 수 있으므로 이를 확실히 이해하는 것이 매우 중요하다.

이제 백업 시스템(또는 예비 시스템)과 관련해 누가 무엇을 책임지는지 정했기 때문에, 어떤 작업을 수행하기 전에 먼저 진지하게 생각해야 할 시간이 필요하다. 아마 비용이 많이 드는 상황일 수도 있다. 이를 수행하기 전에 이를 잠시 생각해 보자.

어떤 것을 수행하기 전에

많은 사람이 일이 제대로 진행되지 않을 때 새로운 하드웨어, 소프트웨어 또는 서비스를 바로 구매한다. 나는 이런 경우를 많이 겪어 왔다. 그중에는 현재도 많이 사용 중인 백업 솔루션도 있었다. 백업 소프트웨어 업계에는 정말 좋지 않은 솔루션들도 존재하지만 일반적으로 대개는 동일한 솔루션을 교체했다. 무엇을 하기 전에(다시 말해 비용을 지불하기 전에) 어떤 일의 목표와 그 목표에 도달하기 위해 이미 보유한 솔루션을 검토하는 시간을 가져야 한다.

이것은 당신의 백업 시스템이다

모든 공급업체에는 판매하고 싶어하는 제품이 있다. 그러나 결국 백업되는 데이터는 이들의 데이터가 아니라 사용자가 속한 조직의 데이터라는 점을 기억해야 한다. 이들이 아무리 세계에서 가장 많이 팔리는 유명한 백업 시스템일지라도 본인의 상황에는 좋지 않을 수 있다. 이 책에서 제시한 요구 사항과 그에 따르는 고유한 작업 방식에 따라 가장 적합한 백업 시스템을 결정해야 한다.

이런 이유로 이 책에서는 '어떤 제품을 구입해야 한다' 또는 '어떤 제품 유형이 가장 좋은 방법이다'라고 말하지 않으며, 모두 사용자의 특정 요구 사항에 따라 다를 것이다. 예를 들어 온프레미스 백업 시스템을 원하는 경우 DPaaS는 적합하지 않다.

백업 시스템의 유지 관리가 어려워 다른 사람이 해주기를 원한다면 DPaaS 또는 MSP만이 백업 시스템을 유지할 수 있는 유일한 방법이다. 이는 사용자가 속한 환경과 무엇을 필요로 하는지에 따라 다르다. 이제 설계를 주도할 몇 가지 사항과 수행해야 하는 몇 가지 작업을 살펴보도록 하자.

요구 사항의 이해

데이터 보호 시스템을 구성하는 방법은 조직에 실제로 필요한 사항에 따라 결정돼야 한다고 이미 언급했다. 백업 기간, 빈도, 보존 구성은 조직의 RTO, RPO, 법적 보존 요구 사항에 따라 결정해야 한다. 조직의 실제 요구 사항을 제대로 파악하지 못한 상태에서 백업 시스템을 설계하거나 구성하는 것은 시간 낭비다.

예를 들어 백업 시스템에서 매일 밤 실패하는 백업이 가장 큰 불만이라고 가정해 보자. 따라서 24시간의 RPO를 결코 충족할 수 없다. 이것은 백업 담당자를 힘들게 하고 결국 백업 시스템을 교체해 이 문제를 해결하려고 한다. 수십만 달러를 들여 백업 시스템을 교체하면 12시간의 RPO를 충족할 수 있다. 그러던 중 어느 핵심 직원이 조직에서 새 데이터를 일주일에 한 번만 생성하므로 1주일의 RPO로도 충분하다고 말한다. 즉 필요 없는 요구 사항을 충족하는 데 수십만 달러를 낭비한 것이다(이것은 불가능한 일이 아니다. 고객이 몇 주 전에 측정한 RTO 및 RPO를 내게 제공한 적이 있다).

2장에서는 조직에서 요구 사항을 가져와 적절하게 문서화하고 설계로 전환하는 개념을 설명했다. 이 주제에 대한 자세한 내용은 해당 장을 참고하자.

현재 보유 중인 것의 이해

조직의 누군가는 데이터 보호 솔루션의 SME^{Subject Matter Expert}여야 한다. 이들은 관련된 교육을 받고 모든 문서를 읽고 데이터 보호에 관한 모든 것을 담당해야 한다. 이 사람은 백업 시스템이 어떻게 설계되고 어떻게 수행해야 하는지, 그렇게 하기 위해 무엇을 해야 하는지 알게 될 것이다.

온프레미스 SME 역할을 담당할 사람이 없다면 아마도 1순위로 예산을 집행해 담당자를 구해야 할 것이다. 백업 시스템의 전문 공급업체 같은 곳에서 제공하는 전문적인 서비스를 받으면 최적의 성능과 데이터 손실 최소화에 도움이 될 것이다. 하지만 이 단계에서 SME가 작업을 수행할 수 있도록 공급업체가 더 비싼 솔루션으로 판매하려 할 수도 있으니 이를 조심하는 것이 좋다. 우리는 아직 이 단계에 다다르지 않았기 때문에 현재 보유하고 있는 것 그리고 이것들이 어떻게 작동하는지, 이들이 최적으로 설계됐는지를 이해하기만 하면 된다.

솔루션의 문제점 이해

솔루션의 문제점은 보통 대부분의 조직에서 이해하기 쉬운 부분이다. 현재 보유한 백업 시스템의 마음에 들지 않는 점은 누구나 알고 있을 것이다. 대부분 복원이 실패한 경험들이 있을 것이다(심지어 내가 주도했으나 실패했던 복원들을 생생히 기억한다). 또한 이 솔루션들을 통한 백업이 굉장히 오래 걸리고 백업하는 시스템의 성능에 많은 영향을 미치는지도 잘 알고 있다.

내가 그걸 했었나?

내가 예전에 재구성했던 백업 시스템을 보유했던 SaaS 공급업체의 일이 생각난다. 외부 오브젝트 스토리지 시스템이 있는 데이터베이스를 갖고 있었다. 데이터베이스는 실제 고객 데이터를 보관하고, 오브젝트 스토리지 시스템은 고객 데이터와 관련된 스캔 이미지를 보관했다. 두 가지가 너무 얽혀 있기 때문에 오브젝트 저장소를 동시에 백업하지 않으면 데이터베이스를 백업할 수 없었다. 그렇지 않으면 두 백업 간에 참조 무결성 문제가 발생할 수 있다. 이 딜레마의 해결책은 데이터베이스의 콜드(cold) 백업을 수행하는 것으로, 물론 데이터베이스를 사용하는 SaaS 솔루션은 멈춘 상태로 말이다. 따라서 2주에 한 번만 진행하기로 결정했다.

이 고객에 대해 이해해야 할 또 다른 중요한 사실은 이 회사는 약 5일 동안 연간 비즈니스의 90%를 처리한다는 것이다. 시스템 사용이 한창 중요할 때 백업 운영 담당자는 자신의 매뉴얼에 따라 5일 중 어느 날 정오에 데이터베이스를 종료했다. 이것은 전국적인 뉴스였으며 이 회사의 주가는 다음 날 반토막이 났다.

나는 이 고객과의 첫 회의에서 이 얘기를 나에게 들려줬을 때 이들이 얼마나 심각했었는지 생생히 기억한다. 이들은 나에게 다음과 같은 지시를 내렸다. '우리는 당신이 어떤 걸 하든 상관하지 않는다. 다만 우리의 주요 애플리케이션을 중단하는 백업만은 안 된다.' 앞서 말했듯이 사람들은 백업 시스템의 문제는 너무나 잘 기억한다.

구입 비용과 TCO에 대한 고려

모든 IT 시스템에서 저지르는 일반적인 실수는 TCO가 아닌 구매 비용에만 초점을 맞추는 것이다. 백업 시스템도 예외는 아니다. 한 번 구입하면 최소 몇 년은 사용한다. 백업 시스템의 문제를 해결할 때 기본적으로 세 가지 선택이 있다. 현재 시스템을 조정하거나, 어떤 방식으로든 업그레이드하거나 교체하는 것이다. 이들 각각에는 고려해야 할 다양한 유형의 TCO 요소가 있다.

현재 시스템을 조정하는 비용

현재 시스템을 조정할 때 필요한 첫 번째 과제는 새로운 방식의 전문가 지정이다. 이에 따르는 가장 큰 어려움은 일반적으로 아무도 백업 관리자가 되기를 원하지 않는다는 점이다. 즉 시스템 작동 방식의 전문성이 부족해 전문 서비스를 사용하지 않고서는 운영이 매우 어렵다. 백업 시스템의 작동 방식과 구성 방식을 이해하는 사람이 있더라도 성능을 향상시키기 위해 백업 시스템을 제어하는 프로세스는 어려운 일로 마치 자동차를 갓길로 옮기지 않고 타이어를 교체하는 것과 비슷하다. 할 수 있지만 전문 서비스와 많은 시간과 인내가 필요할 것이다. 새 시스템을 제어할 때 대부분의 환경에서 잊어버리는 가장 일반적인 TCO 측면은 현재 시스템을 지속적으로 제어하고 유지 관리하는 데 필요한 모든 시간의 비용이다. 이런 노력은 그만한 가치가 있지만 TCO 계산에 이를 포함해야 한다.

새로운 시스템을 업그레이드하거나 향상시키는 비용

문제가 있는 백업 환경의 일반적인 접근 방식은 문제가 되는 시스템의 일부를 업그레이드하는 것이다. 백업 소프트웨어를 최신 버전으로 업그레이드해 신규 서버, 디스크, 테이프 드라이브일 수 있는 최신 백업 하드웨어에 설치하는 것이다. 이것이 잘 수행된다면 정말 완벽한 방법이고 이를 통해 백업 시스템의 어느 부분이 문제의 원인이지 확인할 수 있다. 많은 테이프 드라이브, 더 빠른 테이프 드라이브만 있으면 된다고 고객이 나에게 몇 번이나 말을 했는지 모르겠다.

따라서 다시 한 번 이 방식을 선택하려면 전문 서비스가 필요할 것이다. 전문가 서비스는 독립 소스나 새 하드웨어를 판매하지 않는 백업 소프트웨어 조직에서 제공받는 것이 가장 좋다. 여기서 종종 누락하는 TCO 요소는 구입하게 되는 새로운 시스템의 장기 유지 보수 비용이며, 특히 추가 유형의 하드웨어인 경우 더욱 그렇다. 예를 들어 현재 테이프 전용 시스템인 경우 데이터 중복 제거 시스템을 추가하면 환경이 더 복잡해져서 구성, 운영, 모니터링이 더 많이 필요하다. 또한 실제 시스템 자체의 지속적인 유지 보수 비용을 TCO 계산에 포함해야 한다.

새로운 온프레미스 시스템 비용

완전히 새로운 데이터센터가 완전히 새로운 백업 시스템과 만나는 환경은 거의 없다. 새로운 온프레미스 데이터 보호 시스템을 구입한다면 이를 수행하는 데 드는 TCO와 기존의 시스템을 유지하고 향상시키는 데 드는 TCO를 비교해야 한다. 이 모든 새로운 하드웨어, 소프트웨어 구매 외에도 새로운 백업 시스템의 교육 비용도 비용에 포함해야 한다. 백업의 한 부분만 교체한다면 시스템 관리자가 두 시스템을 모두 이해하고 유지 관리해야 하기 때문에 백업 시스템 관리가 더욱 복잡해지며 이에 따라 TCO도 증가한다.

클라우드의 온프레미스 시스템 비용

지난 몇 년 동안 발생한 한 가지 추세는 온프레미스 백업 소프트웨어를 구입해 클라우드의 VM에서 실행한다는 점이다. 많은 사람이 이 구성을 사용하면서 놀라는 이유는 클라우드 비용이 상당하기 때문이다. 백업 서버 또는 VM은 쉬지 않고 실행되며 대부분의 백업 솔루션은 백업의 주 복사본이 블록 스토리지에 있어야 한다. 따라서 사용하는 클라우드 리소스의 수를 최소화하는 방식으로 백업 시스템을 구성할 수 있다면 TCO에 도움을 줄 수 있다. 명심해야 할 한 가지 정말 중요한 점은 클라우드 계정의 VM에서 백업 소프트웨어를 실행한다면 데이터를 복원할 때 데이터 송신 요금이 부과된다는 점이다.

SaaS 또는 MSP 시스템 비용

대부분의 SaaS 또는 MSP 솔루션은 다른 백업 시스템처럼 많은 비용으로 대량 구매하지 않고 대신 운영 비용으로 구매한다. 대부분의 이런 구매 형태는 비교적 예측 가능한 비용 모델이 있으며 사용한 만큼만 비용을 지불하는 구조다. 이는 구입 전, 사전에 사용량을 미리 예측하는 물리 기반의 백업 시스템과는 매우 다르다. 대역폭 사용에 따른 비용에서 시작해 몇 가지 TCO 요소가 종종 간과될 수 있다. 현재의 작업에 기존 대역폭 사용이 충분하다면 상관없지만 대역폭의 업그레이드가 필요하다면 TCO 모델에 해당 비용을 포함해야 한다. 마지막으로, 이런 모든 솔루션이 예측 가능한 가격 모델을 갖고 있는 것은 아니기 때문에 시간의 흐름에 따라 실제 비용이 어떻게 변경되는지는 공급업체에 요청하고 확인해야 한다.

이제 모든 전제 조건이 해결됐으니 실제로 새로운 것을 구매할 때다. 이 책의 마지막 부분이 독자에게 많은 도움이 될 거라 믿는다. 지금부터 새로운 데이터 보호 솔루션을 선택하는 과정을 살펴보자.

솔루션 선택

새 백업 시스템을 구입하거나 백업 시스템의 일부를 완전히 새 시스템으로 교체하기로 결정했다면 그 과정은 어떤 모습이어야 할까? 2장에 설명한 절차를 따르는 것 외에 지금부터 설명할 내용은 데이터 보호 시스템을 구입할 때 고려해야 할 사항에 대한 개략적인 설명이다. 요구 사항을 식별하고 요구 사항을 제공한 사람에게 다시 해당 요구 사항을 전달해야 함을 기억하자. 이런 요구 사항에 대한 승인을 얻은 다음, 앞으로 나올 설명을 기반으로 제안 솔루션을 설계해야 한다.

쇼스토퍼를 찾아라

백업 시스템을 구매하는 것은 복잡한 과정이고 여러 조직에서 제공하는 다양한 옵션을 선택할 수 있다. 여기서 쇼스토퍼showstopper를 식별하는 방법을 설명하고자 한다. 쇼스토퍼란 솔루션 구매를 이끄는 결정적인 기능을 말한다. 예전에 참여했던 프로젝트 가운데 지난 90일 동안의 스냅샷들을 사용자가 탐색할 수 있는 기능이 있는 스토리지 솔루션 구매를 도왔던 적이 있다. 그 한 가지 요구 사항을 만족함으로써 당시 물망에 올랐던 대부분의 후보 스토리지 솔루션들은 제외됐다. 당시 대부분의 스토리지 어레이는 심각한 성능 저하를 유발할 수 있는 쓰기 시 복사COW, Copy-On-Write 스냅샷 방식을 사용했다. 이로 인해 고려해야 할 공급업체의 수를 12개에서 3~4개로 줄인 것은 정말 놀라운 성과였다.

본인만의 쇼스토퍼들을 정해야 한다. 실제로 조직의 요구 사항에 추가할 수 있다. 예를 들어 로컬 관리 에이전트가 없어도 웹 페이지를 통해 시스템을 관리할 수 있도록 지정할 수 있다. 사용자는 웹사이트에 로그인 후 본인을 인증하고 백업 시스템 관리를 하고 싶어한다. 다시 말하지만 이러한 요구 사항은 사용자가 이 요구 사항이 쇼스토퍼라고 말할 때 고려해야 할 해결책의 수를 줄일 것이다(이것이 바로 쇼스토퍼가 될 수 있다. 백업 서버를 관리하는 데 로컬 소프트웨어가 필요할 이유가 없기 때문이다).

또한 있어도 좋지만 없어도 큰 문제가 되지 않는 기능들을 식별해야 한다. 이 식별이 불필요 솔루션들을 제거하는 요소로써 사용하지 않을 수도 있지만, 제공하는 유용한 기능의 수를 기준으로 솔루션을 평가할 수도 있다. 예를 들어 모든 면에서 동일하고 모든 요구 사항을 충족하는 두 가지 솔루션을 고려하는 상황이다. 그러나 그중 하나는 있으면 좋은 기능 10가지를 제공하고 다른 하나는 하나만 제공한다면 10가지 기능을 제공하는 솔루션을 선택하는 것이 유리할 것이다.

조직이 원하는 요구 사항이든 사용적 측면의 요구 사항이든 요구 사항을 만족하는 솔루션을 선택하면 프로세스가 훨씬 더 논리적이고 전문적으로 진행될 수 있다. 그런 기준이나 과정이 없다면 그런 과정을 거치지 않고서는 말솜씨가 좋은 영업사원이 있는 곳을 고르는 경우가 많다.[1]

사용 편의성을 기준 우선순위

사용 편의성이 얼마나 중요한지는 아무리 강조해도 지나치지 않는다. 문서 없이 솔루션을 사용하고 작업을 얼마나 쉽게 수행할 수 있는지 확인해야 한다. 솔루션 UI는 마치 농담과 같다. 농담을 했는데 왜 웃긴지 설명해야 한다면 좋은 농담이 아닌 것처럼 말이다. 이렇게 질문할 수 있다. 이 솔루션을 이해하고 적절하게 구성하려면 상당한 교육과 준비 시간이 필요한가? 만약 후보로 오른 모든 솔루션이 다 그렇게 이해하기 어려운 사용법을 갖고 있다면 그다지 고민할 일이 없지만, 사용하기 쉬운 솔루션과 사용하기 어려운 솔루션 중 한 가지를 고른다면 당연히 사용하기 쉬운 솔루션을 적극적으로 살펴보는 것이 좋다.

내가 그렇게 확신하는 이유는 앞서 말한 회전문 개념 때문이다. 동일한 백업 시스템을 수년 동안 보유하고 있다면 수년에 걸쳐 많은 사람에게 사용법 교육 및 재교육을 한다. 그만큼 사용이 용이한 백업 시스템이라면 신규 인력 교육의 어려움을 최소화할 수 있고, 일단 사용이 익숙해지면 장기적으로 시스템을 더 쉽게 유지 및 관리할 수 있는 유리함을 갖는다.

---

1   만약 조직에서 참고 가능한 기준이나 과정이 없다면 정말 무슨 조언을 해야 할지 모르겠다.

확장성을 기준 우선순위

백업 시스템에서 또 다른 중요한 판단 기준은 확장성이다. 이미 구입한 것을 버리지 않고 시스템에 추가 컴퓨팅 및 스토리지 용량을 추가하는 것이 얼마나 쉬운지 살펴봐야 한다. 나는 낭비를 정말 싫어하지만 특히 값비싼 IT 시스템에서의 이런 낭비는 더욱 참을 수 없다. 이런 백업 시스템의 일부 요소들만 하더라도 수십만 달러의 비용이 드는 것도 반갑지 않지만, 단순히 용량을 초과했다는 이유로 엄청난 비용을 유발하는 것은 정말 피해야 한다. 만약 확장이 쉬운 제품을 선택한다면 이런 낭비를 사전에 막을 수 있다.

14장, 15장, 16장을 정독했다면 가장 쉽게 확장할 수 있는 데이터 보호 솔루션이 클라우드 아키텍처 기반의 HCBA, DPaaS, MSP라는 것을 눈치채야 한다(주의 사항: MSP는 때때로 확장할 수 없는 시스템을 포함하는 매우 광범위한 범위를 갖고 있다. 각 시스템에 대한 개별적인 판단이 필요하다). 클라우드 기반은 처음에는 상대적으로 작은 용량으로 시작하지만 시간이 지남에 따라 용량을 증가시킬 수 있다.

16장의 앞부분에서 TCO를 언급한 대로 두 가지 유형의 시스템 과금 방식이 TCO에 상당한 영향을 미칠 수 있다. 첫째, 온프레미스 백업 시스템(예: HCBA)을 사용하려면 적절한 용량을 미리 산정해 구매해야 한다. 올해 100TB가 필요할 것으로 예상해 오늘 100TB를 구입하면 대부분의 용량은 1년 내내 사용되지 않을 것이다(사실 많은 사람이 한 번에 3~5년치 용량을 미리 구매하지만 스케일 아웃 특성으로 인해 HCBA는 실제로 그만한 용량을 한 번에 구매하지 않아도 된다). 어떤 이유에서든 용량이 초과 프로비저닝되면 결국 100TB 용량을 유지하고자 그에 상응하는 비용을 계속 지불해야 한다.

DPaaS 서비스는 월 단위로 사용한 만큼만 요금을 지불할 수 있다. 일반적으로 해당 연도의 예상 사용량을 기준으로 일정량의 용량을 미리 구입하지만 실제로 사용하는 저장 용량에 대해서만 매월 지급하는 방식이다. 연말에 총 사용 용량이 100TB가 될 것으로 예상하고 연간 사용 증가율이 100%가 될 것으로 예상한다면 첫 번째 달에는 40TB, 두 번째 달에는 45.6TB 등으로 변한다. 만약 실제 사용 용량을 줄여야 한다면 그렇게도 가능하다. 이런 과금 방식은 온프레미스 아키텍처에서는 불가능하다.

미래 대비를 기준 우선순위

현재 신규 백업 시스템을 검토 중이라면 아키텍처와 해당 백업 시스템에 지원되는 여러 기능들을 살펴보고 사용된 아키텍처가 얼마나 미래 지향성을 갖는지에 대한 제조사의 설계 방향을 들여다보는 것도 중요하다. 현재 떠오르는 백업 기술들을 살펴보고 잠재적인 백업 공급업체가 이런 기술들로 어떤 시도를 하고 있는지 확인해 보는 것도 좋다. 지금 글을 쓰는 동안 떠오르는 흥미로운 기술은 쿠버네티스와 도커였는데, 독자들이 이 글을 읽을 즈음에는 완전히 다른 무언가가 나타날 수도 있다. 따라서 후보 공급업체들과 이런 최신 기술과 관련한 향후 지원을 상의해야 한다. 그리고 지금까지 출시된 기술들이 어떻게 지원이 됐는지 이력을 공급업체에 문의해 볼 수 있다. 이력을 볼 때 이 공급업체가 가상화, 클라우드, 쿠버네티스에 빠른 지원을 해왔는가? 이런 과거 실적은 미래에 다가올 기술들에 어떻게 대처할 것인지에 관한 아이디어를 제공할 수 있다.

미래의 컴퓨팅 환경에 관한 계획도 생각해야 한다. 대규모 온프레미스 인프라를 계속 보유할 계획이라면 이런 인프라를 지원하도록 설계된 백업 시스템을 살펴봐야 한다. 만약 모든 것을 클라우드로 이전할 생각이라면 클라우드 친화적인 클라우드 중심 설계를 살펴봐야 한다. 3~5년 후 컴퓨팅 환경이 어떻게 될 것인지 생각하고 이를 기반으로 솔루션을 결정하는 것이 중요하다.

마무리

이 대단원의 마지막에서는 16장만 요약하지 않고 전체 책에서 내가 강조하고 싶은 중요한 요점을 정리할 생각이다. 먼저 16장의 가장 중요한 요점부터 시작하겠다.

상황에 따라 새 백업 제품이 필요할 수도 있고 필요하지 않을 수도 있다. 현재 제품의 성능을 업그레이드하거나 조정하는 것으로도 해결이 가능할 수 있다. 이렇듯 백업 시스템을 바꾸는 것이 얼마나 큰 위험인지 이해하는 것이 중요하다. 백업 시스템을 이해하는 데는 시간이 필요하며 특정 수준에 이르는 동안 위험이 있을 수 있다. 새로운 백업 시스템으로 이전하는 데 드는 위험과 현재 시스템에 머무는 데 따르는 비용을 비교해 봐야 한다.

한 가지 방법은 이동으로 위험을 줄이는 것이다. 앞서 몇몇 장에서 여러 백업 제품을 보유하는 것이 얼마나 많은 비용, 복잡성, 위험이 발생하는지 여러 번 강조한 바 있다. 백업 제품 개수를 줄이는 일환으로써 백업 제품의 이동은 오히려 위험을 줄이는 데 큰 도움이 될 것이다.

이렇게 하는 유일한 방법은 15장에서 논의한 제품 유형 중 하나로 이동하고 백업 및 재해 복구 시스템에서 테이프를 없애는 것이다(오늘날 테이프의 가장 좋은 용도는 아카이브 시스템이다). 물론 여기에는 예외가 있지만 일반적으론 그렇다. 물론 비용이 들 수 있지만 백업 시스템의 전체적으로 볼 때는 위험을 감소시키는 방법이다. 다시 말하지만 위험을 줄이는 한 가지 방법은 사용 중인 제품 및 공급업체 유형의 수를 줄이는 것이다. 테이프는 장기 보관 스토리지에는 완벽하지만 대부분의 조직에서는 더 이상 백업이나 DR에 적합하지 않다.

특히 DR 구축을 위한 선택지로 디스크 방식만 사용 가능할 때 백업 시스템의 일부로 테이프 방식만을 고집하기엔 16장에서 언급됐던 최신 제품들이 너무 많다. 16장에서 언급한 최신 데이터 보호 제품을 살펴보고 사용자 환경에 가장 적합한 제품을 선택하길 바란다. 16장에서 특정 유형의 환경에 적합한 제품과 서비스 유형을 여러 번 논의했다. 이 논리를 바탕으로 한두 가지 정도의 제품들을 선택하고 사용해 보길 바란다. 그리고 작업을 수행할 때 이를 실행하는 TCO까지 함께 고려할 것을 기억해야 한다. 한번 구매한 제품은 평생 사용할 수 있기 때문이다.

이제 마지막 장을 제외한 나머지 약 450페이지 분량의 내용을 어떻게 요약하는 게 좋을까? 쉽지 않겠지만 그래도 생각나는 몇 가지를 다시 한번 강조하려고 한다.

'우리가 이 데이터까지 백업해야 돼?'라는 논쟁이 있다면 다음 두 가지 질문을 스스로에게 던지기 바란다. 이 데이터가 조직에 가치가 있고 이미 3-2-1 규칙을 준수하는 방식으로 백업되고 있는가? 이 질문엔 오직 조직만이 답을 할 수 있을 것이다. 만약 가치가 있다면 물론 백업해야 한다. 다음 질문은 이미 백업되고 있는지 여부다. 대부분의 경우 답은 분명하다. 그러나 SaaS 제품의 경우 그렇지 않다. 이 책이 출판되고 몇 년이 지나면 상황이 바뀔 수 있지만 현재로서는 서비스의 일부로 백업을 제공하는 주요 SaaS 공급업체가 없다는 것은 확실하다. 이를 정확하게 짚고 넘어가기 위해 서비스 계약을 살퍼보길 바란다. 거기에 백업에 관한 내용이 있을 수도 또는 없을 수도 있다. 이와 관련된 내용이 전혀 없다면 SaaS 백업을 꼭 다시 생각해야 한다. 다행히 서비스에 포함됐다면 해당 공급업체가 서비스와 백업 사이에 일종의 에어 갭을 배치하고 있는지 확인하길 바란다.

노트북은 별도로 고민해야 할 사항이다. 나는 수년 동안 노트북 데이터의 백업 아이디어를 추진했고 마침내 주류가 됐다. 그러나 일부 사람들은 여전히 파일 동기화 및 공유 제품(예: 드롭박스, 원드라이브)을 백업과 혼동하는 것처럼 보이는데 전혀 그렇지 않음을 밝힌다. 185페이지의 '파일 동기화 및 공유'에서 해당 이유들을 길게 설명했다.

아카이브 시스템은 꼭 필요하다고 말하긴 어려울 수 있다. 그러나 이것이 필요하다면 우리는 3장과 10장에서 아카이브 시스템은 백업 시스템과 매우 다르다는 것을 배웠고, 실제로 기록 보관소처럼 작동하는 것을 느낄 수 있을 것이다. 그리고 최소한 내 주변 사람들이라도 '백업을 아카이브하라'와 같은 말도 안 되는 소리 좀 안 했으면 한다.

마지막으로, DR이다. 최근 클라우드 기반 DR을 지원하는 많은 제품 또는 서비스와 결합된 랜섬웨어의 출현으로 DR을 위한 백업 시스템은 더 이상 미룰 수 없는 상황이다. 현재 대부분의 워크로드에 가상화를 사용하고 있다면 이는 당연한 일이다. 시중에는 저렴한 비용으로 이를 가능하게 하는 다양한 서비스와 제품이 있다. 이에 대한 전략을 잘 세운다면 마침내 랜섬웨어를 확실하게 예방할 수 있을 것이다.

10년 넘게 이 책을 쓰고 싶었다. 내가 글을 쓰면서 즐거웠던 만큼 독자들도 즐겁게 읽어 줬으면 좋겠다. 어느 쪽이든 이미 주사위는 던져졌다.

백업하거나 아니면 포기하라

– 미스터 백업(Mr. Backup)

'백업 속 파일들'

팝송 '병 속의 시간(Time in a Bottle)'을 패러디

원 작사/곡: 짐 크로체(Jim Croce)

패러디 작사: W. 커티스 프레스톤(W. Curtis Preston)

> 백업에 파일을 저장할 수 있다면
> 가장 먼저 하고 싶은 일,
> 영원토록 모든 파일을 저장하는 것
> 그래서 당신을 위해 이들을 복원할 수 있도록 말이죠.
>
> 파일을 영원히 지속시킬 수 있다면
> 스토리지가 항상 새 것으로 유지된다면
> 나는 모든 파일을 보물처럼 저장하고
> 그리고 다시, 나는 당신을 위해 이것들을 복사할 겁니다.
>
> 그러나 그 파일들을 찾은 후에는
> 백업할 시간이 충분하지 않은 것 같아요.
> 나는 이제 확신해요.
> 내가 백업하고 싶은 누군가는 바로 당신이라는 것을

이 노래의 뮤직 비디오를 보고 싶다면 아래의 링크로 접속하자.

https://www.backupcentral.com/files-in-a-backup

여기에 카메오로 출연한 젊은 부부를 결혼시키는 사제를 주목하길 바란다.

찾아보기

ㄱ

가비지 컬렉션 374
가상 드라이브 논리 장치 번호 42
가상머신 29
가상 서버 173
가상 스냅샷 73
가상 에어 갭 89, 90
가상 테이프 라이브러리 365
가상 합성 전체 백업 106
가상화 중심 450
가상화 중심 솔루션 418
검색 엔진 DBMS 198
검토/자문단 52
계층적 관리 저장소 170
고가용성 201
관계형 DBMS 197
광학 미디어 93, 358
구글 아카이브 79
구글 워크스페이스 240
구독 가격 442
권한 분리 38
그래프 DBMS 198
글로벌 레벨 중복 제거 141
기술 인벤토리 339
기존 데이터베이스 소프트웨어 192
깃허브 242

ㄴ

내부 위협 35
네트워크 파일 시스템 91

ㄷ

노드 수준 복구 222
논리 폭탄 35
누적 증분 백업 100

ㄷ

다계층 인증 방식 39
다이나모DB 백업 219
다중 사용자 인증 81
다크 웹 34
대규모 선행 구매 396
덤프 앤드 스윕 211, 214
데스크톱과 노트북의 백업 옵션 184
데이터베이스 256
데이터베이스 모델 196
데이터베이스 복제 273
데이터 분류 60
데이터 생성자 55
데이터 열화 396
데이터의 주 복사본 292
데이터 중복 제거 비율 142
데이터 파일 205
데이터 파일 복원 220
도난웨어 34
도커 251
도커 이미지 254
도커파일 253
도큐먼트 DBMS 198
동기식 복제 272
디스크 스테이징 152
디스크의 총 소유 비용 346

디스크 캐싱 151

ㄹ

랜딩 존 145
랜섬웨어 34, 306
랜섬웨어 서비스 34
런북 67
레이드 40
로봇 테이프 라이브러리 357
로컬 캐시 436

ㅁ

마스터 파일 206
마이크로소프트 365 238
마이크로소프트 365 보존 정책 79
멀티클라우드 249
멀티플렉싱 265
메타데이터 84
메트릭스 109
모바일 장치 187
모바일 장치 관리 188
모바일 장치 백업 188
목표 복구 시간 110
목표 복구 지점 111
몽고DB 218
문서 템플릿 51
물리적 동기화 188
물리적 서버 168
물리적 에어 갭 89
미디어 복구 적용 220

ㅂ

배치 아카이브 294
백업 72, 263
백업 방법 결정 286
백업 복제 322
백업 서버 OS의 유지 관리 388
백업 서비스 92

백업 소프트웨어 유지 관리 388
백업 수준 98, 107
백업 시스템 또는 서비스의 소스 중복 제거 186
백업 윈도우 116
백업의 간략한 역사 379
백업 테스트 215
버전 관리 249
버킷 229
베어메탈 백업 169
변경 검토 53
변경 자문단 53
변환 326
복구 메커니즘 320
복구 메트릭스 109
복구 사이트 315
복구 유형 선택 164
복구 테스트 113
복구 프로세스 41
복사 73
복사 데이터 관리 281
복사를 이용한 합성 전체 백업 105
복원 75, 293
복원 목적 75
복제 271
복제된 중복 제거 어플라이언스 313
복합 인증 82
볼륨 섀도 복제 서비스 173
볼츠만 상수 350
부팅 드라이브 37
분리된 시스템 또는 통합된 시스템? 302
분야 전문가 섭외 54
분할 복제본 209
불변성 92, 94
불변 스토리지 91
블록 레벨 영구 증분 백업 268
블록 수준 증분 백업 103
블루레이 디스크 358
비동기 복제 273

비동기식 복제 80
비동기 중복 제거 145
비정형 데이터 41
비트맵 268
비트 오류율 348

ㅅ

사물 인터넷 258
사용자의 책임 452
사용 편의성을 기준 우선순위 461
사이버 공격 33
사이징 249
사이클론 45
상용 DR 소프트웨어 329
상용 백업 소프트웨어 382
새로운 시스템의 문서화와 구현 64
샤딩 201
서버리스 데이터베이스 195
서버리스 서비스 234
서버 메시지 블록 91
서비스 수준 계약 59
서비스형 DR 330
서비스형 데이터 보호 429
서비스형 플랫폼 194
선택적 배제 131
선택적 포함 131
선형 테이프 파일 시스템 357
설계 검토 53
설계 검토단 53
세일즈포스 236
소스 기반 중복 제거 시스템 153
소스 중복 제거 104, 146, 148, 269
쇼스토퍼 460
수준에 따른 증분 백업 101
순환 중복 검사 348
숨겨진 중복 138
슈퍼유저 액세스 37
스냅샷 74, 276

스냅샷 기반 백업 179
스냅샷 방식 460
스냅샷 복제 171
스냅 앤드 스윕 210
스니커넷 435
스케일링 397
스케일 아웃 424
스케일 업 424
스토리지 vMotion 163
스토리지 문제 162
스토리지 분리 91
스토리지 장치의 탄력성 40
스트리밍 백업 212
슬랙 241
시계열 DBMS 197
시드 435
시스템 설계 및 구축 61
신규 시스템의 구현 68
실명 계정 36
실시간 아카이브 295
실운영 준비 검토 53
실질적 복구 시간 62, 112
실질적 복구 지점 62, 112
싱크홀 46
쓰기 시 리디렉션 277
쓰기 시 복사 277, 460

ㅇ

아카이브 82, 120
아카이브라 72
악의적인 공격 32
암호화 86
애플리케이션 프로그래밍 인터페이스 155
어레이 기반 복제 321
어트리뷰트 205
어플라이언스 백업 141
에어 갭 87, 395
역시딩 436

역할 기반 관리 38

영구 볼륨 255

영구 증분 백업 106

예비 설계 검토 53

오라클 216

오류 수정 코드 348

오버 프로비저닝 397

오브젝트 스토리지 41, 91, 143, 362

오케스트레이터 251

오프사이트 31

오프사이트 보관 공급업체 394

오프 호스트 로깅 37

오픈릴식 345

온사이트 79

온프레미스 소프트웨어 443

와이드 칼럼 DBMS 198

완전 관리형 MSP 451

완전히 관리되는 서비스 공급자 438

요구 사항 검토 57

요구 사항 수집 54

용량 메트릭스 113

운영 검토 53

운영 책임의 정의 64

원격 데스크톱 프로토콜 88, 90, 421

웜 사이트 319

이그레스 444

이레이저 코딩 40

이미지 마운트를 통한 복원 160

이미지 복구 157

이미지 복사본 74

이미지 수준 백업 127

인덱스 204

인라인 vs 포스트 프로세스 중복 제거 145

인스턴스 204

인적 재해 27, 28

일관성 모델 199

일반적인 증분 백업 100

일체형 시스템 332

일회성 비밀번호 36

ㅈ

자기 매체 349

자연 재해 43

자체 DR 사이트 315

잘못된 코드 30

재해 복구 27, 305

재해 복구 계획 310

재해 복구 시스템 34

적합한 중복 제거 선택 149

전자 레이블 31

전체 텍스트 검색 84

전통적 백업 450

전통적 어플라이언스 452

전통적인 전체 백업 98

전통적인 증분 백업 99

전환 326

정전 41

정형 데이터 41

조직의 목표 50

주 데이터 복제 320

준법 감시와 거버넌스 56

준지속적 데이터 보호 117, 279

중복 제거 136

중복 제거 범위 140

중복 제거 작동 방식 139

즉시 복구 161

즉시 일관성 199

지속적 데이터 보호 117, 274

지정 시점 백업 및 복원 193

지진 45

직접 복원 159

ㅊ

차지백 59

책임 추적성 52

청크 139

최소 권한 39
최종 일관성 199
최종 일관성 복원 222

ㅋ

카산드라 218
캐싱 또는 스테이징 248
컨테이너 251
콜드 백업 209
콜드 사이트 318
쿠버네티스 251
쿠버네티스 etcd 254
클라우드 동기화 188
클라우드 디스크 374
클라우드 레벨 스냅샷 222
클라우드 복구 436
클라우드 블록 스토리지 227
클라우드 스토리지 80, 93, 442
클라우드 오브젝트 스토리지 228
클라우드의 온프레미스 452
키밸류 DBMS 197

ㅌ

타깃 중복 제거 143, 147, 450
타깃 중복 제거 백업 어플라이언스 408
타깃 중복 제거 어플라이언스 364
타깃 중복 제거의 난제 411
타깃 중복 제거의 장점 409
태그 기반 132
태풍 45
테러리즘 32, 33
테이블 204
테이블 기반 복구 222
테이블스페이스 206
테이프 92
테이프 드라이브 346, 392
테이프 드라이브 기술 356
테이프 박스 313

테이프의 단점 351
테이프의 손실 393
테이프의 장점 346
토네이도 46
통합 서비스형 백업 214
트랜잭션 207
트랜잭션 로그 78, 207
트랜잭션 로그 백업 213
트랜잭션 저널 193

ㅍ

파일 동기화 및 공유 185
파일러 171
파일 레벨 복구 159
파일 레벨 영구 증분 백업 267
파일 레벨의 중복 제거 143
파일 레벨 증분 백업 185
파티션 206
판매 가치 제안 450
퍼블릭 클라우드 226, 317
퍼블릭 클라우드 스토리지 367
포스트그레SQL 217
폴더 기반 132
표준 디스크 어레이 361
표준 백업 168
프런트엔드 어플라이언스 412
프레임워크 만들기 51
프로비저닝 41
프로젝트 관리 54
프록시 170
플랫폼 324

ㅎ

하이브리드 377
하이브리드 복제 273
하이브리드 일관성 200
하이브리드 중복 제거 149
하이퍼바이저 73

하이퍼스케일러 325
하이퍼 컨버전스 및 서비스형 백업 401
하이퍼 컨버지드 백업 어플라이언스 423
하이퍼 컨버지드 인프라 180
합성 전체 백업 104
핫 백업 모드 209
핫 사이트 80, 319
항목 수준 백업 127
해싱 알고리듬 139
행 205
허리케인 45
호스트 기반 복제 321
호스트 레벨 중복 제거 141
홍수 43
화재 44
확장성을 기준 우선순위 462
회수 85, 293
회수 vs 복원 293

A

air gap 87
API, Application Programming Interface 155
array-based replication 321

B

BaaS 401
backup level 107
Blu-ray disc 358
bucket 229

C

chunk 139
cold site 318
conversion 326
copy 73
COW, Copy-On-Write 460
CRC, Cyclical Redundancy Check 348
cyclone 45

D

D2C, Direct-to-Cloud 155
D2D2C, Disk-to-Disk-to-Cloud 156
D2D2D 154
D2D2T 152
dark web 34
DB2 217
Docker 251
DPaaS 433, 451
DPaaS, Data Protection-as-a-Service 429
DRB, Design Review Board 53
DR 런북 335
DR 실행 지침서 338
DVD 358

E

ECC, Error Correcting Code 348
erasure coding 40
e-디스커버리 83, 391, 405

F

filer 171
fulltext search 84

G

garbage collection 374
GDPR 69

H

HA, Highly Available 201
hashing algorithm 139
HCBA 451
host-based replication 321
hot site 80
HSM, Hierarchical Storage Management 170, 297
HSM 형태의 아카이브 297
hurricane 45
hypervisor 73

I

IaaS 226

IaaS, Infrastructure-as-a-Service 226

image copy 74

IoT 258

L

Linear Tape Open 356

LUN, Logical Unit Number 42

M

magnetic media 349

MAID, Massive Array of Idle Disks 347

MSP, Managed Service Provider 438

multifactor authentication 82

multiperson authentication 81

MySQL 217

N

NAS, Network-Attached Storage 73

NAS 백업 169

NAS 어플라이언스 365

NDMP 171

Neo4j 백업 219

NFS 170

NFS, Network File System 91

NFS/SMB 게이트웨이 248

O

on-site 79

orchestrator 251

P

PaaS 233

PaaS 데이터베이스 194

PaaS 및 서버리스 데이터베이스 202

PEBKAC, Problem Exists Between Keyboard And Chair 29

primary copy 292

R

RaaS, Ransomware-as-a-Service 34

RACI 65

RAID 40

RDP, Remote Desktop Protocol 88, 421

reel-to-reel 345

retrieve 85

reverse seeding 436

RPO 54

RTA 314

RTO 54

S

SaaS 235

SaaS 데이터 복구 160

SaaS 복구 316

SaaS 제품 79

scale out 424

scale up 424

seed 435

sharding 201

showstopper 460

sinkhole 46

SMB 170

SMB/NFS 마운트로 복원 159

SMB, Server Message Block 91

SME, Subject Matter Expert 456

snapshot 73

sneakernet 435

SQL 서버 216

structured data 41

T

TCO, Total Cost of Ownership 346

theftware 34

tornadoe 46

transaction log 78

transformation 326

typhoon 45

U

UBER, Uncorrected Bit Error Rate 348

unstructured data 41

USP, Unique Selling Proposition 450

V

VADP 176

virtual air gap 90

VM 백업 157

VM 수준 백업 174

VSS, Volume Shadow Copy Service 173

VSS란? 174

W

WORM, Write-Once-Read-Many 232

번호

2인 인증 39

3-2-1 규칙 33, 43, 77, 215

3개 버전의 데이터 78

모던 데이터 보호

테이프부터 최신 워크로드까지

발 행 | 2022년 10월 31일

지은이 | W. 커티스 프레스턴
옮긴이 | 서 도 현 · 박 상 우

펴낸이 | 권 성 준
편집장 | 황 영 주
편 집 | 김 다 예
　　　　임 지 원
디자인 | 윤 서 빈

에이콘출판주식회사
서울특별시 양천구 국회대로 287 (목동)
전화 02-2653-7600, 팩스 02-2653-0433
www.acornpub.co.kr / editor@acornpub.co.kr

책값은 뒤표지에 있습니다.